CENTRE DE RECHERCHE
CENTRE FOR RESEARCH

© ACADÉMIE DE DROIT INTERNATIONAL DE LA HAYE, 2023
THE HAGUE ACADEMY OF INTERNATIONAL LAW, 2023

Tous droits réservés   All rights reserved

ISBN 978-90-04-68239-9

Imprimé par/Printed by Triangle Bleu, Maubeuge, France

ONT PARU DANS LA MÊME COLLECTION
PUBLISHED IN THE SAME SERIES

La dette extérieure/The External Debt
    (D. Carreau - M. N. Shaw, dir. publ./eds.)
La succession d'Etats : la codification à l'épreuve des faits/ State Succession : Codification Tested against the Facts
    (P. M. Eisemann - K. Koskenniemi, dir. publ./eds.)
Les aspects internationaux des catastrophes naturelles et industrielles/The International Aspects of Natural and Industrial Catastrophes   (D. D. Caron - Ch. Leben, dir. publ./eds.)
La politique de l'environnement: De la réglementation aux instruments économiques/Environmental Policy: From Regulation to Economic Instruments
    (M. Bothe - P. H. Sand, dir. publ./eds.)
Les sanctions économiques en droit international/Economic Sanctions in International Law
    (L. Picchio Forlati - L.-A. Sicilianos, dir. publ./eds.)
Les ressources en eau et le droit international/Water Resources and International Law
    (L. Boisson de Chazournes - S. M. A. Salman, dir. publ./eds.)
La sécurité alimentaire/Food Security and Food Safety
    (A. Mahiou - F. Snyder, dir. publ./eds.)
Les aspects nouveaux du droit des investissements internationaux/New Aspects of International Investment Law
    (Ph. Kahn - T. W. Wälde, dir. publ./eds.)
Le patrimoine culturel de l'humanité/The Cultural Heritage of Mankind   (J. A. R. Nafziger - T. Scovazzi, dir. publ./eds.)
Terrorisme et droit international/Terrorism and International Law   (M. J. Glennon - S. Sur, dir. publ./eds.)
Les règles et institutions du droit international humanitaire à l'épreuve des conflits armés récents/Rules and Institutions of International Humanitarian Law Put to the Test of Recent Armed Conflicts
    (M. J. Matheson - D. Momtaz, dir. publ./eds.)
La mise en œuvre du droit international de l'environnement/ Implementation of International Environmental Law
    (S. Maljean-Dubois - L. Rajamani, dir. publ./eds.)
Mesures de réparation et responsabilité à raison des actes des organisations internationales/Remedies and Responsibility for the Actions of International Organizations
    (Dan Sarooshi, dir. publ./ed.)
Protection des migrants et des réfugiés au XXIe siècle, aspects de droit international/Migration and Refugee Protection in the 21st Century, International Legal Aspects
    (G. S. Goodwin-Gill - Ph. Weckel, dir. publ./eds.)
Women's Human Rights and the Elimination of Discrimination/ Les droits des femmes et l'élimination de la discrimination.
    (M. Jänterä-Jareborg - H. Tigroudja, dir. publ./eds.)
The Concept of Citizenship in International Law/Le concept de citoyenneté en droit international
    (P. Kovács - J.-D. Mouton, dir. publ./eds.)

The Legal Implications of Global Financial Crises/Les implications juridiques des crises financières de caractère Mondial
(M. Waibel, dir. publ./ed.)
International Inspections/Les inspections internationales
(A.-L. Chaumette - C. J. Tams, dir. publ./eds.)
Fifty Years of Space Law/Cinquante ans de droit de l'espace
(P. Achilleas - S. Hobe, dir. publ./eds.)
Epidemics and International Law
(S. Murase - S. Zhou, dir. publ./eds.)
Exraterritoriality/L'extraterritorialité
(H. Buxbaum - T. Fleury Graff, dir. publ./eds.)
International Inspections/Les inspections internationales
(A.-L. Chaumette - C. J. Tams, dir. publ./eds.)
Applicable Law Issues in International Arbitration/Questions de droit applicable dans l'arbitrage international
(G. Cordero-Moss, D. P. Fernández Arroyo, dir. publ./eds.)

L'Académie de droit international de La Haye
honorée du prix Wateler de la Paix (1936, 1950), du prix Félix Houphouët-Boigny pour la recherche de la paix (1992), de l'ordre du Rio Branco, Brésil (1999), et de la médaille de l'Institut royal d'études européennes, Espagne (2000)

The Hague Academy of International Law
awarded the Wateler Peace Prize (1936, 1950), the Félix Houphouët-Boigny Peace Prize (1992), the Order of Rio Branco, Brazil (1999), and the Medal of the Royal Institute of European Studies, Spain (2000)

Climate Change and the Testing
of International Law

Le droit international
au défi des changements climatiques

L'ACADEMIE DE DROIT INTERNATIONAL DE LA HAYE
THE HAGUE ACADEMY OF INTERNATIONAL LAW

Climate Change and the Testing of International Law

Le droit international au défi des changements climatiques

EDITED BY   PUBLIÉ SOUS LA DIRECTION DE

Sandrine Maljean-Dubois

Jacqueline Peel

BRILL | NIJHOFF

2023

Leiden/Boston

... with the contribution of:

... avec la collaboration de :

J. Auz
M. Baena Pedrosa
L. Chen
E. Colombo
M. Courtoy
T. G. Dabire
H. De Pooter
C. De Stefano
A. Dienelt
J.-B. Dudant
S. Grosbon
E. Harrould-Kolieb
M. Kovič Dine
M. Lemoine-Schonne
C. Malwé
C. Parisi
C. Perruso
N. Reetz
C. Soria-Rodríguez

The book and the authors

L'ouvrage et les auteurs

General Introduction – Introduction générale

Chapter 1 – Chapitre 1/Chapter 2 – Chapitre 2

Sandrine Maljean-Dubois (France)
Directrice de recherche au Centre national de recherche scientifique à l'Université d'Aix-Marseille.

Jacqueline Peel
Professor at the Melbourne Law School.

Contributions

Chapter 3 – Chapitre 3

Hélène De Pooter (France)
Maître de conférences en droit public, Université de Franche-Comté.

Chapter 4 – Chapitre 4

Marion Lemoine-Schonne (France)
Chargée de recherche au CNRS, UMR IODE (CNRS-Université de Rennes), France.

Chapter 5 – Chapitre 5

Camila Perruso (France)
Maîtresse de conférences à l'Université Paul-Valéry Montpellier 3, membre de l'ART-Dev.

THE AUTHORS – LES AUTEURS

Chapter 6 – Chapitre 6

Manuel Baena Pedrosa (Espagne)
Diplomate, ministère des Affaires étrangères, de l'Union européenne et de la Coopération du Royaume d'Espagne.

Chapter 7 – Chapitre 7

Anne Dienelt (Germany)
Senior research fellow and lecturer *(Akadem. Rätin a. Z.)* at the Institute for International Affairs of the Faculty of Law, University of Hamburg.

Chapter 8 – Chapitre 8

Sophie Grosbon (France)
Maîtresse de conférences en droit international à l'Université Paris Nanterre, chercheure au CEDIN.

Chapter 9 – Chapitre 9

Carlo de Stefano (Italy)
Assistant Professor of International Law, Roma Tre University, Department of Law.

Chapter 10 – Chapitre 10

Carlos Soria-Rodríguez (Spain)
Marie Curie postdoctoral research fellow at the University of Jaén (Spain) and senior associate researcher to the Brussels School of Governance and the section of international and EU law of the Vrije Universiteit Brussel (Belgium).

Chapter 11 – Chapitre 11

Claire Malwé (France)
Maîtresse de conférences, Faculté de droit et de science politique, Université de Rennes 1, IODE-Institut de l'Ouest : Droit et Europe, UMR 6262.

Chapter 12 – Chapitre 12

Marie Courtoy (Belgium)
Doctoral Researcher at Université catholique de Louvain and Katholieke Universiteit Leuven, FRESH Grantee (Fund for Scientific Research), Research Associate in the "Law & Anthropology" Department of the Max Planck Institute for Social Anthropology.

THE AUTHORS – LES AUTEURS   XIII

Chapter 13 – Chapitre 13

Juan Auz (The Netherlands)

PhD researcher at the Hertie School's Centre for Fundamental Rights and postdoc researcher for the TransLitigate project at Tilburg University's Law School.

Chapter 14 – Chapitre 14

Chiara Parisi (France)

Doctorante contractuelle en droit public à l'Université Côte d'Azur en cotutelle avec l'Université Milan-Bicocca.

Chapter 15 – Chapitre 15

Ling Chen (United States)

Doctor of Civil Law Candidate, Faculty of Law, McGill University, Montreal; Visiting Scholar, East Asian Legal Studies, Harvard Law School, Cambridge.

Chapter 16 – Chapitre 16

Ellycia Harrould-Kolieb (Sweden)

Senior Lecturer at the Department of Law, Stockholm University, Sweden.

Chapter 17 – Chapitre 17

Niklas Reetz (Italy)

Ph.D. Researcher, Law Department, European University Institute, Fiesole, Italy.

Chapter 18 – Chapitre 18

Tiérowé Germain Dabire (Suisse)

Doctorant à la faculté de droit de l'Université de Genève.

Chapter 19 – Chapitre 19

Esmeralda Colombo (Italy)

Marie Skłodowska-Curie Postdoctoral Fellow, RFF-CMCC European Institute on Economics and the Environment.

XIV THE AUTHORS – LES AUTEURS

Chapter 20 – Chapitre 20

Jean-Baptiste Dudant (France)

Doctorant à l'Institut des Hautes Etudes Internationales, Université Paris Panthéon-Assas; ATER à l'Université Paris-Est Créteil (UPEC).

Chapter 21 – Chapitre 21

Maša Kovič Dine (Slovenia)

Doctor of Law, Assistant Professor, Department of International Law, Faculty of Law, University of Ljubljana, Slovenia.

Le présent ouvrage collectif est le fruit de recherches communes entreprises au sein du Centre d'étude et de recherche de droit international et de relations internationales de l'Académie, qui s'est terminé en septembre 2017, et ce sont les données connues à cette date qui ont été principalement exploitées. En outre, les opinions exprimées ci-après n'engagent que les auteurs et ne représentent pas nécessairement celles des organisations ou des services qui les emploient.

The present collective work is the result of joint research undertaken in the Centre for Studies and Research in International Law and International Relations of the Academy. It was completed in September 2017 and is based primarily on material available at that date. The opinions hereafter expressed are those of the authors and do not necessarily reflect those of the organizations or services for which they work.

CONTENTS – TABLE DES MATIÈRES

Introduction
The Reports of the Directors of Studies 1

Introduction
Les rapports des directeurs d'études 1

Chapter 1 – Chapitre 1

THE PROGRESSIVE "CLIMATIZATION" OF INTERNATIONAL LAW 3
Section 1. Climate change as a major challenge to international law 4
   Para. 1. An existential threat to humans and the planet 4
   Para. 2. Global cooperation on climate and the development of international law 7
   Para. 3. Beyond the international climate regime: the progressive climatization of international law 9
   Para. 4. Framing the theme and chapter contributions 12
Section 2. How climate change tests international law and the response so far 16
   Para. 1. Regulating areas of uncertainties and navigating the science-policy interface 17
   Para. 2. The need for general and ambitious rules versus state sovereignty 19
   Para. 3. A cross-cutting issue but fragmented international law and governance 23
   Para. 4. The need for multi-level, multi-actor governance versus compartmentalized rules 25
   Para. 5. The need for global justice versus differentiated responsibilities and impacts 27
   Para. 6. The challenge of effectiveness versus a poorly equipped international law 30
Section 3. Enhancing the international law response to climate change . . . 32
   Para. 1. Enhancing coordination, integration or institutional reform . . . 32
   Para. 2. Recognizing and empowering new actors 34
   Para. 3. Enhancing the effectiveness of tools and mechanisms 35
   Para. 4. New laws and perspectives 37
Section 4. Conclusion 38

Chapter 2 – Chapitre 2

LA « CLIMATISATION » PROGRESSIVE DU DROIT INTERNATIONAL 41
Section 1. Les changements climatiques, un défi majeur pour le droit international 42
   Par. 1. Une menace existentielle pour l'humanité et la planète 43
   Par. 2. La coopération mondiale sur le climat et le développement du droit international 46
   Par. 3. Au-delà du régime climatique international, la climatisation progressive du droit international 48
   Par. 4. Présentation du thème et des contributions 51

Section 2. Comment le changement climatique met à l'épreuve le droit international et les réponses apportées jusqu'à présent 55
   Par. 1. Réglementer les zones d'incertitude et gérer l'interface science-politique 56
   Par. 2. La nécessité de règles générales et ambitieuses face à la souveraineté des Etats 59
   Par. 3. Une question transversale, mais un droit international et une gouvernance fragmentés 63
   Par. 4. La nécessité d'une gouvernance multi-niveaux et multi-acteurs face à des règles compartimentées 65
   Par. 5. Le besoin d'une justice globale face à des responsabilités et impacts différenciés 67
   Par. 6. Le défi de l'effectivité face à un droit international mal outillé. . . 71
Section 3. Renforcer la réponse du droit international au changement climatique 73
   Par. 1. Renforcer la coordination, l'intégration ou s'engager dans des réformes institutionnelles........................... 73
   Par. 2. Reconnaître et responsabiliser de nouveaux acteurs 75
   Par. 3. Renforcer l'efficacité des outils et des mécanismes 76
   Par. 4. Nouvelles normes et perspectives 79
Section 4. Conclusion 80

Part I
Climate change and the testing of the sources of international law 83

Partie I
Les sources du droit international au défi des changements climatiques 83

Chapter 3 – Chapitre 3

HARD ET SOFT LAW: LES SOURCES DU DROIT INTERNATIONAL AU DÉFI DES CHANGEMENTS CLIMATIQUES 85

Section 1. Introduction 85
   Par. 1. Définitions de la *soft law* 87
   Par. 2. Le droit international bousculé par la *soft law* 90
   Par. 3. L'adaptation de la forme du droit international à sa fonction. . . . 91
   Par. 4. Les formes du droit des changements climatiques 93
   Par. 5. Le droit international au prisme de la normativité 97
Section 2. L'élargissement des sources du droit international 98
   Par. 1. L'appartenance de la *soft law* au droit international 98
   Par. 2. Enrichissement sans bouleversement de la théorie des sources. . . 100
      A. Théorie des sources de l'obligation juridique internationale et théorie des sources du droit international 100
      B. Evolution relative de la théorie des sources de l'obligation juridique internationale 101
      C. Théorie des sources du droit international et contentieux international............................ 102
Section 3. La relativisation de la place de l'obligation juridique internationale 103

Par. 1. De l'obligation à la normativité 103
Par. 2. Adhésion à la norme, conformité à la norme et effectivité de la norme. 107
   A. L'équilibre des intérêts comme condition d'adhésion à la norme ... 108
   B. Les mécanismes d'incitation au respect de la norme. 110
   C. La prise de conscience d'un véritable intérêt partagé comme condition d'effectivité de la norme. 112

Chapter 4 – Chapitre 4

LE DROIT INTERNATIONAL AU DÉFI DES ÉVOLUTIONS SCIENTIFIQUES: LE RÔLE DU GIEC 115

   Section 1. Le rôle moteur du GIEC dans la construction du régime international du climat. 120
      Par. 1. Les travaux du GIEC comme déterminants des évolutions du régime 120
         A. Influence réciproque du GIEC et du régime juridique international dans le cadrage du problème. 121
         B. Parallélisme du langage du GIEC et du droit international du climat 122
         C. La construction progressive du droit international du climat, en réponse aux rapports du GIEC. 124
      Par. 2. Fonction des rapports du GIEC dans la détermination du contenu des normes. 125
         A. Catalyser le niveau d'ambition des normes d'atténuation 126
            1. Fixer des objectifs de long terme 126
            2. Actualisation des objectifs intermédiaires 128
         B. Permettre l'évaluation des efforts accomplis individuellement et collectivement. 129
            1. Guider et harmoniser la réalisation des inventaires de GES par les Etats. 129
            2. Dialogue technique sur le bilan mondial 130
            3. L'examen technique par des experts dans le cadre de transparence 131
         C. Faciliter le consensus et légitimer les normes procédurales du cycle de l'ambition. 132
   Section 2. Le GIEC et l'enjeu du renforcement de la mise en œuvre du régime international du climat 133
      Par. 1. La nécessité de renforcer l'interface science-politique 133
         A. Les propositions de réforme du GIEC 133
            1. Politiser les problèmes au sein du GIEC 134
            2. Une expertise orientée vers la construction de solutions? 135
            3. Articuler les approches systémiques globales et la déclinaison des connaissances scientifiques au niveau local 136
         B. Quelle réforme du nexus GIEC/régime juridique international?. .. 137
      Par. 2. La possibilité pour le GIEC de participer à la défragmentation du droit 139
         A. Décloisonnement horizontal du droit international par la collaboration entre le GIEC et d'autres groupes d'experts 140
         B. Interactions multi-échelles par la diffusion des messages clés du GIEC. 141

1. L'expertise du GIEC comme référentiel commun à de nombreux acteurs publics et privés 142
2. Les références à la science dans les procès climatiques. 142
Section 3. Conclusion 143

Chapter 5 – Chapitre 5

L'AMBITION DE ET DANS L'ACCORD DE PARIS 145
Section 1. L'expression de l'ambition dans l'Accord de Paris 150
 Par. 1. Les compromis pour une atténuation forte des changements climatiques 150
  A. Les CDN, une obligation individuelle pour une ambition collective. 150
  B. Les interactions entre la progression, le niveau d'ambition le plus élevé et les stratégies à long terme de développement à faible émission. 153
 Par. 2. La coopération volontaire au service de la lutte contre les changements climatiques. 155
  A. L'approche volontaire de la coopération. 155
  B. Une coopération multi-acteurs et multi-niveaux 157
Section 2. La concrétisation de l'ambition de l'Accord de Paris 159
 Par. 1. Les mécanismes de suivi, vecteur d'une ambition accrue 160
  A. Le cadre de transparence renforcée 160
  B. Le bilan mondial 162
  C. Le mécanisme de facilitation 164
 Par. 2. Des voies de contrôle au-delà de l'Accord de Paris, garantie d'une ambition démocratique ? 165
  A. La surveillance de l'action climatique des Etats par des acteurs non étatiques. 165
  B. La contribution des juges 167

Chapter 6 – Chapitre 6

OBLIGATIONS DE *DUE DILIGENCE* ET LUTTE CONTRE LES CHANGEMENTS CLIMATIQUES DANS L'ACCORD DE PARIS : NOUVEAUX ÉCLAIRAGES 171
Section 1. *Due diligence* et changements climatiques. une montée en puissance 178
 Par. 1. Les ambiguïtés constructives de l'Accord de Paris. 179
 Par. 2. La procéduralisation des obligations dans l'Accord de Paris. ... 180
Section 2. La nécessité d'éviter les rigidités excessives 181
 Par. 1. Les « lits de Procuste » 182
  A. Premier lit : normes secondaires, puis primaires 183
  B. Deuxième lit : obligations de comportement et/ou de résultat 185
 Par. 2. Coexistence de l'Accord de Paris avec des règles de droit coutumier 186
Section 3. *Due diligence*, préoccupation commune et obligations *erga omnes* : le débat reste ouvert 190
Section 4. Conclusion 195

Part II
**Climate change and the testing
of the fragmentation of international law** 197

**Partie II
La fragmentation du droit international
au défi des changements climatiques** 197

Chapter 7 – Chapitre 7

THE CLIMATIZATION OF INTERNATIONAL PEACE AND SECURITY – A MISSED
OPPORTUNITY? 199
    Section I. Introduction 199
    Section II. International peace and security – Room to maneuver?. 202
        Para. 1. Departing from a State-centered approach of the security framework 203
        Para. 2. A broad range of measures to choose from, but suited to mitigate
or adapt to climate change?...................... 209
        Para. 3. Preliminary conclusions..................... 216
    Section III. A Climatization of international peace and security –
a preferable path?............................... 217
        Para. 1. Beyond the UNFCCC? 217
        Para. 2. Meaningful silence?...................... 219
        Para. 3. Preliminary conclusions..................... 221
    Section IV. Concluding Remarks...................... 221

Chapter 8 – Chapitre 8

LE DROIT DU COMMERCE INTERNATIONAL AU DÉFI DES CHANGEMENTS CLIMATIQUES :
LEVER LES TOTEMS ET LES TABOUS 225
    Section 1. Des échanges commerciaux au service d'une transition écologique et énergétique 230
        Par. 1. Dé-généraliser la libéralisation commerciale 230
            A. Promouvoir les échanges favorables au climat........... 231
            B. Entraver les échanges défavorables au climat 232
        Par. 2. Réaffirmer le droit de réglementer le système productif national. . 234
            A. Un contrôle strict de l'utilisation des exceptions générales 235
            B. Un réel contrôle de l'utilisation non abusive des exceptions générales 236
    Section 2. Des échanges commerciaux au service d'une transition juste
et équitable 237
        Par. 1. Protéger la production nationale 238
            A. Encadrer le dumping climatique 238
            B. Relocaliser la production..................... 240
        Par. 2. De-multilatéraliser le commerce international 244
            A. Conditionner l'ouverture commerciale au respect des engagements climatiques 244
            B. Consacrer des transferts technologiques et financiers obligatoires
et contraignants 247

Chapter 9 – Chapitre 9

GIVING "TEETH" TO CLIMATE CHANGE RELATED OBLIGATIONS THROUGH INTERNATIONAL INVESTMENT LAW 251
Section 1. Introduction: climate change and international investment law . . 251
Section 2. The internalization of climate change action in international investment treaty making........................... 256
Section 3. "Green" investment and "green" arbitrations: policy implications and procedural impact in dispute resolution 262
Section 4. The substantive scrutiny of State acts and omissions relating to climate change action under international investment law 272
Section 5. Concluding remarks......................... 286

Chapter 10 – Chapitre 10

THE POTENTIAL CONTRIBUTION OF THE BBNJ AGREEMENT TOWARDS A SUSTAINABLE INTERNATIONAL GOVERNANCE OF MARINE RENEWABLE ENERGY TECHNOLOGIES 289
Section 1. Introduction............................ 289
Section 2. Background............................ 291
Section 3. The limitations of UNCLOS to guarantee protection in the development of MRE technologies in ABNJ................ 296
Section 4. The potential role of the BBNJ agreement under UNCLOS to strengthen the sustainable governance of mre technologies in ABNJ ... 301
  Para. 1. The regulation of the ABMTs, including MPAs under the BBNJ agreement in the context of MRE installations 302
  Para. 2. The regulation of EIAs under the BBNJ agreement in the context of MRE installations 303
Section 5. Conclusions............................ 306

Chapter 11 – Chapitre 11

LE DROIT INTERNATIONAL AU DÉFI DE LA FRAGMENTATION: INTERACTIONS ENTRE LES RÉGIMES INTERNATIONAUX DE PROTECTION DE LA COUCHE D'OZONE ET DES CHANGEMENTS CLIMATIQUES 309
Section 1. Les interactions de régimes ozone – climat: la lente émergence d'une fragmentation coopérative 313
  Par. 1. Les facteurs nécessaires mais insuffisants à l'émergence d'une fragmentation coopérative 314
    A. La présence de dispositions normatives plutôt favorables à un décloisonnement des régimes 314
    B. La circulation des normes 317
  Par. 2. Le facteur déclencheur d'une fragmentation coopérative: les transferts de problèmes environnementaux 318
    A. L'adoption du Protocole de Kyoto (1997): un révélateur du transfert de problème environnemental constitué par l'emploi des HFCs 319
    B. La naissance d'un dialogue institutionnel informel 320
  Par. 3. L'émergence d'une «fragmentation coopérative» impulsée par le régime international de l'ozone 321

A. L'entrée des considérations climatiques comme critère déterminant des décisions prises dans le cadre du régime ozone : le cas des HCFCs 321
B. L'adoption de l'amendement de Kigali et le risque d'une rivalité entre les régimes.................................. 324
C. Les mécanismes d'opérationnalisation comme vecteur d'une interaction coopérative des régimes 325
 1. L'adoption d'une unité de mesure commune 325
 2. L'établissement de liens avec les contributions déterminées au niveau national (CDN) 326
Section 2. Le dépassement de la « fragmentation coopérative » : les leviers d'une dé-fragmentation des régimes internationaux de l'ozone et du climat 329
Par. 1. Les leviers normatifs........................ 330
 A. La diffusion d'une vision systémique 330
 B. L'activation des mécanismes de l'article 6 de l'Accord de Paris . . 331
 C. La promotion de la normalisation technique 332
Par. 2. Les leviers opérationnels...................... 333
 A. Défragmenter par l'expertise scientifique 333
 B. Défragmenter par les financements 336
Par. 3. Les leviers institutionnels 336

Chapter 12 – Chapitre 12

MOBILITY IN AN ERA OF CLIMATE CHANGE: A CALL FOR INTERNATIONAL LAW TO FULLY REALIZE ITSELF 339
Section 1. Mobility as autonomous adaptation, or the challenge of mobility justice................................... 342
 Para. 1. The artificial distinction between voluntary and forced migration, a way to restrict migration 344
 Para. 2. Sovereignty as a starting point, not necessarily a fatality 345
 Para. 3. Mobility as autonomous adaptation through mobility justice . . . 347
Section 2. Mobility as planned adaptation, or the challenge of anticipation . 349
 Para. 1. When should states act? human rights as a benchmark 351
 Para. 2. How should states act? mobility as a transformational solution to be approached with caution........................ 353
Section 3. From cooperation to reparation, to the challenge of solidarity . . 357
 Para. 1. Soft duty: cooperation...................... 358
 Para. 2. Hard duty: Reparation...................... 359
 Para. 3. A new rationale for international law: solidarity 361
Section 4. Conclusion 364

Chapter 13 – Chapitre 13

CLIMATE CRISIS AND THE TESTING OF INTERNATIONAL HUMAN RIGHTS REMEDIES: FORECASTING THE INTER-AMERICAN COURT OF HUMAN RIGHTS. . . 367
Introduction................................. 367
Section I. Introduction: International human rights remedies and environmental protection............................... 368

Section II. Climate remedies and international human rights courts and bodies. 373
Section III. Extrapolating the IACtHR'S environmental remedies to the climate crisis 378
Section IV. Reimagining human rights remedies for the climate crisis. . . . 385
Section V. Conclusion 390

Chapter 14 – Chapitre 14

QUELLES ÉVOLUTIONS DU DROIT INTERNATIONAL DES CATASTROPHES FACE AUX EFFETS DES CHANGEMENTS CLIMATIQUES? 393
   Section 1. Un droit international des catastrophes partiellement inadapté aux changements climatiques. 395
      Par. 1. L'intégration progressive des changements climatiques dans les instruments du droit international des catastrophes 395
         A. L'intégration disparate des changements climatiques dans les instruments régionaux en matière de gestion des catastrophes 396
         B. L'intégration des changements climatiques dans des instruments universels en matière de gestion des catastrophes 399
      Par. 2. Les limites du droit international des catastrophes en matière de changements climatiques 401
         A. Un fractionnement dans l'intervention inadapté à la gestion des effets des changements climatiques. 401
         B. Un encadrement insuffisant de la prévention des catastrophes . . . 404
   Section 2. Un droit international des catastrophes en mutation sous l'effet du changement climatique 406
      Par. 1. Des projets d'évolution du régime des catastrophes pour une meilleure adéquation avec les changements climatiques 407
         A. Vers l'élaboration d'instruments universels en matière de catastrophes 407
         B. Des méthodes d'interprétation propices à l'évolution du droit international des catastrophes 410
      Par. 2. Une convergence progressive du droit international des catastrophes et du droit international du climat? 412
         A. Des perspectives de convergence des régimes juridiques relatifs aux catastrophes et au climat 412
         B. Le rapprochement par les notions relatives à l'adaptation des populations aux changements climatiques. 416
   Section 3. Conclusion 418

Chapter 15 – Chapitre 15

MARKET MECHANISMS, CORPORATIONS AND ARTICLE 6 OF THE PARIS AGREEMENT 421
   Section 1. Introduction 421
   Section 2. What are market mechanisms? Why are they needed? 424
      Para. 1. The "perceived" economic efficiency 424
      Para. 2. Flexibility in making and complying with international climate change law 427
   Section 3. Corporations in climate governance and international law 429
      Para. 1. Corporations in climate governance. 429

Para. 2. Corporate participation in market mechanisms 430
Para. 3. Corporate net-zero commitments and international market mechanisms 432
Section 4. Corporate use of market mechanisms in the PARIS agreement . . 434
Section 5. Conclusion 441

Chapter 16 – Chapitre 16

OBSCURED BY TRANSPARENCY? HOW THE DESIRE FOR DEPOLITICISATION HIDES THE POTENTIAL FOR FACILITATIVE COMPLIANCE FROM EXPERT REVIEW 443

Section 1. Introduction 443
Section 2. Expert review within the climate regime 445
  Para. 1. Review under the Kyoto Protocol 446
  Para. 2. Review under the Paris Agreement 447
Section 3. The compliance pull of expert review 449
  Para. 1. Evaluation 451
  Para. 2. Learning 451
  Para. 3. Reassurance 452
  Para. 4. Incentivism 452
  Para. 5. Domestic mobilisation 453
  Para. 6. Shaming/faming 454
  Para. 7. Socialisation 455
  Para. 8. The direct versus indirect compliance pull of expert review . . . 455
Section 4. Learning and socialisation within expert review 456
Section 5. Is depoliticisation desireable? 458
Section 6. Conclusion 462

Chapter 17 – Chapitre 17

THROUGH THE LOOKING GLASS: CLIMATE CHANGE AND THE LAW OF STATE RESPONSIBILITY 465

Section 1. Introduction 465
Section 2. How the characteristics of climate change thwart the path towards mitigation accountability 467
  Para. 1. Indirect chain of causality 468
  Para. 2. Quantification of damages 469
  Para. 3. Limitations of legal accountability 470
    A. Limitations of the international climate change regime 470
    B. Limitations of human rights approaches 472
Section 3. How the law of state responsibility can facilitate mitigation accountability 475
  Para. 1. The necessary search for an internationally binding mitigation obligation 476
    A. A human rights-based mitigation obligation *erga omnes partes* . . . 477
    B. Quantifying individual mitigation obligations 480
  Para. 2. Breach of the obligation and concrete damages 481
  Para. 3. Legal consequences and reparation 483
  Para. 4. Standing and enforcement 485
  Para. 5. The malleable and flexible nature of the law of State responsibility 488
Section 4. Conclusion 489

Chapter 18 – Chapitre 18

LE DROIT INTERNATIONAL AU DÉFI DE LA RÉPARATION DES DOMMAGES CAUSÉS PAR LES CHANGEMENTS CLIMATIQUES. 491

Section 1. L'inadaptation des mécanismes internationaux de réparation des dommages causés par les changements climatiques 496
 Par. 1. L'inadaptation de la *restitutio in integrum* 496
  A. La difficile réparation en nature *in situ*. 496
  B. Les limites de la réparation en nature *ex situ* 499
 Par. 2. L'indemnisation des dommages causés par les changements climatiques 501
 Par. 3. La satisfaction comme réparation des dommages causés par les changements climatiques 503

Section 2. L'adaptabilité du droit international à la réparation des dommages causés par les changements climatiques 505
 Par. 1. La modification du fondement de la responsabilité internationale . 505
  A. L'objectivation de la responsabilité climatique 506
  B. La contractualisation de la responsabilité climatique. 509
 Par. 2. Le dépassement de la responsabilité internationale. 511
  A. Le Mécanisme international de Varsovie 511
   1. La création du Mécanisme de Varsovie. 511
   2. La contribution du Mécanisme de Varsovie à la collectivisation des risques climatiques 513
  B. La création de fonds d'indemnisation 514

Chapter 19 – Chapitre 19

JUDGING WITHOUT WAYMARKERS? THE ENGAGEMENT OF DOMESTIC COURTS WITH INTERNATIONAL CLIMATE CHANGE LAW. 517

Section 1. Introduction 517
Section 2. The role of domestic courts in the international legal architecture 520
 Para. 1. Introduction 520
 Para. 2. The role of domestic courts in the international legal architecture 521
 Para. 3. Domestic courts' engagement with international climate change law 523

Section 3. Judging without waymarkers 525
Section 4. Bottom-up waymarkers to engage with international law 529
 Para. 1. Introduction 529
 Para. 2. Bottom-up waymarkers on shared responsibility 531
  A. Urgenda 531
  B. Gloucester Resources 533
  C. *Milieudefensie* v. *Shell* 535
 Para. 3. Comparative lessons 537

Section 5. Domestic courts and polycentric climate governance 541
Section 6. Conclusions 543

CONTENTS – TABLE DES MATIÈRES XXV

Part III
**Climate change and the testing
of the effectiveness of international law** 545

Partie III
**L'effecivité du droit international
au défi des changements climatiques** 545

Chapter 20 – Chapitre 20

CONTRE VENTS ET MARÉES : LA POLITIQUE JURIDIQUE DES TUVALU FACE À LA
DISPARITION ANNONCÉE DES PETITS ETATS INSULAIRES 547

Section 1. (In)compatibilité des revendications des Tuvalu avec l'état actuel
du droit international 552
   Par. 1. Entre interprétation et modification du droit conventionnel : la permanence des frontières maritimes 553
     A. Le gel des frontières maritimes malgré le rétrécissement du territoire 553
     B. Le gel des frontières maritimes malgré la disparition du territoire . . 554
       i) Une pratique destinée à combler les lacunes de la Convention . . 555
       ii) Une pratique contraire à la Convention 556
   Par. 2. Entre interprétation et modification du droit coutumier : la permanence de l'Etat 558
     A. La permanence de l'Etat comme conséquence de l'irrévocabilité de sa reconnaissance 558
     B. La mutation du principe de continuité comme conséquence de la permanence de l'Etat 561

Section 2. (In)compatibilité du concept d'Etat déterritorialisé avec l'exercice effectif de la puissance souveraine 562
   Par. 1. Souveraineté sans territoire et indépendance des petits Etats insulaires 562
     A. L'aliénation de la compétence souveraine d'exécution 563
     B. Une puissance souveraine effective dans le cyberespace 565
   Par. 2. Etat déterritorialisé et effectivité de la garantie des droits humains 567
     A. Atténuation de la fonction protectrice de l'Etat de nationalité des populations déplacées 567
     B. Renforcement de la fonction protectrice de l'Etat hôte des populations déplacées 570

Chapter 21 – Chapitre 21

TESTING THE CLIMATE READINESS OF THE INTERNATIONAL REGIME ON TERRESTRIAL PROTECTED AREAS? 573

Section 1. Introduction 573
Section 2 International law on terrestrial protected areas and climate change 576
   Para. 1. Convention on Biological Diversity 580
   Para. 2. Convention on Wetlands of International Importance (Ramsar Convention) 585
   Para. 3. Convention concerning the Protection of the World Cultural and Natural Heritage 588

Para. 4. Convention on the conservation of European wildlife and natural habitats (Bern convention) 592
Section 3. Institutional response to the climate change challenge for protected areas 594
Section 4. Is there a need for a new global system of protected areas? 595
Section 5 Conclusions 600

Introduction

The Reports
of the Directors of Studies

Les rapports
des directrices d'études

1 | The Progressive "Climatization" of International Law

Jacqueline Peel* and Sandrine Maljean-Dubois**

There are few global problems of greater urgency and seriousness today than that of climate change. From the G20 to the World Economic Forum, climate change has permeated across the political agenda, extending well beyond the annual climate Conferences of the Parties (COPs), and has given rise to extensive legal developments. Built on the foundations of the United Nations Framework Convention on Climate Change (UNFCCC), international climate change law is now interacting with numerous other fields of international law. In other words, international law has been progressively 'climatized'. However, these achievements are still largely insufficient when measured against the scale of the problem sought to be addressed.

Thus, how does international law best respond to such a fundamental challenge? What tests does climate change pose for our existing international law rules, mechanisms and processes? What ways might international law be adapted or reformed to be more fit-for-purpose to meet these challenges and play its part in averting irreversible harm to humanity and to the planet?

These questions were at the heart of the work of the participants in the Centre for Studies and Research in International Law and International Relations of the Hague Academy of International Law in 2022. In effect, the Centre used the challenge of climate change as an experimental laboratory to measure the capacity of international law to adapt and evolve, and as a catalyst for designing the international law of the future. The idea was to highlight the adaptations, adjustments, re-imaginings and innovations, to which international law has given rise, and to seek – if needed – ways of going further, by developing new mechanisms or approaches, some of which might involve transformative responses.

This Report from the Centre Directors summarizes the results of our collective work and findings about what we term the progressive 'climatization' of international law: the adaptation, adjustment and even transformation of international legal rules to take account of, or better respond to, the tests posed by climate change. A similar process of climatization has been observed in

---

*Professor at the Melbourne School of Law.
**Director of Research at the National Centre for Scientific Research at Aix-Marseille University.

global politics as climate change becomes increasingly "the frame of reference through which other policy issues and forms of global governance are mediated and hierarchized" [1]. Such climatization is also underway from a legal point of view and – we would argue – needs to accelerate, for international law to address the climate challenge effectively. In this Chapter, we explain our overarching framework about the progressive climatization of international law and provide the necessary context and backdrop for the chapters that follow. We also seek to fill gaps in particular areas not covered by the following chapters, synthesize the main results of the Centre's deliberations, and open up perspectives for a future research agenda.

SECTION 1   **CLIMATE CHANGE AS A MAJOR CHALLENGE TO INTERNATIONAL LAW**

After years of denial and ignoring reality, it is now well acknowledged that climate change is an existential threat both to the planet and to humans (para. 1). Recognition of this threat has led to the construction of an international climate regime, starting with the adoption of the United Nations Framework Convention on Climate Change (UNFCCC) in 1992 (para. 2). However, the climate issue extends far beyond this regime. In response to climate change, we are witnessing a gradual climatization of international law beyond its core expression in the UNFCCC, the Kyoto Protocol and Paris Agreement treaties as the climate issue exerts a "gravitational pull" [2] on other international law regimes, general international law, and other levels of governance and actors contributing to the global climate response (para. 3). We have framed the overall theme of the Centre, and allocated the research topics between the participants, with a view to investigating the extent to which climate change tests international law and invites new theories, approaches, processes and mechanisms (para. 4).

Paragraph 1   **An existential threat to humans and the planet**

According to the Intergovernmental Panel on Climate Change's (IPCC) Sixth Assessment Report, released in 2021-2022, it is "unequivocal" that human influence has warmed the atmosphere, oceans and land. Not only is the science clear but also the "scale of recent changes across the climate system as a whole – and the present state of many aspects of the

---

1. Stefan C. Aykut & Lucile Maertens, "The climatization of global politics: introduction to the special issue" (2021), 58 *International Politics* 501-518, 501.
2. Jean Foyer, Stefan C. Aykut and Edouard Morena Morena, "Introduction. COP21 and the 'climatisation' of Global Debates", in Aykut Stefan, Foyer Jean and Morena Edouard, *Globalising the Climate. COP21 and the climatisation of global debates*, Routledge, 2017, pp.1-18, 1.

climate system – are unprecedented over many centuries to many thousands of years"[3]. These changes contribute to many observed changes in weather and climate extremes in every region across the globe. Natural and human systems are increasingly pushed beyond their ability to adapt, giving rise to harms described in the international climate regime as "loss and damage associated with the adverse effects of climate change"[4].

The IPCC's Sixth Assessment Report finds that international targets aiming to keep global warming below 1.5 °C-2 °C above pre-industrial levels will be exceeded during the 21st century unless deep reductions in carbon dioxide (CO_2) and other greenhouse gas (GHG) emissions occur in the coming decades[5]. Regardless, based on current levels of emissions, global surface temperatures will continue to increase until at least mid-century. This will result in an increasing frequency and intensity of hot extremes, marine heatwaves, heavy precipitation, and, in some regions, agricultural and ecological droughts, as well as an increase in the proportion of intense tropical cyclones, and reductions in Arctic sea ice, snow cover and permafrost. Many changes due to past and projected GHG emissions are now "locked in"; "irreversible for centuries to millennia, especially changes in the ocean, ice sheets and global sea level"[6].

Climate change presages a time of uncertainties that is already, and will be even more so in the future, marked by large-scale, largely irreversible but also unpredictable changes. These changes are predicted to be non-linear once "planetary boundaries"[7] or tipping points[8] are crossed one after the other, catapulting us out of a "safe operating space for humanity" on Earth[9].

---

3. IPCC, 2021: *Summary for Policymakers. In: Climate Change 2021: The Physical Science Basis. Contribution of Working Group I to the Sixth Assessment Report of the Intergovernmental Panel on Climate Change*, V. Masson-Delmotte, P. Zhai, A. Pirani, S. L. Connors, C. Péan, S. Berger, N. Caud, Y. Chen, L. Goldfarb, M. I. Gomis, M. Huang, K. Leitzell, E. Lonnoy, J. B. R. Matthews, T. K. Maycock, T. Waterfield, O. Yelekçi, R. Yu and B. Zhou (eds.), Cambridge University Press, Cambridge, United Kingdom and New York, NY, USA, p. 8.
4. Paris Agreement, Article 8, "Loss and damage" has an unsettled meaning and is not defined in the Paris Agreement, beyond the statement that it can include loss and damage from extreme weather events and slow onset events. At COP27, the parties agreed to establish a new loss and damage fund, with rules for its operationalization to be presented at the next COP in 2023. See Draft Decision -/CP.27, -/CMA.4, Funding arrangements for responding to loss and damage associated with the adverse effects of climate change, including a focus on addressing loss and damage, FCCC/CP/2022/L.18–FCCC/PA/CMA/2022/L.20, 19 November 2022.
5. IPCC, 2021, *Summary for Policymakers, op. cit.*, p. 14.
6. *Ibid.*, p. 21.
7. W. Steffen *et al.*, "Planetary Boundaries: Guiding human development on a changing planet", (2015) 347 (6223), *Science*, 1259855-1/10.
8. T. M. Lenton *et al.*, "Climate tipping points – too risky to bet against" (2019), *Nature*, 592-595.
9. J. Rockström, W. Steffen and K. Noone *et al.*, "A safe operating space for humanity", *Nature*, 2009, pp. 472-475.

Scientists are even considering the scenario of a "hothouse earth" inexorably warming up, following the process of irreversible self-reinforcing changes that could in theory start at global warming of 2 °C [10].

Furthermore, climate change is not without consequences on other planetary boundaries. Consider, for example, the collapse of biodiversity, which is greatly exacerbated by climate change, the acidification of the oceans, or land-systems change, such as desertification or the increasing scarcity of freshwater. All these global environmental threats are interlinked: the worsening of one inevitably has consequences for the others. Complex and integrated, the "Earth system clearly operates in well-defined states in which these processes and their interactions can create stabilizing or destabilizing feedbacks" [11].

However, all is not lost and the imperative for action remains. Experts emphasize that, even if not all climate impacts can be eliminated, near-term actions that limit global warming to close to 1.5 °C would "substantially reduce projected losses and damages related to climate change in human systems and ecosystems, compared to higher warming levels" [12]. Moreover, as a matter of equity and justice – to current generations, future generations and all the species that inhabit our planet – now is the time to redouble and accelerate our efforts to safeguard hopes for a livable future on Earth.

Hence, climate change is a serious and urgent global threat that calls for profound changes in our societies. While the science has been well established for many years, our reactions, whether collective or individual, are not commensurate with what is at stake. Adaptation to climate change alone is insufficient [13], while "societal choices and actions implemented in the next decade determine the extent to which medium and long-term pathways will deliver higher or lower climate resilient development" [14]. Anthropogenic GHG emissions continue to rise globally, even if regional contributions differ widely.

---

10. W. Steffen *et al.*, "Trajectories of the Earth System in the Anthropocene" (2018), 15 (33) *Proceedings of the National Academic of Sciences*, 8252-8259.
11. W. Steffen *et al.*, "Planetary Boundaries: Guiding human development on a changing planet", *op. cit.*
12. IPCC, 2022, *Summary for Policymakers*, H.-O. Pörtner, D. C. Roberts, E. S. Poloczanska, K. Mintenbeck, M. Tignor, A. Alegría, M. Craig, S. Langsdorf, S. Löschke, V. Möller and A. Okem (eds.), in Climate Change 2022: Impacts, Adaptation and Vulnerability. Contribution of Working Group II to the Sixth Assessment Report of the Intergovernmental Panel on Climate Change, H.-O. Pörtner, D. C. Roberts, M. Tignor, E. S. Poloczanska, K. Mintenbeck, A. Alegría, M. Craig, S. Langsdorf, S. Löschke, V. Möller, A. Okem and B. Rama (eds.), Cambridge University Press, Cambridge, UK and New York, NY, USA, p. 13.
13. "Adaptation" in human systems is defined by the IPCC in its Sixth Assessment Report, Glossary as "the process of adjustment to actual or expected climate and its effects, in order to moderate harm or exploit beneficial opportunities".
14. IPCC, 2022, *Summary for Policymakers*, H.-O. Pörtner, D. C. Roberts, E. S. Poloczanska, K. Mintenbeck, M. Tignor, A. Alegría, M. Craig, S. Langsdorf, S. Löschke, V. Möller and A. Okem (eds.), in Climate Change 2022: Impacts, Adaptation and Vulnerability. Contribution of Working Group II to the Sixth Assessment Report

On a more positive note, the IPCC's Working Group III for the Sixth Assessment Report points to a "consistent expansion of policies and laws addressing mitigation", which "has led to the avoidance of emissions that would otherwise have occurred and increased investment in low-GHG technologies and infrastructure"[15]. However, it concludes that without a strengthening of policies beyond those that had been implemented by the end of 2020, "GHG emissions are projected to rise beyond 2025, leading to a median global warming of 3.2 [2.2 to 3.5] °C by 2100"[16]. Accordingly, we need "rapid and deep and in most cases immediate GHG emission reductions in all sectors"[17]. This means major transitions, and, as the threat is global, international cooperation is a "critical enabler for achieving ambitious climate change mitigation goals"[18].

Indeed, law, being at the heart of our institutional frameworks, policies and instruments, has proven to be a key tool to transform our societies. However, as a result of its global nature, complexity, magnitude and often unpredictable long-term consequences, climate change constitutes a challenge for our legal systems, revealing their present inadequacy to deal effectively with such a critical issue.

Paragraph 2   **Global cooperation on climate and the development of international law**

The global nature of the climate challenge is well understood. As a result of the rapid diffusion of GHGs in the atmosphere – merely a few days for CO_2 – their effects are independent of the place where they were emitted. Thus, emissions in one country or region of the world affect potentially all other countries or regions by perturbating the Earth system itself. At the same time, climate change affects the world's regions unevenly, and the most vulnerable populations and countries are and will be the least able to prepare and the most affected.

As a collective action problem, economists argue that policies to combat climate change need to be internationally harmonized to avoid the risk of

---

of the Intergovernmental Panel on Climate Change, H.-O. Pörtner, D. C. Roberts, M. Tignor, E. S. Poloczanska, K. Mintenbeck, A. Alegría, M. Craig, S. Langsdorf, S. Löschke, V. Möller, A. Okem and B. Rama (eds.), Cambridge University Press, Cambridge, UK and New York, NY, USA, p. 32.

15. IPCC, 2022, *Summary for Policymakers*, in Climate Change 2022: Mitigation of Climate Change. Contribution of Working Group III to the Sixth Assessment Report of the Intergovernmental Panel on Climate Change, P. R. Shukla, J. Skea, R. Slade, A. Al Khourdajie, R. van Diemen, D. McCollum, M. Pathak, S. Some, P. Vyas, R. Fradera, M. Belkacemi, A. Hasija, G. Lisboa, S. Luz and J. Malley, (eds.), Cambridge University Press, Cambridge, UK and New York, NY, USA p. 17.
16. *Ibid.*, p. 21.
17. *Ibid.*, p. 28.
18. *Ibid.*, p. 52.

"carbon leakage", *i.e.* the relocation of companies to countries with less restrictive policies, which would undermine the efforts of countries with the most ambitious policies [19]. On this basis, carbon constraints should be equivalent across countries, although taking account of the principle of "common but differentiated responsibilities and respective capabilities" (CBDRRC), as well as the expectation that the industrialized countries of the Global North should "take the lead" in addressing climate change given their greater contribution to the causes of the problem [20]. In any case, no country, even the most voluntarist, could claim to solve the problem alone. International cooperation is therefore undoubtedly necessary, and as scientific concern about climate change rose, the international community quickly acknowledged the importance of developing international law. Thus, as early as 1988, the UN General Assembly stated that "climate change is a common concern of mankind, since climate is an essential condition which sustains life on Earth" and that "necessary and timely action should be taken to deal with climate change within a global framework" [21].

The international climate regime as we know it today is the outcome of a lengthy process which started in 1988 with the establishment of an expert body, the Intergovernmental Panel on Climate Change. In 1992, states then adopted a specific international legal regime [22], founded on the United Nations Framework Convention on Climate Change, which was opened for signature at the Rio Earth Summit. In 1997, the Kyoto Protocol set out obligations for the reduction of GHG emissions for the period 2008-2012 relative to 1990 levels, but only for industrialized countries. While the intention of the Protocol was for a smaller number of states to undertake deep emissions reduction commitments that would then be broadened out to other states this did not occur in practice, with only 24 percent of global emissions covered by the first commitment period between 2008-2012 [23], and a mere 12 percent of global emissions covered by the subsequent commitment period between 2013-2020. This prompted the search for a new approach but negotiations on the "post-2012" regime, and later, the "post-2020" regime, were slow and arduous.

The extent of the challenge to engage all states – both industrialized and developing countries – in the fight against climate change became apparent

---

19. For a contrary view, arguing that well-designed sub-global efforts can minimize risks of leakage, see Daniel A. Farber, (2013) "Carbon Leakage Versus Policy Diffusion: The Perils and Promise of Subglobal Climate Action", *Chicago Journal of International Law*, Vol. 13, No. 2, pp. 359-379.
20. UNFCCC, Article 3.1.
21. UNGA Resolution A/RES/43/53, Protection of global climate for present and future generations of mankind, para. 1.
22. See the definition of international regimes by S. Krasner (1983), *International regimes*, Cornell University Press, London, p. 2.
23. Igor Shishlov, Romain Morel and Valentin Bellassen (2016), "Compliance of the Parties to the Kyoto Protocol in the first commitment period", *Climate Policy*, 16:6, 768-782.

during the Bali COP in 2007. Two years later, the Copenhagen COP offered a striking example of the complexities in meeting the different expectations of North and South in the negotiations. The chaotic negotiations at Copenhagen ultimately saw the symbolic continuation of the Kyoto Protocol until 2020 and paved the way for the approach eventually adopted at the Paris COP in 2015. During this period, at one COP after the other, the positions of the various parties seemed to make no headway, and if they did, it was only on issues that were ancillary to the negotiation agenda. Meanwhile, as both scholarship and the IPCC openly addressed the issue, awareness grew that actions needed to be taken. Yet while states agreed on the risks of climate change and were in principle willing to mitigate them, negotiations continued to stall. It would take until December 2015 for an agreement to be finally reached in Paris at COP 21.

The resulting treaty – the Paris Agreement – was signed by a large number of countries and was quickly ratified. It entered into force within a year, despite the very strict conditions attached to it [24]. As of December 2022, there are 195 signatories and 194 parties to the treaty. This regime has undoubtedly led to progress, but, at the same time it is clearly insufficient [25]. Indeed, because the issue of climate change is cross-cutting, it must also be considered well beyond the international climate regime. Attention in this regard turns both to other areas and norms of international law and different international legal regimes, as well as to other levels of governance (e.g. local, sub-national, national and regional) and to the contributions of a range of different actors beyond states (e.g. corporations, non-governmental organizations, individuals and communities, Indigenous peoples and experts). For international law, mounting a more effective response to this challenge often requires adaptation and adjustments, and potentially more transformative actions. This is the process which we have termed the progressive climatization of international law, the timid progress of which is only beginning to be seen.

Paragraph 3   **Beyond the international climate regime: the progressive climatization of international law**

Our understanding of the progress of climatization in international law is represented in Figure 1 below. It shows how climate change is leading to a succession of effects across international law, extending

---

24. It required the ratification of at least 55 Parties to the Convention, incorporating Parties included in Annex I which accounted in total for at least 55 per cent of the total carbon dioxide emissions for 1990 of the Parties included in Annex I (Art. 21, para. 1).
25. IPCC WGIII report, chap. 14.

from the core international climate regime – which draws on the principles of international environmental law – and beginning to influence the development of international law in areas outside the climate regime.

Such climatization is most evident in areas of international law beyond the climate regime that nonetheless relate to climate change, such as the climate measures being adopted for dealing with emissions from international aviation or shipping by international organizations regulating these forms of transport [26], or the consideration of the implications of climate-induced sea level rise in interpreting maritime boundary delimitation rules under the UN Law of the Sea Convention (UNCLOS) [27]. However, climatization may also extend beyond that to rules of international law that are not primarily about climate change, but are relevant – even fundamental – to an effective response to the problem, such as rules relating to trade and investment, to mention but a few.

Because the governance of climate change takes place at multiple levels and involves a diversity of actors, the effects of climatization in international law are felt not only "horizontally" (across other areas of international law) but also "vertically" through the different layers of governance and actors involved in the global climate change response. We can see this, for example, in the ways in which regional human rights courts are beginning to play a role in determining climate-related cases [28], or in the link with climate change established by the UN General Assembly when it recognized the right to a clean, healthy and sustainable environment as a human right [29]. As a climate change framing becomes more dominant in other relevant areas of law such as trade or investment law, we might expect to see this playing out in the development of legal measures at other levels of governance, for example, in regional free trade agreements that make express reference to climate change [30], or in the formulation of domestic climate risk reporting requirements for businesses,

---

26. Jörgen Larsson, Anna Elofsson, Thomas Sterner and Jonas Åkerman, "International and national climate policies for aviation: a review", *Climate Policy*, 2019, 19:6, pp. 787-799; Y. Shi, *Climate Change and International Shipping*, Leiden, Brill, Nijhoff, 2016.
27. See UN International Law Commission, Sea level rise in relation to international law. First issues paper by Bogdan Aurescu and Nilüfer Oral, Co-Chairs of the Study Group on sea-level rise in relation to international law, A/CN.4/740, 28 February 2020.
28. See e.g., Jasper Krommendijk, "Beyond Urgenda: The role of the ECHR and judgments of the ECtHR in Dutch environmental and climate litigation" (2022), 31 (1) *RECIEL*, pp. 60-74.
29. UNGA, Resolution 76/300, *The human right to a clean, healthy and sustainable environment*, 28 July 2022.
30. Jose-Antonio Monteiro, Svetlana Chobanova and Daniel Ramos, "Climate Change in Regional Free Trade Agreements, WTO, Trade and Climate Change", Information Brief No. 2, https://www.wto.org/english/tratop_e/envir_e/climate_intro_e.htm#wp, last accessed on 22 December 2022.

which draw on international standards produced in response to the drive to unlock private climate finance [31].

Figure 1: Progressive climatization of international law

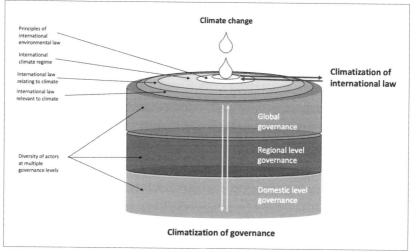

Like other scholars who diagnose a similar phenomenon of climatization in global politics, we see the climatization of international law as an ongoing process rather than as an end state [32]. It arises because of the dominant policy salience of climate change as a global issue, which leads to actors adopting new problem framings in response (e.g. "climate change as a human rights issue", "climate change as an investment issue", etc). Within the field of international law, these alternative framings invite questions about how the rules and mechanisms applied in areas outside the international climate regime might play a role, or be refashioned, in addressing climate change.

As Aykut and Maertens have observed, the process of climatization is agnostic to the form or intensity, or the underlying motivations, of any resulting shifts, embracing a spectrum from minor adjustments through to much deeper transformations [33]. In international law, we can envision climate change as "stretching" relevant norms – sometimes just resulting in adjustment or adaptation (which we could call an "acclimatization" response) – but at other times causing more significant changes or even leading to

---

31. See e.g., the International Sustainability Standards Board, Exposure Draft IFRS S2 Climate-related Disclosures (2022). The ISSB was "established at COP26 to develop a comprehensive global baseline of sustainability disclosures for the capital markets", see https://www.ifrs.org/projects/work-plan/climate-related-disclosures/.
32. Stefan C. Aykut and Lucile Maertens, "The climatization of global politics: introduction to the special issue", *op. cit.*
33. *Ibid.*, p. 506.

"breaking" norms to construct a new legal understanding. This process of the progressive climatization of international law is not without risk; it tends to have a homogenizing effect which may crowd out equally important global problems, such as the biodiversity or oceans crisis, in the international legal and political agenda. However, on balance, if we are to take seriously the urgency, cross-cutting nature and complexity of climate change, some degree of climatization is inevitable [34], and arguably, this is a process that needs to accelerate for international law to be fit-for-purpose in the face of this critical global challenge, while taking account of the interdependence between environmental threats and planetary boundaries.

Paragraph 4   **Framing the theme and chapter contributions**

The Centre's theme and chapter contributions explore the tests climate change poses to international law and the ways international law might be enhanced and further "climatized" to meet this challenge.

One set of responses from the chapter contributions approaches this theme from the perspective of the different sectoral regimes that make up the growing body of international law that relates to or is relevant for climate change. In respect of some of these regimes, such as international ozone law, law of the sea or international biodiversity law, there is already a close association and areas of overlapping activity with the international climate regime. For instance, the protection of biodiversity and ecosystems is important for both climate mitigation (e.g. avoided emissions reductions through controls on deforestation) and for climate adaptation [35], with increasing interest in the climate regime around "nature-based solutions" [36]. Law of the sea provisions addressing the protection of the marine living environment and prevention of marine pollution have the potential to extend to climate impacts on oceans,

---

34. *Ibid.*, p. 514.
35. H. O. Pörtner, R. J. Scholes, J. Agard, E. Archer, A. Arneth, X. Bai, D. Barnes, M. Burrows, L. Chan, W. L. Cheung, S. Diamond, C. Donatti, C., Duarte, N. Eisenhauer, W. Foden, M. A. Gasalla, C. Handa, T. Hickler, O. Hoegh-Guldberg, K. Ichii, U. Jacob, G. Insarov, W. Kiessling, P. Leadley, R. Leemans, L. Levin, M. Lim, S., Maharaj, S., Managi, P. A. Marquet, P. McElwee, G. Midgley, T. Oberdorff, D. Obura, E. Osman, R. Pandit, U. Pascual, A. P. F. Pires, A. Popp, V. Reyes-García, M. Sankaran, J. Settele, Y. J. Shin, D. W. Sintayehu, P. Smith, N. Steiner, B. Strassburg, R. Sukumar, C. Trisos, A. L. Val, J. Wu, E. Aldrian, C. Parmesan, R. Pichs-Madruga, D. C. Roberts, A. D. Rogers, S. Díaz, M. Fischer, S. Hashimoto, S. Lavorel, N. Wu, H. T. Ngo, 2021. Scientific outcome of the IPBES-IPCC co-sponsored workshop on biodiversity and climate change; IPBES secretariat, Bonn, Germany, DOI:10.5281/zenodo.465 9158. See Maša Kovič Dine's chapter hereinafter.
36. See for instance UNFCCC, "Managing Climate Risks through Nature-Based Solutions", 22 November 2021, https://unfccc.int/news/managing-climate-risks-through-nature-based-solutions, last accessed on 22 September 2022.

such as ocean acidification or warming [37], and the law of the sea regime is also the primary body of law addressing activities in marine areas beyond national jurisdiction that are undertaken to further climate mitigation [38]. Equally, the international ozone regime – regarded as international environmental law's most successful [39] – offers opportunities for accelerating climate mitigation through addressing ozone depleting substances (including substitutes for previously phased-out substances) that are also GHGs [40].

Climate change has been a more recent focus of concern in international legal regimes concerned with human rights, migration and mobility, disaster risk reduction and peace and security. It is now widely accepted, for example, that climate change is a "threat multiplier" that exacerbates other threats to peace and security [41], and the Security Council has directed increasing attention to this intersection in recent years [42]. There has been growing attention also to the role of climate change in the displacement of individuals and communities, and to the migration of people across state borders [43], as well as the adequacy of relevant regimes such as international refugee law to respond [44]. Human rights law intersects with all of these areas and also with the emerging international (soft) law for disaster risk reduction, which is increasingly connected with the climate regime around questions of adaptation and preventing or responding to climate-related disasters [45].

In the case of international economic law, the regimes of international trade law and international investment law are clearly relevant to climate governance, whether as potential barriers to ambitious climate action but also more positively as tools for enhancing the enforcement of states' climate

---

37. This relationship is being tested through a proposed Advisory Opinion to ITLOS: Benoit Mayer, International Advisory Proceedings on Climate Change, available at https://benoitmayer.com/wp-content/uploads/2022/04/International-advisory-proceedings-on-climate-change.pdf, last accessed on 22 December 2022.
38. See Carlos Soria Rodriguez' chapter hereinafter.
39. S. O. Andersen *et al.*, "Ozone Layer, International Protection", in A. Peters and R. Wolfrum (eds.), *Max Planck Encyclopedia of Public International Law [MPEPIL]*, Oxford, Oxford University Press, 2008.
40. See Claire Malwé's chapter hereinafter.
41. UN, Climate change recognized as "threat multiplier", UN Security Council debates its impact on peace, UN News, https://www.un.org/peacebuilding/fr/news/climate-change-recognized-%E2%80%98threat-multiplier%E2%80%99-un-security-council-debates-its-impact-peace, last accessed on 22 September 2022.
42. For instance, Security Council Open Debate on Climate and Security, 23 September 2021, https://www.un.org/en/climatechange/security-council-open-debate-climate-and-security-0, last accessed on 23 September 2022, see also Anne Dienelt's chapter hereinafter.
43. See Marie Courtoy's chapter hereinafter.
44. Jane McAdam, *Climate Change, Forced Migration and International Law*, Oxford University Press, 2012, Chapter 2, pp. 39-51.
45. See generally, Jacqueline Peel and David Fisher (eds.), *The Role of International Environmental Law in Disaster Risk Reduction*, Brill Nijhoff, 2016.

obligations [46]. The underlying free trade policy motivating international economic law though is not always compatible with the achievement of collective climate goals and may require a more fundamental rethinking of the relationship between these two areas of international law [47].

Within the international climate regime itself, the challenges posed by the scale and urgency of the climate problem also continue to resonate and question marks exist over the effectiveness of component treaties such as the Paris Agreement. The Paris Agreement's 'ambition cycle' is yielding increased target setting activity through parties' successive NDCs but the gap between this activity and needed levels of mitigation, adaptation and finance only continues to grow [48]. Rules for the Paris Agreement's transparency framework, expert review process and compliance mechanism have been fleshed out in the Paris Rulebook [49]. They are supposed to play a central role in engaging states in a process that is designed to be dynamic and incentivizing. However, the capacity of these processes to accelerate parties' action through enhancing compliance and accountability remains untested [50].

Further, there continue to be challenges that climate change poses to general international law and gaps that it exposes in existing international law rules. This invites questions about some central institutions (like the sovereign state), the different sources of international law addressing climate change, including soft and hard law [51], the part played by customary law norms and international principles, such as due diligence or equity [52], and the role of secondary international law rules such as those addressing state responsibility [53]. The international judiciary may also be asked to play its part, underlining the role of general international law to complement the climate regime, in view of the requests or draft requests for advisory opinions to the International Tribunal for the Law of the Sea (ITLOS) and/or the International Court of Justice (ICJ) [54].

---

46. Daniel M. Firger and Michael Gerrard, "Harmonizing Climate Change Policy and International Investment Law: Threats, Challenges and Opportunities", *Yearbook on International Investment Law & Policy* 2010-2011, Karl P. Sauvant, ed., Oxford University Press, 2011 (2010). Available at https://scholarship.law.columbia.edu/faculty_scholarship/1671. See also Carlo de Stefano's chapter hereinafter.
47. See Sophie Grosbon's chapter hereinafter.
48. UNEP, *Emissions Gap Report 2022*, 27 October 2022, available at https://www.unep.org/resources/emissions-gap-report-2022, last accessed on 22 December 2022.
49. See UNFCCC, *Reference Manual for the Enhanced Transparency Framework under the Paris Agreement*, ver. 2, 2022, https://unfccc.int/sites/default/files/resource/v2_ETFreferencemanual.pdf, last accessed on 22 December 2022.
50. See further Ellycia Harrould-Kolieb's chapter hereinafter.
51. See Hélène De Pooter' chapter hereinafter.
52. See Manuel Baena Pedrosa's chapter hereinafter.
53. See Niklas Reetz's chapter hereinafter.
54. Annalisa Savaresi, Kati Kulovesi and Harro van Asselt, "Beyond COP26: Time for an Advisory Opinion on Climate Change?", 17 December 2021, https://www.ejiltalk.org/beyond-cop26-time-for-an-advisory-opinion-on-climate-change/chapter hereinafterlast accessed on 22 September 2022. For details of the Draft Resolution

In respect of new technologies to address climate change, there has been some attention given to the legal requirements that might need to be put in place to enable new applications of conventional technologies, like marine renewable energy installations [55], but international law and governance systems have advanced few responses so far in respect of carbon draw-down and negative emissions technologies [56], let alone for the more controversial technologies of solar radiation management contemplated by geoengineering [57].

A second set of responses from the chapter contributions to the theme of the Centre approached the task from the perspective of different levels of governance or types of actors engaging with climate issues and their intersection with international law. While climate litigation has emerged as an important potential contributor to international climate governance [58], it is domestic courts and regional human rights courts that have led the way in considering climate issues [59], including the application of international climate law [60].

Similarly, the actions of non-state actors, including civil society, scientific experts [61], companies and investors [62], are contributing considerably to the implementation of international climate law, often outstripping the contribution of states. At the same time, particular groupings of states or groups asserting a right to self-determination such as First Nations and Indigenous peoples [63], are pressing for international law to take account of the ways in which they are specially affected by climate change. The role of small island developing states (SIDS) has been key to calls for equity to inform implementation

---

presented by Vanuatu to the United Nations General Assembly in November 2022 which sets out a proposed question to put to the ICJ in an Advisory Opinion request see https://www.vanuatuicj.com/resolution. Regarding ITLOS, see ITLOS Press Release 327, 12 December 2022.

55. See Carlos Soria Rodriguez' chapter hereinafter.
56. Jesse L. Reynolds, "The politics and governance of negative emissions technologies", *Global Sustainability*, 2018, 1, E12.
57. Simon Nicholson, Sikina Jinnah and Alexander Gillespie, "Solar radiation management: a proposal for immediate polycentric governance", *Climate Policy*, 2018, 18:3, pp. 322-334.
58. IPCC, AR6 WG III, Chapter 13, 13.4, https://www.ipcc.ch/report/ar6/wg3/downloads/report/IPCC_AR6_WGIII_Full_Report.pdf, last accessed on 23 September 2022.
59. See further the chapters of Esmeralda Colombo and Juan Auz hereinafter.
60. Sandrine Maljean-Dubois, "Climate litigation: The impact of the Paris Agreement in national courts", *The Taiwan law review*, Angle, 2022, pp.211-222.
61. See Marion Lemoine's chapter hereinafter.
62. See further the chapters of Ling Chen and Carlo de Stefano hereinafter.
63. See, e.g. UN Human Rights Committee, Views adopted by the Committee under Article 5 (4) of the Optional Protocol, concerning communication No. 3624/2019, CCPR/C/135/D/3624/2019, 22 September 2022 ("Torres Strait 8 decision") finding a violation of Indigenous authors' rights family and cultural rights under the International Covenant on Civil and Political Rights as a result of Australia's adaptation action failures.

of international climate law, given the vulnerability of these states to climate impacts, threatening their capacity to survive in their present island homes [64].

A final set of responses to the theme from chapter contributions looks at the question of enhancing international law responses to climate change from the perspective of different implementation mechanisms and approaches. These encompass carbon markets used as a mechanism for creating "internationally transferred mitigation outcomes" towards NDCs under Article 6 of the Paris Agreement [65], as well as finance flows for mitigation and adaptation in developing countries mediated through institutions such as the Green Climate Fund [66]. The book also highlights the potential contribution of climate litigation before national, regional (and potentially international) courts, even if international law only imperfectly addresses the issues of compensation for climate-related harm [67]. In addition, more general customary or international law norms of due diligence, equity or cooperation might also be looked to in order to fashion solutions to the challenges climate change poses [68].

SECTION 2   **HOW CLIMATE CHANGE TESTS INTERNATIONAL LAW AND THE RESPONSE SO FAR**

In this Section, we elaborate on the different ways in which climate change tests or challenges existing international law. They include the challenge of regulating in areas where there are scientific uncertainties and navigating the complex science-policy interface (para. 1), of respecting the constraints of state sovereignty while meeting the need for generally-applicable and ambitious rules (para. 2), of addressing climate change in a fragmented international legal system (para. 3) and across multiple levels of governance involving a range of actors (para. 4), of ensuring global climate justice while addressing the differential responsibilities for and impacts of GHG emissions (para. 5), and designing effective legal tools that are fit-for-purpose and which address remaining gaps (para. 6). While international law has already formulated many responses to challenges of these kinds, climate change often exposes their weaknesses and highlights areas where further development is required.

---

64. See Jean-Baptiste Dudant's chapter hereinafter.
65. See further the chapter of Ling Chen hereinafter.
66. See Green Climate Fund (GCF), https://www.greenclimate.fund/ (last accessed 3 January 2023).
67. See Esmeralda Colombo, Juan Auz and Tierowe Germain Dabire's chapters hereinafter.
68. See Manuel Baena Pedrosa's chapter hereinafter.

Paragraph 1 Regulating areas of uncertainties and navigating the science-policy interface

The complexities of our environment translate into a body of law with significant technicalities [69]. Even if science alone is inadequate as a basis for global risk regulations [70], scientific expertise is nevertheless of fundamental importance at every step of the legal process, from the inception of international law to its implementation. This phenomenon, which characterizes international environmental law more generally, is particularly significant in the case of climate change.

Climate change has given rise to acute controversies and science has played a fundamental role in shaping and influencing the international climate regime. Set up in 1988 by the World Meteorological Organization (WMO) and the United Nations Environment Programme (UNEP), the IPCC has effectively played the role assigned to it as an interface between scientists and policymakers, particularly negotiators. Linking science to policy, assessing and synthesizing scientific literature, it has sought to tailor climate science to the needs of policymakers, providing a solid scientific basis for policy development and effectively communicating this scientific basis to decision makers. IPCC reports "should be neutral with respect to policy, although they may need to deal objectively with scientific, technical and socio-economic factors relevant to the application of particular policies", and are often described as policy-relevant but not policy-prescriptive [71]. Overcoming initial uncertainties and controversies, they have allowed a common understanding of climate change, its (human) origin, its manifestations, and the possible scenarios for the future. Its inputs have been increasingly recognized by and influential on the Subsidiary Body for Scientific and Technological Advice (SBSTA), which provides negotiated recommendations to the COP on scientific matters, and on the COP itself [72].

From the launch of negotiations for the UNFCCC, the IPCC periodic assessment reports have coincided with key moments in the international

---

69. D. Bodansky, J. Brunnée and E. Hey, "International Environmental Law: Mapping the Field", in *The Oxford Handbook of International Environmental Law* 8, Oxford, OUP, 2007.
70. J. Peel, "What Role for Science in International Risk Regulation?", in J. Peel, *Science and Risk Regulation in International Law*, Cambridge, Cambridge University Press, 2010, p. 379.
71. *Principles Governing IPCC Work,* Approved at the Fourteenth Session (Vienna, 1-3 October 1998) on 1 October 1998, amended at the Twenty-First Session (Vienna, 3 and 6-7 November 2003), the Twenty-Fifth Session (Mauritius, 26-28 April 2006), the Thirty-Fifth Session (Geneva, 6-9 June 2012) and the Thirty-Seventh Session (Batumi, 14-18 October 2013), p. 1.
72. S. Johnston, "Ch.16 The Practice of UN Treaty-Making Concerning Science", in S. Chesterman, D. M. Malone and S. Villalpando (eds.), *The Oxford Handbook of United Nations Treaties*, Oxford, Oxford University Press, 2019, p. 327.

negotiations. The IPCC's role was particularly influential in the negotiation of the Paris Agreement, but it has not lost its raison d'être and remains relevant also to the Agreement's implementation [73]. Indeed, science may now play an even more pivotal role for at least four reasons.

First, climate science is still characterized by many uncertainties, such as the potential for crossing of planetary boundaries, tipping points and worst-case scenarios like the "out-of-control hothouse Earth" [74]. Second, IPCC reports increasingly explore the range of "solutions" and Working Group III on Mitigation is growing in importance, making it necessary to broaden the knowledge and disciplines involved [75]. Acceptance of the IPCC finding that the science of climate change is now "unequivocal" does not mean, however, that all controversy is over [76]. The development of geoengineering is and will continue to be the subject of intense debate [77]. And while mid-century net zero targets have now quickly entered state (and non-state) practice, our understanding of the world beyond net zero is very limited [78]. Third, scientific expertise provides an important means to mediate the tension between the common goal of limiting warming to 1.5 °C-2 °C and the differentiation that follows from the principles of equity and CBDRRC. Notably, the Paris Agreement's regular "global stocktake" is to be undertaken "in the light of equity and the best available science" [79]. Finally, it is worth noting that the IPCC's influence goes well beyond the international regime. Its reports permeate national legislation and are referenced in climate litigation [80]. Civil society itself has taken up the IPCC reports, particularly since the 2018 Special Report on Global Warming of 1.5 °C.

Moreover, the relationship is not one-sided. Science has influenced the decision-making process, but in turn the institutions of the international

---

73. A. Fischlin and M. Ivanova, "Scientific and Political Drivers for the Paris Agreement", in D. R. Klein *et al.* (eds.), *The Paris Agreement on Climate Change: Analysis and Commentary*, Oxford, Oxford University Press, 2017, p. 3.

74. See, for instance, W. Steffen *et al.*, "Trajectories of the Earth System in the Anthropocene" (2018), 15 (33) *Proceedings of the National Academic of Sciences*, pp. 8252-8259; T. M. Lenton *et al.*, "Climate tipping points – too risky to bet against" (2019), *Nature*, pp. 592-595.

75. See Marion Lemoine's chapter in this volume.

76. B. Lahn, "In the Light of Equity and Science: Scientific Expertise and Climate Justice After Paris", *International Environmental Agreements*, Vol. 18 (2018), No. 1, p. 29.

77. D. French and B. Pontin, "Chapter I.1: The Science of Climate Change: A Legal Perspective on the IPCC", in M. Faure (ed.), *Elgar Encyclopedia of Environmental Law*, Cheltenham, Edward Elgar Publishing, 2016, p. 18.

78. A. D. King, J. Peel and T. Ziehn *et al.*, "Preparing for a post-net-zero world", *Nat. Clim. Chang* (2022), https://doi.org/10.1038/s41558-022-01446-x.

79. Paris Agreement, Article 14.

80. Brian J. Preston, "The Influence of the Paris Agreement on Climate Litigation: Legal Obligations and Norms (Part I)", (2021), 33 (1) *Journal of Environmental Law*, pp. 1-32.

climate regime have contributed, through their activity, to the promotion and development of the science. COPs provide venues for scientific exchange and collaboration [81]. The history of the 1.5 °C report shows also how the climate regime has framed the scientific agenda [82].

We might have the impression today that if the science is clear, the measures adopted or to be adopted are no longer precautionary (required in the face of uncertainty) but preventive (applicable in the face of the certainty of future damage). As we have seen though, despite a huge effort by the scientific community, many uncertainties remain, and therefore a precautionary approach is still needed. Furthermore, it is often difficult to say what falls under precaution or preventative approaches in a context where science is constantly evolving. In fact, the international climate regime illustrates how the distinction between precaution and prevention may be of limited practical use in facing such a complex and evolving issue. Rather, there is a "continuum of degrees of precaution in terms of earliness and stringency" [83], emphasizing the need for adaptive learning, policy and law [84]. Finally, policy and action have not always been very anticipatory, now requiring what might be termed "post-cautionary" responses, for instance, in the case of loss and damage, in mediating threats to peace and security, or in regulating geoengineering [85].

Paragraph 2   **The need for general and ambitious rules versus state sovereignty**

In 1927, in the well-known *Lotus* case, the Permanent Court of Justice observed:

"International law governs relations between independent States. The rules of law binding upon States therefore emanate from their own free will as expressed in conventions or by usages generally accepted as expressing principles of law and established in order to regulate the relations between these co-existing independent communities or with a view to the achievement of common aims." [86]

---

81. S. Johnston, "Ch.15 The Role of Science", in L. Rajamani and J. Peel (eds.), *The Oxford Handbook of International Environmental Law*, Oxford, Oxford University Press, 2021, p. 332.
82. Notably, the 1.5°C Special Report was produced by the IPCC in response to a request from the UNFCCC COP21 which adopted the Paris Agreement.
83. J. Wiener, "Precaution and Climate Change", in Cinnamon P. Carlarne, Kevin R. Gray and Richard Tarasofsky (eds.), *The Oxford Handbook of International Climate Change Law*, OUP, 2016, p. 180.
84. Jan McDonald and Megan Styles, Legal Strategies for Adaptive Management under Climate Change (2014), 26 (1) *Journal of Environmental Law* 25-53.
85. J. Wiener, "Precaution and Climate Change", in Cinnamon P Carlarne, Kevin R Gray and Richard Tarasofsky (eds.), *The Oxford Handbook of International Climate Change Law*, OUP, 2016, p. 177.
86. The Case of *SS Lotus (France* v. *Turkey)*, PCIJ Rep., Series A, No. 9, 18 (1927).

While the premise of state consent remains central today, international law has experienced many transformations. The ways in which the state can be engaged have diversified, while the technical process of formalization and enactment of rules, including the sources of law, has not have enriched, in particular through the abundant development of soft law. As noted by Emmanuelle Jouannet, just as liberal internal states in Europe have become providential states, so contemporary international law has changed from a liberal law, limited to some primary functions of regulation and coexistence, to a multifunctional providential law, regulating the life of states and individuals and considered the ultimate guardian of collective well-being[87]. This development is very visible in the field of climate change, where the need for international cooperation, on the one hand, and deep state resistance, on the other, have necessarily led to experimentation.

From this point of view, probably more than any other treaty, the Paris Agreement shows that the way in which states commit themselves has evolved over time[88]. In this regard, the form and substance of the Agreement were carefully crafted to enable a delicate consensus. On legal form, the Paris Agreement demonstrates a subtle combination of hard and soft law to achieve different levels of legal "bindingness" for different provisions[89]. In terms of substance, the Paris Agreement represents an equally subtle combination of bottom-up and top-down approaches. Despite its flexible and non-prescriptive approach, the Paris Agreement increases pressure on states, including – and perhaps most importantly – at the domestic level. In view of the findings of the IPCC's 1.5 °C Special Report[90] and Sixth Assessment Report (AR6)[91], as well as the growing mobilization of civil society, it becomes even more difficult, politically speaking, for states to stick to NDCs that, once aggregated, would not lead to a drastic reduction of GHG emissions. The Paris Agreement has decisively contributed to increasing the number of domestic climate cases thanks to the engagement of civil society. This has given national courts the opportunity to position themselves as important actors in climate governance. Even if the results are not yet satisfactory, this somewhat renewed form of

---

87. E. Jouannet, "A quoi sert le droit international ? Le droit international providence du XXIe siècle", *RBDI*, 2007/1, p. 11.
88. S. Chan, C. Brandi and S. Bauer, "Aligning Transnational Climate Action with International Climate Governance: The Road from Paris", *RECIEL*, 25 (2), 2016, pp. 238-247.
89. Lavanya Rajamani, "The 2015 Paris Agreement: Interplay Between Hard, Soft and Non-Obligations", 2016, 28 *Journal of Environmental Law* 337-358.
90. IPCC (2018) *Global Warming of 1.5 °C. An IPCC Special Report on the impacts of global warming of 1.5 °C above pre-industrial levels and related global greenhouse gas emission pathways, in the context of strengthening the global response to the threat of climate change, sustainable development, and efforts to eradicate poverty.*
91. See https://www.ipcc.ch/report/sixth-assessment-report-cycle/, last accessed 21 Decembre 2022.

international commitment by states has in turn led to renewed forms of control that – hopefully – could lead to greater effectiveness [92].

Beyond the Paris Agreement, it is instructive to think of the whole body of rules of international law as a system, whose elements are connected [93]. International environmental principles, coupled with case law, have played a role in linking rules with different legal force, from different regimes, favouring a synergistic interpretation of international law, and contributing to improving its consistency and arguably, through that, its effectiveness. Customary and conventional rules do not work in isolation but, on the contrary, enjoy a close relationship extending as far as cross-fertilization and mutual pollination [94]. Courts are often led to mobilize other international sources – customary rules, soft law instruments – to interpret and apply treaty rules [95]. These developments illustrate the willingness of courts and tribunals to contribute to a systemic interpretation of international climate law with other rules of international law (for example, from the law of the sea, international trade law, etc.). The *South China Sea* arbitration is a perfect illustration of the symbiosis between customary and treaty-based obligations [96]. The opinion of Judge Cançado Trindade in the *Whaling* case also illustrates very well this phenomenon, and the judicial willingness to participate in the ongoing "defragmentation" of international law, noting that:

> "With the growth in recent decades of international instruments related to conservation, not a single one of them is approached in isolation from the others; not surprisingly, the co-existence of international treaties of the kind has called for a systemic outlook, which has been pursued in recent years . . . The systemic outlook seems to be flourishing in recent years." [97]

Climate litigation provides another example, as claims are usually based on several sources of international and domestic law. Claimants demonstrate considerable inventiveness, inviting judges to combine sources and norms in

---

92. See the chapter of Esmeralda Colombo hereinafter.
93. See e.g. Eyal Benvenisti, "The Conception of International Law as a Legal System", 50 *German Yb Int'l L.* 393, 2007.
94. Ph. Sands, "Treaty, Custom and the Cross-Fertilization of International Law", in *Yale Human Rights and Development Law Journal*, 1998, p. 1.
95. *Ibid.*, see Sandrine Maljean-Dubois and Elisa Morgera, "International Biodiversity Litigation. The Increasing Emphasis on Biodiversity Law Before International Courts and Tribunals", in Guillaume Futhazar, Sandrine Maljean-Dubois and Jona Razzaque (eds) *Biodiversity litigation*, Oxford University Press, 2022, p. 355.
96. *PCA Case No 2013-19 in the matter of the South China Sea Arbitration before an arbitral tribunal constituted under annex VII to the 1982 United Nations Convention on the law of the sea, between the Republic of the Philippines and the People's Republic of China*, Award of 12 July 2016, paras. 941, 948.
97. Separate Opinion of Judge Cançado Trindade, para. 25.

a synergistic manner [98]. Interpreting one norm in the light of another can then make these norms say more than if they were applied in isolation [99]. Focusing on international law, treaty rules are generally combined with customary rules, but sometimes also with soft law instruments like COP decisions. The rules of the international climate regime are combined both with general rules (such as customary duties of due diligence) and with other specific rules. The combination of international climate law rules and international human rights law rules is also increasingly invoked [100]. Courts are then asked to read states' obligations regarding the protection of human rights in the light of their climate obligations, whether in a national court [101], or before international human rights protection bodies such as the United Nations Committee on the Rights of the Child [102] or the European Court of Human Rights [103]. The *Urgenda* case demonstrated a particularly synergistic interpretation of a combination of customary norms (the Dutch duty of care or no harm rule), treaty rules under international human rights law, together with the objectives and principles of the UNFCCC [104]. This combination can be found in similar cases, such as in Belgium, with *Klimaatzaak*, currently pending before the Brussels Court of Appeal, where the Court of First Instance found that there had been violations of Articles 2 and 8 of the European Convention on Human Rights (ECHR), read in the light of the duty of care of the good family father (or the reasonable man in Common Law), a standard itself informed by the Paris Agreement [105].

---

98. Christel Cournil, "Les droits fondamentaux au service de l'émergence d'un contentieux climatique contre l'État. Des stratégies contentieuses des requérants à l'activisme des juges", in Marta Torre-Schaub, Christel Cournil, Sabine Lavorel and Marianne Moliner-Dubost (eds.), *Quel(s) droit(s) pour les changements climatiques*, Mare & Martin, 2018, p.199.
99. For example, see Chiara Macchi and Josephine Zeben, "Business and human rights implications of climate change litigation: *Milieudefensie* et al. v. *Royal Dutch Shell*", 30 (3) *RECIEL*, 2021, pp. 409-415.
100. Jacqueline Peel and Hari Osofsky, "A Rights Turn in Climate Change Litigation?", *Transnational Environmental Law*, 7 (1), 2018, pp. 37-67.
101. See the Decision of 2019 in the Urgenda case, Urgenda, Supreme Court of the Netherlands, ECLI:NL:HR:2019:2007, Hoge Raad, 20-12-2019, para. 5.6.2.
102. Petition before the Committee on the Rights of the Child on 23 September 2019, *Chiara Sacchi* et al. *c. Argentina, Brazil, France, Germany, Turkey*. Decision adopted by the Committee on the Rights of the Child under the Optional Protocol to the Convention on the Rights of the Child on a communications procedure in respect of Communication No. 106/2019, 21 September 2021.
103. With pending cases involving Portuguese young people, Swiss elders or an Austrian with temperature-dependent multiple sclerosis. See Christel Cournil and Camila Perruso, "Le climat s'installe à Strasbourg – Les enseignements des premières requêtes portées devant la Cour européenne des droits de l'Homme", *L'Observateur de Bruxelles*, 2021/2, No. 124, pp. 24 ss.
104. Urgenda, Supreme Court of the Netherlands, *op. cit.*, para. 5.7.5.
105. See their main conclusions, http://climatecasechart.com/climate-change-litigation/wp-content/uploads/sites/16/non-us-case-documents/2019/201906282660na.pdf, last accessed on 27 August 2022.

Ultimately, in a "systematically changing system", state-consent could or should be considered "as consent to a process, and more specifically as consent to a process aimed at normative development, the outcome of which is unknown at the time that consent is given"[106]. Hence, climate change invites us also to adopt a new, climatized, reading of state-consent.

Paragraph 3   **A cross-cutting issue but fragmented international law and governance**

The work of the UN International Law Commission (ILC) has highlighted the issue of fragmentation in international law stemming from "the emergence of specialized and (relatively) autonomous rules or rule complexes, legal institutions and spheres of legal practice"[107]. This fragmented international legal response may pose particular challenges in the context of a cross-cutting issue such as climate change[108]. Although a specialized body of rules and institutions has developed in the international climate change regime, other areas of international law are also of fundamental importance to the governance of climate issues[109]. In addition, the specialized international climate regime does not provide a comprehensive response to all aspects of the climate challenge. For instance, the Paris Agreement provides only a facilitative compliance mechanism, leaving questions of international enforcement to the sphere of the rules of state responsibility[110]. Equally, while the UNFCCC provides that parties should "cooperate to promote a supportive and open international economic system" and avoid adopting climate measures that are trade-restrictive[111], the regime contains no further guidance on how the relationship between climate change and free trade should be navigated.

---

106. E. Hey, *Teaching International Law. State-Consent as Consent to a Process of Normative Development and Ensuing Problems*, The Hague, Kluwer Law International, 2003, p. 23. On these processes see also J. Brunnée, "COPing with Consent: Law-Making Under Multilateral Environmental Agreements", 15 *Leiden Journal of International Law*, 2002, p. 6.
107. *Fragmentation of International Law: Difficulties Arising from the Diversification and Expansion of International Law*, Report of the Study Group of the International Law Commission, finalized by Mr. Martti Koskenniemi, Doc. A/CN.4/L.682 and Add.1, 10 April 2006, p. 10.
108. See generally, Harro van Asselt, *The Fragmentation of Global Climate Governance: Consequences and Management of Regime Interactions*, Edward Elgar, 2014.
109. Margaret Young, "Fragmentation and International Environmental Law", in Lavanya Rajamani and Jacqueline Peel (eds.), *Oxford Handbook of International Environmental Law*, OUP, 2021, p. 85; Harro van Asselt, *The Fragmentation of Global Climate Governance, op. cit.*
110. Paris Agreement, Article 15.
111. UNFCCC, Article 3.5.

As the implications of climate change for other international law regimes have become more and more apparent there have been emerging attempts to incorporate climate-related rules within these regimes, either by way of new protocols, resolutions and decisions, or through mechanisms of legal interpretation. For instance, the UNECE Air Convention, historically designed to deal with problems of transboundary air pollution like acid rain, has been augmented by the amended Gothenburg Protocol which addresses short-lived climate forcers like black carbon that are not covered by the climate regime [112]. The Kigali Amendment to the Montreal Ozone Protocol has also generated hopes for progress in slowing global warming through the introduction of controls on hydrofluorocarbons, which are themselves powerful GHGs [113]. As another example, the Human Rights Council has adopted a series of targeted resolutions, beginning in 2008, that clarify the ways climate change affects human rights, which has spurred the development of a rights-based climate jurisprudence [114]. These interactions are taking place not only horizontally between different international law regimes, but also vertically as domestic and regional courts reach into international law to help resolve climate disputes brought before them. In one of the most radical recent examples, the Brazilian Supreme Court declared the Paris Agreement to be a human rights treaty that supersedes national law [115].

However, as international law regimes in different areas begin to engage with issues of climate change this can raise problems of coordination or competition between different rules where overlaps exist. Rather than a "mechanistic application" of treaty interpretation rules such as *lex specialis* or *lex posterior*, or even an approach of "systemic interpretation" [116] which can be "one-sided" where the firmer dispute settlement systems of international economic law encounter climate norms, processes of "regime interaction" based on information exchange, inter-agency learning, experimentation, expert consultation, peer review and stakeholder participation may be more

---

112. ECE, 1999 Protocol to Abate Acidification, Eutrophication and Ground-Level Ozone to the Convention on Long-Range Transboundary Air Pollution, as amended on 4 May 2021, ECE/EB.AIR/114, 6 May 2013.
113. Lisa Friedman, Coral Davenport, "Senate Ratifies Pact to Curb a Broad Category of Potent Greenhouse Gases", *New York Times,* 21 September 2022, https://www.nytimes.com/2022/09/21/climate/hydrofluorocarbons-hfcs-kigali-amendment.html, last accessed on 22 September 2022.
114. See Jacqueline Peel and Hari M. Osofsky, "A Rights Turn in Climate Change Litigation?", *Transnational Environmental Law,* 7 (1), 2018, 37-67.
115. Maria Antonia Tigre, "Advancements in Climate Rights in Courts Around the World", Sabin Center, Climate Law Blog, 1 July 2022, https://blogs.law.columbia.edu/climatechange/2022/07/01/advancements-in-climate-rights-in-courts-around-the-world/, last accessed on 22 December 2022.
116. Based on VCLT Article 31.3 *(c)*.

fruitful [117]. Within the broader field of international environmental law, interesting examples of coordination amongst secretariats have emerged as a way of synergizing activity across different treaty regimes [118]. A diversity of international forums and legal approaches for addressing climate change can sometimes also be beneficial as a prompt for innovation. In the field of international investment law, there are signs, for example, that "catastrophic" clashes of the past between environmental protection and investors' rights are giving way to a new era of "normalising of environmental reasoning in investment jurisprudence" [119]. Others though are impatient with such cautious and "siloed" approaches and call for more radical solutions appropriate for the "era of the Anthropocene". These proposals seek to match the legal response to an integrated, interdependent socio-ecological system through the development of an equally holistic Earth system law [120].

Paragraph 4   **The need for multi-level, multi-actor governance versus compartmentalized rules**

The fragmentation of the international response to climate change across multiple regimes is matched by a fragmenting of governance across different levels, involving a myriad of actors beyond states alone [121]. It is now widely accepted that the governance of climate change follows a "polycentric pattern", taking place in many alternative domains beyond the international climate regime [122].

The Paris Agreement both invites and enables this multi-level, multi-actor governance approach. Its hybrid architecture of "bottom-up" NDCs and "top-down" transparency and reporting requirements encourages actors at other levels of governance to assume the role of holding states' accountable for the adequacy and implementation of their climate pledges [123]. This has been

---

117. M. A. Young, "Climate change law and regime interaction", *Carbon & Climate Law Review*, 2011 (2), pp. 147-157. See also Harro Van Asselt, "Managing the Fragmentation of International Environmental Law: Forests at the Intersection of the Climate and Biodiversity Regimes", 44 *NYU J. Int'l L. & Pol.* 1205, 2012.
118. The joint secretariat for the Basel Transboundary Waste Convention, the Rotterdam PIC Convention and the Stockholm POPs Convention is the leading example of this approach.
119. Kate Miles (ed.), *Research Handbook on Environment and Investment Law*, Elgar Press, 2019, pp. 1-2.
120. See e.g., Louis J. Kotzé et al., "Earth system law: Exploring new frontiers in legal science", 2022, 11 *Earth System Governance*, p. 100126.
121. Karin Bäckstrand, Jonathan W. Kuyper, Björn-Ola Linnér and Eva Lövbrand, "Non-state actors in global climate governance: from Copenhagen to Paris and beyond", *Environmental Politics*, 26:4, 2017, pp. 561-579.
122. A. Jordan, D. Huitema and M. Hildén et al., "Emergence of polycentric climate governance and its future prospects", *Nature Clim. Change* 5, 2015, pp. 977-982.
123. Robert Falkner, "The Paris Agreement and the new logic of international climate politics", 92 (5) *International Affairs*, 2016, pp. 1107-1125.

a driver of climate litigation before domestic courts and regional bodies such as regional human rights courts, with more than a doubling of the number of climate change-related cases since 2015 and around one quarter of the over 2000 cases brought globally filed since 2020 [124]. This jurisprudence may potentially provide the basis for transnational understandings to emerge that clarify key concepts underpinning international climate law [125], such as the global carbon budget and an individual state's "fair share" of international efforts to reduce GHG emissions [126].

At the same time, the Paris Agreement preamble recognizes "the importance of the engagements of all levels of government and various actors, in accordance with respective national legislations of Parties, in addressing climate change" [127]. To track the progress of non-state actor initiatives and actions, the COP decision adopting the Paris Agreement called for establishment of the Non-State Actor Zone for Climate Action platform, which was relaunched at COP26 as the Global Climate Action portal [128]. As of December 2022, this portal records 30,763 actors engaging in climate action globally, including companies, investors, organizations, universities, regions and cities. These actions often extend well beyond commitments made by states, even though the requirements of the Paris Agreement only apply (directly) to states' parties. An example is the proliferation of "net zero" pledges by companies, the adequacy of which is closely scrutinized by civil society organizations such as the coalition behind the Net Zero Tracker website [129].

These developments occurring in governance and actor spaces beyond the state-dominated sphere of the international climate regime and international law more generally potentially provide scope for innovative and more ambitious responses to the climate challenge. For instance, several international networks, such C40, Local Governments for Sustainability (ICLEI), Mayors for Climate Protection, and the Global Covenant of Mayors for Climate and Energy, are credited with playing an "important role in defining and developing

---

124. Joana Setzer and Catherine Higham, *Global Trends in Climate Change Litigation – 2022 Snapshot,* LSE Grantham Research Institute, 30 June 2022.
125. See Jacqueline Peel and Jolene Lin, "Transnational Climate Litigation: The Contribution of the Global South", *American Journal of International Law*, 113 (4), 2019, pp. 679-726.
126. Lavanya Rajamani, Louise Jeffery, Niklas Höhne, Frederic Hans, Alyssa Glass, Gaurav Ganti and Andreas Geiges, "National 'fair shares' in reducing greenhouse gas emissions within the principled framework of international environmental law", *Climate Policy*, 2021, 21:8, pp. 983-1004.
127. See also Decision 1/CP.21 adopting the Paris Agreement, pt V on Non-Party Stakeholders.
128. See https://climateaction.unfccc.int/, last accessed on 22 December 2022.
129. See https://zerotracker.net/, last accessed on 22 December 2022. See also the report of the High-Level Expert Group on the Net-Zero Commitments of Non-State Entities launched at COP27: https://www.un.org/sites/un2.un.org/files/high-levelexpertgroupupdate7.pdf, last accessed on 22 December 2022.

climate-policy initiatives at the city level" [130]. However, the fragmented and often compartmentalized nature of different polycentric actions could lead to the different parts working at cross-purposes rather than in a complementary fashion. International law offers few tools to hold non-state actors accountable if their actions are climate-unfriendly or amount to greenwashing given the need to attribute such actions to a state and establish the breach of a relevant international obligation in order to invoke responsibility [131]. Even if viewed collectively, we do not know, and do not yet have agreed methodologies available to assess, whether or not the fragmented pieces of non-state actor initiatives collectively "add up" to produce an adequate and effective global response to climate change [132].

Paragraph 5   **The need for global justice versus differentiated responsibilities and impacts**

The ultimate objective of the UNFCCC, the enhanced implementation of which is also a goal of the Paris Agreement [133], is "to achieve ... stabilization of greenhouse gas concentrations in the atmosphere at a level that would prevent dangerous anthropogenic interference with the climate system" [134]. The first framing principle of the UNFCCC also stresses that parties "should protect the climate system" noting that this is "for the benefit of present and future generations of humankind" in accordance with states' "common" responsibilities [135]. While these objectives suggest a commonality of purpose and solidarity amongst countries in safeguarding the climate system, their differences – both in terms of their contributions to the problem and their vulnerability to climate impacts – are stark and have given rise to long running tensions between South and North over the implementation of climate measures.

The UNFCCC exhorts developed country parties to "take the lead in combating climate change and the adverse effects thereof" on the basis of

---

130. IPCC, WGIII, chapter 14.
131. ILC, Responsibility of States for Internationally Wrongful Acts 2001, *Yearbook of the International Law Commission*, 2001, vol. II (Part Two).
132. See Thomas N. Hale, Sander Chan, Angel Hsu, Andrew Clapper, Cynthia Elliott, Pedro Faria, Takeshi Kuramochi, Shannon McDaniel, Milimer Morgado, Mark Roelfsema, Mayra Santaella, Neelam Singh, Ian Tout, Chris Weber, Amy Weinfurter and Oscar Widerberg, "Sub- and non-state climate action: a framework to assess progress, implementation and impact", Climate Policy, 21:3, 2021, pp. 406-420; Angel Hsu *et al.*, "Beyond states: Harnessing sub-national actors for the deep decarbonisation of cities, regions, and businesses", 70 *Energy Research & Social Science*, 2020, p. 101738.
133. Paris Agreement, Article 2.1.
134. UNFCCC, Article 2.
135. UNFCCC, Article 3.1.

equity. The Convention, as well as the Paris Agreement, also highlight the *differentiated* responsibilities and respective capabilities of states (the Paris Agreement attaches to this formulation the qualifier "in the light of different national circumstances") [136]. In other areas of international environmental law, such as under the ozone regime, the principles of equity and CBDRRC have provided a basis for differentiated implementation of obligations, with developing countries provided with more time and greater financial and other support to assist implementation efforts [137]. This approach is also evident in the international climate regime, including in the Paris Agreement, which provides some differentiation of obligations between developed and developing countries in terms of reporting and expectations of provision of financial resources to support implementation [138].

This weaker interpretation of equity and CBDRRC, though, sidelines stronger versions – particularly voiced by countries of the Global South – which call for developed countries to be held responsible for their historical contribution to GHG emissions stemming from their industrialization and higher living standards, which are seen to be the root cause of GHG pollution. This is often coupled with demands for developing countries to be able to prioritize development and poverty eradication in their domestic policies, unburdened by requirements for climate action. Small island developing states represented in the climate negotiations by the Alliance of Small Island States (AOSIS) have taken a different approach but one that also strongly presses the need for differentiation, in this case to allow for recognition of the special vulnerabilities and needs of these states facing a truly existential threat from sea level rise and climate change. The special position of SIDS and 'Least Developed Countries' (LDCs) is recognized to some degree in the Paris Agreement but not to the extent of developed countries accepting liability and agreeing to provide compensation for climate-related loss and damage disproportionately experienced by these countries [139]. Developed country pledges on climate finance to assist developing countries with mitigation and adaptation also remain woefully under-met despite ever growing estimates of the need for such resources [140].

The recent Report of the Special UN Rapporteur on the promotion and protection of human rights in the context of climate change highlights the "litany" of human rights impacts of climate change loss and damage, and the

---

136. Paris Agreement, Article 2.2.
137. Philippe Sands and Jacqueline Peel, *Principles of International Environmental Law*, 4th ed., Cambridge University Press, 2018, p. 247.
138. See Article 4.6 (differentiated obligations on mitigation), Articles 9.1 and 9.2 (differentiated obligations on finance), Article 13.2 (differentiated obligations on transparency). See also general provision in Article 2.2.
139. Para. 52, Paris COP decision.
140. See e.g., UNEP, *Adaptation Gap Report 2022*, 1 November 2022, available at https://www.unep.org/resources/adaptation-gap-report-2022.

shortcomings of the Warsaw International Mechanism for Loss and Damage associated with Climate Change (the "WIM") [141]. Even though it is part of the Paris Agreement machinery, the WIM focuses mainly on enhancing knowledge and understanding, strengthening dialogue, coordination, coherence and synergies. Due to "considerable" resistance from Northern countries, there has been very limited progress in advancing action and support [142]. The report concludes that "[l]ittle funding is provided to help particularly vulnerable developing countries, especially small island developing States, to cover the costs of loss and damage associated with slow-onset events, such as the resettlement of populations from areas" [143].

For many SIDS and environmental advocates, this leaves calls for global "climate justice" unheeded. At their request and more broadly at the insistence of Southern countries, the loss and damage issue was at the centre of the discussions at COP27 [144], with historic agreement reached to establish a new loss and damage fund, even if the details of its operationalization remain to be worked out at future COPs [145]. Finance gaps under the climate regime, coupled with mounting costs from climate disasters, are also prompting the search for alternative avenues for climate justice through international human rights bodies and mechanisms, or in domestic climate litigation. At the international level, another step may be to obtain an Advisory Opinion from an international court to clarify the nature of states' rights and obligations with respect to climate change. At the international level, the requests for advisory opinions submitted to ITLOS, at the initiative of Antigua and Barbuda, and to the ICJ, at the initiative of Vanuatu, may help to clarify the nature of the rights and obligations of States in relation to climate change [146].

---

141. Report of the Special Rapporteur on the promotion and protection of human rights in the context of climate change, *Promotion and protection of human rights in the context of climate change mitigation, loss and damage and participation*, A/77/226, 26 July 2022, p. 15.
142. *Ibid.*
143. *Ibid.*, p. 16.
144. Jacqueline Peel, "It's the big issue of COP27 climate summit: poor nations face a 1 trillion 'loss and damage' bill, but rich nations won't pay up", *The Conversation*, 10 November 2022, available at https://theconversation.com/its-the-big-issue-of-cop27-climate-summit-poor-nations-face-a-1trillion-loss-and-damage-bill-but-rich-nations-wont-pay-up-194043, last accessed on 22 December 2022.
145. UNFCCC, *COP27 Reaches Breakthrough Agreement on New "Loss and Damage" Fund for Vulnerable Countries*, 20 November 2022, https://unfccc.int/news/cop27-reaches-breakthrough-agreement-on-new-loss-and-damage-fund-for-vulnerable-countries, last accessed on 22 December 2022.
146. Brian McGarry, Francis Chávez Aco, "The Competence of the International Tribunal for the Law of the Sea in its New Advisory Proceedings on Climate Change", *EJIL: Talk!*, 16 December 2022. For a critical perspective, see Benoit Mayer, "International Advisory Proceedings on Climate Change", *Michigan Journal of International Law,* forthcoming. See also Yoshifumi Tanaka, "The role of an advisory opinion of ITLOS in addressing climate change: Some preliminary considerations on jurisdiction and admissibility", *RECIEL*, 2022, pp. 1-11.

Questions of climate justice also extend to future generations who are expected to bear the outsized burden of climate impacts caused by previous generations. Although the principle of inter-generational equity is a foundational principle of international environmental law and is also reflected in the climate regime [147], international law has not yet begun to deal seriously with the question of inter-generational responsibility for climate harms [148]. At a domestic level, the recent ruling of the German Constitutional Court in *Neubauer* is very interesting from this point of view, in that it interprets the German Constitution in the light of an imperative of intergenerational justice: German law "must not place disproportionate burdens on the future freedom of the claimants" [149]. Furthermore, the Court ruled:

> "It follows from the principle of proportionality that one generation must not be allowed to consume large portions of the CO_2 budget while bearing a relatively minor share of the reduction effort, if this would involve leaving subsequent generations with a drastic reduction burden and expose their lives to serious losses of freedom – something the claimants describe as an 'emergency stop'." [150]

In essence, the court's decision admits that consuming a large part of the CO_2 budget in coming years unacceptably aggravates the risk of serious losses of freedom for future generations, who will have no choice but to undergo a painful transition.

Paragraph 6 **The challenge of effectiveness versus a poorly equipped international law**

In the broader international relations literature, the question often posed of international environmental law and multilateral environmental regimes is whether they are effective [151]. Effectiveness assessments are usually based on the environmental outcomes achieved by a particular regime, but other factors may also be included such as a regime's economic performance, transformative potential, distributional impacts and institutional strength [152]. Effectiveness generally measures more than just compliance with legal

---

147. UNFCCC, Article 3.1.
148. Bridget Lewis, The rights of future generations within the post-Paris climate regime (2018), *Transnational Environmental Law*, 7 (1), 2018, pp. 69-87.
149. First Senate of the German Federal Constitutional Court, 24 March 2021 (publication 29 April) BvR 2656/18, para. 188, para. 192.
150. *Ibid.*
151. See generally, Sandrine Maljean-Dubois and Lavanya Rajamani, *The Implementation of International Environmental Law*, The Hague Academy of International Law, Martinus Nijhoff, 2011.
152. IPCC, *WGIII report*, Chapters 13 and 14.

obligations given that where such obligations are soft or weak their fulfilment may deliver little in the way of improved environmental outcomes [153].

Whether the international climate change regime – and particularly the Paris Agreement – is effective is the subject of competing views in the literature and, in many ways, the 'jury is out' until we have more experience with the implementation of the Agreement [154]. For those who question the effectiveness of the Paris Agreement, key inadequacies are seen to reside in its extensive use of soft law, its lack of concrete measures to achieve collectively the temperature goal, and its weak enforcement provisions, as well as gaps between current pledges and needed levels of mitigation, adaptation and finance. By contrast, studies expecting a more positive outcome emphasize aspects such as the breadth of participation enabled by self-differentiated NDCs, the multiplicity of actors engaged by the Paris Agreement's facilitative architecture, its provisions for financial, technology and capacity-building support for developing countries, and the 'ambition cycle' fostered by the Agreement's expectation of successive, more ambitious NDCs coupled with scrutiny facilitated by international transparency requirements and the Agreement's collective, regular global stocktake process [155].

These different views reflect different assessments of the capacity of the tools and mechanisms offered by international law to meet the challenge of climate change. International climate law and international environmental law more generally has experimented with a wider range of tools than many other areas of international law. Examples include the IPCC science-policy interface, the transparency and reporting procedures of the UNFCCC, the market mechanisms included under the Kyoto Protocol (with echoes in Art. 6 of the Paris Agreement), expert review procedures, facilitative compliance mechanisms and multilateral arrangements for technology assistance and financial support. Beyond the international climate regime there is the possibility of looking to other international law areas such as international investment law or trade law to foster greater compliance and effectiveness although not all are convinced that the mantra of "mutual supportiveness" is a guarantee of complementary action towards global climate goals in practice [156]. For many, the greater opportunities for enforcement in human rights law, or the capacity to call on the broad powers of the Security Council where climate change can be construed as a peace and security threat, provide attractive

---

153. Ronald B. Mitchell, "Compliance Theory", in L. Rajamani and J. Peel (eds.), The Oxford Handbook of International Environmental Law, 2nd ed, 2021, Oxford University Press, pp. 887-888.
154. *IPCC WGIII*, Ch 14.
155. *IPCC WGIII*, Ch 14.
156. See Kati Kulovesi, "International Trade Disputes on Renewable Energy: Testing Ground for the Mutual Supportiveness of WTO Law and Climate Change Law", 23 (3) *RECIEL*, 2014, pp. 342-353.

alternatives to achieving climate objectives (solely) through the international climate regime [157]. And there may also be cross-cutting, 'transversal' options to enhance effectiveness such as resort to the rules of state responsibility, reparations to address past injustice and provide an incentive for future, more ambitious action, or the action of national courts playing a connective role between obligations on states at the international level and domestic accountability for their achievement.

SECTION 3 ENHANCING THE INTERNATIONAL LAW RESPONSE TO CLIMATE CHANGE

Given that international law is tested by climate change in various ways and not always "fit-for-purpose" to meet this challenge, how might it be enhanced or further "climatized" to this end? In this Section, we focus on solutions and ideas that extend beyond existing approaches (examined in Sect. 2 above), drawing on the chapters authored by Centre participants which are included in this volume. Options for enhancing international law's response to climate change discussed in the following chapters broadly fall into four categories: approaches directing to enhancing the coordination or integration of different areas of international law of relevance for climate change, including options that embrace institutional change (para. 1); approaches seeking to recognize, empower or incorporate the participation of different actors beyond states in new ways (para. 2); approaches that propose a refashioning of mechanisms or tools for responding to climate change to increase their effectiveness (para. 3); and approaches that seek to lay down new rules or adopt novel perspectives as a way of reconfiguring the relationship between international law and climate change (para. 4).

Paragraph 1 **Enhancing coordination, integration or institutional reform**

As highlighted above, a key challenge facing the international legal response to climate change is the fragmentation of regulation across multiple regimes. In his contribution to this volume, Carlos Soria Rodríguez explores this problem in the context of regulation of marine renewable energy (MRE) technologies in the high seas – areas beyond national jurisdiction. While such technologies are favourably viewed as an option for climate mitigation at scale, their deployment, including in the high seas, is

---

157. See the chapter of Anne Dienelt hereinafter sounding a note of caution in relation to such views with respect to the role of the Security Council.

not specifically addressed by the international climate regime. Instead, as Soria Rodríguez discusses, management of the environmental impacts of MRE technologies in the high seas would fall to UNCLOS and the recently-concluded agreement on Biodiversity in Areas Beyond National Jurisdiction (BBNJ). Soria Rodríguez considers the scope of these agreements to regulate MRE deployment in the high seas and how they might be strengthened to address likely environmental impacts [158].

Looking to another international law field – that of international investment law – Carlo de Stefano offers a similarly positive assessment of the ways in which international investment agreements can be formulated and interpreted to embrace climate change concerns. De Stefano pushes the boundaries of existing analyses of the international investment law/climate regime intersection, which often diagnose the potential for "regulatory chill" or limit themselves to an analysis of an emerging trend of environmental and sustainability language in new agreements, to also consider how international investment law might play a role in holding states to account for achieving the "green investment" commitments made under NDCs [159].

By contrast, Anne Dienelt takes a more cautious approach to the progressive "climatization" agenda when looking to international law for ensuring peace and security. While she sees evidence of climatization in the peace and security regime's evolving understanding of "human security", as well as the potential for the Security Council to take a broad range of measures (beyond military measures) under its UN Charter powers, ultimately Dienelt resists the call for a full climatization of international peace and security law pointing to the perverse consequences this could have in addressing the complexities of the climate problem [160].

For Chiara Parisi, developments in international law as a result of climate change are still in their infancy, but are already leading to a gradual 'climatization' of the disaster law regime. Progress has been slow and has been made mainly on the soft law front. Her chapter outlines ways to go further to strengthen and improve the response to disasters that are already occurring and are likely to increase in the future [161].

For her part, Sophie Grosbon reminds us that the rules of international trade should be at the heart of the fight against climate change. She invites us, beyond calls for mutual support and the search for synergies between trade and climate, to reconsider the 'totem' of international trade law (the idea that multilateral liberalization protects the international community against all ills) and the "taboos" of the international economic order (equalization of

---

158. See Carlos Soria Rodríguez's chapter hereinafter.
159. See the chapter of Carlo de Stefano hereinafter.
160. See the chapter of Anne Dienelt hereinafter.
161. See Chiara Parisi's chapter hereinafter.

competition conditions on national markets through the reciprocal opening of these markets, consolidation of tariff commitments, the most-favoured-nation clause, the national-treatment clause, and the framework of non-tariff measures). She makes concrete proposals to promote an ecological and energy transition that is also fair and equitable [162].

Finally, Claire Malwé's chapter shows that the interactions of the international ozone and climate regimes have been characterized by the slow emergence of cooperative fragmentation. However, she also highlights the means of overcoming this by outlining the levers (legal, operational and institutional) that could lead to real defragmentation of the two regimes. In particular, she calls for the establishment of a science-policy interface along the lines of the IPCC, which would be responsible, among other things, for reporting on scientific advances in the functioning of the Earth system, on tipping points, on the resilience of the planet, and on the interactions between the various biophysical processes at all scales, for assessing the impacts of environmental regimes, and for issuing recommendations to strengthen coordination and coherence between these various legal regimes [163].

Paragraph 2   **Recognizing and empowering new actors**

In his chapter discussing "Market Mechanisms, Corporations, and Article 6 of the Paris Agreement", Ling Chen provides a fine-grained analysis of the Article 6 provisions, their antecedents in the Kyoto Protocol and the possibilities they offer for the participation of corporations in this area of climate governance. Chen sees the Paris Agreement's cooperative approaches authorized under Article 6, including the Article 6.4 mechanism, as well placed to provide an international framework for credible corporate participation in market mechanisms, which can scale up national achievements on mitigation action. He notes, however, the continuing limitation on corporate use of Article 6 imposed by the requirement for parties to give authorization in order for cooperative activities to count towards achieving NDCs. Chen calls for creativity on the part of international, climate and corporate lawyers in testing these limits and making the most the Paris Agreement's potential to encourage beneficial forms of implementation through public-private partnerships in climate governance [164].

As discussed in earlier sections, the rise of domestic climate litigation has been a focus of climate legal literature, with scholars also turning their attention to how domestic courts are becoming new loci for the interpretation, application and development of international law on climate change in the

---

162. See Sophie Grosbon's chapter hereinafter.
163. See Claire Malwé's chapter hereinafter.
164. See Ling Chen's chapter hereinafter.

process. As Esmeralda Colombo notes in her contribution to this volume, despite growing expectations for domestic courts to assume a leading role in shaping international climate law and governance, surprisingly few of the now thousands of domestic climate cases have engaged closely with international climate law instruments such as the Paris Agreement. She posits that this is because the complexity of the climate problem and the way it is treated in law, as well as uncertainties over the role of domestic courts in shaping international climate law, mean that judges in domestic climate cases are "judging without waymarkers" in their efforts to engage with international climate law. She undertakes an analysis of three key cases where domestic judges have engaged closely with international climate law *(Urgenda, Gloucester Resources and Shell)* and in so doing highlights ways these courts have begun to shape possible "waymarkers" for dealing with unresolved questions such as the shared responsibility of states and major corporate polluters for the global warming effects of their emissions [165].

Paragraph 3   **Enhancing the effectiveness of tools and mechanisms**

All the contributions to this book demonstrate the flexibility of international law and highlight the innovations represented by the Paris Agreement. For her part, Camila Perruso highlights the potential of the Paris Agreement's ambition mechanisms. She shows that the Paris Agreement is a focal point rather than the sole driver of global climate cooperation. It relies on the articulation between the international regime and national policies and actions, between binding procedural obligations and normative expectations, between state, non-state and sub-state actors and processes, and on good faith and due diligence [166]. Building on a similar theme, for Manuel Baena Pedrosa, due diligence obligations can serve the implementation of the obligations assumed in the Paris Agreement and at the same time build on progressive advances in international law [167].

Ellycia Harrould-Kolieb takes as her starting point the central 'tools' of the Paris Agreement regime found in enhanced transparency framework and expert review processes, which have been inherited from the Kyoto Protocol though without the capacity for expert reviewers to refer issues on to a non-compliance committee. Harrould-Kolieb contests the common perception that the facilitative nature of expert review processes in the climate regime is detrimental to their role in securing compliance because they are insufficiently "depoliticized". Instead, she examines the ways that expert review processes can exert a "compliance pull" on parties' behaviour through fostering processes

---

165. See Esmeralda Colombo's chapter hereinafter.
166. See the chapter of Camila Perruso hereinafter.
167. See Manuel Baena Pedrosa's chapter hereinafter.

of learning and socialization. Ultimately, she argues that the political nature of these processes allows for a strengthening of compliance over what could be achieved by a technocratic process alone [168].

Looking beyond the climate regime, Juan Auz, in his chapter on international human rights remedies and how they might be deployed in the climate crisis, seeks to forecast how this tool might be used and optimized in the predicted development of climate litigation in the Inter-American Court of Human Rights (IACtHR). Building on analysis of remedies ordered by the IACtHR in analogous Indigenous rights' cases, Auz identifies a pattern of systemic non-compliance with the court's remedies most likely to be of utility in dealing with climate change, namely measures of restitution and guarantees of non-repetition. He argues though that if IACtHR remedies are "reimagined in a way that anticipates problems of non-compliance rigorously, and keeps in mind the global crisis at hand" then there is the potential for international human rights courts and bodies to rise to meet the tests climate change poses for international law [169].

In her chapter, Maša Kovič Dine takes a similarly optimistic view of the capacity of international biodiversity law to shift in ways that would accommodate the migration of the habitats of terrestrial species with anticipated shifts in climate conditions [170]. While noting that the 'protected areas regime' of international biodiversity law was established at a time when climate change concerns were not at the forefront of global attention, and also pointing to the assumptions of static ecosystems with fixed boundaries that underlie international biodiversity law's protected areas provisions, Kovič Dine nonetheless sees the potential for useful innovation. Rather than an overall resetting of international biodiversity law, she advocates for a new protected areas regime based on increasing species and ecosystem resilience. A general international law tool often considered in the context of climate change but then frequently discarded as "too hard" to implement is the law of state responsibility. However, in his innovative contribution considering ways of improving state accountability for mitigation failures, Niklas Reetz argues that what is required is a change in perspective rather than a change in state responsibility rules, which are inherently malleable and flexible. Using the secondary rules of state responsibility as a "looking glass", Reetz argues it is possible to "see" new pathways in primary obligations to hold states accountable for mitigation failures. He offers an example of human rights obligations but treating these not only (as traditionally) as obligations owed by a state to individuals on its territory or under its control but also as a source of inter-state obligations *erga omnes partes* which can offer a credible basis

---

168. See the chapter of Ellycia Harrould-Kolieb hereinafter.
169. See Juan Auz's chapter hereinafter.
170. See Maša Kovič Dine's chapter hereinafter.

for exploring the application of state responsibility rules. Reetz's contribution does not seek to minimize the challenges climate change poses to international law in the area of state accountability for mitigation failures, but offers a new way of looking at international law obligations and their application which "provides an additional tool to strengthen accountability and effectiveness for the mitigation of climate change"[171].

Following on in this vein, Germain Dabire shows that, under current law, international reparation mechanisms are unsuitable for climate damage because they are unable to guarantee adequate and effective compensation to victims. Nevertheless, he outlines original but concrete ways of adapting the law [172]. The recent and unexpected decision of COP27 to create an international financial mechanism to help the countries of the Global South to deal with loss and damage shows that changes are indeed possible [173].

Paragraph 4   **New laws and perspectives**

Hélène de Pooter's chapter emphasizes that the Paris Agreement illustrates the rich palette of normativity in international law, which goes far beyond legal obligations. In fact, adhesion to the norm, compliance with the norm and the effectiveness of the norm do not depend (only) on its compulsory nature [174].

Dissecting Tuvalu's proposals regarding the future of small island developing states, Jean-Baptiste Dudant questions the relevance of statehood in addressing the concerns of island states and their populations. He demonstrates that climate change could lead to a real legal revolution, reversing the Westphalian conception of the territorialized sovereign state and the principle according to which the land dominates the sea. Indeed, he urges that climate change calls for a change of perspective on the notion of the state, the criteria for statehood, and the extent of states' jurisdiction, including extra-territorial jurisdiction [175].

Likewise, Marie Courtoy, in her chapter on the international law of migration in the context of climate change argues that it is time to change its foundation. She prefers the terminology of mobility to migration noting that the former better captures the possibility that movement, particularly in the face of climate change, may be either negative or positive. This opens up the intellectual space to consider mobility as an adaptation strategy and to consider the responsibility of states to anticipate the protection needs of

---

171. See Niklas Reetz's chapter hereinafter.
172. See Germain Dabire's chapter hereinafter.
173. Decision -/CP.27 -/CMA.4, Funding arrangements for responding to loss and damage associated with the adverse effects of climate change, including a focus on addressing loss and damage (Advance, unedited version), available at https://unfccc.int/documents/624440, last accessed 4 January 2023.
174. See Hélène de Pooter's chapter hereinafter.
175. See Jean-Baptiste Dudant's chapter in this volume.

people living in deteriorating areas. Courtoy contends that these proposals require major changes to international law, commensurate with the challenges brought about by climate change. She calls for "an international law based on solidarity" animated by "common values, pursued together but with a fair distribution of efforts" [176].

SECTION 4   CONCLUSION

In 2022, the Centre of Studies and Research set out to test the capacity of international law to meet the global, complex, multi-dimensional challenge of climate change. From this point of view, the concept of climatization of international law has shown that it is not only a heuristic tool. It is also and at the same time a mechanism for linking scientific agendas with public action, a vehicle for transforming cognitive and normative frameworks, and finally a process for the collective creation of public policies and their instruments in order to mitigate and adapt our societies to the effects of climate change [177]. This change in international, national or local public and private action, under the effect of the climate issue, can give rise in turn to new political and legal spaces, as soon as the actors voluntarily adhere to any climate rule or if they are forced to position themselves or to inscribe their strategic reflection in a set of climate rules [178].

Indeed, our work has yielded several key findings, summarized below, and further illustrated by the rich perspectives offered in the different chapters that follow. While these findings relate to the context of climate change, they have wider potential applicability to other areas of international regulation confronting similar "super-wicked" problems [179].

First, the depth and extent of the challenge posed by climate change is exerting a transformative influence on international law. Very clearly this influence now extends well beyond the specific treaties and institutions of the international climate regime. Climate change is increasingly a lens that many international law fields are applying to test their boundaries and effectiveness. A wide range of institutions and actors are now engaged with this task, from the Security Council to treaty secretariats and expert advisory bodies, as well as domestic, regional and international courts and tribunals, not to mention companies, civil society and sub-national governments or cities.

---

176. *Ibid.*
177. Marie Hrabanski and Yves Montouroy, "Les 'climatisations' différenciées de l'action publique. Normaliser l'étude du problème 'changement climatique'", *Gouvernement et action publique*, 2022/3, Vol. 11, p. 26.
178. *Ibid.*
179. Richard J. Lazarus, "Super Wicked Problems and Climate Change: Restraining the Present to Liberate the Future", 94 *Cornell L. Rev.* 2009, p. 1153.

Second, the results of such testing demonstrate that international law, despite its flexibility and adaptivity, is very often not up to the task of providing an adequate response to climate change. This is not entirely unexpected given that the rules and structures of international law were formulated to address a very different set of concerns. Within this set of existing rules and structures, there are clear limits to what international law can do, and be expected to do, to address climate change. If international law is to do more, we may need to bring forward more ambitious proposals for change and an acceleration of the climatization process already underway. However, inertia and technical blockages could in most cases be easily overcome if the political will was there. This political will is still fundamentally lacking or is not up to the task.

Finally, as the work of the Centre and the following chapters show, international lawyers across a breadth of fields have the imagination and creativity that will be required to step up to this challenge. Climate change challenges international lawyers to think in new ways about how existing rules and structures could be stretched or reimagined and to reach beyond their own focused disciplines to explore new ideas and approaches. This capacity for adaptation, intellectual agility and inventiveness will be vital to the efforts of the current, next and future generations of international law scholars and practitioners to address climate change and to keep hopes alive for a desirable future.

2 | La « climatisation » progressive du droit international

Sandrine Maljean-Dubois* et Jacqueline Peel**

Peu de problèmes mondiaux sont aujourd'hui aussi urgents et sérieux que le changement climatique. Du G20 au Forum économique mondial, le changement climatique s'est imposé dans l'agenda politique, bien au-delà des conférences annuelles des parties (COP) sur le climat, et a donné lieu à d'importants développements juridiques. Construit sur les bases de la Convention-cadre des Nations Unies sur les changements climatiques (CCNUCC), le droit international relatif au changement climatique interagit désormais avec de nombreux autres domaines du droit international. En d'autres termes, le droit international s'est progressivement « climatisé ». Cependant, ces progrès s'avèrent encore largement insuffisants à l'échelle des enjeux. Dès lors, comment le droit international pourrait-il être renforcé? En quoi le changement climatique met-il au défi les règles, mécanismes et processus existants du droit international? De quelle manière le droit international pourrait-il être adapté ou réformé afin d'être mieux à même de relever ces défis et de jouer son rôle dans la prévention de dommages irréversibles pour l'humanité et la planète?

Ces questions étaient au cœur des travaux des participants au Centre d'étude et de recherche en droit international et relations internationales de l'Académie de droit international de La Haye en 2022. En effet, le Centre a utilisé le défi du changement climatique comme une sorte de laboratoire expérimental pour mesurer la capacité du droit international à s'adapter et à évoluer, et enfin comme un catalyseur pour concevoir le droit international du futur. L'idée était de mettre en lumière les adaptations, les ajustements, les renouvellements et les innovations auxquels le droit international a donné lieu, et de rechercher – au besoin – les voies et moyens d'aller plus loin, en développant de nouveaux mécanismes, instruments ou approches.

Ce rapport des directrices de recherche du Centre synthétise les résultats du travail collectif, lequel met en évidence une « climatisation » progressive du droit international au sens de l'ajustement, l'adaptation voire la transformation des règles juridiques internationales pour prendre en compte les, ou mieux

---
*Professeure à l'Ecole de droit de l'Université de Melbourne.
**Directrice de recherche au Centre national de la recherche scientifique à l'Université d'Aix-Marseille.

répondre aux, défis posés par le changement climatique. Un processus similaire de climatisation a été observé dans la politique mondiale, le changement climatique se présentant de plus en plus comme « le cadre de référence à travers lequel d'autres questions politiques et formes de gouvernance mondiale sont médiatisées et hiérarchisées »[1]. Cette climatisation est également en cours d'un point de vue juridique et doit même, selon nous, s'accélérer pour que le droit international puisse relever efficacement le défi climatique. Dans ce chapitre, nous présentons notre cadre général sur la climatisation progressive du droit international et fournissons le contexte et la toile de fond nécessaires à la compréhension des chapitres suivants. Nous cherchons également à combler les lacunes dans des domaines particuliers non couverts par les chapitres qui composent cet ouvrage, à synthétiser les principaux résultats des riches discussions auxquelles a donné lieu le Centre et à ouvrir des perspectives pour construire un futur agenda de recherche.

SECTION 1 **LES CHANGEMENTS CLIMATIQUES, UN DÉFI MAJEUR POUR LE DROIT INTERNATIONAL**

Après des années de déni et d'ignorance de la réalité, il est désormais bien admis que le changement climatique est une menace existentielle à la fois pour la planète et pour les humains (par. 1). La reconnaissance de la gravité de cette menace a conduit à la construction d'un régime climatique international, à commencer par l'adoption de la Convention des Nations Unies sur les changements climatiques (CCNUCC) en 1992 (par. 2). La question du climat dépasse toutefois largement ce régime. En réponse au changement climatique, nous assistons à une climatisation progressive du droit international au-delà de son expression centrale dans la CCNUCC et les traités ultérieurs que sont le Protocole de Kyoto ou l'Accord de Paris. En effet, la question climatique exerce une « attraction gravitationnelle »[2] sur d'autres domaines du droit international, sur le droit international général, ainsi que sur d'autres niveaux de gouvernance et acteurs contribuant à la réponse climatique mondiale (par. 3). Nous avons défini le thème général du Centre et réparti les sujets de recherche entre les participants afin d'étudier dans quelle mesure le changement climatique met le droit international à l'épreuve et invite à concevoir de nouvelles théories, approches, processus et mécanismes (par. 4).

---

1. S. C. Aykut et L. Maertens, « The Climatization of Global Politics: Introduction to the Special Issue », 58 *International Politics*, 2021, p. 501 (notre traduction).
2. J. Foyer, S. C. Aykut et E. Morena, « Introduction. COP21 and the "Climatisation" of Global Debates », dans J. Foyer, S. C. Aykut et E. Morena, *Globalising the Climate. COP21 and the Climatisation of Global Debates*, Routledge, 2017, p. 1 (notre traduction).

Paragraphe 1   **Une menace existentielle pour l'humanité et la planète**

Selon le sixième rapport d'évaluation du Groupe d'experts intergouvernemental sur l'évolution du climat (GIEC), publié en 2021-2022, il est «sans équivoque» que les activités humaines ont entraîné un réchauffement de l'atmosphère, des océans et des terres. En outre, «l'ampleur des changements récents dans l'ensemble du système climatique – et l'état actuel de nombreux aspects du système climatique – est sans précédent sur plusieurs siècles à plusieurs milliers d'années»[3]. Ces évolutions contribuent aux nombreuses modifications observées dans les extrêmes météorologiques et climatiques dans toutes les régions du globe. Les systèmes naturels et humains sont de plus en plus poussés au-delà de leur capacité d'adaptation, ce qui donne lieu à des dommages désignés dans le régime climatique international comme les «pertes et préjudices liés aux effets néfastes des changements climatiques»[4].

Le sixième rapport d'évaluation du GIEC conclut que les objectifs internationaux visant à maintenir le réchauffement de la planète en deçà de 1,5 °C-2 °C au-dessus des niveaux préindustriels seront dépassés au cours du XXIe siècle, à moins que des réductions importantes des émissions de dioxyde de carbone (CO_2) et des autres gaz à effet de serre (GES) n'interviennent dans les prochaines décennies[5]. Quoi qu'il en soit, si l'on se base sur les niveaux actuels d'émissions, les températures à la surface du globe continueront d'augmenter au moins jusqu'au milieu du siècle. Il en résultera une augmentation de la fréquence et de l'intensité des extrêmes de chaleur, des vagues de chaleur marines, des fortes précipitations et, dans certaines régions, des sécheresses agricoles et écologiques, ainsi qu'une augmentation de la proportion de cyclones tropicaux intenses, et une réduction de la glace de mer, de la couverture neigeuse et du pergélisol dans l'Arctique. De nombreux changements dus aux émissions passées et projetées de GES sont

---

3. IPCC, «Summary for Policymakers», dans V. Masson-Delmotte *et al.* (dir. publ.), *Climate Change 2021: The Physical Science Basis. Contribution of Working Group I to the Sixth Assessment Report of the Intergovernmental Panel on Climate Change*, Cambridge University Press, Cambridge, United Kingdom and New York, NY, USA, 2021, p. 8 (notre traduction).
4. Accord de Paris, Article 8. Le terme «pertes et préjudices» a une signification incertaine car il n'est pas défini dans l'Accord de Paris, au-delà de l'affirmation selon laquelle cela inclut notamment les phénomènes météorologiques extrêmes et les phénomènes qui se manifestent lentement. Lors de la COP27, les parties ont convenu d'établir un nouveau fonds pour les pertes et préjudices, dont les règles de fonctionnement seront discutées lors de la prochaine COP en 2023. Voir le projet de décision -/CP.27, -/CMA.4, Funding arrangements for responding to loss and damage associated with the adverse effects of climate change, including a focus on addressing loss and damage, FCCC/CP/2022/L.18–FCCC/PA/CMA/2022/L.20, 19 novembre 2022.
5. IPCC, «Summary for Policymakers», *op. cit.*, p. 14.

désormais « verrouillés », c'est-à-dire « irréversibles pour des siècles, voire des millénaires, en particulier les changements dans les océans, les calottes glaciaires et le niveau global de la mer »[6].

Le changement climatique présage une époque d'incertitudes qui est déjà, et sera encore davantage à l'avenir, marquée par des changements à grande échelle, largement irréversibles, mais aussi imprévisibles. Ces changements seront non linéaires dès lors que les « frontières planétaires »[7] ou points de bascule[8] sont franchis les uns après les autres, nous catapultant hors d'un « espace de fonctionnement sécurisé pour l'humanité » sur Terre[9]. Les scientifiques envisagent même le scénario d'une « terre étuve » se réchauffant inexorablement, suivant un processus de changements irréversibles s'auto-renforçant, lequel processus pourrait en théorie débuter dès un réchauffement planétaire de 2 °C[10].

En outre, le changement climatique n'est pas sans conséquences sur d'autres frontières planétaires. Prenons, par exemple, l'effondrement de la biodiversité: il est fortement exacerbé par le changement climatique, l'acidification des océans ou les changements d'affectation des terres, comme la désertification, ou encore la raréfaction de l'eau douce. Toutes ces menaces environnementales mondiales sont liées entre elles: l'aggravation de l'une d'elles a inévitablement des conséquences sur les autres. Complexe et intégré, le « système terrestre fonctionne clairement dans des états bien définis dans lesquels ces processus et leurs interactions peuvent créer des rétroactions stabilisantes ou déstabilisantes »[11].

Cependant, tout n'est pas perdu et l'injonction à agir fait plus que jamais sens. En effet, les experts soulignent que, même si tous les impacts climatiques ne peuvent être éliminés, les actions à court terme qui limiteraient le réchauffement de la planète à près de 1,5 °C « réduiraient considérablement les pertes et les dommages prévus liés au changement climatique dans les systèmes humains et les écosystèmes, par rapport à des niveaux de réchauffement plus élevés »[12]. En outre, pour des raisons d'équité et de justice – à l'égard des générations actuelles, des générations futures, mais aussi de

---

6. *Ibid.*, p. 21 (notre traduction).
7. W. Steffen *et al.*, « Planetary Boundaries: Guiding Human Development on a Changing Planet », 347 (6223) *Science*, 2015, p. 1259855-1/10.
8. T. M. Lenton *et al.*, « Climate Tipping Points – too Risky to bet Against », *Nature*, 2019, p. 592-595.
9. J. Rockström, W. Steffen et K. Noone *et al.*, « A Safe Operating Space for Humanity », *Nature*, 2009, p. 472-475.
10. W. Steffen *et al.*, « Trajectories of the Earth System in the Anthropocene », 15 (33) *Proceedings of the National Academic of Sciences*, 2018, p. 8252-8259.
11. W. Steffen *et al.*, « Planetary Boundaries: Guiding Human Development on a Changing Planet », *op. cit.*
12. IPCC, « Summary for Policymakers », dans H.-O. Pörtner *et al.* (dir. publ.), *Climate Change 2022: Impacts, Adaptation and Vulnerability. Contribution of Working Group II to the Sixth Assessment Report of the Intergovernmental Panel on Climate*

toutes les espèces vivantes non humaines qui peuplent notre planète – il est temps d'accélérer nos efforts pour préserver l'espoir d'un futur vivable sur Terre.

Le changement climatique est donc une menace mondiale grave et urgente qui appelle des changements profonds dans nos sociétés. Si la science est bien établie depuis de nombreuses années, nos réactions, qu'elles soient collectives ou individuelles, ne sont pas à la hauteur des enjeux[13]. Les émissions anthropiques de GES continuent d'augmenter au niveau mondial, même si les contributions régionales au phénomène sont très contrastées. L'adaptation au changement climatique est insuffisante à elle seule, alors que

> « les choix et actions sociétaux mis en œuvre au cours de la prochaine décennie déterminent la mesure dans laquelle les trajectoires à moyen et long terme permettront un développement plus ou moins résilient au changement climatique »[14].

De manière plus positive, le groupe de travail III du GIEC dans son sixième rapport d'évaluation souligne « l'expansion constante des politiques et des lois relatives à l'atténuation » qui « a permis d'éviter des émissions qui auraient autrement eu lieu et d'accroître les investissements dans les technologies et les infrastructures à faible émission de GES »[15]. Toutefois, il conclut que, sans un renforcement des politiques au-delà de celles qui avaient été mises en œuvre à la fin de 2020, « les émissions de GES devraient augmenter au-delà de 2025, entraînant un réchauffement planétaire médian de 3,2 [2,2 à 3,5] °C d'ici 2100 »[16]. Par conséquent, il ajoute que nous devons « réduire rapidement et profondément, et dans la plupart des cas immédiatement, les émissions de GES dans tous les secteurs »[17]. Cela implique des transitions majeures. Or, comme la menace est mondiale, la coopération internationale est un « catalyseur essentiel pour atteindre des objectifs ambitieux d'atténuation du changement climatique »[18].

Change, Cambridge University Press, Cambridge, UK and New York, NY, USA, 2022, p. 13 (notre traduction).
13. L'« adaptation » dans les systèmes humains est définie par le GIEC dans son sixième rapport d'évaluation, Glossaire, comme suit « the process of adjustment to actual or expected climate and its effects, in order to moderate harm or exploit beneficial opportunities ».
14. IPCC, « Summary for Policymakers », WGII, 2022, *op. cit.*, p. 32 (notre traduction).
15. IPCC, « Summary for Policymakers », dans P. R. Shukla *et al.* (dir. publ.), *Climate Change 2022: Mitigation of Climate Change. Contribution of Working Group III to the Sixth Assessment Report of the Intergovernmental Panel on Climate Change*, Cambridge University Press, Cambridge, UK and New York, NY, USA, 2022, p. 17 (notre traduction).
16. *Ibid.*, p. 21 (notre traduction).
17. *Ibid.*, p. 28 (notre traduction).
18. *Ibid.*, p. 52 (notre traduction).

Ainsi, le droit, qui est au cœur de nos cadres institutionnels, de nos politiques et de nos instruments, se présente comme un outil essentiel pour transformer nos sociétés. Cependant, en raison de sa nature globale, de sa complexité, de son ampleur et de ses conséquences souvent imprévisibles à long terme, le changement climatique constitue un défi pour nos systèmes juridiques. Ces derniers sont, dans leur état actuel, impuissants à traiter efficacement une question aussi cruciale.

Paragraphe 2   **La coopération mondiale sur le climat et le développement du droit international**

La nature globale du défi climatique est bien admise. En raison de la diffusion rapide des GES dans l'atmosphère – quelques jours seulement pour le CO2 – leurs effets sont indépendants du lieu où ils ont été émis. Ainsi, les émissions dans un pays ou une région du monde affectent potentiellement tous les autres pays ou régions en perturbant le système terrestre lui-même. Dans le même temps, le changement climatique affecte les régions du monde de manière inégale, et les populations et pays les plus vulnérables sont à la fois les plus impactés et les moins à même de s'adapter.

Dans la mesure où il s'agit d'un problème d'action collective, les économistes soutiennent que les politiques de lutte contre le changement climatique doivent être harmonisées au niveau international afin d'éviter le risque de « fuite de carbone », c'est-à-dire la délocalisation d'entreprises vers des pays aux politiques moins restrictives, ce qui saperait les efforts des pays aux politiques les plus ambitieuses [19]. Sur cette base, les contraintes carbone devraient être à peu près équivalentes d'un pays à l'autre, tout en tenant compte du principe des « responsabilités communes, mais différenciées et des capacités respectives », ainsi que du fait que les pays industrialisés du Nord devraient « être à l'avant-garde » de la lutte contre le changement climatique étant donné leur plus grande contribution aux causes du problème [20]. En tout état de cause, aucun pays, même le plus volontariste, ne peut prétendre résoudre seul le problème.

La coopération internationale est donc sans aucun doute nécessaire et, à mesure que les préoccupations scientifiques concernant le changement climatique se sont accrues, la communauté internationale a rapidement reconnu l'importance de développer le droit international. Ainsi, dès 1988, l'Assemblée générale des Nations Unies a considéré « l'évolution du climat comme une préoccupation commune de l'humanité, le climat étant l'une des conditions

---

19. Pour un point de vue contraire, affirmant que des efforts inframondiaux bien conçus peuvent minimiser les risques de fuite, cf. D. A. Farber, « Carbon Leakage Versus Policy Diffusion: The Perils and Promise of Subglobal Climate Action », *Chicago Journal of International Law*, 2013, vol. 13, n° 2, p. 359-379.
20. CCNUCC, article 3.1.

essentielles de la vie sur Terre » et affirmé qu'« il faut prendre en temps voulu les mesures nécessaires pour traiter de l'évolution du climat dans un cadre mondial »[21].

Le régime climatique international tel que nous le connaissons aujourd'hui est le résultat d'un long processus qui a débuté en 1988 avec la création d'un organe expert, le Groupe d'experts intergouvernemental sur l'évolution du climat. En 1992, les Etats ont ensuite posé la première pierre d'un régime juridique international spécifique, avec la Convention-cadre des Nations Unies sur les changements climatiques, qui a été ouverte à la signature lors du Sommet de la Terre de Rio[22]. En 1997, le Protocole de Kyoto a fixé des obligations de réduction des émissions de GES pour la période 2008-2012 par rapport aux niveaux de 1990, mais uniquement pour les pays industrialisés. Alors que l'intention originale était qu'un petit nombre d'Etats prennent des engagements de réduction des émissions importants qui seraient ensuite étendus à d'autres Etats, cela ne s'est pas produit dans la pratique, avec seulement 24 % des émissions mondiales couvertes par la première période d'engagement entre 2008 et 2012[23], et seulement 12 % des émissions mondiales couvertes par la période d'engagement suivante entre 2013 et 2020.

Ces faiblesses ont poussé à explorer une nouvelle approche, mais les négociations sur le régime « post-2012 » et, plus tard, sur le régime « post-2020 », ont été lentes et ardues. L'ampleur du défi que représentait l'engagement de tous les Etats – tant les pays industrialisés que les pays en développement – dans la lutte contre le changement climatique est apparue clairement lors de la COP de Bali en 2007. Deux ans plus tard, la COP de Copenhague a offert un exemple frappant de la difficulté à répondre aux attentes différentes du Nord et du Sud dans les négociations. Les négociations chaotiques ont échoué à Copenhague, mais finalement abouti au maintien symbolique du Protocole de Kyoto jusqu'en 2020, tandis que l'Accord de Copenhague a ouvert la voie à l'approche qui a inspiré la COP21 à Paris en 2015. Au cours de cette période, les COP se sont succédé, les positions des différentes parties semblant ne pas progresser, ou bien uniquement sur des questions accessoires par rapport à l'ordre du jour des négociations. Pendant ce temps, grâce aux progrès de la science et aux travaux du GIEC, la prise de conscience de la nécessité de prendre des mesures se renforçait. Mais alors que les Etats s'accordaient sur les risques du changement climatique et se déclaraient prêts à les atténuer, les négociations continuaient à piétiner. Il a fallu attendre décembre 2015 pour qu'un accord soit enfin trouvé à Paris, lors de la COP21. Le traité qui

---

21. AG ONU Résolution A/RES/43/53, *Protection du climat mondial pour les générations présentes et futures*, paragraphe 1.
22. Voir la définition des régimes internationaux de S. Krasner, *International Regimes*, Cornell University Press, Londres, 1983, p. 2.
23. I. Shishlov, R. Morel et V. Bellassen, « Compliance of the Parties to the Kyoto Protocol in the First Commitment Period », *Climate Policy*, 16:6, 2016, p. 768-782.

en a résulté – l'Accord de Paris – a été signé par un grand nombre de pays et rapidement ratifié. Il est entré en vigueur en moins d'un an, malgré les conditions très strictes qu'il posait pour cela [24]. En décembre 2022, il compte 195 signataires et 194 parties.

Ce régime international a sans doute permis des avancées, mais force est de constater qu'il est dans le même temps clairement insuffisant [25]. En effet, la question du changement climatique étant transversale, elle doit également être considérée bien au-delà du régime climatique international. A cet égard, l'attention se porte à la fois sur d'autres domaines et normes du droit international et sur différents régimes juridiques internationaux, ainsi que sur d'autres niveaux de gouvernance (par exemple, local, sous-national, national et régional) ainsi que sur les contributions d'une série d'acteurs différents au-delà des Etats (par exemple, les entreprises, les organisations non gouvernementales, les individus et les communautés locales, les peuples autochtones ou les scientifiques). Pour le droit international, la mise en place d'une réponse plus efficace à ce défi nécessite souvent une adaptation et des ajustements, et potentiellement des actions plus transformatrices. Cela correspond au processus que nous avons qualifié de « climatisation » progressive du droit international, dont les timides progrès commencent seulement à être visibles.

Paragraphe 3   **Au-delà du régime climatique international, la climatisation progressive du droit international**

Notre compréhension de la progression de la climatisation du droit international est représentée dans la figure 1 ci-dessous. Cette dernière montre comment le changement climatique entraîne une succession d'ondes de choc dans le droit international, s'étendant du régime international du climat proprement dit – lequel s'appuie sur les principes du droit international de l'environnement – et commençant à influencer le développement du droit international dans des domaines extérieurs au régime climatique.

Cette climatisation est particulièrement évidente dans les domaines du droit international qui ne relèvent pas du régime climatique, mais qui sont néanmoins directement liés au changement climatique, comme les mesures adoptées pour traiter les émissions de l'aviation ou du transport maritime international par les organisations internationales compétentes [26], ou la prise

---

24. Il exigeait une ratification par au moins 55 parties à la Convention représentant au total au moins un pourcentage estimé à 55 % du total des émissions mondiales de gaz à effet de serre (art. 21, par. 1).
25. IPCC, *WGIII Report*, *op. cit.*, chapitre 14.
26. J. Larsson, A. Elofsson, T. Sterner et J. Åkerman, « International and National Climate Policies for Aviation : A Review », *Climate Policy*, 2019, 19:6, p. 787-799 ; Y. Shi, *Climate Change and International Shipping*, Leiden, Brill, Nijhoff, 2016.

en compte des implications de l'élévation du niveau de la mer due au climat dans l'interprétation des règles de délimitation des frontières maritimes en vertu de la Convention des Nations Unies sur le droit de la mer (CNUDM)[27]. Cependant, la climatisation peut également s'étendre au-delà de ces règles, à des règles de droit international qui ne concernent pas principalement le changement climatique, mais qui sont pertinentes – voire fondamentales – pour trouver une réponse efficace au problème, comme les règles relatives au commerce et à l'investissement, pour ne citer que les plus importantes.

Etant donné que la gouvernance du changement climatique s'exerce à de multiples niveaux et implique une grande diversité d'acteurs, les effets de la climatisation du droit international se font sentir non seulement « horizontalement » (sur d'autres domaines du droit international), mais aussi « verticalement » (aux différentes échelles de gouvernance et vis-à-vis des nombreux acteurs impliqués dans la réponse mondiale au changement climatique). Cela ressort, par exemple, de la manière dont les cours régionales des droits de l'homme commencent à jouer un rôle dans certains contentieux liés au climat[28], ou encore dans le lien établi par l'Assemblée générale des Nations Unies avec le changement climatique lorsqu'elle a reconnu récemment le droit à un environnement propre, sain et durable comme un droit humain[29]. A mesure que le cadre du changement climatique devient plus prégnant dans les autres domaines juridiques pertinents, tels que le droit international du commerce ou des investissements, on peut s'attendre à ce que cela se traduise par l'élaboration de normes à d'autres échelles, par exemple dans les accords régionaux de libre-échange qui font expressément référence au changement climatique[30], ou dans la formulation d'exigences nationales en matière de redevabilité sur les risques climatiques pour les entreprises, qui s'inspirent des normes internationales produites dans l'objectif de mobiliser des financements privés pour le climat[31].

---

27. Voir « L'élévation du niveau de la mer au regard du droit international », Première note thématique établie par B. Aurescu et N. Oral, coprésidents du Groupe d'étude sur l'élévation du niveau de la mer au regard du droit international, A/CN.4/740, 28 février 2020.
28. Voir par exemple J. Krommendijk, « Beyond Urgenda: The Role of the ECHR and Judgments of the ECtHR in Dutch Environmental and Climate Litigation », 31(1) *RECIEL*, 2022, p. 60-74.
29. AGONU, résolution 76/300, Droit à un environnement propre, sain et durable, 28 juillet 2022.
30. J.-A. Monteiro, S. Chobanova et D. Ramos, *Climate Change in Regional Free Trade Agreements*, WTO, Trade and Climate Change Information Brief n° 2, https://www.wto.org/english/tratop_e/envir_e/climate_intro_e.htm#wp, dernier accès le 20 décembre 2022.
31. Voir, par exemple, l'International Sustainability Standards Board, *Exposure Draft IFRS S2 Climate-related Disclosures*, 2022. L'ISSB a été créé lors de la COP26 pour élaborer une base de référence mondiale complète en matière d'informations sur le développement durable à l'intention des marchés de capitaux, https://www.ifrs.org/projects/work-plan/climate-related-disclosures/, dernier accès le 20 décembre 2022.

Figure 1. La progressive climatisation du droit international

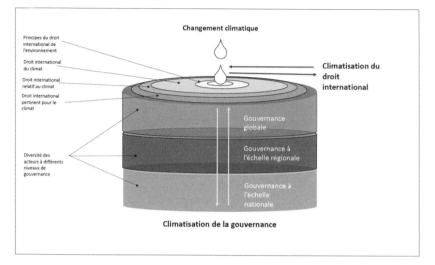

Comme d'autres chercheurs qui diagnostiquent un phénomène similaire de climatisation dans la politique mondiale, nous considérons la climatisation du droit international comme un processus continu plutôt que comme un état final [32]. Ce phénomène est dû à l'importance politique dominante du changement climatique en tant que problème mondial, ce qui conduit les acteurs à adopter en réponse de nouveaux cadrages du problème (par exemple, « le changement climatique en tant que question de droits de l'homme », « le changement climatique en tant que question d'investissement international », etc.). En droit international, ces cadrages alternatifs invitent à s'interroger sur la manière dont les règles et mécanismes appliqués dans des domaines extérieurs au régime climatique international pourraient jouer un rôle, voire être remodelés, dans la lutte contre le changement climatique.

Comme S. Aykut et L. Maertens l'ont observé, le processus de climatisation ne dit rien de la forme ou de l'intensité du processus, ou encore des motivations sous-jacentes aux changements qui en résultent, lesquels embrassent un spectre allant d'ajustements mineurs à des transformations beaucoup plus profondes [33]. En droit international, nous pouvons imaginer que le changement climatique « étire » les normes pertinentes – parfois en entraînant un ajustement ou une adaptation (ce que nous pourrions désigner comme une réponse d'« acclimatation ») – mais parfois en provoquant des changements

---

32. S. C. Aykut et L. Maertens, « The Climatization of Global Politics : Introduction to the Special Issue », *op. cit.*
33. S. C. Aykut et L. Maertens, « The Climatization of Global Politics : Introduction to the Special Issue », *op. cit.*, p. 506.

plus importants ou même en entraînant une « rupture » amenant à une complète refondation juridique.

Ce processus de climatisation progressive du droit international n'est pas sans risque ; il tend à avoir un effet d'homogénéisation qui peut faire passer au second plan dans l'agenda juridique et politique international d'autres enjeux mondiaux tout aussi importants, tels que les droits humains et des peuples autochtones, la crise de la biodiversité ou celle des océans. Malgré tout, si nous devons prendre au sérieux l'urgence, le caractère transversal et la complexité du changement climatique, un certain degré de climatisation est inévitable [34], et il s'agit même sans doute d'un processus qui doit s'accélérer pour que le droit international prenne en charge ce défi mondial crucial, tout en tenant compte de l'interdépendance entre les menaces environnementales et les frontières planétaires.

Paragraphe 4   **Présentation du thème et des contributions**

Les contributions des participants du Centre explorent les défis que le changement climatique pose au droit international et les façons dont le droit international pourrait être renforcé et « climatisé » pour relever ce défi.

Une première série de contributions aborde ces questions du point de vue des différents régimes sectoriels qui constituent le corpus grandissant du droit international relatif au changement climatique ou pertinent pour celui-ci. Pour certains de ces régimes, comme le droit international de l'ozone, le droit de la mer ou le droit international de la biodiversité, il existe déjà des liens étroits et des zones de chevauchement avec le régime climatique international. Ainsi, la protection de la biodiversité et des écosystèmes est importante à la fois pour l'atténuation du climat (par exemple, les réductions d'émissions évitées grâce à la prévention de la déforestation) et pour l'adaptation au climat [35], avec un intérêt croissant au sein du régime du climat pour les « solutions fondées sur la nature » [36]. Les dispositions du droit de la mer relatives à la protection du milieu marin vivant et à la prévention de la pollution marine peuvent potentiellement s'étendre aux impacts climatiques sur les océans, tels que l'acidification ou le réchauffement

---

34. *Ibid.*, p. 514.
35. H. O. Pörtner *et al.*, *Scientific Outcome of the IPBES-IPCC co-Sponsored Workshop on Biodiversity and Climate Change IPBES Secretariat*, Bonn, Germany, 2021.
36. Voir par exemple UNFCCC, « Managing Climate Risks through Nature-Based Solutions », 22 novembre 2021, https://unfccc.int/news/managing-climate-risks-throughnature-based-solutions, dernier accès le 20 décembre 2022.

des océans [37], et le régime du droit de la mer est également le principal corpus législatif concernant les activités menées dans les zones marines situées au-delà des juridictions nationales dans le but d'atténuer les effets du changement climatique [38]. De même, le régime international de l'ozone – considéré comme le plus abouti du droit international de l'environnement [39] – offre des possibilités d'accélérer l'atténuation du climat en s'attaquant aux substances appauvrissant la couche d'ozone (y compris aux substituts de ces substances) qui sont également de puissants GES [40].

Le changement climatique est depuis peu au centre des préoccupations des régimes juridiques internationaux qui s'intéressent aux droits de l'homme, aux migrations et à la mobilité, à la réduction des risques de catastrophe et à la paix et la sécurité. Il est désormais largement admis, par exemple, que le changement climatique est un « multiplicateur de menaces » qui exacerbe d'autres menaces pour la paix et la sécurité [41], et le Conseil de sécurité a accordé une attention croissante à cette corrélation ces dernières années [42]. Une attention croissante a également été portée au rôle du changement climatique dans le déplacement des individus et des communautés, et à la migration des personnes au-delà des frontières des Etats [43], ainsi qu'à l'adéquation des régimes pertinents tels que le droit international des réfugiés pour y répondre [44]. Le droit international des droits de l'homme s'entrecroise avec tous ces domaines, ainsi qu'avec le droit international (souple) émergent en matière de réduction des risques de catastrophes, qui est de plus en plus en lien avec le régime climatique autour des questions d'adaptation et de prévention ou de réponse aux catastrophes liées au climat [45].

---

37. Cette relation est au cœur du projet d'avis consultatif devant le TIDM, B. Mayer, « International Advisory Proceedings on Climate Change », *Michigan Journal of International Law*, à paraître, https://benoitmayer.com/wp-content/uploads/2022/04/International-advisory-proceedings-on-climate-change.pdf, dernier accès le 20 décembre 2022.
38. Voir ci-après le chapitre de Carlos Soria Rodriguez.
39. S. O. Andersen *et al.*, « Ozone Layer, International Protection », dans A. Peters et R. Wolfrum (dir. publ.), *Max Planck Encyclopedia of Public International Law [MPEPIL]*, Oxford, Oxford University Press, 2008.
40. Voir ci-après le chapitre de Claire Malwé.
41. UN, « Climate Change Recognized as "threat multiplier", UN Security Council Debates its Impact on Peace », UN News, https://www.un.org/peacebuilding/fr/news/climate-change-recognized-%E2%80%98threat-multiplier%E2%80%99-un-security-council-debates-its-impact-peace, dernier accès le 20 décembre 2022.
42. Par exemple, « Security Council Open Debate on Climate and Security », 23 septembre 2021, https://www.un.org/en/climatechange/security-council-open-debate-climate-and-security-0, dernier accès le 20 décembre 2022. Voir ci-après le chapitre d'Anne Dienelt.
43. Voir ci-après le chapitre de Marie Courtoy.
44. J. McAdam, *Climate Change, Forced Migration and International Law*, Oxford University Press, 2012, chap. 2, p. 39-51.
45. Voir J. Peel et D. Fisher (dir. publ.), *The Role of International Environmental Law in Disaster Risk Reduction*, Brill, Nijhoff, 2016.

S'agissant du droit international économique, les régimes du droit international du commerce et du droit international des investissements sont clairement pertinents pour la gouvernance climatique, que ce soit en tant qu'obstacles potentiels à une action climatique ambitieuse, mais aussi, de manière plus positive, en tant qu'outils permettant de renforcer l'application des obligations climatiques des Etats [46]. L'objectif de libre-échange autour duquel s'articule le droit économique international n'est cependant pas toujours compatible avec la réalisation des objectifs climatiques globaux. Cela pourrait justifier de repenser en profondeur la relation entre ces deux domaines du droit international [47].

Au sein du régime climatique international lui-même, les défis posés par l'ampleur et l'urgence de l'enjeu climatique continuent également de se poser et l'efficacité des traités qui le composent, en particulier de l'Accord de Paris, est mise en doute. Le «cycle d'ambition» de l'Accord de Paris se traduit par une activité accrue de fixation d'objectifs par le biais des contributions déterminées au niveau national (CDN) successives des parties, mais l'écart entre ces objectifs et les niveaux nécessaires d'atténuation, d'adaptation et de financement ne cesse paradoxalement de se creuser [48]. Les règles relatives au cadre de transparence, au processus d'examen par les experts et au mécanisme de facilitation de l'Accord de Paris ont été précisées dans une série de décisions de la COP formant le «manuel d'application» ou *rulebook* de l'Accord [49]. Elles sont censées jouer un rôle central dans l'engagement des Etats dans un processus conçu pour être dynamique et incitatif. Toutefois, ces mécanismes n'ont jusqu'à présent pas fait la preuve de leur capacité à accélérer l'action des parties [50].

En outre, le changement climatique continue de poser des défis au droit international général et de mettre en évidence des lacunes dans les règles de droit international existantes. Ce constat invite à s'interroger sur certaines institutions centrales (comme celle de l'Etat souverain), sur les différentes sources de droit international traitant du changement climatique, qu'elles relèvent du droit mou ou du droit dur [51], sur le rôle joué par les normes de droit

---

46. D. M. Firger et M. Gerrard, «Harmonizing Climate Change Policy and International Investment Law: Threats, Challenges and Opportunities», *Yearbook on International Investment Law & Policy*, 2010-2011, OUP, https://scholarship.law.columbia.edu/faculty_scholarship/1671, dernier accès le 20 décembre 2022. Voir aussi ci-après le chapitre de Carlo de Stefano.
47. Voir ci-après le chapitre de Sophie Grosbon.
48. UNEP, *Emissions Gap Report 2022*, 27 octobre 2022, https://www.unep.org/resources/emissions-gap-report-2022.
49. See UNFCCC, *Reference Manual for the Enhanced Transparency Framework under the Paris Agreement*, ver. 2, 2022, https://unfccc.int/sites/default/files/resource/v2_ETFreferencemanual.pdf, dernier accès le 20 décembre 2022.
50. Voir ci-après le chapitre d'Ellycia Harrould-Kolieb.
51. Voir ci-après le chapitre d'Hélène De Pooter.

coutumier et les principes internationaux, tels que la *due diligence* ou l'équité [52], ou encore sur le rôle des normes secondaires du droit international telles que celles régissant la responsabilité des Etats [53]. Les juridictions internationales pourraient également être appelées à jouer leur rôle, en mobilisant le droit international général en complément du régime climatique, compte tenu des demandes d'avis consultatifs au Tribunal international du droit de la mer (TIDM), à la Cour interaméricaine des droits de l'homme et à la Cour internationale de Justice (CIJ) [54].

En ce qui concerne les technologies de lutte contre le changement climatique, une certaine attention a été accordée au cadre juridique qui devrait être mis en place pour encadrer les installations d'énergies marines renouvelables [55]. Le droit international et les systèmes de gouvernance ont également, jusqu'à présent, apporté peu de réponses au sujet du développement des technologies de séquestration du carbone et d'émissions négatives [56], sans même parler des technologies plus controversées de gestion du rayonnement solaire envisagées dans le cadre de la géo-ingénierie [57].

Une deuxième série de contributions aborde la question du défi du point de vue des différents niveaux de gouvernance ou des types d'acteurs s'engageant dans les questions climatiques et leur intersection avec le droit international. Si le contentieux climatique apparaît comme un contributeur potentiel majeur à la gouvernance internationale du climat [58], ce sont les tribunaux nationaux et les cours régionales des droits de l'homme qui ont ouvert la voie à l'examen juridictionnel des questions climatiques [59], y compris en appliquant le droit international du climat [60].

De même, les actions des acteurs non étatiques, notamment de la société civile, des experts scientifiques [61], des entreprises et des investisseurs [62], contribuent de manière décisive à la mise en œuvre du droit international du climat, dépassant souvent la contribution des Etats. Dans le même temps, certains

---

52. Voir ci-après le chapitre de Manuel Baena Pedrosa.
53. Voir ci-après le chapitre de Niklas Reetz.
54. A. Savaresi, K. Kulovesi et H. van Asselt, «Beyond COP26: Time for an Advisory Opinion on Climate Change?», 17 décembre 2021, https://www.ejiltalk.org/beyond-cop26-time-for-an-advisory-opinion-on-climate-change/, dernier accès le 20 décembre 2022.
55. Voir ci-après le chapitre de Carlos Soria Rodriguez.
56. Jesse L. Reynolds, «The Politics and Governance of Negative Emissions Technologies», *Global Sustainability*, 1, 2018, E12.
57. S. Nicholson, S. Jinnah et A. Gillespie, «Solar Radiation Management: a Proposal for Immediate Polycentric Governance», *Climate Policy*, 18:3, 2018, p. 322-334.
58. IPCC, AR6 WG III, chapitre 13, 13.4, https://www.ipcc.ch/report/ar6/wg3/downloads/report/IPCC_AR6_WGIII_Full_Report.pdf, dernier accès le 20 décembre 2022.
59. Voir ci-après les chapitres d'Esmeralda Colombo et Juan Auz.
60. Sandrine Maljean-Dubois, «Climate Litigation: The Impact of the Paris Agreement in National Courts», *The Taiwan Law Review*, Angle, 2022, p. 211-222.
61. Voir ci-après le chapitre de Marion Lemoine.
62. Voir ci-après les chapitres de Ling Chen et Carlo de Stefano.

groupes d'Etats ou communautés revendiquant un droit à l'autodétermination, tels que les Premières Nations et les peuples autochtones [63], font pression pour que le droit international tienne compte de la manière dont ils sont particulièrement touchés par le changement climatique. Le rôle des petits Etats insulaires en développement est déterminant dans les appels à l'équité et la justice dans la mise en œuvre du droit international du climat, étant donné la vulnérabilité de ces Etats aux impacts climatiques, lesquels menacent leur capacité même à survivre sur leurs territoires [64].

Un dernier ensemble de contributions examine la question du renforcement des réponses du droit international au changement climatique du point de vue des différents mécanismes et approches de mise en œuvre. Ceux-ci comprennent les marchés du carbone utilisés comme un mécanisme pour créer des «résultats d'atténuation transférés au niveau international» vers les CDN en vertu de l'article 6 de l'Accord de Paris [65], ainsi que les flux financiers pour l'atténuation et l'adaptation vers les pays en développement par le biais d'institutions telles que le Fonds vert pour le climat [66]. L'ouvrage souligne aussi la contribution potentielle des procès climatiques devant les tribunaux nationaux, régionaux (et potentiellement) internationaux, même si le droit international ne répond qu'imparfaitement aux enjeux de réparation des préjudices liés au climat, qui posent des questions difficiles relatives à la preuve et la causalité, la quantification des dommages et la recherche de réparations appropriées [67]. En complément, des normes plus générales de droit coutumier ou conventionnel en matière de *diligence due*, d'équité ou de coopération portent ici en elles des germes de solutions aux défis que le changement climatique pose au droit international [68].

SECTION 2 **COMMENT LE CHANGEMENT CLIMATIQUE MET À L'ÉPREUVE LE DROIT INTERNATIONAL ET LES RÉPONSES APPORTÉES JUSQU'À PRÉSENT**

Dans cette section, nous présentons les différentes manières dont le changement climatique teste ou défie le droit international existant.

---

63. Voir, par exemple, UN Human Rights Committee, Views adopted by the Committee under Article 5 (4) of the Optional Protocol, concerning communication n° 3624/2019, CCPR/C/135/D/3624/2019, 22 septembre 2022 («Torres Strait 8 decision») constatant une violation des droits à la vie familiale et la culture des requérants en vertu du Pacte international relatif aux droits civils et politiques, en raison de l'insuffisance des mesures d'adaptation prises par l'Australie.
64. Voir ci-après le chapitre de Jean-Baptiste Dudant.
65. Voir ci-après le chapitre de Ling Chen.
66. Voir Green Climate Fund (GCF), https://www.greenclimate.fund/, dernier accès le 3 janvier 2023.
67. Voir ci-après les chapitres de Juan Auz et Tierowe Germain Dabire.
68. Voir ci-après le chapitre de Manuel Baena Pedrosa.

Il s'agit notamment du défi de produire des normes dans des domaines où il existe des incertitudes scientifiques et de gérer l'interface complexe science-politique (par. 1), de respecter les contraintes de la souveraineté des Etats tout en répondant à la nécessité de règles ambitieuses et d'application générale (par. 2), de faire face au changement climatique dans un système juridique international fragmenté (par. 3) et à travers de multiples niveaux de gouvernance impliquant un éventail d'acteurs (par. 4), d'assurer la justice climatique mondiale tout en tenant compte des responsabilités et des impacts différenciés des émissions de GES (par. 5), et de concevoir des outils juridiques efficaces qui sont adaptés à leur objectif et qui comblent les lacunes existantes (par. 6). Si le droit international a déjà formulé de nombreuses réponses à des défis de ce type par le passé, par l'ampleur et la complexité de l'enjeu, le changement climatique agit comme un révélateur de certaines faiblesses et met en évidence le besoin d'un développement progressif.

Paragraphe 1 **Réglementer les zones d'incertitude et gérer l'interface science-politique**

Les complexités de notre environnement se traduisent par un corpus juridique très technique [69]. Si la science seule ne peut servir de base à une réglementation globale des risques [70], l'expertise scientifique revêt néanmoins une importance fondamentale à chaque étape du processus juridique, de la conception du droit international à sa mise en œuvre. Ce phénomène, qui caractérise plus généralement le droit international de l'environnement, est particulièrement significatif dans le cas du changement climatique.

Le changement climatique a donné lieu à de vives controverses et la science a joué un rôle fondamental en façonnant et en influençant le régime international du climat. Créé en 1988 par l'Organisation météorologique mondiale (OMM) et le Programme des Nations Unies pour l'environnement (PNUE), le GIEC a joué efficacement le rôle d'interface entre les scientifiques et les décideurs, en particulier les négociateurs, qui lui avait été assigné. En reliant la science à la politique, en évaluant et en synthétisant la littérature scientifique, il s'est efforcé d'adapter la science du climat aux besoins des diplomates du climat et a fourni une base scientifique solide et accessible pour l'élaboration des politiques climatiques. Les rapports du GIEC «devraient être neutres par rapport aux politiques, bien qu'ils puissent avoir à traiter objectivement de

---

69. D. Bodansky, J. Brunnée et E. Hey, «International Environmental Law : Mapping the Field», dans *The Oxford Handbook of International Environmental Law* 8, Oxford, OUP, 2007.
70. J. Peel, «What Role for Science in International Risk Regulation ?», dans J. Peel, *Science and Risk Regulation in International Law*, Cambridge, Cambridge University Press, 2010, p. 379.

facteurs scientifiques, techniques et socio-économiques pertinents pour l'application de politiques particulières »[71]. Sur une ligne de crête, ils sont souvent décrits comme devant être pertinents sur le plan politique, mais non prescriptifs. Surmontant les incertitudes et les controverses initiales, ils ont permis une compréhension commune du changement climatique, de son origine (humaine), de ses manifestations et des scénarios possibles pour l'avenir. Les contributions du GIEC ont été de plus en plus reconnues et intégrées par l'Organe subsidiaire de conseil scientifique et technologique (SBSTA), qui fournit des recommandations à la COP sur les questions scientifiques, et par la COP elle-même[72].

Depuis le lancement des négociations de la CCNUCC, les rapports d'évaluation périodiques du GIEC ont coïncidé avec des moments clés des négociations internationales. Le rôle du GIEC a été particulièrement influent lors de la négociation de l'Accord de Paris, mais l'institution n'a pas perdu sa raison d'être depuis lors et reste au contraire tout à fait pertinente pour la mise en œuvre de l'Accord[73]. En effet, la science pourrait désormais jouer un rôle encore plus central pour au moins quatre raisons.

Premièrement, la science du climat se caractérise encore par de nombreuses incertitudes, telles que les risques de franchissement des limites planétaires, les points de basculement et les scénarios du pire comme celui d'une « Terre étuve » incontrôlable[74]. Deuxièmement, les rapports du GIEC explorent de plus en plus l'éventail des « solutions » et le groupe de travail III sur l'atténuation prend par là de l'importance, ce qui rend nécessaire l'élargissement des connaissances et des disciplines impliquées[75]. L'acceptation de la conclusion du GIEC selon laquelle la science du changement climatique est désormais « sans équivoque » ne signifie pas pour autant que toute controverse est terminée[76]. Par exemple, le développement de la géo-ingénierie fait et continuera de faire l'objet

---

71. *Principles Governing IPCC Work*, Approved at the Fourteenth Session (Vienna, 1-3 October 1998) on 1 October 1998, amended at the Twenty-First Session (Vienna, 3 and 6-7 November 2003), the Twenty-Fifth Session (Mauritius, 26-28 April 2006), the Thirty-Fifth Session (Geneva, 6-9 June 2012) and the Thirty-Seventh Session (Batumi, 14-18 October 2013), p. 1 (notre traduction).
72. S. Johnston, « Ch.16 The Practice of UN Treaty-Making Concerning Science », dans S. Chesterman, D. M. Malone et S. Villalpando (dir. publ.), *The Oxford Handbook of United Nations Treaties*, Oxford, Oxford University Press, 2019, p. 327.
73. A. Fischlin et M. Ivanova, « Scientific and Political Drivers for the Paris Agreement », dans D. R. Klein *et al.* (dir. publ.), *The Paris Agreement on Climate Change: Analysis and Commentary*, Oxford, Oxford University Press, 2017, p. 3.
74. Voir par exemple W. Steffen *et al.*, « Trajectories of the Earth System in the Anthropocene », 15 (33) *Proceedings of the National Academic of Sciences*, 2018, p. 8252-8259 ; T. M. Lenton *et al.*, « Climate Tipping Points – too Risky to Bet against », *Nature*, 2019, p. 592-595.
75. Voir ci-après le chapitre de Marion Lemoine.
76. B. Lahn, « In the Light of Equity and Science: Scientific Expertise and Climate Justice after Paris », *International Environmental Agreements*, vol. 18, 2018, n° 1, p. 29.

d'intenses discussions [77]. Et si les objectifs de zéro émission nette au milieu du siècle ont rapidement été adoptés par un grand nombre d'acteurs étatiques et non étatiques, notre vision concrète d'un monde à zéro émission nette est encore très limitée [78]. Troisièmement, l'expertise scientifique constitue un moyen important de gérer la tension entre l'objectif commun de limiter le réchauffement à 1,5 °C-2 °C et la différenciation qu'appellent les principes d'équité et des responsabilités communes, mais différenciées. Notamment, le «bilan mondial» régulier de l'Accord de Paris doit être entrepris «en tenant compte de l'équité et des meilleures données scientifiques disponibles» [79]. Enfin, il convient de noter que l'influence du GIEC va bien au-delà du régime international. Sa production imprègne les législations nationales et est largement citée dans les procès climatiques [80]. La société civile elle-même s'est emparée des rapports du GIEC, notamment depuis le rapport spécial de 2018 sur les conséquences d'un réchauffement climatique de plus de 1,5 °C.

Cette relation n'est pas unilatérale. La science a influencé le processus décisionnel, mais en retour les institutions du régime climatique international ont contribué, par leur activité et leur cadrage, à la promotion et au développement de la science. Les COP sont des lieux d'échange et de collaboration scientifiques [81]. L'histoire du rapport 1,5 °C montre également comment le régime climatique a lui-même formaté l'agenda scientifique [82].

Nous pourrions avoir l'impression aujourd'hui que si la science est claire, les mesures adoptées ou à adopter ne sont plus des mesures de précaution (requises face à l'incertitude), mais des mesures préventives (applicables face à la certitude des dommages à venir). Or, comme nous l'avons vu, malgré un énorme effort de la communauté scientifique, de nombreuses incertitudes subsistent et une approche de précaution reste donc nécessaire. En outre, en pratique, il est souvent difficile de faire la part de ce qui relève d'une approche de précaution ou de prévention dans un contexte où la science est en constante évolution. En fait, le régime climatique international illustre la mesure dans laquelle la distinction entre précaution et prévention peut être d'une utilité pratique limitée face à une question aussi complexe et évolutive. Il existe

---

77. D. French et B. Pontin, «Chapter I.1: The Science of Climate Change: A Legal Perspective on the IPCC», dans M. Faure (dir. publ.), *Elgar Encyclopedia of Environmental Law*, Cheltenham, Edward Elgar Publishing, 2016, p. 18.
78. A. D. King, J. Peel et T. Ziehn *et al.*, «Preparing for a post-net-Zero Xorld», *Nat. Clim. Chang.*, 2022, p. 775–777.
79. Accord de Paris, article 14.
80. B. J. Preston, «The Influence of the Paris Agreement on Climate Litigation: Legal Obligations and Norms» (Part. I), 33 (1) *Journal of Environmental Law*, 2021, p. 1-32.
81. S. Johnston, «Ch.15: The Role of Science», dans L. Rajamani et J. Peel (dir. publ.), *The Oxford Handbook of International Environmental Law*, Oxford, Oxford University Press, 2021, p. 332.
82. Le rapport spécial du GIEC sur le 1.5 °C a été préparé en réponse à une demande de la COP21.

plutôt un « continuum de degrés de précaution en termes de précocité et de fermeté »[83], ce qui souligne la nécessité de l'apprentissage, mais aussi d'une politique et d'un droit adaptatifs[84]. Enfin, la politique et l'action n'ont pas toujours été très anticipatives, nécessitant maintenant ce que l'on pourrait appeler des réponses « post-caution », par exemple, dans le cas des pertes et préjudices, s'agissant des menaces à la paix et à la sécurité internationale, ou du développement de la géo-ingénierie[85].

Paragraphe 2　**La nécessité de règles générales et ambitieuses face à la souveraineté des Etats**

En 1927, dans la célèbre affaire du *Lotus*, la Cour permanente de justice internationale observait que :

> « Le droit international régit les rapports entre des Etats indépendants. Les règles de droit liant les Etats procèdent donc de la volonté de ceux-ci, volonté manifestée dans des conventions ou dans des usages acceptés généralement comme consacrant des principes de droit et établis en vue de régler la co-existence de ces communautés indépendantes ou en vue de la poursuite de buts communs. Les limitations de l'indépendance des Etats ne se présument donc pas. »[86]

Si le principe du consentement de l'Etat demeure central aujourd'hui, le droit international a connu de nombreuses transformations depuis lors. Les modalités d'engagement de l'Etat se sont diversifiées, tandis que le processus technique de formalisation et d'édiction des règles, y compris les sources du droit, s'est enrichi, notamment grâce au développement abondant de la *soft law*. Comme le note Emmanuelle Jouannet,

> « de la même façon que les Etats internes libéraux sont devenus en Europe des Etats-providence, le droit international contemporain est passé d'un droit libéral, cantonné à quelques fonctions premières essentielles de régulation et de coexistence, à un droit-providence multi-fonctions qui régit la vie des Etats et des individus et qui est considéré comme l'ultime garant du bien-être collectif »[87].

---

83. J. Wiener, « Precaution and Climate Change », dans C. P. Carlarne, K. R. Gray et R. Tarasofsky (dir. publ.), *The Oxford Handbook of International Climate Change Law*, OUP, 2016, p. 180 (notre traduction).
84. J. McDonald et M. Styles, « Legal Strategies for Adaptive Management under Climate Change », *Journal of Environmental Law*, 2014, vol. 26 (1), p. 25-53.
85. *Ibid.*, p. 177.
86. Affaire du *Lotus (France c. Turquie)*, *CPJI Recueil*, série A, n° 9 (1927), p. 18.
87. E. Jouannet, « A quoi sert le droit international ? Le droit international providence du XXI siècle », *RBDI*, 2007/1, p. 11.

Cette évolution est très nette dans le domaine du changement climatique, où le besoin de coopération internationale, d'une part, et les fortes résistances des Etats, d'autre part, ont nécessairement poussé vers l'expérimentation.

De ce point de vue, probablement plus que tout autre traité, l'Accord de Paris montre que la manière dont les Etats s'engagent a évolué au fil du temps [88]. A cet égard, la forme et le fond de l'accord ont été soigneusement pensés pour permettre d'atteindre un difficile consensus. S'agissant de sa forme juridique, l'Accord de Paris est le résultat d'une combinaison subtile de droit dur et de droit mou qui permet de conférer à ses dispositions une portée juridique différenciée [89]. Sur le fond, l'Accord de Paris représente une combinaison tout aussi subtile d'approches ascendantes *(bottom up)* et descendantes *(top down)*. Malgré son approche souple et non prescriptive, l'Accord de Paris accroît la pression sur les Etats, y compris – et peut-être surtout – au niveau national. Au vu des conclusions du rapport spécial sur le réchauffement de 1,5 °C[90] et du sixième rapport d'évaluation (AR6)[91] du GIEC, ainsi que de la mobilisation croissante de la société civile, il devient encore plus difficile pour les Etats, politiquement parlant, de s'en tenir à des contributions déterminées au niveau national qui, une fois agrégées, ne conduisent pas à une réduction drastique des émissions de GES. L'Accord de Paris a contribué de manière décisive à augmenter le nombre de contentieux climatiques nationaux grâce à la mobilisation de la société civile. Cela a donné aux juridictions nationales l'occasion de se positionner comme des acteurs majeurs de la gouvernance climatique. Même si les résultats ne sont pas encore satisfaisants, cette forme quelque peu modernisée d'engagement international des Etats a conduit à son tour à des formes renouvelées de contrôle qui – espérons-le – pourraient conduire à terme à une plus grande efficacité [92].

Au-delà de l'Accord de Paris, il est pertinent de considérer l'ensemble des règles du droit international comme un système dont les éléments sont reliés entre eux [93]. Les principes du droit international de l'environnement, associés à la jurisprudence, jouent un rôle clé en reliant des règles ayant une force

---

88. S. Chan, C. Brandi et S. Bauer, «Aligning Transnational Climate Action with International Climate Governance: The Road from Paris», *RECIEL* 25 (2), 2016, p. 238-247.
89. L. Rajamani, «The 2015 Paris Agreement: Interplay Between Hard, Soft and Non-Obligations», 28 *Journal of Environmental Law*, 2016, p. 337-358.
90. IPCC (2018) *Global Warming of 1.5 °C. An IPCC Special Report on the impacts of global warming of 1.5 °C above pre-industrial levels and related global greenhouse gas emission pathways, in the context of strengthening the global response to the threat of climate change, sustainable development, and efforts to eradicate poverty.*
91. Voir https://www.ipcc.ch/report/sixth-assessment-report-cycle/, dernier accès le 21 décembre 2022.
92. Voir ci-après le chapitre d'Esmeralda Colombo.
93. Voir, par exemple, E. Benvenisti, «The Conception of International Law as a Legal System», 50 *German Yb Int'l L.* 393, 2007.

juridique différente, issues de régimes différents, favorisant une interprétation synergique du droit international, et contribuant à améliorer sa cohérence et sans doute, par ce biais, son efficacité. Les règles coutumières et conventionnelles ne fonctionnent pas de manière isolée, mais, au contraire, entretiennent une relation étroite allant jusqu'à la fertilisation croisée et la pollinisation mutuelle [94]. Les tribunaux sont souvent amenés à mobiliser d'autres sources internationales – règles coutumières, instruments de *soft law* – pour interpréter et appliquer les règles conventionnelles [95]. Ces développements illustrent la volonté des cours et tribunaux de contribuer à une interprétation systémique du droit international du climat combiné avec d'autres règles du droit international (par exemple du droit de la mer, du droit du commerce international, etc.) L'arbitrage sur la mer de Chine méridionale fournit une parfaite illustration de l'intérêt d'une interprétation synergique entre les obligations coutumières et les obligations conventionnelles [96]. L'opinion du juge Cançado Trindade dans l'affaire de la *Chasse à la baleine* illustre également très bien cette volonté judiciaire de participer à la « défragmentation » en cours du droit international, en notant que :

> « Aucun des instruments internationaux relatifs à la conservation – qui se sont multipliés au cours des dernières décennies – n'est envisageable séparément des autres : la coexistence de traités internationaux d'un genre similaire appelait une vision systémique, qui, en toute logique, s'est imposée au cours de ces dernières années... Cette vision systémique semble gagner du terrain depuis quelques années. » [97]

Les procès climatiques en fournissent un autre exemple, car les requêtes sont généralement fondées sur une combinaison de sources de droit international et national. Les requérants font preuve de ce point de vue d'une inventivité remarquable, invitant les juges à combiner les sources et les normes de manière synergique [98]. L'interprétation d'une norme à la lumière d'une autre peut alors

---

94. Ph. Sands, « Treaty, Custom and the Cross-Fertilization of International Law », *Yale Human Rights and Development Law Journal*, 1998, 1.
95. *Ibid.* Voir S. Maljean-Dubois et E. Morgera, « International Biodiversity Litigation. The Increasing Emphasis on Biodiversity Law Before International Courts and Tribunals », dans G. Futhazar, S. Maljean-Dubois et J. Razzaque (dir. publ.), *Biodiversity litigation*, OUP, 2022, p. 355.
96. *PCA Case n° 2013-19 in the matter of the South China Sea Arbitration before an arbitral tribunal constituted under annex VII to the 1982 United Nations Convention on the law of the sea, between the Republic of the Philippines and the People's Republic of China*, Award of 12 July 2016, paragraphes 941, 948.
97. Opinion individuelle du juge Cançado Trindade, *Chasse à la baleine dans l'Antarctique (Australie c. Japon)* ; Nouvelle-Zélande (intervenant)), arrêt, *CIJ Recueil 2014*, paragraphes 25-26.
98. C. Cournil, « Les droits fondamentaux au service de l'émergence d'un contentieux climatique contre l'Etat. Des stratégies contentieuses des requérants à l'activisme des juges », dans M. Torre-Schaub, C. Cournil, S. Lavorel et M. Moliner-Dubost (dir. publ.), *Quel(s) droit(s) pour les changements climatiques*, Mare & Martin, 2018, p. 199.

faire dire à ces normes davantage que si elles étaient appliquées isolément [99]. Pour s'en tenir au droit international, les règles des traités sont généralement combinées avec les règles coutumières, mais parfois aussi avec des instruments de *soft law* comme les décisions de la COP. Les règles du régime climatique international sont combinées à la fois avec des règles générales (telles que les obligations coutumières de *due diligence*) et avec d'autres règles spécifiques. La combinaison des règles du droit international climatique et des règles du droit international des droits de l'homme est également de plus en plus souvent invoquée [100]. Les tribunaux sont alors invités à lire les obligations des Etats en matière de protection des droits de l'homme à la lumière de leurs obligations climatiques, que ce soit devant un tribunal national [101] ou devant des organes internationaux de protection des droits de l'homme tels que le Comité des droits de l'enfant des Nations Unies [102] ou la Cour européenne des droits de l'homme [103]. Le juge néerlandais dans l'affaire *Urgenda* a déroulé une interprétation particulièrement synergique d'une combinaison de normes non écrites et coutumières (le *duty of care* néerlandais ou la *no harm rule*), de règles conventionnelles du droit international des droits de l'homme, ainsi que des objectifs et principes de la CCNUCC [104]. Cette combinaison se retrouve dans des affaires similaires, comme en Belgique, avec l'affaire *Klimaatzaak*, actuellement pendante devant la Cour d'appel de Bruxelles, dans laquelle le Tribunal de première instance a conclu à la violation des articles 2 et 8 de la Convention européenne des droits de l'homme, lus à la lumière du devoir de diligence du bon père de famille (ou de l'homme raisonnable de la *common law*), des dispositions elles-mêmes éclairées par l'Accord de Paris [105].

En fin de compte, dans un «système en évolution constante», le consentement de l'Etat pourrait ou devrait être vu «comme le consentement à un

---

99. Par exemple, voir C. Macchi et J. Zeben, «Business and Human Rights Implications of Climate Change Litigation: *Milieudefensie* et al. v. *Royal Dutch Shell*», 30 (3) *RECIEL*, 2021, p. 409-415.
100. J. Peel et H. Osofsky, «A Rights Turn in Climate Change Litigation?», *Transnational Environmental Law*, 7 (1), 2018, p. 37-67.
101. Voir la décision de 2019 dans l'affaire *Urgenda*, Urgenda, Supreme Court of the Netherlands, ECLI:NL:HR:2019:2007, Hoge Raad, 20-12-2019, paragraphe 5.6.2.
102. Petition before the Committee on the Rights of the Child on 23 September 2019, *Chiara Sacchi* et al. c. *Argentina, Brazil, France, Germany, Turkey*. Decision adopted by the Committee on the Rights of the Child under the Optional Protocol to the Convention on the Rights of the Child on a communications procedure in respect of Communication n° 106/2019, 21 septembre 2021.
103. Avec plusieurs affaires pendantes. Voir C. Cournil et C. Perruso, «Le climat s'installe à Strasbourg – Les enseignements des premières requêtes portées devant la Cour européenne des droits de l'Homme», *L'Observateur de Bruxelles*, 2021/2, n° 124, p. 24 ss.
104. Urgenda, Supreme Court of the Netherlands, ECLI:NL:HR:2019:2007, Hoge Raad, 20-12-2019, paragraphe 5.7.5.
105. Voir leurs principales conclusions, http://climatecasechart.com/climate-change-litigation/wp-content/uploads/sites/16/non-us-case-documents/2019/201906282660na.pdf, dernier accès le 21 décembre 2022.

processus, et plus spécifiquement comme le consentement à un processus visant le développement normatif, dont le résultat est inconnu au moment où le consentement est donné » [106]. Le changement climatique invite finalement à adopter une nouvelle lecture, climatisée, du consentement de l'Etat.

Paragraphe 3 **Une question transversale, mais un droit international et une gouvernance fragmentés**

Les travaux de la Commission du droit international des Nations Unies ont mis en évidence le problème de la fragmentation du droit international découlant d'« une diversification croissante, c'est-à-dire l'émergence de domaines d'action sociale et de structures spécialisés et relativement autonomes » [107]. Cette réponse juridique internationale fragmentée peut poser des problèmes particuliers s'agissant d'une question transversale comme le changement climatique [108]. De fait, bien qu'un ensemble spécialisé de règles et d'institutions se soit développé dans le cadre du régime international de lutte contre le changement climatique, d'autres domaines du droit international revêtent également une importance fondamentale pour la gouvernance des questions climatiques [109]. En outre, le régime international dédié au changement climatique n'apporte pas une réponse complète à toutes les questions posées par le défi climatique. Par exemple, l'Accord de Paris ne prévoit qu'un mécanisme de conformité d'essence facilitatrice, les réactions plus contraignantes relevant des règles de la responsabilité des Etats [110]. De même, si la CCNUCC prévoit que les parties doivent « travailler de concert à un système économique international qui soit porteur et ouvert » et éviter d'adopter des mesures climatiques qui restreignent le commerce international [111], le régime international du climat ne contient pas d'autres orientations sur la manière de gérer la relation entre changement climatique et libre-échange.

---

106. E. Hey, *Teaching International Law. State-Consent as Consent to a Process of Normative Development and Ensuing Problems*, The Hague, Kluwer Law International, 2003, p. 23. Sur ces processus voir aussi J. Brunnée, « COPing with Consent: Law-Making Under Multilateral Environmental Agreements », 15 *Leiden Journal of International Law*, 2002, p. 6.
107. *Fragmentation du droit international: difficultés découlant de la diversification et de l'expansion du droit international, Rapport du Groupe d'étude de la Commission du droit international*, établi sous sa forme définitive par Martti Koskenniemi, A/CN.4/L.682 et Add.1, 13 avril 2006, p. 11.
108. Voir H. van Asselt, *The Fragmentation of Global Climate Governance: Consequences and Management of Regime Interactions*, Edward Elgar, 2014.
109. M. Young, « Fragmentation and International Environmental Law », dans L. Rajamani et J. Peel (dir. publ.), *Oxford Handbook of International Environmental Law*, OUP, 2021, p. 85; H. van Asselt, *The Fragmentation of Global Climate Governance*, Edward Elgar Pub., 2014.
110. Accord de Paris, article 15.
111. CCNUCC, article 3, paragraphe 5.

Les implications du changement climatique pour d'autres régimes de droit international devenant de plus en plus évidentes, cela a donné lieu à l'adoption de nouveaux protocoles, résolutions et décisions dans le cadre d'autres régimes internationaux, qui ont également pu évoluer par les mécanismes d'interprétation juridique. Par exemple, la Convention sur la pollution atmosphérique transfrontière à longue distance de la Commission économique pour l'Europe des Nations Unies, historiquement conçue pour traiter les problèmes de pollution atmosphérique transfrontalière comme les pluies acides, a été complétée par le Protocole de Göteborg modifié qui traite des facteurs de forçage climatique à courte durée de vie comme le carbone noir, non couverts par le régime climatique [112]. L'amendement de Kigali au Protocole de Montréal sur l'ozone a également suscité des espoirs de progrès dans le ralentissement du réchauffement planétaire grâce à la régulation de la production et du commerce des hydrofluorocarbones, qui sont eux-mêmes de puissants GES [113]. Autre exemple, le Conseil des droits de l'homme a adopté une série de résolutions ciblées, à partir de 2008, qui clarifient la manière dont le changement climatique affecte les droits de l'homme, ce qui a stimulé le développement d'une jurisprudence articulant protection des droits de l'homme et changement climatique [114]. Ces interactions ont lieu non seulement horizontalement entre les différents régimes de droit international, mais aussi verticalement, les tribunaux nationaux et régionaux mobilisant le droit international pour résoudre les litiges climatiques dont ils sont saisis. Dans l'un des exemples récents les plus parlants, la Cour suprême du Brésil a même déclaré que l'Accord de Paris était un traité de droits de l'homme qui supplantait le droit national [115].

Toutefois, dans la mesure où différents régimes du droit international s'intéressent aux questions de changement climatique, cela peut soulever des problèmes de coordination ou de concurrence entre eux. Plutôt qu'une application quelque peu mécanique des règles d'interprétation des traités telles que la *lex specialis* ou la *lex posterior*, ou même une approche d'«interpréta-

---

112. ECE, 1999 Protocol to Abate Acidification, Eutrophication and Ground-Level Ozone to the Convention on Long-Range Transboundary Air Pollution, as amended on 4 mai 2021, ECE/EB.AIR/114, 6 mai 2013.
113. L. Friedman et C. Davenport, «Senate Ratifies Pact to Curb a Broad Category of Potent Greenhouse Gases», *New York Times*, 21 septembre 2022, https://www.nytimes.com/2022/09/21/climate/hydrofluorocarbons-hfcs-kigali-amendment.html, dernier accès le 21 décembre 2022.
114. Voir J. Peel et H. M. Osofsky, «A Rights Turn in Climate Change Litigation?», *Transnational Environmental Law*, 7 (1), 2018, p. 37-67.
115. M. A. Tigre, «Advancements in Climate Rights in Courts around the World», Sabin Center, Climate Law Blog, 1er juillet 2022, https://blogs.law.columbia.edu/climatechange/2022/07/01/advancements-in-climate-rights-in-courts-around-the-world/, dernier accès le 21 décembre 2022.

tion systémique »[116] qui peut être univoque lorsque les mécanismes plus contraignants de règlement des différends relevant du droit international économique rencontrent les normes climatiques, les processus d'interaction entre régimes reposant sur l'échange d'informations, l'apprentissage, la collaboration, l'expérimentation, la consultation d'experts, l'examen par les pairs et la participation des parties prenantes peuvent être plus fructueux [117]. Dans le domaine plus large du droit international de l'environnement, des exemples intéressants de coordination entre les secrétariats ont permis de créer des synergies entre les différents régimes conventionnels [118]. Pour faire face au changement climatique, une diversité de fora internationaux et d'approches juridiques peut parfois aussi être bénéfique et inciter à l'innovation. Dans le domaine du droit international des investissements, certains signes indiquent, par exemple, que les affrontements spectaculaires du passé entre protection de l'environnement et droits des investisseurs étrangers font place à une nouvelle ère marquée par une certaine intégration des considérations environnementales dans la jurisprudence en matière d'investissement [119]. Certains auteurs s'impatientent cependant face à ces approches prudentes et toujours « cloisonnées » et appellent à des solutions plus radicales, adaptées à la nouvelle « ère de l'Anthropocène ». Ces propositions cherchent à faire correspondre la réponse juridique à un système socio-écologique intégré et interdépendant par le développement d'un droit du système terrestre également holistique [120].

Paragraphe 4   **La nécessité d'une gouvernance multi-niveaux et multi-acteurs face à des règles compartimentées**

La fragmentation de la réponse internationale au changement climatique à travers de multiples régimes s'accompagne d'une fragmentation de la gouvernance à différents niveaux, impliquant une myriade d'acteurs bien au-delà des seuls Etats [121]. Il est désormais largement admis que la gouvernance

---

116. Sur le fondement de l'article 31, paragraphe 3 *(c)* de la Convention de Vienne sur le droit des traités de 1969.
117. M. A. Young, « Climate Change Law and Regime Interaction », *Carbon & Climate Law Review*, 2011 (2), 147-157 ; H. Van Asselt, « Managing the Fragmentation of International Environmental Law : Forests at the Intersection of the Climate and Biodiversity Regimes », 44 *NYU J. Int'l L. & Pol.*, 2021, p. 205.
118. Le secrétariat commun de la Convention de Bâle sur le contrôle des mouvements transfrontières de déchets dangereux, de la Convention PIC de Rotterdam et de la Convention de Stockholm sur les POP en fournit une excellente illustration.
119. K. Miles (dir. publ.), *Research Handbook on Environment and Investment Law*, Elgar Press, 2019, p. 1-2.
120. Voir notamment Louis J. Kotzé *et al.*, « Earth System Law : Exploring New Frontiers in Legal Science », 11 *Earth System Governance*, 2022, p. 100126.
121. K. Bäckstrand, J. W. Kuyper, B.-O. Linnér et E. Lövbrand, « Non-state Actors in Global Climate Governance : from Copenhagen to Paris and beyond », *Environmental Politics*, 26 :4, 2017, p. 561-579.

du changement climatique suit un modèle «polycentrique», impactant de nombreux autres domaines au-delà du régime international du climat [122].

L'Accord de Paris invite et permet cette approche de gouvernance multi-niveaux et multi-acteurs. Son architecture hybride, composée de CDN «ascendantes» et d'exigences de transparence et de rapportage «descendantes», encourage les acteurs agissant à d'autres niveaux de gouvernance à tenir les Etats responsables de l'adéquation et de la mise en œuvre de leurs engagements en matière de climat [123]. Cela a été un moteur du contentieux climatique devant les tribunaux nationaux et les cours régionales des droits de l'homme, avec plus qu'un doublement du nombre d'affaires liées au changement climatique depuis 2015 et environ un quart des plus de 2000 affaires engagées au niveau mondial depuis 2020 [124]. Cette jurisprudence peut potentiellement servir de base à l'émergence de compréhensions convergentes transnationales venant clarifier les concepts clés qui sous-tendent le droit international du climat [125], tels que le budget carbone mondial ou la notion de «juste contribution» *(fair share)* individuelle d'un Etat dans les efforts internationaux de réduction des émissions de GES [126].

Dans le même temps, le préambule de l'Accord de Paris reconnaît «l'importance de la participation des pouvoirs publics à tous les niveaux et des divers acteurs, conformément aux législations nationales respectives des Parties, dans la lutte contre les changements climatiques» [127]. Pour suivre les progrès des initiatives et des actions des acteurs non étatiques, la décision de la COP adoptant l'Accord de Paris a appelé à la création de la plateforme NAZCA pour *Non-state Actors Zone for Climate Action*, qui a été relancée lors de la COP26 sous le nom de portail *Global Climate Action* [128]. En décembre 2022, ce portail recense 30 763 acteurs engagés dans l'action climatique au niveau mondial, notamment des entreprises, des investisseurs, des organisations, des universités, des régions et des villes. Ces actions vont souvent bien au-delà des engagements pris par les Etats, même si les exigences de l'Accord de Paris ne s'appliquent (directement) qu'aux Etats parties. La prolifération des

---

122. A. Jordan, D. Huitema, M. Hildén *et al.*, «Emergence of Polycentric Climate Governance and its Future Prospects», *Nature Clim Change* 5, 2015, p. 977-982.
123. R. Falkner, «The Paris Agreement and the new Logic of International Climate Politics», 92 (5) *International Affairs,* 2016, p. 1107-1125.
124. J. Setzer et C. Higham, *Global Trends in Climate Change Litigation – 2022 Snapshot*, LSE Grantham Research Institute, 30 juin 2022.
125. Voir J. Peel et J. Lin, «Transnational Climate Litigation: The Contribution of the Global South», *American Journal of International Law*, 113 (4), 2019, p. 679-726.
126. L. Rajamani, L. Jeffery, N. Höhne, F. Hans, A. Glass, G. Ganti et A. Geiges, «National "Fair Shares" in Reducing Greenhouse Gas Emissions within the Principled Framework of International Environmental Law», *Climate Policy*, 21:8, 2°21, p. 983-1004.
127. Voir aussi la décision 1/CP.21, adoption de l'Accord de Paris, point V sur les «Entités non parties».
128. Voir http://climateaction.unfccc.int/, dernier accès le 21 décembre 2022.

engagements «net zéro» des entreprises, dont la pertinence est examinée de près par des organisations de la société civile telles que la coalition à l'origine du site Net Zero Tracker, en est un exemple [129].

Ces évolutions qui se produisent dans les espaces de gouvernance et d'acteurs au-delà de la sphère dominée par l'Etat que représente le régime international du climat et du droit international en général offrent potentiellement la possibilité d'apporter des réponses innovantes et plus ambitieuses au défi climatique. Par exemple, plusieurs réseaux internationaux, tels que le C40, Local Governments for Sustainability (ICLEI), les Maires pour la Protection du Climat et la Convention globale des maires pour le climat et l'énergie, ont le mérite de jouer un rôle important dans la définition et le développement des initiatives de politique climatique à l'échelle des villes [130]. Cependant, la nature fragmentée et souvent compartimentée de ces milliers d'actions polycentriques pourrait conduire à ce que les différents acteurs travaillent à contre-courant plutôt que de manière complémentaire. Le droit international offre en outre peu d'outils permettant de tenir les acteurs non étatiques pour redevables (au sens de *accountable*) si leurs actions sont préjudiciables au climat ou relèvent du *greenwashing*, au regard de l'exigence d'attribution de ces actions à un Etat et d'établissement de la violation d'une obligation internationale pertinente afin d'invoquer la responsabilité de ce dernier [131]. Si l'on considère les initiatives des acteurs non étatiques dans leur ensemble, il est impossible de dire – nous ne disposons d'ailleurs pas encore de méthodologies communes pour les évaluer – si elles s'additionnent pour produire une réponse mondiale adéquate et efficace au changement climatique [132].

Paragraphe 5 **Le besoin d'une justice globale face à des responsabilités et impacts différenciés**

L'objectif ultime de la CCNUCC, dont la mise en œuvre renforcée est également un objectif de l'Accord de Paris [133], est de «stabiliser, conformément aux dispositions pertinentes de la Convention, les concentrations

---

129. https://zerotracker.net/, dernier accès le 21 décembre 2022. Voir aussi le rapport du High-Level Expert Group on the Net-Zero Commitments of Non-State Entities launched at COP27 : https://www.un.org/sites/un2.un.org/files/high-levelexpertgroupupdate7.pdf, dernier accès le 21 décembre 2022.
130. IPCC, AR6, WGIII, chap. 14, *op. cit.*
131. Commission du droit international, Projet d'articles sur la responsabilité de l'Etat pour fait internationalement illicite 2001, Documents officiels de l'Assemblée générale, cinquante-sixième session, supplément n° 10 (A/56/10).
132. Voir T. N. Hale *et al.*, «Sub- and Non-State Climate Action: a Framework to Assess Progress, Implementation and Impact», *Climate Policy*, 21:3, 2021, p. 406-420; A. Hsu *et al.*, «Beyond States: Harnessing sub-National Actors for the deep Decarbonisation of Cities, Regions, and Businesses», 70 *Energy Research & Social Science*, 2020, p. 101738.
133. Accord de Paris, article 2.1.

de gaz à effet de serre dans l'atmosphère à un niveau qui empêche toute perturbation anthropique dangereuse du système climatique »[134]. Le premier principe posé par la CCNUCC souligne également qu'il incombe aux parties de « préserver le système climatique dans l'intérêt des générations présentes et futures, sur la base de l'équité et en fonction de leurs responsabilités communes, mais différenciées et de leurs capacités respectives »[135]. Si ces formulations suggèrent une communauté de vues et une solidarité entre les pays pour la sauvegarde du système climatique, les différences – tant en termes de contribution au problème que de vulnérabilité aux impacts climatiques – sont marquées et ont donné lieu à des tensions de longue date entre le Sud et le Nord sur le contenu et la mise en œuvre des politiques climatiques.

La CCNUCC exhorte les pays développés parties à « être à l'avant-garde de la lutte contre les changements climatiques et leurs effets néfastes » sur la base de l'équité. La Convention, tout comme l'Accord de Paris, souligne également les responsabilités différenciées et les capacités respectives des Etats, l'Accord de Paris assortissant cette formulation du qualificatif « eu égard aux différentes situations nationales »[136]. Dans d'autres domaines du droit international de l'environnement, comme le régime de l'ozone, les principes d'équité et des responsabilités communes, mais différenciées ont servi de base à la mise en œuvre différenciée des obligations posées, les pays en développement bénéficiant de calendriers assouplis et d'un soutien financier et technique[137]. Cette approche est également centrale dans le régime international du climat, y compris dans l'Accord de Paris, qui prévoit une certaine différenciation des obligations entre les pays développés et les pays en développement en termes de contrôle du suivi et de fourniture de ressources financières[138].

Cette interprétation plus souple de l'équité et du principe des responsabilités communes, mais différenciées s'est imposée au détriment d'approches plus strictes – particulièrement défendues par les pays du Sud – demandant que les pays développés soient tenus pour responsables de leur contribution historique aux émissions de GES résultant de leur industrialisation et de leurs niveaux de vie plus élevés, considérés comme la cause première de la pollution par les GES. Ces revendications vont souvent de pair avec la demande selon laquelle les pays en développement devraient pouvoir donner la priorité au développement et à l'éradication de la pauvreté dans leurs politiques nationales, sans être contraints par les exigences de l'action climatique. Les petits Etats insulaires en développement représentés dans les négociations sur le climat par l'Alliance

---

134. CCNUCC, article 2.
135. Article 3.1.
136. Article 2.2.
137. P. Sands et J. Peel, *Principles of International Environmental Law*, 4ᵉ éd., Cambridge University Press, 2018, p. 247.
138. Voir article 4.6 (atténuation), articles 9.1 et 9.2 (finance), article 13.2 (transparence). Voir aussi l'article 2.2.

des petits Etats insulaires (AOSIS) ont adopté une approche différente, mais qui insiste aussi fortement sur la nécessité d'une différenciation, visant alors à permettre la reconnaissance des vulnérabilités et des besoins particuliers de ces Etats confrontés à une menace véritablement existentielle liée à l'élévation du niveau de la mer et au changement climatique. La position particulière des petits Etats insulaires en développement et des pays les moins avancés (PMA) est reconnue dans une certaine mesure dans l'Accord de Paris, mais pas au point que les pays développés acceptent d'être tenus pour responsables juridiquement et de verser des compensations pour les pertes et dommages liés au climat subis de manière disproportionnée par ces pays [139]. Les engagements des pays développés en matière de financement climatique pour aider les pays en développement à atténuer les effets du changement climatique et à s'y adapter restent également très insuffisants, malgré les estimations sans cesse croissantes des besoins financiers [140].

Le récent rapport du Rapporteur spécial des Nations Unies sur la promotion et la protection des droits de l'homme dans le contexte des changements climatiques met en évidence l'ampleur des impacts sur les droits de l'homme des pertes et préjudices liés au changement climatique, ainsi que les lacunes du Mécanisme international de Varsovie pour les pertes et préjudices liés au changement climatique (le «WIM»). Même s'il fait bien partie des mécanismes de l'Accord de Paris, le WIM a jusqu'à présent «principalement visé à améliorer la connaissance et la compréhension et à renforcer le dialogue, la coordination, la cohérence et les synergies» [141]. En raison de la résistance considérable des pays du Nord, les progrès réalisés en matière d'action et de soutien ont jusqu'ici été très limités [142]. Le rapport conclut que

> «[p]eu de fonds sont prévus pour aider les pays en développement particulièrement vulnérables, notamment les petits Etats insulaires en développement, à couvrir les coûts des pertes et préjudices associés aux phénomènes à évolution lente, tels que la réinstallation des populations provenant de zones devenues inhabitables en raison des changements climatiques et les mesures visant à remédier à la perte définitive, entre autres, des écosystèmes et du patrimoine» [143].

---

139. Paragraphe 52, décision 1/CP.21.
140. Voir par exemple UNEP, *Adaptation Gap Report 2022*, 1er novembre 2022, https://www.unep.org/resources/adaptation-gap-report-2022, dernier accès le 21 décembre 2022.
141. Rapport du Rapporteur spécial sur la promotion et la protection des droits de l'homme dans le contexte des changements climatiques. Promotion et protection des droits humains dans le contexte de l'atténuation des changements climatiques, des pertes et préjudices et de la participation, A/77/226, 26 juillet 2022, p. 18.
142. *Ibid.*
143. *Ibid.*, p. 19.

Pour de nombreux petits Etats insulaires en développement et défenseurs de l'environnement, les appels en faveur de la «justice climatique» mondiale restent ainsi lettre morte. A leur demande et, plus largement, devant l'insistance des pays du Sud, la question des pertes et préjudices a été au centre des discussions de la COP 27 [144], qui a abouti à un accord historique sur la création d'un nouveau fonds pour les pertes et préjudices, dont les détails de l'opérationnalisation devront encore être définis lors des futures COP [145]. Les lacunes financières du régime climatique, conjuguées aux coûts croissants des catastrophes climatiques, incitent également à rechercher des voies alternatives pour la justice climatique par le biais d'organes et de mécanismes internationaux de défense des droits de l'homme, ou dans le cadre de procès climatiques nationaux. A l'échelle internationale, les demandes d'avis consultatif soumises au Tribunal international du droit de la mer, à la Cour interaméricaine des droits de l'homme et à la Cour internationale de Justice, permettront peut-être de clarifier la nature des droits et obligations des Etats en matière de changement climatique [146].

Les questions de justice climatique s'étendent également aux générations futures qui vont supporter le poids démesuré des impacts climatiques causés par les générations précédentes. Bien que le principe d'équité intergénérationnelle soit un principe fondamental du droit international de l'environnement et qu'il figure également dans les principes du régime climatique [147], le droit international ne s'est pas encore sérieusement intéressé à la question de la responsabilité intergénérationnelle des dommages climatiques [148]. A une échelle nationale, le récent arrêt de la Cour constitutionnelle allemande dans l'affaire *Neubauer* est très intéressant de ce point de vue, dans la mesure où il interprète la Constitution allemande à la lumière d'un impératif de justice intergénérationnelle: le droit allemand «ne doit pas faire peser des charges

---

144. J. Peel, «It's the big Issue of COP27 Climate Summit: Poor Nations face a FFF1 Trillion "Loss and Damage" Bill, but Rich Nations won't Pay up», *The Conversation*, 10 novembre 2022, https://theconversation.com/its-the-big-issue-of-cop27-climate-summit-poor-nations-face-a-1trillion-loss-and-damage-bill-but-rich-nations-wont-pay-up-194043, dernier accès le 21 décembre 2022.
145. UNFCCC, COP27 Reaches Breakthrough Agreement on New «Loss and Damage» Fund for Vulnerable Countries, 20 novembre 2022, https://unfccc.int/news/cop27-reaches-breakthrough-agreement-on-new-loss-and-damage-fund-for-vulnerable-countries, dernier accès le 21 décembre 2022.
146. B. McGarry et F. Chávez Aco, «The Competence of the International Tribunal for the Law of the Sea in its New Advisory Proceedings on Climate Change», *EJIL: Talk!*, 16 décembre 2022. Pour un point de vue critique, voir B. Mayer, «International Advisory Proceedings on Climate Change», *op. cit.* Voir Y. Tanaka, «The Role of an Advisory Opinion of ITLOS in Addressing Climate Change: Some Preliminary Considerations on Jurisdiction and Admissibility», *RECIEL*, 2022, p. 1-11.
147. CCNUCC, article 3.1.
148. B. Lewis, «The Rights of Future Generations within the post-Paris Climate Regime», *Transnational Environmental Law*, 7 (1), 2018, p. 69-87.

disproportionnées sur la liberté future des requérants»[149]. En outre, la Cour a considéré que :

«Il découle du principe de proportionnalité qu'une génération ne doit pas être autorisée à consommer une grande partie du budget de CO2 tout en supportant une part relativement mineure de l'effort de réduction, si cela implique de laisser aux générations suivantes une charge de réduction drastique et d'exposer leur vie à de graves pertes de liberté – ce que les requérants décrivent comme un «arrêt d'urgence».»[150]

En substance, la décision de la Cour admet que la consommation d'une grande partie du budget CO2 dans les années à venir aggrave de manière inacceptable le risque de pertes sérieuses de liberté pour les générations futures, qui n'auraient d'autre choix que de subir une transition extrêmement douloureuse.

Paragraphe 6   **Le défi de l'effectivité face à un droit international mal outillé**

Dans la littérature en relations internationales, la question souvent posée à propos du droit international de l'environnement et des régimes environnementaux multilatéraux est de savoir s'ils sont effectifs[151]. Les évaluations de l'effectivité sont généralement fondées sur les résultats environnementaux obtenus par un régime particulier, mais d'autres facteurs peuvent également être pris en compte, tels que les performances économiques d'un régime, son potentiel de transformation, ses impacts distributifs et sa force institutionnelle[152]. En général, l'effectivité ne se limite pas au respect des obligations juridiques, étant donné que lorsque ces obligations sont peu contraignantes ou faibles, leur mise en œuvre ne permet guère d'obtenir des résultats environnementaux[153].

La question de savoir si le régime international de lutte contre le changement climatique – et en particulier l'Accord de Paris – est effectif fait l'objet d'évaluations divergentes dans la littérature qui sont, à bien des égards, prématurées, tant que nous n'avons pas plus de recul dans la mise en œuvre

---

149. First Senate of the German Federal Constitutional Court, 24 mars 2021, publication 29 avril, BvR 2656/18, paragraphes 188 et 192 (notre traduction).
150. *Ibid.*
151. Voir S. Maljean-Dubois et L. Rajamani, *The Implementation of International Environmental Law, La mise en œuvre du droit de l'environnement*, Académie de droit international de La Haye, Martinus Nijhoff, 2011.
152. IPCC, AR6, WGIII Report, chap. 13 et 14 précités.
153. R. B. Mitchell, «Compliance Theory», dans L. Rajamani et J. Peel (dir. publ.), *The Oxford Handbook of International Environmental Law*, 2ᵉ éd, 2021, Oxford University Press, p. 887-888.

de l'Accord [154]. Pour ceux qui remettent en question l'effectivité de l'Accord de Paris, ses principales insuffisances résident dans son utilisation intensive de dispositions faiblement contraignantes, le manque de mesures concrètes pour atteindre collectivement l'objectif de limitation des températures, la faiblesse de ses mécanismes d'application, ainsi que les écarts entre les promesses actuelles et les niveaux nécessaires en termes d'atténuation, d'adaptation et de financement. En revanche, les évaluations plus positives mettent l'accent sur des aspects tels que l'ampleur de la participation permise par des CDN auto-différenciées, la multiplicité des acteurs engagés par l'architecture facilitatrice et incitative de l'Accord de Paris, ses dispositions en matière de soutien financier, technologique et de renforcement des capacités pour les pays en développement, et le «cycle de l'ambition» encourageant la soumission régulière de CDN toujours plus ambitieuses, associées à un contrôle facilité par les exigences de transparence internationales et l'évaluation collective régulière des efforts dans le cadre du bilan mondial de l'Accord [155].

Ces différents points de vue reflètent des évaluations différentes de la capacité des outils et des mécanismes offerts par le droit international à relever le défi du changement climatique. Le droit international du climat et, plus généralement, le droit international de l'environnement, ont expérimenté un large éventail d'outils innovants. L'interface science-politique que facilite le GIEC, les procédures de transparence et d'établissement de rapports de la CCNUCC, les mécanismes de marché prévus par le Protocole de Kyoto (qui trouvent écho à l'article 6 de l'Accord de Paris), les procédures d'examen par des experts, les mécanismes de facilitation et de respect, l'assistance technologique et le soutien financier figurent parmi ceux-ci. Au-delà du régime climatique international, il est possible de se tourner vers d'autres domaines du droit international, tels que le droit international des investissements ou le droit du commerce international, pour favoriser une plus grande efficacité des mesures climatiques, même si certains doutent que le mantra du «soutien mutuel» permette d'œuvrer réellement en faveur des objectifs climatiques mondiaux dans la pratique [156]. Pour beaucoup, les possibilités accrues d'application du droit international des droits de l'homme, ou la capacité à faire appel aux larges pouvoirs du Conseil de sécurité lorsque le changement climatique peut être considéré comme une menace pour la paix et la sécurité internationales, sont des voies qui méritent d'être explorées au lieu de compter sur la réalisation des objectifs climatiques uniquement par le biais du régime

---

154. IPCC, AR6, WGIII Report, chap. 14.
155. *Ibid.*
156. Voir K. Kulovesi, «International Trade Disputes on Renewable Energy: Testing Ground for the Mutual Supportiveness of WTO Law and Climate Change Law», *RECIEL*, 2014, 23 (3), p. 342-353.

international du climat [157]. D'autres moyens plus généraux et transversaux peuvent aussi en améliorer l'efficacité, comme le recours aux règles de la responsabilité des Etats, la réparation, à la fois pour réparer certaines injustices passées et inciter à des actions futures plus ambitieuses, ou encore l'action des tribunaux nationaux qui jouent un rôle de liaison entre les obligations des Etats à l'échelle internationale et leur mise en œuvre à l'échelle nationale.

SECTION 3   RENFORCER LA RÉPONSE DU DROIT INTERNATIONAL AU CHANGEMENT CLIMATIQUE

Etant donné que le droit international est mis à l'épreuve par le changement climatique de diverses manières et qu'il n'est pas toujours « adapté » pour relever ce défi, quels moyens peut-on envisager pour le renforcer, voire le « climatiser » plus avant ? Dans cette section, nous nous concentrons sur les solutions et les idées qui vont au-delà des approches existantes (examinées dans la section 2 ci-dessus), en nous appuyant sur les approches développées par les participants du Centre que le lecteur trouvera détaillées plus loin dans ce volume. Les options pour améliorer la réponse du droit international au changement climatique discutées ici se répartissent en quatre catégories : les approches visant à améliorer la coordination de l'intégration des différents domaines du droit international pertinents pour le changement climatique, y compris par des réformes institutionnelles (par. 1), les approches qui cherchent à reconnaître, habiliter ou intégrer la participation de différents acteurs au-delà des Etats de manière novatrice (par. 2), les approches qui proposent une refonte des mécanismes ou des outils pour répondre au changement climatique afin d'accroître leur efficacité (par. 3), et les approches qui cherchent à établir de nouvelles règles ou à adopter de nouvelles perspectives afin de reconfigurer la relation entre le droit international et le changement climatique (par. 4).

Paragraphe 1   **Renforcer la coordination, l'intégration ou s'engager dans des réformes institutionnelles**

Comme nous l'avons souligné ci-dessus, l'un des principaux défis auxquels nous sommes confrontés s'agissant de la réponse juridique internationale au changement climatique réside dans la fragmentation qui caractérise les différents régimes internationaux. Dans sa contribution à ce volume, Carlos Soria Rodríguez explore ce problème dans le contexte de la

---

157. Voir toutefois ci-après le chapitre d'Anne Dienelt, qui évalue prudemment le rôle du Conseil de sécurité.

réglementation des technologies des énergies marines renouvelables en haute mer, dans les zones situées au-delà des juridictions nationales. Alors que ces technologies sont considérées comme une option pour l'atténuation du changement climatique à grande échelle, leur déploiement, y compris en haute mer, n'est pas spécifiquement abordé par le régime climatique international. Au contraire, comme l'explique Carlos Soria Rodríguez, la gestion des impacts environnementaux de ces technologies en haute mer relèverait de la Convention des Nations Unies sur le droit de la mer et de l'Accord en cours de négociation sur la biodiversité dans les zones situées au-delà de la juridiction nationale (BBNJ). Carlos Soria Rodríguez examine la portée de ces accords pour réglementer le déploiement de ces techniques en haute mer et la manière dont ils pourraient être renforcés pour mieux faire face aux impacts environnementaux probables [158].

S'agissant d'un autre domaine du droit international — celui du droit international des investissements — Carlo de Stefano propose une évaluation tout aussi positive des façons dont les accords internationaux d'investissement peuvent être formulés et interprétés afin d'intégrer les préoccupations liées au changement climatique. Carlo De Stefano repousse les limites des analyses existantes de l'intersection entre le droit international de l'investissement et le régime climatique, qui diagnostiquent souvent un risque de «gel réglementaire» *(regulatory chill)* ou se limitent à l'analyse d'une tendance émergente de prise en compte de l'environnement et de la durabilité dans les nouveaux accords, afin d'examiner également comment le droit international des investissements pourrait jouer un rôle dans la responsabilisation des Etats pour la réalisation des engagements en faveur d'«investissements verts» pris dans le cadre des CDN [159].

Quant à lui, le chapitre d'Anne Dienelt adopte une approche plus prudente du processus de «climatisation» lorsqu'il s'agit de considérer le droit international de la paix et de la sécurité. Si elle identifie des preuves de climatisation dans l'évolution de la compréhension de la sécurité humaine, ainsi que dans la possibilité pour le Conseil de sécurité d'adopter un large éventail de mesures (au-delà des mesures militaires) en vertu des pouvoirs qui lui sont conférés par la Charte des Nations Unies, Anne Dienelt résiste finalement à l'appel en faveur d'une climatisation complète du droit international de la paix et de la sécurité, en soulignant les conséquences préjudiciables que cela pourrait représenter au vu des complexités du problème climatique [160].

De même, pour Chiara Parisi, l'évolution du droit international sous l'influence du changement climatique n'en est encore qu'à ses débuts, mais conduit déjà à une «climatisation» progressive du régime du droit des

---

158. Voir ci-après le chapitre de Carlos Soria Rodríguez.
159. Voir ci-après le chapitre de Carlo de Stefano.
160. Voir ci-après le chapitre d'Anne Dienelt.

catastrophes. Les progrès sont lents et ont été réalisés principalement dans des instruments non juridiquement obligatoires. Le chapitre identifie les moyens d'aller plus loin pour renforcer et améliorer la réponse aux catastrophes qui se produisent déjà et risquent encore de se multiplier à l'avenir [161].

De son côté, Sophie Grosbon nous rappelle que les règles du commerce international doivent être au cœur de la lutte contre le changement climatique. Elle nous invite, au-delà des appels au soutien mutuel et à la recherche de synergies entre commerce et climat, à reconsidérer à la fois le «totem» du droit commercial international (l'idée que la libéralisation multilatérale des échanges protégerait la communauté internationale contre tous les maux) et les «tabous» de l'ordre économique international, qu'il s'agisse de l'égalisation des conditions de concurrence sur les marchés nationaux par l'ouverture réciproque de ces marchés, la consolidation des engagements tarifaires, la clause de la nation la plus favorisée, la clause du traitement national ou l'encadrement des mesures non tarifaires. De ce point de vue, Sophie Grosbon fait des propositions concrètes pour promouvoir une transition écologique et énergétique qui soit aussi juste et équitable [162].

Dans son chapitre, Claire Malwé montre que les interactions entre les régimes internationaux de l'ozone et du climat ont été caractérisées par la lente émergence d'une fragmentation coopérative. Mais elle met également en évidence les moyens de dépasser ce constat en identifiant une série de leviers (juridiques, opérationnels et institutionnels) qui pourraient conduire à une véritable défragmentation des deux régimes. Elle plaide notamment pour la mise en place d'une interface science-politique sur le modèle du GIEC qui serait chargée, entre autres, de rendre compte des avancées scientifiques sur le fonctionnement du système Terre, des points de basculement, de la résilience de la planète, et des interactions entre les différents processus biophysiques à toutes les échelles, d'évaluer les impacts des régimes environnementaux et d'émettre des recommandations pour renforcer la coordination et la cohérence entre les différents régimes juridiques [163].

Paragraphe 2   **Reconnaître et responsabiliser de nouveaux acteurs**

Dans son chapitre consacré aux mécanismes de marché, aux entreprises et à l'article 6 de l'Accord de Paris, Ling Chen fournit une analyse fine des dispositions de l'article 6, de leurs antécédents dans le Protocole de Kyoto et des possibilités qu'elles offrent pour la participation des entreprises à la gouvernance climatique. Ling Chen considère que les approches coopératives

---

161. Voir ci-après le chapitre de Chiara Parisi.
162. Voir ci-après le chapitre de Sophie Grosbon.
163. Voir ci-après le chapitre de Claire Malwé.

de l'Accord de Paris autorisées en vertu de l'article 6, y compris le mécanisme de l'article 6.4, sont bien placées pour fournir un cadre international pour une participation crédible des entreprises aux mécanismes de marché, qui pourrait renforcer les réalisations nationales en matière d'atténuation. Il note toutefois que l'utilisation de l'article 6 par les entreprises reste limitée par l'obligation pour les parties de donner leur autorisation pour que les activités de coopération soient prises en compte dans la réalisation des CDN. Ling Chen lance un appel à la créativité de la part des juristes internationalistes du climat et des affaires pour tester ces limites et tirer le meilleur parti du potentiel de l'Accord de Paris pour encourager des formes bénéfiques de mise en œuvre par le biais de partenariats public-privé dans la gouvernance climatique [164].

Comme nous l'avons mentionné précédemment, l'augmentation du nombre de procès nationaux sur le climat a largement retenu l'intérêt de la doctrine, les chercheurs s'intéressant notamment à la manière dont les tribunaux nationaux deviennent de nouveaux lieux d'interprétation, d'application et de développement du droit international sur le changement climatique. Comme le note Esmeralda Colombo dans sa contribution à ce volume, malgré les attentes croissantes pour que les tribunaux nationaux assument un rôle de premier plan dans l'élaboration du droit international du climat et de la gouvernance, étonnamment, très peu d'affaires, parmi les centaines engagées, ont mobilisé étroitement les instruments du droit international du climat tels que l'Accord de Paris. Selon l'auteure, cela est dû à la complexité du problème climatique et à la façon dont il est traité en droit, ainsi qu'aux incertitudes quant au rôle des tribunaux nationaux, les juges manquant finalement de repères lorsqu'ils tentent de s'engager dans l'application du droit international du climat. A partir d'une analyse approfondie de trois affaires clés dans lesquelles les juges nationaux ont fortement mobilisé le droit international du climat *(Urgenda, Gloucester Resources* et *Shell)*, elle met en évidence la manière dont ces tribunaux ont commencé à élaborer des «repères» possibles pour traiter de questions non résolues, telles que la responsabilité partagée des Etats et des grandes entreprises polluantes en matière de réchauffement climatique [165].

Paragraphe 3   **Renforcer l'efficacité des outils et des mécanismes**

Les contributions à cet ouvrage mettent toutes en lumière la flexibilité du droit international et les innovations que représente l'Accord de Paris. De son côté, Camila Perruso souligne le potentiel des mécanismes d'ambition de l'Accord de Paris. Pour elle, l'Accord de Paris est un point focal plutôt que le seul moteur de la coopération climatique mondiale. Il repose sur

---

164. Voir ci-après le chapitre de Ling Chen.
165. Voir ci-après le chapitre d'Esmeralda Colombo.

l'articulation entre le régime international et les politiques et actions nationales, entre les obligations procédurales contraignantes et les attentes normatives, entre les acteurs et processus étatiques, non étatiques et infra-étatiques, ainsi que sur la bonne foi et la *due diligence* [166]. En complément, Manuel Baena Pedrosa montre que les obligations de *due diligence* offrent un potentiel inexploré. Elles peuvent servir à la mise en œuvre des obligations assumées dans l'Accord de Paris tout en s'appuyant sur les avancées progressives du droit international [167].

Dans le même sens, le chapitre d'Ellycia Harrould-Kolieb prend comme point de départ les «outils» centraux du régime de l'Accord de Paris, à savoir le cadre de transparence renforcé des mesures et de l'appui, et les processus d'examen par des experts, hérités du Protocole de Kyoto, mais sans la possibilité pour les experts de soumettre des questions à un comité de non-respect. Ellycia Harrould-Kolieb remet en question la perception commune selon laquelle la nature facilitatrice des processus d'examen par les experts dans l'Accord de Paris est préjudiciable à leur rôle de garantie de la conformité parce qu'ils ne seraient pas suffisamment «dépolitisés». Au lieu de cela, elle examine les façons dont les processus d'examen par des experts peuvent pousser les parties à la conformité *(compliance pull)* en favorisant les processus d'apprentissage et de socialisation. En fin de compte, elle soutient que la nature politique de ces processus permet de mieux renforcer la conformité qu'un simple processus technocratique [168].

Au-delà du régime climatique, Juan Auz, dans son chapitre sur les contentieux internationaux en matière de droits de l'homme et la manière dont ils pourraient être déployés dans la crise climatique, cherche à mesurer comment cet outil pourrait être utilisé et optimisé dans de futures affaires devant la Cour interaméricaine des droits de l'homme (CIADH). En s'appuyant sur l'analyse des réparations ordonnées par la CIADH dans des affaires analogues relatives aux droits des peuples autochtones, Juan Auz identifie les modalités de réparation les plus susceptibles d'être utiles dans le traitement du changement climatique, à savoir les mesures de restitution et les garanties de non-répétition. Il affirme cependant que si les réparations devant la CIADH étaient réimaginées de manière à anticiper rigoureusement les problèmes de non-conformité et à garder à l'esprit la crise mondiale en cours, les tribunaux et organes internationaux des droits de l'homme auraient la possibilité de se montrer à la hauteur des défis que le changement climatique pose au droit international [169].

---

166. Voir ci-après le chapitre de Camila Perruso.
167. Voir ci-après le chapitre de Manuel Baena Pedrosa.
168. Voir ci-après le chapitre d'Ellycia Harrould-Kolieb.
169. Voir ci-après le chapitre de Juan Auz.

Dans son chapitre, Maša Kovič Dine porte également un point de vue relativement optimiste sur la capacité du droit international de la biodiversité à évoluer de manière à s'adapter à la migration des habitats des espèces terrestres avec les changements à venir des conditions climatiques. Tout en notant que le régime des aires protégées en droit international de la biodiversité a été établi à une époque où les préoccupations liées au changement climatique n'étaient pas au premier plan de l'attention mondiale, et en rappelant les hypothèses d'écosystèmes statiques avec des limites fixes qui sous-tendent les dispositions du droit international de la biodiversité relatives aux aires protégées, Maša Kovič Dine identifie néanmoins un potentiel pour d'utiles évolutions. Elle ne plaide pas pour une révolution complète du droit international de la biodiversité, mais pour un nouveau régime de zones protégées basé sur une résilience croissante des espèces et des écosystèmes [170].

La responsabilité internationale de l'Etat est un outil de droit international général fréquemment envisagé dans le contexte du changement climatique, mais souvent écarté, car jugé trop difficile à mettre en œuvre. Cependant, dans une contribution innovante qui examine les moyens de renforcer la responsabilité de l'Etat pour les échecs de l'atténuation des changements climatiques, Niklas Reetz soutient que ce qui est nécessaire est un changement de perspective plutôt qu'un changement des règles de responsabilité de l'Etat, lesquelles sont intrinsèquement malléables et flexibles. En utilisant les règles secondaires de la responsabilité de l'Etat comme un «miroir», Niklas Reetz soutient qu'il est possible de «voir» de nouvelles voies dans les obligations primaires pour tenir les Etats responsables de l'insuffisance de leurs politiques climatiques. Il donne l'exemple des obligations en matière de droits de l'homme, mais en les traitant non seulement (comme c'est le cas traditionnellement) comme des obligations dues par un Etat à des individus se trouvant sur son territoire ou sous son contrôle, mais aussi comme une source d'obligations interétatiques *erga omnes partes* susceptibles d'offrir une base crédible pour explorer l'application des règles de responsabilité des Etats. La contribution de Niklas Reetz ne cherche pas à minimiser les défis que le changement climatique pose au droit international dans le domaine de la responsabilité des Etats pour les échecs en matière d'atténuation, mais propose plutôt une nouvelle façon d'envisager les obligations de droit international et leur application comme un outil supplémentaire pour renforcer l'ambition des politiques climatiques [171]. Dans le prolongement, Germain Dabire montre, certes, qu'en l'état actuel du droit, les mécanismes internationaux de réparation sont inadaptés aux dommages climatiques, puisqu'ils ne sont pas en mesure de garantir une indemnisation adéquate et efficace des victimes. Il esquisse

---

170. Voir ci-après le chapitre de Maša Kovič Dine.
171. Voir ci-après le chapitre de Niklas Reetz.

néanmoins lui aussi des pistes originales et concrètes pour adapter le droit [172]. La décision récente et inattendue de la COP 27 de créer un mécanisme financier international pour aider les pays du Sud à faire face aux pertes et préjudices montre que des évolutions sont effectivement possibles [173].

Paragraphe 4   **Nouvelles normes et perspectives**

Le chapitre d'Hélène de Pooter souligne que l'Accord de Paris illustre la richesse de la palette de normativité du droit international, qui va bien au-delà des obligations juridiques. En effet, l'adhésion à la norme, le respect de la norme et l'effectivité de la norme ne dépendent pas (uniquement) de son caractère obligatoire [174].

Passant au crible les propositions de Tuvalu concernant l'avenir des petits Etats insulaires en développement, Jean-Baptiste Dudant s'interroge sur la pertinence du statut d'Etat pour répondre aux préoccupations des Etats insulaires et de leurs populations. Il démontre que le changement climatique pourrait conduire à une véritable révolution juridique, renversant la conception westphalienne de l'Etat souverain territorialisé et le principe selon lequel la terre domine la mer. En effet, il insiste sur le fait que le changement climatique appelle à un changement de perspective sur la notion d'Etat, les critères de définition de l'Etat et l'étendue de la juridiction des Etats, y compris leur juridiction extraterritoriale [175].

De même, Marie Courtoy, dans son chapitre sur le droit international de la migration dans le contexte du changement climatique, soutient qu'il est temps de changer de fondements. Elle privilégie le terme de mobilité sur celui de migration, notant que la première rend mieux compte de la possibilité que le mouvement, en particulier face au changement climatique, puisse être soit négatif soit positif. Cela ouvre un espace intellectuel permettant de considérer la mobilité comme une stratégie d'adaptation et d'envisager la responsabilité des Etats d'anticiper les besoins de protection des personnes vivant dans des zones impactées. Marie Courtoy soutient que ces propositions nécessitent des changements majeurs au niveau international, à la hauteur des défis engendrés par le changement climatique. Sa conclusion appelle à un « droit international solidaire » animé par des valeurs communes, poursuivies ensemble, mais suivant une juste répartition des efforts [176].

---

172. Voir ci-après le chapitre de Germain Dabire.
173. Décision précitée -/CP.27 -/CMA.4, Funding arrangements for responding to loss and damage associated with the adverse effects of climate change, including a focus on addressing loss and damage (Advance, unedited version), https://unfccc.int/documents/624440, dernier accès le 4 janvier 2023.
174. Voir ci-après le chapitre d'Hélène De Pooter.
175. Voir ci-après le chapitre de Jean-Baptiste Dudant.
176. Voir ci-après le chapitre de Marie Courtoy (notre traduction).

SECTION 4 CONCLUSION

En 2022, le Centre d'étude et de recherche de l'Académie de droit international de La Haye a ainsi entrepris de tester la capacité du droit international à relever le défi mondial, complexe et multidimensionnel du changement climatique. De ce point de vue, le concept de climatisation du droit international a montré qu'il n'était pas seulement un outil heuristique. Il s'avère être aussi, et tout à la fois, un

> « vecteur de mise en relation des agendas scientifiques avec l'action publique, un vecteur de transformation des cadres cognitifs et normatifs et enfin un processus de fabrication collective des politiques publiques et de leurs instruments en faveur de l'atténuation et de l'adaptation aux effets du changement climatique »[177].

Ce changement de l'action publique et privée internationale, nationale ou locale, sous l'effet de l'enjeu climatique peut faire naître en retour de nouveaux espaces politiques et juridiques, « dès lors que les acteurs adhèrent volontairement à toute norme climatique ou alors qu'ils soient contraints de se positionner ou d'inscrire leur réflexion stratégique dans un ensemble de règles climatisées »[178].

De fait, nos travaux ont donné lieu à plusieurs résultats clés, résumés ci-dessous et illustrés par les riches perspectives offertes dans les différents chapitres qui suivent. Bien que ces résultats concernent le contexte du changement climatique, ils peuvent être transposés plus largement à d'autres domaines de régulation internationale confrontés à des problèmes « difficiles » similaires[179].

Premièrement, la profondeur et l'étendue du défi posé par le changement climatique exercent une influence transformatrice sur l'ensemble du droit international. Il ressort en effet clairement de nos travaux que cette influence s'étend désormais bien au-delà des traités et institutions spécifiques du régime climatique international. Le changement climatique est de plus en plus des « lunettes » que de nombreux domaines du droit international chaussent à leur tour pour tester leurs frontières et leur fonctionnement. Un large éventail d'institutions et d'acteurs sont désormais engagés dans la lutte contre le changement climatique, du Conseil de sécurité aux secrétariats des traités et aux organes consultatifs d'experts, en passant par les cours et tribunaux

---

177. M. Hrabanski et Y. Montouroy, « Les « climatisations » différenciées de l'action publique. Normaliser l'étude du problème « changement climatique », *Gouvernement et action publique*, 2022/3, vol. 11, p. 26.
178. *Ibid.*
179. R. J. Lazarus, « Super Wicked Problems and Climate Change : Restraining the Present to Liberate the Future », 94 *Cornell L. Rev.*, 2009, p. 1153.

nationaux, régionaux et internationaux, sans oublier les entreprises, la société civile et les gouvernements ou villes infranationaux.

Deuxièmement, nos travaux démontrent que le droit international, malgré sa flexibilité et ses capacités d'adaptation, largement soulignées, n'est très souvent pas à la hauteur s'agissant de fournir une réponse adéquate au changement climatique. Cela n'est pas totalement inattendu étant donné que les règles et les structures du droit international ont été formulées pour répondre à un ensemble de préoccupations fort différentes. Dans le cadre de cet ensemble de règles et de structures existantes, il existe des limites claires à ce que le droit international peut faire, ou est censé faire, pour répondre au changement climatique. Pour aller plus loin, il faudra sans doute s'engager dans des changements plus ambitieux et accélérer le processus de climatisation déjà en cours. Il n'en reste pas moins que l'inertie et les blocages techniques pourraient dans la plupart des cas être facilement surmontés si la volonté politique était là. Or, cette volonté politique fait encore fondamentalement défaut ou n'est pas à la hauteur de la tâche.

Comme le montre cet ouvrage dans son ensemble, de leur côté, les juristes internationalistes font preuve de l'imagination et de la créativité qui s'imposent pour relever ce défi. Le changement climatique les amène à réfléchir de manière innovante à la façon dont les règles et les structures existantes pourraient être adaptées, étendues ou réimaginées, et à aller au-delà de leurs propres disciplines pour explorer de nouvelles idées et approches. Cette capacité d'adaptation, cette agilité intellectuelle et cette inventivité seront essentielles pour accompagner les efforts des générations actuelles et futures de chercheurs et de praticiens du droit international pour faire face au changement climatique et alimenter l'espoir d'un futur désirable.

Part I

Climate Change and the Testing
of the Sources of International Law

Les sources du droit international
au défi des changements climatiques

3 | *Hard* et *soft law*: les sources du droit international au défi des changements climatiques

Hélène De Pooter *

SECTION 1   INTRODUCTION

En décembre 2021, l'Assemblée mondiale de la santé a décidé d'établir un organe de négociation chargé de

«rédiger et négocier une convention, un accord ou un autre instrument international de l'OMS sur la prévention, la préparation et la riposte face aux pandémies, en vue de son adoption en application de l'article 19, ou d'autres dispositions de la Constitution de l'OMS que l'organe de négociation jugerait indiquées» [1].

En réponse à une demande de l'organe de négociation, le Secrétariat de l'OMS a publié un document d'information dans lequel il explique que:

«l'Assemblée de la Santé pourrait adopter un instrument juridiquement contraignant (en vertu de l'art. 19 ou de l'art. 21 de la Constitution) et cet instrument pourrait contenir *à la fois* des dispositions juridiquement contraignantes et des dispositions juridiquement non contraignantes, les dispositions non contraignantes étant, par exemple, des considérants, des principes, des recommandations ou des aspirations. Cette pratique est en fait courante à l'OMS [1] et pour d'autres instruments internationaux. [2] En revanche, par définition, si l'instrument est adopté en vertu de l'article 23 de la Constitution, c'est-à-dire sous forme de recommandation, il ne pourrait contenir *aucune* disposition juridiquement contraignante pour les Etats Membres» [2].

En notes 1 et 2, le Secrétariat renvoie respectivement à la Convention-cadre de l'OMS pour la lutte antitabac de 2003 et à l'Accord de Paris sur le climat, «où l'emploi du présent (juridiquement contraignant) et du conditionnel «devrait/devraient» (non juridiquement contraignant) varie selon les clauses».

---
*Maître de conférences en droit public, Université de Franche-Comté.
1. Décision SSA2(5).
2. A/INB/2/INF./1.

Ce *vade-mecum* guidera utilement les membres de l'organe de négociation, mais il s'arrête au seuil de la complexité du droit international contemporain. En effet, que penser de l'article 4, paragraphe 1, de l'Accord de Paris sur le climat, qui dispose que :

> « [e]n vue d'atteindre l'objectif de température à long terme énoncé à l'article 2, les Parties cherchent à parvenir au plafonnement mondial des émissions de gaz à effet de serre dans les meilleurs délais, étant entendu que le plafonnement prendra davantage de temps pour les pays en développement Parties, et à opérer des réductions rapidement par la suite conformément aux meilleures données scientifiques disponibles de façon à parvenir à un équilibre entre les émissions anthropiques par les sources et les absorptions anthropiques par les puits de gaz à effet de serre au cours de la deuxième moitié du siècle, sur la base de l'équité, et dans le contexte du développement durable et de la lutte contre la pauvreté » ?

Si l'on s'en tient au document rédigé par le Secrétariat de l'OMS, cette disposition conventionnelle rédigée au présent de l'indicatif est juridiquement contraignante. Pourtant, ne s'agirait-il pas plutôt d'une simple aspiration (« cherchent à », « dans les meilleurs délais », « rapidement par la suite »), encadrée par des principes difficiles à définir (« l'équité ») et relativisée par certains paramètres (« le développement durable », « la lutte contre la pauvreté »)? En d'autres termes, ne s'agirait-il pas d'une norme relevant de ce qui est communément appelé la *soft law* ?

Notion aux contours mal définis (par. 1), la *soft law* brouille la distinction entre ce qui relève du droit et ce qui n'en relève pas et elle ébranle la conception traditionnelle que l'on se fait du droit international (par. 2). Loin d'être une anomalie, l'évolution des formes du droit international – que l'expression *soft law* cherche à saisir – est liée à l'évolution des fonctions du droit international. A la fonction de coexistence – dont les enjeux sont systémiques (l'organisation du monde en Etats souverains) et appellent donc à la répartition des compétences ainsi qu'à la formulation de droits et d'obligations réciproques sous une forme précise et obligatoire (la *hard law*) – s'est ajoutée une fonction de coopération, plus conjoncturelle, donc plus naturellement portée à déboucher sur des normes vagues ou peu contraignantes (la *soft law*) (par. 3). Dans ce contexte, l'atténuation des changements climatiques et l'adaptation à ces derniers se présentent principalement comme un enjeu de coopération qui appelle à des contributions concrètes dont la nature, l'étendue et la répartition donnent lieu à des appréciations différenciées. Dès lors, afin de rassembler le plus grand nombre de participants, le droit international des changements climatiques mélange nécessairement *hard law* et *soft law* (par. 4). Le résultat de ce mélange confirme « l'infinie diversité du droit international », laquelle n'est pas correctement saisie par la présentation traditionnelle que l'on fait de ce droit. L'on ne peut que prendre acte de la diversité des instruments adoptés et, par le prisme de la normativité, s'ouvrir à une définition large du droit international, seule façon de surmonter les limites de clivages conceptuels (droit/non-droit, *hard law*/*soft law*) devenus largement artificiels (par. 5).

Paragraphe 1   **Définitions de la *soft law***

En inventant l'expression *soft law* pour décrire le droit programmatoire qui ne s'est pas encore transformé en droit obligatoire, Lord McNair a laissé aux juristes internationalistes un héritage aussi pratique qu'encombrant [3]. Mot-valise qui permet d'appréhender un phénomène multiforme, la *soft law* se présente également comme un «*buzzword*» [4] (un mot à la mode) que l'on rencontre partout, mais dont on ne sait pas bien ce qu'il recoupe tant il résiste à tout effort de définition [5].

L'un des principaux débats porte sur le caractère juridique de la *soft law*. Pour Weil, qui tient à la distinction entre droit et non-droit, ce que l'on appelle *soft law* n'est à proprement parler juridique *(law)* que lorsque ses auteurs ont eu l'intention d'assumer une obligation juridique. C'est le cas de tous les traités: des dispositions conventionnelles vagues et peu contraignantes obligent peu (leur contenu est *soft*), mais elles obligent bien car elles relèvent formellement du *law*. A l'inverse, aussi précis soient-ils, les *gentlemen's agreements*, déclarations, programmes, résolutions et autres actes par lesquels les Etats n'ont pas entendu se lier par des obligations juridiques, bien qu'ils soient souvent qualifiés de *soft law* par la doctrine, se situeraient en marge de la normativité juridique. Weil reconnaît qu'ils peuvent engager leurs auteurs, mais il insiste sur le fait que cet engagement n'aurait pas de nature juridique. L'expression *soft law* ne serait donc pas appropriée les concernant, puisqu'il s'agirait en réalité de «pré-droit» ou de «non-droit». Dire le contraire relèverait de l'étirement du droit et du brouillage du seuil de normativité juridique [6]. Dinah Shelton ne partage pas cette grille de lecture. Elle fait la distinction entre la *soft law* – qu'elle définit comme du droit non obligatoire –

---

3. R.-J. Dupuy, «Declaratory Law and Programmatory Law: from Revolutionary Custom to "Soft Law"», dans N. Horn (dir. publ.), *Legal Problems of Codes of Conduct for Multinational Enterprises*, Deventer, Kluwer, 1980, p. 252.
4. F. Dasser, *«Soft law» in International Commercial Arbitration*, Les livres de poche de l'Académie de Droit international de La Haye, Leiden, Brill/Nijhoff, 2021, p. 409.
5. G. F. Handl, «A Hard Look at Soft Law: Remarks», *Proceedings of the Annual Meeting (ASIL)*, vol. 82, 1988, p. 371. D. Thürer, «Soft Law», dans A. Peters et R. Wolfrum (dir. publ.), *Max Planck Encyclopedia of Public International Law*, Oxford, OUP, 2008, paragraphe 8.
6. P. Weil, «Le droit international en quête de son identité. Cours général de droit international public», *Recueil des cours*, tome 237 (1992), p. 230-244.

et le *non-law*[7]. Elle rejoint donc Weil sur le caractère juridique de la *soft law*, mais sans cantonner cette dernière aux obligations juridiques. Pour sa part, tout en reconnaissant l'importance considérable qu'a pris la *soft law*, Robert Kolb n'y voit jamais que du «quasi-droit», qui «opère en partie fonctionnellement comme du droit, sans en avoir les qualités»[8], ce qui rappelle l'analyse de Georges Abi-Saab qui définit la *soft law* comme un «droit dont la juridicité ... est ambiguë ou mise en question»[9].

La doctrine s'oppose également sur les effets de la *soft law* et en particulier sur son caractère obligatoire. Nombre d'auteurs s'accordent à y voir un premier pas vers la *hard law*, à l'instar de la Déclaration universelle des droits de l'homme de 1948 vis-à-vis des deux Pactes internationaux de 1966[10]. Certains acceptent même de reconnaître que la *soft law* produit des attentes et offre une certaine prévisibilité[11]. Mais plusieurs auteurs ne s'en tiennent pas là. Ils s'efforcent de démontrer que la *soft law* produirait de véritables effets juridiques[12] et que, inversement, les effets juridiques des instruments de *hard law* peuvent être très limités[13]. Dinah Shelton estime ainsi que la *soft law* «is not legally binding *per se*», formulation qui n'écarte pas totalement l'hypothèse d'un effet obligatoire via certains facteurs extrinsèques[14]. David Boyle soutient que la *soft law*, bien que non juridiquement contraignante par nature, peut acquérir un tel caractère par ses interactions avec les traités y relatifs, sur la base de l'article 31, paragraphe 3 *(a)* de la Convention de Vienne

---

7. D. Shelton, «Introduction», dans D. Shelton (dir. publ.), *Commitment and Compliance: the Role of Non-binding Norms in the International Legal System*, New York, OUP, 2000, p. 4.

8. R. Kolb, «Le droit international comme corps de "droit privé" et de "droit public": cours général de droit international», *Recueil des cours*, tome 419 (2021), p. 105-106.

9. G. Abi-Saab, «Cours général de droit international public», *Recueil des cours*, tome 207 (1987), p. 206.

10. *Ibid.*, p. 211. A. Boyle, «The Choice of a Treaty: Hard Law Versus Soft Law», dans S. Chesterman, D. M. Malone et S. Villalpando (dir. publ.), *The Oxford Handbook of United Nations Treaties*, Oxford, OUP, 2019, p. 111. D. Thürer, *op. cit.* note 5, paragraphe 24. A. Zimmermann et N. Jauer, «Legal Shades of Grey? Indirect Legal Effects of "Memoranda of Understanding"», *Archiv des Völkerrechts*, vol. 59, 2021, p. 281. D. Shelton, «Editor's Concluding Note: The Role of Non-binding Norms in the International Legal System», dans D. Shelton (dir. publ.), *op. cit.* note 7, p. 555.

11. P. Weil, *op. cit.* note 6, p. 243. D. Thürer, *op. cit.* note 5, paragraphe 6. A. Boyle, «Soft Law», dans L. Rajamani et J. Peel (dir. publ.), *The Oxford Handbook of International Environmental Law*, 2e éd., Oxford, OUP, 2021, p. 430. A. Patt et L. Rajamani (dir. publ.), «Chapter 14: International Cooperation», dans IPCC, *Climate Change 2022: Mitigation of Climate Change. Contribution of Working Group III to the Sixth Assessment Report of the Intergovernmental Panel on Climate Change*, section 14.6.1.

12. G. Abi-Saab, *op. cit.* note 9, p. 209. G. F. Handl, *op. cit.* note 5, p. 371. A. Boyle, *op. cit.* note 11, p. 427. Voir aussi D. Thürer, *op. cit.* note 5, paragraphes 27-31.

13. A. Boyle, *op. cit.* note 11, p. 429.

14. D. Shelton, *op. cit.* note 7, p. 6.

sur le droit des traités (CVDT) [15], processus auquel Weil s'oppose fermement, comme d'autres auteurs qui considèrent que les instruments formellement *soft* ne produisent jamais que des effets politiques [16].

La source formelle de la *soft law* ne fait pas non plus l'unanimité. Nombreux sont ceux qui estiment que l'expression *soft law* ne s'emploie que pour qualifier le droit écrit [17], mais, pour Weil, des règles coutumières (donc formellement *hard*) peuvent posséder un contenu *soft* [18]. Par ailleurs, si Thürer estime que la *soft law* est produite par les sujets du droit international [19], une analyse récente étudie la *soft law* au prisme d'instruments possédant une autre origine [20].

Pour ce qui est des motifs qui poussent les Etats à préférer la *soft law*, les analyses convergent plus aisément car la réalité fournit des exemples qu'il suffit d'observer : éviter de lier leur comportement pour l'avenir, éviter de se voir opposer les règles secondaires en cas de violation (engagement de la responsabilité, contre-mesure), éviter qu'un différend puisse être tranché sur la base de l'instrument en cause, contourner le processus de ratification, éviter l'intervention parlementaire dans la définition des engagements internationaux [21], recueillir le consensus, adopter un texte plus rapidement, pouvoir renégocier ou amender le texte en fonction des circonstances et des besoins, inciter à l'action malgré certaines incertitudes, proposer des solutions provisoires en attente du développement des connaissances scientifiques, permettre l'implication des acteurs non étatiques, etc [22]. La *soft law* s'offre donc comme une alternative à la *hard law* dans de multiples situations.

Mais ensuite, les regards portés sur les qualités intrinsèques de la *soft law* divergent considérablement. Seidl-Hohenveldern adopte une approche assez résignée face à ce qu'il considère comme une sorte de pis-aller peu satisfaisant au regard de ce que peuvent réaliser les traités [23]. Felix Dasser voit la *soft law* comme «*an uncomfortable, ill-defined and highly controversial "plan B"*» [24]. D'autres portent un regard plus positif sur la *soft law*, qui s'offrirait comme

---

15. A. Boyle, *op. cit.* note 11, p. 427.
16. F. Dasser, *op. cit.* note 4, p. 421-422 puis p. 426.
17. *Ibid.*, p. 414.
18. P. Weil, *op. cit.* note 6, p. 218.
19. D. Thürer, *op. cit.* note 5, paragraphe 7.
20. E. Marie, «Le rôle de la *soft law* dans l'appréhension des nouvelles formes de criminalité au cours des conflits armés», dans A.-L. Chaumette et R. Parisot (dir. publ.), *Les nouvelles formes de criminalité internationale*, Paris, Pedone, 2021, p. 7-28.
21. Les enjeux de cette question concernant les Etats-Unis et l'Accord de Paris sont rappelés par D. B. Hunter, «The Hard Choice for Soft Commitments in the Climate Change Regime», dans D. Bradlow et D. Hunter (dir. publ.), *Advocating Social Change through International Law*, Leiden, Brill/Nijhoff, 2020, p. 163.
22. C. Lipson, «Why are Some Agreements Informal?», *International Organization*, vol. 45, 1991, p. 495-538. D. Shelton, *op. cit.* note 7, p. 12-13.
23. I. Seidl-Hohenveldern, «International Economic "Soft Law"», *Recueil des cours*, tome 163 (1979), p. 225.
24. F. Dasser, *op. cit.* note 4, p. 426-427. Pour une liste d'auteurs critiques vis-à-vis de la *soft law*, voir p. 420.

un outil utile pour combler les silences et clarifier les ambiguïtés d'un énoncé conventionnel[25]. Pour Weil, la *soft law* – au sens où il l'entend, c'est-à-dire au sens de dispositions conventionnelles vagues ou formulées en des termes peu contraignants – n'a rien d'un phénomène «pathologique». Réaliste, il pense que l'adoption de ce genre d'énoncés est inévitable compte tenu de la structure de la société internationale, qui est une société pluraliste dépourvue de législateur. Dans ce contexte, il estime que la mollesse du droit international permettrait un progrès certes lent, mais réel vers la réalisation des fonctions du droit international[26]. Quant à la multiplication des instruments *soft* au sens formel (*gentlemen's agreements*, déclarations, résolutions...), Weil se bornait dans les années 1990 à «prendre acte» de leur existence et des engagements non juridiques qu'ils peuvent faire naître, qui font de fait partie du paysage des relations internationales, ajoutant que la question n'est pas de savoir si c'est bien ou mal[27]. En revanche, combattant la doctrine de «l'infinie diversité du droit international»[28], Weil estime que la véritable pathologie réside dans certains travaux doctrinaux qui voient du droit dans ces instruments qu'il préfère cantonner à l'univers du pré-droit ou du non-droit[29]. Ces analyses menaceraient l'ordre juridique international et feraient du droit international un instrument «qui ne serait plus capable de remplir ses fonctions»[30], c'est-à-dire assurer la coexistence des Etats et leur permettre de coopérer dans la poursuite de buts communs[31].

Cependant, de nos jours, la prolifération de la *soft law* – au sens formel comme au sens matériel – rend la distinction weilienne entre droit et non-droit de plus en plus inopérante, au point que le juriste internationaliste est porté à se poser des questions fondamentales sur sa discipline.

Paragraphe 2   **Le droit international bousculé par la *soft law***

Face à la prolifération contemporaine des formes que prennent les accords entre Etats, le juriste peine à dire ce qui relève du droit et ce qui appartient à l'univers du non-droit, ce qui rend cette distinction assez chimérique[32]. Cette difficulté est aggravée par le fait que l'opposition entre

---

25. D. Shelton, *op. cit.* note 7, p. 10.
26. P. Weil, *op. cit.* note 6, p. 219.
27. *Ibid.*, p. 238.
28. L'expression est de R. R. Baxter, «International Law in "Her Infinite Variety"», *ICLQ*, vol. 29, 1980, p. 549-566.
29. P. Weil, «Vers une normativité relative en droit international?», *RGDIP*, tome 86, 1982, p. 8.
30. *Ibid.*, p. 19.
31. Affaire du *Lotus*, arrêt du 7 septembre 1927, CPJI, série A, n° 10, p. 18.
32. D. Shelton, *op. cit.* note 7, p. 8. S. Maljean-Dubois, «La "fabrication" du droit international au défi de la protection de l'environnement. Rapport général sur le thème de la première demi-journée», dans SFDI, *Le droit international face aux enjeux environnementaux, Colloque d'Aix-en-Provence*, Paris, Pedone, 2010, p. 33.

hard law et *soft law* est parfois brouillée ou démentie par les effets de ces instruments dans la vie réelle. De fait, un instrument formellement *soft* exerce parfois sur la conduite des Etats une influence supérieure à celle exercée par des normes conventionnelles [33]. Il peut également produire de nombreux effets juridiques, comme l'a montré la Déclaration de Rio [34] dans le cadre de l'avis du Tribunal international du droit de la mer (TIDM) de 2011 [35]. Réciproquement, les instruments formellement *hard* (les traités et les normes coutumières) font place à de la souplesse et leur méconnaissance n'est pas systématiquement traitée comme une violation du droit, dans un contexte où la perspective contentieuse est bien souvent marginale en l'absence d'un juge dont la compétence s'imposerait aux Etats.

Les distinctions entre *hard law* et *soft law* et entre droit et non-droit présentent donc des limites intrinsèques qui posent d'intéressantes questions du point de vue du droit international en général : Qu'est-ce qui relève du droit international ? Quelles sont les sources de ce droit ? Peut-il y avoir du droit international sans obligation ?

Si Weil estime que la capacité du droit international à remplir ses fonctions est menacée par la confusion des formes, il est permis de penser que c'est la diversité des fonctions du droit international qui appelle, précisément, à des formes différentes.

Paragraphe 3   **L'adaptation de la forme du droit international à sa fonction**

Historiquement, le droit international est apparu comme un droit de coexistence rendu nécessaire par l'organisation du monde en Etats également souverains [36]. Dans la poursuite de cette fonction, dont les enjeux sont systémiques, le droit international consiste à définir les modalités d'appartenance à la société étatique (critères de l'Etat et modalités de sa reconnaissance), à articuler les compétences des Etats dans les différents espaces (par exemple, exclusivité de la compétence de l'Etat sur son

---

33. Weil reconnaît lui-même que le pré-droit peut produire plus d'effets que le droit (P. Weil, *op. cit.* note 29, p. 10). Dans le même sens, voir A. Pellet, « Le droit international à la lumière de la pratique : l'introuvable théorie de la réalité : cours général de droit international public », *Recueil des cours*, tome 414 (2021), p. 192.
34. Déclaration de Rio sur l'environnement et le développement, A/CONF.151/26 (vol. I), 14 juin 1992. L'Assemblée générale des Nations Unies a fait sienne la Déclaration de Rio par la résolution 47/190 du 22 décembre 1992.
35. *Responsabilités et obligations des Etats dans le cadre d'activités menées dans la Zone*, avis consultatif, 1er février 2021, *TIDM Recueil 2011*, p. 45, paragraphes 125-127.
36. W. Friedmann, *The Changing Structure of International Law*, New York, Columbia University Press, 1964, p. 60. R.-J. Dupuy, *Le droit international*, Paris, PUF, coll. Que sais-je ?, 1963. R. Kolb, *op. cit.* note 8, p. 50.

territoire), à limiter leurs pouvoirs (par exemple, interdiction de l'acquisition d'un territoire par la force, inviolabilité de l'agent diplomatique), à définir les modalités de leurs engagements internationaux (droit des traités et de la coutume internationale) et à organiser le règlement pacifique des différends.

Par la suite et parallèlement, le droit international a également été mobilisé comme un instrument de coopération au service de la poursuite de buts communs, moins directement systémiques et plus conjoncturels que les enjeux de coexistence. Cette fonction de coopération s'est accentuée au fil du temps et ne s'est pas tarie à l'époque contemporaine, avec la multiplication de phénomènes majeurs comme le terrorisme, les maladies émergentes et réémergentes, les migrations ou la dégradation de l'environnement. La poursuite de buts communs n'appelle pas simplement à la répartition des compétences et la limitation des pouvoirs, mais à des actions collectives concrètes comme la lutte contre les organisations terroristes, le partage d'informations sanitaires, l'aide au développement ou encore la protection des espèces menacées d'extinction.

Le droit international se présente donc comme un outil contextuel apte à poursuivre plusieurs fonctions (K. W. Abbott et D. Snidal parlent des *uses of law*[37]). Or, il n'apparaît pas anormal que l'outil s'adapte à la fonction. De fait, l'évolution des fonctions du droit international s'est accompagnée d'une évolution de la forme du droit international. Ce dernier a d'abord été essentiellement coutumier avant que les traités n'apparaissent – bilatéraux puis multilatéraux – et qu'ils ne fassent une large place à des instruments relevant de la *soft law*[38]. De façon assez schématique il est vrai, le droit international utilisé pour organiser et assurer la coexistence des Etats a plutôt tendance à prendre la forme de normes précises et obligatoires, car les Etats ont un intérêt immédiat et largement partagé à ce que leurs rapports soient précisément et durablement définis sur ces sujets. Il en va de la stabilité des relations internationales, de l'existence même des Etats et de la pérennité de l'ordre juridique international[39]. Ces normes consisteront pour l'essentiel en des droits et des obligations réciproques qui se caractérisent par un équilibre naturel des intérêts et qui n'impliquent pas de coût social particulier[40].

---

37. K. W. Abbott et D. Snidal, «Hard and Soft Law in International Governance», *International Organization*, vol. 54, 2000, p. 421.
38. D. Shelton, *op. cit.* note 7, p. 13.
39. C'est une vision schématique qui connaît des contre-exemples. Dinah Shelton fait ainsi remarquer que dans le domaine du contrôle de la technologie relative aux missiles – question de coexistence – les instruments de *soft law* sont délibérément choisis en lieu et place de la *hard law* (D. Shelton, *op. cit.* note 10, p. 555).
40. Par exemple, l'Etat accréditaire voit ses pouvoirs limités par la règle de l'inviolabilité des agents diplomatiques, mais il peut réciproquement la faire valoir pour ses propres agents à l'étranger.

En revanche, certaines des actions requises par la poursuite de buts communs ne se traduisent pas tant en termes de droits et d'obligations réciproques qu'en termes de contributions, dont la nature, l'étendue et la répartition sont disputées et peuvent varier en fonction de la situation propre à chaque Etat [41]. En outre, à la différence des questions de coexistence classiques, ces contributions impliquent étroitement les acteurs privés (consommateurs, entreprises privées, investisseurs), dont les comportements sont appelés à être réglementés par les Etats, ce qui influence les négociations et contribue à la cristallisation de positionnements étatiques antagonistes [42]. Dès lors, la fonction de coopération n'emprunte pas les mêmes voies que la fonction de coexistence. Si elle peut donner lieu à des engagements précis et obligatoires, il est parfois nécessaire de s'en tenir à des normes plus vagues ou non contraignantes (la *soft law*) qui seront plus à même de rassembler un grand nombre de participants. Le fait que des normes ne soient pas obligatoires ou soient formulées en termes imprécis n'est pas le signe d'une pathologie, mais une nécessité, et n'en fait pas moins qu'elles guident les Etats dans la réalisation d'objectifs communs, en indiquant le sens du comportement à suivre, d'autant qu'elles peuvent être accompagnées de mécanismes incitatifs qui viendront au soutien de leur application.

Dans ce contexte, bien que l'existence individuelle de certains Etats soit menacée par les bouleversements climatiques, il ne s'agit pas à proprement parler – ou en tout cas pas encore – d'une question de coexistence au sens classique. L'atténuation des changements climatiques et l'adaptation à ces derniers se présentent principalement comme un enjeu de coopération qui appelle à des contributions concrètes, mais la nature, l'étendue et la répartition de ces contributions donnent lieu à des appréciations différenciées. Dès lors, afin de rassembler le plus grand nombre de participants, le droit international des changements climatiques est naturellement porté à mélanger *hard law* et *soft law*.

Paragraphe 4 **Les formes du droit des changements climatiques**

Les instruments de lutte contre les changements climatiques se caractérisent par leur grande diversité. Certains sont des instruments qualifiés de «politiques», comme l'Accord de Copenhague (2009) [43] ou la Décla-

---

41. D. B. Hunter, *op. cit.* note 21, p. 140.
42. *Ibid.*, p. 141-142.
43. L'Accord de Copenhague des 18 et 19 décembre 2009 figure en annexe de la Décision 2/CP.15 (FCCC/CP/2009/11/Add.1), par laquelle la Conférence des Parties à la CCNUCC «prend note» de cet accord. Il a été négocié dans des conditions atypiques rappelées par D. B. Hunter, *op. cit.* note 21, p. 149. Le secrétariat de la CCNUCC estime que ce texte est un accord politique dont les dispositions n'ont aucun «*legal standing under the UNFCCC process*» (Secrétaire exécutif de la CCNUCC, Notification to Parties: Clarification relating to the Notification of 18 January 2010,

ration des dirigeants de Glasgow sur les forêts et l'utilisation des terres (2021)[44]. Certains sont des instruments juridiques non contraignants, tels que les résolutions de l'Assemblée générale des Nations Unies[45] ou certaines décisions des Conférences des Parties (COP) n'ayant valeur que de recommandation[46], ou encore la Déclaration de Rio de 1992 qui l'a emporté sur un projet de Charte de la Terre de nature conventionnelle dont le Groupe des 77 et la Chine ne voulaient pas[47].

D'autres instruments climatiques se présentent comme des instruments juridiques contraignants rédigés en des termes plus ou moins précis. Après l'adoption de la Convention-cadre des Nations Unies sur les changements climatiques (CCNUCC), les ambitions initiales (la conclusion de protocoles successifs contenant des engagements précis) ont été entravées par les oppositions entre les forces en présence et dissoutes dans des compromis consentis au fil du temps afin de répondre malgré tout à l'impérieuse nécessité d'agir. La Feuille de route de Bali (2007) s'est montrée délibérément ambiguë sur la nature juridique d'un futur accord car c'était indispensable à la participation des Etats-Unis[48]. Deux ans plus tard, la forme de l'Accord de Copenhague (2009) était un enjeu majeur des discussions. A Durban (2011), les Parties décidèrent «d'élaborer au titre de la Convention un protocole, un autre instrument juridique ou un texte convenu d'un commun accord ayant valeur juridique, applicable à toutes les Parties»[49], où l'on voit que l'adoption d'un traité n'était pas la seule option «juridique» envisagée. Il était également possible d'adopter «un autre instrument juridique» ou de convenir d'une autre forme de résultat «ayant valeur juridique», ce qui témoigne de la diversité des instruments juridiques envisagés par les Etats. En fin de compte, ces derniers optèrent pour un traité (l'Accord de Paris), mais celui-ci impose des obligations essentiellement procédurales et renvoie la résolution des sujets

---

UN Doc. Ref. DBO/drl, 25 janvier 2010). Dans le même sens, voir S. Maljean-Dubois et M. Wemaëre, «After Durban, what Legal Form for the Future International Climate Regime?», *Carbon and Climate Law Review*, 2012, p. 189.

44. Glasgow Leaders' Declaration on Forests and Land Use, 2 novembre 2021, https://ukcop26.org/glasgow-leaders-declaration-on-forests-and-land-use/.

45. Dernièrement, A/RES/76/300 (28 juillet 2022) et A/RES/76/205 (17 décembre 2021). Voir aussi A/RES/43/53 (6 décembre 1988).

46. On pense par exemple à la décision 24/CP.7 (FCCC/CP/2001/12/Add.3). A son sujet, voir S. Maljean-Dubois, *op. cit.* note 32, p. 32.

47. G. Handl, «Environnement: les Déclarations de Stockholm (1972) et de Rio (1992)», *United Nations Audiovisual Library of International Law*, https://legal.un.org/avl/ha/dunche/dunche.html.

48. Décision 1/CP.13 (FCCC/CP/2007/6/Add.1), paraparaphe 1 : la COP

«*[d]écide* de lancer un vaste processus pour permettre l'application intégrale, effective et continue de la Convention par une action concertée à long terme, dès à présent, d'ici à 2012 et au-delà, en vue de parvenir d'un commun accord à un résultat et d'adopter une décision à sa quinzième session».

Voir D. B. Hunter, *op. cit.* note 21, p. 147.

49. Décision 1/CP.17 (FCCC/CP/2011/9/Add.1), paragraphe 2.

les plus épineux à l'adoption de décisions ultérieures par la Conférence des Parties agissant comme réunion des Parties. Il est en outre d'emblée complété par un autre instrument, à savoir la décision de la COP qui l'adopte, laquelle contient une imposante liste de « décisions visant à donner effet à l'Accord »[50].

Précisément, les décisions des Conférences des Parties confirment la diversité des formes que peuvent prendre les instruments juridiques internationaux, telle qu'elle a été suggérée à Durban[51]. Si leur nature et leur portée sont disputées dans la pratique, rien ne fait obstacle, a priori, à ce qu'elles puissent revêtir une nature juridique et un caractère obligatoire. En ce qui concerne la COP de la CCNUCC, il n'est pas inutile de rappeler que celle-ci est « l'organe suprême de la Convention », ce qui signifie qu'elle n'est soumise à aucune autorité. Elle est composée des Parties à la Convention-cadre et il ne s'agit donc pas d'un organe administratif comme le serait le secrétariat d'une organisation intergouvernementale, mais d'un organe politique au sein duquel s'expriment les Parties. En cette qualité, bien que les fonctions de la COP soient précisées dans l'instrument constitutif, celle-ci dispose dans les faits d'une large liberté d'interprétation de son propre mandat[52].

Les termes de la CCNUCC confirment la possibilité pour la Conférence des Parties d'adopter des instruments juridiques obligatoires. La Convention-cadre prévoit que la COP puisse adopter de simples recommandations[53], mais celle-ci a également compétence pour adopter des « instruments juridiques connexes » et des « décisions » (c'est-à-dire des actes dont l'appellation suggère qu'ils puissent contenir des dispositions à portée obligatoire) ainsi que pour « faire régulièrement le point de l'application de la Convention et de [ces] instruments juridiques connexes »[54]. La voie est donc ouverte à l'adoption par la COP de dispositions tantôt obligatoires, tantôt non obligatoires, dans le cadre d'une activité de nature juridique. Ainsi, lorsque la COP a « décidé » que

> « toutes les Parties, à l'exception des pays les moins avancés parties et des petits Etats insulaires en développement, soumettent les informations mentionnées aux paragraphes 7, 8, 9 et 10 de l'article 13 de l'Accord [de Paris], selon qu'il convient, mais au minimum tous les deux ans, et

---

50. Décision 1/CP.21 (FCCC/CP/2015/10/Add.1).
51. C. Collin, *Les conférences des parties. Recherche sur le droit d'une institution internationale*, thèse Paris 1 Panthéon-Sorbonne, 5 septembre 2019, xiv-569 p.
52. A propos des décisions des réunions des Parties au Protocole de Montréal, la US Court of Appeals for the DC Circuit a décidé de considérer ces décisions comme des décisions politiques et non pas juridiques, car conclure le contraire reviendrait à considérer que l'article II de la Constitution des Etats-Unis n'a pas été respecté (*National Resources Defense Council c. Environmental Protection Agency*, n° 04-1438 (DC Cir. 29 août 2006), *AJIL*, vol. 101, 2007, p. 208). Cependant, ce raisonnement est propre à l'ordre juridique des Etats-Unis et n'est pas opposable dans l'ordre juridique international.
53. CCNUCC, article 7, paragraphe 2, *g)*.
54. *Id.*, article 7, paragraphe 2 (chapeau).

que les pays les moins avancés parties et les petits Etats insulaires en développement pourront soumettre ces informations comme ils le jugent bon »[55],

elle a indubitablement souhaité donner un caractère juridique obligatoire à cette disposition, ce que traduisent le choix du verbe « décider », le recours au présent de l'indicatif ainsi que la précision des termes utilisés. On ne peut pas en dire de même de « l'invitation » faite aux Parties

> « à communiquer leur première contribution déterminée au niveau national au plus tard au moment du dépôt de leurs instruments respectifs de ratification, d'acceptation ou d'approbation de l'Accord de Paris ou d'adhésion à celui-ci »[56].

Ce constat peut être étendu aux réunions des Parties au Protocole de Kyoto et à l'Accord de Paris. Ces traités ne précisent pas la nature (juridique ou politique) des décisions des réunions des Parties. Mais dans la mesure où les réunions des Parties sont des « transpositions » de la Conférence des Parties de la CCNUCC au Protocole de Kyoto et à l'Accord de Paris (« la Conférence des Parties agit comme réunion des Parties au présent Accord »[57]), il n'y aucune raison, en l'absence de disposition contraire, que la Conférence des Parties à la CCNUCC, lorsqu'elle agit comme réunion des Parties au Protocole de Kyoto ou à l'Accord de Paris, perde sa capacité, reconnue par la CCNUCC, d'adopter des instruments de nature juridique.

Quant à la possibilité que ces instruments revêtent un caractère obligatoire, les termes des accords paraissent sans ambiguïté en dépit des controverses à ce sujet. La réunion des Parties au Protocole de Kyoto est chargée de contribuer à la mise en œuvre de l'accord en prenant par exemple une « décision » par laquelle elle « arrête les modalités, règles et lignes directrices à appliquer » par les Parties en matière d'activités anthropiques supplémentaires[58], ou encore en « arrêt[ant] ... le cadre directeur » des systèmes nationaux d'estimation des émissions anthropiques[59]. Un autre article la charge de prendre « sur toute question, les décisions nécessaires aux fins de la mise en œuvre du présent Protocole »[60] ou encore de prendre « les mesures voulues »[61], ce qui laisse à la réunion des Parties le soin de décider librement du contenu et de la portée de telles mesures, dont rien n'empêche qu'elles revêtent un caractère obligatoire, si c'est sa volonté.

---

55. Décision 1/CP.21 (FCCC/CP/2015/10/Add.1), paragraphe 90.
56. *Id.*, paragraphe 22.
57. Protocole de Kyoto, article 13, paragraphe 1 et Accord de Paris, article 16, paragraphe 1.
58. Protocole de Kyoto, article 3, paragraphe 4.
59. *Id.*, article 5.
60. *Id.*, article 8, paragraphe 6.
61. *Id.*, article 9, paragraphe 1.

Pour sa part, la réunion des Parties à l'Accord de Paris est chargée de prendre « dans les limites de son mandat, les décisions nécessaires pour en promouvoir la mise en œuvre effective ». Ce mandat inclut la possibilité d'exercer toutes les fonctions « qui peuvent se révéler nécessaires aux fins de la mise en œuvre de l'Accord »[62]. Ces dispositions ouvrent la porte à l'adoption de décisions obligatoires comme non obligatoires, selon ce que la réunion des Parties estimerait « nécessaire ». Le caractère obligatoire de certaines directives et procédures arrêtées par la réunion des Parties est par ailleurs expressément prévu par certaines clauses du traité qui enjoignent à leur respect dans le cadre de mécanismes institutionnels placés sous l'autorité de la réunion des Parties[63]. La portée hétéronormatrice de ces décisions est également envisagée, comme en atteste l'article 4, paragraphe 8, qui dispose que

> « [e]n communiquant leurs contributions déterminées au niveau national, toutes les Parties présentent l'information nécessaire à la clarté, la transparence et la compréhension conformément ... à toutes les décisions pertinentes de la Conférence des Parties »[64].

En outre, même lorsqu'elles décident d'engager certaines actions volontaires, les Parties se voient parfois enjointes d'agir « conformément aux directives » de la réunion des Parties, ce qui leur confère un caractère obligatoire[65].

Le droit international des changements climatiques est donc composé d'une palette d'instruments qui reflètent la multiplicité des formes du droit international telles qu'elles se sont développées pour répondre à ses deux fonctions traditionnelles. Ce panorama kaléidoscopique confirme « l'infinie diversité du droit international », lequel ne correspond plus à la définition classique qu'on en donne.

Paragraphe 5   **Le droit international au prisme de la normativité**

Afin de surmonter les limites inhérentes aux distinctions entre droit et non-droit et entre *hard law* et *soft law* et de prendre acte de la diversité des instruments adoptés, il paraît nécessaire de s'inscrire dans une conception du droit international permettant d'appréhender la réalité des règles posées et appliquées dans l'ordre juridique international sans se heurter à des clivages devenus largement artificiels. On pose donc que le droit

---

62. Accord de Paris, article 16, paragraphe 4.
63. Voir l'article 6, paragraphe 4, l'article 8, paragraphe 2, et l'article 15, paragraphe 3, de l'Accord de Paris, qui visent respectivement le mécanisme de contribution à l'atténuation des émissions de gaz à effet de serre et de promotion du développement durable, le Mécanisme international de Varsovie et le comité d'experts du mécanisme de facilitation de la mise en œuvre.
64. Nos italiques. Dans le même sens, voir article 4, paragraphe 9, article 9, paragraphe 7 et article 13, paragraphe 7 *a)*, de l'Accord de Paris.
65. *Id.*, article 6, paragraphe 2. Voir également l'article 7, paragraphe 3.

international englobe l'ensemble des normes internationales – qu'elles soient obligatoires ou non – arrêtées ou consenties par les Etats et les organisations intergouvernementales – quelle que soit la forme retenue.

Cette définition suppose de se départir de l'idée, défendue par Weil, qu'une norme juridique serait nécessairement obligatoire [66]. La CIJ elle-même a reconnu que des instruments non obligatoires (les recommandations des organisations intergouvernementales) pouvaient avoir une « valeur normative » [67]. La normativité n'implique donc pas nécessairement l'obligation : une norme est un étalon qui permet de définir le comportement à suivre et de mettre en évidence les comportements qui s'en écartent. Sous cet angle, la normativité conduit à relativiser la place de l'obligation en droit international (sect. 3). La définition large du droit international que l'on propose suppose également de prendre acte de ce que les normes internationales sont aujourd'hui énoncées dans des instruments juridiques aux natures et aux formes très variées. Sous cet angle, la normativité conduit donc à reconnaître un élargissement des sources du droit international (sect. 2).

SECTION 2   **L'ÉLARGISSEMENT DES SOURCES DU DROIT INTERNATIONAL**

La diversité des instruments adoptés en matière climatique témoigne de ce que le droit international ne se réduit plus à la liste fermée des sources du droit international telles qu'elles sont traditionnellement présentées dans les facultés de droit. Il prend au contraire de nombreuses formes, de nature et de portée diverses, dont le point commun est de poser des normes. En matière climatique, qu'elles soient obligatoires ou non, consignées dans un traité ou non, ces normes ont vocation à faire évoluer le régime juridique des changements climatiques. Qu'elles soient *soft* ou *hard*, elles font donc partie du droit international (par. 1). La théorie des sources du droit international n'est pas bouleversée pour autant, elle est simplement enrichie (par. 2).

Paragraphe 1   **L'appartenance de la *soft law* au droit international**

Observant la place prise par la *soft law* dans les relations internationales, plusieurs auteurs suggèrent que les sources du droit inter-

---

66. A. Pellet, *op. cit.* note 33, p. 188 : « le droit ne saurait se limiter [aux sources formelles constituant la preuve d'une norme obligatoire] », et p. 189 : « toutes les normes juridiques ne sont pas obligatoires ... on ne peut limiter le droit à ce qui est obligatoire ; le mot "norme" renvoie à ce qui est "normatif", mais aussi à ce qui est "normal" ».
67. CIJ, avis consultatif, 8 juillet 1996, *Licéité de la menace ou de l'emploi d'armes nucléaires*, *Recueil 1996*, p. 254.

national auraient évolué et que la définition du droit international se serait élargie. Dinah Shelton relève ainsi que la *soft law* est à l'origine de normes internationales qui guident le comportement des Etats et génèrent des attentes quant à leur respect indépendamment de leur caractère obligatoire [68], et que ces normes jouent un rôle de plus en plus grand dans le *international legal system* [69]. Robert Kolb estime que la *soft law* est le résultat d'une évolution des sources du droit international, dont les Etats ont eu besoin qu'elles soient plus diversifiées, plus flexibles et déformalisées [70]. Il admet que « le *soft law* tient parfois lieu de source », qu'à côté des « normes juridiques d'ancienne mouture » il existerait désormais des normes juridiques issues de nouvelles sources de droit international, et que l'édifice des sources du droit vise aujourd'hui, entre autres, « à offrir des instruments adaptés aux fins les plus diverses (*soft law*, intruments juridiques unilatéraux) » [71]. Pourtant, de façon assez paradoxale, R. Kolb refuse à la *soft law* la qualité de droit (il s'en tient à l'expression « quasi-droit » [72]) et D. Shelton conclut que les traités et la coutume internationale continuent d'avoir le monopole du droit international [73].

Admettre que la *soft law* fait partie du droit international et pas seulement du « système juridique international », selon l'expression de D. Shelton, n'est qu'un pas sémantique à franchir, dans un contexte où la définition du droit est bien souvent postulée, reposant sur une pétition de principe qui fait fi de ce que le droit répond à un besoin social qui se traduit aujourd'hui par des instruments de nature et de portée diverses. Réduire le droit international à une liste de sources fermée reviendrait à occulter la réalité : celle d'un

> « fourmille[ment] [d']instruments dépourvus de la capacité d'imposer des obligations ou des interdictions à leurs destinataires et qui, pourtant, entendent influencer la conduite de ceux-ci et n'y échouent pas forcément davantage que les traités » [74].

En matière climatique, les normes coutumières, les traités rédigés en termes précis et contraignants, les conventions-cadres générales, les traités vagues, les actes unilatéraux, les recommandations de l'Assemblée générale des Nations Unies ainsi que, de plus en plus, les décisions des COP sont tous des outils normatifs offerts par le droit international pour faire évoluer le régime des changements climatiques et ils doivent être étudiés comme tel. Ainsi, si comme David Boyle le pense la *soft law* ne commande pas d'élargir les

---

68. D. Shelton, *op. cit.* note 7, p. 12, 17.
69. *Ibid.*, p. 18.
70. R. Kolb, *op. cit.* note 8, p. 104.
71. *Ibid.*, p. 111.
72. *Ibid.*, p. 105.
73. D. Shelton, *op. cit.* note 10, p. 554.
74. A. Pellet, *op. cit.* note 33, p. 194.

sources du droit international[75], c'est parce que la *soft law* fait *déjà* partie du droit international. Il ne reste plus qu'à le reconnaître[76].

Aussi curieux que cela puisse paraître, il n'est pas certain que Weil rejetterait cette analyse. Appréhender la réalité dans son ensemble n'exonère pas, dans un second temps, de faire la part des choses et d'évaluer la portée concrète des normes, qui peut être plus ou moins importante : une norme peut être obligatoire comme elle peut ne pas l'être ; elle peut également indiquer ce qui est recommandé, ce qui est autorisé, ce qui n'est pas interdit, ce qui est déconseillé, ce qui est souhaitable ou ce qui est acceptable. Plutôt que de fermer un œil sur la réalité « diverse et complexe »[77] du droit international, le rôle du juriste est de regarder le tableau les deux yeux ouverts et d'observer les « importantes nuances qui colorent tout le droit international »[78], afin d'opérer des distinctions dans ce qu'il observe. Il ne doit donc pas se désintéresser de pratiques étatiques normatives au motif qu'elles ne seraient pas contraignantes ou qu'elles ne seraient pas consignées dans un traité. Il se doit au contraire d'observer toutes les voies par lesquelles les Etats tentent de parvenir à un objectif, puis d'identifier ce qui les distingue et d'en faire une typologie. Ainsi, la théorie des sources du droit international n'est pas à proprement parler bouleversée, elle est simplement enrichie.

Paragraphe 2   **Enrichissement sans bouleversement de la théorie des sources**

A. Théorie des sources de l'obligation juridique internationale et théorie des sources du droit international

On appelle souvent « théorie des sources du droit international » ce que l'on devrait en réalité appeler la théorie des sources de l'obligation juridique internationale[79] : l'obligation juridique internationale naît du consentement des sujets du droit international aptes à consentir à cet effet par les voies consacrées (traditionnellement : les traités, la coutume

---

75. A. Boyle, *op. cit.* note 10, p. 105.
76. Plusieurs auteurs de manuels de droit international n'hésitent pas à inclure la *soft law* dans leurs développements relatifs à la formation du droit international. Voir par exemple : D. Carreau, F. Marrella et A. Hamman, *Droit international*, 13e éd., Paris, Pedone, 2022, p. 247 ss ; P.-M. Dupuy et Y. Kerbrat, *Droit international public*, 16e éd., Paris, Dalloz, 2022, p. 443 ss ; J. Combacau et S. Sur, *Droit international public*, 13e éd., Paris La Défense, LGDJ, 2019, p. 85.
77. A. Pellet, *op. cit.* note 33, p. 295.
78. L'expression est du juge B. Simma dans sa déclaration dans l'affaire CIJ, avis consultatif, 22 juillet 2010, *Conformité au droit international de la déclaration unilatérale d'indépendance relative au Kosovo*, Recueil 2010, p. 481, paragraphe 9.
79. A. Pellet, *op. cit.* note 33, p. 185, parle de « la vénérable théorie des sources du droit international, dans sa version limitée à la recherche des normes juridiquement obligatoires ».

internationale, les principes généraux de droit international). Une véritable théorie des sources du droit international serait plus large, car elle s'intéresserait à la façon dont le droit international, obligatoire ou non, apparaît. Sans vraiment l'exprimer ainsi, Alain Pellet formule un début de théorie des sources du droit international lorsqu'il estime que «le droit est un contenu (normatif) *et* une forme, un ensemble de normes issues de processus formels»[80]. Or la Cour, dans son arrêt de 1966 rendu dans l'affaire du *Sud-Ouest africain*, a simplement requis «une forme juridique suffisante» pour qu'on puisse parler de droit[81], ce qui s'est montré par la suite suffisamment large pour accueillir des déclarations présidentielles et ministérielles lors d'interviews et de conférences de presse[82] et peut donc a fortiori accueillir des instruments plus formels tels que les recommandations de l'Assemblée générale des Nations Unies et les décisions des COP.

B. Evolution relative de la théorie des sources de l'obligation juridique internationale

Placer la théorie des sources de l'obligation juridique internationale dans le cadre plus général d'une théorie des sources du droit international ne bouleverse pas fondamentalement la première, qui a montré toute sa souplesse depuis bien longtemps. Dans le passé, il a été posé que l'obligation juridique internationale naissait du consentement de l'Etat exprimé par la voie des traités, de la coutume et des principes généraux de droit. Mais cela n'a pas toujours été vrai – comme le montre l'ancien droit naturel[83] – non plus que ça ne l'est demeuré : il est désormais admis que l'obligation internationale peut trouver sa source dans les actes unilatéraux des Etats et certains actes des organisations intergouvernementales, et que les sujets aptes à consentir à la formation d'une obligation juridique internationale ne sont plus uniquement les Etats, mais également les organisations intergouvernementales. Ni les formes de l'obligation juridique internationale, ni même les sujets aptes à consentir à une telle obligation ne sont donc arrêtés de façon immuable. Les sources de l'obligation juridique internationale sont en perpétuelle évolution, en fonction des besoins. Cependant, par-delà ces évolutions, la véritable source de toute obligation juridique internationale de l'Etat connaît une stabilité remarquable: une telle obligation ne saurait exister sans le consentement de ce dernier, quelles que soient les formes par lesquelles il s'exprime.

---

80. *Ibid.*, p. 167.
81. CIJ, arrêt du 18 juillet 1966, *Sud-Ouest africain, deuxième phase, Recueil 1966*, p. 35, paragraphe 49.
82. CIJ, arrêt du 20 décembre 1974, *Essais nucléaires (Australie c. France), Recueil 1974*, p. 266-267.
83. R. Kolb, *op. cit.* note 8, p. 82 ss.

C. *Théorie des sources du droit international et contentieux international*

L'article 38 du Statut de la Cour internationale de Justice contient une liste fermée de sources formelles que la Cour doit appliquer. Le chapeau de cet article indique cependant plus généralement que la Cour est chargée de « régler *conformément au droit international* les différends qui lui sont soumis » (nos italiques). La mission de la Cour est donc bien de trancher les différends sur la base du droit international en général, qui ne se limite pas aux sources énumérées à l'article 38. Le fait que les Etats n'aient jamais envisagé de réviser cet article malgré l'application par la Cour des actes unilatéraux des Etats et des décisions des organisations intergouvernementales va dans le sens de cette hypothèse : une telle révision n'est pas nécessaire puisque ces évolutions sont autorisées par le chapeau de l'article 38.

Admettre que la Cour est chargée d'appliquer le droit international en général ne remet pas en cause le lien entre responsabilité internationale de l'Etat et violation d'une obligation internationale : la première suppose toujours la seconde. Mais le contentieux international n'est pas qu'affaire de violation du droit, il est plus généralement affaire de différend juridique mettant en jeu l'application et l'interprétation du droit international. Ainsi, lorsque deux Etats demandent à la Cour de délimiter leurs mers territoriales adjacentes, ils invitent la Cour à régler un différend juridique en appliquant le droit international, pas d'en constater la violation. En réalité, même le cadre classique de la responsabilité tel qu'on vient de le rappeler commence à s'assouplir, car la Cour s'est déjà référée à des normes non obligatoires pour conclure à la violation d'une obligation internationale, comme l'illustre l'arrêt rendu dans l'affaire de la *Chasse à la baleine dans l'Antarctique*. Le constat d'une déviance de l'Etat vis-à-vis d'une norme non obligatoire qu'il avait simplement l'obligation de « prendre en considération » fait partie intégrante des motifs conduisant la Cour à conclure à la violation d'une obligation conventionnelle [84].

Le droit international du climat ne se situe pas encore dans une perspective contentieuse. Les clauses de la CCNUCC, du Protocole de Kyoto et de l'Accord de Paris sur le règlement des différends n'ont donné lieu qu'à trois déclarations d'acceptation de la soumission d'un éventuel différend à la CIJ ou à l'arbitrage [85]. Dans leur ensemble, les Etats n'entendent donc pas soumettre

---

84. CIJ, arrêt du 31 mars 2014, *Chasse à la baleine dans l'Antarctique (Australie c. Japon ; Nouvelle-Zélande (intervenant))*, *Recueil 2014*, en particulier p. 248, paragraphe 46, p. 271, paragraphe 144, et p. 297, paragraphe 240 ainsi que le dispositif dans lequel la Cour déclare que le Japon a violé l'article VIII de la Convention internationale pour la réglementation de la chasse à la baleine.

85. Seuls les Pays-Bas et les îles Salomon ont fait la déclaration de l'article 14, paragraphe 2, de la CCNUCC sur la soumission des différends à la CIJ ou à l'arbitrage, et les premiers sont les seuls à avoir fait de même en application de l'article 24 de

automatiquement leurs différends climatiques à un organe juridictionnel. Néanmoins, sous l'impulsion des petits Etats insulaires, la CIJ et le TIDM ont récemment été invités à préciser la nature et la portée de dispositions souvent qualifiées de *soft law* et à confirmer leur appartenance au corpus des normes juridiques internationales [86].

Ainsi, la théorie des sources n'est pas bouleversée, elle est enrichie : la source de l'obligation internationale réside toujours dans le consentement de l'Etat ; les Etats peuvent également consentir à formuler des normes non obligatoires ; obligatoires ou non, les normes internationales peuvent être formalisées de façon très diversifiée. Pour remplir ses fonctions, le droit international offre des outils qui ne se limitent donc pas aux sources formelles traditionnellement identifiées, ni même à l'obligation juridique, dont la place doit être relativisée.

SECTION 3   **LA RELATIVISATION DE LA PLACE DE L'OBLIGATION JURIDIQUE INTERNATIONALE**

Admettre « l'infinie diversité du droit international » relativise du même coup la place de l'obligation juridique, qui s'inscrit dans le cadre plus large de la normativité (par. 1). De fait, l'adhésion à la norme, le respect de la norme et l'effectivité de la norme ne dépendent pas de son caractère obligatoire (par. 2).

Paragraphe 1   **De l'obligation à la normativité**

La pratique montre que les Etats ne recourent pas systématiquement à l'obligation juridique pour organiser leurs relations et faire face aux défis qui se présentent à eux. Ils ont, plus largement, recours à des normes. Or, l'important n'est-il pas l'édiction d'une norme de comportement, indépendamment de sa nature et de son caractère obligatoire [87] ? En effet, des instruments politiques ou relevant formellement de la *soft law* peuvent présenter une forte intensité normative, tandis que des instruments relevant formellement de la *hard law* peuvent être de faible intensité normative, au

---

l'Accord de Paris. Pour sa part, l'article 19 du Protocole de Kyoto n'a donné lieu à aucune déclaration d'acceptation de la compétence d'un organe juridictionnel.

86. Le 12 décembre 2022, la Commission des petits Etats insulaires sur le changement climatique et le droit international a soumis une demande d'avis consultatif au TIDM portant sur les obligations particulières des Etats Parties à la Convention des Nations Unies sur le droit de la mer (CNUDM) au croisement entre protection du milieu marin et changement climatique. Le 29 mars 2023, l'Assemblée générale des Nations Unies a adopté la résolution A/RES/77/276, dans laquelle elle prie la Cour de donner un avis consultatif sur les obligations des Etats à l'égard des changements climatiques.

87. D. Thürer, *op. cit.* note 5, paragraphe 20, à propos de l'école de New Haven et du «réalisme juridique». Voir également les travaux de C. Thibierge *et al.*, *La force normative. Naissance d'un concept*, Paris, Bruxelles, LGDJ, Bruylant, 2009.

point que, selon D. Boyle, la qualification de *hard law* les concernant n'aurait plus aucun sens [88].

L'appréciation de la normativité est une opération purement technique qui consiste à regarder la formulation de l'énoncé. Un énoncé est normatif s'il indique le comportement à suivre, si bien qu'il peut donner lieu à un comportement non conforme. Un article d'un traité d'amitié énonçant que « les deux Etats entretiennent une amitié indéfectible » n'indique aucun comportement à suivre. A l'inverse, une résolution de l'Assemblée générale des Nations Unies prescrivant aux Etats « d'agir dans la mesure du possible » est normative car elle indique le comportement à suivre.

Par-delà leur diversité formelle, les instruments relatifs aux changements climatiques offrent un parfait exemple de la panoplie normative. Qualifié d'instrument politique, adopté à la majorité, l'Accord de Copenhague n'en est pas moins normatif puisque, par exemple, l'objectif d'un financement à hauteur de 100 milliards de dollars par an d'ici à 2020 a été clairement formulé [89]. Certes, cet objectif n'a pas été réparti et, de fait, il n'a pas été atteint. Pour autant, il n'est pas abandonné, il fait l'objet d'un suivi et il pourrait être finalement atteint en 2023 [90]. La formule des réductions volontaires, tant de la part des pays développés que des pays en développement, a par ailleurs été reprise et renforcée par l'Accord de Paris, confirmant son caractère normatif [91]. De la même façon, la récente Déclaration de Glasgow sur les forêts et l'utilisation des terres (2021) par laquelle les dirigeants *« commit to working collectively to halt and reverse forest loss and land degradation by 2030 while delivering sustainable development and promoting an inclusive rural transformation »* est formulée en des termes normatifs [92].

Les résolutions de l'Assemblée générale des Nations Unies, bien que dépourvues de caractère obligatoire, énoncent également des normes en matière climatique, comme celle par laquelle l'Assemblée « considère que le droit à un environnement propre, sain et durable fait partie des droits humains » (A/RES/76/300) ou encore celle par laquelle l'Assemblée « demande instamment aux Etats Membres de tenir compte du climat et de l'environnement dans les mesures de relance liées à la COVID-19 » (A/RES/76/205).

Pour sa part, la CCNUCC se présente comme un instrument formellement *hard* (un traité), mais elle est matériellement *soft* puisqu'elle repose sur une accumulation d'altérations. Son article 3 dispose ainsi que « les Parties se

---

88. A. Boyle, *op. cit.* note 10, p. 114. Voir aussi D. Thürer, *op. cit.* note 5, paragraphe 17.
89. Accord de Copenhague, paragraphe 8.
90. OCDE, *Scénarios prospectifs du financement climatique fourni et mobilisé par les pays développés en 2021-2025 : note technique*, éditions OCDE, Paris, 2021, p. 7.
91. Accord de Copenhague, paragraphes 4 et 5.
92. Glasgow Leaders' Declaration on Forests and Land use, *op. cit.* note 44.

laisseront guider » *(should)* par une série de principes qu'il leur « incombe » de suivre *(shall)*. A cette formulation baroque s'ajoute la portée sibylline de certains des principes énumérés, comme celui selon lequel :

> « [i]l incombe aux parties de préserver le système climatique dans l'intérêt des générations présentes et futures, sur la base de l'équité et en fonction de leurs responsabilités communes, mais différenciées et de leurs capacités respectives. Il appartient, en conséquence, aux pays développés Parties d'être à l'avant-garde de la lutte contre les changements climatiques et leurs effets néfastes » [93].

La multiplication des paramètres (l'intérêt des générations présentes et futures, l'équité, les responsabilités communes, mais différenciées, les capacités respectives) module considérablement la portée et l'obligation. Pour autant, la norme existe bien : elle est de préserver le système climatique, pas de le dégrader ni même de s'en désintéresser.

Un constat similaire peut être fait quant aux « engagements » énumérés à l'article 4 de la CCNUCC [94]. L'un de ces engagements porte sur l'établissement et la mise en œuvre de programmes nationaux contenant des mesures visant à atténuer les changements climatiques et à faciliter l'adaptation à ces changements [95]. Ce faisant, les Parties doivent « ten[ir] compte de leurs responsabilités communes, mais différenciées et de la spécificité de leurs priorités nationales et régionales de développement, de leurs objectifs et de leur situation » [96], ce qui laisse place à une large marge d'interprétation, sans pour autant faire disparaître la norme, qui est d'agir au niveau national dans le sens de l'atténuation et de l'adaptation.

En vertu d'un autre « engagement » de l'article 4 de la CCNUCC, les Etats développés mentionnés à l'annexe I doivent prendre des engagements additionnels portant sur la limitation des émissions de gaz à effet de serre [97]. Les Etats-Unis et les pays producteurs de pétrole y étant opposés, il n'a pas été possible de convenir d'une obligation précise, mais une aspiration de caractère normatif a bien été formulée – ramener individuellement ou conjointement les émissions à leurs niveaux de 1990 d'ici la fin de l'année 2000 – et un mécanisme de suivi y a été associé, via la soumission de rapports périodiques [98].

La CCNUCC n'est donc pas dépourvue de normativité : elle indique un sens, et pas un autre. Force est de constater que ce sens n'a pas changé : l'article 3 de la CCNUCC est mentionné comme un « guide » dans les préambules

---

93. CCNUCC, article 3, paragraphe 1.
94. D. B. Hunter, *op. cit.* note 21, p. 144-145.
95. CCNUCC, article 4, paragraphe 1, *b)*.
96. *Id.*, article 4, paragraphe 1 (chapeau).
97. *Id.*, article 4, paragraphe 2.
98. *Id.*, article 4, paragraphe 2, *b)*.

du Protocole de Kyoto et de l'Accord de Paris[99]. L'objectif général de la CCNUCC a même été précisé à l'article 2 de l'Accord de Paris, qui contient un objectif chiffré (une élévation des températures contenue entre 1,5 et 2°C), lequel a récemment été formulé en des termes encore plus exigeants par le Pacte de Glasgow sur le climat (2021)[100]. Ce phénomène confirme l'analyse de Weil qui, loin de voir la *soft law* au sens matériel comme un phénomène pathologique, y voit une forme indispensable de droit international:

> «[m]ieux vaut s'entendre sur des normes peu contraignantes et auxquelles l'avenir conférera peut-être un contenu plus précis que de ne s'entendre sur rien »[101].

L'Accord de Paris complète la gamme de la normativité. L'objectif chiffré inscrit à l'article 2 est présenté comme un «objectif de l'Accord» et non pas comme une obligation des Etats parties. Pour autant, l'article 14 prévoit la réalisation d'un bilan périodique qui inclut une évaluation des progrès accomplis dans la réalisation des objectifs de l'Accord, qui se voient donc reconnaître une pleine valeur normative[102].

Pour sa part, l'article 7 propose des énoncés qui, en apparence, n'indiquent aucun comportement à suivre, puisqu'ils s'apparentent à la reconnaissance de faits, comme lorsque «[l]es Parties reconnaissent que l'adaptation est un défi mondial qui se pose à tous» ou que «le besoin actuel d'adaptation est important». Traditionnellement, ce sont des énoncés qu'on aurait plutôt vus en préambule, à l'instar de la référence à «la guerre qui deux fois en l'espace d'une vie humaine a infligé à l'humanité d'indicibles souffrances» inscrite dans le préambule de la Charte des Nations Unies. Pourtant, ces énoncés sont bien normatifs, en ce qu'ils arrêtent la façon de percevoir l'adaptation face aux changements climatiques[103]. Un Etat qui nierait le besoin d'adaptation ou dont le comportement serait en porte-à-faux par rapport aux exigences d'adaptation n'agirait pas conformément à la norme posée à l'article 7 et cela pourrait être constaté.

L'Accord de Paris invite également à l'action selon des termes peu contraignants, mais qui indiquent le sens à suivre : «les Parties cherchent à parvenir au plafonnement mondial des émissions de gaz à effet de serre dans les meilleurs délais...» (art. 4, par. 1); «[l]es pays développés Parties devraient continuer de montrer la voie...» (art. 4, par. 4); «[l]es Parties sont invitées à prendre des mesures...» (art. 5, par. 1). Aux objectifs chiffrés et au calendrier

---

99. A. Boyle, *op. cit.* note 11, p. 430-431.
100. Décision 1/CMA.3 (FCCC/PA/CMA/2021/10/Add.1), paragraphe 21.
101. P. Weil, *op. cit.* note 6, p. 219.
102. Cette évaluation mondiale a été lancée en 2021 et aboutira en 2023.
103. L. Rajamani, *Innovation and Experimentation in the International Climate Change Regime*, Pocketbooks of the Hague Academy of International Law, Leiden, Brill/Nijhoff, 2020, p. 139.

précis imposés par le Protocole de Kyoto, l'Accord de Paris substitue des contributions nationales librement déterminées, mais ces contributions doivent être formulées et elles doivent également progresser au fil du temps [104].

L'Accord de Paris est donc bien normatif en ce qu'il montre la direction à suivre. Ce faisant, Laurence Tubiana observe qu'il crée des «anticipations rationnelles» [105] : sans être expressément mentionné dans l'Accord de Paris, le délaissement des énergies fossiles serait inévitablement la voie à suivre, ce que confirmera d'ailleurs six ans plus tard le Pacte de Glasgow pour le climat (2021) [106].

Quant aux décisions des COP, elles permettent de rendre le régime international du climat plus opérationnel, comme le montrent la mise en place du Fonds vert pour le climat [107] et d'un fonds d'adaptation [108], la définition des modalités et des procédures du mécanisme pour un développement propre [109] ou encore les nombreuses décisions relatives au transfert et au développement des technologies. Beaucoup d'entre elles ont donc bien un caractère normatif.

Ainsi la *hard law* et la *soft law* peuvent-elles toutes les deux être normatives, ce qui relativise cette distinction, confirme la pertinence dialectique de la notion de normativité et invite ensuite à s'interroger sur les facteurs d'adhésion à la norme (les Etats consentent-ils à la norme ?), de respect de la norme (les Etats mettent-ils leur comportement en conformité avec la norme ?), et d'effectivité de la norme (les buts poursuivis par la norme sont-ils atteints ?).

Paragraphe 2   **Adhésion à la norme, conformité à la norme et effectivité de la norme**

D'un domaine à l'autre, la mise en œuvre des normes de *soft law* est très variable [110]. David Boyle fait remarquer que ce n'est pas la nature juridique de la norme qui conditionne son respect, mais la détermination des Etats à faire évoluer la pratique [111]. La *hard law*, de ce point de vue-là, ne présente donc aucune supériorité intrinsèque. Alain Pellet ajoute que

«[l]es normes "dures" sont respectées non pas parce que leur violation entraîne une sanction, mais parce que leurs destinataires ont la conviction

---

104. Accord de Paris, article 4, paragraphes 2-3.
105. Interview de L. Tubiana par N. Wakim, «Climat : dans les coulisses de l'Accord de Paris», 28 juin 2022, https://www.lemonde.fr/podcasts/article/2022/06/28/climat-comment-sauver-l-accord-de-paris_6132331_5463015.html.
106. Décision 1/CMA.3 (FCCC/PA/CMA/2021/10/Add.1), paragraphe 36.
107. Décision 3/CP.17 (FCCC/CP/2011/9/Add.1).
108. Décision 10/CP.7 (FCCC/CP/2001/13/Add.1).
109. Décision 17/CP.7 (FCCC/CP/2001/13/Add.2).
110. D. Shelton, *op. cit.* note 10, p. 556.
111. A. Boyle, *op. cit.* note 11, p. 429.

qu'ils doivent s'y plier – alors même que, la plupart du temps, rien ne se passe s'ils ne le font pas » [112].

Le respect d'une norme internationale, qu'elle soit *hard* ou *soft*, dépend donc de l'adhésion des Etats à cette norme, adhésion qui dépend de la capacité des Etats à formuler une norme réalisant un équilibre des intérêts en présence.

A. *L'équilibre des intérêts comme condition d'adhésion à la norme*

A la différence des enjeux de coexistence traditionnels, dont l'appréhension par le droit international est indispensable à l'existence même de l'ordre international et facilitée par un équilibre « naturel » des intérêts, les enjeux de coexistence soulevés par les changements climatiques sont en réalité des enjeux d'existence individuelle qui ne touchent pas les Etats de la même façon. Tandis que les petits Etats insulaires voient dans les changements climatiques une menace immédiate à leur survie, pour d'autres Etats, cette menace se présente comme un problème solvable ou en tout cas moins existentiel.

Dans ce contexte, les engagements étatiques qui sont nécessaires pour lutter contre les changements climatiques sont par nature des engagements relevant d'une réciprocité diffuse, coûteux, déséquilibrés en valeur absolue (David Hunter parle d'engagements « relatifs »[113]) et, dès lors, contestés. Pour de nombreux Etats, ces actions concrètes ont un coût et des conséquences sociales et politiques immédiats qu'ils ne sont pas pleinement prêts à assumer. Les Etats parviennent donc difficilement à s'accorder sur des normes internationales de nature à lutter efficacement contre les changements climatiques. Dès lors, l'un des enjeux des négociations climatiques n'est pas seulement de définir le but à atteindre et les moyens pour y parvenir, il est également de trouver un équilibre des intérêts qui ne va pas de soi, d'autant que cet équilibre doit être trouvé simultanément dans deux référentiels distincts : le référentiel interne (ce que l'Etat est prêt à consentir en fonction de ses contraintes nationales [114]) et le référentiel international (ce que l'Etat est prêt à consentir relativement aux efforts des autres Etats). D. Hunter rappelle ainsi que, lors de son retrait du Protocole de Kyoto en 2011, le Canada a souligné la non-participation des Etats-Unis et de la Chine (référentiel international), et la nécessité de créer des emplois et de favoriser la croissance au Canada (référentiel interne) [115]. L'un des arguments avancés par les Etats-Unis pour justifier leur rejet du Protocole

---

112. A. Pellet, *op. cit.* note 33, p. 192.
113. D. B. Hunter, *op. cit.* note 21, p. 143.
114. R. Kolb, *op. cit.* note 8, p. 69, mentionne les tensions politiques entre les organes de l'Etat (on pense par exemple aux tensions entre le ministère de l'Economie et des finances et le ministère de l'Environnement).
115. https://www.theguardian.com/environment/2011/dec/13/canada-pulls-out-kyoto-protocol.

de Kyoto portait sur la non-participation de la Chine et de l'Inde (référentiel international). Dans le cadre de l'Accord de Copenhague, de nombreux Etats ont conditionné leurs contributions à la réalisation d'un effort mondial allant dans le même sens (référentiel international) [116]. Sur la question des pertes et préjudices discutée lors de la COP27, l'Union européenne a proposé la création d'un fonds financé par une « large base de contributeurs », ce qui est une façon d'indiquer que la Chine devrait participer à l'effort de financement (référentiel international) [117]. L'enjeu n'est donc pas la réduction des émissions, mais la réduction *équilibrée* de ces émissions, les Etats refusant d'adopter une position sacrificielle.

Face aux bouleversements climatiques, l'équilibre des intérêts ne peut donc être trouvé qu'en recourant à la panoplie d'outils et de nuances offerte par le droit international, ce qui explique la diversité des formes et des contenus des instruments climatiques, dont certains sont formulés en des termes peu contraignants ou renvoient à l'adoption de décisions ultérieures via le mécanisme des COP. Pour autant, la force de l'Accord de Paris résidera peut-être dans ce que l'« équilibre des intérêts » sera précisément réalisé par la liberté laissée à chaque Etat de définir les concessions qu'il est prêt à consentir, en fonction de priorités et d'arbitrages nationaux et en fonction des concessions des autres parties prenantes. De fait, alors que rien ne les y obligeait, cent quatre-vingt-treize Etats et l'Union européenne ont décidé de ratifier l'Accord de Paris, signe de leur adhésion à cet accord. Alors que le retrait de l'accord annoncé par le président Trump aurait pu servir d'argument de choix pour justifier un retrait par d'autres Parties, il n'en a rien été. En outre, les décisions des COP continuent d'être adoptées par consensus, ce qui contribue à leur donner une portée normative extrêmement large [118].

Aussi, ne vaut-il pas mieux un Accord de Paris matériellement souple, mais auquel chaque Etat devient partie grâce à la préservation de l'équilibre des intérêts, qu'un Protocole de Kyoto imposant aux Etats développés des objectifs chiffrés de réduction des émissions de gaz à effet de serre et un calendrier précis, mais dont la portée normative est d'emblée compromise par la non-participation des principaux émetteurs de gaz à effet de serre [119]? C'était en

---

116. D. B. Hunter, *op. cit.* note 21, p. 163.
117. A. Garric, « La COP achoppe sur les pertes et dommages », *Le Monde*, 19 novembre 2022.
118. En l'absence d'accord sur l'article 42 du projet de règlement intérieur de la COP de la CCNUCC relatif aux modalités de vote, la COP prend ses décisions par consensus. Cependant, la pratique du coup de marteau précipité, alors qu'une partie s'oppose à la décision, dégrade la portée du consensus, comme lors de la COP16 de Cancun (2010) face à la Bolivie, ou de la COP18 de Doha (2012) face à la Russie.
119. Le groupe de travail III du GIEC relève cependant que *« (m)ost ex post assessments of the Kyoto Protocol suggest that it did lead to emissions reductions in countries with binding targets, in addition to changing investment patterns in low-carbon technologies »*, A. Patt et L. Rajamani (dir. publ.), *op. cit.* note 11, section 14.6.1.

tout cas le pari des négociateurs. Or, il semblerait que ce pari soit – en partie du moins – gagné, car la ratification quasi universelle de l'Accord de Paris s'accompagne du respect de cet accord, à la faveur de mécanismes d'incitation.

B. Les mécanismes d'incitation au respect de la norme

La nécessité de parvenir à l'équilibre des intérêts conduit parfois à l'adoption d'énoncés formulés en des termes peu contraignants. Ces derniers peuvent néanmoins être accompagnés de mécanismes d'incitation au respect de la norme, qui n'opèrent pas dans les mêmes conditions. La responsabilité internationale de l'Etat s'offre comme un mécanisme classique de mise en conformité [120], mais ses conditions d'engagement sont strictes, dans le sens où elle suppose une illicéité, c'est-à-dire la violation d'une norme juridique obligatoire. Il existe également des mécanismes de *compliance*, c'est-à-dire de mise en œuvre spontanée, comme le suivi de l'application, la transparence ou la conditionnalité. A la différence de la responsabilité internationale de l'Etat, ces mécanismes doivent être expressément prévus dans des normes primaires [121], mais ils peuvent intervenir de façon beaucoup plus souple, quelle que soit la nature (juridique ou politique) de la norme dont on souhaite encourager la mise en œuvre et indépendamment de son caractère obligatoire [122]. Il existe enfin les réactions de nature politique à la non-conformité, comme le *naming and shaming* ou le boycott des Etats ou des entreprises, qui s'exerceront là aussi au regard du respect de la norme, dans des conditions très libres. Alors que l'illicéité engageant la responsabilité internationale de l'Etat ne peut être utilement constatée que par l'Etat lésé ou par un juge, l'examen de conformité à une norme peut inclure une palette beaucoup plus large d'observateurs incluant tous les Etats, la société civile, les experts, les médias ainsi que des institutions et organes nationaux et internationaux [123]. Certains auteurs vont même jusqu'à penser que les réactions

---

120. La responsabilité internationale de l'Etat emporte une obligation de cessation et de non-répétition du fait internationalement illicite, c'est-à-dire de mise en conformité (art. 30 des articles de la CDI sur la responsabilité de l'Etat pour fait internationalement illicite). Elle autorise également l'Etat lésé à prendre des contre-mesures « afin d'amener [l'Etat responsable] à s'acquitter des obligations qui lui incombent » (art. 49, par. 1).
121. A. Boyle, *op. cit.* note 11, p. 434.
122. Ainsi, la Commission du développement durable surveille la mise en œuvre de l'Agenda 21, qui n'est pas obligatoire.
123. Voir par exemple, pour ce qui concerne la France, le rapport annuel 2022 du Haut Conseil pour le climat, *Dépasser les constats, mettre en œuvre les solutions*, juin 2022, dans lequel le Haut Conseil pour le climat en appelle à « un sursaut de l'action climatique » (p. 118). Le Conseil d'Etat s'est basé sur ce rapport pour enjoindre au Premier ministre de prendre des mesures supplémentaires en matière de diminution des émissions de gaz à effet de serre (décision du 10 mai 2023, affaire n° 467982, par. 24-25). Voir également, en ce qui concerne la Déclaration des dirigeants de Glasgow sur les forêts et l'utilisation des terres (2021), le rapport Climate Focus (coordinator and

politiques peuvent transformer les engagements politiques en *hard non-law* [124].
Tous ces mécanismes sont donc complémentaires, et présentent des avantages et des inconvénients respectifs.

En matière de changements climatiques, la responsabilité internationale de l'Etat présente encore un côté largement théorique, comme le montrent le retrait du Canada du Protocole de Kyoto afin d'échapper aux conséquences de sa violation ou encore l'inemploi des clauses sur le règlement des différends de la CCNUCC, du Protocole de Kyoto et de l'Accord de Paris. Cela pourrait signifier que la plupart des Etats ne voient pas le non-respect des normes relatives aux changements climatiques comme une atteinte directe à leurs droits, à leur indépendance, à leur existence et à l'ordre international. Au mieux, ils y verraient une atteinte à un intérêt collectif non justiciable. Cette situation pourrait cependant évoluer à l'avenir, sous l'impulsion des petits Etats insulaires qui ont toujours considéré que le droit international leur reconnaissait des droits en lien avec la responsabilité des Etats pour les effets néfastes des changements climatiques [125]. Ces Etats ont organisé la saisine de la CIJ et du TIDM dans une perspective consultative, qui pourrait s'avérer être le premier pas vers des actions contentieuses.

Pour l'heure, puisque les changements climatiques menacent et intéressent directement la population mondiale, les mécanismes de *compliance* et les réactions de nature politique paraissent plus accessibles et plus utiles à la cause que la responsabilité internationale de l'Etat, plus technique et réservée à la sphère des relations interétatiques. Leur temporalité leur donne également une vocation préventive que ne permet pas la responsabilité internationale de l'Etat. David Hunter considère d'ailleurs que « *[g]iven how closely the climate regime is scrutinized, naming and shaming remains the primary enforcement approach* » [126]. Le rapport sur l'application de la Déclaration des dirigeants de Glasgow sur les forêts et l'utilisation des terres (2021) relève ainsi des progrès de la part de certains pays, mais conclut que l'action collective est encore trop modeste [127]. La médiatisation de ce rapport issu de la société civile en fait un instrument particulièrement efficace pour rappeler l'existence des engagements pris lors de la COP26 et dénoncer les lacunes dans leur mise en œuvre. Les instruments climatiques offrent également de multiples illustrations des mécanismes de *compliance*. En particulier, l'Accord de Paris crée un « cadre de transparence » qui associe des experts à un examen

---

editor), Forest Declaration Assessment Partners, *Forest Declaration Assessment: Are we on Track for 2030?*, octobre 2022.
124. F. Dasser, *op. cit.* note 4, p. 425.
125. Voir les déclarations de Fidji, des îles Cook, des îles Salomon, de Kiribati, de la Micronésie, de Nauru, de Nioué, de la Papouasie-Nouvelle-Guinée et de Tuvalu, lors de la signature de la CCNUCC, du Protocole de Kyoto et de l'Accord de Paris, https://treaties.un.org/, rubrique dépositaire/état des traités.
126. D. B. Hunter, *op. cit.* note 21, p. 165.
127. Climate Focus (coordinator and editor), *op. cit.* note 123.

technique de la mise en œuvre des contributions nationales [128]. Il oblige aussi les Etats à transmettre des rapports et à fournir de multiples informations [129] et institue un mécanisme «non accusatoire et non punitif» pour faciliter la mise en œuvre de l'Accord [130]. Ce dernier organise aussi un bilan périodique de sa mise en œuvre collective, qui ne se limite pas à un examen de la mise en œuvre des obligations procédurales, mais inclut également une évaluation des progrès accomplis dans la réalisation des objectifs de l'Accord (en particulier, la limitation de l'élévation de la température moyenne de la planète à 2 voire 1,5 °C), dont la valeur normative est ainsi pleinement confirmée [131]. *In fine*, tous ces mécanismes procéduraux ont vocation à renforcer la mise en œuvre de l'Accord [132].

De fait, cent quatre-vingt-treize Parties à l'Accord de Paris ont adopté leur contribution nationale déterminée, couvrant 94,9 % du total des émissions mondiales de gaz à effet de serre. Les contributions de 90 % des Parties contiennent des objectifs quantifiés et la deuxième série de contributions révèle un renforcement de l'ambition, comme prévu à l'article 4 [133]. Cet accord a également conduit bien des pays en développement à formuler, pour la première fois, des contributions à l'atténuation [134]. L'ONU estime par ailleurs que les données communiquées par les Parties à l'Accord de Paris indiquent que «le monde commence à viser des émissions nettes nulles» [135]. Une mise en conformité avec cet accord peut donc bien être observée, ce qui confirme sa normativité, mais ne dit cependant rien de l'effectivité de l'Accord de Paris, qui doit encore être examinée.

C. *La prise de conscience d'un véritable intérêt partagé comme condition d'effectivité de la norme*

Certains auteurs estiment que la *soft law* serait *« potentially as effective, if not more so, than hard law, in addressing certain environmental issues »* [136]. Pour autant, ces mêmes auteurs restent sceptiques sur l'effectivité de l'Accord de Paris, c'est-à-dire sur sa capacité à atteindre l'objectif substantiel

---

128. Accord de Paris, article 13, complété par les règles d'application du *Paris Rulebook*.
129. *Id.*, article 9, paragraphes 5 et 7, et article 13, paragraphes 7 et 9.
130. *Id.*, article 15.
131. *Id.*, article 14.
132. L. Rajamani et J. Peel, «International Environmental Law: Changing Context, Emerging Trends, and Expanding Frontiers», dans L. Rajamani et J. Peel (dir. publ.), *op. cit.* note 11, p. 20.
133. Nationally Determined Contributions under the Paris Agreement: Synthesis Report by the Secretariat (FCCC/PA/CMA/2022/4), paragraphes 1 et 4, *a*) et *e*).
134. D. B. Hunter, *op. cit.* note 21, p. 162.
135. ONU Climat Infos, «Les plans climatiques restent insuffisants: nécessité de plus d'ambition», 26 octobre 2022.
136. L. Rajamani et J. Peel, *op. cit.* note 132, p. 18.

énoncé à l'article 2 (la limitation de l'élévation de la température moyenne de la planète à 2 voire 1,5 °C) [137], de la même manière que le Protocole de Kyoto a fait naître de sérieux doutes sur son effectivité [138] tout comme la récente Déclaration de Glasgow sur les forêts et l'utilisation des terres [139]. Le groupe de travail III du GIEC a récemment conclu que les analyses divergeaient sur la capacité de l'Accord de Paris à atteindre ses objectifs [140]. Même si les contributions nationales déterminées étaient parfaitement mises en œuvre, les émissions mondiales de gaz à effet de serre en 2030 représenteraient une augmentation de 10,6 % par rapport aux niveaux de 2010, ne permettant pas d'atteindre l'objectif fixé à l'article 2 de l'Accord de Paris [141].

Indépendamment du respect formel des normes climatiques, le résultat substantiel est donc décevant, ces normes n'ayant pas d'effectivité suffisante [142]. L'Accord de Paris a pourtant été décrit comme « le meilleur point d'équilibre possible » [143]. Ce décalage entre adhésion et conformité à l'Accord et effectivité de l'Accord révèle que le succès du régime des changements climatiques ne saurait faire l'économie d'un véritable intérêt partagé à lutter efficacement contre ces derniers. Tant que cet intérêt partagé n'aura pas émergé, le droit international restera impuissant à résoudre le problème, car il se cantonnera à ce qui est politiquement acceptable et restera en deçà de ce qui est nécessaire pour atteindre l'objectif poursuivi [144]. En ce sens, Weil n'avait pas tort lorsqu'il voyait un risque que le droit international devienne un instrument « qui ne serait plus capable de remplir ses fonctions » [145]. De fait, on pourrait penser que les nouvelles façons d'écrire le droit international, aussi sophistiquées et créatives soient-elles, poursuivent plus une fonction formelle (parvenir à toute force à un accord) qu'une fonction substantielle (résoudre efficacement un problème particulier).

On peut cependant espérer que le résultat du bilan mondial attendu pour 2023 contribuera à faire émerger cet intérêt partagé sans lequel il n'y aura pas de réelles avancées. L'Accord de Paris présentera alors l'avantage d'être suffisamment souple pour servir de fondement à des mesures plus ambitieuses.

Parallèlement, les décisions juridictionnelles rendues dans le cadre des contentieux climatiques nationaux peuvent contribuer à améliorer l'effectivité

---

137. *Id.*, p. 21.
138. A. Boyle et N. S. Ghaleigh, « Climate Change and International Law beyond the UNFCCC », dans C. P. Carlarne, K. R. Gray et R. Tarasofsky (dir. publ.), *The Oxford Handbook of International Climate Change Law*, Oxford, OUP, 2016, p. 29 et p. 33.
139. Climate Focus (coordinator and editor), *op. cit.* note 123.
140. A. Patt et L. Rajamani (dir. publ.), *op. cit.* note 11, section 14.6.1.
141. Nationally Determined Contributions under the Paris Agreement: Synthesis Report by the Secretariat (FCCC/PA/CMA/2022/4), paragraphes 9 *b)* et 151.
142. L. Rajamani et J. Peel, *op. cit.* note 132, p. 28-29.
143. Interview de L. Tubiana par N. Wakim, *op. cit.* note 105.
144. A. Boyle et N. S. Ghaleigh, *op. cit.* note 138, p. 53.
145. P. Weil, *op. cit.* note 29, p. 19.

du droit international du climat. Depuis l'affaire *Urgenda*[146], certaines juridictions nationales n'hésitent pas à apprécier le comportement de l'Etat au regard des objectifs généraux de la CCNUCC (art. 2 et 3) et de l'Accord de Paris (art. 2), et pas uniquement au regard des obligations procédurales inscrites dans ce dernier accord[147]. C'est une illustration de ce que «the norm may remain soft at the international level but become hard law internally»[148]. A ce contentieux national s'ajoutent les saisines du TIDM et de la CIJ à des fins consultatives, qui pourraient contribuer à préciser la portée des normes climatiques et à renforcer leur synergie avec des règles relevant d'autres domaines du droit international, comme le droit de la mer (prévention de la pollution du milieu marin) et les droits de l'homme (droit à la vie, droit à la santé, droit à un environnement sain…).

Ces développements paraissent militer positivement en faveur de l'effectivité des normes climatiques. Toutefois, les juges devront prendre garde à procéder aux distinctions requises quant à la portée et à l'effet obligatoire des normes invoquées car leur variété n'implique pas leur égalité. Reconnaître l'infinie diversité du droit international doit s'accompagner du respect de la variété du statut des normes, faute de quoi l'activisme judiciaire risquerait d'inciter les Etats à un désengagement climatique et ce dans un contexte politique mondial extrêmement tendu qui affaiblit déjà les priorités de la protection du climat[149].

---

146. Cour suprême (Pays-Bas), arrêt du 20 décembre 2019, *Etat des Pays-Bas (ministère des Affaires économiques et de politique climatique) c. Fondation Urgenda*, affaire n° 19/00135.
147. Conseil d'Etat (France), décision du 19 novembre 2020, affaire n° 427301, paragraphe 12.
148. D. Shelton, *op. cit.* note 7, p. 12.
149. La pratique fournit plusieurs exemples de désengagement de l'Etat après l'intervention d'un juge qui lui aura déplu. La France a retiré sa déclaration d'acceptation de la juridiction obligatoire de la CIJ après l'avis consultatif sur les *Essais nucléaires*. Le Japon s'est retiré de la Commission baleinière internationale après l'arrêt de la CIJ rendu dans l'affaire de la *Chasse à la baleine dans l'Antarctique*. Après que la Cour a indiqué des mesures conservatoires favorables à l'Iran dans l'affaire des *Violations alléguées du traité d'amitié, de commerce et de droits consulaires de 1955*, les Etats-Unis ont finalement dénoncé ce traité.

4 | Le droit international au défi des évolutions scientifiques : le rôle du GIEC

Marion Lemoine-Schonne*

« Dans les années 1970, ... on était encore dans le paradigme moderne, avec l'idée que la participation permettrait d'améliorer la qualité des connaissances et que tout irait mieux. A présent, nous reconnaissons plus volontiers que nous sommes dans le paradigme de l'incertitude et que l'amélioration des connaissances ne réglera pas tout. Du coup, nous ne pouvons plus échapper à la question de l'ordre moral. Nous devons nous demander dans quel monde nous voulons vivre »[1], « Où atterrir »[2] ?

La science occupe une place centrale et multifacette[3] dans la compréhension et la représentation des changements climatiques. L'alerte scientifique sur ce sujet émerge dès les années 1970[4], soulevée par certains scientifiques de manière assez consensuelle aux Etats-Unis, sans qu'aucune décision politique ne soit pourtant adoptée en ce sens[5]. Il faut attendre la structuration du Groupe d'experts intergouvernemental sur l'évolution du climat (GIEC)[6], en 1988[7], et son premier rapport publié en 1991, pour que les

---

* Chargée de recherche au CNRS, UMR IODE (CNRS-Université de Rennes), France.
1. S. Jasanoff et P.-B. Joly, « Sheila Jasanoff : au-delà de la société des risques, faire science en société », *Nat. Sci. Soc.* 27, 4, 2019, p. 458.
2. B. Latour, *Où atterrir ? Comment s'orienter en politique*, Paris, La Découverte, 2017.
3. S. Johnston, « Chapter 15. The Role of Science », dans L. Rajamani et J. Peel (dir. publ.), *The Oxford Handbook of International Environmental Law*, 2ᵉ éd., Oxford University Press, 2021, p. 249.
4. A. Dahan et H. Guillemot, « Les relations entre science et politique dans le régime climatique : à la recherche d'un nouveau modèle d'expertise ? », *Natures Sciences Sociétés*, 23, supplément, S6-S18, 2015.
5. N. Riech, « 1979-1989. Losing Earth : The Decade we almost Stopped Climate Change », *New York Times*, 1ᵉʳ août 2018, https://www.nytimes.com/interactive/2018/08/01/magazine/climate-change-losing-earth.html.
6. Sous les auspices de l'Organisation météorologique mondiale (OMM) et du Programme des Nations Unies pour l'environnement (PNUE), *Memorandum of Understanding between UNEP and WMO on IPCC*, disponible sur https://archive.ipcc.ch/docs/MOU_between_UNEP_and_WMO_on_IPCC-1989.pdf. Voir aussi Décision AGNU 43/53 *Protection of Global Climate for Present and Future Generations*, 6 décembre 1988, portant création du GIEC https://www.ipcc.ch/site/assets/uploads/2019/02/UNGA43-53.pdf. Déjà en 1988, l'AGNU indexe directement l'initiative des actions du PNUE et de l'OMI en matière climatique sur l'état des connaissances en science du climat (par. 10 *a*).
7. Précurseur du GIEC, l'Advisory Group on Greenhouse Gases évaluait les connaissances scientifiques et le suivi des taux de gaz à effet de serre (GES), conseillait

Etats décident d'entamer un processus de négociations internationales dans le cadre onusien qui aboutira au régime juridique international actuel.

En droit, accéder à la connaissance scientifique est considéré comme un élément indispensable avant la prise de décision, susceptible d'améliorer la mise en œuvre des règles adoptées dans un souci d'efficacité, avec des conséquences bien décrites sur leur force d'acceptation et d'exécution [8]. Contrairement à des questions environnementales (pesticides ou nucléaire) au sujet desquelles l'expertise commandée par les autorités publiques affronte parfois celle de la société civile, dans le champ du climat, ONG écologistes, climatologues, lobbies industriels, «tout le monde se réclame de la seule autorité de la science»[9]. Le GIEC a institutionnalisé cette autorité quasi hégémonique de la science dans les sphères politiques et juridiques, bien résumée par l'expression *science speaks truth to power*[10]. L'Accord de Paris adopté en 2015 mentionne dans son préambule que le droit international tire la légitimité de son existence même «en se fondant sur les meilleures connaissances scientifiques disponibles...». Toutefois, en droit international, les réflexions sur le rôle de l'expertise et de la science sont, tout à la fois, omniprésentes et rarement discutées en tant que telles [11]. Elles sont souvent analysées dans une perspective contentieuse [12] ou institutionnelle [13].

---

les gouvernements sur les mesures à prendre et sur la conception d'une convention internationale sur le climat. Voir S. Maljean-Dubois et M. Wemaere, *La diplomatie climatique de Rio 1992 à Paris 2015*, Pedone, Paris, 2015, p. 32-33.

8. J. Tribolo, *L'expertise dans les procédures contentieuses interétatiques*, Bruxelles, Bruylant, 2021.

9. A. Dahan et H. Guillemot, «Les relations entre science et politique dans le régime climatique: à la recherche d'un nouveau modèle d'expertise?», *op. cit.*, p. S3.

10. L'expression est attribuée au politiste Aaron Wildavsky, *Speaking Truth to Power*, Boston, Little, Brown, 1979.

11. D.-T. Avgerinopoulou, *Science-Based Lawmaking*, Springer, 2019. D'autres auteurs appliquent «l'analyse juridique à la constitution des vérités scientifiques elles-mêmes ... en érigeant le droit comme modèle pour l'épistémologie des sciences» et prennent pour objet le processus décisionnel du GIEC. L'objectif poursuivi est de révéler la part de normativité et de valeurs logées au cœur des vérités et des faits présentés comme purement scientifiques. R. Encinas de Munagorri et O. Leclerc, «Théorie du droit et expertise: conclusion prospective sur les apports de l'analyse juridique», dans R. Encinas de Munagorri, *Expertise et gouvernance du changement climatique*, LGDJ, 2009, Droit et société, p. 200-201; L. Clark, *Climate Litigation Boosted by IPCC Report*, E&E News, 12 avril 2022.

12. M. Peeters, «Climate Science in the Courts», dans V. Abazi, J. Adriaensen et T. Christiansen (dir. publ.), *The Contestation of Expertise in the European Union, European Administrative Governance*, 2021, p. 145-172; M. B. Gerrard, «Court Rulings Accept Climate Science», *New York Law Journal*, vol. 250, 2013, n° 52, 12 septembre 2013.

13. D. French et B. Pontin, «The Science of Climate Change: a Legal Perspective on the IPCC», dans D. A. Farber et M. Peeters (dir. publ.), *Climate Change Law*, Elgar Encyclopedia of Env. Law, vol. 1, E. Elgar, 2016, p. 9-19.

LE DROIT INTERNATIONAL AU DÉFI DES ÉVOLUTIONS SCIENTIFIQUES 117

Un bref aperçu du mandat, de la structuration interne du GIEC et des rapports institutionnels entre GIEC et experts du régime juridique international sur le climat permettra de poser le cadre de cette analyse. Pour réaliser la synthèse des connaissances scientifiques et transmettre cette évaluation au monde politique, le GIEC fonctionne selon des grands principes [14] : la division de ses activités en trois groupes de travail thématiques (WG) – le WG I sur les bases scientifiques des changements climatiques, le WG II sur les impacts, l'adaptation et la vulnérabilité et le WG III sur l'atténuation – ainsi qu'un groupe de travail sur les inventaires nationaux de GES, mais aussi la prise de décision par consensus et l'équilibre géographique dans la nomination des membres du Bureau.

Les WG mènent leurs activités grâce à la contribution de milliers d'experts bénévoles qui font la synthèse des connaissances scientifiques existantes et rédigent trois types de rapports : des rapports d'évaluation complets (*assessment reports*, AR), des rapports spéciaux qui fournissent une évaluation des connaissances sur un thème spécifique (*special reports*, SR) et des rapports méthodologiques dans lesquels les experts fixent les méthodes à appliquer pour les inventaires nationaux d'émissions de GES. Le GIEC produit aussi des documents techniques pour informer ou donner un avis scientifique établi de manière collective, indépendante et transparente. Les activités des WG sont menées sous l'égide du Groupe (l'assemblée des cent quatre-vingt-quinze Etats membres), qui élit le Bureau, approuve le budget du GIEC [15], établit les règles et les procédures et discute des activités de sensibilisation à mener. Le Groupe désigne les auteurs des rapports sur proposition de listes formées par les Etats sur des critères scientifiques et approuve les résumés des rapports à l'intention des décideurs (*Summary for Policymakers*, SPM). Le processus d'élaboration des AR se déroule en plusieurs phases. En réunion plénière, les gouvernements décident de préparer un rapport et en approuvent le sommaire ; la première phase de rédaction associe les auteurs qui élaborent un premier projet de rapport et le soumettent à l'évaluation des pairs. Les auteurs établissent ensuite un second projet de texte, soumis à un examen par les pairs et par les représentants de gouvernements qui peuvent formuler des observations. Les auteurs-réviseurs s'assurent que les commentaires formulés sont bien pris en compte et finalisent la rédaction du rapport définitif, en appui aux auteurs

---

14. Principes régissant les travaux du GIEC, adoptés (Vienne, 1-3 octobre 1998), modifiés à Vienne, 3 et 6-7 novembre 2003, à Maurice, 26-28 avril 2006, à Genève, 6-9 juin 2012 et à Batumi, 14-18 octobre 2013, https://www.ipcc.ch/site/assets/uploads/2018/09/ipcc_principles_fr.pdf; annexe A « Procédure pour la préparation, la révision, l'acceptation, l'adoption, l'approbation et la publication des rapports du GIEC », annexe B « Procédures financières », annexe C « Règles de procédure applicables à l'élection du Bureau du GIEC et des groupes de travail *ad hoc* », https://www.ipcc.ch/site/assets/uploads/2018/09/ipcc-principles.pdf.
15. Les Etats-membres peuvent contribuer volontairement au budget annuel du GIEC qui est d'environ 6 millions d'euros.

principaux et aux auteurs coordonnateurs. Ensuite, le résumé à l'intention des décideurs (SPM) est communiqué et examiné par les gouvernements, qui vont l'adopter ligne par ligne [16].

Lors de l'approbation du SPM, le Groupe peut signaler tout désaccord important mais ne peut pas changer le texte. L'AR dans son ensemble est soumis à l'assemblée plénière du GIEC qui va enfin l'endosser officiellement en l'adoptant section par section (AR, SR). Toutes les décisions, à l'exception de l'élection des membres du Bureau, sont prises par les représentants des gouvernements, par consensus, en réunion plénière [17].

Sur le plan organique, le GIEC ne fait pas partie des organes de la Convention-cadre des Nations Unies sur les changements climatiques (CCNUCC). Il mène des actions au soutien de celle-ci [18]. Il produit ainsi « l'expertise *ex ante* » [19], alors que les organes d'expertises propres à la CCNUCC – l'Organe subsidiaire de la mise en œuvre (*Subsidiary Body for Implementation* – SBI), et l'Organe subsidiaire de conseil scientifique et technologique (*Subsidiary Body for Scientific and Technological Advice* – SBSTA) – font le lien entre expertises et politiques, de manière *ex post* [20]. Ainsi, le SBSTA « établit les liens entre les évaluations scientifiques, techniques, et technologiques, les informations fournies par les organes internationaux compétents » [21], c'est-à-dire le GIEC et les organes du régime juridique international. En termes de représentation de leur expertise respective dans la gouvernance du climat,

> « le GIEC [est] une fabrique de purification de la science tandis que le SBSTA assume les dissensus politiques sur le diagnostic scientifique. Néanmoins, ils ont évolué conjointement sur plusieurs points à la suite de multiples interactions » [22].

---

16. L'« adoption » d'un rapport du GIEC est un processus d'approbation section par section (et non pas ligne par ligne) qui s'applique à la version *in extenso* des rapports de synthèse et aux chapitres de présentation générale des rapports méthodologiques. L'« approbation » d'un SPM signifie que celui-ci a été examiné et approuvé ligne par ligne », Appendice A des Principes régissant les travaux du GIEC, https://archive.ipcc.ch/pdf/ipcc-principles/ipcc_principles_french/ipcc-principles-appendix-a-final_fr.pdf.
17. Chaque gouvernement dispose d'un point focal national. En France, cette mission est dévolue à l'ONERC (Observatoire national sur les effets du réchauffement climatique).
18. Premier principe du GIEC.
19. M. M. Mbengue, « Le Groupe d'experts intergouvernemental sur l'évolution du climat (GIEC) : de l'expertise *ex post* à l'expertise *ex ante* en matière de protection internationale de l'environnement », dans *Colloque d'Aix-en-Provence de la Société française pour le droit international, Le droit international face aux enjeux environnementaux*, Paris, Pedone, 2010 ; p. 189-206.
20. *Ibid.*
21. CCNUCC, article 9, paragraphe 2.
22. A. Dahan et H. Guillemot, « Les relations entre science et politique dans le régime climatique : à la recherche d'un nouveau modèle d'expertise ? », *op. cit.*, p. S8.

Le SBSTA sert parfois de « tampon » entre le GIEC et les gouvernements et a permis de « tempérer les critiques dont le GIEC était … l'objet en favorisant … l'expression de leurs désaccords par les PED »[23]. En pratique, le SBSTA joue systématiquement le rôle d'intermédiaire pour faciliter la réception des rapports du GIEC au sein du régime juridique international.

Sur le fond, les rapports successifs du GIEC ont démontré que les changements climatiques sont réels et que leur ampleur sans précédent s'explique par l'origine anthropique des émissions de GES, que leurs impacts sont perceptibles et qu'ils se produisent de plus en plus vite et de manière plus dévastatrice que prévu. Le contenu des rapports repose sur une complexification croissante des modèles climatiques, sous l'influence de l'essor des sciences de l'environnement global, dites du système Terre, intégrant les processus océaniques et de glaces de mer, les modèles de circulation de l'atmosphère dès les années 1990, puis à partir de la décennie 2000, les aérosols, le cycle du carbone, la chimie atmosphérique, une végétation dynamique, les glaces de terre[24], et plus récemment, une ouverture aux dimensions socio-économiques des changements climatiques. Dans l'AR6, publié en 2021 et 2022, figure un diagnostic de l'état actuel du climat, une modélisation des climats possibles dans le futur via les *scenarii*, comprenant les implications des différentes trajectoires *(pathways)* sur les différents éléments du système climatique, l'évaluation des risques et les déterminants de l'adaptation territoriale, et enfin les moyens de limiter les changements climatiques futurs. L'AR6 établit que le réchauffement de l'air, de l'océan et de la terre sont provoqués « sans équivoque » par les émissions anthropiques, et que des changements très étendus et rapides se produisent[25]. Il précise aussi que l'ampleur des changements récents est

> « sans précédent sur plusieurs siècles ou milliers d'années et que le plafond des 1,5 °C et des 2 °C sera franchi au cours du XXIᵉ siècle à moins que des réductions massives de CO_2 et des autres GES soient réalisées dans les prochaines décennies »[26].

Pour respecter les 1,5 °C, il faut baisser les émissions globales nettes de CO_2 de 45 % d'ici 2030 par rapport au niveau de 2010 et atteindre un net-zéro d'ici 2050[27]. L'AR6 établit également que chaque année compte et que chaque

---

23. S. Maljean-Dubois et M. Wemaere, *op. cit.*, p. 43.
24. A. Dahan et H. Guillemot, « Les relations entre science et politique dans le régime climatique : à la recherche d'un nouveau modèle d'expertise ? », *op. cit.*, p. S9.
25. AR6 WGI.
26. AR6 WGI.
27. IPCC, 2018, *Global warming of 1,5 °C. An IPCC special report on the impacts of global warming of 1,5 °C above pre-industrial levels and related global greenhouse gas emission pathways, in the context of strengthening the global response to the threat of climate change, sustainable development, and efforts to eradicate poverty*, New York, Cambridge University Press, disponible en ligne sur https://www.ipcc.ch/site/assets/uploads/sites/2/2019/06/SR15_Full_Report_Low_Res.pdf.

tonne de GES compte, pour mettre en lumière le fait que les petits efforts ne sont pas vains.

Depuis 1992, le régime juridique international s'est construit en écho à ces alertes scientifiques et a évolué par étapes. L'objectif ici est d'identifier l'influence réciproque entre l'expertise du GIEC et l'évolution du droit international du climat, conçu, dans ce chapitre, comme un laboratoire du droit international dans son ensemble, mis au défi des évolutions des connaissances scientifiques et de leur représentation.

La méthodologie se fonde à la fois sur une analyse des textes juridiques internationaux et des rapports du GIEC, sur les sources subsidiaires [28] : la doctrine juridique et accessoirement sur la doctrine en science politique et histoire des sciences identifiée, ainsi que sur plusieurs entretiens réalisés auprès d'auteurs des trois groupes de l'AR6 du GIEC.

L'argumentation tient en deux temps. Etudier le rôle du GIEC dans la construction du régime international du climat (sect. 1) permet de retracer, dans une perspective historique, les avancées et les obstacles rencontrés par le droit au regard de l'évolution des connaissances scientifiques. Malgré l'émergence d'une compréhension commune du problème à l'échelle universelle, et la fonction de légitimation scientifique des règles de droit, la lenteur du processus de négociation et sa relative inefficacité mettent en avant l'enjeu du renforcement de la mise en œuvre du droit du climat (sect. 2).

SECTION 1 **LE RÔLE MOTEUR DU GIEC DANS LA CONSTRUCTION DU RÉGIME INTERNATIONAL DU CLIMAT**

Le GIEC, en associant les gouvernements dès l'adoption du plan de travail, puis lors de la phase d'approbation des rapports, tente un « exercice d'équilibrisme »[29] consistant à renforcer sa crédibilité scientifique et à « avoir l'oreille des politiques », adaptant progressivement son modèle de « co-production des connaissances » politiques et scientifiques. Ainsi, en quoi les travaux du GIEC ont-ils déterminé les évolutions du régime juridique ? (par. 1), et quelle fonction ont-ils joué dans la détermination du contenu des normes (par. 2) ?

Paragraphe 1 **Les travaux du GIEC comme déterminants des évolutions du régime**

L'expertise du GIEC a largement déterminé les évolutions du régime. L'influence réciproque des deux enceintes est identifiable à travers

---

28. Statut de la Cour internationale de Justice, article 38 (1) *(d)*.
29. S. Maljean-Dubois et M. Wemaere, *op. cit.*, p. 39.

la définition du cadrage du problème des changements climatiques (A) et le langage dans les deux enceintes (B). On constate une construction progressive du régime juridique international en réponse aux rapports du GIEC (C).

A. Influence réciproque du GIEC et du régime juridique international dans le cadrage du problème

Les changements climatiques d'origine anthropique sont conçus par les scientifiques comme un problème de pollution globale, à endiguer par la limitation des émissions de GES selon un calendrier de répartition des efforts entre Etats. Au sein des communautés en science du climat, ce cadrage du problème fait rapidement consensus, et les débats se cristallisent sur les niveaux de preuve quant à l'ampleur de la menace et l'origine anthropique des changements climatiques. L'expertise du GIEC transmet cette représentation des changements climatiques, qui va être intégrée comme telle en droit international dans la CCNUCC, le Protocole de Kyoto puis l'Accord de Paris, et détaillée dans les décisions des COP subséquentes [30]. Cette représentation du problème va parfois servir de justification pour ne pas mentionner dans les textes juridiques les activités à l'origine des changements climatiques ou les principaux secteurs visés (extraction des énergies fossiles, secteur énergétique), concourant à une représentation assez abstraite et déconnectée de l'agentivité humaine dans les rapports du GIEC comme dans le droit. L'interaction entre GIEC et droit aboutit ici, dans un premier temps, à une forme de déni de la réalité socio-économique du problème climatique.

Le cadrage du problème évolue ensuite au sein du GIEC, avec la prise en compte croissante des enjeux socio-économiques, rendue possible grâce à l'élargissement des disciplines représentées à partir de l'AR4 : géographie, hydrologie, agronomie, sciences économiques, et plus tardivement sciences politiques, anthropologie, sociologie. Dans l'AR6 apparaît timidement le droit.

En écho, dans les négociations onusiennes, la prise en compte des facteurs socio-économiques connaît un coup d'accélérateur depuis la décennie 2000. Les pays en développement (PED) font pression pour que soient prises en compte les dimensions d'équité et de justice climatique, principalement via l'enjeu de l'adaptation, largement débattu depuis la COP de Bali et le programme de travail sur le développement, les transferts de technologies

---

30. Dans cette contribution, les «décisions de la COP» sont employées comme terme générique pour désigner tantôt les Conférences des Parties à la CCNUCC, au Protocole de Kyoto et à l'Accord de Paris. Sur les liens de cause à effet de chaque étape, voir N. Singh Ghaleigh, «Ch.3 Science and Climate Change Law – The Role of the IPCC in International Decision-Making», dans K. R. Gray, R. Tarasofsky et C. P. Carlarne (dir. publ.), *The Oxford Handbook of International Climate Change Law*, Oxford, Oxford University Press, 2016, p. 55-71.

et les transferts financiers. La convergence entre les scientifiques, les ONG et les PED sur ces sujets est traduite en droit du climat par le principe des responsabilités communes mais différenciées, dont la portée évolue de la CCNUCC, au Protocole de Kyoto, jusqu'au principe d'auto-élection de l'Accord de Paris. Du fait des enjeux économiques et des valeurs inhérentes aux questions de répartition équitable, le contenu du droit international est davantage le résultat d'un compromis politique, qu'une retranscription de l'évaluation des connaissances économiques et sociales transmises dans les rapports du GIEC. Les débats autour des pertes et préjudices et la finance climatique, pierres d'achoppement du régime international, illustrent bien l'ampleur de ces dissensus dans l'évolution du régime juridique.

La représentation globale du problème des changements climatiques a également favorisé l'adoption en droit des outils de marché [31], qui reposent sur le caractère global de la pollution et l'idée qu'il est nécessaire de réduire les GES quel que soit leur lieu d'émission, en favorisant le territoire où la réduction coûte le moins cher.

En retour, les réalisations du droit international du climat vont progressivement faire elles-mêmes l'objet d'analyses scientifiques, et bénéficier d'une réflexivité dans les rapports du GIEC quant à leur efficacité, impacts et potentiel. Elles font désormais partie des déterminants des trajectoires du GIEC. Le cadrage du problème des changements climatiques est donc le fruit d'une influence réciproque entre le GIEC et le régime juridique depuis trois décennies.

B. Parallélisme du langage du GIEC et du droit international du climat

Au fur et à mesure des rapports, le GIEC a développé un ensemble d'énoncés marqués par un niveau de certitude (niveau de preuves) croissant. Après les premiers doutes et controverses quant à la part anthropique des changements climatiques, le langage a traduit des «incertitudes réduites, tandis que les motifs d'inquiétude augmentaient» [32]. De l'AR1 à l'AR4, les énoncés sont empreints d'une grande technicité, marqués par le souci de précision du niveau de certitude de l'énoncé scientifique, ce qui a pour effet de rendre l'état des connaissances difficilement lisible. Dans l'AR5 et l'AR6, les énoncés sont rédigés dans un souci de grande clarté ; ils sont plus affirmatifs et rendus moins techniques pour davantage d'accessibilité.

La nuance du langage dans les rapports du GIEC reflète la dimension politique et économique des enjeux soulevés par les connaissances scienti-

---

31. Protocole de Kyoto, article 12 : Mécanisme pour un développement propre du Protocole de Kyoto puis article 6 de l'Accord de Paris.
32. S. Maljean-Dubois et M. Wemaere, *op. cit.*

fiques, « certaines conclusions, jugées trop sensibles ou prescriptives, peuvent ... devenir sciemment plus ambiguës... : par un excès de technicité (tableaux, graphiques, chiffres) ou par un excès de réserves *(caveats)* et de formules (bien que, la plupart, mais...) visant à éviter les phrases trop directes » [33].

On constate un même langage empreint de prudence en droit international du climat. Les textes sont caractérisés par l'utilisation en grand nombre d'adverbes, noms et épithètes vagues tels que « peu » *(few)*, « la plupart » *(most)* et « certains » *(some)*. Ces « vocables à faible définition » [34], utiles pour arriver à un consensus, sont récurrents en droit international [35], par exemple dans l'Accord de Paris les termes d'« opportunités », « risques », « co-bénéfices », sont abondamment utilisés. Les Parties sont ainsi invitées à définir leur contribution déterminée au niveau national (CDN) à « son niveau d'ambition le plus élevé possible, compte tenu de ses responsabilités communes mais différenciées et de ses capacités respectives, eu égard aux différentes situations nationales » [36] ou de mettre en œuvre le cadre de transparence « dans la mesure du possible » [37].

En retirant ce qui est jugé trop « prescriptif » par les gouvernements, le langage du GIEC comme celui du droit international, a souvent pour effet de minimiser la portée des recommandations et de limiter ses effets contraignants. Certains facteurs des changements climatiques, parfaitement identifiés dans les rapports du GIEC, ne sont jamais mentionnés en droit du climat. Les normes mettent l'accent « sur les mécanismes des changements climatiques (l'augmentation de la concentration des GES) et sur leurs conséquences (par exemple la hausse du niveau de la mer) au détriment de leurs causes socioéconomiques » [38]. La combustion des énergies fossiles est l'exemple patent en la matière. Le parallélisme des langages du GIEC et du droit international font des changements climatiques un « problème universel, impersonnel et apolitique » [39]. C'est un facteur déterminant pour comprendre les avancées et blocages du régime juridique.

---

33. K. De Pryck, « Négocier la science du climat. Le rôle des Etats membres dans le Groupe d'experts intergouvernemental sur l'évolution du climat », *Critique internationale*, 2022/2, n° 95, p. 132-153.
34. M. D. Perrot, « Mondialiser le non-sens », *Revue du MAUSS*, 20 (2), 2002, p. 212.
35. Si l'effet est le même, un texte peu clair, les causes sont parfois différentes, voir G. de Lacharrière, *La politique juridique extérieure*, Paris, Economica, 1983, p. 89-103, spéc. p. 89, sur l'ambiguïté spontanée des règles de droit international qui naissent « entre des entités hétérogènes qui n'ont, le plus souvent, ni le même langage, ni les mêmes concepts juridiques, ni les mêmes traditions législatives ».
36. Accord de Paris, article 4, paragraphe 3.
37. Accord de Paris, article 13, paragraphe 6.
38. *Ibid.*
39. Jasanoff, « Science and Technology Studies », dans K. Bäckstrand et E. Lövbrand (dir. publ.), *Research Handbook on Climate Governance*, E. Elgar, 2015, p. 44.

C. La construction progressive du droit international du climat, en réponse aux rapports du GIEC

Les rapports du GIEC rythment les avancées du droit international du climat, montrant la «co-production entre science et droit»[40]. En 1990, le premier rapport initie le processus de négociation de la CCNUCC. Dans ce texte, le niveau d'alerte est assez clair, avec un réchauffement prévu à 3 °C, l'élévation du niveau de la mer de 65 centimètres dans la deuxième partie du XXe siècle. En 1995, l'AR2 incite aux négociations du Protocole de Kyoto. L'AR3, en 2001, fait écho à l'adoption des Accord de Bonn-Marrakech qui précisent les règles de fonctionnement du Protocole et lui permettent d'entrer en vigueur. La corrélation entre les rapports du GIEC et les avancées des négociations internationales est moins évidente à partir de l'AR4[41]. Ce rapport précède le lancement du processus de négociation du post-2012 lors de la COP et l'adoption de la Feuille de route de Bali, suite à la réception du Prix Nobel de la Paix conjointement par le GIEC et Al Gore. Si l'AR4 est bien réceptionné lors de la COP de Bali, l'échec de la COP de Copenhague en 2009 va fragiliser le processus. Certains Etats déjà coutumiers du fait vont «mettre en doute la qualité des rapports», alors que sur le fond aucune négligence du GIEC n'est établie[42]. La reconnaissance de certaines erreurs[43] dans l'AR4 et le scandale du *Climategate*[44], survenu lors de la première séance plénière de la COP à Copenhague le 7 décembre 2009, alimentent les controverses sur la crédibilité de l'institution. En réponse, celle-ci renforce la procéduralisation de son processus d'évaluation, afin de rendre plus visible l'objectivité des rapports, ses garanties d'indépendance et de fiabilité scientifique[45]. Le contenu de l'AR5 en 2014 permet de renforcer la confiance dans le niveau de certitude scientifique. Ceci aurait pu faciliter le consensus onusien. Il s'agit dans ce

---

40. A partir de la co-production de S. Jasanoff et O. Leclerc, «Les règles de production des énoncés au sein du Groupe d'experts intergouvernemental sur l'évolution du climat», dans R. Encinas de Munagorri (dir. publ.), *Expertise et gouvernance du changement climatique*, Paris, LGDJ, coll. «Droit et société», tome 51, 2009, p. 59.
41. P. M. Haas, «Science and International Environmental Governance», dans P. Dauvergne (dir. publ.), *Handbook of Global Environmental Politics*, Cheltenham UK, Edward Elgar, 2005, p. 396; D. G. Victor, «Embed the Social Sciences in Climate Policy», *Nature*, Comment, 2015, 520, p. 27-29.
42. Sur la position de l'Arabie saoudite sur cette question, voir la comparaison France-Arabie saoudite conduite par K. De Pryck, *op. cit.*
43. Une erreur sur la fonte des glaciers de l'Himalaya dans son rapport de 2007 est relevée en 2010, avec une inversion grossière de chiffre (2350 et non 2035 comme l'écrivait le GIEC).
44. Le Climategate vise des emails piratés de l'Université britannique East Anglia, mis en ligne par des *hackers*, dans le but de révéler une soi-disant manipulation de données pour parvenir au résultat souhaité. Voir K. De Pryck, «Controversial Practices: Tracing the Proceduralization of the IPCC in Time and Space», *Global Policy*, vol. 12, Supp. 7, décembre 2021, p. 80-89; S. Maljean-Dubois et M. Wemaere, *op. cit.*
45. Révisions des principes de fonctionnement du GIEC de 2010 à 2013.

cadre de surmonter les blocages des négociations quant à la poursuite du Protocole de Kyoto sur la période 2012-2020, paralysé par plusieurs éléments : les intérêts divergents des Etats en matière de différenciation et de répartition équitable des budgets carbones, l'influence du groupe des pays émergents dit BASIC conduit par la Chine [46], l'absence de ratification du Protocole par les Etats-Unis et enfin le retrait du Canada afin d'éviter les sanctions dans le cadre du mécanisme d'observance [47]. Finalement recentrées autour de la CCNUCC, les négociations aboutissent finalement à l'adoption de l'Accord de Paris en 2015. A cette date, la CCNUCC commande un rapport spécial au GIEC sur les conséquences d'un réchauffement à +1,5 °C, afin d'inciter les Etats à relever rapidement, sans attendre 2020, le niveau d'ambition de leurs engagements nationaux [48]. Ici le droit mobilise la science à dessein.

Au-delà des déterminants scientifiques, la lente évolution du contenu et la faible mise en œuvre du droit du climat résultent de la complexité du problème et des positions divergentes des Etats. Celles-ci apparaissent clairement au fur et à mesure de la montée en importance des dimensions socio-économiques durant la décennie 2010. L'appui sur les controverses autour du GIEC sert de prétexte à certains Etats, qui défendent en réalité leurs intérêts propres.

Le climat continue à être principalement conçu et expliqué comme un phénomène de pollution globale problématique *pour* les sociétés et non comme un problème *de* société, ce qui provoque le «schisme de réalité entre l'évolution du droit international qui continue à se présenter comme régulateur mondial et central apte à définir et distribuer les droits d'émission» [49] et la réalité du monde globalisé d'exploitation des ressources pétrolières et de concurrence économique entre des Etats défendant leur souveraineté, et empêche toute inflexion forte des émissions de GES.

Paragraphe 2 **Fonction des rapports du GIEC dans la détermination du contenu des normes**

Les rapports du GIEC ont fourni aux diplomates l'évaluation scientifique des seuils de dangerosité, des risques et des menaces. Ils ont

---

46. A. S. Tabau et M. Lemoine, «Willing Power, Fearing Responsibilities: BASIC in the Climate Negotiations», *Carbon and Climate Law Review*, 2012-3, p. 197-208.
47. S. Maljean-Dubois (dir. publ.), *Les changements climatiques : Les enjeux du contrôle international*, La documentation française, 2007. A. S. Tabau, *La mise en œuvre du Protocole de Kyoto en Europe, Interactions des contrôles international et communautaire*, Bruxelles, Bruylant, coll. Travaux du CERIC, 2011.
48. M. Hautereau-Boutonnet et S. Maljean-Dubois, «Accord de Paris sur le climat : quels effets un an plus tard ?», *Recueil Dalloz*, Dalloz, 2016, p. 2328.
49. A. Dahan et H. Guillemot, *op. cit*. Voir Secrétaire Général de l'ONU, A. Guterres, 3 octobre 2022 : «Le chaos climatique avance au galop, mais l'action climatique, elle, est au point mort», https://news.un.org/fr/story/2022/10/1128487.

permis de catalyser le niveau d'ambition des outils juridiques et de garantir leur validité (A). La science conforte également un dispositif juridique d'évaluation des efforts consentis (B) et assure une fonction de légitimation continue des normes juridiques (C).

A. Catalyser le niveau d'ambition des normes d'atténuation

L'expertise du GIEC a permis aux Etats Parties à la CCNUCC de traduire le diagnostic – l'identification des seuils de dangerosité et l'évaluation des conséquences en fonction des *scenarii* de réalisation des changements climatiques – en objectifs d'atténuation des émissions de GES. Les Etats ont ainsi fixé des objectifs communs de long terme (1). Les connaissances scientifiques ont également poussé les Etats à prévoir des objectifs intermédiaires (2).

1. Fixer des objectifs de long terme

L'article 2 de la CCNUCC pose l'objectif ultime de la Convention et de tous les instruments juridiques connexes :

> « stabiliser les concentrations de GES dans l'atmosphère à un niveau qui empêche toute perturbation anthropique dangereuse du système climatique. ... dans un délai suffisant pour que les écosystèmes puissent s'adapter naturellement..., que la production alimentaire ne soit pas menacée et que le développement économique puisse se poursuivre d'une manière durable ».

Directement adossé aux rapports du GIEC, l'objectif n'est pas quantifié dans les textes juridiques; il est purement qualitatif, assorti d'aucun calendrier de mise en œuvre. Dans les rapports du GIEC, plusieurs éléments de quantification de l'objectif existent : limitation de la concentration des GES dans l'atmosphère, limitation de la hausse de la température moyenne à la surface de la terre, ou encore de l'augmentation décennale des températures [50]. En droit, le Mandat de Berlin (1995), pour négocier un traité complémentaire à la CCNUCC, insiste sur la nécessité pour les Parties de fixer des objectifs quantifiés de limitation ou de réduction selon des échéances précises (2005, 2010, 2020 par exemple). Finalement, le Protocole de Kyoto pose en 1997 l'objectif intermédiaire suivant :

> « Les Parties visées à l'annexe I font en sorte, individuellement ou conjointement, que leurs émissions anthropiques agrégées, ... ne dépassent pas les quantités qui leur sont attribuées, calculées en fonction

---

50. S. Randalls, « History of the 2 °C Climate Target », *WIREs Climate Change*, vol. 1, 2010, p. 598-605.

de leurs engagements chiffrés en matière de limitation et de réduction des émissions..., en vue de réduire le total de leurs émissions de ces gaz d'au moins 5% par rapport au niveau de 1990 au cours de la période d'engagement allant de 2008 à 2012 » [51].

Toutefois les modalités de sa mise en œuvre ne sont pas précisées avant les Accords de Bonn-Marrakech en 2001. Ce processus de quantification va se cristalliser lors de la COP de Copenhague en 2009, dont la décision finale porte pour la première fois l'objectif d'une hausse maximale des températures moyennes à 2 °C, comme seuil à ne pas franchir. L'objectif est parallèlement porté par l'Union européenne [52]. De 2009 à 2015 [53], l'objectif de 2 °C s'affirme dans les négociations en s'appuyant sur le rapport du GIEC de 2001 qui décrit un effet de seuil vers une dangerosité élevée pour de nombreux indicateurs [54]. La robustesse des connaissances scientifiques sur l'objectif au sein du GIEC, couplé à un consensus politique qui se construit progressivement lors des négociations techniques à Bonn, et de COP en COP, va faire de l'objectif de long terme autour du 2 °C un horizon souhaitable à l'échelle globale. L'Accord de Paris le porte explicitement. Il exige également des Etats qu'ils fixent des stratégies de développement à long terme à faibles émissions de GES [55].

A travers les objectifs de réduction des GES à long terme et les objectifs intermédiaires de moyen terme, les *scenarii* de la science climatologique ont été directement réceptionnés en droit international. Ces objectifs communs de long terme posé en droit ont le mérite d'orienter un récit mobilisateur pour une communauté universelle plurielle [56], sans pour autant finaliser de programme précis de mise en œuvre de cet objectif [57]. Il faut noter que l'influence des rapports du GIEC sur l'appréhension du long terme par le droit international s'est limitée à la seule science climatique. Les diagnostics de long terme posés dans les autres disciplines ne sont pas traduits en droit. Considérant l'économie, par exemple, le droit international ne reflète pas le

---

51. Protocole de Kyoto, article 3.
52. B. Cointe, P. A. Ravon et E. Guérin, « 2 °C : History of Science-Policy nexus », *IDDRI Working Paper* 19/2011, en ligne.
53. S. Aykut et A. Dahan, « Le régime climatique avant et après Copenhague : sciences, politiques et l'objectif des deux degrés », *Nature, Sciences, Sociétés* 19, n° 2, 2011, 144-157.
54. H. Guillemot, « 2 degrés, 1.5 degrés, neutralité carbone... Petite histoire des objectifs climatiques à long terme », dans M. Torre-Schaub (dir. publ.), *Droit et changement climatique. Regards croisés à l'interdisciplinaire*, éd. Mare et Martin, 2020.
55. Accord de Paris, article 4, paragraphe 19.
56. I. Fouchard et C. Perruso, « «Outils juridiques de délimitation du commun », dans M. Delmas-Marty, K. Martin Chenut et C. Parruso (dir. publ.), *Sur les chemins d'un* jus commune *universalisable*, Mare et Martin, vol. 61, coll. ISJPS, 2021, p. 354.
57. M. Virally, « La notion de programme – un instrument de la coopération technique multilatérale », *AFDI*, 1968, vol. 14, p. 537.

résultat des synthèses de connaissances sur le coût de l'inaction climatique à long terme et sur les dimensions éthiques et philosophiques qui le sous-tende. La question du bon taux d'actualisation pour l'estimation de l'impact à long terme des changements climatiques, décrié par le rapport Stern sur l'économie des changements climatiques, paru en 2006, jugé «too prescriptive» par l'économiste américain W. Nordhaus, illustre bien ce qu'il y a de délicat à faire assumer par les générations présentes les conséquences qui pèsent sur les générations futures. Mais cette dimension de répartition du fardeau en équité est demeurée en arrière-plan par rapport aux règles posées sur l'atténuation. Pour encourager à la mise en œuvre de ce «droit incantatoire»[58], l'actualisation des objectifs intermédiaires est également une coproduction du droit et de l'expertise du GIEC.

2. Actualisation des objectifs intermédiaires

Le droit international s'appuie sur la science climatologique pour poser des objectifs intermédiaires de réduction des émissions. Le dispositif chiffré de réduction des émissions du Protocole de Kyoto a cédé la place au cycle de l'ambition de l'Accord de Paris basé sur l'articulation des éléments suivants : CDN soumises à une obligation procédurale de relèvement progressif tous les cinq ans[59], une ambition collective d'atténuation la plus haute possible et une progression dans le temps[60],

> «un cadre de transparence des mesures ... en suivant les progrès accomplis par chaque Partie en vue de s'acquitter de sa contribution déterminée au niveau national au titre de l'article 4 et de mettre en œuvre ses mesures d'adaptation au titre de l'article 7, notamment les bonnes pratiques, les priorités, les besoins et les lacunes, afin d'éclairer le bilan mondial prévu à l'article 14»[61].

Dans ce cycle de l'ambition des normes juridiques, le recours aux connaissances scientifiques est permanent. Il est le fruit de la coopération entre les Parties et le GIEC, mais aussi d'autres dispositifs comme le *Research and Systematic Observation* qui tient annuellement *The Research Dialogue and the Earth Information Day*, la revue périodique[62]. En pratique, sous la pression de l'alerte scientifique, la révision des CDN intervient plus fréquemment que prévu – l'horizon 2030 s'impose – et la cible net-zéro posée pour la seconde

---

58. S. Aykut, E. Morena et J. Foyer, «"Incantatory" Governance: Global Climate Politics' Performative Turn and its Wider Significance for Global Politics», *International Politics*, 2020.
59. Accord de Paris, article 4, paragraphe 9.
60. Accord de Paris, article 3 et article 4, paragraphe 3.
61. Accord de Paris, articles 13 et 14.
62. Décision 1/CP.16, paragraphes 138-140.

moitié du siècle est finalement fixée à 2050 [63]. Ici la science a poussé le droit à être plus ambitieux dans les règles du Manuel que de l'Accord de Paris.

Le dialogue science-droit a abouti à un régime juridique axé sur l'atténuation, dans lequel la « vision partagée » sur l'adaptation émerge tardivement. En matière d'atténuation, le niveau de connaissances scientifiques met aujourd'hui le droit au défi d'une consolidation des objectifs globaux de long terme et de l'articulation *in concreto* des contributions nationales avec le cycle de l'ambition de l'Accord de Paris [64].

B. Permettre l'évaluation des efforts accomplis individuellement et collectivement

Les procédés d'évaluation des efforts accomplis ont pris de l'ampleur au fil des traités et des décisions COP, sur la base des inventaires d'émissions (1), de l'établissement d'un dialogue technique sur le bilan mondial (2) et de l'examen technique par des experts *(technical expert review)* du cadre de transparence (3).

1. Guider et harmoniser la réalisation des inventaires de GES par les Etats

Les travaux du GIEC jouent un rôle structurant en droit international du climat en guidant les Etats dans la réalisation de leurs inventaires d'émissions et d'absorption de GES depuis l'adoption de la CCNUCC. Les lignes directrices relatives aux méthodes régissant les inventaires de GES, publiées en 1994 et révisées à plusieurs reprises [65] ont directement pour fonction de guider la mise en œuvre des obligations juridiques [66]. Les Etats doivent établir, mettre à jour périodiquement, publier et mettre à la disposition de la Conférence des Parties, conformément à l'article 12, des inventaires nationaux des émissions anthropiques par leurs sources et de l'absorption par leurs puits de tous les GES non réglementés par le Protocole de Montréal, en recourant à des méthodes comparables qui seront approuvées par la COP. En mettant à disposition des grilles méthodologiques d'inventaires à la disposition des Etats pour l'établissement et de la COP pour la comparabilité de ceux-ci, les travaux du GIEC viennent ici directement en soutien à la mise en œuvre des obligations internationales.

---

63. Decision 1/ CMA 3 *Glasgow Climate Pact*.
64. Renvoi au chapitre de Camila Perruso sur l'ambition de/dans l'Accord de Paris dans cet ouvrage.
65. *2006 IPCC Guidelines for National Greenhouse Gas Inventories (2006 IPCC Guidelines)*, 2019 IPCC Refinement to the 2006 IPCC Guidelines for National Greenhouse Gas Inventories.
66. CCNUCC, article 14, paragraphe 1 *(a)*, Protocole de Kyoto, article 10 *(a)*, Accord de Paris, article 13, paragraphe 7 *(a)*.

2. Dialogue technique sur le bilan mondial

L'article 14 de l'Accord de Paris prévoit un processus d'inventaires avec l'adoption du bilan mondial périodique

« de la mise en œuvre du présent Accord afin d'évaluer les progrès collectifs accomplis dans la réalisation de [l'objectif] du présent Accord et de ses buts à long terme ... en tenant compte ... des meilleures données scientifiques disponibles » [67].

Le bilan mondial intègre une logique d'évaluation des progrès sur un modèle d'expertise différent de celui prévu par le GIEC, davantage empreint des *emissions gap reports* du PNUE. La mobilisation des connaissances a pour but d'

« éclaire(r) les Parties dans l'actualisation et le renforcement de leurs mesures et de leur appui selon des modalités déterminées au niveau national, ... ainsi que dans l'intensification de la coopération internationale pour l'action climatique »

et de faire émerger « une compréhension commune des possibilités de combler ces lacunes » [68]. Au-delà de la mesure de l'écart (combien?), destiné à catalyser l'ambition, ce bilan mondial vise également la manière dont les lacunes identifiées peuvent être comblées (comment?), pour identifier des opportunités d'action en matière d'atténuation, d'adaptation, de pertes et dommages et de soutien [69]. Ce bilan présente ainsi une opportunité de débattre et de développer les options en présence. La place de l'expertise dans l'opérationnalisation de ce bilan reste à déterminer concrètement. A l'issue du premier dialogue technique (Bonn, juin 2022), les facilitateurs ont axé le contenu des échanges sur les moyens de parvenir à combler le hiatus et à identifier une « décennie critique pour l'action climatique », ce qui constitue une traduction directe du contenu de l'AR6 WGIII. Quatre rapports publiés par ONU Climat constituent la base de ce dialogue et établissent des comparaisons entre les bilans menés par les sphères d'expertise internes au régime juridique du climat et les modélisations des rapports du GIEC : un Rapport axé sur l'état des émissions de GES et les efforts des gouvernements nationaux pour réduire les émissions [70], un Rapport

---

67. CCNUCC, décision1/CMA.19, paragraphe 13.
68. Farhan Akhtar et Harald Winkler, co-présidents, https://unfccc.int/fr/news/bilan-des-efforts-mondiaux-de-mise-en-oeuvre-de-l-accord-de-paris.
69. Sur les propositions d'opérationnalisation ambitieuse du bilan mondial au-delà des chiffres, voir L. Rajamani, S. Oberthür et K. Guilanpour, *Designing a Meaningful Global Stocktake*, C2ES, janvier 2022.
70. Secretariat GST synthesis report: Synthesis report for the technical assessment component of the first global stocktake State of greenhouse gas emissions by sources and removals by sinks and mitigation efforts undertaken by Parties, including the

sur l'effet global des CDN et les progrès réalisés dans la mise en œuvre de ces plans [71], un Rapport sur l'état des efforts d'adaptation aux changements climatiques [72], et un Rapport sur le soutien en matière de financement, de technologie et de renforcement des capacités [73].

L'expertise est ici mobilisée comme un moyen de surmonter la tension juridique entre la mise en œuvre de l'objectif d'atténuation des GES et le principe d'équité. Pour aller plus loin en ce sens, il est nécessaire que les contributions scientifiques mettent en évidence les conflits de valeurs et d'intérêts, afin d'aider les décideurs à en débattre et à les surmonter [74]. Finalement, les rapports du GIEC constituent ici la base de travail et le support de légitimité des expertises menées au sein de la CCNUCC et de l'Accord de Paris.

3. L'examen technique par des experts dans le cadre de transparence

L'examen technique par des experts prévu dans l'Accord de Paris [75] consiste à faire examiner par un comité d'experts mandatés par la COP les informations fournies par les parties sur les inventaires d'émissions et d'absorption et sur l'appui financier, le transfert de technologies et le renforcement des capacités des pays industrialisés envers les PED [76]. La fonction de cet examen technique par les experts en termes d'apprentissage et de mise en débat des enjeux politiques du droit du climat fait l'objet d'un chapitre de cet ouvrage [77]. Ici, il s'agit simplement de montrer que ce dispositif d'expertise interne à la CCNUCC repose sur les données rendues disponibles par le GIEC, illustrant la coopération continue entre les sphères d'expertises du GIEC et celles propres au régime juridique international sur le climat.

---

information referred to in Article 13, paragraph 7 *(a)*, and Article 4, paragraphs 7, 15 and 19, of the Paris Agreement, 31 mars 2022.

71. Secretariat GST synthesis report: Synthesis report for the technical assessment component of the first global stocktake: Synthesis report on the overall effect of Parties' NDCs and overall progress made by Parties towards the implementation of their NDCs, including the information referred to in Article 13, paragraph 7 *(b)*, of the Paris Agreement, 30 mars 2022.

72. Secretariat GST synthesis report: Synthesis report for the technical assessment component of the first global stocktake: Synthesis report on the state of adaptation efforts, experiences and priorities, 29 avril 2022.

73. Secretariat GST synthesis report: Synthesis report for the technical assessment component of the first global stocktake, 20 avril 2022.

74. B. Lahn, «In the Light of Equity and Science: Scientific Expertise and Climate Justice after Paris», *International Environmental Agreements*, vol. 18, 2018, n° 1, p. 29-43.

75. Accord de Paris, article 13, paragraphes 11 et 12.

76. Accord de Paris, article 13, paragraphes 7 et 9.

77. Renvoi au chapitre d'Ellycia Harrould-Kolieb.

C. Faciliter le consensus et légitimer les normes procédurales du cycle de l'ambition

Certains auteurs en science du droit ont démontré, en mobilisant les ressources de la théorie de la preuve, que

« le GIEC participe non seulement à la réunion des connaissances, mais aussi à l'appréciation de leur force probante puisque ... il exprime le degré de certitude qui s'attache à chacun des énoncés. Le GIEC prend aussi la décision relative à la preuve des faits puisque les énoncés contenus dans ses rapports d'évaluation sont approuvés ligne par ligne ou adoptés » [78].

La dimension politique de son travail d'expertise apparaît, dès lors que « l'organe d'expertise est associé à des moments de la production des connaissances qui, dans un modèle linéaire d'expertise, ne lui appartiennent ... pas » [79]. Le GIEC associe

« à ses travaux des représentants des Etats qui sont, par ailleurs, membres des organisations internationales commanditaires des rapports, les discussions menées au sein du GIEC permettent d'anticiper dès le stade de l'expertise la décision relative au fait » [80].

Les rapports du GIEC ne constituent donc pas qu'un préalable au processus décisionnel juridico-politique, ils en font pleinement partie. La fabrique du consensus juridique dans les négociations sur le climat comprend donc les débats et les phases d'évaluation et d'approbation des rapports du GIEC. A un niveau macro, les rapports du GIEC sont parfois instrumentalisés par les négociateurs et servent des stratégies de persuasion quant au niveau d'ambition des normes ou à l'imposition de calendriers de mise en œuvre.

Moteur et source de légitimité du droit international du climat dans son ensemble, spécialement en matière d'atténuation, l'expertise du GIEC a parfois servi de prétexte à un déni d'identification des causes, des solutions et de l'agentivité des changements climatiques. Cette dépolitisation des débats dans le processus décisionnel juridique pourra difficilement se perpétuer suite à l'AR6 qui identifie la décennie en cours comme une décennie critique pour agir. Le droit international se trouve mis au défi du renforcement de sa mise en œuvre, dessinant de nouvelles voies pour la dynamique de coproduction expertise-droit.

---

78. O. Leclerc, « Dans la fabrique d'un consensus intergouvernemental sur l'évolution du climat : l'expertise du GIEC entre légitimité et validité », dans C. Bréchignac, G. de Broglie et M. Delmas-Marty, *L'environnement et ses métamorphoses*, Hermann, 2015, p. 143-152.
79. *Ibid.*
80. O. Leclerc, « Les règles de production des énoncés... », *op. cit.*, p. 92.

SECTION 2   LE GIEC ET L'ENJEU DU RENFORCEMENT
             DE LA MISE EN ŒUVRE DU RÉGIME
             INTERNATIONAL DU CLIMAT

L'hypothèse de linéarité, selon laquelle le niveau de connaissances scientifiques mature des derniers rapports du GIEC conduirait à des décisions politiques et juridiques suivies d'effets suffisants, ne fonctionne pas. L'«hybridation croissante et singulière des dynamiques proprement scientifiques et des dynamiques politiques qui caractérise le régime international du climat»[81] pourrait se faire autrement pour répondre au défi d'un droit international plus efficace. Si le GIEC doit certainement évoluer en interne pour mieux participer à la mise en œuvre du droit, grâce à un renforcement de l'interface science-politique (par. 1), il participe également, dans sa relation avec d'autres structures en dehors du régime juridique sur le climat, à un mouvement de défragmentation du droit international, favorable à une climatisation de celui-ci (par. 2).

Paragraphe 1   **La nécessité de renforcer l'interface science-politique**

Les propositions de réforme du GIEC sont nombreuses (A). Reste à savoir quelles seraient leurs conséquences pour le régime juridique international et quels sont les obstacles que ce dernier doit relever dans son rapport à l'expertise (B).

A. Les propositions de réforme du GIEC

Le GIEC est continuellement objet de critiques et de propositions de réforme. Pour répondre aux controverses externes (discussion sur le niveau de preuve quant à l'origine anthropique des changements climatiques, sur l'évaluation des impacts) ou internes (répartition des compétences au sein des chapitres et représentativité géographique notamment), les procédures d'adoption et de validation des rapports se sont progressivement précisées et proceduralisées[82] pour donner des gages d'indépendance, d'impartialité, de transparence et de représentation géographique équitable[83]. Plusieurs propositions de réforme convergent vers l'ouverture au sein du GIEC de débats assumés dans leur dimension politique (1), ce qui favoriserait une expertise orientée davantage vers les solutions (2), ainsi que la déclinaison des

---

81. S. Maljean-Dubois et M. Wemaere, *op. cit.*
82. K. De Pryck, «Controversial Practices: Tracing the Proceduralization of the IPCC in Time and Space», *op. cit.*
83. *Ibid.*

connaissances à une échelle territoriale locale et/ou les approches systémiques et intégrées, notamment à travers les sciences du système Terre (3).

1. Politiser les problèmes au sein du GIEC

Au-delà des propositions de réformes institutionnelles [84], comment aménager une structure d'expertise plus interdisciplinaire, qui puisse aider démocratiquement à l'élaboration de politiques climatiques cohérentes aux niveaux national et supranational, tout en « réduisant la capacité des acteurs en place à façonner la politique et les politiques climatiques à leur avantage » [85] ?

Politiser les débats au sein du GIEC aurait le mérite de tenir compte d'une réalité géopolitique qui se joue d'ores et déjà au sein même de l'institution. En effet, l'équilibre géographique des Etats et ses conséquences sur l'approbation des SPM [86] ou plus largement sur les processus de réception des AR au sein du régime juridique est déjà présent dans le processus de négociation, puisque

> « les rapports du GIEC, et en particulier leurs SPM résultent, eux aussi, de compromis négociés tout au long du processus d'évaluation et reflètent un équilibre subtil entre ce qui est jugé « scientifiquement » et « politiquement » acceptable par les auteur·es, membres du Bureau et déléguées » [87].

Ainsi, lors de la COP de Poznan en 2018, après avoir entravé l'adoption du Rapport spécial du GIEC sur les conséquences d'un réchauffement planétaire de 1,5 °C (SR15), la délégation de l'Arabie saoudite a refusé, avec les Etats-Unis, la Russie et le Koweït, de l'« accueillir » et insisté pour que la CCNUCC en prenne seulement « note », alors même que la COP l'avait commandé.

L'importance croissante des trajectoires *(pathways)* dans les rapports du GIEC va également dans le sens d'une ouverture socio-économique permettant une politisation des débats internes. L'AR6 ne se fonde plus seulement sur les RCP – *Representative Concentration Pathways* – des trajectoires d'évolution des émissions et des concentrations des GES et des aérosols, nommés selon le forçage radiatif à horizon 2100, dont les faiblesses sont démontrées pour

---

84. Voir la théorie des institutions épistémiques qui suggère que le GIEC devrait être intégré dans une plus large mesure à la CCNUCC, T. Meyer, « Ch.20 Institutions and Expertise : The Role of Science in Climate Change Lawmaking », dans K. R. Gray, R. Tarasofsky et C. P. Carlarne (dir. publ.), *The Oxford Handbook of International Climate Change Law*, Oxford, Oxford University Press, 2016, p. 441-463.
85. Notre traduction d'A. Lucas, « Risking the Earth Part 2 : Power Politics and Structural Reform of the IPCC and UNFCCC », *Climate Risk Management*, 31, 2021, p. 1.
86. Sur le détail de la négociation des SPM, voir K. de Pryck, « Intergovernmental Expert Consensus in the Making : The Case of the Summary for Policy Makers of the IPCC 2014 Synthesis Report », *Global Environmental Politics*, 21 (1), 2021, p. 108-129.
87. K. de Pryck, « Négocier la science du climat », *op. cit.*, paragraphe 7.

donner du sens au monde face au défi climatique[88], mais également sur les SSP – *Shared Socioeconomic Pathways* – ou trajectoires socio-économiques de référence. Ces dernières permettent d'explorer différentes évolutions possibles des sociétés humaines et leur implication pour le climat. La dimension politique se fait une place car ces *scenarii* prennent en compte l'incertitude liée aux futures activités humaines et éclairent les décisions des Etats et plus largement des sociétés[89]. Les résultats des scénarios de l'AR6 appellent à une action immédiate pour l'adaptation et l'atténuation. Toutefois, la réception du rapport lors de la COP26 à Glasgow suite à la publication du groupe I n'a pas changé substantiellement la teneur des débats onusiens. La première mention de la nécessité de supprimer les énergies fossiles dans la décision de la COP26[90] peut être interprétée comme une conséquence de l'importance croissante des SSP et des causes du changement climatique, désormais clairement visées dans les rapports du GIEC.

2. Une expertise orientée vers la construction de solutions ?

L'impossibilité que les énoncés du GIEC soient *policy relevant but not policy prescriptive* est bien démontrée en science sociales. En effet, les énoncés scientifiques sont, par nature, déjà empreints de représentation politique, culturelle, économique. Ce constat d'une coproduction science-politique et droit permet de faire sauter le verrou épistémologique supposant l'indépendance absolue de la science et le caractère hermétique de ses énoncés avec les questions politiques et juridiques. Sur la base de ce constat, orienter l'expertise du GIEC vers des solutions passerait par plusieurs changements.

Une nouvelle pondération des disciplines serait nécessaire, alors qu'aujourd'hui le premier groupe est constitué de scientifiques du climat, des océans, de la végétation, de la glace, etc.; le deuxième groupe rassemble des géographes, hydrologues, biologistes, écologues; dans le troisième groupe, les économistes jouent un rôle prépondérant, les politistes sont présents et les juristes ont intégré les travaux à partir de l'AR6. La porosité des trois groupes a déjà été démontrée sur la base d'une analyse des réseaux d'acteurs[91]. Les

---

88. S. Jasanoff, «Science and Technology Studies», 2015, *op. cit.*, p. 45.
89. Parmi les *scenarii*, certains ont été contraints par l'atteinte d'un objectif climatique («scénarios de transition»), alors que d'autres ne l'ont pas été («scénarios de référence»).
90. Décision 1/CMA. 3, *Pacte de Glasgow pour le climat*, p. 5, qui propose très prudemment d'«accélérer les efforts destinés à cesser progressivement de produire de l'électricité à partir de charbon sans dispositif d'atténuation et à supprimer graduellement les subventions inefficaces aux combustibles fossiles».
91. Pour une analyse des trajectoires et des discours d'acteurs au sein du GIEC dans une perspective historique et la mise en avant des effets de décloisonnement provoqués par ceux-ci, T. Venturini, K. De Pryck et R. Ackland, «Bridging in Network Organisations. The Case of the Intergovernmental Panel on Climate Change (IPCC)», *Social Networks*, 2022, 10.1016/j.socnet.2022.01.015.

anthropologues et les philosophes pourraient être amenés à y jouer un rôle croissant si la société opère la mutation nécessaire de ses activités et de ses valeurs pour faire face à la crise climatique et écosystémique qui menace sa survie à moyen terme. Concentrer les travaux sur les solutions réalisés au sein des groupes II et III dans les AR permettrait de mettre à disposition des bonnes pratiques dont les impacts positifs auraient été validés à l'échelle du GIEC.

Actant la fin du modèle linéaire susmentionné, l'expertise pourrait répondre plus directement aux besoins des « utilisateurs » et être plus opérationnelle (*actionable* en anglais)[92]. Ce nouveau mode de production des savoirs est déjà questionné, notamment sous l'angle de la pluralité des connaissances et des pratiques – celles des peuples autochtones et des savoirs locaux[93] – et sur la possibilité d'identifier et de s'adapter à leurs impacts. Ceci suppose d'ouvrir largement la manière même de faire la science et de la communiquer, en accueillant une pluralité de représentations et d'épistémologies, à rebours de l'auto-perception cohérente, universelle et hégémonique de la science, qui a été favorisée depuis le siècle des Lumières. La science, orientée dans un but opérationnel, bénéficierait-elle d'une meilleure « acceptabilité »? Une première étape pourrait consister à mettre en débat les options qui sont sur la table et dont les bénéfices et risques sont synthétisés dans les AR et SR[94], ou de publier des annexes de listes d'activités bénéfiques ou compatibles avec l'atténuation et l'adaptation nécessaires, ou encore des méthodologies de prise en compte des effets sur le climat à destination des acteurs publics et privés (par exemple, évaluation climat du budget des collectivités, etc.).

3. Articuler les approches systémiques globales et la déclinaison des connaissances scientifiques au niveau local

A partir de l'AR5, le GIEC est traversé par une double tendance de transformation du rapport à la science du climat: une nécessité de décliner les connaissances à une échelle territoriale, notamment autour de l'adaptation, et une hyper-globalisation de l'approche du problème, à l'aune du concept d'anthropocène[95]. Quelle forme doit prendre le récolement des connaissances territoriales et la restitution d'énoncés généraux sur les possibilités pour les territoires de développer leur stratégie propre de neutralité carbone, tenant compte des vulnérabilités, opportunités et terrains socio-économiques, culturels, industriels et juridiques propres? On pourrait ici imaginer des GIEC locaux qui feraient valider leurs synthèses des connaissances par

---

92. A. Dahan et H. Guillemot, *op. cit.*, p. S15.
93. J. D. Ford *et al.*, « Including Indigenous Knowledge and Experience in IPCC Assessment Reports», *Nature Climate Change*, vol. 6, 2016, n° 4, p. 349-353.
94. A. Lucas, « Risking the Earth Part 2 : Power Politics and Structural Reform of the IPCC and UNFCCC», *Climate Risk Management*, 31, 2021.
95. A. Dahan et H. Guillemot, *op. cit.*, p. S10 et S14.

l'institution mondiale. Les groupes d'experts sur le climat institutionnalisés dans de nombreuses régions, ou au niveau national – comme en France le Haut Conseil pour le Climat – pourraient jouer ce rôle. Le GIEC pourrait également organiser en interne des groupes d'auteurs compétents sur les déclinaisons territoriales des causes et impacts des changements climatiques. Le cas échéant, les inégalités de niveaux de connaissances ou/et les difficultés d'accès libre à celles-ci, y compris l'obstacle de la langue anglaise, constitueraient certainement un obstacle à surmonter. Le GIEC est ici confronté à une réalité plurielle de connaissances sur les changements climatiques qui vont bien au-delà de celles qu'il intègre à titre principal, comme les connaissances locales et autochtones. Cette réforme solliciterait la capacité du GIEC à les synthétiser pour rendre une expertise utile territorialement.

Dans le sillon de l'approche hyper-globalisante, les notions prépondérantes dans les AR reflètent une compréhension intégrée et systémique des problèmes et des impacts. Ainsi les approches écosystémiques, les concepts issus des sciences du système Terre, comme les *tipping points*, les services climatiques [96] ou les limites planétaires [97], gagnent en importance dans les rapports du GIEC. D'autres notions propres à des approches systémiques ont également leur importance comme les solutions fondées sur la nature, nées lors des négociations climatiques à propos des forêts et de l'adoption de la REDD+, qui ont ensuite été reprises par de nombreuses enceintes d'expertise, comme l'UICN [98]. Ces éléments de réforme alimentent la réflexion autour d'une question importante pour les développements du droit international : que devrait contenir le prochain rapport du GIEC, dès lors que tous les acteurs du processus décisionnel politique et juridique sont désormais conscients de l'urgence d'agir ?

B. Quelle réforme du nexus GIEC/régime juridique international ?

Et si, en même temps qu'une réforme de l'expertise, c'était une réforme du droit qu'il fallait envisager pour changer le nexus droit-science ? L'objectif n'est pas de déconstruire l'architecture normative actuelle, dont la flexibilité, le principe de progression dans le temps et les garanties d'une coopération fondée sur l'expertise du GIEC sont des éléments indispensables au maintien d'une compréhension partagée du problème et à la mise en œuvre

---

96. L'objectif étant d'établir ces services climatiques dans les PED pour les aider à s'adapter et à se protéger contre les évènements climatiques extrêmes. La télédétection et les outils numériques de monitoring de la Terre, exposés lors des COP montent en importance.
97. J. Rockström, W. Steffen et K. Noone *et al.*, «A Safe Operating Space for Humanity», *Nature*, 2009, 461, p. 472-475.
98. Voir les développements *supra* sur l'effet de défragmentation par l'expertise, paragraphe 2 A.

de solutions à l'échelle mondiale, et qui connaît une certaine effectivité. Toutefois, deux éléments de réforme présentent des enjeux particuliers. Premièrement, la multiplication des espaces de mise en débat des solutions sous l'impulsion de la CCNUCC est une voie envisageable, en réunissant des parties prenantes comme elles le font déjà spontanément dans les cercles *off* et *frange* des COP[99], en assurant une coordination des initiatives sectorielles et thématiques, en allant au-delà de la référence à la globalité des impacts. C'est déjà le rôle des dialogues qui se mettent en place sous l'égide des COP, par exemple les dialogues techniques du bilan mondial sur différents thèmes (atténuation, adaptation, moyens de mise en œuvre et support financier)[100]. Dans la dynamique *bottom-up* de l'Accord de Paris, des *fora* d'échange de bonnes pratiques sur des techniques secteur par secteur pourraient être organisés, dans le but de promouvoir un apprentissage collectif. Le processus de négociation pourrait être décliné à des échelles plus locales sur certains sujets, notamment l'adaptation. Comme le dit S. Jasanoff,

> «si, au lieu de considérer les modèles comme des machines à produire de la vérité, on les utilise comme des machines à apprendre collectivement, tout peut changer. Les modèles sont alors essentiels pour construire des futurs possibles et analyser leurs conditions de possibilité. Mais ce faisant, on voit très vite les limites de la modélisation globale car les conséquences du changement climatique sont très différentes selon les situations»[101].

L'objectif serait ainsi de produire des connaissances utiles, générées politiquement[102], et inscrites dans le droit pour les mettre à disposition de tous les acteurs, selon un processus d'apprentissage de trajectoires socio-économiques décarbonées[103]. Au contraire, aller vers une *scientification* accrue du droit pour légitimer les décisions à venir n'aurait pas de sens, puisque «the value-laden questions inherent in much health and environmental risk regulation are

---

99. S. Aykut et C. Pavenstädt *et al.*, «Circles of Climate Governance. Power, Performance and Contestation at the UN Climate Conference COP26 in Glasgow», CSS Working paper Series, WP n° 4, février 2022, p. 24.
100. GST. TD, Summary Report.1, Summary Report on the First Meeting of the Technical Dialogue of the First Global Stocktake under the Paris Agreement, 2022, https://unfccc.int/topics/global-stocktake/components-of-the-gst/technical-dialogues-of-the-first-global-stocktake.
101. S. Jasanoff et P. B. Joly, *op. cit.*, p. 459.
102. D. Compagnon et W. Cramer, «The IPCC Experience and Lessons for IPBES», dans M. Hrabansky et D. Pesche (dir. publ.), *The Intergovernmental Platform on Biodiversity and Ecosystem Services (IPBES): Meeting the Challenges of Biodiversity Conservation and Governance*, Routledge, 2016, p. 71-87.
103. Sur la fonction d'apprentissage des nouveaux nexus expertise-droit, voir la contribution d'Ellycia Harrould-Kolieb sur le *Technical Expert Review*. D. Compagnon et S. Bernstein, «Nondemarcated Spaces of Knowledge-Informed Policy Making: How Useful is the Concept of Boundary Organization in International Relations», *Review of Policy Research*, 34 (6), 2017, p. 812-826.

thereby delegated to a body of knowledge whose claims to authority rest on its very lack of normative content » [104].

Le deuxième élément de réforme du nexus GIEC-droit concerne l'évolution nécessaire du droit international pour anticiper les risques de long terme et l'irréversibilité des impacts. Trois exemples illustrent cette nécessité. Tout d'abord, le recours croissant dans les discours politiques aux technologies d'émissions négatives, présentes dans les rapports du GIEC, notamment la *Bioenergy Carbone Capture and Storage*, devrait être débattu dans l'enceinte onusienne sur le climat, ainsi que la géoingénierie [105]. Comment le droit international, dépourvu de règles spécifiques sur ces techniques très hétérogènes et controversées [106], va-t-il permettre aux acteurs de débattre de l'opportunité d'appliquer des mesures de précaution ou de prévention à l'égard de ces techniques ? Le second exemple est la capacité pour le droit d'anticiper les conséquences du dépassement *(overshoot)*, c'est-à-dire ne pas être parvenu à respecter la limite des 2°C. De manière plus générale, le droit international actuel appréhende mal l'irréversibilité des impacts. La place des points de bascule *(tipping points)* dans les connaissances modélisées actuelles et les effets d'emballement décrits appellent pourtant à considérer de toute urgence ces points de bascule dans leur dimension juridique.

Paragraphe 2   **La possibilité pour le GIEC de participer à la défragmentation du droit**

L'hypothèse posée ici est celle d'une expertise du GIEC qui permet de défragmenter la gouvernance internationale [107] du climat

---

104. J. Peel, « Risk Regulation Under the WTO SPS Agreement : Science as an International Normative Yardstick ? », *Jean Monnet Working Paper* 02/04, 2004

« L'ironie, cependant, est que les questions de valeur inhérentes à une grande partie de la réglementation des risques sanitaires et environnementaux sont de ce fait déléguées à un corps de connaissances dont les prétentions à l'autodétermination reposent sur son absence même de contenu normatif. »

105. Le terme « géoingénierie » vise les technologies d'application planétaire : *Solar Radiation Management*, la fertilisation des océans. Les techniques de capture et stockage du carbone *(Carbon Dioxide Removal, CDR)*, le *Direct Air Capture*, le captage et stockage du CO_2 (CCS), le boisement-reboisement, les techniques de séquestration du carbone dans les sols ou dans l'océan, dont le déploiement est localisé, mais peut être réalisé en de nombreux points du globe, sont plus avancées en recherche et développement. Comme la géoingénierie, elles peuvent avoir des impacts négatifs à l'échelle internationale, sur le système climatique lui-même (fuite de carbone après stockage dans le sol ou le sous-sol, *on shore* ou *off shore*) et sur le temps long (modification des processus naturels planétaires, pollutions transfrontières).

106. F. Biermann *et al.*, « Solar Geoengineering : The Case for an International Non-Use Agreement », *WIREs Climate Change*, 2022, disponible en ligne sur https ://wires.onlinelibrary.wiley.com/doi/10.1002/wcc.754.

107. En science politique, F. Biermann *et al.*, « The Fragmentation of Global Governance Architectures : a Framework for Analysis », *Global Environmental Politics*, 2009, p. 19. En droit international, parmi bien d'autres sources, CDI, *Fragmen-*

dans un sens qui renforcerait la mise en œuvre du régime juridique. Les collaborations du GIEC avec d'autres groupes d'experts constituent des « leviers opérationnels »[108] capables de diffuser une compréhension commune des problèmes et des solutions, forces de décloisonnement horizontal entre les branches du droit international (A). La diffusion du contenu des rapports et de leurs messages clés, par les SPM surtout, a des effets d'interaction entre les échelles globale, régionales, nationales et transnationales (B).

A. Décloisonnement horizontal du droit international par la collaboration entre le GIEC et d'autres groupes d'experts

Le GIEC peut contribuer à renforcer la mise en œuvre du droit international en participant à sa défragmentation, comme il a commencé à le faire à travers le rapport conjoint publié avec l'IPBES en 2019[109]. Ce rapport est l'expression la plus aboutie d'une collaboration de plus longue date sur les liens entre climat et biodiversité. Plusieurs propositions consistant à rapprocher ces instances par le biais des Secrétariats ou des bureaux respectifs existent[110]. Sous la pression de l'urgence climatique et de celle que représente l'érosion de la biodiversité, l'IPBES et le GIEC soulignent dans ce rapport le caractère intégré des processus physico-chimiques propres aux changements climatiques et à l'érosion de la biodiversité. Ils établissent une hiérarchie des cinq facteurs directs de changements affectant le plus la nature à l'échelle mondiale. Les changements climatiques arrivent en troisième position, derrière les changements d'usage des terres et de la mer et l'exploitation directe de certains organismes. Il est souligné, toutefois, que l'impact des changements climatiques pourrait progresser au cours des décennies à venir et pourrait être de nature à dépasser le premier impact identifié, soit celui relatif au changement d'usage des terres et de la mer. Le rapprochement des deux plateformes d'expertise, dont la première a influencé la constitution de la seconde[111], même s'il se résume pour l'instant à un rapport unique, marque

---

tation du droit international: difficultés découlant de la diversification et de l'expansion du droit international, Rapport du Groupe d'étude de la Commission du droit international, A/CN.4/L.702, ONU, 28 juillet 2006. A. Gattini, « Un regard procédural sur la fragmentation du droit international », *RGDIP*, 2006, p. 303-336 ; B. Conforti, « Unité et fragmentation du droit international : glissez, mortels, n'appuyez pas ! », *RGDIP*, vol.1, 2007, p. 5-18.
  108. S. Maljean-Dubois et D. Pesche, « Introduction », dans S. Maljean-Dubois (dir. publ.), *Circulations de normes et réseaux d'acteurs dans la gouvernance internationale de l'environnement*, nouvelle édition (en ligne). Aix-en-Provence : DICE Editions, 2017, p. 26, disponible sur http://books.openedition.org/dice/2585.
  109. UNEP/IPBES/7, 2017.
  110. Par exemple, Biodiversity Convention, Technical Series n° 89, « Lima Declaration on Biodiversity and Climate Change. From Science to Policy for Sustainable Development », 2017.
  111. D. Compagnon et W. Cramer, *op. cit.*

la possibilité d'un décloisonnement renforcé des deux branches du droit international par le dialogue et la circulation des experts et des normes [112]. Dans une perspective différente, les rapports de l'UICN jouent également ce rôle de défragmentation du droit international par l'expertise. En tant qu'organisation observatrice et parfois partenaire, l'UICN assume aussi les fonctions de secrétariat de la Convention de Ramsar sur les zones humides d'importance internationale et participe au suivi de l'application des traités, y compris du régime juridique du climat. Dans ce cadre, le Manifeste de Marseille [113] porte le message de 1 500 Etats, agences gouvernementales, ONG et organisations de peuples autochtones Membres et souligne la nécessité d'une action collective efficace en matière climatique. De manière plus ciblée, l'UICN a passé commande informelle au GIEC pour produire un rapport spécial sur les questions océaniques en 2016 [114], doublant sa demande à l'IPBES pour rapprocher les expertises internationales. Après chaque décision de la COP sur le climat, l'UICN rend public un document de position et reprend les rapports du GIEC pour justifier celle-ci. On peut enfin noter les contributions directes de l'UICN au processus d'élaboration des rapports du GIEC [115] qui favorisent cette défragmentation horizontale.

De nombreux groupes d'experts propres à d'autres régimes juridiques internationaux peuvent collaborer avec le GIEC et favoriser ainsi le décloisonnement horizontal entre les domaines, comme évoqué dans cet ouvrage à propos du groupe d'experts du droit international de protection de la couche d'ozone [116].

B. Interactions multi-échelles par la diffusion des messages clés du GIEC

L'expertise du GIEC s'est progressivement imposée comme référentiel dans de nombreuses enceintes politiques et juridiques pour légitimer l'action climatique et dans les contentieux nationaux sur la question, favorisant ainsi des interactions d'échelles.

---

112. S. Maljean-Dubois, *Circulations de normes et réseaux d'acteurs dans la gouvernance internationale de l'environnement, op. cit.*
113. UICN, Manifeste de Marseille, 10 septembre 2021, *f.*
114. UICN, *Renforcer la prise en compte de l'océan dans le régime climatique*, Congrès mondial de la Nature, septembre 2016, *c)* Produire un état des lieux scientifique et socio-économique sur l'océan et les changements climatiques, notamment par le biais d'un Rapport spécial du GIEC sur l'océan et d'une évaluation dédiée à l'océan par l'IPBES.
115. Par exemple pour l'AR6 WGII, Déclaration conjointe des Commissions de l'UICN, WG II Contribution to the 6th Assessment Report of the IPCC Joint Statement by IUCN Commissions, 9 mars 2022, disponible sur https://www.iucn.org/sites/default/files/content/documents/2022/commissionsjointstatement.ipccreport.pdf.
116. Renvoi C. Malwé, cet ouvrage.

1. L'expertise du GIEC comme référentiel commun à de nombreux acteurs publics et privés

Le contenu des rapports du GIEC, particulièrement depuis l'AR 5 et via les SPM, est largement relayé par de larges cercles d'acteurs publics et privés à différentes échelles. Dans les déclarations et les documents publiés, les acteurs s'y réfèrent et indexent souvent leur propos aux définitions posées dans les AR, à l'établissement des faits scientifiques (y compris en reproduisant les schémas des AR) et aux éléments clés que le GIEC formule. Au sein du système des Nations Unies par exemple, cette circulation des références aux rapports du GIEC se manifeste bien au-delà des institutions spécialisées en environnement [117]. Plus largement, nombre de politiques et sommets internationaux (G7, G20, Forum des économies majeures sur l'énergie et le climat [118]) se réfèrent au GIEC [119]. De même, au sein de la société civile, de nombreux acteurs indexent leur propos sur les recommandations du GIEC. Un phénomène de circulation des rapports du GIEC se manifeste aussi dans une gouvernance climatique polycentrique et transnationalisée [120]. Ce constat d'une climatisation [121] des agendas publics et privés par la circulation des références au GIEC, reflète une compréhension commune du problème et garantit l'accès à une connaissance fiable sur le plan scientifique, à l'heure où les enjeux économiques croissants autour du climat ne font que tendre les rapports entre les acteurs à toutes les échelles. Cette référence aux rapports du GIEC est particulièrement visible dans les contentieux climatiques actuels.

2. Les références à la science dans les procès climatiques

La judiciarisation croissante des questions climatiques [122], en Europe depuis la décision *Urgenda* rendue par le Tribunal de première instance de La Haye aux Pays-Bas en 2015, prend des formes variées de mise en demeure des Etats et des acteurs privés, comme dans l'Affaire du siècle ou dans l'affaire

---

117. UNDP, *Human Development Report 2021-2022*, World Health Organization, *Review of IPCC Evidence 2022, Climate Change, Health, and Well-Being.*
118. Par exemple, G7, communiqués publiés en 2022, G20, Bali Leader's Declaration, 15-16 novembre 2022.
119. PNUE, *Rapport sur l'écart entre les besoins et les perspectives en matière d'adaptation aux changements climatiques*, Adaptation Gap Report 2022.
120. S. Aykut et C. Pavenstädt *et al.*, *op. cit.*; K. Cook, «Judging "Best Available Science": Emerging Issues and the Role of Experts», *Journal of International Dispute Settlement*, vol. 9, 2018, n° 3, p. 388-400.
121. S. C. Aykut, J. Foyer et E. Morena, *Globalising the Climate. COP21 and the Climatisation of Global Debates,* Routledge, 2017, voir note 122 ce chapitre.
122. S. Maljean-Dubois, «Climate Change Litigation», *Max Planck Encyclopedia of International Procedural Law*, 2019; C. Cournil, *Les grandes affaires climatiques*, éd. DICE, Confluences des droits, 2020, en ligne: https://dice.univ-amu.fr/sites/dice.univ-amu.fr/files/public/2233-duthoit.pdf.

Shell[123]. Même si peu de requêtes en justice donnent lieu à des décisions favorables aux demandeurs, la pression exercée sur les acteurs publics et privés est réelle. Au-delà du symbole, il s'agit d'un levier de renforcement de la mise en œuvre du droit international du climat. La référence aux rapports du GIEC (SPM, schémas, *scenarii*) est quasi systématique dans les argumentaires des ONG ou des collectivités territoriales plaignantes[124], comme des parties défenderesses. L'appui sur les rapports du GIEC est destiné à faire valider des données et connaissances mobilisées et à proposer un étalon de mesure pour le juge. Véritable outil de judiciarisation de la question climatique, l'expertise du GIEC constitue aussi un référentiel dans le dialogue des juges qui s'en suit. Si les connaissances climatologiques sont communément mobilisées au procès, d'autres connaissances en économie ou en socio-politique sont pour l'heure davantage invoquées par les demandeurs. L'irréversibilité des impacts y compris économiques pourraient générer des argumentaires très ambitieux à venir.

SECTION 3 **CONCLUSION**

Le nexus GIEC-droit international du climat a permis l'émergence d'une communauté épistémique globale, partageant une représentation commune des changements climatiques[125]. La science et l'expertise du GIEC ont joué un rôle moteur dans la construction du régime juridique international, légitimant la prépondérance des enjeux d'atténuation. L'appui du droit sur la science a conduit à fixer des objectifs à long terme à l'échelle universelle, comme catalyseur de l'ambition des mesures d'atténuation, et comme étalon de mesure du relèvement progressif des engagements des Etats. Il n'a pas permis, en revanche, de faciliter la décision politique sur la distribution équitable des efforts d'atténuation et les financements. L'hybridation croissante entre les processus décisionnels du GIEC et de la CCNUCC est patente, tant dans l'analyse du cadrage des changements climatiques comme problème de pollution globale, dépolitisé et impersonnel, qui demeure la représentation centrale en droit international, que dans la similarité des langages employés. Les stratégies d'évitement de normes juridiquement contraignantes et le déni

---

123. Tribunal administratif de Paris, jugement du 14 octobre 2021, http://paris.tribunal-administratif.fr/content/download/184990/1788790/version/1/file/1904967BIS.pdf; Tribunal de la Haye, *Pays-Bas Milieudefensie* et al. *c. Shell*, 26 mai 2021.
124. M. Burger et J. Wentz, «Holding Fossil Fuel Companies Accountable for Their Contribution to Climate Change: Where Does the Law Stand?», *Bulletin of the Atomic Scientists*, vol. 74, 2018, n° 6, p. 397-403.
125. B. Cointe, «La construction des trajectoires de 1.5°C de réchauffement et leur difficile traduction en objectifs politiques», *op. cit.*, p. 29.

des causes humaines du problème du climat dans le droit ont longtemps été justifiés par les incertitudes scientifiques. A l'heure de l'AR6, avec la prise en compte croissante des sciences sociales au sein du GIEC, de la réflexivité qu'il offre désormais au droit international sur les outils existants, plusieurs dynamiques de réformes sont possibles. Outre les transformations internes au GIEC, les évolutions du nexus GIEC-droit offrent des perspectives de mise en débat et d'apprentissage collectif ciblées sur les solutions, ainsi que d'intégration des connaissances utiles à l'élaboration de plans de transformations territorialisés. Ceci suppose que le droit international bénéficie des défragmentations horizontale et verticale déjà à l'œuvre, permettant de renforcer sa mise en œuvre. L'absence de prise en considération du caractère irréversible des changements climatiques *(tipping points)* et de leurs impacts pose un défi immense au droit international et interroge sa capacité à impulser des approches de précaution et à décliner sa force d'impulsion aux échelles régionales, nationales et infra-nationales.

5 | L'ambition de et dans l'Accord de Paris

Camila Perruso*

L'ambition est une notion clé de l'Accord de Paris, tant en ce qui concerne l'esprit de ce dernier, que les moyens y consacrés pour le mettre en œuvre. La société internationale s'est félicitée de l'ambition de cet instrument et des objectifs qu'il a établis [1]. Alors qu'il est mis à l'épreuve par l'urgence climatique, la société civile mondialisée pousse à ce qu'il devienne encore plus ambitieux [2]. En effet, les scientifiques, et notamment les rapports du GIEC, ne cessent de montrer que les impacts négatifs d'origine anthropique sur le climat mondial sont sans équivoque et que la concentration croissante de gaz à effet de serre (GES) dans l'atmosphère terrestre entraîne « des changements rapides et étendus dans l'atmosphère, les océans, la cryosphère et la biosphère » [3]. La crise climatique tendra dès lors à s'aggraver si les émissions de GES provenant des activités humaines continuent à croître ou se maintiennent aux niveaux actuels [4]. Ce constat met en évidence le principal défi auquel l'humanité est confrontée dans la lutte contre les changements climatiques : une réduction ambitieuse (et la plus rapide possible) des émissions de GES afin de limiter le réchauffement de la Terre nettement en dessous de 2 °C, voire 1,5 °C, d'ici la fin du XXIe siècle [5]. Cet objectif de limitation de l'augmentation de la température

---

*Maîtresse de conférences à l'Université Paul-Valéry Montpellier 3, membre de l'ART-Dev.

1. D. Bodansky, « The Paris Climate Change Agreement : A New Hope ? », *The American Journal of International Law*, vol. 110, n° 2, 2016, p. 289.

2. Comme l'expriment par exemple les « marches pour le climat » qui se sont multipliées à l'appel du mouvement mondial « Rise for Climate », les grèves scolaires de lycéens relayées par le réseau transnational « Youth for Climate », sans compter les nombreux contentieux nationaux qui émergent, portés ou soutenus par des ONG visant à pousser les Etats et entreprises à se conformer à l'objectif général de l'Accord de Paris de réduction des GES. Voir C. Cournil (dir. publ.), *Les grandes affaires climatiques*, Aix-en-Provence : DICE Editions, 2020, disponible sur http://books.openedition.org/dice/10943.

3. GIEC, « Résumé à l'intention des décideurs », *Changement climatique 2021 : les bases scientifiques physiques*, Contribution du Groupe de travail I au sixième Rapport d'évaluation du Groupe d'experts intergouvernemental sur l'évolution du climat, 2021, A.1, disponible sur https://www.ipcc.ch/report/ar6/wg1/downloads/report/IPCC_AR6_WG1_SPM_French.pdf, dernier accès le 16 décembre 2022.

4. *Ibid.*

5. S'appuyant sur les conclusions du GIEC, le Pacte de Glasgow pour le climat reconnaît que les conséquences des changements climatiques seront bien plus modérées à 1,5 °C qu'à 2 °C et appelle à poursuivre les efforts pour maintenir les températures

de la planète est juridiquement formalisé dans l'article 2.1 *(a)* de l'Accord de Paris, qui compte comme Parties 193 Etats et l'Union européenne, engagés à réduire de manière continue et croissante leurs émissions de GES.

C'est ainsi que l'Accord de Paris adopté en 2015 constitue un tournant majeur dans la lutte contre les changements climatiques, non seulement en raison de son contenu, mais aussi parce qu'il institutionnalise l'ambition comme un nouveau paradigme d'action globale pour la lutte climatique. En effet, l'une des principales raisons pour lesquelles il a été possible de fixer une limite de température c'est que dans l'Accord de Paris le terrain de l'ambition a été élargi. Les trois piliers de l'Accord que sont l'atténuation, l'adaptation et le soutien (financement, technologie et renforcement des capacités) ont été mis sur un même pied d'égalité, contribuant à associer dans ce traité les demandes des pays en développement. En effet, alors que les pays développés soutenaient que l'Accord devait être centré sur l'atténuation, faisant valoir que l'objectif à long terme devait consister à fixer la limite de température et préciser les implications de cette limite pour la réduction des émissions mondiales de GES, les pays en développement souhaitaient que les attentes en matière d'atténuation s'accompagnent d'un soutien accru et que celui-ci constitue un pilier de l'instrument, à côté de l'atténuation et de l'adaptation [6].

C'est en raison de l'absence de consensus sur la poursuite du Protocole de Kyoto à l'occasion de la COP15 qui s'est tenue à Copenhague en 2009, que le processus de l'Accord de Paris s'est dynamisé. En effet, il était politiquement irréalisable de maintenir un instrument multilatéral avec des objectifs de réduction des émissions et un calendrier de mise en œuvre négociés multilatéralement par les Etats avec un suivi détaillé, selon un modèle descendant de définition des obligations [7]. Après Copenhague, la priorité politique des négociateurs a été celle de faciliter l'adhésion volontaire du plus grand nombre d'Etats aux termes d'un nouvel accord sur le climat – même si cela impliquait des changements structurels dans l'approche à suivre par rapport au Protocole de Kyoto.

La négociation qui devait aboutir à la conclusion de l'Accord de Paris a été conçue et menée de façon précautionneuse afin d'éviter un nouvel échec diplomatique qui, compte tenu de la gravité de la crise climatique et de l'incapacité de la CCNUCC à proposer des solutions efficaces pour réduire les

---

sous cette cible basse. L'objectif le plus ambitieux de l'Accord de Paris fait à la COP 26 l'objet d'un plus large consensus qu'en 2015. CMA, «Pacte de Glasgow pour le climat», 1/CMA.3, 31 octobre 2021.

6. L. Rajamani et E. Guérin, «Central Concepts in the Paris Agreement and How They Evolved», dans D. Klein *et al.* (dir. publ.), *The Paris Agreement on Climate Change : Analysis and Commentary*, Oxford, Oxford University Press, 2017, p. 74.

7. N. Dubash et L. Rajamani, «Beyond Copenhagen: next steps», *Climate Policy*, vol. 10, 2010, p. 593-599; S. Lavallée et S. Maljean-Dubois, «L'Accord de Paris: fin de la crise du multilatéralisme climatique ou évolution en clair-obscur?», *Revue juridique de l'environnement*, 2016, 1, p. 19-36.

émissions de GES, aurait pu représenter l'effondrement du système onusien fondé sur le modèle de coopération multilatérale [8]. Les négociations qui ont conduit à l'Accord de Paris ont été lancées lors de la COP17 en 2011. Dans ce contexte, le Groupe de travail sur la Plateforme de Durban pour une action renforcée a été créé, avec pour mandat l'élaboration d'un instrument juridique avec une application à partir de 2020, impliquant les pays développés et en développement [9]. L'objectif prioritaire du groupe était de garantir la participation du plus grand nombre possible d'Etats au nouvel accord. Dès 2013, lors de la Conférence de Varsovie (COP19), toutes les Parties à la CCNUCC ont été sollicitées pour soumettre des contributions dites intentionnelles déterminées au niveau national (INDC) [10]. Les INDC ont permis de tester la forme des obligations de réduction des émissions de GES du futur accord sur le climat; elles étaient volontaires et le format de la soumission de ces documents était laissé à la discrétion de chaque Etat. Cette flexibilité donnée aux Etats dans le cadre de l'adoption leurs INDC a été essentielle pour qu'ils arrivent à Paris prêts à signer le traité, car celui-ci validerait leurs propres engagements nationaux en tant que propositions acceptables pour l'action climatique, sans en discuter le niveau d'ambition [11].

Tout ce processus a conduit les négociateurs de Paris à façonner des solutions créatives afin de surmonter les entraves des négociations de la CCNUCC, voire les contourner, en vue de construire un consensus [12]. Le texte de l'Accord de Paris présente plusieurs caractéristiques: il est global et un socle restreint d'obligations s'applique à tous les Etats. Il a dépassé le clivage entre Etats développés et en développement sur lequel reposait le Protocole de Kyoto, en faveur d'une approche plus souple qui tient compte de l'évolution de la situation et des capacités de chaque Etat, dont les obligations sont mises en œuvre selon les contextes nationaux, à partir d'une logique d'autodifférenciation [13].

L'Accord de Paris est composé essentiellement d'obligations procédurales au détriment d'obligations substantielles. Cette approche n'est pas méconnue

---

8. R. Dimitrov, «The Paris Agreement on Climate Change: Behind Closed Doors», *Global Environmental Politics*, vol. 16, n° 3, 2016, p. 1-11.
9. CCNUCC, Rapport de la Conférence des Parties, dix-septième session, Addendum Partie 2: «Mesures prises par la Conférence des Parties à sa dix-septième session», CCC/CP/2011/9/Add.1, Durban, du 28 novembre au 11 décembre 2011, 2012.
10. CCNUCC, «Moyens de poursuivre la mise en œuvre de la plateforme de Durban», décision 1/CP19, 11 novembre 2013, paragraphe 2. *b)*.
11. R. Keohane et M. Oppenheimer, «Paris: Beyond the Climate Dead End through Pledge and Review?» *Politics and Governance*, vol. 4, n° 3, 2016, p. 146.
12. H. Van Asselt *et al.*, «Maximizing the Potential of the Paris Agreement: Effective Review in a Hybrid Regime», *Stockholm Environment Institute Discussion Briefs*, Stockholm Environment Institute, 2016.
13. S. Maljean-Dubois, «The Paris Agreement: A New Step in the Gradual Evolution of Differential Treatment in the Climate Regime?», *RECIEL*, vol. 25, n° 2, 2016, p. 151-160.

d'autres accords multilatéraux relatifs à l'environnement[14], qui articulent des règles et des principes établis sur le plan international avec des mesures concrètes spécifiées sur le plan national. Cependant, dans ces accords, les obligations substantielles sont déterminées au niveau international. L'innovation de l'Accord de Paris consiste en la combinaison d'objectifs mondiaux forts et ambitieux, y compris quantitatifs, avec des contributions entièrement déterminées au niveau national, mais intégrées dans un cycle dynamique et sous-tendu par les concepts d'ambition et de progression régulière, périodiquement informées par une évaluation complète des progrès collectifs basés sur la science et l'équité[15].

La dimension temporelle est en effet au cœur de l'Accord de Paris; il établit une progression de l'action dans le temps par le « cycle d'ambition »: des contributions déterminées au niveau national (CDN) sont présentées tous les cinq ans et peuvent être révisées à tout moment; chacune doit constituer une progression par rapport à la précédente; des informations doivent les accompagner afin d'en améliorer la clarté, la transparence et la compréhension. Des rapports bisannuels suivant les progrès accomplis dans la réalisation des contributions doivent aussi être présentés. Un bilan mondial est organisé tous les cinq ans pour évaluer les progrès collectifs vers les objectifs de l'Accord de Paris. Ainsi, son architecture à long terme institutionnalise un processus itératif, dans lequel les Parties font un point sur leurs progrès collectifs, afin de proposer des plans de réduction des émissions pour la période suivante[16].

L'Accord de Paris constitue donc un instrument de nature hybride qui combine des mesures climatiques déterminées au niveau national *(bottom up)* avec des obligations établies sur le plan international *(top down)*. Par conséquent, il est un point de convergence plutôt que le seul moteur de la coopération mondiale en matière climatique. Il repose sur l'articulation entre le régime international et les politiques et actions nationales, entre les obligations procédurales contraignantes et les attentes normatives, entre les acteurs et les processus étatiques, non étatiques et infra-étatiques; ainsi que sur la bonne foi et la due diligence[17].

---

14. J. Brunnée, « Procedure and Substance in International Environmental Law », *RCADI*, vol. 405, p. 105-106.
15. Certes, les objectifs de Kyoto étaient eux aussi déterminés au niveau national, puisque chaque partie décidait des objectifs à proposer pour leur inclusion dans l'annexe B du Protocole. La principale différence entre les objectifs de Kyoto et les CDN de l'Accord de Paris est donc que le respect des premiers était dû aux autres Parties au Protocole, alors que l'Accord de Paris se limite à obliger les parties à préparer, communiquer et maintenir des CDN successives.
16. L. Rajamani, « Innovation and Experimentation in the International Climate Change Regime », *RCADI*, vol. 404, p. 189.
17. *Ibid.*

Face aux innovations juridiques et institutionnelles de l'Accord de Paris, l'avenir de la gouvernance mondiale du climat après 2020 est directement lié au niveau d'ambition adopté par les Parties pour définir et mettre en œuvre leurs objectifs d'atténuation. Dans l'ensemble, l'état actuel de la mise en œuvre du système envisagé par ce traité ne rend pas optimiste. En effet, l'ambition climatique sert de référence aux objectifs et aux actions des Etats, sur la base d'un constat fondamental relatif à la réponse multilatérale à la crise climatique : les promesses d'action présentées par les Etats au cours des premières années qui ont suivi l'entrée en vigueur de l'Accord de Paris sont insuffisantes pour infléchir la trajectoire d'augmentation des émissions de GES [18]. Pour que l'Accord soit un instrument efficace de réduction des émissions de GES au cours de ce siècle, le degré d'ambition des engagements climatiques doit augmenter de manière significative. Cela dépendra également de la capacité d'engagement des Parties [19], qui constitue l'un des fondements du droit international [20]. Cette capacité d'engagement est mise au défi dans le contexte des arrangements novateurs de l'Accord de Paris qui combinent des approches *top down* et *bottom up* pour que les obligations y prévues soient réalisées, puisqu'elles sont indispensables pour la mise en œuvre de l'ambition du traité. C'est ainsi que le présent article se focalise sur la question de l'ambition au regard de l'atténuation des changements climatiques, car cette thématique met en évidence l'un des points les plus problématiques de l'engagement des Parties à l'Accord de Paris : la dissonance entre ce que la science signale comme nécessaire pour faire face au réchauffement de la planète [21] et ce que les Etats sont prêts à faire [22].

Alors, comment faire face à cette incohérence, en alignant les moyens déployés avec les ambitions déclarées ? Si la réponse semble relever plutôt

---

18. Selon le PNUE, l'effort global est largement insuffisant : le niveau d'ambition inscrit dans les CDN présentés par les Parties avant la COP26 doit être multiplié par six pour respecter l'objectif de +1,5 °C. La mise en œuvre des CDN (et en supposant que les Parties mettraient intégralement en œuvre leurs engagements) entraînerait une augmentation des températures à l'horizon 2100 de +2,6 °C à +2,8 °C. La mise en œuvre des CDN nouvelles ou mises à jour entraînerait une augmentation des températures à l'horizon 2100 de +2,6 °C à +2,7 °C. A l'inverse, la poursuite des politiques actuelles (sans CDN) conduirait à une hausse de +2,8 °C d'ici 2100, PNUE, *Emissions Gap Report*, 2021. Ce scénario est confirmé par le rapport de 2022 : PNUE, *Emissions Gap Report 2022 : The Closing Window – Climate Crisis Calls for Rapid Transformation of Societies*, 2022.
19. S. Maljean-Dubois, « L'Accord de Paris sur le climat, un renouvellement des formes d'engagement de l'Etat ? », dans M. Torre-Schaub *et al.*, *Quel(s) droit(s) pour les changements climatiques ?*, Paris, Mare et Martin, 2018, p. 55-74.
20. S. Sur, *Sur les dynamiques du droit international*, Paris, Pedone, 2012, p. 20 ; rappelons l'arrêt de la CPJI du 17 août 1923, *Affaire du Vapeur « Wimbledon »*, série A, n° 1, p. 25 : « [L]a faculté de contracter des engagements internationaux est précisément un attribut de la souveraineté de l'Etat ».
21. Voir le chapitre de Marion Lemoine-Schonne dans cet ouvrage.
22. E. Laurent, « Après l'accord de Paris, priorité à la justice climatique », *Economie politique*, n° 69, 2016, p. 88-99.

du politique, le rôle de l'encadrement, des outils et mécanismes offerts par l'Accord de Paris ne doit pas être sous-estimé. Ainsi, il faut d'abord analyser ce que prévoit l'Accord de Paris en termes d'ambition (sect. 1), avant de montrer comment cette ambition se concrétise à travers les mécanismes établis au sein du traité et au-delà (sect. 2). Cela permettra d'analyser la manière dont l'ambition générale de l'Accord de Paris de limiter le réchauffement de la planète est traduite dans ce traité au regard du défi qu'elle pose au droit international: engager à des Etats souverains des réductions d'émissions coûteuses et impopulaires.

SECTION 1 L'EXPRESSION DE L'AMBITION DANS L'ACCORD DE PARIS

L'ambition de l'Accord de Paris en matière d'atténuation s'exprime essentiellement à travers les CDN (par. 1), ainsi qu'à travers la coopération interétatique (par. 2). Ces deux aspects semblent être les vecteurs juridiques indispensables pour atteindre l'objectif du traité de limiter la hausse de température à 1,5 °C.

Paragraphe 1 **Les compromis pour une atténuation forte des changements climatiques**

Si le statut juridique des CDN demeure incertain et «en devenir»[23], il n'en est pas moins qu'elles sont au centre de l'Accord de Paris et que son succès en matière d'ambition en dépend largement. Il convient donc de voir comment ces instruments sont censés favoriser l'articulation entre ambition individuelle et collective (A), puis l'exigence de progression à laquelle les CDN sont soumises (B).

A. Les CDN, une obligation individuelle pour une ambition collective

Dans une analyse cohérente sur l'ambition climatique et la dissonance entre science et politique, deux perspectives différentes de l'ambition, selon A. Zahar, cohabitent dans la réponse à la crise climatique, découlant précisément du manque de clarté du texte de l'Accord de Paris sur cette notion. D'une part, ce qu'il appelle la *S-ambition*, ou «ambition de l'Etat», comprise comme l'objectif d'atténuation (ou la somme des objectifs d'atténuation, lorsque l'Etat a plusieurs objectifs complémentaires) qu'un

---

[23]. H. Hellio, «Les « contributions déterminées au niveau national », instruments au statut juridique en devenir», *Revue juridique de l'environnement*, HS, n° 17, 2017, p. 33-48.

Etat se fixe sans prendre en compte le fait que l'objectif constitue un effort équitable dans un contexte mondial. Cette ambition découle de l'obligation individuelle prévue par l'Accord de Paris à chaque Partie dans l'article 4 (2) qui se lit comme suit :

> « Chaque Partie établit, communique et actualise les contributions déterminées au niveau national successives qu'elle prévoit de réaliser. Les Parties prennent des mesures internes pour l'atténuation en vue de réaliser les objectifs desdites contributions. »

Or, l'objectif présenté par l'Etat dans sa CDN ne représente pas nécessairement la juste responsabilité de cette Partie dans l'effort global d'atténuation (dans un scénario où tous les autres Etats feraient également leurs efforts d'atténuation justes et efficaces), mais plutôt la compréhension par cet Etat de ce qui est « juste et efficace » en fonction de ses intérêts stratégiques :

> « The term "highest possible ambition" in Article 4.3 of the Paris Agreement denotes whichever ambition a state decides for itself is its highest possible ambition: the treaty does not define this term and does not provide for any process to reveal, rationalize, debate, standardize, or otherwise inform the determination of a state's ambition. » [24]

D'autre part, les actions définies et mises en œuvre par les Etats dans le cadre de l'Accord de Paris, formalisées et communiquées par le biais de leurs CDN, doivent être alignées sur l'objectif établi par le texte dans son article 2. Ici, il est question de la *T-ambition*, ou « ambition du traité », fondamentalement soutenue par l'engagement des Etats d'agir collectivement pour contenir le réchauffement climatique à moins de 2 °C, voire 1,5 °C, à l'horizon de 2100. Dans ce cas, l'engagement en faveur de l'action climatique est plus substantiel, mais l'obligation est définie en termes collectifs, sans clairement impliquer des exigences juridiques d'atténuation pour chaque pays (et, par conséquent, sans envisager la possibilité de sanctions en cas de non-respect) :

> « [T]he Paris Agreement is not merely an assemblage of procedural obligations, as some have claimed, but also contains a strong substantive obligation. The latter exists at the collective rather than the individual state level. . . . the "aim" to reach "global peaking" as soon as possible is also mandatory. This is because we know from scientific accounts that any significant delay in the achievement of global peaking would make containment of the temperature rise within the 2 °C limit practically impossible. It follows, as a matter of legal as well as factual necessity, that no significant delay in the collective effort of parties is allowable. » [25]

---

24. A. Zahar, « Collective Progress in the Light of Equity Under the Global Stocktake », *Climate Law*, vol. 9, n°s 1-2, p. 169.
25. *Ibid.*, p. 170-171.

En revanche, le caractère juridique des droits et obligations contenus dans l'Accord de Paris, ainsi que les normes de comportement des Etats et les évaluations de conformité et de suivi sont plus vagues, notamment en ce qui concerne les obligations individuelles. L. Rajamani, à propos du paragraphe 2 précité de l'article 4 du traité indique que la disposition s'applique à «chaque Partie», qu'il y a un devoir clair dans la mesure où est employé «doit» *(shall)* par rapport à la préparation, la communication et le maintien des contributions nationales, ainsi que l'application des mesures nationales, créant des obligations individuelles de conduite contraignantes pour les Parties. Il est également attendu que les Parties agissent de bonne foi lorsqu'elles indiquent leur manière de procéder pour atteindre leurs objectifs [26].

Le fait que les CDN constituent plutôt, en réalité, une obligation de conduite facilite l'engagement des Parties selon B. Mayer:

> «Obligations of conduct in international climate agreements reflect the general interpretation of the no-harm principle. They allow ongoing negotiations on ambition to be conducted on bases more conducive to State consent. Such obligations may foster ambition and participation as national governments are assured that their efforts will be recognized even if they are unable to achieve their target – or even if they over-achieve it. Obligations of conduct invite more complex considerations at the stage of assessing compliance, but it may also facilitate an early review of compliance before the expiration of the period of commitment.» [27]

Il restera à voir comment l'autre exigence applicable aux CDN, c'est-à-dire si elles reflètent le niveau d'ambition le plus élevé, aura évolué à l'issue du premier cycle d'ambition. En attendant le premier bilan mondial qui interviendra lors de la COP 28 à la fin 2023, il est déjà possible de tirer quelques leçons, comme le montrent les rapports du PNUE ou encore de la CCNUCC [28] qui révèlent l'incohérence entre l'ambition de limitation du réchauffement climatique et le manque d'ambition des Parties concernant leurs CDN.

---

26. L. Rajamani, «The 2015 Paris Agreement: Interplay Between Hard, Soft and Non-Obligations», *Journal of Environmental Law*, vol. 28, n° 2, p. 354.
27. B. Mayer, «Obligations of Conduct in the International Law on Climate Change: A Defence», *Review of European, Comparative & International Environmental Law*, vol. 27, n° 2, p. 11.
28. CCNUCC, «Nationally Determined Contributions under the Paris Agreement. Synthesis Report by the Secretariat», FCCC/PA/CMA/2022/4, 26 octobre 2022; PNUE, *Emissions Gap Report 2022: The Closing Window – Climate Crisis Calls for Rapid Transformation of Societies*, 2022.

B. *Les interactions entre la progression, le niveau d'ambition le plus élevé et les stratégies à long terme de développement à faible émission*

L'Accord de Paris prévoit dans l'article 4.3 que chaque CDN successive représentera une «progression» par rapport à la précédente, et qu'elle reflétera «l'ambition la plus élevée possible» de cette Partie, ainsi que ses «responsabilités communes mais différenciées et ses capacités respectives compte tenu des différentes circonstances nationales». Or, l'ambition telle qu'exprimée ici ne peut être appréciée objectivement; des critères devraient être formulés afin de saisir la portée de cette disposition. Il en va de même s'agissant des responsabilités communes mais différenciées; principe qui n'a pas assez d'opérationnalité juridique pour conditionner effectivement les futures CDN.

Le Manuel d'application de l'Accord de Paris *(Rulebook)* de 2018 aurait pu clarifier ces questions, en précisant par exemple les trajectoires que des types particuliers de CDN pourraient suivre pour rendre compte de la «progression». Il aurait également pu exiger que les CDN reflètent d'autres caractéristiques: Qu'elles soient quantifiées ou quantifiables, ou qu'elles incluent une composante inconditionnelle. Cependant, de nombreuses Parties étaient réticentes à l'idée de limiter la flexibilité dans la détermination des CDN en exigeant qu'elles présentent des caractéristiques particulières. Le Manuel d'application ne représente finalement que des tentatives timorées pour circonscrire l'étendue du pouvoir discrétionnaire dont disposent les Parties, en indiquant que les caractéristiques de la CDN sont décrites dans les dispositions pertinentes de l'Accord de Paris [29].

Les différents questionnements qui entourent ce niveau de progression le plus élevé devront encore faire l'objet de discussion et négociation, et notamment en vue de pouvoir accompagner au mieux les Parties dans la mise en œuvre des cycles d'ambition. En effet, à la COP26, cinquième après l'adoption de l'Accord de Paris, les Parties étaient censées présenter leurs premières CDN, faisant de cette COP celle du relèvement de l'ambition et un test majeur de l'approche *bottom up*. Une majorité des Parties ont respecté leur engagement de présenter leur première CDN [30] et quatre-vingt-onze Parties, à l'origine de 63,7% des émissions mondiales, ont adopté une CDN plus ambitieuse que celle précédemment soumise aux Nations Unies. Les autres Etats en revanche n'ont donc pas respecté le principe de progression posé par

---

29. CCNUCC, «Autres directives concernant la section de la décision 1/CP.21 relative à l'atténuation», décision 4/CMA.1, 2018.
30. 153 Parties, représentant 152 Etats – à l'origine de 82,3% des émissions mondiales – ont soumis, avant ou pendant la COP26, une CDN nouvelle ou actualisée. CCNUCC, «Nationally Determined Contributions under the Paris Agreement. Synthesis Report by the Secretariat», FCCC/PA/CMA/2021/8, 17 septembre 2021.

l'Accord de Paris [31], conduisant la COP26 à demander à ce que de nouvelles CDN soient présentées [32].

A l'occasion de la présentation de leurs CDN, certaines Parties ont également communiqué leurs stratégies à long terme de développement à faibles émissions (LT-LEDS) tel que prévu à l'article 4.1 de l'Accord de Paris [33]. En effet, afin d'atteindre l'objectif de neutralité climatique – ou de zéro émission nette – dans la deuxième moitié du siècle, les Parties sont invitées à l'article 4.19 à « formuler et communiquer » des « stratégies à long terme de développement à faible émission de gaz à effet de serre ». L'adoption de nouvelles stratégies à long terme pendant la COP26 est censée contribuer à réduire les températures de 0,2 °C par rapport à la trajectoire pré-COP26. Cette prévision est imputable grâce à l'annonce de l'Inde d'atteindre la neutralité carbone d'ici 2070, mais des incertitudes pèsent sur ces estimations car les cibles et actions de court terme définies dans les CDN demeurent mal alignées avec l'objectif à long terme d'atteinte de la neutralité carbone ou climatique. Ce manque de crédibilité des engagements à long terme semble inhérent à leur nature : si de nombreux Etats pourraient avoir à rendre des comptes pour les CDN s'achevant en 2030, tel n'est pas le cas pour les stratégies à long terme dont l'échéance est fixée, au plus tôt, à 2050. Cela s'explique par la souplesse laissée par l'Accord de Paris en la matière. Il est encore moins prescriptif concernant les stratégies à long terme que pour les CDN ; leur contenu est vague et aucune uniformité entre les différents Etats n'est exigée. Ainsi, certains Etats fortement émetteurs ont pris des engagements à long terme, mais sans faire référence à l'objectif de neutralité climatique. Certaines stratégies à long terme s'appuient par ailleurs sur la notion de « neutralité carbone », plus restreinte que celle de « neutralité climatique » [34]. Si les CDN et les engagements « zéro émission nette » sont complémentaires dans la progression de la réduction des émissions de GES, contribuant à atteindre l'objectif de l'Accord de Paris, leur articulation demeure néanmoins à construire.

De ce point de vue, le bilan du premier Rapport de synthèse montre que les engagements pris à l'occasion de la COP26 sont insuffisants. En effet,

---

31. *Ibid.*
32. CMA, « Pacte de Glasgow pour le climat », 1/CMA.3, 31 octobre 2021.
33. 48 Parties représentant 69,8 % des émissions de gaz à effet de serre ont soumis des stratégies à long terme, prévoyant notamment l'atteinte de la neutralité climatique ou carbone, à des échéances temporelles différentes. *Ibid.*, paragraphes 146-147.
34. Sénat français, « Bilan des négociations climatiques de Glasgow (COP26) », *Rapport d'information n° 279 (2021-2022)*, 9 décembre 2021, p. 11-16. La neutralité climatique correspond à un équilibre entre les émissions d'origine humaine des GES et les absorptions dans des puits de carbone naturels conservés ou aménagés par l'homme, ou dans des installations de captage et de stockage du carbone. La neutralité carbone quant à elle ne tient compte que des émissions d'origine humaine de carbone. H. Waisman *et al.*, « La neutralité carbone : un attracteur politique majeur pour l'atteinte des objectifs de l'Accord de Paris sur le climat », *IDDRI, Billet de Blog*, 24 novembre 2020.

l'Agence internationale de l'énergie montre que si tous les engagements «zéro émission nette» et les CDN étaient respectés dans les délais indiqués, les températures seraient limitées à 1,8 °C d'ici la fin du siècle, montrant aussi que dans des *scenarii* où seulement les promesses à court terme ou les politiques actuelles seraient prises en compte, la situation serait beaucoup plus tendue [35]. A Glasgow, les Parties ont accepté de renforcer leurs engagements pour 2030, afin de les aligner sur l'objectif 1,5 °C [36]. En 2022, avant la COP27, le Secrétariat de la CCNUCC a reçu des nouveaux plans relatifs aux CDN et LT-LEDS, jugés encore insuffisants, car même si les Parties présentaient une amélioration par rapport à l'année précédente, leur ambition n'était pas encore à la hauteur du défi [37]. Cette architecture évolutive de l'ambition de l'Accord de Paris exige que, outre l'engagement de chaque Partie, les différents niveaux de coopération soient également moteurs de la lutte contre les changements climatiques.

Paragraphe 2 **La coopération volontaire au service de la lutte contre les changements climatiques**

La réalisation des objectifs de l'Accord de Paris exige une transformation globale fondée sur une coopération entre tous les acteurs, privés et publics, aux niveaux infranational, national et international. Cette coopération, censée faciliter l'atteinte des engagements volontaires des Parties, est prévue dans le cadre de l'article 6 du traité, dont les règles de fonctionnement ont été finalisées lors de la COP26 et encore précisées lors de la COP27 (A), coopération qui ne se limite pas au cadre étatique et implique d'autres acteurs (B).

A. L'approche volontaire de la coopération

Afin de favoriser l'ambition, l'article 6 de l'Accord de Paris prévoit que les Parties mettent en œuvre leurs CDN de manière coopérative. Le paragraphe 1 mentionne que les pays

---

35. IEA, «COP26 Climate Pledges Could Help Limit Global Warming to 1.8 °C, but Implementing them will be the Key», IEA, Paris, 2021.
36. CMA, «Pacte de Glasgow pour le climat», 1/CMA.3, 31 octobre 2021.
37. CCNUCC, «Nationally Determined Contributions under the Paris Agreement. Synthesis Report by the Secretariat», FCCC/PA/CMA/2022/4, 26 octobre 2022; CCNUCC, «Long-Term Low-Emission Development Strategies. Synthesis report by the Secretariat», FCCC/PA/CMA/2022/8, 26 octobre 2022; voir le communiqué de presse du Secrétariat: «Climate Plans Remain Insufficient: More Ambitious Action Needed Now», 26 octobre 2022, disponible sur https://unfccc.int/news/climate-plans-remain-insufficient-more-ambitious-action-needed-now, dernier accès le 19 décembre 2022.

« décident d'agir volontairement en concertation dans la mise en œuvre de leurs CDN pour relever le niveau d'ambition de leurs mesures d'atténuation et d'adaptation et pour promouvoir le développement durable et l'intégrité environnementale ».

Il vise également la création d'un nouveau mécanisme de flexibilité « pour contribuer à l'atténuation des émissions de gaz à effet de serre et promouvoir le développement durable ». Enfin, l'article 6 reconnaît l'importance des approches non fondées sur le marché et, en cela, il englobe tout type d'approche coopérative qui permettrait d'aider les Parties dans la mise en œuvre de leur CDN. Cette inclusion constitue un élargissement notable par rapport au Protocole de Kyoto qui ne prévoyait que des mécanismes de marché pour répondre aux besoins de coopération.

Trois approches de la coopération sont envisagées dans l'article 6 de l'Accord de Paris [38]. D'abord, l'approche coopérative permet à des Etats d'échanger leurs résultats d'atténuation afin d'atteindre les objectifs de leurs CDN. Concrètement, un pays pourra décider de renoncer à une part de ses efforts d'atténuation pour les céder à un autre pays – ce sont les « résultats d'atténuation transférés au niveau international » (ITMO) – à condition d'éviter le double comptage [39] (art. 6.1, 6.2, 6.3). En effet, une fois qu'une tonne de CO_2 est comptabilisée dans l'inventaire d'un pays, il est essentiel qu'elle ne soit pas prise en compte par un deuxième pays au risque de ne pas atteindre les objectifs mondiaux fixés par l'Accord de Paris. Pour cela, à chaque ITMO ou crédit carbone, un ajustement correspondant doit être associé. Cet ajustement sera fait par le pays cédant ses tonnes de CO_2 pour s'assurer qu'il ne les utilise plus pour arriver à ses propres objectifs. Cet enjeu de double compte est particulièrement important, car les CDN de chaque pays doivent être agrégées et une même tonne de CO_2 ne doit pas être comptée plusieurs fois, au risque de mettre en cause la validité du système. Des règles ont en outre été établies pour que les ITMO ne soient pas conservés par les pays au-delà d'une certaine période afin de ne pas repousser les efforts d'atténuation [40].

Ensuite, l'approche prend la forme d'un mécanisme permettant à des acteurs privés et publics de participer aux efforts de réduction des pays en finançant des projets, à travers l'achat ou l'échange des crédits carbone issus de projets de réduction ou de séquestration carbone (art. 6.4 à 6.7). L'un des principaux aboutissements de la COP26 à Glasgow a été l'approbation du *Rulebook* de l'Accord de Paris régissant les marchés du carbone. L'adoption de l'article 6.4 et toutes les nouvelles caractéristiques de ce mécanisme posent la question de

---

38. D. Bodansky *et al.*, « Facilitating Linkage of Climate Policies through the Paris Outcome », *Climate Policy*, vol. 16, 2016, p. 956-972.
39. L. Schneider *et al.*, « Double Counting and the Paris Agreement Rulebook », *Science*, vol. 366, 2019, p. 180-183.
40. CMA, « Directives concernant les démarches concertées visées au paragraphe 2 de l'article 6 de l'Accord de Paris », 2/CMA.3, 31 octobre 2021.

l'avenir du Mécanisme pour un développement propre (MDP) du Protocole de Kyoto. Il a été décidé que le MDP ne pourrait plus certifier de nouveaux projets afin de céder sa place au mécanisme de l'article 6.4. Ainsi, jusqu'en 2023, les nouvelles candidatures sont mises en attente par le MDP avant de vérifier qu'elles sont éligibles à l'article 6.4. Pendant la période de transition, les projets déjà certifiés pourront continuer de générer des crédits jusqu'à leur transfert sous le nouveau mécanisme. Plus globalement, l'ensemble des décisions concernant l'article 6.4 de l'Accord de Paris rappelle l'importance des droits humains et de l'intégrité environnementale et sociale des projets certifiés dans le cadre du mécanisme, alors que les mécanismes de flexibilité du Protocole de Kyoto ont souvent négligé ces aspects. Il faut mentionner notamment l'exigence de réaliser une consultation adéquate des populations locales avant la mise en place d'un projet et la création d'un mécanisme indépendant de plaintes en cas de litiges autour des projets créés dans le cadre de l'article 6.4 [41].

Enfin, la coopération se traduit aussi par l'approche non basée sur des mécanismes de marché. Celle-ci vise à ce que les Etats collaborent pour atteindre leurs engagements sans qu'il n'y ait de transaction, au travers du partage d'expérience, du transfert de technologies ou du renforcement de capacités [42].

Ces approches volontaires établies par l'Accord de Paris, dont le contenu a été précisé lors des COP26 et 27, n'excluent pas les différentes initiatives de coopération qui se sont organisées de façon décentralisée avant même l'adoption de cet instrument en 2015. La Déclaration conjointe adoptée entre les Etats-Unis et la Chine à l'issue de la COP26 en 2020 [43], visant à renforcer l'action en faveur du climat par le biais de la coopération, en engageant des efforts communs pour accélérer la transition vers une économie décarbonée, l'illustre. La coopération a également vocation à dépasser les frontières étatiques et à intégrer d'autres acteurs dans une gouvernance climatique à multi-niveaux.

B. Une coopération multi-acteurs et multi-niveaux

L'écart entre l'objectif d'atténuation et le niveau de réalisation des CDN en matière de réduction des émissions de GES sur la période pré-2020 a permis de mobiliser un certain nombre d'acteurs vers l'accélération de l'action climatique au-delà de l'action multilatérale des Etats.

---

41. CMA, «Règles, modalités et procédures applicables au mécanisme créé en vertu du paragraphe 4 de l'article 6 de l'Accord de Paris», 3/CMA.3, 31 octobre 2021.
42. CMA, «Programme de travail relevant du cadre pour les démarches non fondées sur le marché visées au paragraphe 8 de l'article 6 de l'Accord de Paris», 4/CMA.3, 31 octobre 2021.
43. Voir https://www.state.gov/u-s-china-joint-glasgow-declaration-on-enhancing-climate-action-in-the-2020s/, dernier accès le 19 décembre 2022.

Il est ainsi apparu de plus en plus pertinent d'inciter et promouvoir les initiatives volontaires de la part d'acteurs publics et privés, présentant des bénéfices et des co-bénéfices (climatiques et non climatiques) et ce dans différents domaines (économie, développement, santé, etc.). Ces démarches et actions volontaires se sont développées dans des domaines techniques, économiques, technologiques ou encore financiers sans attendre l'action gouvernementale ou un cadre réglementaire de coordination internationale [44]. Ainsi, depuis quelques années, les engagements des Etats dans le cadre de la CCNUCC ont été progressivement renforcés par des initiatives coopératives internationales (ICI) sur le climat, pouvant être composées de tous types d'acteurs, publics et privés, et prendre tout type de forme de coopération.

Par ailleurs, le processus de négociation de l'Accord de Paris a cherché à impliquer des acteurs en dehors de la sphère multilatérale. Lors de la COP20 qui s'est tenue à Lima en 2014, la CCNUCC a créé deux initiatives visant à systématiser et à soutenir les actions des acteurs non gouvernementaux et infranationaux dans le monde, le Programme d'action Lima-Paris [45] et la plateforme Zone d'acteurs non étatiques pour l'action climatique (NAZCA) [46]. L'un des objectifs de cet effort était de mobiliser l'action infranationale et non étatique comme moyen d'atteindre les objectifs d'atténuation et d'adaptation des pays, dans le cadre d'une stratégie pour augmenter la probabilité que les Etats parviennent à un accord lors de la COP21, ainsi que pour soutenir la mise en œuvre du nouvel accord à partir de 2020 [47]. Ainsi, même si l'Accord de Paris ne cite pas explicitement les parties prenantes dites non parties, la décision 1/CP. 21 reconnaît leur rôle dans la contribution à l'objectif mondial de limiter l'augmentation de la température moyenne mondiale [48]. Plus qu'une alternative ou un ajout à l'action multilatérale contre les changements climatiques, ces acteurs sont devenus un élément central de la logique de la CCNUCC et l'aiguillon d'une action croissante de lutte contre le réchauffement

---

44. H. Van Asselt *et al.*, «Reinvigorating International Climate Policy: A Comprehensive Framework for Effective Nonstate Action», *Global Policy*, 2015, p. 466-473.
45. En 2016, lors de la Conférence de Marrakech (COP22), le LPAA a été réorganisé autour du Partenariat de Marrakech pour l'action climatique mondiale, axé sur la collaboration entre les gouvernements et les villes, les régions, les entreprises et les investisseurs pour mettre en œuvre les objectifs de l'Accord de Paris. Pour plus d'informations, https://unfccc.int/climate-action/marrakech-partnership-for-global-climate-action
46. Pour plus d'informations, https://climateaction.unfccc.int/, dernier accès le 19 décembre 2022.
47. T. Hale, «All Hands on Deck: The Paris Agreement and Nonstate Climate Action», *Global Environmental Politics*, vol. 16, n° 3, 2016, p. 12-22.
48. La décision 1 de la COP21 reconnaît les efforts des parties prenantes non-Parties pour faire face aux changements climatiques, notamment ceux de la société civile, du secteur privé, des institutions financières, des villes et autres autorités infranationales, et les invite à intensifier leurs actions et à les enregistrer sur la plateforme NAZCA, CCNUCC, décision CP/2015/1/Add.1., 2016, p. 19-20.

climatique au fil du temps [49]. A ce titre, des efforts sont déployés à l'échelle mondiale à travers des coalitions de plus en plus importantes de pays, de villes, d'entreprises et d'autres institutions. Par exemple, des entreprises ont établi des « objectifs fondés sur la science » conformes à l'objectif de zéro émission nette [50]; des villes, des établissements d'enseignement et des institutions financières ont rejoint la campagne « Objectif zéro » [51] et s'engagent à prendre sans délai des mesures rigoureuses pour réduire de moitié leurs émissions mondiales d'ici 2030.

Le fait que le régime climat s'ouvre aux acteurs et actions climatiques en dehors de la sphère multilatérale, peut être considéré comme une des caractéristiques d'un « multilatéralisme hybride » [52], soit un modèle heuristique qui rend compte de l'intensification des interactions entre les acteurs étatiques et non étatiques dans le paysage de la coopération climatique post-Paris. Du côté de l'architecture institutionnelle de l'Accord, ce multilatéralisme hybride combine les engagements volontaires des Parties avec un système international de transparence, de révision périodique et d'ambition accrue, soutenu par le suivi indépendant des engagements des Etats par ces acteurs non étatiques. En même temps, le multilatéralisme hybride désigne une relation plus dynamique entre les actions climatiques multilatérales et transnationales, où la CCNUCC assume le rôle de facilitateur, en guidant et en articulant les autres acteurs aux niveaux inférieurs de la gouvernance climatique mondiale. A ce jour, plus de 30 000 acteurs au sein de NAZCA se sont engagés autour d'actions pour lutter contre les changements climatiques [53].

Dans les années à venir, il s'agira essentiellement de mêler le volontarisme de ces actions de coopération diverses et variées à un cadre de transparence et de supervision efficace qui permettra de suivre et d'estimer les engagements au regard des objectifs de long terme de l'Accord de Paris, tout en préservant un cadre souple qui favorise l'accès aux solutions bas-carbone pour tous les pays et acteurs clés.

SECTION 2   **LA CONCRÉTISATION DE L'AMBITION DE L'ACCORD DE PARIS**

Les mécanismes prévus par l'Accord de Paris tels que le cadre de transparence, le mécanisme de facilitation et surtout le bilan mondial,

---

49. T. Hale, « All Hands on Deck : The Paris Agreement and Nonstate Climate Action », *op. cit.*, p. 14.
50. Voir https://www.unglobalcompact.org/take-action/events/climate-action-summit-2019/business-ambition, dernier accès le 19 décembre 2022.
51. Voir https://racetozero.unfccc.int/join-the-race/, dernier accès le 19 décembre 2022.
52. K. Bäckstrand *et al.*, « Non-state Actors in Global Climate Governance : from Copenhagen to Paris and beyond », *Environmental Politics*, vol. 26, n° 4, 2017, p. 561-579.
53. Voir https://climateaction.unfccc.int, dernier accès le 19 décembre 2022.

constituent des leviers pour la mise en œuvre de l'ambition, à travers l'incitation et l'accompagnement des Etats, voire un contrôle souple des engagements des Parties (par. 1). Face à la souplesse des mécanismes prévus dans l'Accord de Paris contribuant à en réaliser l'ambition, les acteurs non étatiques sont de plus en plus amenés à participer à cette mise en œuvre et le rôle du juge devient crucial pour le contrôle de l'ambition étatique, dépassant les cadres interétatiques traditionnels de mise en œuvre des obligations internationales (par. 2).

Paragraphe 1 **Les mécanismes de suivi, vecteur d'une ambition accrue**

L'objectif commun de limiter le réchauffement planétaire (art. 2) et l'objectif à long terme de neutralité nette des émissions de GES dans la seconde moitié de ce siècle (art. 4) ont défini une «direction de voyage»[54] vers laquelle toutes les Parties de l'Accord de Paris se sont engagées. La détermination des termes et du contenu des CDN est une prérogative de chaque Etat, en fonction notamment des conditions de différenciation prévues dans le traité, comme mentionné *supra*. Cependant, il est possible d'identifier une sorte de «réciprocité diffuse»[55], où la surveillance par les pairs peut contribuer à la formulation d'objectifs de plus en plus ambitieux à chaque cycle. Le mécanisme d'examen périodique de l'Accord de Paris est composé de trois éléments: le cadre de transparence renforcée (A), le bilan mondial (B) et le mécanisme de facilitation (C).

A. Le cadre de transparence renforcée

Un cadre pour améliorer la transparence de l'action et du soutien est prévu à l'article 13 de l'Accord de Paris[56]. Son objectif est celui de fournir une compréhension claire de l'action contre les changements climatiques et le suivi du progrès, tel que prévu par l'article 2 du traité, encourageant les Parties à rehausser leur niveau d'ambition. Il est flexible, afin de prendre en compte les différentes capacités, et fondé sur l'expérience collective, dans le but d'instaurer une confiance mutuelle entre les Parties et ainsi promouvoir la mise en œuvre effective des engagements[57]. Selon les termes de l'Accord, complété par son manuel d'application de 2018, ce cadre

---

54. L. Rajamani et D. Bodansky, «The Paris Rulebook: Balancing International Prescriptiveness with National Discretion», *International & Comparative Law Quarterly*, vol. 68, 2019, p. 1023-1040.
55. R. Falkner, «The Paris Agreement and the New Logic of International Climate Politics», *International Affairs*, vol. 5, n° 92, 2016, p. 1107-1125.
56. Voir A.-S. Tabau, «Evaluation de l'Accord de Paris sur le climat à l'aune d'une norme globale de transparence», *Revue juridique de l'environnement*, vol. 41, n° 1, 2016, p. 66-68.
57. Voir B. Mayer, «Transparency Under the Paris Rulebook: Is the Transparency Framework Truly Enhanced?» *Climate Law*, vol. 9, 2019, p. 40-64.

a un rôle de facilitateur et doit être mis en œuvre de manière non intrusive et non punitive. Chaque Partie doit communiquer tous les deux ans un inventaire national des émissions anthropiques par les sources et l'absorption par les puits des GES, établi à partir de méthodologies reconnues par le GIEC et acceptées par les Parties lors d'une session de COP, en plus d'informations sur la mise en œuvre des CDN et les éventuels impacts des changements climatiques et les actions d'adaptation. Les pays développés doivent également rendre compte des efforts de financement, du transfert de technologie et du renforcement des capacités des pays en développement. Les informations sur les progrès de la mise en œuvre des CDN doivent être présentées sous la forme d'un « résumé structuré », de manière accessible, transparente et comparable [58]. En même temps, chaque Partie définit de manière autonome les indicateurs quantitatifs et qualitatifs applicables pour mesurer les progrès dans la mise en œuvre de ses engagements [59].

Les inventaires nationaux et les données sur le financement, le transfert de technologie et le renforcement des capacités devraient faire l'objet d'un examen technique par des experts [60], en tenant compte des conditions de chaque Partie et en s'attachant à identifier les besoins éventuels à cet égard, en vue d'une analyse multilatérale facilitatrice. Selon le Manuel d'application de l'Accord de Paris de 2018, l'examen doit analyser la cohérence des données soumises par les Parties par rapport au but et aux objectifs communs de l'Accord (tant en termes de mise en œuvre et de respect des CDN, que de soutien et d'assistance fournis aux autres Parties) et identifier les possibilités d'améliorer le respect et la transparence des Parties. Cependant, il est interdit aux équipes de l'examen technique d'employer un langage directif et contraignant dans leur analyse et de porter des jugements politiques sur l'« adéquation des CDN » [61]. De même, le processus d'examen technique doit avoir lieu avec « le consentement de la Partie » concernée et en étroite coordination avec elle [62].

En clarifiant ce que les Parties font en termes de mise en œuvre de leurs engagements sous l'Accord de Paris, la transparence peut aussi contribuer à

---

58. CMA, « Modalities, Procedures and Guidelines for the Transparency Framework for Action and Support Referred to in Article 13 of the Paris Agreement », décision 18/CMA.1, 2018, annexe, III, paragraphe 77.
59. *Ibid.*, paragraphes 65-76.
60. Accord de Paris, article 13.11 : « Les informations communiquées par chaque Partie au titre des paragraphes 7 et 9 du présent article sont soumises à un examen technique par des experts, conformément à la décision 1/CP.21. Pour les pays en développement Parties qui en ont besoin compte tenu de leurs capacités, le processus d'examen les aide à définir leurs besoins en matière de renforcement des capacités. En outre, chaque Partie participe à un examen multilatéral, axé sur la facilitation, des progrès accomplis eu égard aux efforts entrepris en vertu de l'article 9, ainsi que dans la mise en œuvre et la réalisation de sa contribution déterminée au niveau national. »
61. Décision 18/CMA.1, *op. cit.*, paragraphe 149 *(a)-(d)*.
62. *Ibid.*, 153.

mobiliser au sein des Etats un soutien national pour des mesures climatiques plus fortes, et créer de nouvelles opportunités pour qu'ils augmentent l'ambition de leurs mesures. Par exemple, les ONG peuvent utiliser les informations publiquement disponibles pour encourager leurs gouvernements à respecter leurs engagements de Paris. Puisque le succès de Paris dépend du respect par chaque Partie de sa CDN, la transparence est l'un des mécanismes visant à faciliter l'augmentation du niveau d'ambition étatique.

B. Le bilan mondial

Intimement lié au cadre de transparence renforcé, le bilan mondial prévu à l'article 14 de l'Accord de Paris est le deuxième élément de l'examen périodique cherchant à vérifier la mise en œuvre des engagements des Parties. Associé au cycle quinquennal de soumission des CDN, il représente le principal outil procédural du régime pour des incitations à des engagements plus ambitieux, car il est l'un des éléments *top down* de l'Accord et en tant que tel, essentiel au fonctionnement de son système de suivi[63]. En effet, afin de garantir une augmentation progressive de l'ambition, les Parties ont l'obligation de communiquer des CDN qui reflètent que cette dernière soit la plus élevée possible, et s'appuyer sur les résultats du bilan mondial.

Ce mécanisme vise à évaluer les progrès collectifs des Parties dans les domaines de l'atténuation, de l'adaptation et des moyens de mise en œuvre et de soutien, en tenant compte du but commun et de l'objectif à long terme[64]. Il est réalisé en trois phases[65]. La première consiste à collecter et à préparer les informations fournies par les Parties. Ce processus doit prendre en compte des informations de base telles que l'état des émissions de GES et les efforts d'atténuation entrepris par les Etats, leurs progrès globaux dans la mise en œuvre des CDN, ainsi que des données sur l'adaptation, le financement et les pertes et dommages[66]. Les contributions au bilan mondial peuvent être obtenues auprès de sources officielles, à savoir les Etats eux-mêmes, le GIEC, le Secrétariat et les organes subsidiaires de la Convention, ainsi que des sources non Parties à l'Accord, telles que les ONG ayant le statut d'observateur au

---

63. L. Rajamani et E. Guérin, « Central Concepts in the Paris Agreement and How They Evolved », dans D. Klein *et al.* (dir. publ.), *The Paris Agreement on Climate Change: Analysis and Commentary, op. cit.*, p. 79.
64. A. Zahar, « Collective Progress in the Light of Equity Under the Global Stocktake » *Climate Law*, vol. 9, n°s 1-2, 2019, p. 101-121.
65. Décision 19/CMA.1, « Questions relatives à l'article 14 de l'Accord de Paris et aux paragraphes 99 à 101 de la décision 1/CP.21 », FCCC/PA/CMA/2018/3/Add.2, 19 mars 2019. Voir https://unfccc.int/topics/global-stocktake#The-Technical-Dialogues-of-the-Global-Stocktake, dernier accès le 19 décembre 2022.
66. CMA, « Matters Relating to Article 14 of the Paris Agreement and Paragraphs 99-101 of Decision 1/CP.21 », 2018, I, paragraphe 6 *(a)-(c)*.

sein de la CCNUCC[67]. Puis, la deuxième phase se fonde sur une évaluation technique afin d'estimer les progrès collectifs dans le cadre de la mise en œuvre de l'ambition des Parties et d'identifier les moyens pour renforcer l'action et l'appui. La troisième phase se réfère à l'examen des résultats et l'analyse des conséquences de l'évaluation technique pour atteindre l'objectif de l'Accord, ainsi que le développement de stratégies pour en réaliser l'ambition.

Le bilan mondial doit donc être réalisé de manière exhaustive et facilitatrice, en tenant compte de tous les instruments de l'Accord (atténuation, adaptation et moyens de mise en œuvre et de soutien) et à la lumière de l'équité et des meilleures données scientifiques disponibles. Le résultat de ce processus doit être communiqué aux Parties en tant que contribution à la mise à jour et à l'amélioration des CDN à chaque cycle de soumission quinquennal. A cet égard, l'analyse effectuée dans le cadre de ce processus, menée par les Parties elles-mêmes, sans se focaliser sur un Etat en particulier, ne comprendra que des considérations prescriptives, non politiques, en vue d'un progrès collectif[68].

L'Accord de Paris fixe l'année 2023 pour le premier bilan mondial, mais il a en réalité commencé lors de la COP26 et devra être conclu lors de la COP28. L'évaluation préliminaire issue des premières informations fournies réalisée dans le cadre du premier bilan mondial et exprimée dans les rapports du Secrétariat de la CCNUCC est insuffisante au regard de l'ambition de l'Accord de Paris, comme analysé *supra*. C'est pourquoi le bilan mondial devrait contribuer à guider les Parties à développer et mettre à jour leurs CDN, étant donné son rôle de guide de l'ambition climatique. Par ailleurs, dans le cadre de la deuxième phase d'évaluation technique qui a débuté en juin 2022, la procédure de dialogues techniques a été mise en place, renforçant la compréhension de la mise en œuvre de l'ambition de l'Accord[69]. Ce sera donc à la fin 2023 qu'interviendra la phase trois du bilan mondial, où les résultats de l'évaluation seront discutés et l'occasion sera donnée aux Parties pour identifier les opportunités de renforcer leur ambition.

En tant qu'élément clé du mécanisme d'accélération de l'Accord de Paris, qui cherche à aider les Etats à mieux comprendre ce qui est nécessaire pour accroître leur ambition et leur action, le bilan mondial devrait, outre identifier les lacunes pour atteindre l'objectif de limitation du réchauffement climatique en deçà de 1,5 °C, soutenir l'action nationale à court terme[70].

---

67. *Ibid.*, II, paragraphes 36, 37.
68. *Ibid.*, I, paragraphe 14. Voir pour des limites du mécanisme, M. Lemoine-Schonne, « La flexibilité de l'Accord de Paris sur les changements climatiques », *Revue juridique de l'environnement*, vol. 41, n° 1, 2016, p. 47-48.
69. Voir https://unfccc.int/topics/global-stocktake#The-Technical-Dialogues-of-the-Global-Stocktake, dernier accès le 19 décembre 2022.
70. A. Perez Catala *et al.*, « De la COP26 au Bilan mondial de 2023 », *Billet de blog IDDRI*, 25 novembre 2021.

C. Le mécanisme de facilitation

Le troisième élément de l'examen périodique est le mécanisme de suivi de la mise en œuvre et de promotion du respect des dispositions par les Parties créé par l'article 15 de l'Accord de Paris. Il est constitué par un Comité d'experts de nature facilitatrice[71], avec un fonctionnement transparent, non accusatoire et non punitif, tenant compte des conditions différentes de chaque Etat[72]. Le Manuel d'application de l'Accord de Paris de 2018 a établi les périmètres d'action du Comité d'experts chargé de vérifier les cas de non-respect des obligations par les Parties[73]. Selon ces règles, le Comité peut lancer des examens de non-conformité si un Etat ne soumet pas de nouvelle CDN au cours des cycles quinquennaux ou de l'inventaire national sur la mise en œuvre de ses engagements, ou s'il ne participe pas au bilan mondial. Le Comité est également autorisé à enquêter, de manière facilitatrice, pour déterminer s'il existe une incohérence « significative et persistante » entre les informations rapportées dans les documents officiels et les exigences définies par le cadre visant à améliorer la transparence. Cependant, comme pour les autres éléments du mécanisme d'examen périodique, le Manuel d'application restreint aussi considérablement le fonctionnement du Comité. Par exemple, dans la situation décrite ci-dessus, le Comité ne peut lancer de processus d'examen qu'avec le consentement de la Partie concernée[74]. En outre, il ne peut pas porter de jugement sur le contenu des CDN ou des rapports, se limitant uniquement à la violation éventuelle de l'obligation procédurale de soumettre périodiquement ces documents. Les résultats possibles de l'analyse du Comité sont également limités, avec des réponses non prescriptives telles que des recommandations pour l'amélioration du processus, des considérations sur le fond ne pouvant être soulevées que dans des situations très spécifiques[75].

Ainsi, le Comité n'est pas un mécanisme de conformité, à l'instar des comités mis en œuvre dans le cadre d'autres conventions environnementales, mais une dimension de responsabilisation publique et politique associée à ses recommandations, dans la mesure où celles-ci concernent la non-exécution des dispositions pertinentes. Le comité aurait donc le potentiel de

---

71. Voir dans cet ouvrage le chapitre d'Ellycia Harrould-Kolieb.
72. S. Andresen, «The Paris Agreement and its Rulebook in a Problem-Solving Perspective», *Climate Law*, vol. 9, n°s 1-2, 2019, p. 122-136.
73. CMA, «Modalités et procédures pour le bon fonctionnement du comité institué pour faciliter la mise en œuvre et promouvoir le respect des dispositions de l'Accord de Paris, visé au paragraphe 2 de l'article 15 de l'Accord», décision 20/CMA.1, annexe, I, 2018, paragraphe 1-4.
74. L. Rajamani et D. Bodansky, «The Paris Rulebook: Balancing International Prescriptiveness with National Discretion», *op. cit.*
75. CMA, «Modalités et procédures pour le bon fonctionnement du comité institué pour faciliter la mise en œuvre et promouvoir le respect des dispositions de l'Accord de Paris, visé au paragraphe 2 de l'article 15 de l'Accord», décision 20/CMA.1, annexe, IV, paragraphes 28-31.

renforcer l'ambition de l'Accord de Paris s'il s'avère capable de proposer des mesures incitatives et dissuasives qui peuvent provoquer des améliorations des performances des Parties. Ces mesures incitatives et dissuasives pourraient consister à mieux faire comprendre aux Parties leurs obligations, à clarifier les défis auxquels elles sont confrontées et à les aider à concevoir des stratégies pour les relever, et à rendre publics les cas de non-conformité ou de non-application, de manière à les inciter à revenir à la conformité [76].

Si les différents mécanismes de suivi ont principalement pour fonction d'accompagner les Parties vers une plus grande ambition de leur action climatique, ils peuvent aussi jouer un rôle de catalyseur d'actions diffuses, y compris de contrôle par les acteurs non étatiques, qui exercent de plus en plus un suivi de la réalisation de leurs engagements. Dès lors, face à l'architecture hybride de l'Accord de Paris, le transfert de la définition des engagements nationaux vers la sphère interne subvertit le processus décisionnel traditionnel du multilatéralisme.

Paragraphe 2   **Des voies de contrôle au-delà de l'Accord de Paris, garantie d'une ambition démocratique ?**

Dans le cadre de la logique *bottom-up* de l'Accord de Paris, l'analyse de la construction et du contrôle de l'ambition climatique doit se faire en tenant compte des facteurs nationaux et de leurs implications sur le processus décisionnel au niveau interne. En effet, ce serait insuffisant d'analyser l'ambition uniquement à partir de l'approche multilatérale, en se concentrant uniquement sur les négociations entre les Etats au niveau de la CCNUCC. Ainsi, si les acteurs non étatiques jouent un rôle dans le cadre de la gouvernance mondiale climatique, c'est au sein des Etats que leur action est la plus répandue (A), y compris lorsqu'ils demandent au juge de contraindre les Etats à être plus ambitieux pour tenir une trajectoire favorable au climat (B).

A. La surveillance de l'action climatique des Etats par des acteurs non étatiques

Les acteurs non étatiques, tels que les organisations de la société civile, les acteurs économiques ou encore les entités infranationales comme les villes et communes, ont acquis une place importante dans les discussions multilatérales depuis les négociations de l'Accord de Paris. En plus de les reconnaître comme des vecteurs essentiels pour la réalisation des objectifs

---

76. G. Zihua, C. Voigt et J. Werksman, « Facilitating Implementation and Promoting Compliance with the Paris Agreement under Article 15 : Conceptual Challenges and Pragmatic Choices », *Climate Law*, vol. 9, 2019, p. 99-100.

nationaux d'atténuation et pour l'obtention de réductions supplémentaires des émissions de GES, le traité leur confère un rôle dans le processus d'examen périodique des CDN, à la fois comme source d'information (*input*) pour le bilan mondial et pour la diffusion de ces données aux Parties et au grand public [77].

Bien que la capacité de ces acteurs non étatiques à influencer les processus officiels d'évaluation des CDN soit incertaine, un domaine clé de la définition de ces engagements est plus facilement à leur portée : le processus national de définition des CDN. Ces acteurs peuvent être décisifs au cours de l'étape préalable à la soumission de nouvelles contributions par les pays, lorsque ces documents sont encore en cours d'élaboration par leurs gouvernements respectifs. La société civile contribuerait donc à renforcer les engagements nationaux, dans la mesure où la définition des CDN au niveau national ouvrirait un espace permettant les articulations entre acteurs non étatiques, facilitant l'engagement de l'opinion publique en faveur d'actions et d'objectifs climatiques plus ambitieux [78].

En ce sens, pour H. Van Asselt [79], ces acteurs auraient surtout une plus grande capacité d'action en dehors de la sphère de la CCNUCC, à travers une analyse indépendante des CDN et la mobilisation d'autres secteurs politiques, économiques et sociaux pour faire pression sur les gouvernements, afin qu'ils soient plus ambitieux dans leurs engagements d'atténuation. Selon l'auteur, étant donné que ces acteurs ne sont pas soumis aux mêmes contraintes politiques que leurs Etats et avec une plus fine connaissance des réalités sur le plan interne, ils peuvent contourner le processus formel de suivi de la CCNUCC et rendre visible et accessible leur niveau de progrès relatif à l'ambition. En plus, les informations fournies par ces évaluations pourraient être utiles à leurs propres Etats, dans le cas où les acteurs non étatiques auraient des propositions auxquelles ils n'auraient pas songé ; ainsi qu'aux autres Parties à l'Accord de Paris qui pourraient les confronter à l'égard des déclarations des Etats. H. Van Asselt constate enfin que ces informations seraient aussi source de mobilisations sur le plan interne, outre jouer un rôle de sensibilisation du public quant aux progrès réalisés par les Etats en termes d'ambition.

En somme, la réussite de l'Accord de Paris dépend de processus qui lui sont exogènes et hors de sa portée institutionnelle, car situés principalement au niveau national. En effet, l'Accord lui-même reconnaît la pertinence de ces processus exogènes pour sa mise en œuvre, notamment les acteurs et

---

77. T. Hale, «All Hands on Deck : The Paris Agreement and Nonstate Climate Action», *op. cit.*, p. 12-22.
78. B. Guy, «The Role of Sub-state and Non-state Actors in International Climate Processes : Civil Society», Background Paper, Londres : Chatham House, 2018, p. 8.
79. H. Van Asselt, «The Role of Non-State Actors in Reviewing Ambition, Implementation, and Compliance under the Paris Agreement», *Climate Law*, vol. 6, n°s 1-2, 2016, p. 106-107.

initiatives non étatiques et infranationaux. La notion même de *naming-and-shaming*, cruciale dans le système de progression des CDN, découle largement des actions des acteurs non étatiques, surtout au niveau national. Ainsi, l'Accord de Paris ouvre un espace pour que ces acteurs participent au processus de négociation à la fois au niveau multilatéral (en termes plus faibles, mais toujours pertinents) et au niveau national (plus direct, en fonction des conditions politiques intérieures de chaque pays). La clé de l'ambition de l'Accord de Paris réside dans le fonctionnement de cette architecture formelle et informelle de pression sur les Parties.

En outre, certains acteurs non étatiques peuvent concevoir des stratégies de contentieux climatique. L'accès au juge constitue l'un des trois piliers de la démocratie environnementale et cette voie est de plus en plus mobilisée.

B. La contribution des juges

Les procès climatiques [80] portés par des ONG ont gagné un élan significatif avec l'affaire *Urgenda* aux Pays-Bas [81]. Celle-ci a incontestablement marqué un tournant pour la justice climatique et a montré la capacité du juge à contrôler l'ambition climatique d'un Etat, certes, non pas sur ce fondement, mais au travers des catégories juridiques classiques interprétées à la lumière de l'Accord de Paris. Dans ce cas, un tribunal civil, puis la Cour suprême néerlandaise, ont donné raison à un acteur non étatique qui contestait la politique d'atténuation des changements climatiques à l'horizon 2020. En demandant de reconnaître que l'objectif de réduction des émissions de GES des Pays-Bas était non conforme au devoir de diligence en matière climatique, la Fondation *Urgenda* a réussi à ce que la Cour suprême entérine le rehaussement de la trajectoire de réduction à -25 % en 2020 par rapport à 1990, pourtant initialement fixée par l'Etat néerlandais à 17 %. L'originalité de cette démarche juridique aux Pays-Bas a incité d'autres ONG à la mener de la même manière devant leurs prétoires nationaux respectifs, en donnant une impulsion à un mouvement transnational de justice climatique. De véritables «stratégies judiciaires» [82] sont désormais à l'œuvre dans le cadre de ce contentieux en pleine expansion et partout dans le monde.

---

80. Voir dans cet ouvrage le chapitre d'Esmeralda Colombo. Voir aussi, J. Peel et H. M. Osofsky, *Climate Change Litigation*, Climate Change Litigation, *Annual Review of Law and Social Science*, vol. 16, n° 1, 2020; C. Cournil, *Les grandes affaires climatiques*, op. cit.
81. Federal Constitutional Court, décision du 24 mars 2021, n° 1 BvR 2656/18, 1 BvR 96/20, 1 BvR 78/20, 1 BvR 288/20.
82. J. Peel et J. Lin, «Transnational Climate Litigation: The Contribution of the Global South», *American Journal of International Law*, vol. 113, n° 4, 2019, p. 679-726; C. Cournil, «Les prémisses de révolutions juridiques? Récents contentieux climatiques européens», *Revue française de droit administratif*, n° 5, 2021.

Ainsi, le contentieux climatique est devenu en quelques années un des moyens d'actions juridiques les plus médiatiques menées par des ONG : certaines associations ont même été créées dans l'unique but de déposer un «recours climat» comme les associations française *Notre affaire à tous* et belge *Klimaatzaak* ou encore l'association *Les Aînées pour la protection du climat*[83], cette dernière n'ayant d'ailleurs pas reçu satisfaction sur le plan interne, a fait recours au juge européen, qui doit aussi se prononcer sur d'autres cas climatiques[84]. Ainsi, au-delà de la saisine des cours nationales, les cours régionales et des organes quasi juridictionnels de protection des droits de l'homme seront de plus en plus mobilisés par des requérants cherchant à pousser leurs Etats à tenir une forte ambition d'atténuation des changements climatiques.

En outre, des requérants soutiennent des demandes sur des préjudices «passés» et également «futurs», au nom des générations futures qui seront impactées par les effets néfastes des changements climatiques. Ils amènent ainsi les juges à s'interroger sur une possible justice intergénérationnelle fondée sur l'équité intergénérationnelle. C'est en ce sens que la Cour constitutionnelle fédérale allemande a été amenée à se prononcer sur la conformité de la loi fédérale relative aux changements climatiques. Elle a retenu un raisonnement fondé sur «l'effet anticipé à l'ingérence aux droits fondamentaux», et a ordonné au législateur allemand de corriger et de renforcer les dispositions existantes de la législation sur le climat, d'accroître l'ambition de ces dispositions et de renforcer les futures mesures d'atténuation[85]. La juridiction a souligné la nécessité de gouverner les changements climatiques à l'échelle mondiale et que les Etats doivent coopérer à cet égard. L. Kotzé, en commentant cette décision, envisage que si les tribunaux partout dans le monde suivaient cet exemple, ils accepteraient de devenir des intendants de la planète pour faire face à l'urgence climatique[86], ce qui comblerait la lacune du contrôle juridictionnel de l'ambition de l'Accord de Paris.

***

«Greenhouse gas emissions keep growing. Global temperatures keep rising. And our planet is fast approaching tipping points that will make

---

83. C. Cournil, «Les ONG et «l'arme du droit» pour tenir la trajectoire de réchauffement en deçà d'1.5 degrés», dans C. Cournil (dir. publ.), *La fabrique d'un droit climatique pour construire un monde à 1.5*, Paris, Pedone, p. 393-422.
84. Cour EDH, *Verein KlimaSeniorinnen Schweiz et al. c. Suisse*, n° 53600/20 ; Cour EDH, *Cláudia Duarte Agostinho et al. c. Portugal et 32 autres Etats*, n° 39371/20 ; Cour EDH, *Carême c. France*, n° 7189/21.
85. Federal Constitutional Court, décision du 24 mars 2021, n° 1 BvR 2656/18, 1 BvR 96/20, 1 BvR 78/20, 1 BvR 288/20.
86. L. J. Kotzé, «Neubauer *et al.* versus Germany : Planetary Climate Litigation for the Anthropocene?», *German Law Journal*, n° 22, 2021, p. 1444.

climate chaos irreversible... We are on a highway to climate hell with our foot on the accelerator. » [87]

Par ces mots, le Secrétaire général de l'ONU a ouvert la COP27 à Sharm el-Sheikh le 7 novembre 2022. L'urgence climatique n'est plus à démontrer; l'accélération de l'ambition est devenue impérative.

L'Accord de Paris cherche à revivifier les conditions d'un agir collectif entre les Etats autour d'objectifs communs portant sur la réduction de l'élévation de la température mondiale, l'adaptation et la réorientation des finances vers un développement à faible émission de GES. Le modèle classique *top down* dans la lutte contre les changements climatiques, où les Etats définissent conjointement les règles sur le plan international et sont chargés de les appliquer dans leurs juridictions territoriales, n'est pas à la hauteur d'un défi aussi complexe, dans lequel les émissions de GES sont le résultat d'un ensemble d'actions menées à de multiples niveaux. Les changements climatiques exigent non seulement une décentralisation normative et opérationnelle de l'action climatique, mais aussi une large autonomie nationale, pour expérimenter et adapter les stratégies d'action en fonction des particularités de chaque Etat, tout en renforçant l'objectif commun. Si cet arrangement est surtout le résultat d'un compromis pour que les Etats préservent leur souveraineté, l'architecture elle-même de l'Accord de Paris a le potentiel de véhiculer véritablement les principes d'un « droit international de la coopération » [88].

Cette nouvelle forme d'engagement des Parties, mais aussi d'autres acteurs qui viennent participer à réaliser l'ambition de l'Accord de Paris, interroge en effet les conséquences pour le droit international. L'approche des CDN implique une perspective nouvelle de l'engagement et du consentement dans le régime climat. Les Etats consentent à l'action climatique par le biais de leurs processus décisionnels nationaux respectifs – bien que guidés par les attentes normatives de l'Accord de Paris et soumis à ses exigences procédurales. Le Protocole de Kyoto a montré qu'avancer vers des engagements plus ambitieux dans un système où le consentement est requis pour tout besoin d'évolution des engagements est difficile. Les CDN ont vocation à contourner les délais et les blocages qui peuvent résulter du processus formel d'amendement du traité et de la pratique consensuelle du régime, permettant aux Parties de prendre individuellement des engagements unilatéraux plus ambitieux. C'est un aspect fondamental car, compte tenu de la grande diversité des situations, des perspectives et des priorités des Etats, la dynamique individuelle-collective des processus de consentement formel lors de toute adaptation du système

---

87. Voir https://media.un.org/en/asset/k1m/k1miby0flu, dernier accès le 19 décembre 2022.
88. W. Friedmann, « Droit de coexistence et droit de coopération – Quelques observations sur la structure changeante du droit international », *RBDI,* n° 6, vol. 1, 1970, p. 1-9.

conventionnel semble inadaptée pour construire un régime mondial ambitieux, dont les objectifs doivent constamment évoluer.

Ainsi, selon l'approche davantage *bottom up* de l'Accord de Paris, il n'est plus seulement question de consentement à des obligations substantielles fermes, mais plutôt de déplacement au niveau national de leur détermination. En d'autres termes, l'approche des CDN crée un arrangement où les obligations collectives et individuelles sont modulées et coordonnées pour l'action climatique, sous les auspices de l'accord international. Cet arrangement comporte un avantage majeur parce qu'il incite les Etats à une action climatique plus ambitieuse sans passer par le processus formel – ce qui a limité les progrès du régime climat pendant plus de deux décennies, ou a permis aux Etats individuellement de bloquer l'action collective. Cette approche ouvre aussi la voie à l'engagement des villes, de forums politiques, d'acteurs privés, qui participent à renforcer l'ambition de l'Accord de Paris. Ceci entraîne une gouvernance de l'Accord de Paris qui dépasse les cadres interétatiques traditionnels de mise en œuvre des obligations internationales. Alors, ces possibilités diverses d'engagement qui peuvent contribuer à élever l'ambition de l'Accord de Paris, ainsi que de contrôle décentralisé qui peut en découler, indiquent une voie prometteuse pour changer de trajectoire – même si celle-ci reste à l'heure actuelle largement conditionnée par une volonté politique limitée, malgré les transformations fondamentales de nos modes de vie qu'exigent les changements climatiques.

6 Obligations de *due diligence* et lutte contre les changements climatiques dans l'Accord de Paris : nouveaux éclairages

Manuel Baena Pedrosa*

L'Accord de Paris, produit du multilatéralisme de la deuxième décennie du XXIe siècle, reflète le passage d'un modèle de « pacte mondial » à un système « d'engagement et de révision »[1]. Cette évolution a permis de surmonter deux des principaux obstacles qui menaçaient l'évolution du droit international du changement climatique. Tout d'abord, il a finalement été possible d'abandonner la rigidité du Protocole de Kyoto concernant la différenciation entre les engagements des pays développés et en développement. Il est vrai que, *de facto*, l'idée de différenciation demeure dans l'Accord de Paris, car c'est chaque Etat qui s'engage unilatéralement et dans la mesure qu'il juge appropriée. En outre, le caractère procédural des obligations et la non-inclusion d'objectifs et de calendriers dans l'Accord ont ouvert la possibilité pour les Etats-Unis de le considérer au niveau national comme un accord exécutif, évitant ainsi un éventuel veto du Sénat américain[2]. Le prix à payer pour trancher ces deux nœuds gordiens a été une flexibilité accrue dans les engagements adoptés par les Etats. Les obligations des Etats sont pour l'essentiel des obligations de comportement, dont les liens avec la notion de *due diligence* dans un droit international « en grand besoin de changement » (« in dire need of change ») ont encore été peu explorés[3].

Paradoxalement, bien que les Etats soient réticents à invoquer directement la violation d'obligations de *due diligence*, considérées comme un élément trop *soft*, trop vague[4], le terme se porte bien dans le paysage juridique actuel. Un

---

* Diplomate, ministère des Affaires étrangères, de l'Union européenne et de la Coopération du Royaume d'Espagne.
1. T. Hale, « Catalytic Cooperation », *Global Environmental Politics*, vol. 20, n° 4, 2020, p. 73. Notre traduction.
2. O. Costa, « La lucha contra el cambio climático : una nueva arquitectura del multilateralismo », dans E. Barbé (dir. publ.), *Las normas internacionales ante la crisis del orden liberal*, Madrid, Tecnos, 2021, p. 103.
3. A. Cassese, « Introduction », dans *Realizing Utopia : The Future of International Law*, 1re éd., Oxford, Oxford University Press, 2012, p. XVIII.
4. A. Peters, H. Krieger et L. Kreuzer, « Due Diligence : the Risky Risk Management Tool in International Law », *Cambridge International Law Journal*, vol. 9, n° 2, 2020, p. 122.

exemple en est la récente proposition de Directive du Parlement européen et du Conseil sur le devoir de vigilance des entreprises [5]. Plus significatif encore est le lien entre les obligations de diligence et le droit à un environnement propre, sain et durable, consacré par la résolution 76/300, adoptée par l'Assemblée générale le 28 juillet 2022 [6]. Ce lien n'est pas entièrement nouveau, mais il revêt une portée considérable dans la perspective d'un éventuel processus de *climatisation* du droit international. La Déclaration de Rio affirme dans son Principe 1 que les êtres humains ont droit à une vie saine en harmonie avec la nature. La Déclaration de Stockholm avait été encore plus explicite : le Principe 1 stipule que l'homme a le droit fondamental de jouir de conditions de vie adéquates dans un environnement de qualité [7]. De fait, A. A. Cançado Trindade, décédé récemment, soutenait que, malgré leurs différences, il existait un certain parallèle entre l'évolution de la protection des droits de l'homme et du droit international de l'environnement. Ces deux évolutions impliquent une érosion progressive du domaine traditionnellement réservé à l'Etat. Ces sujets se sont indéniablement internationalisés, depuis les tournants qu'ont été, respectivement, la Déclaration universelle de 1948 et la Déclaration de Stockholm de 1972, susmentionnée [8].

On pourrait même affirmer que l'utilisation croissante de la *due diligence* en droit international en fait une sorte de mot à la mode (un *buzzword*[9]), au contenu difficile à déterminer (*broad-meshed*[10]) et donc inopérante pour évaluer certains comportements particuliers [11]. Sans l'exclure, nous pouvons observer que l'application progressive des normes de diligence est une conséquence du changement de paradigme de l'ordre juridique international qui, comme l'a souligné A. A. Cançado Trindade, passe du traditionnel « état de nature » entre entités souveraines à un système de plus en plus réglementé, dans lequel le comportement discrétionnaire des Etats est limité afin de protéger les intérêts communs [12]. A cet effet, le recours aux obligations de diligence est

---

5. Voir Proposition de directive sur le devoir de vigilance en matière de durabilite et modifiant la Directive (UE) 2019/1937, Bruxelles, 23 février 2022.
6. Résolution A/RES/76/300 du 28 juillet 2022, Droit à un environnement propre, sain et durable.
7. A. C. Kiss, « Définition et nature juridique d'un droit de l'homme à l'environnement », dans P. Kromarek (dir. publ.), *Environnement et droits de l'homme*, Paris, UNESCO, 1987, p. 13 ss.
8. A. A. Cançado Trindade, *Direitos humanos e meio-ambiente. Paralelo dos sistemas de proteção internacional*, 1re éd., Porto Alegre, Sergio Antonio Fabris Editor, 1993, p. 39.
9. A. Peters, H. Krieger et L. Kreuzer, *op. cit.*, p. 134.
10. J. Brunnée, *Procedure and Substance in International Environmental Law*, 1re éd., Leiden/Boston, Brill/Nijhoff, 2020, p. 115.
11. Cf. Premier rapport sur la protection de l'atmosphère, établi par M. Shinya Murase, Rapporteur spécial, Commission du droit international, 2014, A/CN.4/667, paragraphe 14.
12. A. Peters, H. Krieger et L. Kreuzer, *op. cit.*, p. 126.

fréquent; leur expansion est parfaitement illustrée par l'Accord de Paris [13]. En somme, la *due diligence* devient un outil au service de la créativité en droit international. Elle présente à ce titre une utilité indiscutable dans le processus de *climatisation*.

Entendue comme le processus par lequel le changement climatique d'origine anthropique devient le cadre de référence dans lequel les problèmes mondiaux sont abordés, affectant non seulement les nouveaux instruments du droit international mais aussi les organisations internationales, les réseaux transnationaux et l'action politique à différents niveaux, la *climatisation* [14] a besoin de «ce mélange de nouveauté et d'existant» évoqué par S. Sur dans son étude sur la créativité en droit international [15]. La «climatisation» va au-delà d'une simple «acclimatation» du droit, certes nécessaire, mais peut-être insuffisante. La nature abstraite du terme et sa flexibilité font de la *due diligence* un outil approprié pour aider à «transformer les concepts en projets, puis en normes et obligations» [16] et permettre de trouver des solutions valables aux problèmes mondiaux sans tomber dans «des approches militantes qui voudraient imposer [au droit international] une direction» [17], probablement éloignée de la réalité.

Lors de sa session de 1985, le Centre d'étude et de recherche s'est penché sur la pollution transfrontière et a identifié une évolution progressive vers une perspective résolument mondiale [18]. Les changements dans la société (et le droit) international ont été nombreux depuis lors. Dans le contexte d'une fin d'été 2022 étonnamment douce à La Haye («l'été de la prise de conscience»), le Centre reprend le sujet de la protection de l'atmosphère [19] avec une approche plus large, en partie en raison de la nécessité d'assurer l'efficacité de l'Accord

---

13. L. Rajamani, *Innovation and Experimentation in the International Climate Change Regime*, 1re éd., Leiden/Boston, Brill/Nijhoff, 2020, p. 279.
14. S. C. Aykut et L. Maertens, «The Climatization of Global Politics: Introduction to the Special Issue», *International Politics*, n° 58, 2021, p. 502.
15. S. Sur, «La créativité du droit international», *Recueil des cours*, tome 363 (2012), p. 310.
16. *Ibid.*, p. 325.
17. *Ibid.*, p. 310.
18. Cf. P. M. Dupuy, «Bilan de recherches de la section de langue française du Centre d'étude et de recherche de l'Académie», *La pollution transfrontière et le droit international*, 1985, La Haye, Sijhoff/Académie de droit international, 1986.
19. Etant donné qu'il n'y a pas d'équivalent, pour l'atmosphère, de la Convention des Nations Unies sur le droit de la mer de 1982, la réglementation conventionnelle s'articule autour de trois axes différents: la limitation de la pollution transfrontalière, la protection de la couche d'ozone et la prévention des changements climatiques, cf. P. Sands *et al.*, «Atmospheric Protection and Climate Change», dans P. Sands *et al.*, *Principles of International Environmental Law*, Cambridge, Cambridge University Press, 2012, p. 238. La lutte contre les changements climatiques, au cœur de cette contribution, est l'un des axes du droit de la protection de l'atmosphère, mais elle ne couvre pas l'ensemble du champ d'application du régime juridique de la protection de l'atmosphère.

de Paris et, selon une approche plus en profondeur, conduisant à s'interroger sur l'existence et la portée d'un processus progressif de *climatisation*. Consacrée aux obligations de diligence, notre contribution s'articulera autour de trois axes. Tout d'abord, nous exposerons les raisons pour lesquelles, avec l'Accord de Paris, la *due diligence* devient un élément particulièrement pertinent pour le présent mais aussi pour l'avenir du régime de lutte contre les changements climatiques. Ceci nous oblige à partir d'un double constat : le recours à des formules à l'ambiguïté constructive pour parvenir à un consensus généralisé lors des négociations qui ont donné naissance à l'Accord et – en partie par voie de conséquence – la prolifération d'obligations procédurales et de comportement. Nous analyserons ensuite certains enjeux que pose, à court terme, la mobilisation de la *due diligence* dans le droit international des changements climatiques à la lumière de la jurisprudence internationale. Et, enfin, nous évoquerons la possibilité d'une ouverture des obligations de *due diligence*, qui s'appuierait sur l'existence d'obligations *erga omnes* dans notre champ d'étude.

Les obligations de diligence contenues dans l'Accord de Paris seront ainsi examinées à la lumière du corpus maintenant étoffé de jurisprudence progressivement établi par la Cour internationale de Justice (CIJ)[20], le Tribunal international du droit de la mer (TIDM)[21] et certains tribunaux arbitraux[22]. Il convient de noter à ce stade qu'aucune de ces décisions ne traite expressément de la *due diligence* en relation avec la protection de l'atmosphère, mais plutôt en relation avec d'autres questions plus générales relevant du droit international de l'environnement. Les obligations de diligence seront également examinées à la lumière des Directives de la Commission du droit international (CDI) sur la protection de l'atmosphère. Ce sujet, inscrit en 2011 au programme de travail à long terme, puis en 2013 dans le cadre du programme de la CDI, a été développé sous les auspices du Rapporteur spécial Shinya Murase[23]. Les directives, annexées à la résolution de l'Assemblée

---

20. Par ordre chronologique, affaire des *Essais nucléaires* (1974), affaire *Gabcikovo-Nagymaros* (1997), affaire des *Usines de pâte à papier* (2010), affaire des *Epandages aériens d'herbicides* (2013 ; affaire ayant fait l'objet d'un retrait par les parties), affaires relatives à *certaines activités menées par le Nicaragua dans la région frontalière*, et à la *Construction d'une route au Costa Rica le long du fleuve San Juan* (2018) et le *Différend concernant le statut et l'utilisation des eaux du Silala* (2022).
21. Cf. Chambre pour le règlement des différends relatifs aux fonds marins du TIDM, *Responsabilités et obligations des Etats qui patronnent des personnes et des entités dans le cadre d'activités menées dans la Zone*, avis consultatif du 1er février.
22. Cf. affaire *Rhin de fer (Belgique c. Pays-Bas)*, sentence du 24 mai 2004 ; et affaire de la *Mer de Chine du Sud (Philippines c. Chine)*, sentence du 12 juillet 2016.
23. Avant de se concentrer sur la « protection de l'atmosphère », la CDI avait été très réticente à aborder les questions environnementales d'ordre mondial, puisque les questions thématiques traitées jusqu'alors étaient axées uniquement sur les relations bilatérales entre les Etats. Cette réticence de la CDI avait été considérée comme une « omission de taille ». Cf. Troisième rapport sur la protection de l'atmosphère, établi par Shinya Murase, Rapporteur spécial, Commission du droit international, 2016,

générale 76/112 du 9 décembre 2021 [24], ont jusqu'à présent fait l'objet d'une appréciation relativement froide et dépassionnée [25]. En ce qui nous concerne, le travail récemment complété par la CDI revêt un intérêt certain, notamment la Directive 3, consacrée à l'obligation générale de protéger l'atmosphère, et la Directive 9, qui traite de la relation entre les règles de droit international applicables à la protection de l'atmosphère.

Pour notre part, en centrant, dans la mesure du possible, notre réflexion sur l'Accord de Paris, nous tenterons d'analyser le potentiel de la *due diligence* dans le développement futur du droit international des changements climatiques et d'identifier les problèmes qui pourraient entraver son application correcte à l'avenir. Notre objectif est de justifier pourquoi la notion de *due diligence*, si flexible et adaptable à des situations juridiques très diverses, peut être d'une aide précieuse dans un nouveau cadre où l'«ambiguïté constructive» est nécessaire pour que tous les Etats de la planète puissent adhérer à des accords qui protègent un intérêt commun, et qui se traduisent généralement par un essor sans précédent des obligations procédurales et de comportement. En fait, comme l'indique L. Rajamani, la tendance à privilégier les obligations procédurales au détriment des obligations substantielles, et les obligations de comportement au détriment des obligations de résultat, impose des exigences considérables afin de concrétiser l'ambition et les objectifs du régime de lutte

---

A/CN.4/692, paragraphe 10. En général, la CDI a abordé le concept de diligence requise de manière plus prudente que prévu initialement. Au départ, l'idée de *due diligence* était la principale préoccupation des travaux de codification sur la responsabilité de l'Etat. Cependant, l'évolution des travaux s'est avérée beaucoup plus lente et complexe que ce qui était initialement attendu.

24. Résolution A/RES/76/112 du 9 décembre 2021, protection de l'atmosphère.

25. Un élément essentiel pour évaluer les résultats de ces travaux de la CDI est l'accord *(understanding)* de 2013 qui a contrecarré la volonté initiale de S. Murase. Selon cet accord, les travaux de la CDI ne devaient pas interférer dans les négociations politiques pertinentes, notamment sur le changement climatique, l'appauvrissement de la couche d'ozone et la pollution atmosphérique transfrontière à longue échéance. En tout état de cause, des voix très critiques se sont toujours élevées au sein de la CDI, comme celle de S. Murphy, qui a déclaré que tenter de relever tous les défis liés à la protection de l'atmosphère au moyen d'un seul instrument serait toujours une solution très problématique, puisqu'on partirait de la supposition que tous les problèmes concernant l'atmosphère sont de la même nature et qu'ils peuvent être soumis à un régime uniforme. Cf. Déclaration de S. D. Murphy en CDI, *Summary Record of the 3211th Meeting*, UN Doc A/CN.4/SR.3211, 20 juin 2014. Dans le cadre de la Sixième Commission, et en nous limitant à l'évaluation des directives de la session 2021, certaines critiques se sont à nouveau fait entendre : les directives créent une certaine confusion et empêchent réellement le développement du droit international. Cf. Intervention de la délégation des Etats-Unis devant la Sixième Commission, soixante-seizième session de l'Assemblée générale des Nations Unies, 2021, puisqu'elles partent d'une incohérence, celle de la présentation d'obligations apparemment non contractuelles. Cf. Intervention de la délégation des Philippines devant la Sixième Commission, 2021. On note également la suggestion selon laquelle la CDI devrait, dans un avenir proche, clarifier la raison d'être et la portée d'éventuelles directives. Cf. Intervention de la délégation de l'Australie devant la Sixième Commission, 2021.

contre le changement climatique [26]. Aussi, la *due diligence* doit être mise au service des « multiples possibles contenus dans la cellule de base du droit international, qui n'est jamais épuisée » [27]. Elle pourrait nourrir la créativité du droit international et, en fin de compte, jouer un rôle phare dans le processus de climatisation. Ce potentiel incontestable est actuellement menacé par certains défis, parmi lesquels nous identifions le risque d'interprétations trop rigides à la lumière des arrêts de la CIJ et du TIDM (un phénomène que nous appelons « lit de Procuste ») et la nécessité que la *due diligence*, en tant qu'obligation coutumière, s'articule correctement avec les dispositions de l'Accord de Paris.

Parmi les problèmes que l'analyse du terme *due diligence* soulève en droit international à ce jour [28], le manque de clarté conceptuelle est l'un des plus complexes. La Directive 3, pierre angulaire des travaux de la CDI, établit que

> « [l]es Etats ont l'obligation de protéger l'atmosphère en faisant preuve de la diligence requise dans l'adoption de mesures appropriées, conformément aux règles de droit international applicables, en vue de prévenir, réduire ou maîtriser la pollution atmosphérique et la dégradation atmosphérique ».

Les « mesures appropriées » visées par cette directive sont l'élément central, un élément particulièrement souple quant à son application pratique et particulièrement complexe à appréhender dans une définition abstraite. A cet égard, S. Besson affirme que

> « la *due diligence* est en effet un standard ou une norme de comportement qui se greffe sur une obligation qu'elle qualifie et à laquelle elle peut ensuite être associée » [29].

J. Brunnée la définit en d'autres termes : la *due diligence* est une notion auxiliaire permettant l'évaluation d'un comportement particulier [30].

La Chambre des fonds marins du Tribunal international du droit de la mer (affaire *Responsabilités et obligations des Etats dans le cadre d'activités menées dans la Zone*) reprend également cette idée, comme en témoigne sa proposition de définition : « obligation de mettre en place les moyens

---

26. L. Rajamani, « Due Diligence... », *op. cit.*, p. 164.
27. S. Sur, *op. cit.*, p. 310.
28. Cf. A. Peters *et al.*, « Due Diligence in the International Legal Order: Dissecting the Leitmotif of Current Accountability Debates », dans H. Krieger, A. Peters et L. Kreuzer (dir. publ.), *Due Diligence in the International Legal Order*, 1re éd., Oxford, Oxford University Press, 2020, p. 14-16.
29. S. Besson, *La* due diligence *en droit international*, 1re éd., Leiden/Boston, Brill/Nijhoff, 2021, p. 80.
30. J. Brunnée, *op. cit.*, p. 115.

appropriés, de s'efforcer dans la mesure du possible et de faire le maximum pour obtenir ce résultat »[31]. Cependant, la Chambre elle-même reconnaît dans la même décision qu'il est très difficile de décrire le contenu précis des obligations de diligence, car il est éminemment variable[32].

Malgré tout, on peut constater que le terme concerne potentiellement deux types d'obligations qui se chevauchent. D'une part, les obligations purement procédurales (par exemple de consultation, information, coopération, évaluation de l'impact sur l'environnement) et, d'autre part, l'obligation d'adopter des mesures législatives ou administratives pour garantir que l'Etat sera en mesure de respecter les engagements qu'il aura pris[33].

Compte tenu des difficultés décrites précédemment, la doctrine a souvent eu recours à des métaphores ingénieuses qui offrent une approximation graphique de la nature et des fonctions de la *due diligence*. Bien qu'avec des nuances différentes, les idées de « paramètre de substitution » *(placeholder)*[34] et de « poupées russes »[35] font référence à un cadre dans lequel les obligations principales et accessoires se complètent, se succèdent ou se chevauchent. Le lien entre les différentes sphères normatives est souligné par le concept de « pont »[36]. Les qualificatifs de *familiar stranger*[37] et des « deux visages de Janus »[38] mettent en évidence, peut-être avec une certaine méfiance, la tendance actuelle à recourir extensivement au concept de *due diligence*.

La conceptualisation de la *due diligence* comme un standard[39], une obligation ou une attente normative[40] est une question tout aussi complexe. En général,

---

31. TIDM, *Responsabilités et obligations des Etats qui patronnent des personnes et des entités dans le cadre d'activités menées dans la Zone*, avis consultatif du 1er février, *Recueil TIDM 2011*.
32. J. Brunnée, *op. cit.*, p. 71 ; TIDM, *Responsabilités et obligations*, p. 43, paragraphe 117
33. A. Peters, H. Krieger et L. Kreuzer, *op. cit.*, p. 124.
34. A. Peters *et al.*, *op. cit.*, p. 9.
35. Y. Kerbrat et S. Maljean-Dubois, *op. cit.*, p. 2.
36. A. Peters, H. Krieger et L. Kreuzer, *op. cit.*, p. 123.
37. M. Malaihollo, « Due Diligence in International Environmental Law and International Human Rights Law : A Comparative Legal Study of the Nationally Determined Contributions under the Paris Agreement and Positive Obligations under the European Convention on Human Rights », *Netherlands International Law Review*, vol. 68, 2021, p. 123-124.
38. L'expression « les deux visages de Janus » renvoie à l'idée que la notion de *due diligence*, ainsi que le droit international actuel dans son ensemble, oscille entre espoir creux et vocation d'assurer la paix et la justice. Cf. A. Peters, H. Krieger et L. Kreuzer, *op. cit.*, p. 136.
39. Aux fins de la présente contribution, un « standard » est un modèle ou une référence qui peut être utilisé pour évaluer des comportements similaires.
40. Par opposition aux « obligations » entendues au sens strict, l' « attente normative » doit être comprise comme la confiance que l'ensemble des règles qui régissent une réalité donnée impose l'exécution d'un comportement dont la description n'est pas précisée de manière explicite dans une règle et dont le non-respect n'entraîne pas

le choix entre ces possibilités dépendra du contexte dans lequel la *due diligence* déploiera ses effets. Le contexte sera conditionné par des considérations juridiques et par des considérations non juridiques [41]. L. Rajamani note que les traités sur les changements climatiques permettent de conceptualiser la *due diligence* tantôt comme une obligation (par ex., à partir de l'art. 3.2 du Protocole de Kyoto) et tantôt comme une attente normative (à partir de l'art. 4.2 de l'Accord de Paris) [42]. En tout état de cause, on ne doit pas oublier que la doctrine et la jurisprudence ont traditionnellement considéré la *due diligence* comme un standard, composé d'un élément juridique (l'obligation à évaluer à l'aune du standard) et de considérations extra-juridiques qui concrétisent l'appréciation de la diligence dans chaque cas particulier [43]. Le recours habituel aux métaphores témoigne de la difficulté à bien appréhender le contenu et la portée de la *due diligence*.

Dans son introduction à *Realizing Utopia. The Future of International Law* [44], A. Cassese rappelait le souci de disposer de juristes connaissant le présent et, surtout, capables de proposer des solutions réalistes et viables aux défis du droit international. Il leur recommandait de ne pas s'enliser dans la surabondance de détails techniques qui pourraient les rendre aveugles à un processus d'adaptation indispensable. Dans cet esprit, malgré la difficulté à déterminer son contenu et sa portée, malgré une jurisprudence limitée, la *due diligence* peut être un outil au service de l'effectivité de l'Accord de Paris. Son potentiel, une fois que les défis qui menacent actuellement sa mise en œuvre auront été surmontés, est réel.

SECTION 1   ***DUE DILIGENCE* ET CHANGEMENTS CLIMATIQUES. UNE MONTÉE EN PUISSANCE**

Nous aborderons tout d'abord les deux raisons expliquant principalement la potentialité que la notion de *due diligence* présente pour garantir l'effectivité de l'Accord de Paris. En premier lieu, nous ferons référence au recours à l'« ambiguïté constructive » comme technique pour assurer le succès de négociations impliquant un grand nombre d'acteurs ayant des intérêts divers et parfois opposés (par. 1). En partie à cause de l'application de ces ambiguïtés constructives, les obligations substantielles donnent lieu à une intense procéduralisation (par. 2).

---

directement les mêmes conséquences juridiques que dans le cas de la violation d'une obligation.
41. L. Rajamani, « Due Diligence... », *op. cit.*, p. 164.
42. *Ibid.*, p. 143.
43. A. Peters, H. Krieger et L. Kreuzer, *op. cit.*, p. 122.
44. A. Cassese, *op. cit.*, p. XVII.

Paragraphe 1   Les ambiguïtés constructives de l'Accord de Paris

Au regard du nombre d'Etats impliqués, il est de plus en plus difficile de parvenir à un large accord sur la base du consensus lors des négociations multilatérales [45]. Pour surmonter ce défi dans les traités ouverts à une forte participation, l'indétermination et la flexibilité des normes ne sont pas seulement courantes, mais incontournables [46]. L'objectif est d'obtenir le consentement de nombreuses parties aux intérêts divers, au prix de la remise à plus tard et/ou à l'échelon national de la concrétisation des engagements pris. L'ampleur de l'ambiguïté constructive dépend du degré d'imprécision des engagements pris et de la portée obligatoire ou non des engagements assumés par les parties [47].

L'Accord de Paris ne repose pas sur l'idée traditionnelle d'un pacte juridiquement contraignant entre Etats sur des limites d'émissions clairement déterminées a priori. Il s'agit plutôt d'un système d'engagements unilatéraux dans lequel la part des obligations conventionnelles est limitée, afin d'obtenir le consensus [48].

L'enchevêtrement de différents types d'obligations dans le régime de Paris, la consolidation d'un système basé sur des obligations de comportement et sur des obligations procédurales posent de nouveaux défis aux juristes. L'Accord de Paris en est un bon exemple. Ainsi, les objectifs énoncés à l'article 4.1 comprennent «le développement durable et la lutte contre la pauvreté», tandis que l'article 2.2 fait à son tour référence à la possibilité pour les Etats d'agir en fonction de «situations nationales différentes». L'ambiguïté constructive appliquée lors des négociations de l'Accord se traduit souvent par des obligations imprécises, dont les plus intéressantes sont celles prévues aux articles 4.2, 4.8 et 4.9 (préparation, communication, actualisation et mise en œuvre des contributions déterminées au niveau national, CDN) ainsi que les obligations de transparence et de suivi (art. 4.13, 11.4 et 13) [49]. Dans certains cas, l'ambiguïté constructive atteint son paroxysme: des concepts clés, tels que «progression» [50],

---

45. P. Sands, J. Peel *et al.*, *op. cit.*, p. 938.
46. J. Juste, «La evolución del derecho internacional del medio ambiente», dans M. Pérez González *et al.* (dir. publ.), *Hacia un nuevo orden internacional y europeo. Estudios en homenaje al profesor don Manuel Díez de Velasco*, 1ʳᵉ éd., Madrid, Tecnos, 1993, p. 400.
47. S. Obenthür et R. Bodle, *op. cit.*, p. 49-50.
48. Cf. M. Aklin et M. Mildenberger, «Prisoners of the Wrong Dilemma: Why Distributive Conflict, not Collective Action, Characterizes Politics of Climate Change», *Global Environmental Politics*, vol. 20, n° 4, 2020, p. 4 ss.
49. Cf. S. Obenthür et R. Bodle, «Legal Form and Nature of the Paris Outcome», *Climate Law*, n° 6, 2016, p. 49 et 56; et S. Maljean-Dubois, T. Spencer et M. Wemaere, «The Legal Form of the Paris Climate Agreement: A Comprehensive Assessment of Options», *Carbon & Climate Law Review*, vol. 9, n° 1, 2015, p. 78.
50. Cf. articles 3, 4 et 9 de l'Accord de Paris.

« niveau d'ambition le plus élevé possible »[51] ou « montrer la voie (par les pays développés)[52] » n'ont pas été définis.

La plasticité du droit international, sa capacité à s'adapter aux nouveaux défis qui découlent d'un processus de négociation extrêmement complexe, se voient ainsi mises à contribution. L'adaptation est plus aisée lorsque des outils flexibles sont disponibles. Parallèlement à ce qu'avait indiqué le TIDM dans son avis consultatif, le *Study Group on Due Diligence* de l'Association de droit international (en anglais ILA) a constaté que la portée de la *due diligence* est variable en fonction de diverses contraintes et du contexte où elle doit être appliquée[53]. Cette flexibilité permet son application à différentes obligations et dans des circonstances qui ne sont pas entièrement réglementées par les traités, ce qui accroît sa pertinence dans le domaine des changements climatiques[54].

Paragraphe 2 **La procéduralisation des obligations dans l'Accord de Paris**

Le deuxième élément expliquant la portée de la *due diligence* est la procéduralisation du régime de lutte contre les changements climatiques. Force est de constater qu'un recours plus fréquent est fait aux obligations procédurales[55] en droit international, y compris quant au régime de la protection de l'atmosphère. L'Accord de Paris y a recours abondamment, à commencer par l'« obligation fondamentale » contenue en son article 4.2, qui impose à toutes les parties d'« établi[r], de communique[r] et d'actualise[r] les contributions déterminées au niveau national successives »[56]. L'obligation de l'article 4.2 est à son tour soutenue par d'autres obligations, également procédurales (par ex., les obligations contenues dans l'art. 4.9 de communiquer une contribution déterminée au niveau national tous les cinq ans ou l'art. 4.8 de présenter l'information nécessaire à la clarté, la transparence et la compréhension des CDN).

Dans les affaires des *Usines de pâte à papier* et *Costa Rica c. Nicaragua*[57], la CIJ a choisi, à son tour, de fonder son raisonnement juridique sur la distinction entre les obligations procédurales et les obligations substantielles.

---

51. Cf. article 4 de l'Accord de Paris.
52. Cf. articles 4 et 9 de l'Accord de Paris.
53. L. Rajamani, « Due Diligence... », *op. cit.*, p. 165.
54. Voir J. Brunnée, *op. cit.*, p. 115 ; L. Rajamani, « Due Diligence... », *op. cit.*, p. 143.
164 ; S. Obenthür et R. Bodle, *op. cit.*, p. 54.
55. L. Rajamani, « Due Diligence... », *op. cit.*, p. 164 ; A. Peters *et al.*, *op. cit.*, p. 3.
56. L. Rajamani, « Due Diligence... », *op. cit.*, p. 168.
57. CIJ, affaire relative à *Certaines activités menées par le Nicaragua dans la région frontalière (Costa Rica c. Nicaragua)* et *Construction d'une route au Costa Rica le long du fleuve San Juan (Nicaragua c. Costa Rica)*, arrêt du 6 décembre 2015, *CIJ Recueil 2015*.

En développant cette distinction, elle a tenté de justifier la possibilité de considérer qu'une obligation de diligence avait été violée, alors même qu'aucun dommage ne s'était produit[58]. Néanmoins, la détermination du moment de l'exécution ou de l'inexécution de ces obligations n'est pas encore résolue de manière totalement satisfaisante, tant dans le cas où la violation de l'obligation est subordonnée à la réalisation du risque à prévenir que dans le cas où elle dépend du respect du volet procédural. En tout état de cause, la dichotomie «obligations procédurales/obligations matérielles» est «largement insoutenable en soi»[59] et nécessiterait une certaine clarification dans les décisions judiciaires à venir[60].

Dans le cadre de l'Accord de Paris, l'établissement rigide d'une dichotomie n'est pas non plus pertinent, car si en théorie les obligations substantielles et les obligations procédurales sont différentes, il est très difficile de tracer une ligne entre ces deux catégories lorsqu'il s'agit de leur mise en œuvre pratique[61]. Le risque serait grand de marquer le pas, situation que nous définirons dans la section 2 comme un «lit de Procuste».

SECTION 2   **LA NÉCESSITE D'ÉVITER LES RIGIDITÉS EXCESSIVES**

Paradoxalement, la *due diligence*, notion flexible s'il en fut, risque d'être soumise à des rigidités excessives dans le domaine des changements climatiques si des extrapolations irréfléchies sont faites à partir de la jurisprudence internationale dans des contextes fort différents. De même, les Directives de la CDI représentent à la fois des progrès et des contraintes quant au potentiel de la *due diligence* dans le contexte de l'Accord de Paris. C'est dans le domaine du droit international de l'environnement que la notion de *due diligence* a été notamment développée par la jurisprudence, mais au prix d'un résultat fragmenté et quelque peu incohérent[62]. En ce qui concerne les questions environnementales, comprises dans un sens très large, le travail de la CIJ à ce jour présente deux caractéristiques générales: le nombre limité de cas soumis par les Etats, et l'absence de décisions traitant expressément et directement de la protection de l'atmosphère[63]. Au-delà des décisions de la

---

58. S. Besson, *op. cit.*, p. 246 ss.
59. *Ibid.*
60. Y. Kerbrat et S. Maljean-Dubois, «La contribution en demie teinte de la CIJ au droit international de l'environnement dans les affaires Costa Rica-Nicaragua», *Journal du droit international*, 3/2018, p. 12 ss.
61. J. Brunnée, *op. cit.*, p. 118.
62. S. Besson, *op. cit.*, p. 249.
63. Les sentences arbitrales de 1938 et de 1941 (affaire *Trail Smelter*, Recueil des sentences arbitrales, Nations Unies, vol. III, p. 1906-1982) apportaient beaucoup d'éléments de compréhension et leur contenu a été «redécouvert» et mobilisé par les décisions plus récentes.

CIJ, il convient de noter que l'avis consultatif *Responsabilités et obligations des Etats dans la Zone*, rendu par la Chambre des fonds marins du TIDM [64], et deux décisions arbitrales relativement récentes (dans les affaires *Rhin de fer* et *Mer de Chine méridionale* [65]) ont également éclairé la *due diligence* dans le champ de l'environnement. Il ne s'agissait pas davantage de contentieux climatiques.

Cet ensemble d'arrêts et d'avis consultatifs présente, en ce qui concerne la *due diligence*, deux caractéristiques qui déterminent la portée de celle-ci et son éventuelle application à des contextes différents de ceux examinés par le tribunal : *(a)* la présence d'une forte composante coutumière dans chaque affaire, et *(b)* l'existence de circonstances très diverses. La CIJ et le TIDM ont déroulé leur raisonnement au sujet de la *due diligence* en fonction des circonstances spécifiques étudiées dans chaque cas. En d'autres termes, les juges ont donné corps aux paramètres de la diligence en fonction de conditions particulières qui dépendent du cas d'espèce et qui ne doivent pas nécessairement être directement applicables à d'autres situations [66].

La tendance à extrapoler à partir des conclusions de la CIJ et du TIDM en matière de diligence au domaine de la protection de l'atmosphère (et plus particulièrement aux changements climatiques) crée à ce jour deux défis majeurs pour les praticiens du droit, qui ont pour mission d'« exploiter, de développer, de perfectionner les virtualités qu'offrent les modes ... d'application du droit, sans porter atteinte à leurs principes fondamentaux » [67]. Tout d'abord, il faut éviter les interprétations rigides qui pourraient entraver son application potentielle dans un cadre d'obligations procédurales et de comportement. Ensuite, la portée du droit coutumier à la lumière de l'Accord de Paris et des Directives de la CDI est loin d'être une évidence. Dans les deux cas, nous sommes confrontés à des problèmes conceptuels auxquels il est difficile de répondre, de véritables « casse-têtes » [68], pour reprendre les termes de J. Brunnée.

Paragraphe 1   **Les « lits de Procuste »**

Dans la mythologie grecque, Procuste, brigand et fils de Poséidon, hébergeait les voyageurs solitaires, en leur proposant de s'allonger sur un lit en fer. Si la victime était trop grande et que son corps dépassait la longueur du lit, il en sciait ainsi les parties saillantes. Si, en revanche, le

---

64. Voir note 21.
65. Voir note 22.
66. Cf. J. Brunnée, *op. cit.*, p. 115.
67. S. Sur, *op. cit.*, p. 310.
68. Les *puzzles*, selon la version anglaise, qui souligne la relation complexe entre les obligations procédurales et substantielles dans un cadre juridique encore empreint d'incertitude. Cf. J. Brunnée, *op. cit.*, p. 99.

corps de la victime était plus court que la longueur du lit, il martelait le corps de sa victime en l'étirant jusqu'à ce que celui-ci atteigne la taille requise. L'expression « lit de Procuste » fait ainsi référence à la tendance à tenter de faire entrer à tout prix les situations spécifiques du droit de la protection de l'atmosphère dans des catégories juridiques qui sont, en elles-mêmes, peu adaptées aux conditions scientifico-techniques, juridiques ou politiques qui caractérisent les nouveaux défis. En bref, parler ici du « lit de Procuste » invite à éviter la rigidité à l'égard de catégories juridiques appliquées à des cas très spécifiques par les tribunaux internationaux, mais peu adaptées, jusqu'à présent, aux changements climatiques. Nous avons clairement identifié deux « lits de Procuste », à savoir le risque d'une catégorisation rigide des obligations de *due diligence* comme relevant exclusivement de la sphère des normes primaires ou des normes secondaires (A), de même que la tendance à considérer que les obligations de *due diligence* sont des obligations de comportement ou des obligations de résultat exclusivement (B). Une dichotomie rigide entre obligations substantielles et obligations procédurales, telle qu'exposée à la section 1, pourrait constituer un éventuel troisième « lit de Procuste ». Enfin, un quatrième « lit de Procuste » pourrait être ajouté si le droit international ne progressait pas vers un dépassement progressif de la réciprocité dans les obligations relatives à la lutte contre les changements climatiques (par. 2 de la sect. 2 et sect. 3). Cela impliquerait une ouverture majeure vers la caractérisation de certaines obligations comme *erga omnes*.

A. *Premier lit : normes secondaires, puis primaires*

La classification des obligations de diligence comme règles primaires ou secondaires est alourdie par le débat général sur la nature juridique de ces obligations[69]. En effet, lorsque le Rapporteur spécial Roberto Ago a introduit, en 1970, la distinction entre les règles primaires et les règles secondaires, les obligations de diligence ont tout d'abord été considérées comme appartenant à la catégorie des règles secondaires[70]. Puis, au sein de la CDI, une nouvelle approche s'est progressivement imposée, pour y voir plutôt une « norme primaire »[71]. Pour preuve, dans le Projet d'articles sur la prévention des dommages transfrontières résultant d'activités dangereuses (2001)[72], il est clairement stipulé, à l'article 3, une obligation primaire liée

---

69. A. Peters *et al.*, *op. cit.*, p. 8.
70. *Ibid.*, p. 6 ; T. T. Koivurova, « Due Diligence », dans A. Peters et R. Wolfrum (dir. publ.), *Max Planck Encyclopedia of Public International Law* [MPEPIL], Oxford, Oxford University Press, 2008.
71. A. Peters *et al.*, *op. cit.*, p. 7.
72. CDI, projet d'articles sur la prévention des dommages transfrontières résultant d'activités dangereuses et commentaires y relatifs, annuaire de la Commission du droit international, vol. II:2, 2001, p. 157-183.

au devoir de prendre des mesures appropriées pour prévenir ou réduire les dommages transfrontières [73].

Considérée comme une norme primaire, l'obligation de diligence est suffisamment souple pour permettre de trouver un accord au cours des processus de négociation; son ambiguïté constructive serait, ici, un atout [74]. Dans des domaines tels que le droit des changements climatiques, l'identification de la diligence requise avec une norme primaire peut, à tout le moins, apporter une cohérence au système, qui est en pleine évolution. Telle est très probablement la situation créée par l'Accord de Paris, «traité international ... conçu comme un texte dynamique, apte à évoluer au fur et à mesure des évolutions des connaissances scientifiques et des avancées politiques» comme l'affirme Marion Lemoine [75].

Pour sa part, la notion de *due diligence*, considérée dans le cadre d'une norme secondaire, et placée dans le contexte de la tendance croissante à la procéduralisation du droit de l'environnement, permet alors de préciser l'obligation de rendre des comptes qui incombe aux responsables potentiels [76]. A cet égard, le risque de dommages graves que les changements climatiques menacent de causer devrait exiger un seuil particulièrement élevé de diligence [77]. Celui-ci s'applique aux Etats dont les émissions totales sont significatives [78].

Toujours est-il que les tentatives pour conceptualiser la *due diligence* en tant que norme primaire ou secondaire semblent échouer. C'est un concept qui échappe à cette stricte classification. Lorsque le standard de diligence est apparu en droit international, au cours des dernières décennies du XIXe siècle, la distinction entre norme primaire et norme secondaire n'était d'ailleurs pas encore établie [79].

---

73. D'après l'article 3, «[l]'Etat d'origine prend toutes les mesures appropriées pour prévenir les dommages transfrontières significatifs ou en tout état de cause pour en réduire le risque au mínimum».
74. A. Peters *et al.*, *op. cit.*, p. 3.
75. M. Lemoine-Schonne, «La flexibilité de l'Accord de Paris sur les changements climatiques», *Revue juridique de l'environnement*, vol. 40, 2016, p. 40.
76. A. Peters *et al.*, *op. cit.*, p. 3.
77. L. Rajamani, «Due Diligence...», *op. cit.*, p. 180.
78. Cf., à cet égard, la récente opinion individuelle de G. Zyberi concernant la communication n° 3624/2019 présentée au Comité des droits de l'homme (CDH) par Daniel Billy *et al.* sur la possibilité d'une violation par l'Australie du Pacte international relatif aux droits civils et politiques en raison des mesures insuffisantes prises pour lutter contre le changement climatique (affaire *Torres Islanders c. Australie*, CCPR/C/135/D/3624/2019). S'appuyant expressément sur J. Peel (J. Peel, «Climate Change», dans A. Nollkaemper et I. Plakokefalos (dir. publ.), *The Practice of Shared Responsibility in International Law*, Cambridge, Cambridge University Press, 2017, p. 1009-1050), le membre albanais du CDH déclare qu'un niveau plus élevé de diligence s'appliquerait aux Etats dont les émissions totales sont significatives. Dans le cas en question, c'est précisément ce niveau élevé de diligence qui devrait être appliqué à l'Australie.
79. *Ibid.*, p. 6 ss.

B. Deuxième lit: obligations de comportement et/ou de résultat

Tant la CIJ (affaire des *Usines de pâte à papier*, par. 180 ss) que le TIDM (affaire *Responsabilités et obligations des Etats dans le cadre d'activités menées dans la Zone*, par. 110 ss) ont tendance à considérer les obligations de diligence comme des obligations de comportement[80]. Cette identification est partagée par la doctrine[81], par le Rapporteur spécial des Directives[82] et se retrouve dans certaines opinions exprimées au sein de la Sixième Commission[83]. Cependant, bien que les obligations de diligence soient orientées vers «l'adoption de mesures appropriées» (conformément au libellé de la Directive 3), les notions d'«obligation de comportement» et d'«obligation de diligence» ne sont pas totalement équivalentes[84] et les catégories «obligation de comportement/obligation procédurale» et «obligation substantielle/obligation de résultat» ne se recoupent pas forcément[85]. Là encore, le risque de placer une obligation spécifique dans une catégorie abstraite comme un lit de Procuste est réel.

Pour l'instant, il semble prudent de se limiter à constater que les grands traités de protection de l'atmosphère combinent des obligations de comportement et de résultat. Ainsi, la Convention-cadre des Nations Unies sur les changements climatiques combine une obligation de comportement pour les pays développés d'adopter des politiques et des mesures pour atteindre l'objectif principal (du retour aux niveaux de 1990) avec des obligations de résultat sans équivoque, dont le devoir de fournir des informations sur les mesures adoptées[86]. Les articles 6, 12 et 17 du Protocole de Kyoto prévoient – quant à eux – un régime obligeant les parties à fournir des rapports sur l'atténuation des gaz à effet de serre. Encore une fois, il s'agit bien d'obligations de résultat[87]. Quant à l'Accord de Paris, nous considérons avec L. Rajamani qu'il se caractérise par

> «[une] interaction dynamique entre les obligations procédurales et les obligations substantielles, entre les obligations de résultat et les obligations de comportement (avec les exigences de *due diligence* correspondantes)»[88].

---

80. P. M. Dupuy et J. E. Viñuales, *International Environmental Law*, 1re éd., Cambridge, Cambridge University Press, 2015, p. 60.
81. T. Koivurova, *op. cit.*; B. Mayer, «A Review of the International Law Commission's Guidelines on the Protection of the Atmosphere», *Melbourne Journal of International Law*, vol. 20, 2019, n° 2, p. 37.
82. Troisième rapport sur la protection de l'atmosphère, *op. cit.*, paragraphe 18.
83. A titre d'exemple, cf. l'intervention de la délégation de la Bulgarie devant la Sixième Commission, soixante-seizième session de l'Assemblée générale des Nations Unies (2021).
84. L. Rajamani, «Due Diligence...», *op. cit.*, p. 164.
85. Y. Kerbrat et S. Maljean-Dubois, *op. cit.*, p. 12.
86. L. Rajamani, «Due Diligence...», *op. cit.*, p. 167.
87. *Ibid.*, p. 168.
88. *Ibid.*, p. 170.

Cette interaction dynamique entre les obligations entend combler un vide qui aurait traditionnellement correspondu exclusivement à des obligations de résultat. A cet égard, par exemple, bien que les Etats disposent d'une certaine flexibilité, le contrôle de leurs CDN reste soumis à une liste fermée d'indicateurs, dont les émissions et absorptions nettes de gaz à effet de serre (GES) et la réduction en pourcentage d'intensité des GES[89]. La relation dynamique entre obligations de résultat et obligations de comportement peut même aller plus loin. Ainsi, R. Wolfrum observe que, du moins en théorie, les engagements individuels finissent par devenir des actes unilatéraux. Cette observation peut être appliquée aux CDN. L'intégration d'actes en théorie unilatéraux dans un régime qui privilégie les obligations de comportement trace une voie par laquelle une responsabilité collective évoluera vers des obligations de comportement et, de là, vers une obligation de résultat individuelle propre à l'Etat[90].

Enfin, on ne peut oublier qu'il existe une véritable relation dynamique entre obligations substantielles et procédurales, ainsi qu'entre obligations de résultat et obligations de comportement. Bien que l'Accord de Paris privilégie les obligations procédurales et les obligations de comportement, il réalise en pratique une imbrication entre les quatre catégories pour tenter de faire en sorte que la volonté des parties telle qu'énoncée à l'article 2 se concrétise. Sur cette base, et non sur des catégorisations rigides, la *due diligence* déploiera tout son potentiel dans le régime actuel et futur des changements climatiques.

Paragraphe 2   **Coexistence de l'Accord de Paris avec des règles de droit coutumier**

Le droit coutumier impose aux Etats de ne pas permettre que leur territoire soit utilisé pour des actes contraires aux droits d'autres Etats[91]. En ce qui concerne l'environnement, la CIJ a reconnu cette réalité, pour la première fois, au paragraphe 29 de l'avis consultatif sur la *Licéité de la menace ou de l'emploi d'armes nucléaires*[92] et l'a par la suite confirmé dans l'affaire des *Usines de pâte à papier*[93], ainsi que dans les affaires *Costa Rica c. Nicaragua* et *Nicaragua c. Costa Rica*[94]. Cela ouvre d'intéressantes perspectives pour l'avenir :

---

89. *Ibid.*, p. 268.
90. R. Wolfrum, *Solidarity and Community of Interests: Driving Forces for the Interpretation and Development of International Law*, 1re éd., Leiden/Boston, Brill/Nijhoff, 2021, p. 351.
91. CIJ, Affaire relative au *Détroit de Corfou*, arrêt du 9 avril 1949, *CIJ Recueil 1949*.
92. P. Sands *et al.*, *op. cit.*, p. 242.
93. Affaire des *Usines de pâte à papier*, *op. cit.*, paragraphes 101 et 204.
94. Affaires *Costa Rica c. Nicaragua*, *op. cit.*, paragraphes 104 et 118.

« [d]es récentes décisions de la CIJ, des sentences arbitrales ou encore les avis consultatifs du Tribunal international du droit de la mer – affirment Y. Kerbrat et S. Maljean-Dubois – sont venus utilement préciser les obligations des Etats en matière de préservation de l'environnement, en particulier identifier un socle coutumier d'obligations substantielles et procédurales visant la prévention des dommages environnementaux. Telles qu'elles ont été définies par le juge, les obligations de *due diligence* pourraient produire des effets systémiques majeurs sur l'ensemble du droit international de l'environnement » [95].

Le caractère coutumier des obligations de diligence, que la CIJ a si fortement défendu, n'empêche évidemment pas leur coexistence avec les traités déjà en vigueur [96] : les traités n'excluent pas en effet l'application du droit coutumier, puisque le droit international ne repose pas sur une hiérarchie des sources formelles. En poussant la comparaison jusqu'à ses ultimes conséquences, l'on pourrait soutenir que l'une des fonctions du droit coutumier est d'agir comme une sorte de « tissu conjonctif » qui apporte des éléments de cohésion au système dans les domaines qui ne sont pas strictement réglementés par les traités [97]. Par conséquent, les obligations de diligence dans le droit coutumier s'appliquent en tout état de cause, à moins qu'un traité ne l'exclue.

Au sein de la CDI, elle tend habituellement à assurer la compatibilité entre plusieurs règles qui régissent une même réalité [98]. Cette tendance constructive se retrouve dans le résultat final des Directives sur la protection de l'atmosphère. En particulier, la Directive 9 établit ce que l'on pourrait considérer comme un régime de coexistence entre des règles de nature différente, toutes applicables à la protection de l'atmosphère :

« [l]es règles de droit international relatives à la protection de l'atmosphère et autres règles de droit international pertinentes … devraient, dans la mesure du possible, être déterminées, interprétées et appliquées de manière à faire apparaître un ensemble unique d'obligations compatibles, en conformité avec les principes d'harmonisation et d'intégration systémique et dans l'objectif d'éviter les conflits. Cela devrait être fait conformément aux règles pertinentes énoncées dans la Convention de Vienne sur le droit des traités, notamment à l'article 30 et au paragraphe 3 *c)* de l'article 31, ainsi qu'aux principes et règles du droit international coutumier ».

---

95. Y. Kerbrat et S. Maljean-Dubois, « Quelles perspectives en droit international de l'environnement ? », *RDA*, octobre 2015, p. 133.
96. A cet égard, cf. affaire de la *Mer de Chine du Sud (Philippines c. Chine)*, sentence du 12 juillet 2016, CPA 2013-19, p. 296.
97. S. Sur, *op. cit.*, p. 114.
98. B. Mayer, « The Place of Customary Norms in Climate Law : A Reply to Zahar », *Climate Law*, vol. 8, n°s 3-4, 2018, p. 270.

L'avancée que pourrait constituer la Directive 9 dans sa mention expresse des principes d'harmonisation et d'intégration systémique semble limitée si on la met en rapport avec l'un des «péchés originels» du travail de la CDI[99]: la distinction, au cœur même des Directives, entre «pollution» et «dégradation» atmosphérique. Selon leurs définitions respectives, les deux situations sont capables de «mettre en danger la vie et la santé de l'homme et de l'environnement naturel de la Terre». La définition de la «pollution atmosphérique» couvre «le rejet dans l'atmosphère par l'homme, directement ou indirectement, de substances ou d'énergie contribuant à des effets nocifs significatifs qui s'étendent au-delà de l'Etat d'origine». De son côté, la «dégradation atmosphérique» se rapporte à «toute altération par l'homme, directement ou indirectement, des conditions atmosphériques». Bien que cela ne soit pas explicitement indiqué dans les directives, il est entendu que la définition de la pollution atmosphérique se limite aux effets transfrontaliers non mondiaux, tandis que la «dégradation atmosphérique» fait référence à des phénomènes mondiaux [100].

Eu égard aux obligations de diligence en matière de pollution atmosphérique, bien que l'identification des règles de droit coutumier ne soit jamais facile (notamment en ce qui concerne la recherche d'une *opinio iuris* suffisante et applicable au cas particulier) [101], l'obligation pour les Etats d'adopter des mesures satisfaisantes pour respecter leur devoir de diligence, consacrée par les grandes déclarations internationales sur l'environnement et soutenue par la CIJ [102], est incontestable [103]. Au sein de la CDI, dont les travaux sur la protection de l'atmosphère sont contemporains des décisions de la CIJ dans les affaires des *Usines de pâte à papier* et *Costa Rica c. Nicaragua*, la question n'a pas donné lieu à une controverse importante [104]. Auparavant, l'article 3 du Projet d'articles sur la prévention des dommages transfrontières résultant

---

99. En partie à la suite de l'Accord *(understanding)* de 2013, la CDI a adopté une position beaucoup moins ambitieuse que celle que l'on aurait pu attendre au moment où le sujet a été inscrit au programme de travail à long terme (voir note 25). Nous qualifions donc de «péchés originels» les limitations de la portée et du contenu des directives. Parmi ces limitations, l'une des plus importantes est la distinction figurant dans la Directive 1 entre «pollution atmosphérique» et «dégradation atmosphérique», une distinction très peu opérationnelle dans un domaine comme celui de la protection de l'atmosphère en général et du changement climatique en particulier.
100. En fait, lorsqu'il a commenté la première version de la Directive 4 en 2015, le Rapporteur spécial a déjà expliqué la portée réelle des termes «pollution de l'atmosphère» et «dégradation de l'atmosphère». Cf. deuxième rapport sur la protection de l'atmosphère, établi par Shinya Murase, Rapporteur spécial, Commission du droit international, 2015, A/CN.4/681, paragraphes 12-16.
101. A. Peters *et al.*, *op. cit.*, p. 11.
102. Cf. le Principe 21 de la Déclaration de Stockholm et le Principe 2 de la Déclaration de Rio.
103. B. Mayer, *op. cit.*, p. 22.
104. Troisième rapport sur la protection de l'atmosphère, *op. cit.*, paragraphe 15.

d'activités dangereuses (2001) de la CDI reflétait d'ailleurs la même vision [105]. Tant l'International Law Association (ILA) que l'Institut de Droit international (IDI) ont exprimé le même avis. Ainsi, l'article 3.1 des *Montreal Draft Rules on Transboundary Pollution* [106], rédigées dans le cadre de l'ILA, et l'article 2 de la *Resolution on Transboundary Pollution* [107] de l'IDI ont conclu que les Etats sont tenus de prendre des mesures appropriées pour faire face au problème de la pollution transfrontalière [108].

Contrairement à l'obligation de diligence des Etats face à de graves impacts de pollution transfrontalière, solidement établie comme faisant partie du droit international coutumier («fermement établie en tant que règle du droit international coutumier» [109]), l'obligation de prévenir, de réduire ou de maîtriser la dégradation atmosphérique a fait l'objet d'une controverse marquée entre les membres de la CDI [110]. Il s'agissait d'un débat à double sens, pointant d'une part les implications juridiques possibles d'une reconnaissance expresse de l'obligation et, d'autre part, la base juridique précaire sur laquelle l'obligation reposerait [111]. La preuve en est la reconnaissance, dans le commentaire du projet initial de Directive 3, du fait que l'existence éventuelle d'une obligation de protection de l'atmosphère demeure incertaine («le fondement de cette obligation demeure incertain») [112].

Pour certains, l'obligation de protection contre la dégradation de l'atmosphère doit faire partie du droit coutumier. Ainsi, le professeur B. Mayer [113] considère qu'une opération déductive partant du principe de l'égalité souveraine des Etats conduit – dans le domaine de la protection de l'atmosphère – au corollaire qu'il est obligatoire d'en empêcher sa dégradation [114]. En outre, le caractère quasi universel de certains des traités adoptés jusqu'à présent (y compris l'Accord de Paris) est une indication claire de la volonté des Etats de relever les défis actuels concernant l'atmosphère. Enfin, S. Murase a souligné que le principe *sic utere,* lequel constitue, en matière de dommages transfrontaliers (pollution), une partie indéniable du droit coutumier, doit être étendu aux «autres» Etats sur la base d'une interprétation large des déclarations de

---

105. *Projet d'articles sur la prévention des dommages transfrontières résultant d'activités dangereuses*, Documents officiels de l'Assemblée générale, cinquante-sixième session, Supplément n° 10 (A/56/10), 2001.
106. *Montreal Draft Rules on Transboundary Pollution*, ILA 60th Report, 1982.
107. *Resolution on Transboundary Pollution*, IDI, 1987.
108. P. Sands *et al., op. cit.*, p. 242.
109. Cf. Rapport de la Commission du droit international sur les travaux de sa soixante-dixième session, 2018, A/73/10, p. 188.
110. «The ILC's Draft Guidelines on the Protection of the Atmosphere», *CAVV Advisory Report*, n° 34, 2019, p. 6.
111. B. Mayer, *op. cit.*, p. 23.
112. Cf. Rapport de la Commission du droit international sur les travaux de sa soixante-dixième session, 2018, *op. cit.*, p. 188-189.
113. B. Mayer, *op. cit.*, p. 24.
114. *Ibid.*

Stockholm et de Rio [115]. Une fois encore, le risque existe que ne s'applique un « lit de Procuste » au régime des changements climatiques. Traditionnellement, les obligations de diligence ont été construites sur l'hypothèse de la réciprocité entre deux ou plusieurs Etats, lesquels acceptèrent alors de se soumettre à cette obligation, pourvu que l'autre partie le fît également [116]. Lié au défi décrit précédemment, le souci de surmonter la « réciprocité » dans certains domaines du droit international fera l'objet de notre dernière section, qui vise à offrir une vision très ouverte de l'avenir des obligations de protection de l'atmosphère et donc de la relation entre *due diligence* et changements climatiques.

SECTION 3 *DUE DILIGENCE*, PRÉOCCUPATION COMMUNE ET OBLIGATIONS *ERGA OMNES* : LE DÉBAT RESTE OUVERT

Le débat sur l'existence éventuelle d'obligations *erga omnes* dans le domaine de la protection atmosphérique n'est pas vraiment nouveau [117]. Toutefois, la question peut être abordée avec de nouveaux arguments sur la base d'une lecture combinée de l'Accord de Paris, des débats suscités par les Directives de la CDI, et de la résolution 76/300, adoptée par l'Assemblée générale, qui considère que « le droit à un environnement propre, sain et durable fait partie des droits humains » [118].

Quelques jours avant l'adoption de la résolution 76/112 de l'Assemblée générale, les délégations des Etats membres, réunies à New York, ont eu une dernière occasion de défendre leur point de vue au sein de la Sixième Commission. Outre les suggestions et clarifications de toutes sortes, le projet de la CDI a fait l'objet d'avis discordants sur l'existence ou non d'obligations *erga omnes* en matière de protection de l'atmosphère [119]. Le débat se poursuit

---

115. Troisième rapport sur la protection de l'atmosphère, *op. cit.*, paragraphe 14.
116. M. Malaihollo, *op. cit.*, p. 138.
117. Cf. F. Francioni, « Realism, Utopia, and the Future of International Environmental Law », dans *Realizing Utopia : The Future of International Law*, 1re éd., Oxford, Oxford University Press, 2012, p. 456.
118. A/RES/76/300.
119. La Cour internationale de Justice a défini les obligations *erga omnes* comme des « obligations des Etats envers la Communauté internationale dans son ensemble, [c'est-à-dire] des obligations qui ... concernent tous les Etats » (arrêt de la *Barcelona Traction, obiter dictum, CIJ Recueil 1970*, par. 33). En 2005, l'Institut du droit international a proposé une définition alternative :

« obligation relevant du droit international général à laquelle un Etat est tenu en toutes circonstances envers la Communauté internationale, en raison de ses valeurs communes et de son intérêt à ce que cette obligation soit respectée, de telle sorte que sa violation autorise tous les Etats à réagir (cf. *Obligations Erga Omnes in International Law*, Annuaire de l'Institut de droit international, 2005) ».

depuis le premier rapport [120], provoquant par là même des conséquences quant au traitement juridique des obligations de diligence : d'un côté, les exemples paradigmatiques de l'Allemagne [121] et de l'Italie [122], puis, à l'autre extrême, les Etats-Unis [123], la Jordanie [124] et la Corée [125]. A la lumière de ce qui précède, le consensus auquel la CDI est finalement parvenue avec ses directives reste donc discutable [126].

La lecture du premier rapport sur la protection de l'atmosphère confirme que l'intention initiale de S. Murase était de considérer la protection de l'atmosphère comme une « préoccupation commune » et de relier cette notion à l'existence d'obligations *erga omnes* [127]. Dans un premier temps, le Rapporteur spécial avait donc proposé un projet de Directive 3, dans lequel il était précisé que

« [l]'atmosphère est une ressource naturelle indispensable à la vie sur terre, à la santé et au bien-être de l'homme, et aux écosystèmes aquatiques et terrestres, dont la protection est la préoccupation commune de l'humanité ».

Contrairement à la notion de « patrimoine commun », la « préoccupation commune » s'applique à des ressources (ou espaces communs) qui ne font pas l'objet d'une gestion commune. Les Etats peuvent les exploiter, mais ils sont soumis à certaines exigences de protection, d'information mutuelle et de

---

120. Cf. par exemple, l'intervention de la délégation de la Slovénie devant la Sixième Commission, soixante-dixième session de l'Assemblée générale des Nations Unies (2015).
121. En particulier, l'Allemagne a déclaré, lors de la Sixième Commission, qu'
« [elle] rappelle son point de vue, communiqué dans le passé, selon lequel elle considère l'obligation de protéger l'atmosphère comme une obligation *erga omnes*. En raison de l'unité de l'atmosphère mondiale, l'Allemagne estime que l'obligation de la protéger est due à la communauté internationale dans son ensemble ».
Cf. l'intervention de la délégation de l'Allemagne devant la Sixième Commission, soixante-seizième session de l'Assemblée Générale des Nations Unies (2021).
122. La délégation italienne a littéralement déclaré :
« nous nous félicitons de l'utilisation de l'expression « préoccupation commune de l'humanité » au troisième alinéa du Préambule du projet de directives ... Pour cette raison, nous estimons que le projet de la directive 3 intitulé « Obligation de protéger l'atmosphère » doit être interprété comme impliquant une obligation de caractère *erga omnes* ».
123. Cf., à nouveau, l'intervention de la délégation des Etats-Unis devant la Sixième Commission, soixante-seizième session de l'Assemblée générale des Nations Unies (2021).
124. Intervention de la délégation de la Jordanie devant la Sixième Commission, soixante-seizième session de l'Assemblée générale des Nations Unies (2021).
125. Intervention de la délégation de la Corée devant la Sixième Commission, soixante-seizième session de l'Assemblée générale des Nations Unies (2021).
126. Comme annoncé, par exemple, par l'Advisory Committee on Issues of Public International Law en 2019 (cf. CAVV Advisory Report, *op. cit.*, p. 9).
127. B. Mayer, *op. cit.*, p. 20.

coopération [128]. D'un point de vue purement juridique, S. Murase a considéré que

> « la notion de préoccupation commune signifie que les Etats ne pourront plus prétendre que les problèmes atmosphériques relèvent du domaine réservé de leur seule compétence puisqu'ils seront désormais au nombre des questions intéressant la communauté internationale dans son ensemble » [129].

Une étude bien étayée sur la notion de « préoccupation commune », incluse dans le deuxième rapport, a souligné que l'application de cette notion aux réalités traitées par les directives pourrait empêcher ainsi les Etats de se contenter de prendre des mesures de diligence unilatérales. En outre, elle établirait, de fait, une base solide pour une coopération entre les Etats, liée justement à la *due diligence* et toujours nécessaire face à des réalités environnementales complexes [130].

Bien que le Rapporteur spécial ait reconnu, en 2015, qu'il « convient de procéder avec précaution » en ce qui concerne le projet initial de Directive 3, cette année-là s'est achevée sur un échec de ses ambitions. Ainsi, à la suite du débat à la Sixième Commission, en novembre 2015, le troisième rapport (2016) reconnaissait que

> « la plupart des délégations ont convenu de remplacer la formule « préoccupation commune de l'humanité », que nous avions proposée par celle de « préoccupation pressante de l'ensemble de la communauté internationale et de les insérer dans le Préambule du projet » [131].

C'était donc une bataille perdue en termes de terminologie. La Commission choisissait de faire marche arrière, au moins temporairement. Résigné, le Rapporteur spécial a rappelé qu'un certain nombre de conventions témoignent d'un appui à la notion de « préoccupation commune de l'humanité » [132]. Mais il a rappelé que, compte tenu de la situation, il avait été décidé de ne pas adopter cette terminologie car, au stade actuel du développement du droit international relatif à l'atmosphère, les conséquences juridiques de son emploi n'étaient pas suffisamment claires. Toutefois, S. Murase n'a pas complètement baissé les bras, du moins en ce qui concerne la terminologie : le résultat final des Directives en témoigne.

---

128. P. M. Dupuy et J. E. Viñuales, *op. cit.*, p. 84-85.
129. Premier rapport sur la protection de l'atmosphère, *op. cit.*, paragraphe 89.
130. Deuxième rapport sur la protection de l'atmosphère, établi par Shinya Murase, Rapporteur spécial, *op. cit.*, paragraphes 35 et 36.
131. Troisième rapport sur la protection de l'atmosphère, *op. cit.*, paragraphe 5.
132. Voir le commentaire du Préambule des Directives, Rapport de la Commission du droit international sur les travaux de sa soixante-septième session, 2015, A/79/10.

Le grand tournant au sein de la CDI a lieu avec l'adoption de l'Accord de Paris. Le préambule de ce dernier affirme, en effet, qu'en ce qui concerne les mesures adoptées face aux changements climatiques, «[Les parties sont] conscientes que les changements climatiques sont un sujet de préoccupation pour l'humanité tout entière». Depuis lors, malgré l'absence d'accord au sein de la CDI et l'opposition frontale de certains Etats au sein de la Sixième Commission, S. Murase dispose d'un nouvel élément pour légitimer sa prétention initiale. De fait, le premier alinéa du Préambule de la Convention-cadre des Nations Unies sur les changements climatiques de 1992 stipulait que «les changements du climat de la planète et leurs effets néfastes sont un sujet de préoccupation pour l'humanité tout entière»[133]. La résolution 43/53 de l'Assemblée Générale sur la protection du climat mondial pour les générations présentes et futures (de 1988) avait déclaré que la situation climatique (en particulier son évolution alarmante) était une «préoccupation commune de l'humanité». Un an plus tard, la résolution 44/2007 réitérait son attachement à la notion de «préoccupation commune» et demandait l'adoption d'une nouvelle convention-cadre dans les meilleurs délais.

Au sein de la Sixième Commission [134], des arguments additionnels ont été avancés en faveur de l'inclusion de la notion de «préoccupation commune» dans les directives, voire également – comme cela s'est finalement réalisé – dans le préambule. Plus concrètement, l'Agenda 2030 affirme que nous sommes confrontés à un épuisement des ressources naturelles et aux effets néfastes de la dégradation de l'environnement, qui sont devenus immanquablement des défis auxquels l'humanité est confrontée. Il rappelle également au Rapporteur spécial que la notion de «préoccupation commune» est appliquée dans les *Ambient Air Quality Standards and Guidelines*, premières orientations officielles de l'Organisation mondiale de la santé sur les objectifs de la qualité de l'air en vue de la protection de la santé humaine [135].

Le fait que la récente résolution 76/300 considère «le droit à un environnement propre, sain et durable fait partie des droits humains», après avoir estimé que «les conséquences des changements climatiques, ... la pollution de l'air, ... compromettent la possibilité de bénéficier d'un environnement propre, sain et durable», est un tournant à un niveau au moins égal à celui marqué par le préambule de l'Accord de Paris. Tant le domaine des droits de l'homme que celui de l'environnement appellent à un dépassement de l'idée de «réciprocité». La notion classique d'«obligations réciproques», dues par

---

133. *Convention-cadre des Nations Unies sur les changements climatiques (CCNUCC), 1er alinéa du préambule*. La Déclaration de Rio de la même année n'inclut pas la notion de «préoccupation commune».
134. Cf. l'intervention de la délégation du Portugal devant la Sixième Commission, soixante-dixième session de l'Assemblée générale des Nations Unies (2015).
135. Cf. l'intervention de la délégation de la Pologne devant la Sixième Commission, soixante et onzième session de l'Assemblée générale des Nations Unies (2016).

un Etat à un autre Etat, ne saurait couvrir les situations dans lesquelles tous les Etats peuvent être considérés comme ayant un intérêt juridique à ce que ces droits soient protégés.

La résolution de l'Institut du Droit international *Obligations Erga Omnes in International Law* reconnaît, dans le même sens, qu'il existe un large consensus sur l'existence d'obligations *erga omnes* concernant la protection environnementale des espaces communs [136]. En outre, on pourrait recourir à l'analogie : si de nombreuses décisions de justice (comme les affaires des *Armes nucléaires* et des *Usines de pâte à papier*, entre autres) et d'arbitrage (telles les affaires du *Chemin de fer du Rhin* et de la *Mer de Chine méridionale*, pour citer deux des décisions arbitrales relativement récentes) reconnaissent l'interdiction générale des dommages environnementaux transfrontière, les dommages de portée diffuse, mais globale, ne devraient pas être traités de manière différente [137].

Quoi qu'il en soit, la protection des droits de l'homme et la protection de l'environnement connaissent une évolution globalisante qui s'explique par le dépassement progressif de l'idée de réciprocité dans certains domaines du droit international [138]. Cela a permis la reconnaissance progressive d'obligations *erga omnes* dont l'origine lointaine, en termes de protection de l'atmosphère, peut être expressément identifiée dans le Principe 18 de la Déclaration de Stockholm de 1972 (qui fait référence aux «dangers qui menacent l'environnement» et au «bien de l'humanité») et implicitement dans les références à la «santé humaine» à l'article 2 de la Convention de Vienne pour la protection de la couche d'ozone de 1985, ainsi que dans le préambule du Protocole de Montréal de 1987. Un an plus tard, en 1988, A. C. Kiss est allé jusqu'à affirmer : «[e]n ce qui concerne le droit à l'environnement, tout le monde est créancier et débiteur en même temps» [139]. Des instruments tels que la résolution 76/300 contribuent à trouver des éléments de connexion entre la protection des droits de l'homme et la protection de l'atmosphère. Cela permet de surmonter les rigidités qui empêcheraient l'effort du «réformateur judicieux» *(judicious reformer)*, rêvé par A. Cassese [140], à la recherche des meilleures voies pour le droit international.

Le débat a été clos à la CDI, sans doute à tort, par l'introduction définitive, dans le Préambule, d'un considérant selon lequel «la pollution atmosphérique et la dégradation atmosphérique sont un sujet de préoccupation pour l'humanité toute entière» puis d'un commentaire, dans le projet de Directive 3, selon

---

136. *Obligations* Erga Omnes *in International Law, op. cit.*
137. B. Mayer, *op. cit.*, p. 15.
138. Cf. F. Francioni, *op. cit.*, p. 457.
139. A. C. Kiss, «Le droit à la qualité de l'environnement : un droit de l'homme», dans N. Duplé (dir. publ.), *Le droit à la qualité de l'environnement : un droit en devenir, un droit à définir*, Vieux-Montréal, éd. Québec/Amérique, 1988, p. 83.
140. A. Cassese, *op. cit.*, p. XVII.

lequel sa rédaction est sans préjudice de la question de savoir si l'obligation de protéger l'atmosphère est ou non une obligation *erga omnes* au sens de l'article 48 du Projet d'articles sur la responsabilité de l'Etat pour fait internationalement illicite. Il semble en tout cas que, tout comme la déclaration contenue dans l'Accord de Paris a permis à la CDI d'adapter ses Directives dans le sens d'un développement progressif prudent, il est nécessaire de maintenir les efforts en faveur d'une évolution du droit international permettant de relever le défi des changements climatiques.

SECTION 4   **CONCLUSION**

La notion de *due diligence*, particulièrement souple et adaptable à des situations juridiques diverses, présente en matière de changements climatiques une potentialité que l'Accord de Paris n'a fait qu'accroître. Le recours à l'«ambiguïté constructive» lors de la négociation de l'Accord et l'abondance des obligations de comportement et des obligations procédurales, au détriment respectivement des obligations substantielles ou de résultat, suscitent l'émergence d'un régime juridique nouveau, qui doit encore largement être concrétisé.

Pour que les potentialités de la *due diligence* se réalisent et viennent renforcer l'efficacité des engagements pris à Paris, plusieurs défis devront être relevés. S. Murase a déclaré que l'obligation générale des Etats de protéger l'atmosphère, la préoccupation commune de l'humanité et la coopération internationale sont «essentiellement interdépendantes puisqu'elles forment une trinité»[141]. Cette interdépendance montre qu'il est impératif que les Etats s'acquittent adéquatement de leurs obligations respectives. Néanmoins, il n'existe pas encore de jurisprudence spécifique sur la *due diligence* en matière de changements climatiques. Des interprétations trop rigides de ce concept, tirées de contextes très différents de celui du climat, pourraient être contreproductives et limiter l'évolution du droit dans ce domaine très spécifique. Pour sa part, la Commission du droit international a consacré sa Directive 3 à la *due diligence*. Mais force est de constater qu'elle n'a pas été non plus capable de développer une analyse et une approche véritablement holistiques[142].

Il ne s'agit pas de disposer d'un *buzzword* dans lequel seraient placés des espoirs excessifs pour assurer l'effectivité de l'Accord de Paris. Il s'agit plutôt de pouvoir donner corps aux engagements pris à Paris au moyen d'un outil capable de s'adapter à des situations diverses, moins fondées sur des obligations clairement définies dans le texte des traités et davantage sujettes à une évaluation spécifique des «mesures appropriées» nécessaires pour que

---

141. Deuxième rapport sur la protection de l'atmosphère, *op. cit.*, paragraphe 78.
142. B. Mayer, *op. cit.*, p. 12.

les obligations de consultation, de coopération, d'évaluation de l'impact sur l'environnement et d'adoption de mesures législatives ou administratives soient remplies par les Etats parties.

Si nous considérons les changements climatiques comme un laboratoire expérimental pour mesurer la capacité à faire évoluer le droit international et à dessiner le droit international de demain, nous pourrions ajouter – en suivant la même métaphore – que l'Accord de Paris est un véritable bouillon de culture pour la mise en œuvre de la notion de *due diligence* et donc au-delà pour faire face au défi de l'effectivité du droit international. Faire des obligations de diligence en matière de changements climatiques des «obligations *erga omnes*» représenterait une nette évolution par rapport à la situation actuelle et apporterait de plus grandes garanties aux acteurs engagés dans la lutte contre les changements climatiques, «sujet de préoccupation pour l'humanité tout entière»[143].

En tout état de cause, les efforts déployés par la communauté internationale pour résoudre les problèmes liés aux changements climatiques constituent un bon exemple de l'évolution des techniques juridiques[144]. Bien que les obligations de diligence soient relativement générales et abstraites[145], cela ne doit pas devenir un obstacle à la *climatisation*. Cette dernière est un processus inachevé dans lequel l'Accord de Paris est plus un point de départ qu'un point culminant. La *due diligence* peut servir la mise en œuvre des obligations assumées dans l'Accord de Paris et s'appuyer en même temps sur les avancées progressives qu'offrira, au-delà des abstractions, le développement du droit international. Comme l'a affirmé la CIJ en 1996, «l'environnement n'est pas une abstraction»[146], mais une réalité concrète. En définitive, il s'agit de construire cette «utopie réaliste» rêvée[147], dans laquelle les obligations de *due diligence* ouvrent la voie à une transformation profonde du droit international et, plus loin encore, d'une société internationale sérieusement menacée par les conséquences des changements climatiques.

---

143. Cf. le préambule de l'Accord de Paris.
144. Cf. J. A. Pastor Ridruejo, *Curso de derecho internacional público y organizaciones internacionales*, 25ᵉ éd., Madrid, Tecnos, 2021, p. 405.
145. Y. Kerbrat et S. Maljean-Dubois, *op. cit.*, p. 6.
146. CIJ, *Licéité de la menace ou de l'emploi d'armes nucléaires*, avis consultatif du 8 juillet 1996, *CIJ Recueil 1996*, paragraphe 29.
147. A. Cassese, *op. cit.*, p. XXI.

Part II

Climate Change and the Testing of the Fragmentation of International Law

La fragmentation du droit international au défi des changements climatiques

7 The Climatization of International Peace and Security – A Missed Opportunity?

Anne Dienelt *

SECTION I INTRODUCTION

The environmental crisis we are experiencing is unprecedented. The adverse effects of climate change involve many threats and risks, such as sea level rise severely threatening the territory of States, droughts and precipitation harming the life and health of people as well as other extreme weather events forcing people to (eventually) migrate [1]. The situation is escalating; reaching the 1.5 °C Paris Agreement goal is moving further away [2]. In the security context, climate change is increasingly conceived as a security threat; it has been described as a "risk or threat multiplier", exacerbating existing vulnerabilities, especially in the context of security challenges [3]. It

---

* Senior research fellow and lecturer *(Akadem. Rätin a. Z.)* at the Institute for International Affairs of the Faculty of Law, University of Hamburg.

1. See Intergovernmental Panel on Climate Change 2022 - Impacts, Adaptation and Vulnerability Summary for Policymakers, Working Group II contribution to the Sixth Assessment Report of the Intergovernmental Panel on Climate Change, pp. 13-17. The Security Council in a resolution on climate change that was vetoed by Russia and rejected by India included the following adverse effects: *"Acknowledging that the adverse effects of climate change, including, inter alia, erratic precipitation, increasingly frequent and extreme weather phenomena, more frequent and severe tropical cyclones, floods and drought, diminishing fresh water resources, desertification, land degradation and sea-level rise can lead to water scarcity, food insecurity, large scale displacement, particularly affecting women, children, ethnic minorities and the most vulnerable, potentially leading to social tension and exacerbating, prolonging or contributing to the risk of future conflicts and instability and posing a key risk to global peace, security, and stability."* See UN Doc. S/2021/990 from 13 December 2021.

2. See e.g. Chris Mooney *et al.*, "We Looked at 1,200 Possibilities for the Planet's Future. These are our Best Hope", Washington Post from 1 December 2022, available at https://www.washingtonpost.com/climate-environment/interactive/2022/global-warming-1-5-celsius-scenarios/, last visited 1 December 2022; Anita Engels *et al.*, Hamburg Climate Futures Outlook: The Plausibility of a 1.5 °C Limit to Global Warming – Social Drivers and Physical Processes (1 February 2023), available at http://www.cliccs.uni-hamburg.de/results/hamburg-climate-futures-outlook.html, last visited 3 July 2023.

3. See UN Secretary-General, "Climate Change and its Possible Security Implications: Report of the Secretary-General", UN Doc. A/64/350 from 11 September 2009, p. 2. See also Kirsten Davies, Thomas Riddell and Jürgen Scheffran, "Preventing a Warming War: Protection of the Environment and Reducing Climate Conflict Risk as

can increase vulnerabilities, resulting in insecurity and instability of States and entire regions [4]. In light of these prospects and fears [5], scholars and States have called for the so-called "securitization" of climate change, asking for a Security Council reaction and even more importantly, for more visibility of and attention to the existential threat(s) related to climate change. The UN Security Council, however, has not yet confirmed climate change as a security threat or risk in terms of its mandate, which could have triggered its powers under Chapters VI and VII UN Charter. Phrasing climate change in terms of security opens the door to the legal framework on international peace and security, which includes the use of force and the related *ius ad bellum*. It deals first of all with the prohibition of the use and threat of the use of force [6]. More significantly, the Security Council acting under its mandate can decide on collective measures of UN member States, reaching from legislative measures asking States to adopt regulation [7] to the establishment of subsidiary organs of the UN [8]. Only in very exceptional instances, the security framework justifies the use of force, such as in cases of Security Council authorization under Chapter VII UN Charter or self-defense by individual States or a group of States [9].

Climate change has been addressed by other fields of public international law, dealing more specifically with the reduction of emissions (climate change mitigation) and the adjustment to the effects of climate change (climate change adaptation) [10]. The progressive "climatization" of public international law, with several fields of international law being used to address climate change and its adverse effects, serves as an indicator for the cross-cutting issues at stake. At the same time, the discourse on the securitization of climate change also illustrates that other regimes specifically designed to deal with environmental

---

a Challenge of International Law" (2020), 10 *Göttingen Journal of International Law* 307; Patrick Huntjens and Katharina Nachbar, "Climate Change as a Threat Multiplier for Human Disaster and Conflict" (2015), *The Hague Institute for Global Justice* 1.
    4. See e.g. NATO Climate Change and Security Action Plan, 14 June 2021, https://www.nato.int/cps/en/natohq/official_texts_185174.htm?selectedLocale¼en, last visited 1 November 2022.
    5. See e.g. Andrea Bianchi and Anne Saab, "Fear and International Law-Making: An Exploratory Inquiry" (2019), 32 *Leiden Journal of International Law* 351.
    6. Article 2 (4) UN Charter.
    7. See e.g. UN Security Council resolutions on terrorism or on nuclear weapons. See also Shirley V. Scott, "Implications of Climate Change for the UN Security Council: Mapping the Range of Potential Policy Responses" (2015), 91 *International Affairs* 1317, 1323; Alan Boyle, Jacques Hartmann and Annalisa Savaresi, "The United Nations Security Council's Legislative and Enforcement Powers and Climate Change", 101, in Scott/Ku (eds.), *Climate Change and the UN Security Council*, Edward Elgar Publishing, 2018.
    8. As was the case with the criminal tribunals for Sierra Leone or Rwanda.
    9. See Articles 39, 42 and 51 UN Charter.
    10. International climate change law mainly refers to the UN Framework Convention on Climate Change and its respective protocols and agreements, such as the Paris Agreement.

and climate issues have failed (at least in parts) despite an urgency to react [11]. The other legal frameworks have either not effectively addressed the issue, or they have not satisfactorily been implemented by States (for various reasons, one of them being a lack of political will). Hence, when addressing climate change as a security risk, the global situation is escalating further. The turn to ward the security framework can also be understood as a further escalation of framing, turning climate *change* into a climate *emergency*, possibly resulting in a climate *catastrophe*.

Whether the security framework is an appropriate means to compensate for the failures and insufficiencies of the other fields of public international law can be questioned. Can "securitization" reduce emissions more effectively than the other fields? Can it result in a better adaptation to climate change? The Security Council with the primary responsibility to maintain and restore international peace and security itself suffers from various shortcomings [12] and was originally not designed to deal with non-State-related threats [13]. There have been voices criticizing the UN Charter and in particular the design of the Security Council for not fully matching the post-Cold War demands [14]. In light of climate change, this might be true as well. Climate change is challenging the security framework on a substantial and institutional level.

This chapter investigates how climate change is testing the framework of international peace and security. The "securitization" of climate change has been a controversial issue among the (rotating) member States of the Security Council since 2007, with entrenched positions and no realistic prospects of finding an agreement despite the general urgency to react. The security framework is analyzed in Section II to explore whether climate change can be considered a threat to international peace and security. Some States take the

---

11. On failures, see Ken Conca, "Is There a Role for the UN Security Council on Climate Change?" (2019), 61 *Environment: Science and Policy for Sustainable Development* 4, 8. See on the urgency to react, Scott/Ku, Conclusions: A Climate Change Role for the Council?, 229, in Scott/Ku (eds.), *Climate Change and the UN Security Council*, Edward Elgar Publishing, 2018.
12. Michael J. Glennon, "Why the Security Council Failed" (2003), 82 *Foreign Affairs* 16. See, for instance, India's position on a reform, https://pminewyork.gov.in/unsc, last visited 1 November 2022, or Germany's position, see https://www.auswaertiges-amt.de/en/aussenpolitik/internationale-organisationen/vereintenationen/reformsr/231604, last visited 1 November 2022. More generally, see Jan Wouters and Tom Ruys, "Security Council Reform: A New Veto for a New Century" (2005), 44 *Mil. L. & L. War Rev.* 139. These issues, as well as questions of representation, are not addressed in the chapter, since they are not climate change specific.
13. See on the drafting history of Article 24, Anne Peters, Article 24, para. 33, in Bruno Simma *et al.* (eds.), UN Charter – A Commentary, OUP, 2012.
14. Pål Wrange, *Protecting Which Peace for Whom Against What? A Conceptual Analysis of Collective Security*, 107, in Cecilia M. Bailliet and Kjetil Mujezinovic Larsen (eds.), *Research Handbook on International Law and Peace*, Edgar Elgar Publishing 2019.

position that climate change does not fall within the mandate of the Council [15]. Are legal requirements for Security Council action preventing the Council from reacting? Is the security framework limiting a climate response? Other States consider Security Council measures as inappropriate and inadequate [16]. The kind of measures the Council could adopt are thus investigated in Section II, and whether they can adequately contribute to the mitigation of and adaptation to climate change. Section III addresses the question whether climate change should be phrased in terms of the security framework at all. Is it a missed opportunity that the Council has not yet adopted a resolution on climate change? It is argued that if there was ever consensus among the Council members, a resolution on climate change and a related climatization of the security framework should take a modest approach. Coercive measures are not appropriate to address climate change and its adverse effects. To eliminate related concerns, coercive measures could even be explicitly excluded in a future Security Council resolution. In light of the current insufficiencies and failures and the complex issues at stake, it is recommendable to follow a holistic approach that also includes the institutional level of the UN. In previous drafts, serious considerations of the critiques regarding responsibilities, justice and representation have been missing [17], but should be included.

SECTION II   INTERNATIONAL PEACE AND SECURITY – ROOM TO MANEUVER?

There is more and more evidence confirming a climate-security nexus, such as the International Panel on Climate Change (IPCC) 2014 report in which a working group also analyzed the impact of climate change on "human security" [18]. The experts concluded that climate change threatens

> "human security through undermining livelihoods, compromising culture and identity, increasing migration that people would rather have avoided,

---

15. See e.g. India, Egypt, Argentina, Brazil, Bolivia, Qatar or Russia in the open debate of the Security Council in 2007 and 2011, UN Security Council, Provisional verbatim records from 17 April 2007 (UN Doc. S/PV/5663) and 20 July 2011 (UN Doc. S/PV/6587).
16. See Brazil in the 2011 open debate, UN Security Council, Provisional verbatim records from 20 July 2011 (UN Doc. S/PV/6587).
17. See the 2021 draft resolution initiated by Niger and Ireland, UN Doc. S/2021/990 from 13 December 2021, vetoed by Russia.
18. Adger et al., 2014: Human Security, in: Climate Change 2014: Impacts, Adaptation, and Vulnerability. Part A: Global and Sectoral Aspects. Contribution of Working Group II to the Fifth Assessment Report of the Intergovernmental Panel on Climate Change, pp. 755-791.

and challenging the ability of states to provide the conditions necessary for human security"[19].

Nevertheless, the Security Council has not yet confirmed climate change as a security threat or risk in terms of Article 24 UN Charter, which could have triggered its powers under Chapters VI and VII UN Charter. Some States particularly affected by the adverse effects of climate change, such as the Small Island Developing States (SIDS), are calling on the UN Security Council to react to climate change related threats and risks[20], while other States, such as the Group of 77 or the Non-Aligned Movement, are rejecting the idea of involving the Security Council and its fifteen member States[21]. They also rely on legal reasons not to include the Security Council in the climate change discourse, such as its legal legitimacy[22]. Whether the Security Council's inaction is due to legal restrictions and limitations based on its mandate and the security framework will be assessed in the following section. Paragraph 1 explores whether climate change challenges the framework insofar as it does not threaten international peace and security. Paragraph 2 addresses the available measures within the security framework and asks whether they appropriately address the challenges and needs in time of climate change.

Paragraph 1   **Departing from a State-centered approach of the security framework**

The term "international peace and security" can be found in several places in the UN Charter. International peace and security represent

---

19. Adger *et al.*, 2014: Human Security, in Climate Change 2014: Impacts, Adaptation, and Vulnerability. Part A: Global and Sectoral Aspects. Contribution of Working Group II to the Fifth Assessment Report of the Intergovernmental Panel on Climate Change, p. 762.
20. See e.g. statement by Papua New Guinea or Maldives during the 2007 open debate; UN Security Council, 5663rd Meeting, Open Debate: Energy, Security and Climate, UN Doc. S/ PV.5663 and UN Doc. S/PV.5663 Resumption 1 from 17 April 2007.
21. See e.g. India, Egypt, Argentina, Brazil, Bolivia, Qatar or Russia in the open debate of the Security Council in 2007 and 2011, UN Security Council, Provisional verbatim records from 17 April 2007 (UN Doc. S/PV/5663) and 20 July 2011 (UN Doc. S/PV/6587). See also Conca, "Is There a Tole for the UN Security Council on Climate Change?" (2019), 61 *Environment: Science and Policy for Sustainable Development* 4, or Eliana Cusato, "Of Violence and (in)Visibility: The Securitisation of Climate Change in International Law" (2022), *London Review of International Law* 223. For an analysis of the practice of the Council and the positions of the member States, see e.g. the report on the practice of the individual members of the Council on the topic: Judith Nora Hardt and Alina Viehoff, "A Climate for Change in the UN Security Council?" (2020), IFSH Research Papers No. 005, 152.
22. See for an analysis of positions of States in the Security Council with regard to legitimacy of the Council regarding climate change, Martin Binder and Monika Heupel, "Contested Legitimacy: The UN Security Council and Climate Change", 186, in Scott/ Ku (eds.), *Climate change and the UN Security Council*, Edward Elgar Publishing, 2018.

an end in and of itself to the UN [23]; it is the first listed purpose of the UN [24] and one of the UN's principles [25]. The maintenance of international peace and security is the primary responsibility of the UN Security Council based on Article 24 (1) UN Charter. The Council operationalizes the concept and gives it teeth by adopting non-military and military measures to maintain or restore international peace and security [26]. The UN General Assembly may also discuss situations related to international peace and security [27]. Over the past decades, the UN tried to accomplish this task by working to prevent conflicts and by establishing a system of collective security [28]. It helped parties to conflicts to make peace. It deployed peacekeepers and further developed the peacekeeping mandate and powers in peacekeeping and peacebuilding missions. It tried to create conditions to "allow peace to hold and flourish" [29]. Nowadays, the UN bases its approach to international peace and security on five pillars: (1) Preventive diplomacy and mediation, (2) Peacekeeping, (3) Peacebuilding, (4) Countering terrorism and (5) Disarmament. These pillars concern the entire conflict cycle, meaning the pre-conflict phase, the during-conflict phase as well as the post-conflict phase. Climate change can impact all stages of this conflict cycle: it can increase the risks of conflict, it can cause threats to human security, and it can challenge conflict-recovery and peacebuilding. In fact, climate change is known as a threat multiplier by exacerbating already existing vulnerabilities and tensions, often combined with other social, economic and institutional factors [30].

---

23. See the Preamble of the UN Charter.
24. See Article 1 (1) UN Charter.
25. See Article 2 (3)+(6) UN Charter.
26. See measures in Chapters VI and VII UN Charter.
27. See Article 11 (2) UN Charter. The UN General Assembly has already adopted a resolution on climate change and its possible security implications, see UN Doc. A/RES/63/281 (2009) from 3 June 2009, asking *"the relevant organs of the United Nations, as appropriate and withing their respective mandate, to intensify their efforts in considering and addressing climate change, including its possible security implications"*.
28. Wrange, Protecting Which Peace For Whom Against What? A Conceptual Analysis of Collective Security, in Bailliet Larsen (ed.), *Research Handbook on International Law and Peace*, Edward Elgar Publishing 2019; Hans Kelsen, Collective Security and Collective Self-Defense under The Charter of The United Nations (1948), 42 *American Journal of International Law* 783.
29. See https://www.un.org/en/our-work/maintain-international-peace-and-security#:~:text=Under%20Chapter%20VII%20of%20the,Operations%20and%20Special%20Political%20Missions, last visited 1 November 2022.
30. See UN Secretary-General, "Climate Change and its Possible Security Implications: Report of the Secretary-General", UN Doc. A/64/350 from 11 September 2009, p. 2. See also Joyeeta Gupta and Hilmer Bosch, p. 549, in Robin Geiss and Nils Melzer (eds.), *The Oxford Handbook of the International Law of Global Security*, Oxford University Press, 2021. Davies, Riddell and Scheffran, "Preventing a Warming War: Protection of the Environment and Reducing Climate Conflict Risk as a Challenge of International Law" (2020), 10 *Goettingen J. Int'l L.* 307.

The gateway to the security framework and Security Council reaction respectively is based on "international peace and security" as stated in Article 24 (1) UN Charter. The terms are not defined in the UN Charter and have evolved over time, especially by the subsequent practice of some of the UN organs mandated with their maintenance [31]. Peace is often understood as the absence of a threat or use of force against a State ("negative peace") [32]. Security refers to the absence of threats to important values [33] and includes the right of every State to rely on a relevant security system as well as the duty to support such a security system [34]. Conceptionally, as a system of collective security, the security framework is used to protect States from other States' actions and to secure them from war, other military actions such as the threat or use of force [35]. This collective approach generally matches the collective threat of climate change and the needed collective action to combat climate threats. At the same time, the collective and complex dimensions of climate change test the State-centered security framework. Climate change related threats represent, first of all, non-traditional security threats since they are non-military, and second, they do not originate directly from States. Moreover, climate change can be traced back to collective causes: the main emitters – States [36] und the corporations under their jurisdiction – only collectively contribute to the greenhouse gas effect, which results in the diverse adverse effects of climate change, such as extreme weather events, water scarcity or food insecurity [37].

---

31. In accordance with Article 31 (3) lit. *b* Vienna Convention on the Law of Treaties. See also the UN International Law Commission, 2018 Draft conclusions on subsequent agreements and subsequent practice in relation to the interpretation of treaties with commentaries, in: Yearbook of the International Law Commission 2018, Vol. II, Part Two.
32. See Rüdiger Wolfrum, Article 1, para. 8, in Simma *et al.* (eds.), The Charter of the United Nations – A Commentary, OUP 2012.
33. Cf. Wrange, *Protecting Which Peace for Whom Against What? A Conceptual Analysis of Collective Security*, 113, in Bailliet and Larsen (eds.), *Research Handbook on International Law and Peace*, Edward Elgar Publishing 2019.
34. See Wolfrum, Article 1, para. 11, in Simma *et al.* (eds.), The Charter of the United Nations – A Commentary, OUP 2012. On collective security, see also Wrange, *Protecting Which Peace for Whom Against What? A Conceptual Analysis of Collective Security*, 110-112, in Bailliet and Larsen (eds.), *Research Handbook on International Law and Peace*, Edwar Elgar Publishing 2019.
35. Wrange, *Protecting Which Peace For Whom Against What? A Conceptual Analysis of Collective Security*, in Bailliet (ed.), *Research Handbook on International Law and Peace*, Edwar Elgar Publishing 2019.
36. See CO_2 and Greenhouse Gas Emissions Country Profiles, available at https://ourworldindata.org/co2-and-other-greenhouse-gas-emissions, last visited 1 November 2022.
37. See the adverse effects with security implication the member States of the Security Council agreed upon except for Russia and India in 2021, UN Doc. S/2021/990 from 13 December 2021: *"including, inter alia, erratic precipitation, increasingly frequent and extreme weather phenomena, more frequent and severe tropical cyclones, floods and drought, diminishing fresh water resources, desertification, land degradation and sea-level rise can lead to water scarcity, food insecurity . . .".*

The initial State-centeredness of the security framework, however, has been adjusted to new threats over the past. The US once noted "an impressive ability [of the Council] in the past to embrace its responsibilities to combat new peace and security threats"[38]. This observation of one of the permanent members of the Council holds true in light of its practice. Starting in 1992 after the end of the Cold War, the president of the Security Council highlighted non-military sources of instability, such as economic, social, humanitarian and ecological causes, and confirmed their relevance as threats to international peace and security[39].

Some States, nevertheless, take the position that climate change and its adverse effects do not fall within the Council's mandate[40], while again others argue climate change does not represent a "threat to the peace" in terms of Article 39 UN Charter[41]. These arguments can be interpreted as a restriction or limitation of the security framework that prohibits addressing climate change.

This position can be countered by the adverse effects of climate change, such as sea level rise threatening the territory of SIDS or droughts affecting the health and lives of people, that are no less dangerous and sometimes just as existential as traditional security threats like a violent inter-State conflict. Even more so, numerous non-military causes have been confirmed by the Security Council in terms of Article 24 UN Charter and triggered measures under Chapters VI and VII UN Charter. At the same time, the "new" dimensions of threats as described in the 1992 Presidential Statement are matched by climate change as a cross-cutting issue: Impacts the economic, social, humanitarian and ecological situation of States and people. In the end, this controversy highlights the political dimension of the Council and its decision-making process.

A further departure from the State-centered security approach in terms of military threats from States to other States represents the turn to more and more internal conflicts and humanitarian crises by the Security Council, especially since the end of the Cold War[42]. In internal conflicts, the Security Council has often also considered implications with an international impact, such as

---

38. UN Security Council, Provisional verbatim records from 20 July 2011 (UN Doc. S/PV/6587).
39. Statement made at a meeting on the responsibility of the Security Council in the maintenance of international peace and security with heads of State and heads of government, UN Security Council Presidential Statement, UN Doc. S/23500 from 31 January 1992.
40. See e.g. statements by Egypt or Argentina, UN Security Council, Provisional verbatim records from 20 July 2011 (UN Doc. S/PV/6587).
41. See India, UN Security Council, Provisional verbatim records from 17 April 2007 (UN Doc. S/PV/5663).
42. See e.g. UN Doc. S/PV/6587 from 20 July 2011; Resolution 812 regarding Rwanda from 12 March 1993 or from 20 July 2011, or Resolution 733 regarding Somaliland from 23 January 1992.

refugee flows or the instability of the region [43]. Additionally, over time, gross and systematic human rights violations have been confirmed by the Council as a threat to international peace and security [44]. In the conflicts of the former Yugoslavia, Somalia, Rwanda, Zaire [45], Burundi [46], Liberia [47], and Angola [48], the Security Council acted under Chapter VII UN Charter and referred to violations of international humanitarian law and human rights law. In the case of Libya in 2011, the Council introduced even the "responsibility to protect" to authorize what turned out to be an intervention "to protect civilians and civilian populated areas under threat of attack" [49].

Additionally, in the late 1990s, the concept of "human security" was introduced within the UN [50], further facilitating the departure from a State-centered approach to an understanding that focuses on protecting the individual. The concept of "human security" extends the Security Council's mandate to include the protection of people more generally from hunger, disease, social conflict and also environmental hazards [51]. Based on human security, the Council has already adopted resolutions relating to "unconventional" threats such as gender violence, illicit trade in natural resources, organized crime or infectious diseases [52].

The 2014 IPCC Report on climate change already refers to the concept of human security and defines it "as a condition that exists when the vital core

---

43. See Christopher K. Penny, "Climate Change as a 'Threat to International Peace and Security'", 36, in Scott/Ku (eds.), *Climate Change and the UN Security Council*, Edward Elgar Publishing 2018.

44. See e. g. UN Security Council Resolution 1019 regarding the former Yugoslavia from 9 November 1995 addressing violations of international humanitarian law and human rights law, or UN Security Council Resolution 1973 from 17 March 2011 regarding Libya and the protection of civilians. See also Richard B. Lillich, *The Role of the UN Security Council in Protecting Human Rights in Crisis Situations: UN Humanitarian Intervention in the Post-Cold War World*, (1995) 3 *Tul. J. Int'l & Comp. L.* 1; Martin Binder, *Paths To Intervention: What Explains The Un's Selective Response to Humanitarian Crises?* (2015), 52 *Journal of Peace Research* 1.

45. UN Security Council Resolution 1097 regarding the Great Lakes region from 18 February 1997.

46. UN Security Council Resolution 2248 regarding Burundi from 12 November 2015.

47. UN Security Council Resolution 1497 regarding Liberia from 1 August 2003.

48. UN Security Council Resolution 864 regarding Angola from 15 September 1993.

49. UN Security Council Resolution 1973 regarding Libya from 17 March 2011.

50. See e.g. UN Development Programme, "Human Development Report: New Dimensions of Human Security" from 1 January 1994, available at https://hdr.undp.org/system/files/documents//hdr1994encompletenos tatspdf.pdf, last visited 1 November 2022.

51. E.g. for more information about human security and its evolution, see S. Neil MacFarlane and Yuen Foong Khong, *Human Security and The UN: A Critical History*, Indiana University Press 2006, 11 *et seq.*

52. See Cusato, "Of violence and (in) visibility: the securitisation of climate change in international law" (2022), 10 *London Review of International Law* 203, 209.

of human lives is protected, and when people have the freedom and capacity to live with dignity"[53]. The report identifies specific climate related threats to human security, such as undermined livelihoods, compromised culture and identity, or an increased migration (which people would rather have avoided)[54]. In general, the experts conclude that climate change is "challenging the ability of states to provide the conditions necessary for human security"[55]. Climate change is not only threatening human security, its adverse effects also represent humanitarian crises. Similarly, the Council has even dealt with natural disasters like the 2010 earthquake in Haiti and its aftermath under its mandate, which can be categorized in terms of ecological security[56]. Moveroever, collective global threats, such as terrorism, weapons of mass destruction, illicit weapons transfer or infectious diseases like HIV, Ebola or Covid-19, not originating from a specific State, were also confirmed as threats to international peace and security[57]. Hence, arguments supporting a reaction of the Security Council to climate change can generally be based on its past practice.

More specifically, other situations which the Security Council has addressed under its mandate are said to be associated with climate change. The situations in Syria, Sudan and Darfur or in Somalia, for instance, have arguably been exacerbated by climate change, and the 2014 Ebola outbreak on the African continent has been linked to climate change as well[58].

---

53. Adger *et al.*, 2014: Human Security, in Climate Change 2014: Impacts, Adaptation, and Vulnerability. Part A: Global and Sectoral Aspects. Contribution of Working Group II to the Fifth Assessment Report of the Intergovernmental Panel on Climate Change, p. 758.
54. Adger *et al.*, 2014: Human Security, in: Climate Change 2014: Impacts, Adaptation, and Vulnerability. Part A: Global and Sectoral Aspects. Contribution of Working Group II to the Fifth Assessment Report of the Intergovernmental Panel on Climate Change, p. 762.
55. Adger *et al.*, 2014: Human Security, in: Climate Change 2014: Impacts, Adaptation, and Vulnerability. Part A: Global and Sectoral Aspects. Contribution of Working Group II to the Fifth Assessment Report of the Intergovernmental Panel on Climate Change, p. 762.
56. See UN Security Council Resolution 2070 regarding Haiti from 12 October 2012 which was only adopted two years after the earthquake. See also Lois, *"Taking a Closer Look at Threats to Peace: The Power of the Security Council to Address Humanitarian Crises"*, (1995) 73 *U. Det. Mercy L. Rev.* 551.
57. See UN Security Council Resolution 1373 from 28 September 2001 regarding counterterrorism after 9/11. See UN Security Council Resolution 1540 regarding non-proliferation of weapons of mass destruction from 28 April 2004 or UN Security Council Resolution 2224 from 9 June 2015. See UN Security Council Resolution 2220 regarding small arms from 22 May 2015 or UN Security Council Resolution 2616 regarding the maintenance of international peace and security from 22 December 2022. See also UN Security Council Resolution 1308 regarding HIV/AIDS from 17 July 2000.
58. See e.g. Peter H. Gleick, "Water, Drought, Climate Change, and Conflict in Syria" (2014), 6 *Weather, Climate, and Society* 331. Colin P. Kelley *et al.*, "Climate Change in the Fertile Crescent and Implications of the Recent Syrian Drought" (2015), 112 *Proceedings of the National Academy of Sciences* 3241. In a draft resolution on climate change, the sponsoring and supporting States included references to several situations

Turning to some criticism, the Security Council has been criticized for establishing a link between climate change and migration[59], since phrasing people fleeing their home State as a security threat is controversial[60]. Perceiving human migration as a security risk can support dangerous interventionist arguments[61], neglecting the causes of the phenomenon and only addressing the effects such as migration. Making the same argument for climate security also risks calls for an ecological intervention[62]. More generally, there is a reasonable fear that the phrasing of climate change in the security discourse as an existential threat risks the emergency suspension of legal principles, enabling the adoption of extraordinary and extralegal responses[63]. In light of these arguments, one could take the view that a restricted understanding of the Council's mandate also limits the risk of ecological intervention and thus prevents misuse and an over-aiming reaction by member States implementing such a resolution. Such a limited understanding can actually be understood as a safeguard when testing the security framework. However, overall, the security framework does not prevent the Security Council from reacting to climate change and its adverse effects, it is the political dimension of the Council that prevents it from reacting, as in many other situations.

Paragraph 2 **A broad range of measures to choose from, but suited to mitigate or adapt to climate change?**

Climate change also tests the security framework based on the available measures under Chapters VI and VII UN Charter. Over the past years, some States voiced their doubts about the appropriateness of the measures. Others consider measures under Chapters VI and VII UN Charter

---

and specific States in relation to climate change, e.g. Lake Chad Basin, Somalia, Darfur, South Sudan, Mali, DRC, Western and Central Africa, Cyprus and Iraq, see UN Doc. S/2021/990 from 13 December 2021. Other studies have not confirmed such a link, see e.g. Jan Selby *et al.*, "Climate Change and the Syrian Civil War Revisited" (2017), 60 *Political Geography* 232; Jan Selby and Clemens Hoffmann, "Beyond Scarcity: Rethinking Water, Climate Change and Conflict in the Sudans" (2014), 29 *Global Environmental Change* 360.
59. See e.g. UN Security Council, UN Doc. S/RES/688 from 5 April 1992 on Iraq, or UN Doc. S/RES/1970 from 26 February 2011 on Libya.
60. See e.g. Cusato, "Of violence and (in) visibility: the securitisation of climate change in international law" (2022), 10 *London Review of International Law* 203, 209+222. See also Franziskus von Lucke, Zehra Wellmann and Thomas Diez, "What's at Stake in Securitising Climate Change? Towards a Differentiated Approach" (2014), 19 *Geopolitics* 857, 873.
61. See von Lucke, Wellmann and Diez, "What's at stake in securitising climate change? Towards a differentiated approach" (2014), 19 *Geopolitics* 857, 873; Cusato, "Of violence and (in) visibility: the securitisation of climate change in international law" (2022), 10 *London Review of International Law* 203, 222.
62. See II.2.
63. See e.g. Barry Buzan *et al.*, *Security: A New Framework for Analysis*, Lynne Rienner Publishers 1998, 22–23.

as "inadequate to address the complex and multidimensional issues such as climate change"[64]. Bolivia, for instance, trenchantly asked in the 2011 debate whether the Council could adopt a resolution to require States to reduce their military spending to use it to address the adverse effects of climate change[65]. These issues also relate to the question of what kind of resolution (country-specific or thematic) the Council should adopt, and the question of the concrete wording of each paragraph of a resolution that determines the legal authority of each passage[66].

First, when looking into the kind of resolution the Council has to decide upon, country-specific resolutions have been used in the past to address issues that arguably relate to climate change[67]. Today, some States prefer such a country-specific approach to climate change since it allows for a "targeted response"[68]. However, in the overall context of climate change, the thematic resolutions are of particular interest. Contrary to country-specific resolutions, thematic items deal with a specific topic independently from a specific State and situation but with relevance to the Council's mandate more generally. These topics usually require action beyond a specific actor or a specific situation, which is the case with climate change action. Since 2001, the Security Council has (selectively) addressed situations in thematic resolutions not related to a specific geographical region. After 9/11, for instance, it recognized a global threat to international peace and security by international terrorism and imposed Chapter VII measures[69]. Before, only specific States or groups of States were targeted by resolutions of the Security Council, sometimes also non-State actors. Similarly, when dealing with weapons of mass destruction, the Security Council also concluded that they generally pose a threat to international security independently from a specific situation or State[70]. Even more broadly,

---

64. See e.g. Brazil's statement in the 2011 open debate, UN Security Council, Provisional verbatim records from 20 July 2011 (UN Doc. S/PV/6587).

65. See e.g. Bolivia's statement in the 2011 open debate, UN Security Council, Provisional verbatim records from 20 July 2011 (UN Doc. S/PV/6587).

66. See ICJ, Legal Consequences for States of the Continued Presence of South Africa in Namibia (South West Africa) notwithstanding Security Council Resolution 276 (1970), Advisory Opinion, *ICJ Reports 1971*, at 40-41, para. 113.

67. See e.g. Gleick, "Water, drought, climate change, and conflict in Syria" (2014), 6 *Weather, Climate, and Society* 331; Kelley *et al.*, "Climate change in the Fertile Crescent and implications of the recent Syrian drought" (2015), 112 *Proceedings of the national Academy of Sciences* 3241. Other studies have not confirmed such a link, see e.g. Selby *et al.*, "Climate Change and the Syrian Civil War Revisited" (2017), 60 *Political Geography* 232; Selby and Hoffmann, "Beyond scarcity: rethinking water, climate change and conflict in the Sudans" (2014), 29 *Global Environmental Change* 360.

68. See e.g. China's position in the 2021 debate, UN Doc. S/2021/990 from 13 December 2021.

69. See UN Security Council Resolution 1373 from 28 September 2001 regarding counterterrorism after 9/11.

70. See UN Security Council Resolution 1540 regarding non-proliferation of weapons of mass destruction from 28 April 2004 or UN Security Council Resolution 2224 from 9 June 2015.

the Council has stated that "the illicit transfer, destabilizing accumulation and misuse of small arms and light weapons in many regions of the world continue to pose threats to international peace and security"[71]. Most of these threats, however, still have a security dimension in a traditional sense as they refer to a potential for conflict[72].

Further departing from the conflict link, the Council has (selectively) reacted to humanitarian crises caused by infectious diseases[73]. Starting with the HIV/AIDS pandemic, the Council stated that the HIV/AIDS pandemic, "if unchecked may pose a risk to stability and security"[74]. Only recently, the Council stated "that the unprecedented extent of the COVID-19 pandemic is likely to endanger the maintenance of international peace and security"[75]. In these instances, the Council acted in terms of its preventive mandate by addressing situations that had not yet escalated into a violent conflict. Some States now use the resolution on the Covid-19 pandemic as a precedent to argue in favor of Security Council action on climate change, stressing the possibility of "unconventional issues" under the mandate[76].

In other thematic resolutions, the Security Council has dealt with even broader topics, such as "Children and Armed Conflict"[77], "Protection of Civilians in Armed Conflict"[78], "Women and Peace and Security"[79] and "Youths, Peace and Security"[80]. These thematic items address particularly vulnerable

---

71. See UN Security Council Resolution 2220 regarding small arms from 22 May 2015 or UN Security Council Resolution 2616 regarding the maintenance of international peace and security from 22 December 2022.

72. Cf. also Penny, "Climate Change as a 'Threat to International Peace and Security'", 37, in Scott/Ku (eds.), *Climate Change and the UN Security Council*, Edgar Elgar Publishing 2018.

73. See Olivier Johnson *et al.*, "The Role of The UN Security Council in Health Emergencies: Lessons from The Ebola Response in Sierra Leone" (2022), 76 *Australian Journal of International Affairs* 11.

74. UN Security Council Resolution 1308 regarding HIV/AIDS from 17 July 2000. Similarly, the Ebola outbreak on the African continent was also confirmed as falling in the mandate, see UN Security Council Resolution 2177 regarding peace and security in Africa from 18 September 2014.

75. UN Security Council Resolution 2532 regarding a letter from the President of the Council on the voting outcome and details from 1 July 2020.

76. See e.g. Niger's and Tunisia's statements in the 2021 debate, UN Doc. S/2021/990 from 13 December 2021.

77. Starting with UN Security Council Resolution 1261 from 30 August 1999.

78. Starting with UN Security Council Resolution 1265 from 17 September 1999.

79. See UN Security Council Resolutions 1325 from 31 October 2000, Resolution 1820 from 19 June 2008, Resolution 1889 from 5 October 2009, Resolution 1960 from 16 December 2010, Resolution 2106 from 24 June 2013, Resolution 2122 from 19 October 2013, Resolution 2242 from 13 October 2015 and Resolution 2467 from 23 April 2019 on the Agenda for Women, Peace and Security.

80. See UN Security Council Resolution 2250 from 9 December 2015, Resolution 2419 from 6 June 2018 and Resolution 2535 from 14 July 2020 on the Agenda for Youths, Peace and Security.

groups of conflict, thus fulfilling the (traditional) mandate of the Security Council. In some of these thematic resolutions and agendas, references to climate change have also already found a way in. In the latest report on Youths, Peace and Security of the Secretary-General to the Security Council, for instance, the Secretary-General also referred to the effects of climate change for youths and the security dimension [81]. The effects of climate change have also been addressed in the context of the Women, Peace and Security agenda [82]. The 2021 draft resolution on climate change that Russia vetoed also took the form of a thematic resolution; China abstained from a vote and stated it preferred country-specific and targeted responses to climate change [83].

Turning to the second aspect on the specific wording, the Council has a choice of binding decisions [84] and non-binding recommendations [85]. The latter give a strong signal to all UN Member States even though they do not oblige them to act. Most of the wording in the thematic resolution on the Agenda for Women, Peace and Security, for instance, is non-binding; it still has an effect in practice and has resulted in changes in policies and laws [86]. Binding and non-binding paragraphs can be combined in a single resolution and are determined based on the wording of each specific paragraph [87].

Lastly, the Security Council can choose from a wide range of available measures under Chapters VI and VII UN Charter. Considering the measures and examining the actual practice will help to determine how climate change tests the security framework. Can the security framework in terms of measures also adjust to this challenge? Could a climatization of the framework eliminate fears and doubts of involving the Security Council? Climate change measures are generally based on climate change mitigation and adaptation. The security framework, on the other hand, is based on preventive action as well as coercive and non-coercive measures to restore and maintain international peace and security. At first sight, at least mitigation and prevention are reconcilable. Military measures, however, appear alien to the current climate change regime. Remarks by States that consider Security Council action to climate change "inappropriate" are comprehensible at first sight; it is questionable

---

81. See UN Security Council Resolution 2250 from 16 March 2022, para. 20.
82. See UN Security Council Resolution 2242 on Women, Peace and Security from 13 October 2015, but not repeated in the following UN Security Council Resolution 2467 from 23 April 2019 on Women, Peace and Security.
83. See e.g. China's position in the 2021 debate, UN Doc. S/2021/990 from 13 December 2021.
84. Article 25 UN Charter.
85. Article 36 (3) UN Charter.
86. For a legal evaluation of the Women, Peace and Security Agenda, see Christine Chinkin and Madeleine Rees, *"Commentary on Security Council resolution 2467: Continued state obligation and civil society action on sexual violence in conflict"* (2019).
87. See e.g. Christian Tomuschat, Article 25, paras. 11-14, in Simma *et al.* (eds.), The Charter of the United Nations – A Commentary, OUP 2012.

whether a military response is appropriate in the fight against climate change. Interventions into weak States who are unable or unwilling to address climate change and its adverse effects, such as migration, or interventions into States with ineffective climate change measures are inappropriate, even counterproductive, and distort the *ius ad bellum* [88]. When citing a "militarization" of climate change in the security discourse, most refer to these coercive measures. Nevertheless, the security framework involves more measures than the authorization of the use of force. The Security Council can address situations that endanger international peace and security [89] and trigger Chapter VI UN Charter and non-military measures under Articles 33, 34 and 37 UN Charter, highlighting its preventive function [90]. In the past, under these articles, peacekeeping missions have been adopted by the Council, including aspects of environmental governance [91]. Good environmental governance is an important matter, since it can contribute to long-lasting peace by avoiding, for example, conflicts over water or other natural resources [92]. This could be used as an inspiration for a future climate change resolution (and even more generally in all peacekeeping resolutions), addressing the entire conflict cycle including the post-conflict phase.

More importantly, only under very exceptional circumstances, as an *ultima ratio*, actions violating the general prohibition of the threat or use of force can be justified following the authorization of the Security Council [93]. Such coercive measures by the Council are also restricted by the principle

---

88. See e.g. Cusato, "Of violence and (in) visibility: the securitisation of climate change in international law" (2022), 10 *London Review of International Law* 203, 209+222. See von Lucke, Wellmann and Diez, "What's at Stake in Securitising Climate Change? Towards a Differentiated Approach" (2014) 19 *Geopolitics* 857, 873.
89. Article 33 (1) UN Charter.
90. Cf. Article 10 and 11 or Article 24 and 39 UN Charter. See also Peters, Article 24, para. 71, in Simma *et al.* (eds.), UN Charter – A Commentary, OUP 2012.
91. See e.g. UN Security Council Resolution S/RES/792 on Cambodia from 30 November 1992, UN Security Council Resolution S/RES/1509 on the Situation in Liberia from 19 September 2003, the Situation in Sierra Leone in UN in UN Security Council Resolution S/RES/1562 from 17 September 2004; the Situation in Côte d'Ivoire UN Security Council Resolution S/RES/1643 from 15 December 2005; UN Security Council Resolution S/RES/1856 and S/RES/1857 on the Situation concerning the Democratic Republic of the Congo from 22 December 2008. See also the report of the Secretary-General on Sudan, UN Doc. S/RES/1990 from 27 June 2011. See also Carl Bruch *et al.*, "International Law, Natural Resources and Post-Conflict Peacebuilding: From Rio to Rio+20 and Beyond" (2012), 21 *Review of European Community & International Environmental Law* 44.
92. See e.g. Carl Bruch, Carroll Muffett and Sandra S. Nichols (eds.), *Governance, Natural Resources and Post-Conflict Peacebuilding*, Routledge 2016. See also Cusato "Of violence and (in) visibility: the securitisation of climate change in international law" (2022), 10 *London Review of International Law* 203, 212.
93. Article 39 UN Charter.

of proportionality [94], as stated in Article 42 UN Charter [95], further limiting a coercive reaction. But before such measures under Article 42 UN Charter are decided by the Council, all UN member States as well as the Council must take recourse to peaceful means [96]. The peaceful settlement of disputes represents the main pillar of the security framework, even though the most-known examples usually involve military interventions authorized by the Security Council under Article 42 UN Charter or cases of self-defense according to Article 51 UN Charter. Neither military interventions nor self-defense are considered appropriate in the climate change context, and no State so far has advocated for a coercive reaction to climate change in the current debate [97]. In fact, collective self-defense against another State or a group of States adopting counterproductive or insufficient climate measures cannot stop the sea level rise or the emission of carbon dioxide, even if a resort to force in these instances was lawful. Actual militarization, meaning the recourse to military force, of the fight against climate change is very foreign to the current climate measures that are underway, which are based on a scientific understanding, democratic legitimization and political consensus [98]. Imagine the Security Council authorizing the use of force and military intervention(s) against States due to inexistent or counterproductive climate actions. Such interventions might, if at all, stop further destruction of the Amazonas [99] in the short-term, but not in the long run. Military force will not achieve the goal of collective climate action in a sustainable way. Militarization, in general, appears to lead to a rather repressive international legal system that runs counter to today's liberal world order. Consequently, fighting climate change with military force does not represent an appropriate reaction to the climate emergency, but the security framework provides for more than just coercive measures [100].

---

94. See Nico Krisch, Article 42, para. 19, in Simma *et al.* (eds.), The Charter of the United Nations – A Commentary, OUP [u.a.] 2012. Dam-de Jong also looks into the principle of proportionality and Article 41, see Daniëlla Dam-de Jong, "Who Is Targeted by the Council's Sanctions? The UN Security Council and the Principle of Proportionality" (2020), 89 *Nordic Journal of International Law* 383.
95. Article 42 UN Charter: *"Should the Security Council consider that measures provided for in Article 41 would be inadequate or have proved to be inadequate, ..."* relating to questions of proportionality.
96. Article 33 (2) UN Charter.
97. See Binder and Heupel, "Contested legitimacy: The UN Security Council and climate change", 186, 203, in Scott/Ku (eds), *Climate change and the UN Security Council*, Edward Elgar Publishing, 2018.
98. See e.g. a statement by Kenya during the 2021 debate, UN Doc. S/2021/990 from 13 December 2021.
99. See e.g. newspaper articles calling for an ecological intervention in case of the Amazon: Stephen M. Walt, Who Will Save the Amazon (and How)?, *Foreign Policy*, 5 August 2019, available at https://foreignpolicy.com/2019/08/05/who-will-invade-brazil-to-save-the-amazon/, last visited 1 November 2022.
100. See also Alexandra Knight, "Global Environmental Threats: Can the Security Council Protect Our Earth" (2005), 80 *NYUL Rev.* 1549.

Phrasing questions of climate security in terms of militarization, a term that wrongly emphasizes one out of several options to react, illustrates a rather limited understanding of the security framework. While Chapter VII measures do not require the consent of the State in question and are rather conflictual, measures under Chapter VI involve the State concerned in a constructive manner. However, not all Chapter VII measures require military force: Under Article 41 UN Charter, the Council can also adopt non-military sanctions on individuals or groups. Sanctions are used to stop and change the behavior of a sanctioned State, in the best case in a "smart" or "targeted" manner that is supposed to spare the population [101], as it has been done in cases of illegal exploitation of natural resources [102] or the proliferation of nuclear weapons [103]. Sanctions might help confront climate change and its consequences. Since Article 41 UN Charter is part of Chapter VII, measures do not require the State in question to consent [104]. Nevertheless, based on current climate change law, cooperation, acceptance and understanding are an asset in the collective fight against climate change.

Additionally, the Council has the option under Chapter VII to use so-called legislative measures, in which the Council requires States to adopt national legislation to address climate-security threats [105]. Moreover, the Council can establish tribunals, as it has been done for Sierra Leone and Rwanda. Consequently, the Council has the power to establish an international environmental court or a climate court [106]. Provisional measures under Article 40, which deal with the withdrawal of armed forces, the cessation of hostilities, the conclusion or observance of ceasefires or the creation of the conditions necessary for unimpeded delivery of humanitarian assistance, are not helpful when addressing climate change. Only the delivery of humanitarian assistance

---

101. See e.g. Christina Voigt, *"Security in a 'Warming World': Competences of the UN Security Council for Preventing Dangerous Climate Change*, 307-308, in Cecilia M. Bailliet (ed.), *Security: A Multidisciplinary Normative Approach*, Brill Nijhoff 2009. See also Dam-de Jong (2020), 89 *Nordic Journal of International Law* 383.
102. See e.g. UN Security Council Resolution 1295 (2000) on Angola, or UN Security Council Resolution 1446 (2002).
103. See e.g. UN Security Council Resolution 1718 (2006) on the DPRK.
104. See Nico Krisch, Article 41, para. 11, in Simma *et al.* (ed.), UN Charter – A Commentary, OUP 2012.
105. See e.g. Scott, "Implications of climate change for the UN Security Council: mapping the range of potential policy responses" (2015), 91 *International Affairs*, 1317, 1323. Cf. UN Security Council resolutions on terrorism or on nuclear weapons.
106. See e.g. Voigt, "Security in a 'Warming World': Competences of the UN Security Council for Preventing Dangerous Climate Change", 289, in Bailliet (ed.), *Security: A Multi-Disciplinary Normative Approach*, Brill Nijhoff, 2009; Davies, Riddell and Scheffran, "Preventing a Warming War: Protection of the Environment and Reducing Climate Conflict Risk as a Challenge of International Law" (2020) 10 *Goettingen J. Int'l L.* 307. See also Shirley V. Scott, Patrick J. Keenan and Charlotte Ku, "The Creation of a Climate Change Court or Tribunal", 66, in Scott/Ku (eds.), *Climate Change and the UN Security Council*, Edward Elgar Publishing 2018.

might be useful when dealing with extreme weather events in the climate change context, but without addressing the root causes of climate change.

With regard to decisions on specific measures, the decision-making within the Security Council generally tests the security framework on a regular basis, not just in the context of climate change. The Council has no duty to react; it enjoys broad discretion. Additionally, the permanent member States can veto decisions and consequently block a reaction, even if all other Council members agree. To overcome blockades within the Council [107], presidential statements are another option on how the Security Council, without the consent of all Council members, can appear in public and influence a debate [108]. With regard to climate change and its effects, several non-committal presidential statements were already given, [109] but the effect, the symbolism, as well as the authority of a consensual and binding Security Council resolution cannot compare.

Paragraph 3   **Preliminary conclusions**

Climate change is testing States and the international legal order more generally, but the security framework could adapt if there was political agreement among the Security Council members. The security framework does not impede the Council's ability to address new challenges and developments under its mandate. "International peace and security" has been reinterpreted by the Council's member States over time, allowing the Council to adjust to new realities, such as with the fall of the Iron Curtain and the post-Cold War reality, or now with the adverse effects of climate change for societies and States. Coercive measures are the last resort within the security framework and underly restrictions, for example, according to the proportionality principle. More importantly, coercive measures are not an appropriate means to succeed with emission reductions and to address climate change. Non-coercive measures under Chapter VI or based on Article 41 UN Charter of Chapter VII, on the other hand, could be an option within the security framework to react to climate change. Whether States should recur to the security framework and have the Council adopt a climate change resolution is an entirely different matter, which will be addressed in section III.

---

107. In these instances, the General Assembly, based on the Uniting for Peace-Resolution could also be reactivated to take up the issue.
108. See Gupta/Bosch, p. 558, in Geiß/Melzer (eds.), Oxford Handbook of the International Law of Global Security, OUP 2021. Some have given them a foreshadowing meaning, see Penny, "Climate Change as a 'Threat' to International Peace and Security", 38, in Scott/Ku (eds.), Climate Change and the UN Security Council, Elgar Publishing 2018.
109. See e.g. the 1992 UN Security Council Presidential Statement, UN Doc. S/23500 from 31 January 1992.

SECTION III A CLIMATIZATION OF INTERNATIONAL PEACE AND SECURITY – A PREFERABLE PATH?

The observation of a progressive climatization of public international law [110] allows for new impetus to rethink climate security and to overcome the current mistrust among Council members and the gridlock within the Council. The progressive climatization of public international law is not orchestrated by States but driven by different stakeholders using legal frameworks such as climate change law, human rights law or international investment law. From an overall perspective, such a comprehensive legal approach to climate change across fields of public international law can encounter some of the raised criticism, which will be contextualized in the following. Paragraph 1 looks into the question of an appropriate forum beyond the UNFCCC and paragraph 2 highlights aspects that were not addressed in the most recent draft resolution on climate change, such as climate justice and climate responsibilities.

Paragraph 1 **Beyond the UNFCCC?**

The obligations from the different fields of international law, such as climate change law and human rights law, exist parallel to each other, with different means of compliance and enforcement, partly complementing each other. Hence, the inclusion of a reference to the United Nations Framework Convention on Climate Change (UNFCCC) and the Paris Agreement as "the primary international intergovernmental forums for negotiating a response to climate change" in the latest draft climate change resolution represents an important aspect that needs to be recalled. It addresses the mistrust among States regarding the motivation for the involvement of the Security Council. Kenya, for instance, highlighted that some member States of the Security Council made a reversal compared to their position at the COP26 in Glasgow, and questioned what they wanted to achieve in the Council "beyond UNFCCC" [111]. Other States stated that climate change should be dealt with exclusively by the UNFCCC since it was specially established for the climate change context, and argued that other fora risked evading current responsibilities within the UNFCCC [112]. Some of the permanent members, such as the US, the UK or France, are supporting a Security Council resolution on climate change, but

---

110. See chapter by Peel/Maljean-Dubois in this volume.
111. See statement by Kenya, 8926th Security Council meeting, UN Doc. SC/14732 from 13 December 2021, available at https://press.un.org/en/2021/sc14732.doc.htm, last visited 1 November 2022.
112. See e.g. statement by India, 8926th Security Council meeting, UN Doc. SC/14732 from 13 December 2021, available at https://press.un.org/en/2021/sc14732.doc.htm, last visited 1 November 2022.

have been holding back progress during negotiations (e.g. on fossil fuels) within the UNFCCC [113]. Hence, some States highlight the hypocrisy and double standards [114] of the main emitting States since the main global emitters call for Security Council action but fail to reduce their own emissions on the national level [115]. Thus, it is no surprise that some States question the motivation of some permanent member States to address climate change in the security context [116]. In legal scholarship, arguments exist on a "deep contradiction at the heart of efforts to securitize climate change" [117], which relate to the attempt of Northern States to phrase climate change as a global concern, covering up their aim to protect the security of affluent States, their access to resources and their wealth, as well as their patterns of consumption [118]. Other States consider the involvement of the security framework as a "step back" [119]. As a reaction to these statements, placing the paragraph on the UNFCCC in a more prominent place at the beginning of a climate change resolution, for instance, could highlight the importance of the primary forums on climate change. It should not, however, be used to reject a general climatization of international law.

As to the current status, Niger and Ireland as members of the Security Council initiated an open debate on "Integrating Climate-Related Security Risk into Conflict Prevention Strategies" in 2021. They also drafted a resolution on climate change under Chapter VII UN Charter, which can be as a progressive climatization of international peace and security. The draft *requested* the UN Secretary-General "to integrate climate-related security risk as a central component into comprehensive conflict-prevention strategies of the United Nations, to contribute to the reduction of the risk of conflict

---

113. See e.g. Georgina Rannard, "COP27: Climate Costs Deal Struck but No Fossil Fuel Progress", BBC News from 20 November 2022, available at https://www.bbc.co.uk/news/science-environment-63677466, last visited 20 November 2022; or Fiona Harvey, "A Deal on Loss and Damage, but a Blow to 1.5C – What Will Be COP27'S Legacy?", Guardian, 20 November 2022, available at https://www.theguardian.com/environment/2022/nov/20/deal-on-loss-and-damage-fund-at-cop27-marks-climbdown-by-rich-countries, last visited 20 November 2022.
114. See e.g. Bolivia in the UN Security Council's 5663rd Meeting, Open Debate: Energy, Security and Climate, UN Docs. S/ PV.5663 and S/PV.5663 Resumption 1 from 17 April 2007.
115. See Egypt or Bolivia, UN Security Council, "5663rd Meeting, Open Debate: Energy, Security and Climate", UN Docs. S/ PV.5663 and S/PV.5663 Resumption 1 from 17 April 2007.
116. See Kenya's statement in the 8926th Security Council meeting, UN Doc. SC/14732 from 13 December 2021, available at https://press.un.org/en/2021/sc14732.doc.htm, last visited 1 November 2022.
117. Cusato, "Of violence and (in) visibility: the securitisation of climate change in international law" (2022), 10 *London Review of International Law* 203, 230.
118. *Ibid.*
119. See e.g. India, China or Russia, 8926th Security Council meeting, UN Doc. SC/14732 from 13 December 2021, available at https://press.un.org/en/2021/sc14732.doc.htm, last visited 1 November 2022.

relapse due to adverse effects of climate change" [120], thus climatizing the UN under the mandate of international peace and security. Such a comprehensive conflict-prevention strategy would have contributed to a mainstreaming of climate change beyond the Council and within the entire UN. In the draft, the 113 sponsoring States together with Niger and Ireland also "expressed [their] intention to consider comprehensive conflict analysis and conflict management strategies, including information on the security implications of climate change to allow the Council to pay due regard to root causes of conflict and risk multipliers. . ." [121] in the context of its mandate according to Article 24 UN Charter. Interestingly, the draft did not contain any explicit reference to Chapter VII UN Charter or coercive measures. It actually did not include any specific measures of the Council as discussed before, thus taking a rather conservative and modest approach.

Paragraph 2   **Meaningful silence?**

Several aspects have been discussed in the past debates among States but were not taken up in the draft resolution in 2021. A look into these arguments will allow us to draw conclusions on the controversial issues and the likelihood of a climatization of the security framework. When abstaining from the vote in 2021, China recalled correctly that the obligation of common but differentiated responsibilities relating to questions of climate justice, assistance in capacity building, and resilience building in developing States was not addressed in the tabled resolution [122]. In addition, the unequal adverse effects of climate change on States and societies were not sufficiently addressed. SIDS, for instance, are affected very differently by climate change-related sea level rise than some other States [123]. This criticism also refers to the concept of human security, which does not sufficiently consider the differentiated effects of climate change across racial, gender and geographical

---

120. The draft is available at https://www.securitycouncilreport.org/atf/cf/%7B65BFCF9B-6D27-4E9C-8CD3-CF6E4FF96FF9%7D/s_2021_990.pdf, last visited 1 November 2022. See also the press release on the Security Council's 8926th meeting (AM) on 13 December 2021, SC/14732, available at https://www.un.org/press/en/2021/sc14732.doc.htm#:~:text=The%20Security%20Council%20today%2C%20in,the%20risk%20of%20conflict%20relapse, last visited 1 November 2022.
121. The draft is available at https://www.securitycouncilreport.org/atf/cf/%7B65BFCF9B-6D27-4E9C-8CD3-CF6E4FF96FF9%7D/s_2021_990.pdf, last visited 1 November 2022.
122. See China in the 8926th Security Council meeting, UN Doc. SC/14732 from 13 December 2021, available at https://press.un.org/en/2021/sc14732.doc.htm, last visited 1 November 2022.
123. See India's statement in the 2011 open debate: UN Security Council, 6587th Meeting, Open Debate: Maintenance of International Peace and Security: The Impact of Climate Change, UN Docs S/PV.6587 and S/PV.6587 Resumption 1 from 20 July 2011.

lines [124]. The concept also does not reflect on non-human beings in the age of the Anthropocene [125].

The critiques also concern the colonial past of some permanent member States, since the most vulnerable suffering from the adverse effects of climate change are also the ones who suffered from colonialism [126]. Some climate mitigation measures, such as the idea of carbon trading, even risk reproducing colonial relations [127], and similar effects could happen within the security framework.

The current approach within the security framework, due to Northern domination, focuses on a "Southern lack of capacity" in terms of underdevelopment, ineffective resource governance, or political instability instead of addressing the Northern responsibilities [128]. After all, the main contributions to climate change can be traced back to Northern States [129], and it is also them who are in parts historically responsible for the situation in the Global South. Policies and decisions by "the North" often fail to acknowledge their historical responsibility and often individualize and pathologize the situation in the South [130].

Currently, the practice within the security framework does not address any of these issues [131] as structural inequality deficiencies are traditionally not addressed, thus questioning (again) the appropriateness of the framework. The silence of the most recent draft of a climate change resolution regarding issues such as climate justice and responsibilities is quite telling. The bias among the emitting States, most of which have a colonial past, is evident. There does not seem to be any willingness of some States to negotiate these issues in the context of the security framework, not unlike in other fields and fora.

---

124. See e.g. Cusato, "Of violence and (in) visibility: the securitisation of climate change in international law" (2022), 10 *London Review of International Law* 203, 230.
125. See e.g. Judith Nora Hardt, "Research Perspectives and Boundaries of Thought: Security, Peace, Conflict, and the Anthropocene" (2021), 7 *Revista de estudios en seguridad internacional* 11. Matt McDonald, "Climate Change and Security: Towards Ecological Security?" (2018), 10 *International Theory* 153, 162. See also the special issue of Oñati Socio-Legal Series from 2021 on "Climate Justice in the Anthropocene", edited by Sam Adelman and Louis Kotzé.
126. See e.g. Stephen Humphreys, "Climate Justice: The Claim of the Past" (2014), 5 *Journal of Human Rights and the Environment* 134.
127. Julia Dehm, "Carbon Colonialism or Climate Justice: Interrogating the International Climate Regime from a TWAIL Perspective" (2016), 33 *Windsor YB Access Just* 129.
128. See Cusato, "Of violence and (in) visibility: the securitisation of climate change in international law" (2022), 10 *London Review of International Law* 203, 230.
129. See CO_2 and Greenhouse Gas Emissions Country Profiles, available at https://ourworldindata.org/co2-and-other-greenhouse-gas-emissions, last visited 1 November 2022.
130. In that sense, see Anne Orford, "The Politics of Collective Security" (1995), 17 *Michigan Journal of International Law* 373, 401-402.
131. Gina Heathcote, "Women and Children and Elephants as Justification for Force" (2017), 4 *Journal on the Use of Force and International Law* 66.

Paragraph 3   **Preliminary conclusions**

Whether the climatization of the security framework is a preferable path is difficult to answer as has been shown. The current situation within the Security Council, not least due to the differing positions on and approaches to climate change, is muddled. Prospects of such a resolution are rather unlikely but considering an increase in public awareness and public pressure by various stakeholders within the climate movement, this might change. The current blockade of different fora, such as within the UNFCCC or the Security Council, only waits for momentum when awareness, willingness and consensus join forces. Attempts to further work on climate mitigation and climate adaptation across fields should not be easily given up, and neither should the security framework be generally excluded from the discourse of a climatization of international law. A comprehensive approach across fields of public international law, driven by various stakeholders including States, might eliminate some of the criticism, provided that States become more flexible in their approaches.

SECTION IV   **CONCLUDING REMARKS**

The climatization of public international law does not stop at the framework for international peace and security. Climate change has been impacting the security framework since 2007 when the first open debate within the Security Council on the topic was held. Nevertheless, the security framework should not be understood in terms of climate change law or an extended version of it. In all instances, it is the last resort, an *ultima ratio*, since it can involve the justification of the use of force despite the prohibition of the threat or use of force. More importantly, the security framework can be described as an "add-on" to the existing international climate change framework and other climatized fields; it can serve as a catalyst due to its cross-cutting approach.

On an analytical basis, there is room for maneuvering when interpreting international peace and security, generally allowing a progressive climatization of the security framework. Essentially, the undefined concept of "international peace and security" includes a spectrum of "stretch", which can lead to change, adaptation and even transformation. It has been used to extend the scope of the Security Council's mandate over time.

The concept today encompasses situations of non-traditional security threats and situations that do not address a specific State as the origin of the threat, confirming a degree of flexibility and adaptability. The initial State-centeredness is thus not impeded within the framework when confronted with climate change and its adverse effects. The concept has been redefined and reinterpreted several times since the end of the Cold War to adjust to new realities and new threats [132]. A security understanding in terms of human security complements the traditional State-centered concept; it also allows addressing future generations, which play an important role in the climate change discourse [133]. In the age of the Anthropocene, it may also be required to include non-human beings in the security discourse; they should enjoy protection as well, especially when threatened by anthropogenic climate change. So far, however, the security discourse focuses on the protection of States and people [134].

Situations in which international peace and security are threatened, but which were not addressed by the Security Council due to its discretion or a veto, illustrate failures of the system of collective security. Since they are not climate change specific, they were not addressed in this chapter.

In the climate change discourse, another politicized topic plays in: States from the Global North and South have conflicting interests and their economic, political and social differences become apparent [135]. In consequence, the most powerful organ of the UN has become a toothless tiger: Far too often, the Council is blocked, and no decision is taken. The legal and institutional framework for international peace and security is not able to come into action. These limitations do not have a legal reason, and there are no legal obstacles but only political impediments. It is the political will that is lacking, and the Security Council as a political organ mirrors this incapacity. A reform of the Security Council with its discretion and veto rights, however, is an unrealistic promise these days. The testing of the legal and institutional framework on international peace and security thus illustrates that the law is only as good as its actors or members, such as the Security Council and its institutional design.

If the Council decides to react, there are a wide variety of measures that it can decide upon. The normative basis of the UN Charter combined with the evolving practice allow for adjustments to specific situations and challenges, as long as there is consensus among the Council members. Based on these findings, a binding or non-binding resolution could establish a specialized court for the environment. The Council could address climate change and other

---

132. See Cusato, "Of violence and (in) visibility: the securitisation of climate change in international law" (2022), 10 *London Review of International Law* 203, 214.
133. See e.g. resolutions of the UN General Assembly on climate change that refer to "futures generations of mankind", UN Doc. A/RES/63/281 (2009) from 11 June 2009 or UN Doc. A/RES/63/32 from 28 January 2009. Others have argued that human security excludes future generations, see e.g. *ibid.* 222.
134. See e.g. *ibid.*
135. See e.g. Ariel Macaspac Penetrante, *Common but Differentiated Responsibilities. The North-South Divide in the Climate Change Negotiations*, Climate Change Negotiations. A Guide to Resolving Disputes and Facilitating Multilateral Cooperation (2013).

environmental aspects in peacebuilding and peacekeeping. It could address all UN member States and remind them of their legal obligations to fight climate change. It could recall existing legal obligations on climate mitigation and climate adaptation, and reaffirm their legal authority, as it has been done in other thematic resolutions [136]. References to existing bodies could confirm their relevance and also their achievements in this context. Some repetition of language from other treaties, bodies and instruments in the paragraphs of the resolutions can also have a normative effect [137] and strengthen the climate framework. It could also include provisional measures followed by sanctions [138] to encourage and motivate States into negotiating treaties or compliance with their existing treaty obligations. Adopted measures could address the entire conflict cycle from pre-conflict situations to post-conflict scenarios, including studies on the climate-security nexus or monitoring. It could also ask all UN institutions to mainstream climate change aspects into all UN action. When addressing vulnerabilities, it could ask for an increase in development aid, technical support and even the relocation of populations [139]. There are almost no limits when it comes to possible measures, but a military and coercive intervention should be explicitly excluded to address fears of an ecological intervention into weaker States and a distortion of the security framework despite its capacity to adjust.

Whether the inaction of the Security Council is a missed opportunity, whether a progressive climatization of international peace and security is desirable, represents a normative judgment, independent from legal or political obstacles. Fears of an ecological intervention, a distortion of the security framework, as well as criticism regarding the appropriateness of the measures and the general legitimacy of the Security Council are reasonable. The past has shown that depending on the political situation, there is always a risk of failure [140] or of an over-aiming reaction by the Security Council [141]. The more climate change and its negative impacts escalate, the more likely and justified

---

136. E.g. in the Agenda on Women, Peace and Security, see Chinkin and Rees Commentary on Security Council Resolution 2467: Continued State Obligations and Civil Society Action on Sexual Violence in Conflict (2019).

137. See Chinkin and Rees, *Commentary on Security Council Resolution 2467: Continued State Obligation and Civil Society Action on Sexual Violence in Conflict* (2019).

138. Voigt, "Security in a 'warming world': competences of the UN Security Council for preventing dangerous climate change", 308 ff. in Bailliet (ed.), *Security: A Multidisciplinary Normative Approach*, Brill Nijhoff 2009.

139. von Lucke, Wellmann and Diez, "What's at stake in securitising climate change? Towards a differentiated approach" (2014), 19 *Geopolitics* 857; Cusato, "Of violence and (in) visibility: the securitisation of climate change in international law" (2022), 10 *London Review of International Law* 203.

140. See the situations in Syria, Yemen or Ukraine.

141. Some describe the authorization of "all necessary measures" in case of Libya in Security Council Resolution 1973 from 2011 in terms of an overstep which resulted in another blockade of the Council due to vetoes by Russia and China.

are calls for a Security Council response. But it will always be a sign of failure of the international legal order, the international community and humankind to react to climate change. The progressive climatization of international peace and security law is thus never a preferable option.

8 | Le droit du commerce international au défi des changements climatiques : lever les totems et les tabous

Sophie Grosbon *

> «C'est un moment historique pour l'OMC et une étape importante pour le système commercial multilatéral que de reconnaître qu'il peut et doit agir sur le changement climatique [...] Pourquoi est-ce important ? Parce que ce que vous entreprenez aujourd'hui ne consiste pas simplement à corriger légèrement certains effets négatifs du commerce sur l'environnement. Ce que vous entreprenez vise à transformer le commerce international en une force qui soutient la transition fondamentale de l'économie mondiale vers la durabilité. Il s'agit d'une réorganisation des pratiques commerciales et de l'économie de marché elle-même.»[1]

Les Accords de Marrakech instituant l'Organisation mondiale du commerce (OMC), pourtant adoptés en 1994, soit après la Convention-cadre des Nations Unies sur les changements climatiques de 1992 (CCNUCC), ne mentionnent pas la question climatique. Celle-ci n'est cependant pas ignorée par l'organisation multilatérale, qui l'appréhende au titre des préoccupations environnementales qu'il convient de concilier avec le commerce international et au titre des biens et services environnementaux qu'il convient de progressivement libéraliser[2]. En 2009, quinze ans après la création de l'OMC, la Conférence des Parties à la CCNUCC (COP) se réunit à Copenhague en vue d'adopter un traité climatique historique pour la période post-2012. Face aux fortes critiques de l'impact du commerce international sur le climat, le directeur général de l'OMC affirme que la solution doit venir, d'une part, d'un accord climatique international entre les Etats les plus émetteurs et,

---

*Maîtresse de conférences en droit international à l'Université Paris Nanterre, chercheure au CEDIN.

1. OMC, Directeur général adjoint Jean-Marie Paugam, «Lancement des Déclarations ministérielles sur le commerce, l'environnement et le développement durable», 15 décembre 2021, https://www.wto.org/french/news_f/news21_f/ddgjp_15dec21_f.htm.
2. Sur l'OMC et l'environnement, parmi une littérature abondante: S. Maljean-Dubois (dir. publ.), *Droit de l'Organisation mondiale du commerce et protection de l'environnement*, Bruxelles, Bruylant, 2003; L. Reins, P. Delimatsis, *Trade and Environmental Law*, Northampton, Edward Elgar, 2021; M. Prost, *D'abord les moyens, les besoins viendront après : commerce et environnement dans la «jurisprudence» du GATT et de l'OMC*, Bruxelles, Bruylant, 2005; G. Van Calster et D. Prévost, *Research Handbook on Environment, Health and the WTO*, Cheltenham, Edward Elgar, 2013.

d'autre part, de l'ouverture du commerce aux biens et aux services respectueux de l'environnement[3]. Les règles du commerce international n'ont donc pas à évoluer ; elles ne constituent pas une des causes, mais une des solutions au dérèglement climatique. En décembre 2015, trente ans après les accords de Marrakesh, alors que la COP21 cristallise l'attention de la communauté internationale, la dixième conférence ministérielle de l'OMC se réunit à Nairobi. Comme totalement déconnectée du reste du monde, elle parvient à éluder la question climatique et l'Accord de Paris[4].

Cinq ans après pourtant, l'onde de choc de l'Accord sur le climat adopté lors de la COP21 semble enfin résonner dans les enceintes de l'organisation commerciale multilatérale. En novembre 2020, une cinquantaine de membres de l'OMC insuffle une nouvelle dynamique : par le biais de « discussions structurées », ils souhaitent intensifier les travaux sur le commerce et la durabilité environnementale. En décembre 2021, trois déclarations ministérielles en lien avec la protection de l'environnement et du climat sont présentées par certains membres de l'organisation[5]. Une fois encore, c'est la synergie entre la libéralisation commerciale, d'une part, et les objectifs climatiques et environnementaux internationaux, d'autre part, qui est recherchée, sans égard pour la critique aporétique d'une telle démarche. En introduction à une conférence organisée par le ministre français du commerce intitulée « Pour un commerce plus durable et responsable », la nouvelle directrice générale de l'OMC persiste et signe en indiquant clairement :

> « s'il n'y a qu'une chose à retenir de ce que je dis ici aujourd'hui, c'est que le commerce fait partie de la solution aux défis auxquels nous sommes confrontés, bien plus qu'il ne fait partie du problème »[6].

Pourtant, ce sont bel et bien les modes de production que le système commercial multilatéral sous-tend et favorise que l'urgence climatique nous presse de reconsidérer. La production mondialisée contemporaine repose sur l'utilisation d'énergies fossiles bon marché. Elle n'intègre pas le coût de la

---

3. OMC, « M. Lamy : Il n'y a pas de solutions unilatérales aux problèmes mondiaux ; Copenhague doit être notre point de mire », 29 juin 2009, https://www.wto.org/french/news_f/news09_f/dgpl_29jun09_f.htm.
4. S. Robert-Cuendet, « Le droit commercial international actuel est-il compatible avec l'entretien des communs environnementaux », *Annales des Mines – Responsabilité et environnement*, 2018/4, n° 92, note infrapaginale n° 6.
5. « Déclaration ministérielle sur les subventions aux combustibles fossiles au Conseil général de l'OMC », WT/MIN(21)/9, 3 décembre 2021 ; « Déclaration ministérielle sur la pollution par les plastiques et le commerce des plastiques écologiquement durable », WT/MIN(21)/8/Rev.2, 10 décembre 2021 ; « Déclaration ministérielle sur le commerce et la durabilité environnementale », WT/MIN(21)/6/Rev.2, 14 décembre 2021.
6. OMC, « La DG Okonjo-Iweala déclare que « le commerce fait partie intégrante de la solution aux problèmes auxquels nous sommes confrontés » lors d'une conférence sur la durabilité », 28 janvier 2022, https://www.wto.org/french/news_f/news22_f/dgno_28jan22_f.htm.

destruction de l'environnement et du climat dans son modèle économique (en d'autres termes elle n'internalise pas les externalités négatives)[7]. Le commerce international facilite l'intensification de l'activité économique et contribue ainsi à l'augmentation des émissions de gaz à effet de serre due à l'utilisation d'énergie fossile[8]. La spécialisation internationale en fonction des avantages comparatifs de chaque Etat – favorisée par la libéralisation des échanges – augmente les émissions liées aux transports transnationaux de marchandises. Elle réduit surtout les coûts et les possibilités de contrôle sur les méthodes de production. Elle favorise, de ce fait, la diffusion économique et culturelle de modes de vie fondés sur une consommation à bas prix et dépendante d'une utilisation effrénée des ressources. Or, ces modèles de production et de consommation mondialisées ont un rôle fondamental dans le dérèglement climatique d'origine anthropique[9].

Face à ce phénomène, le droit international des changements climatiques aurait pu avoir un impact régulateur décisif. Il aurait pu encadrer strictement les modes de production, réglementer clairement les émissions de gaz à effet de serre et imposer directement une tarification internationale du carbone. Pourtant, la réalité a été tout autre. La Convention-cadre, le Protocole de Kyoto et plus encore l'Accord de Paris s'accordent sur la nécessité de réduire les émissions mondiales en laissant *in fine* à chaque Etat le soin de réglementer son propre système productif en ce sens[10].

Ce contexte replace les règles du commerce international au cœur de la lutte contre les changements climatiques. Si c'est à chaque Etat, pris individuellement, que revient la charge d'imposer des modes de production

---

[7]. M. Abbas, «Libre-échange et changements climatiques: « soutien mutuel » ou divergence?», *Mondes en développement*, 2013/2, p. 33-48.
[8]. PNUE et OMC, *Commerce et changement climatique*, Genève, Publication de l'OMC, 2009, p. 54.
[9]. Edwin Zaccai, *Deux degrés. Les sociétés face au changement climatique*, Presses de Sciences Po, 2019, p. 62:

> «la production mondialisée, grâce à de faibles coûts de transport notamment, a permis des baisses de prix toujours plus fortes et donc la prolifération d'objets de consommation. Et ce, quels que soient les pays […] Multiplication d'objets électroniques à faible durée de vie (et qui eux-mêmes consomment de l'énergie), de meubles qu'il est devenu normal de remplacer périodiquement, de vêtements ou de produits toujours moins chers, et dont certaines marques détruisent les invendus pour ne pas dévaloriser les prix»;

A. V. Banerjee et E. Duflo, *Economie utile pour des temps difficiles*, Paris, Seuil 2020, p. 282:

> «C'est parce que la consommation augmente que nous avons besoin d'énergie pour produire tout ce qui est consommé. Nous ne produisons pas des émissions de CO2 uniquement quand nous conduisons une voiture, mais aussi quand nous la laissons au garage, car il a fallu utiliser de l'énergie pour construire la voiture, et le garage. Cela est tout aussi vrai du véhicule électrique.»

[10]. G. de Lassus Saint-Genies, *Droit international du climat et aspect économique du défi climatique*, Paris, Pedone, 2017.

faiblement émetteurs sur son propre territoire, il ne doit pas être entravé dans cette démarche par les accords de l'OMC. Juridiquement tout d'abord, une politique climatique nationale ne doit pas être écartée au nom des règles du commerce international. Economiquement ensuite, une telle politique ne doit pas pouvoir être contournée grâce aux règles du commerce international. Un Etat volontariste en termes de politiques climatiques ne doit pas craindre une délocalisation de sa production (et de ses émissions) vers des Etats moins exigeants, phénomène dit des «fuites de carbone». La concurrence internationale (promue par le système commercial multilatéral) offre en effet un avantage comparatif aux entreprises qui ne sont pas ou peu soumises à la réduction de leurs émissions. En conséquence, la crainte d'une perte de compétitivité économique est un argument régulièrement mis en avant par les Etats pour justifier la faiblesse de leur ambition climatique.

Dès lors, par-delà les appels au soutien mutuel [11] et la recherche des synergies ou des conflits normatifs entre le commerce et le climat, l'urgence invite à franchir un pas supplémentaire et à interroger le totem et les tabous de l'ordre économique international. Le totem en l'espèce s'incarne dans l'idée que la libéralisation multilatérale protège la communauté internationale contre tous les maux (la guerre, la pauvreté, la crise écologique notamment). Face aux changements climatiques, le libre-échange garantirait le développement économique et l'innovation, offrant ainsi les moyens techniques et financiers de protéger le climat et de réduire les émissions. Cette conception transparaît dès le premier alinéa du Préambule de l'accord instituant l'OMC qui lie «accroissement de la production et du commerce», «utilisation optimale des ressources mondiales», «objectif de développement durable», «en vue à la fois de protéger et préserver l'environnement et de renforcer les moyens d'y parvenir». Cette conception se retrouve, de manière plus surprenante, au sein de la CCNUCC également. Son article 3.5 invite en effet les Parties à «travailler de concert à un système économique international» «ouvert et qui mène à une croissance économique», certes qualifiée de «durable». Celle-ci doit permettre aux Parties «de mieux s'attaquer aux problèmes posés par les changements climatiques», vraisemblablement en dégageant des ressources disponibles. Quant à la deuxième phrase de l'article 3.5, elle reprend le vocabulaire de l'article XX du GATT et la conception selon laquelle il faut éviter les politiques climatiques nationales qui entravent de manière protectionniste ou disproportionnée le commerce international.

Les tabous qui découlent du totem «ordre économique international» sont les principes fondamentaux du droit international du commerce: égalisation

---

11. L. Boisson de Chazournes, M. M. Mbengue, «a "Footnote as a Principle". Mutual Supportiveness and its Relevance in an Era of Fragmentation», dans H. P. Hestermeyer *et al.* (dir. publ.), *Coexistence, Cooperation and Solidarity*, Boston, Brill, 2012, p. 1615-1637.

des conditions de concurrence sur les marchés nationaux par l'ouverture réciproque de ceux-ci, consolidation des engagements tarifaires, non-discrimination entre produits similaires importés (clause de la nation la plus favorisée), non-discrimination entre produits similaires importés et nationaux (clause du traitement national) et encadrement des mesures non tarifaires.

Mais, la perpétuation incontestée d'un totem ne tient que tant que chacun pense y trouver son compte : les puissants (en l'espèce les sociétés transnationales occidentales notamment) qui y puisent une légitimation sans cesse renouvelée de leurs privilèges, mais également les plus vulnérables, à qui l'ordre économique international promet une consommation au plus bas coût (à titre individuel) ainsi qu'un développement économique fondé sur l'augmentation des exportations et sur l'intégration au commerce international (pour les pays pauvres).

Il reste que le renversement du totem ne doit pas conduire à proposer, au nom de l'urgence climatique, un retour au temps où les grandes puissances commerciales imposaient unilatéralement des règles du jeu dissymétriques, résultant de leur unique intérêt et sans égard pour les disparités de richesse et de développement[12]. Cette considération revêt un écho particulier eu égard à un principe cardinal du droit international du climat : le principe des responsabilités communes, mais différenciées[13]. La responsabilité historique et contemporaine des pays développés dans la crise climatique ainsi que les impératifs de développement et de lutte contre la pauvreté dans les pays du Sud conduisent à des engagements climatiques différenciés, à la désignation explicite, dans l'Accord de Paris, des pays développés comme «montrant la voie» de «modes durables de consommation et de production» (dernier alinéa du Préambule) et à la reconnaissance explicite d'une attention particulière à porter aux Parties qui risquent d'être les plus «touchées non seulement par les changements climatiques, mais aussi par les effets des mesures de riposte à ces changements» (septième alinéa du Préambule)[14]. Or parmi ces mesures de riposte figurent notamment les mesures commerciales prises pour lutter contre le réchauffement planétaire.

Dès lors, même si le système commercial multilatéral est loin de tenir ses promesses sociales et environnementales, la contestation de celui-ci au nom de l'urgence climatique appelle à la prudence. Ainsi, le dérèglement du climat

---

12. E. Tourme-Jouannet, *Le droit international libéral-providence, une histoire du droit international*, Bruxelles, Bruylant, 2011, p. 182-186 : aux XVIIIe et XIXe siècles, les Etats européens largement protectionnistes imposent au reste du monde l'ouverture des marchés nationaux et le libre-échange.
13. L. Rajamani, «The Principle of Common but Differentiated Responsibility and the Balance of Commitments under the Climate Regime», *Review of European, Comparative & International Environmental Law*, 9(2), 2000, p. 120-131.
14. S. Maljean-Dubois, «The Paris Agreement : A New Step in the Gradual Evolution of Differential Treatment in the Climate Regime», *Review of European, Comparative & International Environmental Law*, 25(2), 2016, p. 151-160.

interroge les fondamentaux de l'ordre international économique à la recherche de la possibilité d'une transition écologique et énergétique certes (sect. 1), mais d'une transition juste et équitable surtout (sect. 2).

SECTION 1   DES ÉCHANGES COMMERCIAUX AU SERVICE D'UNE TRANSITION ÉCOLOGIQUE ET ÉNERGÉTIQUE

Traditionnellement, la question climatique est envisagée à l'OMC sous l'angle des relations entre commerce et environnement. Le commerce des marchandises et des services en lien avec le changement climatique (comme les énergies renouvelables ou les biens témoignant d'une efficacité énergétique particulière) est promu au titre de la libéralisation des biens et des services environnementaux. Celle-ci est conçue comme permettant une plus grande diffusion, une meilleure disponibilité et une baisse des coûts des produits favorables au climat, ainsi qu'une stimulation de l'innovation. Parallèlement, la protection du climat peut figurer parmi les exceptions environnementales générales, au titre desquelles une mesure a priori incompatible avec les principes fondamentaux de l'OMC peut, à des conditions strictes, être justifiée.

L'urgence climatique invite cependant à changer de regard sur ces deux manières d'envisager la relation entre commerce et climat. Tout d'abord, la libéralisation des biens respectueux du climat doit logiquement s'accompagner d'une restriction du commerce des produits concurrents et parallèlement nuisibles au climat, au risque sinon de promouvoir des politiques publiques contradictoires. La généralité de la libéralisation commerciale multilatérale mérite donc d'être questionnée (par. 1). Ensuite, le dérèglement climatique aux dimensions écologique, sociale, économique, énergétique, géopolitique et culturelle implique de laisser aux Etats une large marge de manœuvre dans la mise en place de politiques climatiques nationales ambitieuses. Celles-ci ne devraient dès lors plus être appréhendées comme des exceptions licites aux règles de l'OMC, mais comme des prérogatives étatiques légitimes relevant clairement du droit de réglementer – le système productif national notamment (par. 2).

Paragraphe 1   **Dé-généraliser la libéralisation commerciale**

Comme leur nom l'indique clairement, l'accord « général » sur les tarifs douaniers et le commerce (GATT) et l'accord « général » sur le commerce des services (AGCS) dressent des principes « généraux » de libéralisation commerciale, qui ont vocation à s'appliquer à l'ensemble des marchandises et des services [15], quel que soit leur impact sur le climat. Or, une distinction entre le régime juridique des produits favorables (1) et défavorables (2) au climat devrait logiquement s'imposer, si l'on considère la libéralisation comme un instrument de la lutte contre le réchauffement global.

A. Promouvoir les échanges favorables au climat

La Déclaration ministérielle sur le commerce et la durabilité environnementale renoue avec une des ambitions contrariées du cycle de Doha [16] en promouvant le commerce des biens et services environnementaux. La directrice générale de l'OMC encourage ce mouvement en soulignant que

> « la réduction des obstacles au commerce des biens et services environnementaux permettrait d'abaisser encore le coût de l'énergie renouvelable ainsi que les dépenses d'équipement pour construire une infrastructure résiliente face au changement climatique. Les possibilités de libéralisation sont importantes. Les droits appliqués sur les biens liés aux énergies renouvelables et les pompes à chaleur oscillent souvent entre 10 et 14%. Les obstacles non tarifaires visant les produits propres sont fréquemment plus contraignants que pour les produits polluants » [17].

Les futures négociations devront donc porter notamment sur la réduction des obstacles tarifaires et techniques au commerce des produits liés aux changements climatiques.

Parallèlement, cette libéralisation peut être facilitée par les discussions structurées actuellement à l'œuvre à l'OMC portant sur les subventions aux combustibles fossiles. En effet, leur montant faramineux limite le déploiement des énergies renouvelables et l'innovation en faveur d'une production moins émettrice. Or, certaines subventions à la consommation ou à la production d'énergie fossile échappent au champ d'application de l'Accord sur les subventions et les mesures compensatoires (Accord SMC) de l'OMC. Jusqu'ici, seules des déclarations internationales (non contraignantes) appellent à la suppression progressive des subventions inefficaces aux combustibles fossiles [18]. En décembre 2021, toutefois, certains membres de l'OMC ont présenté une déclaration sur les subventions aux combustibles fossiles visant

---

15. Le système harmonisé de désignation et de codification des marchandises (SH) et la classification sectorielle des services (CSS) permet de mesurer l'étendue du champ d'application concerné.
16. Les négociations commerciales sur la libéralisation des biens et des services environnementaux se sont enlisées et ont été abandonnées en 2016.
17. OMC, « La DG Okonjo-Iweala déclare que « le commerce fait partie intégrante de la solution aux problèmes auxquels nous sommes confrontés » lors d'une conférence sur la durabilité », op. cit.
18. Voir le graphique « Réforme des aides aux énergies fossiles : initiatives internationales », dans *Travaux de l'OCDE sur les échanges et l'environnement*, Rétrospective 2008-2020, COM/TAD/ENV/JWPTE(2020)3/FIN, p. 29.

à «faire avancer le débat à l'Organisation mondiale du commerce en vue de mettre en place des disciplines ambitieuses et effectives»[19]. En la matière, l'Accord sur les subventions à la pêche adopté au sein de l'Organisation multilatérale, le 17 juin 2022, trace une voie optimiste: en dépit de ses faiblesses, il témoigne qu'une pratique étendue, écologiquement catastrophique, longtemps objet de négociations sans issue, peut *in fine* être saisie et réglementée dans le cadre de l'OMC[20].

Favoriser le commerce des biens et des services favorables au climat par la libéralisation et la suppression des subventions néfastes conforte l'ordre international économique. Mais ce mouvement n'a de sens dans la lutte contre le dérèglement climatique que s'il s'accompagne d'une mécanique bien plus hostile au système commercial multilatéral actuel: la restriction du commerce des échanges nuisibles pour le climat.

B. *Entraver les échanges défavorables au climat*

Le GATT s'applique aux ressources naturelles, comme les combustibles fossiles après extraction[21], l'AGCS au commerce des services relatifs à l'énergie, quelle qu'en soit la source[22]. Les ressources fossiles font d'ailleurs l'objet de droits de douane peu élevés[23]. La logique d'une libéralisation multilatérale au service d'une plus grande disponibilité à moindre coût des marchandises concernées s'applique donc aux biens et aux services climaticides. L'augmentation des exportations visée par la libéralisation s'accompagne nécessairement d'une croissance parallèle de l'exploitation et de l'extraction. Dès lors, il convient de se demander si la protection du climat n'appelle pas un mouvement contraire, qui viendrait freiner le commerce de ces produits et notamment des énergies fossiles. L'urgence climatique interroge donc la consolidation des engagements tarifaires, principe fondamental du droit de l'OMC en vertu duquel les droits de douane négociés ne doivent pas être augmentés. Plus généralement, elle questionne le principe selon lequel l'ouverture commerciale concédée lors des cycles de négociations doit

---

19. Déclaration ministérielle sur les subventions aux combustibles fossiles au Conseil général de l'OMC, 3 décembre 2021, WT/MIN(21)/9.
20. 12ᵉ Conférence ministérielle, Accord sur les subventions à la pêche, décision ministérielle du 17 juin 2022, WT/MIN(22)/33.
21. OMC, *Rapport sur le commerce mondial 2010, Le commerce des ressources naturelles*, p. 162-175.
22. OMC, Services relatifs à l'énergie, https://www.wto.org/french/tratop_f/serv_f/energy_f/energy_f.htm.
23. D. Bureau et X. Jardi, *Rapport sur les relations entre le CETA et le climat commandé par Ségolène Royal, présidente de la COP21*, Commissariat général du développement durable, Conseil économique pour le développement durable, 2017, p. 5, https://www.ecologie.gouv.fr/sites/default/files/2017.02.10%20Rapport%20CETA-Climat_Janvier.pdf.

bénéficier d'un effet de cliquet[24]. Accepter de remettre en cause ces principes permettrait de coupler la réduction des entraves au commerce des énergies renouvelables à une augmentation des obstacles au commerce des énergies fossiles.

La nécessité de favoriser les produits faiblement émetteurs au détriment des produits climaticides touche également un autre principe central du droit de l'OMC : l'interdiction de discriminer les produits similaires en fonction de leur origine nationale. La question centrale ici est celle de savoir si doivent être considérés comme « similaires » et donc soumis au même régime juridique, d'une part, deux produits physiquement identiques fabriqués grâce à des sources d'énergie différentes, d'autre part, deux énergies issues de sources différentes. En d'autres termes, l'empreinte carbone d'un produit ou d'une source d'énergie peut-elle justifier une différence de traitement compatible avec les règles de l'OMC ? Cette question des « procédés et méthodes de production » (PMP) dans l'évaluation de la similarité des produits est omniprésente dans les réflexions sur les tensions entre commerce et environnement[25]. Les juges de l'OMC acceptent que deux produits puissent être distingués en fonction de leur PMP si ceux-ci influent clairement sur les caractéristiques du produit final. Mais, la question des PMP non incorporés dans le produit final, comme l'est l'empreinte carbone d'une marchandise ou l'énergie utilisée pour sa fabrication, n'a pas encore été clairement tranchée[26].

Sur ce point, toutefois, le droit de l'OMC est amené à évoluer. Dans une affaire portant sur une mesure canadienne de soutien à l'énergie renouvelable, l'Organe d'appel de l'OMC exclut l'existence d'un marché unique de l'électricité aveugle aux différentes sources d'énergie et constate la réalité d'un marché de l'électricité éolienne et solaire. En l'espèce, les juges de l'OMC ne statuent pas sur la similarité ou non entre deux sources d'énergie. Mais ils indiquent qu'en matière d'électricité, d'une part, les indices classiques de détermination de la similarité entre deux produits ne sont pas totalement pertinents et que, d'autre part, la volonté politique de promouvoir les énergies renouvelables a son importance pour qualifier le périmètre du marché concerné[27]. Les affaires *UE-Huile de palme* pendantes devant l'Organe de règlement des différends devraient également apporter un éclairage significatif sur ces questions. L'Indonésie et la Malaisie contestent en effet les directives européennes sur la durabilité des biocarburants, qui discriminent l'huile de palme en raison de son impact sur la déforestation. Les juges de l'OMC auront

---

24. T. Fleury Graff, « La protection douanière considérations sur l'OMC », *Droits*, 2016/2, p. 97-114.
25. D. Sifonios, *Environmental Process and Production Methods (PPMs) in the WTO Law*, Cham, Springer, 2018.
26. OA, CE – Amiante, DS135, 12 mars 2001.
27. OA, Canada – Energie renouvelable, DS412, 6 mai 2013.

donc concrètement, en l'espèce, à se prononcer clairement sur la similarité ou non entre deux produits (les biocarburants) issus de procédés de production différents du point de vue de leur impact écologique [28]. Ils devront a priori choisir entre deux appréhensions de la question : soit considérer comme une forme de politique extraterritoriale impérialiste et contraire aux principes fondamentaux de l'OMC la distinction fondée sur le mode de production d'une marchandise, soit affirmer que l'urgence climatique appelle nécessairement à intégrer les procédés et méthodes de production dans la détermination du régime juridique applicable aux différentes marchandises.

A l'heure actuelle, cependant, un membre de l'OMC qui déciderait de restreindre le commerce international des produits climaticides ou de discriminer les produits en fonction de leur empreinte climatique n'agirait pas nécessairement de manière incompatible avec les règles du système commercial multilatéral. Il pourrait tenter de justifier son action en se prévalant des exceptions générales autorisées par l'article XX du GATT. Mais, la protection du climat invite ici aussi à changer de perspective et à reconnaître, par-delà le droit des membres de l'OMC d'invoquer une exception, leur réel droit de réglementer (le système productif national notamment), en vue d'adopter des politiques climatiques légitimes.

Paragraphe 2 **Réaffirmer le droit de réglementer le système productif national**

Les mesures climatiques unilatérales a priori incompatibles avec les principes fondamentaux de l'OMC peuvent être justifiées par le biais des exceptions environnementales générales autorisées par l'article XX du GATT. L'article XX *b)* accepte les mesures « nécessaires à la protection de la santé et de la vie des personnes et des animaux ou à la préservation des végétaux », auxquelles appartiennent les politiques de « réduction des émissions de CO2 » [29]. L'article XX *g)* agrée les mesures « se rapportant à la conservation des ressources naturelles épuisables », qui comprennent la protection de l'air pur [30]. La lutte contre les changements climatiques en tant que protection de l'atmosphère pourrait sans doute faire l'objet d'une interprétation comparable [31]. Parallèlement, le pétrole est une « ressource naturelle épuisable » [32], ce qui pourrait justifier des politiques en vue de sa

---

28. ORD, Union européenne – Huile de palme, DS593 (demande de consultations de l'Indonésie 9 décembre 2019), DS600 (demande de consultations de la Malaisie du 15 janvier 2021); H. van Asselt, « Chapter 19 Trade and Climate Disputes before the WTO: Blocking or Driving Climate Action? », dans I. Alogna *et al.* (dir. publ.), *Climate Change Litigation : Global Perspectives*, Boston, Brill, 2021, p. 433-461.
29. GS, Brésil – Taxation, DS472, 30 août 2017, paragraphe 7.880.
30. OA, Etats-Unis – Essence, DS2, 29 avril 1996, p. 16.
31. H. van Asselt, *op. cit.*
32. OA, Etats-Unis – Crevettes, DS58, 12 octobre 1998, paragraphe 128.

conservation et de sa non-extraction. Mais, le recours aux exceptions générales de l'article XX du GATT est strictement encadré. En examinant le respect de cet article, les juges de l'OMC exercent un contrôle strict qui s'approche du test de proportionnalité, là où pour garantir un libre choix entre différentes politiques climatiques, ils pourraient se limiter à un contrôle réellement restreint à l'absence d'utilisation abusive des exceptions.

A. Un contrôle strict de l'utilisation des exceptions générales

Les mesures se rapportant à la conservation des ressources naturelles épuisables doivent, selon les termes de l'article XX g) du GATT, être « appliquées conjointement avec des restrictions à la production ou à la consommation nationales ». Les mesures qui protègent la santé et la vie des personnes, des animaux et des végétaux en vertu de l'article XX b) du GATT doivent être nécessaires à la réalisation de leur objectif. En outre, l'application de ces mesures ne doit pas constituer « un moyen de discrimination arbitraire ou injustifiable » ou « une restriction déguisée au commerce » conformément au chapeau introductif de l'article XX. Les juges de l'OMC contrôlent étroitement, à ce titre, la nécessité et l'application non abusive de l'utilisation de l'exception.

La nécessité de la mesure dépend de la mise en balance de différents facteurs relatifs d'une part, à l'importance de la valeur protégée, d'autre part, au rôle de la mesure dans la réalisation du but et enfin, à ses effets restrictifs sur le commerce[33]. Les juges de l'OMC examinent notamment la contribution de la mesure litigieuse à la réalisation de l'objectif qu'elle poursuit (test d'efficacité). Ce contrôle suppose, premièrement, de savoir si cette mesure est de nature à atteindre le but poursuivi et, deuxièmement, de connaître l'importance de cette mesure dans la réalisation de ce but. Or, la question de savoir si une mesure contribue de manière importante à la réalisation de l'objectif passe par la recherche d'une mesure alternative moins attentatoire au commerce et qui permettrait de répondre avec un même degré d'efficacité à cet objectif (test d'interchangeabilité). Ce contrôle peut aboutir à une remise en cause de l'objectif poursuivi, si la mesure contestée ne paraît pas à même d'y répondre efficacement[34].

Après avoir examiné la nécessité de la mesure, les juges de l'OMC se penchent sur la conformité de l'application de celle-ci aux prescriptions de la clause introductive de l'article XX du GATT. Selon l'Organe d'appel, le but de cette

---

33. OA, Bœuf coréen, DS161, 11 décembre 2000, paragraphes 162-3.
34. OA, Bœuf coréen, DS161, 11 décembre 2000, paragraphe 166 et paragraphes 178-179; OA, Cigarettes dominicaines, DS302, 25 avril 2005, paragraphes 71-72.

clause est de «prévenir «l'abus des exceptions»[35], de veiller à ce que l'usage des exceptions «soit exercé de bonne foi, c'est-à-dire de façon raisonnable», prévisible, transparente et flexible[36]. Ainsi, la rigueur avec laquelle sont interprétés les tests de finalité, de nécessité, d'efficacité, d'interchangeabilité et d'application non abusive complique drastiquement la justification d'une mesure attentatoire au commerce au titre des «exceptions générales»[37]. Laisser aux membres de l'OMC la marge de manœuvre nécessaire à la lutte contre les changements climatiques appelle dès lors à changer de regard sur les exceptions environnementales générales au commerce international.

B. Un réel contrôle de l'utilisation non abusive des exceptions générales

Tout d'abord, en s'inspirant de certains accords de libre-échange[38], les discussions structurées sur le commerce et la durabilité environnementale pourraient proposer la reconnaissance d'un droit des membres de l'OMC de réglementer en vue de définir leurs priorités environnementales, d'établir leurs propres niveaux de protection de l'environnement et d'adopter ou de modifier leurs législations et politiques conformément aux exigences des différentes conventions climatiques.

Ce droit de réglementer ne saurait toutefois être absolu. Un contrôle minimal est nécessaire afin d'éviter que les engagements commerciaux ne deviennent qu'une «condition potestative» subordonnée à la «simple expression de la volonté unilatérale» du membre[39] qui brandit l'argument climatique. Le droit de réglementer pourrait dès lors être conditionné à une utilisation non abusive. Mais le contrôle de celle-ci ne saurait conduire, comme le font actuellement les juges de l'OMC, à un contrôle strict de la raisonnabilité, de la prévisibilité, de la flexibilité et de la transparence de l'application de la mesure. L'examen du respect de l'article XX du GATT pourrait se limiter à un contrôle de finalité et de l'absence du pur et simple abus de droit. C'est également en ce sens que pourrait être interprété l'article 3.5 de la Convention-cadre sur les changements climatiques lorsqu'il rejette les mesures climatiques

---

35. OA, Etats-Unis – Essence, DS2, 29 avril 1996, p. 23.
36. OA, Etats-Unis – Crevettes, DS58, 12 octobre 1998, paragraphe 158.
37. Pour plus de détails sur cette démonstration: S. Grosbon, «La primauté du commerce sur les droits de l'Homme dans le cadre de l'OMC», dans D. Lochak et V. Champeil-Desplats (dir. publ.), *Libertés économiques et droits de l'Homme*, Presses Universitaires de l'Université Paris Nanterre, 2011, p. 177-193; H. Ruiz Fabri, «La nécessité devant le juge de l'OMC», dans T. Christakis et K. Mollard-Bannelier (dir. publ.), *La nécessité en droit international*, Paris, Pedone, 2007, p. 189-221; A.-C. Martineau, «La technique du balancement par l'Organe d'appel de l'OMC», *Revue de droit public*, 2007, p. 991-1030.
38. Voir par exemple: article 12.2, paragraphe 1 de l'accord de libre-échange euro-singapourien.
39. Rapprocher de GS, Russie – Trafic en transit, DS512, 5 avril 2019, paragraphe 7.79 à propos des «exceptions concernant la sécurité».

constitutives de discriminations « arbitraires » ou « injustifiables » et de restrictions « déguisées » au commerce international. Au sens strict, les termes de cette disposition ne récusent pas toute discrimination ou toute entrave au commerce international, mais bel et bien celles qui semblent complètement déraisonnables ou dissimulent derrière un prétexte climatique une visée purement protectionniste.

Multiplier les obstacles au commerce des produits et des services climaticides, restreindre les subventions aux énergies fossiles, autoriser les politiques climatiques attentatoires au commerce, sauf en présence d'un abus de droit, peuvent paraître des propositions logiques au regard de l'objectif de l'Accord de Paris visant à « conten[ir] l'élévation de la température moyenne de la planète nettement en dessous de 2 °C par rapport aux niveaux préindustriels » et à « poursuiv[re] l'action menée pour limiter l'élévation de la température à 1,5 °C » par rapport à ces niveaux (art. 2, par. 1a). Toutefois, ces propositions se heurtent en réalité à des enjeux qui dépassent la question purement écologique des changements climatiques et qui doivent intégrer « la notion de « justice climatique », dans l'action menée » face au réchauffement planétaire [40]. En effet, les mesures commerciales de riposte aux changements climatiques doivent « ten[ir] compte des impératifs d'une transition juste pour la population active et de la création d'emplois décents » (al. 9 de l'Accord de Paris). Si la transition énergétique et écologique appelle une modification des modes de consommation, elle ne doit pas conduire à renoncer à la satisfaction des besoins élémentaires fondamentaux des populations vulnérables. Parallèlement, en vertu de son article 2, paragraphe 2, l'Accord de Paris doit être appliqué « conformément à l'équité et au principe des responsabilités communes, mais différenciées et des capacités respectives, eu égard aux différentes situations nationales ». Dès lors, les mesures commerciales de riposte aux changements climatiques, telles que celles susmentionnées, doivent veiller à la situation spécifique des pays en voie de développement. Elles ne doivent pas les heurter de plein fouet, eux qui n'ont pas toujours accès aux technologies propres et, qui n'ont pas eu, en vertu du droit international du climat, à contraindre leur système productif à des réductions chiffrées des émissions. Dès lors, afin que les perdants de la mondialisation économique ne deviennent pas les oubliés de la transition climatique, les échanges commerciaux doivent être repensés à la lumière d'une transition juste et équitable.

SECTION 2   **DES ÉCHANGES COMMERCIAUX AU SERVICE D'UNE TRANSITION JUSTE ET ÉQUITABLE**

La critique de l'ordre économique international se corse davantage lorsque la transition énergétique et écologique intègre les impératifs

---

40. Alinéa 13 de l'Accord de Paris.

de justice sociale et climatique. En effet, la généralisation d'un commerce international libre et non discriminatoire est pensée comme le moyen de garantir l'intégration dans l'économie mondiale et le développement de chaque Etat. Comme le souligne la Conférence des Nations Unies sur le commerce et le développement, « le discours dominant présente les « avantages comparatifs », théorie ricardienne sur laquelle repose les règles de l'OMC, « comme un moyen profitable à tous d'accroître l'efficacité économique et le bien-être social »[41]. Pour accepter de renverser ce totem, il faut alors relativiser ces promesses du libre-échange et garder à l'esprit qu'

> « il est de plus en plus reconnu aujourd'hui que la structure des échanges commerciaux sous l'effet de l'hypermondialisation a contribué à polariser la répartition des revenus et des richesses non seulement dans le Nord, mais aussi dans le Sud, aggravant ainsi les inégalités économiques intérieures »[42].

La recherche d'une acceptabilité (et d'une légitimité) sociale et internationale à la transition écologique invite dès lors à bousculer les tabous les plus importants du droit international économique: l'interdiction du protectionnisme d'une part (par. 1), le multilatéralisme d'autre part (par. 2).

Paragraphe 1   **Protéger la production nationale**

La lutte contre le réchauffement planétaire exige d'encadrer le «dumping climatique» afin d'éviter les «fuites de carbone». En d'autres termes, il convient d'éviter que les industries émettrices délocalisent leurs productions vers les Etats sans contraintes climatiques fortes, au détriment de la compétitivité économique des Etats les plus volontaires et d'une réduction globale des émissions (A). Mais, plus encore, tant l'acceptabilité sociale de la transition que les émissions liées aux transports internationaux invitent, sous certains aspects, à une relocalisation de la production (B).

A. Encadrer le dumping climatique

La crainte du «dumping climatique» et d'une perte de compétitivité dans une économie mondialisée conduit régulièrement les Etats à revoir à la baisse leurs ambitions climatiques. Or, le droit de l'OMC

> «n'offre aucun outil permettant de lutter contre les avantages compétitifs indus, dont certains producteurs jouissent en raison d'une réglementation environnementale insuffisante. [En effet,] la valeur de référence qui est retenue par les règles applicables dans le cadre de l'Accord SMC,

---

41. CNUCED, *Rapport sur le commerce et le développement 2018, Pouvoir, plateformes et l'illusion du libre-échange*, New York, ONU, 2018, p. XIV.
42. *Ibid.*, p. 56.

comme dans le cadre de l'Accord sur le dumping, pour déterminer s'il existe un comportement qui biaise les règles du marché est la « valeur normale » du produit *dans son pays d'origine ;* autrement dit la valeur normale de la marchandise dans l'Etat qui, précisément, ne pratique pas de politique environnementale ou climatique ambitieuse »[43].

En d'autres termes, le dumping climatique n'est pas considéré comme une pratique commerciale déloyale par le droit de l'OMC.

Plusieurs initiatives récentes tentent toutefois de pallier cette lacune. Les Etats-Unis ont proposé au Conseil général de l'OMC, le 17 décembre 2020, un projet de décision ministérielle qui vise à intégrer dans le champ des subventions contestables au titre de l'Accord SMC

« le fait pour les pouvoirs publics de ne pas adopter, maintenir, mettre en œuvre, ni appliquer effectivement des lois et des réglementations assurant la protection de l'environnement à un niveau égal ou supérieur aux normes fondamentales ».

Le projet ajoute que

« si une branche de production profite de façon disproportionnée de contrôles de la pollution ou d'autres mesures environnementales établis à un niveau inférieur aux normes fondamentales, un Membre pourra imposer un droit compensateur égal à l'avantage reçu par la branche de production lorsque les marchandises de cette dernière entrent sur son territoire douanier »[44].

Quant à l'Union européenne, elle envisage de manière unilatérale de nouvelles législations afin de limiter les importations en provenance d'Etats luttant insuffisamment contre les changements climatiques. Le récent mécanisme d'ajustement carbone aux frontières vise à soumettre à une tarification du carbone les produits importés en concurrence avec les produits locaux, soumis eux au système d'échange de quotas d'émission[45]. Le règlement sur les produits « zéro déforestation » vise quant à elle à limiter les importations de produits associés à la déforestation[46].

---

43. S. Robert, « Un mécanisme d'ajustement carbone aux frontières compatible avec le droit de l'OMC : une gageure », *European Papers*, vol. 7, 2022, n° 1, *European Forum, Insight* of 13 May 2022, p. 249-250 (italiques de l'auteur).

44. Conseil général de l'OMC, « Promouvoir les objectifs de durabilité grâce aux règles commerciales pour assurer des conditions égales pour tous », WT/CG/W/814, 17 décembre 2020.

45. Règlement (UE) 2023/956 du Parlement européen et du Conseil du 10 mai 2023 établissant un mécanisme d'ajustement carbone aux frontières, JOUE, L130/52 du 16 mai 2023.

46. Règlement (UE) 2023/1115 du Parlement européen et du Conseil du 31 mai 2023 relatif à la mise à disposition sur le marché de l'Union et à l'exportation à partir de l'Union de certains produits de base et produits associés à la déforestation et à la dégration des forêts, JOUE, L150/206 du 9 juin 2023.

Ces dispositifs seront vraisemblablement contestés devant l'Organe de règlement des différends de l'OMC. Les pays en voie de développement peuvent y voir en effet un moyen d'imposer des contraintes carbone uniformes, en dépit du principe des responsabilités communes, mais différenciées d'une part, et de l'approche ascendante de l'Accord de Paris d'autre part, qui autorise les Parties à définir elles-mêmes l'ampleur de leurs ambitions climatiques. Ils peuvent également y voir une forme d'éco-impérialisme ou de politique extraterritoriale. Mais, il est également possible de considérer que constitue une forme de politique extraterritoriale, le fait de déstabiliser une politique climatique locale en profitant de « fuites de carbone » engendrées par l'absence de tarification des émissions ou le fait d'exporter des produits issus de la déforestation en dépit des choix collectifs du territoire d'importation. Ce d'autant plus, lorsque les marchandises produites (sans être soumises à des contraintes climatiques) sont finalement consommées sur le territoire, qui, du fait de sa politique climatique, a subi les délocalisations de sa production. Sur ce point particulier, il faut alors admettre que la lutte contre le dumping climatique est en relation avec la question de la relocalisation de la production.

B. Relocaliser la production

La relocalisation de la production permet d'imposer aux marchandises consommées sur le territoire le respect des contraintes climatiques issues des choix collectifs locaux. Elle permet également d'éviter les émissions dues aux transports internationaux, tout en réglementant les émissions des transports internes. Cependant, la relocalisation de la production n'est pas envisageable pour tous les Etats ou pour tous les secteurs [47]. En revanche, certains aménagements des règles du commerce international peuvent contribuer à relocaliser la production dans un sens favorable à la lutte contre les changements climatiques.

Tout d'abord, la transition énergétique impose la reconversion de l'économie mondiale – centrée sur des secteurs fortement émetteurs et notamment sur les énergies fossiles bon marché – vers le développement de secteurs alternatifs. Pour être acceptée, cette reconversion doit, conformément au préambule de l'Accord de Paris précité «ten[ir] compte des impératifs d'une transition juste pour la population active et de la création d'emplois décents et de qualité [...]» Parallèlement, la réduction des subventions aux énergies fossiles,

---

47. Certaines marchandises ne peuvent pas être produites localement, ne serait-ce qu'en raison des conditions climatiques. Par ailleurs, si les économies de grande taille comme les Etats-Unis ou la Chine pourraient produire localement une partie importante de ce qu'elles consomment, les petits pays et notamment les pays les plus pauvres ont besoin d'importer et donc d'exporter, A. V. Banerjee et E. Duflo, *Economie utile pour des temps difficiles*, op. cit., p. 124-128.

la multiplication des obstacles aux commerces des produits climaticides et l'encadrement du dumping climatique conduisent nécessairement à une augmentation du coût des marchandises, qui risque de nuire à la satisfaction des besoins fondamentaux élémentaires des populations vulnérables. Ainsi, pour faciliter l'acceptabilité sociale de la transition énergétique, l'introduction de politiques de contenu local est régulièrement mise en avant. Il s'agit de favoriser l'augmentation d'approvisionnement en biens et services locaux ou l'embauche de la population locale par les acteurs économiques, afin de créer de l'emploi et de la richesse dans les territoires concernés. Ces exigences de contenu local sont régulièrement contestées en vertu des principes originaires du droit international économique : imposer l'utilisation de produits et de services locaux au détriment d'une libre concurrence contribue à accroître les coûts, à limiter la compétitivité par le prix et à décourager l'investissement étranger [48]. Le droit de l'OMC interdit deux formes particulières de politiques de contenu local. L'Accord sur les mesures concernant les investissements et liées au commerce interdit (dans son champ d'application) les prescriptions relatives à la teneur en éléments d'origine nationale [49]. L'Accord sur les subventions et les mesures compensatoires interdit les subventions subordonnées à l'utilisation de produits nationaux [50].

Or, c'est précisément à l'encontre de ces exigences de contenu local que se sont concentrés les litiges relatifs à l'énergie renouvelable devant l'Organe de règlement des différends de l'OMC. Celui-ci y a effectivement vu des mesures incompatibles non pas nécessairement avec l'Accord SMC, mais avec les principes fondamentaux du GATT (traitement national en particulier) [51]. Ici encore, offrir une marge de manœuvre aux Etats en matière de subvention aux énergies renouvelables – comme il en existait, jusqu'au 31 décembre 1999, en faveur de certaines aides à la protection de l'environnement (article 8.2 de l'Accord SMC) – paraîtrait logique. Ceci se justifie d'autant plus, lorsque l'on sait que le dumping (non pas climatique, mais bel et bien commercial) pratiqué par certains exportateurs a entravé le développement de certains projets locaux (éoliens ou solaires) [52]. La récente indulgence du Groupe spécial dans l'affaire

---
48. Travaux de l'OCDE sur les échanges et l'environnement, Rétrospective 2008-2020, *op. cit.*, p. 44.
49. Article 1 de l'Annexe de l'Accord qui dresse une liste exemplative de mesures incompatibles avec les règles de l'OMC liées à l'investissement.
50. Article 3.1 *b* de l'Accord.
51. OA, Canada – Energie renouvelable, DS412, 6 mai 2013 ; OA, Inde – Cellules solaires, DS456, 16 septembre 2016 ; GS, Etats-Unis – Energie renouvelable, DS510, 27 juin 2019 (en cours d'appel). Voir également les consultations entre l'Union européenne et le Royaume-Uni sur les contrats de différence pour la production d'énergie sobre en carbone (DS612, demande de consultations du 28 mars 2022, accord sur l'absence d'exigences de contenu local du 1er juillet 2022).
52. Règlement d'exécution (UE) n° 1238/2013 du Conseil du 2 décembre 2013 instituant un droit antidumping définitif et collectant définitivement le droit antidumping provisoire institué sur les importations de modules photovoltaïques en silicium cristallin

Etats-Unis – Mesures de sauvegarde visant les produits photovoltaïques pourrait se lire sous ce prisme [53]. Elle témoigne à l'heure actuelle d'un Organe de règlement des différends poussé à la flexibilité par les contraintes (extra) juridiques auxquelles il est soumis depuis quelques années [54], plus que d'un réel engagement en faveur d'une interprétation du droit de l'OMC favorable à la lutte contre les changements climatiques. Mais, le rapport de ce panel ouvre néanmoins la voie des possibles en termes d'interprétation. En effet, dans cette affaire, les Etats-Unis avaient commencé par adopter des droits antidumping à l'encontre des panneaux photovoltaïques chinois, puis pour protéger leur production nationale, menacée d'un dommage grave, ils avaient mis en place des mesures de sauvegarde, restreignant temporairement les importations chinoises. Or, de manière tout à fait exceptionnelle et sans grande motivation, le Groupe spécial a considéré que ces mesures étaient compatibles avec le droit de l'OMC. Alors que jusqu'ici les mesures de sauvegarde faisaient l'objet d'un contrôle extrêmement contraignant, «l'examen réalisé en l'espèce s'apparenterait presque à un contrôle minimal en situation de pouvoir discrétionnaire de l'autorité compétente» [55]. Ainsi, une interprétation favorable – si ce n'est à la relocalisation de la production du moins – à l'absence de délocalisation, se fraye un chemin devant l'Organe des règlements des différends et gagnerait à être consolidée.

Une autre réforme, moins protectionniste que les politiques de contenu local, peut contribuer à favoriser une forme de relocalisation de la production. Elle consiste à imposer une tarification aux émissions des transports internationaux afin d'intégrer, dans le prix de la marchandise exportée, l'empreinte carbone de sa circulation. Si une telle proposition a nécessairement un impact sur le commerce international, elle ne conduit pas à amender les règles de l'OMC. C'est au sein de l'Organisation de l'aviation civile internationale (OACI) et au sein de l'Organisation maritime internationale (OMI) qu'elle a vocation à être adoptée. Pourtant, jusqu'ici les avancées en la matière ont été très limitées.

Certes, sous l'impulsion de la COP21, ces deux organisations internationales ont adopté de nouvelles réglementations. Ainsi, l'OACI a mis en place un dispositif mondial axé sur le marché: le mécanisme mondial de compensation

---

et leurs composants essentiels originaires ou en provenance de Chine, *JOUE*, L 325/1 du 5 décembre 2013.
53. GS, Etats-Unis – Mesures de sauvegarde visant les produits photovoltaïques, DS 562, 2 septembre 2021 (rapport faisant l'objet d'un appel).
54. K. Kugler, «Au cœur de la mêlée de l'Organe d'appel de l'Organisation mondiale du commerce: comment en sommes-nous arrivés là?», *Revue de droit des affaires internationales*, n° 3, 2019, p. 269-286.
55. C. Crépet-Daigremont, «Groupe spécial, 2 septembre 2021, USA – Mesures de sauvegarde visant les produits photovoltaïques (DS562)», *Revue générale du droit international public*, n° 4, 2021, p. 834.

des émissions de CO2 de l'aviation internationale (CORSIA)[56]. Ce mécanisme deviendra obligatoire en 2027 pour tous les vols internationaux au départ et à destination des membres de l'OACI, à l'exception de certains Etats en raison de leur niveau de développement, de leur insularité ou de leur poids réduit dans le trafic aérien mondial. Toutefois, ce mécanisme vise la compensation des émissions dépassant le niveau atteint en 2020 (par l'acquisition de crédits sur le marché) et non la réduction de ses émissions[57]. Il ne prévoit donc ni plafonnement des émissions, ni d'objectifs chiffrés de réduction, éléments propres à augmenter le prix du crédit carbone.

Du côté de l'Organisation maritime internationale, l'adoption de mesures fondées sur le marché a été entravée par une opposition principielle entre les pays en voie de développement et les pays développés. Les premiers défendent en effet le principe des responsabilités communes, mais différenciées, quand les deuxièmes privilégient le principe de l'interdiction des discriminations fondées sur l'Etat de pavillon des navires (principe central dans les instruments internationaux de l'OMI). Or, comptabiliser les émissions des navires pour y adjoindre une tarification complique la prise en compte des spécificités des pays en voie de développement[58]. Dès lors, seules des mesures techniques et une Stratégie initiale pour la réduction des émissions de gaz à effet de serre provenant des navires (2018) ont été adoptées. Cette dernière fixe certes des objectifs chiffrés de réduction, mais elle reste « une simple feuille de route, dénuée de toute portée contraignante » et ne prévoit aucune forme de tarification des émissions[59].

Face à ces lacunes, l'Union européenne a souhaité réagir. Le secteur du transport maritime vient tout recemment d'être inclus dans le système européen d'échange des quotas d'émission (SEQE-UE)[60]. Une nouvelle directive envisage à terme que le marché européen du carbone s'applique à tous les vols au départ de l'espace économique européen et non plus aux vols intra européens si le régime CORSIA n'est pas suffisamment cohérent avec l'Accord

---

56. Résolution A39-2 exposé récapitulatif de la politique permanente et des pratiques de l'OACI dans le domaine de la protection de l'environnement – Changements climatiques ; Résolution A39-3 exposé récapitulatif de la politique permanente et des pratiques de l'OACI dans le domaine de la protection de l'environnement – Régime mondial de mesures basées sur le marché (MBM), septembre-octobre 2016.
57. B. Trigeaud, « Le programme CORSIA de l'OACI : essai d'une approche multilatérale de lutte contre les émissions de CO2 dans le secteur de l'aviation civile », *Annuaire français de droit iternational,* 2018, p. 393-399.
58. S. Gambardella, « La stratégie de réduction des émissions maritimes internationales de gaz à effet de serre après l'Accord de Paris. Réflexions sur la pertinence de l'Organisation maritime internationale en tant qu'échelle d'action », *Revue juridique de l'environnement,* 2017/HS17, p. 182.
59. G. Le Floch, « L'action en demi-teinte de l'OMI dans le cadre de la lutte contre les changements climatiques », *Le droit maritime français,* 2019, p. 614-615.
60. Directive (UE) 2023/959 du Parlement européen et du Conseil du 10 mai 2023 modifiant la directive 2003/87/CE établissant un système d'échange de quotas d'émissions de gaz à effet de serre dans l'Union, JOUE, L130/134 du 16 mai 2023.

de Paris [61]. Cette initiative renoue ici avec le projet originel d'une application du SEQE-UE aux vols à destination et en provenance de pays tiers, projet à l'époque abandonné face aux pressions internationales, parmi lesquelles figurait la crainte d'un recours devant l'Organe de règlement des différends de l'OMC [62].

Ces différentes propositions qui visent à intégrer l'enjeu climatique aux règles et au fonctionnement du commerce international ont une direction commune: elles tendent à favoriser les modes de production et de transports de marchandises peu émetteurs au détriment des pratiques climaticides. Mais, appliquées aveuglément, ces réformes se heurtent au principe des responsabilités communes, mais différenciées, qui implique de prendre en considération la situation spécifique des pays en voie de développement. Ce principe ne figure pas au sein des règles fondamentales de l'OMC, qui sont fondées sur le caractère multilatéral et inconditionnel des engagements commerciaux. Intégrer le principe des responsabilités communes, mais différenciées aux règles gouvernant les échanges internationaux invite à réinterroger ce multilatéralisme fondateur.

Paragraphe 2   **De-multilatéraliser le commerce international**

Un ordre international économique soucieux de l'urgence climatique conditionne l'ouverture commerciale au respect des engagements d'atténuation. Il implique à ce titre de déroger à la clause de la nation la plus favorisée. Mais, en vertu du principe des responsabilités communes, mais différenciées, il doit impérativement s'accompagner d'engagements obligatoires et contraignants en matière de transferts technologiques et financiers.

A. Conditionner l'ouverture commerciale au respect des engagements climatiques

Les différentes propositions susmentionnées conduisent à restreindre le commerce international des produits et des sources d'énergie climaticides. Mais elles peuvent avoir un impact particulièrement délétère sur

---

61. Directive (UE) 2023/958 du Parlement européen et du Conseil du 10 mai 2023 modifiant la directive 2003/87/CE en ce qui concerne la contribution de l'aviation à l'objectif de réduction des émissions dans tous les secteurs de l'économie de l'Union, JOUE, L130/115, du 16 mai 2023.
62. J. Hartmann, «A Battle for the Skies: Applying the European Emissions Trading System to International Aviation», *Nordic Journal of International Law*, 2013, p. 187-220; L. A. Bartels, «The WTO Legality of the Application of the EU's Emission Trading System to Aviation», *European Journal of International Law*, 2021, p. 429-467.

les pays en voie de développement, qui n'ont pas accès aux technologies propres et contribuer ainsi à réduire drastiquement leurs exportations. A l'inverse, le système commercial multilatéral se présente comme un modèle propre à atténuer les disparités de puissance. Par la généralité des marchandises et des services auxquels il s'applique, il évite que les grandes puissances n'imposent des ouvertures commerciales que dans les seuls secteurs économiques qui les intéressent. Par le caractère multilatéral et inconditionnel des concessions, il consacre la non-discrimination dans les relations commerciales et rompt avec le bilatéralisme, terreau fertile aux manifestations symptomatiques des inégalités de puissance.

Pourtant, le droit de l'OMC reconnaît également une spécificité aux pays en voie de développement par le principe du traitement spécial et différencié. En effet, une dérogation à la clause de la nation la plus favorisée habilite les membres à offrir des préférences commerciales aux pays en voie de développement, en d'autres termes à faciliter leurs exportations [63]. Ces concessions supplémentaires peuvent être conditionnées par le respect d'exigences environnementales. Par exemple, le «schéma de préférences tarifaires généralisées» de l'Union européenne offre des abaissements tarifaires supplémentaires aux pays en voie de développement vulnérables qui ratifient et mettent effectivement en œuvre certaines conventions environnementales. Parmi celles-ci figurent la Convention-cadre sur les changements climatiques et le Protocole de Kyoto. Le nouveau schéma européen en cours de discussion prévoit de remplacer la référence au Protocole de Kyoto par l'Accord de Paris. Il envisage également que la violation grave et systématique de ces conventions environnementales puisse conduire au retrait des avantages commerciaux offerts [64].

La clause de la nation la plus favorisée connaît également une exception importante en autorisant les accords commerciaux régionaux, qui approfondissent la libéralisation entre les Parties concernées [65]. Au sein de ces accords, des clauses peuvent prévoir l'obligation de respecter et de mettre en œuvre effectivement les conventions climatiques [66]. Elles peuvent

---

63. P. Conconi et C. Perroni, «Special and Differential Treatment of Developing Countries in the WTO», *World Trade Review*, vol. 14, 2015, p. 67-86.
64. Commission européenne, Proposition de règlement du parlement européen et du conseil relatif à l'application d'un schéma de préférences tarifaires généralisé et abrogeant le règlement (UE) n° 978/2021, 22 septembre 2021, COM(2021) 579 final. Jusqu'ici le retrait des avantages commerciaux en cas de violation grave et systématique ne concernait que les conventions relatives aux droits de l'homme et aux droits des travailleurs.
65. H. Gherari, *Les accords commerciaux préférentiels*, Bruxelles, Larcier, 2013 et notamment le chapitre 5, «des rapports sous tension avec l'OMC».
66. Voir par exemple, l'article 16.4, paragraphe 4 de l'accord de libre-échange entre l'Union européenne et le Japon, l'article 12.6, paragraphe 3 de l'accord de libre-échange euro-singapourien, l'article 13.6, paragraphe 1 de l'accord euro-vietnamien.

même consacrer le respect des conventions climatiques en tant qu'« élément essentiel » (au sens de l'article 60 de la Convention de Vienne sur le droit des traités) de l'accord de libre-échange, à l'instar de l'article 771 de l'Accord de commerce et de coopération entre l'Union européenne et le Royaume-Uni. Cette consécration permet à une Partie de suspendre les avantages commerciaux offerts en cas de violation substantielle de l'Accord de Paris par l'autre Partie.

Ces deux exceptions au multilatéralisme (système généralisé de préférences et accords commerciaux régionaux) ne sont autorisées par le droit de l'OMC que si elles renforcent la libéralisation : elles peuvent contribuer à diminuer les entraves au commerce entre les Parties, mais ne doivent jamais les augmenter. Or, dans beaucoup de domaines et notamment en matière tarifaire, les obstacles au commerce sont déjà très peu élevés, et la protection du climat implique au contraire un rehaussement des entraves, comme les propositions susmentionnées l'évoquent. Ce sont donc les concessions commerciales multilatérales qu'il convient de repenser dans leur globalité. Il s'agit alors d'inverser le positionnement en ne cherchant plus seulement à intégrer des considérations climatiques au socle du droit du commerce international, mais à établir un socle d'exigences climatiques sur lequel viendraient se greffer des relations commerciales idoines.

Les Parties à un accord de commerce pourraient alors en son sein s'accorder sur des objectifs climatiques précis. Ces objectifs ne seraient pas nécessairement identiques et réciproques entre les Parties, par respect du principe des responsabilités communes, mais différenciées. Ces exigences climatiques communes ne seraient pas nécessairement uniformisées (et multilatérales). Chacun pourrait en revanche négocier avec les différents partenaires commerciaux l'engagement climatique qu'il attend d'eux avant de leur garantir un accès libre et non discriminatoire à son marché. Ainsi, des pays au niveau de développement comparable pourraient décider de conditionner leur ouverture commerciale réciproque à des engagements et des politiques climatiques semblables. Entre un pays développé et un pays en voie de développement, l'accord de commerce pourrait dépendre des ambitions climatiques précises de chacun, mais également des émissions et de la responsabilité de chacun dans la crise climatique. Une telle approche permettrait d'intégrer le principe des responsabilités communes, mais différenciées, tout en opérant une distinction en fonction du niveau réel de développement des différents Etats. Une fois ce socle climatique commun accepté, l'accord de commerce pourrait prévoir une clause de non-régression visant au respect de ces exigences climatiques, au risque sinon de subir des sanctions commerciales. Il pourrait admettre que l'ouverture commerciale concédée en son sein puisse être renégociée en cas de politiques climatiques fortement divergentes, comme le prévoit l'article 411 de l'Accord de commerce et de coopération entre l'Union européenne et le Royaume-Uni.

Naturellement, un tel bouleversement de l'ordre économique international ne peut être assumé en dehors du respect d'un principe de bonne foi. En d'autres termes, les conditionnalités climatiques ne doivent pas être un moyen et un prétexte pour justifier des relations de puissance et de domination entre Etats. En la matière, la manifestation de la bonne foi des Etats ne peut passer que par le respect des engagements de transfert technologique et financier.

B. Consacrer des transferts technologiques et financiers obligatoires et contraignants

Les engagements de transfert de technologie et de financement en faveur des pays en voie de développement sont en droit international des changements climatiques fort peu contraignants. Ils doivent impérativement être consolidés. En effet, la Convention-cadre prévoyait déjà que, sans soutien financier et technologique offert par les pays développés, les pays en voie de développement ne pourraient pas participer à la lutte contre les changements climatiques. Ceux-ci ne sont donc tenus au respect de leurs (faibles engagements) qu'à la mesure « de l'exécution efficace par les pays développés parties de leurs propres engagements en ce qui concerne les ressources financières et le transfert de technologie » (art. 4, par. 7). En dépit de mécanisme de contrôle strict, la Convention impose en effet aux pays développés de fournir « des ressources financières nouvelles et additionnelles » pour couvrir les coûts de l'atténuation et de l'adaptation dans les pays en voie de développement (art. 4, par. 3-4). Elle prévoit également (de manière plus souple) que les pays développés « prennent toutes les mesures possibles en vue [...] de faciliter [...] le transfert ou l'accès de technologie et de savoir-faire écologiquement rationnels » (art. 4, par. 5). En la matière, l'Accord de Paris est plus prolixe et il délaye les engagements (déjà peu contraignants de la Convention-cadre) dans la multiplication des considérations. Les Parties y « partagent une vision à long terme de l'importance qu'il y a à donner pleinement effet à la mise au point et au transfert de technologie » (art. 10) ; le renforcement des capacités y figure au conditionnel (art. 11) ; les pays développés s'engagent à fournir des ressources financières aux pays en voie de développement aux fins d'atténuation et d'adaptation (art. 9), mais leur montant n'est précisé que dans la décision de COP accompagnant l'accord. Cet instrument de *soft law* fixe en effet un objectif chiffré collectif d'un minimum de 100 milliards de dollars par an [67], et celui-ci est dans les faits loin d'être atteint [68].

---

67. Décision 1-/CP.21, Adoption de l'Accord de Paris, 12 décembre 2015, paragraphe 53.
68. L. Neumann Noel, B. Bayramoglu, « Where do Donor Countries Stand in Climate Aid Allocation and Reporting ? », *Revue française d'économie*, 2022/2, p. 79-119.

Par ailleurs, le transfert de technologie concerne également le droit de l'OMC et plus précisément l'Accord sur les aspects des droits de propriété intellectuelle qui touchent au commerce (ADPIC). En effet, la protection offerte en son sein au brevet peut limiter la diffusion de technologies favorables à l'atténuation ou à l'adaptation. Pendant la préparation de la Conférence des Parties à la Convention-cadre sur les changements climatiques de Cancùn, certains pays en voie de développement avaient proposé un accord visant à exclure ces technologies de la protection accordée par l'Accord ADPIC. Cette idée a été rejetée par les pays développés. En 2013, l'Equateur a présenté de nouvelles suggestions devant le Conseil des ADPIC de l'OMC : adopter une déclaration concernant les flexibilités de l'Accord sur les ADPIC, le changement climatique et l'accès aux écotechnologies, à l'instar de la Déclaration sur la santé publique (qui avait permis d'infléchir les dispositions de l'Accord en faveur des pays en voie de développement); faciliter la concession de licences obligatoires (sans le consentement du titulaire de brevet) et les transferts de compétences y relatives; reconnaître l'atténuation et l'adaptation comme une question d'«intérêt public» et permettre «au cas par cas, d'exclure de la brevetabilité les inventions dont l'exploitation conditionne la diffusion des écotechnologies» nécessaires pour lutter contre les changements climatiques ; réduire la durée de la protection des brevets; promouvoir les licences ouvertes pour les résultats des recherches financées par des fonds publics. La proposition précise que ces nouvelles flexibilités à incorporer dans l'Accord sur les ADPIC ne doivent s'appliquer qu'aux pays en voie de développement *vulnérables* et aux pays les moins avancés, consacrant ainsi la non-homogénéisation de la catégorie des pays en voie de développement face à la question climatique [69]. Cette initiative a jusqu'ici fait long feu, mais il serait pertinent de s'y intéresser à nouveau dans le cadre des discussions structurées sur le commerce et la durabilité environnementale, qui, des termes mêmes du Directeur général adjoint de l'OMC, doivent tendre à «transformer le commerce international en une force qui soutient la transition fondamentale de l'économie mondiale vers la durabilité» [70].

Le Directeur général adjoint ne s'y trompe pas (à son corps défendant sans doute), lorsqu'il présente les discussions structurées sur le commerce et les changements climatiques comme une entreprise de «réorganisation des pratiques commerciales et de l'économie de marché elle-même» [71]. Supprimer les subventions aux énergies fossiles, conditionner la libéralisation

---

69. Conseil des ADPIC, Contribution de la propriété intellectuelle à la facilitation du transfert des technologies écologiquement rationnelles, Communication présentée par l'Equateur, 27 février 2013, IP/C/W/585.
70. OMC, Directeur général adjoint Jean-Marie Paugam, «Lancement des Déclarations ministérielles sur le commerce, l'environnement et le développement durable», https://www.wto.org/french/news_f/news21_f/ddgjp_15dec21_f.htm.
71. *Ibid.*

des marchandises et des services à leur empreinte climatique, autoriser la restriction du commerce au nom de politiques climatiques nationales non abusives, encadrer le dumping climatique, autoriser les politiques de contenu local, appliquer une tarification aux émissions des transports internationaux, rendre obligatoires et contraignants les engagements en termes de financement et de transfert de technologie aux pays en voie de développement et assouplir considérablement les droits de propriété intellectuelle sur les écotechnologies ne constituent pas de simples adaptations de l'ordre économique international au défi climatique, mais un bouleversement du système commercial mondial fondé sur la théorie des avantages comparatifs et sur la compétitivité entre les Etats et les entreprises. La prise de conscience des enjeux climatiques met donc au défi les relations commerciales internationales, ou comme le souligne une petite voix perdue au Congrès des vents réunissant les forces et les puissances mondiales de la planète :

> «Le petit souffle innomé en vint alors à cette affirmation surprenante que le dérèglement climatique était une chance pour l'humanité. Oui, une chance, répéta-t-il, malicieux et convaincu, ajoutant qu'il espérait que ce ne serait pas la dernière chance. Sur ce propos énigmatique, le petit souffle se tut et disparut. Façon, espérait-il, de faire comprendre aux acteurs de la mondialisation qu'ils n'avaient pas d'alternative : ils devaient d'urgence se ressaisir et conjuguer leurs efforts pour réussir à sortir du Pot au noir.» [72]

---

72. Mireille Delmas-Marty, *Aux quatre vents du monde : petit guide de navigation sur l'océan de la mondialisation*, Paris, Editions du Seuil, 2016, p. 131-132.

9 | Giving "Teeth" to Climate Change Related Obligations through International Investment Law

Carlo de Stefano*

SECTION 1 INTRODUCTION: CLIMATE CHANGE AND INTERNATIONAL INVESTMENT LAW

The imperative of climate change action is progressively shaping also international investment law [1]. The compelling character of

---

* Assistant Professor of International Law, Roma Tre University, Department of Law.
1. S. W. Schill, "Do Investment Treaties Chill Unilateral State Regulation to Mitigate Climate Change?", *J. Int'l Arb.*, 2007, Vol. 24, p. 469; F. Baetens, "Combating Climate Change through the Promotion of Green Investment: From Kyoto To Paris Without Regime-Specific Dispute Settlement", in K. Miles (ed.), *Research Handbook on Environment and Investment Law*, Edward Elgar Publishing, 2019, p. 107; W. Ben Hamida, "Droit climatique et du droit des investissements: de la friction à la coordination", *Revista Brasileira de Arbitragem*, 2021, No. 71, p. 84; B. J. Condon, "Climate Change and International Investment Agreements", *Chinese Journal of International Law*, 2015, Vol. 14 (2), p. 305; M. W. Gehring and J. Hepburn, "Climate, Trade and Investment Law in the Global Green Economy", in O. C. Ruppel, C. Roschmann and K. Ruppel-Schlichting (eds.), *Climate Change: International Law and Global Governance. Volume I: Legal Responses and Global Responsibility*, Nomos, 2013, p. 381; A. Asteriti, "Climate Change Policies and Foreign Investment: Some Salient Legal Issues", in Y. Levashova, T. Lambooy and I. Dekker (eds.), *Bridging the Gap between International Investment Law and the Environment*, Eleven International Publishing, 2016, p. 145; W. Miles and M. Lawry-White, "Arbitral Institutions and the Enforcement of Climate Change Obligations for the Benefit of All Stakeholders: The Role of ICSID", *ICSID Review – Foreign Investment Law Journal*, 2019, Vol. 34 (1), p. 1; A. Boute, "Combating Climate Change through Investment Arbitration", *Fordham Int'l LJ*, 2012, Vol. 35, p. 613; K. Tienhaara, "Does the Green Economy Need Investor-State Dispute Settlement?", in K. Miles (ed.), *Research Handbook on Environment and Investment Law*, Edward Elgar Publishing, 2019, p. 292; S. Grosbon, "Investissements et changements climatiques: le chapitre 8 de l'Accord économique et commercial global (AECG/CETA) face aux impératifs de transition énergétique", *JDI*, 2019, Vol. 146(2), p. 365; V. Vadi, "Beyond Known Worlds: Climate Change Governance by Arbitral Tribunals", *Vand. J. Transnat'l L.*, 2015, Vol. 48, p. 1285; *id.*, "Balancing Human Rights, Climate Change and Foreign Investment Protection", in O. Quirico and M. Boumghar (eds.), *Climate Change and Human Rights: An International and Comparative Law Perspective*, Routledge, 2016, p. 189; P. Aerni *et al.*, "Climate Change and International Law: Exploring the Linkages between Human Rights, Environment, Trade and Investment", *German YB Int'l L.*, 2010, Vol. 53, p. 139; D. Arsanjani Reisman, "*Rebus sic stantibus* as a Stabilizing Doctrine in the Climate Crisis", *Climate Law*, 2021, Vol. 11 (3-4), p. 211; H. Pang, "Investor-State

human-induced climate change, as incontrovertibly established by scientific evidence, furthers its acknowledgment as the first and most urgent contemporary global issue also in the economic, social and political dimension [2] *("Climate change is the mother of all global commons problems")* [3]. The Paris Agreement of 12 December 2015 [4], adopted multilaterally under the aegis of the United Nations Framework Convention on Climate Change (UNFCCC) [5] and featuring 194 Parties, represents one of the most successful achievements of the international climate change regime (ICCR). Given its comprehensive scope, it provides a wide-ranging regulation of the gamut of legal aspects and processes that pertain to climate change, such as mitigation, adaptation, finance, technology, development and transfer, transparency of action, support and capacity building, loss and damage, as well as com-

---

Dispute Settlement in Renewable Energy: Friend or Foe to Climate Change?", in J.-Lin and D. A. Kysar (eds.), *Climate Change Litigation in the Asia Pacific*, Cambridge University Press, 2020, p. 144.
    2. IPCC, 2021: Summary for Policymakers. In: Climate Change 2021: The Physical Science Basis. Contribution of Working Group I to the Sixth Assessment Report of the Intergovernmental Panel on Climate Change, V. Masson-Delmotte, P. Zhai, A. Pirani, S. L. Connors, C. Péan, S. Berger, N. Caud, Y. Chen, L. Goldfarb, M. I. Gomis, M. Huang, K. Leitzell, E. Lonnoy, J. B. R. Matthews, T. K. Maycock, T. Waterfield, O. Yelekçi, R. Yu and B. Zhou (eds.), Cambridge University Press, Cambridge, United Kingdom and New York, NY, USA, pp. 3-32, at 4-11. The augmented levels of the emissions in the troposphere of greenhouse gases (GHGs) caused by anthropic activities, especially the combustion of fossil fuels, produce global warming with an effect of increase in the temperature of oceans, decimation of ice sheets and reduction of the glaciers around the planet, sea level rise and alteration of meteorological patterns that results in more frequent and extreme whether events. In this scenario, human-induced climate change may provoke natural disasters, such as droughts, flooding and heat waves. Beyond the ecocentric consequences on the environment, species, ecosystems and biodiversity, also the anthropocentric impact of climate change is incommensurable having regard to the protection of human rights and the effects on various economic sectors worldwide.
    3. D. Bodanski, "Climate Change: Reversing the Past and Advancing the Future", *AJIL Unbound*, 2021, Vol. 115, p. 80.
    4. Paris Agreement, signed at Paris on 12 December 2015, entered into force on 4 November 2016, *UNTS*, Vol. 3156. See D. Bodansky, "The Paris Climate Change Agreement: A New Hope", *Am. J. Int'l L.*, 2016, Vol. 110, p. 288; L. Rajamani, "Ambition and Differentiation in the 2015 Paris Agreement: Interpretative Possibilities and Underlying Politics", *Int'l & Comp. LQ*, 2016, Vol. 65, p. 493; S. Maljean-Dubois and L. Rajamani, "L'Accord de Paris sur les changements climatiques du 12 décembre 2015", *AFDI*, 2015, Vol. 61, p. 61; S. Lavallée and S. Maljean-Dubois, "L'Accord de Paris: fin de la crise du multilatéralisme climatique ou évolution en clairobscur?", *Revue Juridique de l'Environnement*, 2016, Vol. 41, p. 19; S. Maljean-Dubois and M. Wemaëre, "L'accord à conclure à Paris en décembre 2015: une opportunité pour 'dé' fragmenter la gouvernance internationale du climat ?", *Revue Juridique de l'Environnement*, 2015, Vol. 40, p. 649; B. Mayer, "Enjeux et résultats de la COP21", *Revue Juridique de l'Environnement*, 2016, Vol. 41, p. 13.
    5. United Nations Framework Convention on Climate Change, signed at New York on 9 May 1992, entered into force on 21 March 1994, *UNTS*, Vol. 1771, p. 107. See P. Sands, "The United Nations Framework Convention on Climate Change", *RECIEL*, 1992, Vol. 1, p. 270.

pliance [6]. The attainment of the ambitious goals [7] envisaged in the Paris Agreement demands international and national strategies and planning fostering unprecedented figures of "green" investment [8]. Such investments deserve promotion and protection in conditions of stability and sufficient predictability from the viewpoint of foreign investors.

The conglomerate or web of international investment agreements (IIAs), out of which bilateral investment treaties (BITs) represent the overwhelming majority, counts around 3,500 accords concluded in the recent decades and around 2,200 treaties currently in force [9]. While it appears that the international regulation of the protection of foreign investments is highly fragmentary, IIAs usually provide substantive standards of treatment, both contingent and non-contingent, and contain dispute settlement clauses permitting direct recourse to international arbitration by investors. This system was historically designed to benefit foreign enterprises investing abroad as beneficiaries of rights and legal protections in a period in which the flow of financial resources was intended to move geographically from developed to developing countries. The resulting asymmetry and imbalance between the rights and obligations of foreign investors and host States still remain a structural feature of international investment law. But this framework is currently evolving, decisively due to the recent insertion in IIAs of innovative substantive provisions establishing obligations also upon foreign entrepreneurs, including corporate social

---

6. D. Bodansky, J. Brunnée and L. Rajamani, *International Climate Change Law*, Oxford University Press, 2017, p. 234.

7. Paris Agreement, Article 3:

"*(a)* Holding the increase in the global average temperature to well below 2°C above pre-industrial levels and pursuing efforts to limit the temperature increase to 1.5°C above pre-industrial levels, recognizing that this would significantly reduce the risks and impacts of climate change; *(b)* Increasing the ability to adapt to the adverse impacts of climate change and foster climate resilience and low greenhouse gas emissions development, in a manner that does not threaten food production; and *(c)* Making finance flows consistent with a pathway towards low greenhouse gas emissions and climate-resilient development."

8. Within the COP27 (Sharm el-Sheikh, November 2022), the Conference of the Parties has recalled "the commitment of developed country Parties, in the context of meaningful mitigation actions and transparency on implementation, to a goal of mobilizing jointly 100 billion US dollars per year by 2020 to address the needs of developing country Parties in accordance with decision 1/CP.16" ("Long-term climate finance", 19 November 2022). More specifically, with regard to the Green Climate Fund (GCF), it welcomed "[t]he increase in the number of funding proposals approved, which brings the total amount approved by the Board to 11.3 billion US dollars to support implementation of 209 adaptation and mitigation projects and programmes in 128 developing countries" ("Report of the Green Climate Fund to the Conference of the Parties and Guidance to the Green Climate Fund", 20 November 2022). For overall estimates of financial flows, including from the private sector, that are required to achieve carbon neutrality by 2050, see Section 3 of this chapter.

9. UNCTAD, https://investmentpolicy.unctad.org/international-investment-agreements.

responsibility (CSR) commitments and their duty to respect the laws and regulations of the country that receives the investment [10].

International investment law has been traditionally characterized by the dichotomy between the protection of foreign investors' economic rights and the preservation of States' noneconomic policies, values and concerns, for instance, in relation to the protection of the environment, health and the safeguard of adequate labor standards, generally comprised in their legitimate right to regulate [11]. The inescapable tension between States' measures aimed at countering human-induced climate change and their obligations under international investment treaties embodied the background for scholarly investigation about possible effects of "regulatory chill" by international investment law and arbitration on sound domestic climate change related actions and policies [12]. At the same time, there was conventional skepticism in the literature about the potential of the international investment regime to promote climate change action [13] or acknowledgment of the "invisibility" of the climate question in the context of investment dispute resolution (investor-State dispute settlement – ISDS) [14]. The present contribution proposes an

---

10. See Section 2 of this chapter.
11. P.-M. Dupuy, F. Francioni and E.-U. Petersmann (eds.), *Human Rights in International Investment Law and Arbitration*, Oxford University Press, 2009.
12. S. W. Schill, "Do Investment Treaties Chill Unilateral State Regulation to Mitigate Climate Change?", *J. Int'l Arb.*, 2007, Vol. 24, p. 477: "Investment treaties will not prevent state imposition of higher emission standards or product bans as such, but restrict their unreasonable or unforeseeable introduction". *Contra*, K. Tienhaara, "Regulatory Chill and the Threat of Arbitration: A View from Political Science", in C. Brown and K. Miles (eds.), *Evolution in Investment Treaty Law and Arbitration*, Cambridge University Press, 2011, p. 615; *id.*, "Regulatory Chill in a Warming World: The Threat to Climate Policy Posed by Investor-State Dispute Settlement", *Transnational Environmental Law*, 2018, Vol. 7 (2), p. 232, outlining "three distinct varieties of regulatory chill: *internalization chill*, *threat chill*, and *cross-border chill*".
13. F. Baetens, "Combating Climate Change through the Promotion of Green Investment: From Kyoto To Paris Without Regime-Specific Dispute Settlement", in K. Miles (ed.), *Research Handbook on Environment and Investment Law*, Edward Elgar Publishing, 2019, p. 107 (emphasizing the "little manoeuvring room for environment-based argumentation" in the ISDS context); Aerni *et al.*, "Climate Change and International Law: Exploring the Linkages between Human Rights, Environment, Trade and Investment", *German Y.B. Int'l L.*, 2010, Vol. 53, p. 183: "The current fragmented nature of investment law and its overall narrow focus on investment protection suggests that the existing legal frame is hardly prepared to accommodate the significantly changing regulatory agenda, which aims at responding to emerging climate change needs."
14. S. Grosbon, "Investissements et changements climatiques: Le Chapitre 8 de l'Accord économique et commercial global (AECG/CETA) face aux impératifs de transition énergétique", *Journal du droit international*, 2019, Vol. 146 (2), p. 389. In the context of renewable energy arbitrations against Spain, Italy, Czech Republic, etc., the invisibility of the climate question may be explained by the circumstances that "green" claimants directly relied on the protection of their economic rights pursuant to IIAs, without requiring the application of climate change law(s), while respondent States invoked nationwide budgetary constraints as basis for the withdrawal or modification of incentivizing support schemes, such as feed-in-tariffs (FITs). For a partial list of

inclusive approach about the interaction of international climate change law *(lex climatica)* and investment law *(lex mercatoria)*, which should not be considered as competing norms. It will address various legal solutions, both procedural and substantive, to accommodate the promotion of "green" investment and the containment or resistance to "brown" investment. Notably, it will attempt to explain how the implementation of States' obligations under the Paris Agreement may be realized through resort to international investment law and dispute resolution. To such an extent, international investment law may provide "teeth" to the ICCR, thus contributing to the fulfilment of its ambitions. More significantly, international investment awards benefit from effective enforcement mechanisms pursuant to the Convention on the Settlement of Investment Disputes Between States and Nationals of Other States of 18 March 1965 (ICSID Convention or Washington Convention)[15] and also under the Convention on the Recognition and Enforcement of Foreign Arbitral Awards of 10 June 1958 (New York Convention)[16]. Indeed, the marked degree of ultimate enforceability of States' international commitments relating to the protection of foreign investments may be contrasted with the recognized gaps in terms of enforcement and compliance within the ICCR[17]. Most States are bound by the Paris Agreement (194) and the UNFCCC (198), on the one hand, and the ICSID Convention (166 signatories) and the New York Convention (171), on the other. To such an extent, investment awards through which climate change commitments can find implementation, be it direct or indirect, may be consequently recognized and enforced in almost all countries in the world. The following sections will address the relevance of climate change related policies in contemporary investment treaty making, the importance of the "green" investment for the economic transition to carbon

---

cases, see M. Fermeglia, "Cashing-In on the Energy Transition? Assessing Damage Evaluation Practices in Renewable Energy Investment Disputes", *JWIT*, 2022, Vol. 23, pp. 1004-1006.

15. Convention on the Settlement of Investment Disputes between States and Nationals of Other States, opened for signature at Washington on 18 March 1965, entered into force on 14 October 1966, *UNTS*, Vol. 575, p. 159. In particular, under Article 53.1 "[t]he award shall be binding on the parties" and under Article 54.1 "[e]ach Contracting State shall recognize an award rendered pursuant to this Convention as binding and enforce the pecuniary obligations imposed by that award within its territories as if it were a final judgment of a court in that State".

16. Convention on the Recognition and Enforcement of Foreign Arbitral Awards, signed at New York on 10 June 1958, entered into force on 7 June 1959, *UNTS*, Vol. 330, p. 3.

17. UNFCC, Article 14; Paris Agreement, Articles 15 and 24. See G. Zihua, C. Voigt and J. Werksman, "Facilitating Implementation and Promoting Compliance with the Paris Agreement under Article 15 of the Paris Agreement: Conceptual Challenges and Pragmatic Choices", *Climate Law*, 2019, Vol. 9, p. 65; B. Mayer, "Construing International Climate Change Law as a Compliance Regime", *Transnational Environmental Law*, 2018, Vol. 7, p. 115; C. Voigt, "The Compliance and Implementation Mechanism of the Paris Agreement", *RECIEL*, 2016, Vol. 25, p. 161.

neutrality and the procedural and substantive aspects that are in place or may be triggered by the interaction between international climate change law and international investment law in the dispute settlement context.

SECTION 2   THE INTERNALIZATION OF CLIMATE CHANGE ACTION IN INTERNATIONAL INVESTMENT TREATY MAKING

The new generation of IIAs is characterized by the delineation of more specific and restrictive substantive standards of treatment of foreign investors and investments [18]. This may be accompanied by more limited access to ISDS, but also by the enhanced dimension of States' right to regulate which seems to pair with the rising tendency in recent negotiations and stipulation of agreements in favor of the insertion of sustainable development friendly provisions [19]. Climate change concerns are key in this trend, in line with significant recent practice in international trade law, notably under comprehensive free trade agreements [20]. In the practice of the European Union (EU), the fight against climate change is the primary focus

---

18. D. W. Rivkin, S. J. Lamb and N. K. Leslie, "The Future of Investor-State Dispute Settlement in the Energy Sector: Engaging with Climate Change, Human Rights and the Rule of Law", *Journal of World Energy Law and Business*, Vol. 8 (2015), No. 2, p. 150.

19. As an example of IIAs' preambular clauses mentioning sustainable development and growth, see Myanmar-Singapore BIT (2019) and Colombia-Spain BIT (2021). See also M. Gehring and M. Tokas, "Synergies and Approaches to Climate Change in International Investment Agreements. Comparative Analysis of Investment Liberalization and Investment Protection Provisions in European Union Agreements", *JWIT*, 2022, Vol. 23, p. 779.

20. Recent commercial treaties specifically recognize the importance of cooperation in addressing environmental, including climate change, concerns and reiterate a commitment to comply with multilateral obligations relating to the protection of the environment and the implementation of the international climate change regime in considering trade. See CETA (2016), Article 24.12 (1) *(e)*; Peru-Australia FTA (PAFTA) (2017), Article 19.4 (7); Malaysia-Chile Free Trade Agreement (MCFTA) (2010), Article 9.5 (4) *(a)*; Brazil-Chile FTA (2018), Article 17.14; EFTA-Ecuador CEPA (2018), Article 8.11 (1)-(2); Free Trade Agreement between the Government of Malaysia and the Government of the Republic of Turkey (MCFTA) (2014), Article 9.14 (1). A relevant exception is represented by the United States-Mexico-Canada Agreement (USMCA) (2018), which does not contain specific provisions addressing climate change. However, the environmental chapter of the USMCA (Chap. 24) includes requirements for maintaining the effective enforcement of environmental laws and maintaining procedures for assessing the environmental impacts of proposed projects that "may cause significant effects on the environment". See USMCA (2018), Article 24.4 (1) and Article 24.7 (1). See J. Bacchus, "Using the USMCA for Climate Action", February 2022, at https://www.brookings.edu/essay/usmca-forward-building-a-more-competitive-inclusiveand-sustainable-north-american-economy-climate/: "Although the phrase 'climate change' does not appear in the USMCA, the agreement can, nevertheless, become a useful tool for taking affirmative actions to mitigate and adapt to climate change between now and some later date when specific and stronger provisions on climate change are added to the treaty".

of environmental cooperation – in terms of actual climate action and full realization of the international climate change regime – envisaged under the association agreements concluded with various third countries, for instance, with Ukraine [21], Moldova [22] and Georgia [23]. The Energy Charter Treaty (ECT), which was concluded in 1994, recalls the UNFCCC in its preamble and specifically refers to "climate" in its definition of environmental impact under Article 19 (3) *(b)* [24]. More recently, the process of modernization of the ECT, which was originally launched in 2017, aims to align with States' obligations stemming from the Paris Agreement and, more generally, with EU environmental objectives [25]. Notably, the amended text of the ECT would allow Contracting States to carve out investments related to fossil fuels from its substantive protections – an option which is going to be pursued by the EU and the United Kingdom – and even to phase out the existing ones [26]. The EU-Singapore Free Trade Agreement contains a specific chapter – Chapter 7 – dedicated to the limitation of nontariff barriers to trade and investment in renewable energy generation [27]. The EU–Canada Comprehensive Economic and Trade Agreement (CETA) adopts a more general and wider approach by establishing in its Article 24.9 (2) that:

---

21. Association Agreement between the European Union and its Member States, and Ukraine (2014), Articles 361, 365 *(c)* and 376 *(h)*, and Annex XXXI.
22. Association Agreement between the European Union and the European Atomic Energy Community and their Member States, of the one part, and the Republic of Moldova, of the other part (2014), Articles 92, 93, 95, 366 (4), 367 *(c)*.
23. Association Agreement between the European Union and the European Atomic Energy Community and their Member States, and Georgia (2014), Article 230 (4), Article 231 *(c)*, 239 *(j)*, 307, 308.
24. Energy Charter Treaty (ECT), Annex 1 to the Final Act of the Conference on the European Energy Charter, signed on 17 December 1994, entered into force on 16 April 1998, 34 *ILM* 360 (1995), Preamble, para. 13, and Article 19 (3) *(b)*; E. Sussman, "The Energy Charter Treaty's Investor Protection Provisions: Potential to Foster Solutions to Global Warming and Promote Sustainable Development", in M. Cordonier-Segger, M. Gehring and A. Newcombe (eds.), *Sustainable Development in World Investment Law*, Kluwer Law International, 2011, p. 515.
25. See https://www.energychartertreaty.org/modernisation-of-the-treaty/. See J. Tropper and K. Wagner, "The European Union Proposal for the Modernisation of the Energy Charter Treaty – A Model for Climate-Friendly Investment Treaties?", *JWIT*, 2022, Vol. 23, p. 813. See also E. Cima, "Retooling the Energy Charter Treaty for Climate Change Mitigation: Lessons from Investment Law and Arbitration", *J. World Energy Law & Bus.*, 2021, Vol. 14, p. 75.
26. "Finalisation of the Negotiations on the Modernisation of the Energy Charter Treaty", Brussels, 24 June 2022. These ambitious objectives have to be discounted against the withdrawal from the treaty of various EU Member States, e.g. Spain, the Netherlands, France, Germany, Poland, Belgium and Luxembourg in the year 2022. Italy had anticipated this tide by exiting the ECT in 2016.
27. EU-Singapore FTA (2018), Article 7.3 (1). See R. Trasher, "Climate Change and the International Investment Regime. A Year in Review", *Yearbook on International Investment Law & Policy 2018*, 2019, p. 278.

"The Parties shall, consistent with their international obligations, pay special attention to facilitating the removal of obstacles to trade or investment in goods and services of particular relevance for climate change mitigation and in particular trade or investment in renewable energy goods and related services." [28]

The preamble of the Agreement on Free Trade and Economic Partnership between the Swiss Confederation and Japan (2009) states that the Parties are "DETERMINED, in implementing this Agreement, to seek to preserve and protect the environment, to promote the optimal use of natural resources in accordance with the objective of sustainable development and to adequately address the challenges of climate change" [29]. Moreover, Chapter 1 of the same treaty, which codifies its general provisions, provides in Article 9.1 that:

"The Parties shall encourage trade and dissemination of environmental products and environment-related services in order to facilitate access to technologies and products that support the environmental protection and development goals, such as improved sanitation, pollution prevention, sustainable promotion of renewable energy and climate-change-related goals." [30]

The Dutch Model BIT (2019) specifically refers to the international obligations stemming from membership in the Paris Agreement. Its Article 6 (6) provides that:

"Within the scope and application of this Agreement, the Contracting Parties reaffirm their obligations under the multilateral agreements in the field of environmental protection, labor standards and the protection of human rights to which they are party, such as the Paris Agreement, the fundamental ILO Conventions and the Universal Declaration of Human Rights. Furthermore, each Contracting Party shall continue to make sustained efforts towards ratifying the fundamental ILO Conventions that it has not yet ratified." [31]

More specifically, Article 6 (titled "Investment and Climate Change") in Subsection 2 of Section IV of the Agreement in Principle (2020) of the EU-China Comprehensive Agreement on Investment (CAI) requires each Contracting Party to

---

28. CETA (2016), Article 24.9 (2).
29. Japan-Switzerland Agreement on Free Trade and Economic Partnership (2009), Preamble. For more recent practice, see the preambles of Turkey-UK FTA (2020) and EU-UK Trade and Cooperation Agreement (TCA) (2020).
30. *Id.*, Article 9.1.
31. Dutch Model BIT (2019), Article 6 (6).

"effectively implement the UNFCCC and the Paris Agreement adopted thereunder, including its commitments with regard to its Nationally Determined Contributions" [32].

It is submitted that the references in IIAs to the environmental protection and concerns, although without expressly mentioning climate change, are nevertheless susceptible of being interpreted extensively as encompassing climate change action based on the application of general principles of treaty interpretation such as good faith and effectiveness [33]. Commentators have remarked, for example, that "[c]ertainly climate change is an environmental concern" [34] and *"plusieurs traités d'investissement ont pris en considération la dimension environnementale. Cette prise en considération permet aux Etats d'agir avec flexibilité pour gouverner le changement climatique"* [35]. To this extent, various recent IIAs clarify that in principle environmental measures do not constitute a breach of their substantive protections, notably the prohibition of unlawful indirect expropriations. This kind of provision is frequently found in Canadian practice and has also been inserted in the Regional Comprehensive Economic Partnership (RCEP), the commercial treaty involving various Asia-Pacific countries that was concluded in 2020 [36]. For instance, Annex B (13) (1) *(c)* of the Canada-Jordan BIT (2009) establishes that:

"Except in rare circumstances, such as when a measure or series of measures are so severe in the light of their purpose that they cannot be reasonably viewed as having been adopted and applied in good faith, nondiscriminatory measures of a Party that are designed and applied to protect legitimate public welfare objectives, such as health, safety and the environment, do not constitute indirect expropriation." [37]

A legal avenue for States to substantiate the relevance and moreover the prevalence of genuine environmental, and hence climate change concerns is the

---

32. EU-China Comprehensive Agreement on Investment (CAI), Agreement in Principle (2020), Section IV, Subsection 2, Article 6 *(a)*.
33. O. Dörr, "Article 31", in O. Dörr and K. Schmalenbach (eds.), *Vienna Convention on the Law of Treaties: A Commentary*, Springer, 2018, p. 567.
34. V. Vadi, "Beyond Known Worlds: Climate Change Governance by Arbitral Tribunals", *Vanderbilt Journal of Transnational Law*, Vol. 48, No. 5, 2015, p. 1285, at 1344.
35. W. Ben Hamida, "Droit climatique et du droit des investissements : de la friction à la coordination", *Revista Brasileira de Arbitragem*, 2021, No. 71, p. 84, at 92.
36. See Regional Comprehensive Economic Partnership (RCEP) (2020), Annex 10 B (4).
37. Canada–Jordan BIT (2009), Annex B.13 (1) *(c)*. Nearly the same language is adopted in the CETA in its Annex 8-A (Expropriation), which additionally specifies that such a clarification is formulated "[f]or greater certainty". See also India-Kyrgyzstan BIT (2019), Article 5 (5).

principled affirmation in IIAs of their right to regulate [38]. The aforementioned Agreement on Free Trade and Economic Partnership between the Swiss Confederation and Japan (2009) provides in Article 101 that:

> "The Parties recognise that it is inappropriate to encourage investment activities by relaxing domestic health, safety or environmental measures or lowering labour standards. To this effect, each Party should not waive or otherwise derogate from such measures and standards as an encouragement for establishment, acquisition or expansion of investments in its Area." [39]

Article 8.9 (1) of the CETA more prominently establishes that:

> "For the purpose of this Chapter, the Parties reaffirm their right to regulate within their territories to achieve legitimate policy objectives, such as the protection of public health, safety, the environment or public morals, social or consumer protection or the promotion and protection of cultural diversity." [40]

Similar clauses are contained also in model investment agreements, for instance, of Norway [41]. A different technique in investment treaty making consists instead in the codification of general exceptions analogously to the wording of Article XX of GATT 1994 and Article XIV of GATS [42]. These rare (but increasing in number) provisions do not carve out the cognizance of State measures implementing climate change action from the scope of application of the relevant treaty and, hence, from the purview of the jurisdiction of the arbitral tribunal that would be competent to settle the disputes arising therefrom. On the contrary, these clauses exceptionally allow that a Party's measure that would be otherwise inconsistent with its obligations under the IIA be nevertheless justified if applied in an evenhanded manner, i.e. non-

---

38. C. Titi, *The Right to Regulate in International Investment Law*, Nomos/Hart, 2014; *id.*, "The Right to Regulate", in M. Mbengue and S. Schacherer (eds.), *Foreign Investment Under the Comprehensive Economic and Trade Agreement (CETA)*, Springer, 2019, p. 159; Y. Levashova, *The Right of States to Regulate in International Investment Law: The Search for Balance Between Public Interest and Fair and Equitable Treatment*, Kluwer Law International, 2019; A. Rajput, *Regulatory Freedom and Indirect Expropriation in Investment Arbitration*, Kluwer Law International, 2018.
39. Japan-Switzerland (2009), Article 101. See Canada-Jordan BIT (2009), Article 11; Iran-Slovakia BIT (2016), Article 10 (1); Barbados-BLEU (Belgium-Luxembourg Economic Union) BIT (2009), Article 11 (2); China-Switzerland FTA (2013), Article 12 (2); Belarus-Hungary BIT (2019), Article 2 (7); Rwanda-UAE BIT (2017), Article 9 (2); Burkina Faso-Turkey BIT (2019), Article 5 (4).
40. CETA (2016), Article 8.9 (1). See also Rwanda-UAE BIT (2017), Article 9 (1).
41. Norway Model BIT (2015), Articles 11-12.
42. B. Legum and I. Petculescu, "GATT Art. XX and International Investment Law", in R. Enchandi and P. Sauvé (eds.), *Prospects in International Investment Law and Policy*, Cambridge University Press, 2013, p. 340. See also UNFCCC, Article 3.5, as explained in Section 4 of this chapter.

discriminatorily, on the basis of a sound policy aimed to preserve legitimate noncommercial values. An example of the provision of general exceptions is found in the Iran-Slovakia BIT (2016), whose Article 11 (1) establishes that:

"Subject to the requirement that such measures are not applied in a manner that would constitute arbitrary or unjustifiable discrimination between investments or between investors, nothing in this Agreement shall be construed to prevent the Contracting Party from adopting or enforcing measures necessary:

(a) to protect public security or public morals or to maintain public order;
(b) to protect human, animal or plant life or health;
(c) to ensure compliance with laws and regulations; or
(d) for the conservation of living or non-living exhaustible natural resources." [43]

Finally, the internalization of climate change action (and more in general of environmental protection concerns) in international investment law may be importantly realized through the relevance and actual adoption of CSR standards in treaties, consistent with the achievement of Sustainable Development Goal No. 13 ("Take urgent action to combat climate change and its impacts.") [44] To this extent, CSR tenets may even form the basis of proper investors' obligations [45], which challenges the asymmetry in terms of creation of substantive rights and duties that traditionally marks investor-State arbitration, a theme that is further developed in the following section [46]. The Morocco-Nigeria BIT (2016) sets forth in Article 18 the obligations of "investments" to "maintain an environmental management system" [47] and not to be managed or operated "in a manner that circumvents international environmental, labour and human rights obligations to which the host state

---

43. Iran-Slovakia BIT (2016), Article 11 (1). See Canada-Peru BIT (2007), Article 10 (1); Canada-Ecuador BIT (2016), Article XVII (3); Burkina Faso-Turkey BIT (2019), Article 5 (1). See also Japan-Georgia BIT (2021), Article 15 (1) and China-Mauritius FTA (2019), Article 8.9 *(d)*.
44. D. Bodanski, "13-SDG 13: Take Urgent Action to Combat Climate Change and Its Impacts", in J. Ebbesson and E. Hey (eds.), *The Cambridge Handbook of the Sustainable Development Goals and International Law*, Vol. 1, 2022, Cambridge University Press, p. 328; L. J. Kotzé, "The Sustainable Development Goals: An Existential Critique Alongside Three New-Millennial Analytical Paradigms", in D. French and L. J. Kotzé (eds.), *Sustainable Developments Goals: Law, Theory and Implementation*, Edward Elgar Publishing, Cheltenham, 2018, p. 41.
45. See Iran-Slovakia BIT (2016), Article 10 (3). Beyond environmental concerns, CSR may involve various issues such as the respect of human rights, the assurance of adequate labor conditions and the respect of legality in general. See Dutch Model BIT (2019), Article 7.
46. Cf. Section 3 of this chapter.
47. Morocco-Nigeria BIT (2016), Article 18 (1).

and/or home state are Parties" [48]. Moreover, its Article 24 establishes that ". . . taking into account the development plans and priorities of the Host State and the Sustainable Development Goals of the United Nations, investors and their investments should strive to make the maximum feasible contributions to the sustainable development of the Host State and local community through high levels of socially responsible practices" [49]. Other treaties emphasize the potential of the voluntary commitments of enterprises investing abroad to comply with CSR standards, including relating to climate change action, even beyond the binding scope of the applicable agreement or domestic laws [50]. This category of IIA provisions oriented to CSR recognizes and fosters the central and strategic role and function of the private sector for the achievement of sustainable development goals, including the fight against climate change. The ambitious "empowerment" of cross-border investors, as paired with their compliance with the requirements of environmental and climate change policies, therefore stands as a fundamental driver for an effective transition to the "green" economy, a dimension that is addressed in the following paragraphs [51].

SECTION 3   **"GREEN" INVESTMENT AND "GREEN" ARBITRATIONS: POLICY IMPLICATIONS AND PROCEDURAL IMPACT IN DISPUTE RESOLUTION**

Anthropogenic climate change as a scientific fact and the fight against it as political, social and economic imperative represent an unprecedented opportunity for global capitalism to revitalize and modernize itself, which at the same time may entail a clash between different blocs within the entrepreneurial front also at the transnational level. This confrontational scenario will advantage some economic sectors in terms of favorable business opportunities and will cause detriment to others in terms of actual costs and reduced revenues (i.e., fiscal burdens, fall of demand, problematic availability of suppliers, etc.). The two sides are represented by the political and economic constituencies of the "green" economy (for instance, the development of renewable energies), on one hand, and the "brown" economy (for instance, investment in the exploration and exploitation of fossil fuels) on the other hand. While various States have proposed and implemented regulatory measures aimed at phasing out fossil fuels, the full realization and implementation of

---

48. *Id.*, Artice 18 (4).
49. *Id.*, Article 24 (1).
50. E.g. Argentina-Qatar BIT (2016), Article 12. See also Cooperation and Investment Facilitation Agreement between Brazil and Guyana (2018), Article 15; Canada-Mongolia BIT (2016), Article 14; Serbia-Turkey BIT (2018), Article 11.
51. OECD, "The Alignment of Finance Flows Under the Paris Agreement", 7th Annual Conference on Investment Treaties, Background Note, 10 May 2022.

the "green economy" dwells in the strategic orientation of the freedom of investment to this objective [52]. According to a study of the University College London Green Economy Policy Commission:

"A green economy is more easily characterised than defined. It has very low levels of carbon and other emissions to the atmosphere, and does not pollute the land, fresh water or seas. It delivers high levels of human value, measured in money or other terms, for low throughput of energy and material resources. The green economy is thus not a number of more or less niche sectors concerned with environmental protection. It is a description of a whole economy that is characterised by climate stability, resource security and environmental quality." [53]

The ingenuity and finance of the private sector appears to be crucial also to promote the adoption of low-carbon technologies [54]. According to OECD estimates, around 6.9 trillion US dollars of investments per year in transport, water and sanitation, telecommunications and energy supply and demand would be required to meet the goals of the Paris Agreement [55]. This process "calls for nothing less than a complete transformation of how we produce, transport and consume energy" [56]. More precisely, a study elaborated by the International Energy Agency recommends that reaching the net-zero target under the Paris Agreement would require a historic surge in clean energy investment, disappearance of investments in new fossil fuel supply projects

---

52. J. E. Viñuales, "Foreign Investment and the Environment in International Law: Current Trends", in K. Miles (ed.), *Research Handbook on Environment and Investment Law*, Edward Elgar Publishing, 2019, p. 13.
53. P. Ekins, W. McDowall and D. Zenghelis, "Greening the Recovery", University College London Green Economy Policy Commission (2014), p. 7.
54. World Bank, "Private Sector – an Integral Part of Climate Action Post-Paris", 30 December 2015, https://www.worldbank.org/en/news/feature/2015/12/30/private-sector-an-integral-part-of-climate-action-post-paris; UNCTAD, *World Investment Report 2010: Investing in a Low-Carbon Economy*, 2010, p. 99 *et seq.*, p. 111. See also M. W. Gehring, M.-C. Cordonier Segger and J. Hepburn, "Climate Change and International Trade and Investment Law", in R. Rayfuse and S. V. Scott (eds.), *International Law in the Era of Climate Change*, Edward Elgar Publishing, Cheltenham, 2012, p. 101.
55. OECD, *Investing in Climate, Investing in Growth*, OECD Publishing, Paris, 2017, pp. 28, 102. See also International Energy Agency (IEA), *Net Zero by 2050. A Roadmap for the Global Energy Sector*, 2021, p. 81 (estimating the annual amount of clean energy investments required to achieve carbon neutrality by 2050 to rise from currently 2 trillion US dollars to 5 trillion US dollars by 2030, and 4.5 trillion US dollars by 2050). In this respect, it has been observed that "[s]uch staggering levels of investment are unlikely to be achieved in the absence of robust investor protections available through international investment law". See S. Z. Vasani and N. Allen, "No Green without More Green: The Importance of Protecting FDI through International Investment Law to Meet the Climate Change Challenge", *European Investment Law and Arbitration Review*, Vol. 5, 2020, p. 4.
56. International Energy Agency (IEA), *Net Zero by 2050. A Roadmap for the Global Energy Sector*, 2021, p. 13.

and the avoidance of further final investment decisions for new unabated coal plants [57].

The commitment to environmental concerns and climate change action is also central in the elaboration of CSR standards that are applicable to enterprises investing abroad [58]. More specifically, it has been comprehensively submitted that corporations are the recipients of "climate obligations" [59]. While investors' commitments with regard to climate change related aspects may be imposed by municipal laws and more recently also by IIAs, this type of obligations is originally rooted in soft law instruments elaborated at the international multilateral level, such as the OECD Guidelines for Multinational Enterprises (2011), the UN Global Compact (firstly launched in 2000), the ILO Tripartite Declaration of Principles concerning Multinational Enterprises and Social Policy (adopted in 1977 and lastly amended in 2017), and, importantly, the UN Guiding Principles on Business and Human Rights (2011), which are to be read in conjunction and alignment with the 2030 Agenda for Sustainable Development (2015). The potential *embedding* of international investment law and dispute settlement in the "business and human rights movement" may therefore induce a significant acceleration for the advancement of the latter, especially with respect to the aims of the "green" economy as undertaken through the business initiatives and strategies of private investors.

A specific legal instrument to enhance the respect of environmental requirements is "investor's due diligence". In this regard, the Dutch Model BIT (2019) states in Article 7 (3) that:

> "The Contracting Parties reaffirm the importance of investors conducting a due diligence process to identify, prevent, mitigate and account for the environmental and social risks and impacts of its investment." [60]

In line with the European Climate Law [61], on 23 February 2022 the European Commission formulated a proposal for a Directive of the European Parliament and of the Council on Corporate Sustainability Due Diligence and amending

---

57. *Id.*, p. 14 *et seq.*
58. As emphasized above (cf. the previous section of this chapter), this dimension is often integrated in IIAs. See K. Gordon, J. Pohl and M. Bouchard, *Investment Treaty Law, Sustainable Development and Responsible Business Conduct: A Fact Finding Survey*, OECD Working Papers on International Investment 2014/01, pp. 6 and 23 (indicating that in the arbitral case law the most common concern in this respect is the environmental protection).
59. J. Spier (ed.), *Principles on Climate Obligations of Enterprises*, Expert Group on Climate Obligations of Enterprises, Eleven International Publishing, 2nd ed., 2020.
60. Dutch Model BIT (2019), Article 7 (3).
61. Regulation (EU) 2021/1119 of the European Parliament and of the Council of 30 June 2021 establishing the framework for achieving climate neutrality and amending Regulations (EC) No 401/2009 and (EU) 2018/1999, "European Climate Law", PE/27/2021/REV/1, OJ L 243, 9.7.2021, p. 1.

Directive (EU) 2019/1937 [62]. The proposal acknowledges and enhances the key role of corporate behavior for the transition of societies to a climate-neutral and "green" economy [63]. It expressly refers to the Paris Agreement and the Glasgow Climate Pact [64], as they "set out precise avenues to address climate change and keep global warming within 1.5 °C degrees" [65]. Indeed, the assessment and management of the aspects relating to climate change, alongside those in the areas of human rights and the protection of the environment, represents the core content of the due diligence commitments to be undertaken by investors under the proposed Directive [66]. In particular, the new instrument would apply to investors' "operations, the operations of their subsidiaries, and the value chain operations carried out by entities with whom the company has an established business relationship" [67]. Therefore, the scope of the required investor's due diligence would extend not only to the activities of the single economic undertaking, but also to its affiliates within the same corporate groups and its suppliers, which represents a burdensome task for the private sector in the name and for the sake of the effectiveness of the proposed directive. Finally, such a comprehensive approach may be extended also to the financing of FDI. To this extent, the Equator Principles (EP), a set of soft law guidelines and best practice compilations, are meant to serve as a common baseline and risk management framework for financial institutions to identify, assess and manage environmental and social risks when financing projects [68]. The EP expressly state their loyalty to the objectives of the Paris Agreement and attribute central relevance to climate change, within the potential environmental and social risks and impacts, as part of its internal environmental and social review and due diligence [69].

International investment law represents a field of study of particular interest, for instance, in comparison to international trade law [70], since its

---

62. COM(2022) 71 final, 23 February 2022.
63. The Directive, if entered into force, would be applicable not only to EU undertakings but also to companies which are formed in accordance with the legislation of a third country at given conditions.
64. Glasgow Climate Pact, Decision 1/CMA.3, 13 November 2021.
65. COM(2022) 71 final, 23 February 2022, Recital No. 8.
66. *Id.*, Article 1 (3).
67. *Id.*, Article 1 (1) *(a)*.
68. EP4 is the latest iteration of the Equator Principles, July 2020. They came into effect for all EP Financial Institutions (EPFI) on 1 October 2020.
69. The Equator Principles – EP4 (July 2020), Principle 1 and Annex A. See K. Miles, "Investment", in L. Rajamani and J. Peel, *The Oxford Handbook of International Environmental Law*, 2nd ed., Oxford University Press, 2021, p. 783, who also refers to the Principles for Responsible Investment (2006), at https://www.unpri.org/. Another remarkable trend is the formulation of international standards relating to climate risk reporting, for instance, by the International Sustainability Standards Board (ISSB), established at COP26, see https://www.ifrs.org/projects/work-plan/climate-related-disclosures/.
70. [crossreference Sophie Grosbon].

structural features, especially the availability of direct recourse to legal redress of investors against States, allow a *non-mediated* representation of both private and public interests in the dispute resolution dimension. This framework is therefore applicable also in disputes relating to climate change issues. IIAs may in principle protect *ratione materiae* every kind of foreign direct investment ("FDI"), including high-carbon ("brown") and low-carbon ("green")[71]. Traditionally[72], investors operating in the sector of fossil fuels (coal, oil and gas) have been frequent claimants in ISDS as they presented at least 192 cases against States for every kind of sovereign conduct affecting their business allegedly in breach of the substantive protections owed under IIAs and investment contracts[73]. However, also "green" arbitrations have more recently arisen amounting to eighty known cases borne out of renewable energy claims, for instance, relating to solar photovoltaic energy, wind and hydroelectric power[74]. More generally, investors lodged at least 175 cases to challenge State measures adopted for the protection of the environment[75]. Interestingly, in the context of such environmental cases, 67 percent of the claims were directed against States with advanced economies and 95 percent were filed by investors originating from a home State of an economically developed region[76].

At present, IIAs do not contain specific provisions consisting in the carve-out of "brown" investments from the integral scope of their application, especially in terms of substantive protections (notably, the fair and treatment – FET), although this option is currently contemplated by the Contracting Parties within the modernization process of the ECT. However, the principles

---

71. M. D. Brauch, "Reforming International Investment Law for Climate Change Goals", in M. Mehling and H. van Asselt (eds.), *Research Handbook on Climate Finance and Investment Law*, Cheltenham, Edward Elgar Publishing, 2023, forthcoming.

72. For an effective and concise historical reconstruction, cf. S. Grosbon, "Investissements et changements climatiques: le chapitre 8 de l'Accord économique et commercial global (AECG/CETA) face aux impératifs de transition énergétique", *JDI*, 2019, p. 387.

73. UNCTAD, "Treaty-Based Investor-State Dispute Settlement Cases and Climate Action", IIA Issues Note, No. 4, September 2022. The overwhelming majority (74 percent) of these cases were brought against developing countries.

74. *Ibid.* More than 90 percent of these cases invoked the Energy Charter Treaty (ECT) as jurisdictional basis. Almost the totality (98 percent) of such renewable energy ISDS cases were brought by investors from developed regions against developed countries (e.g. *Windstream Energy LLC v. Government of Canada*, PCA Case No. 2013-22, Award, 27 September 2016). See J. Chaisse, "Renewables Re-energized? The Internationalization of Green Energy Investment Rules and Disputes", *Journal of World Energy Law and Business*, 2016, Vol. 9 (4), p. 269.

75. UNCTAD, "Treaty-Based Investor-State Dispute Settlement Cases and Climate Action", IIA Issues Note, No. 4, September 2022. Among those 175 cases, 118 were concluded with the following operative outcome: 40 percent decided in favor of the respondent State and 38 percent in favor of the claimant investor with an award of damages.

76. *Ibid.*

governing international investment law and arbitration and the legal techniques and doctrines that are applicable therein already provide practicable "entry points" [77] for the promotion and incentive of low-carbon foreign investments and, conversely, for the neutralization of high-carbon industries. These submissions appear to be consistent with the massive initiatives in support of the fight against climate change by international commercial institutions and their arbitral bodies [78], such as the ICC [79], the PCA [80], the SCC [81] and the HKIAC [82], and, even more widely, by professional lawyers' transnational associations [83]. The remaining paragraphs of this section will be dedicated to the aforementioned "entry points" that pertain to the procedural dimension of investment disputes, namely the conditions for the establishment of the jurisdiction of international investment tribunals, the inadmissibility of investors' claims and the admissibility of States' counterclaims [84]. Other "entry points" may pertain to the insertion in IIAs of provisions affirming the sovereign right to regulate and general exceptions clauses, which both ultimately justify the implementation by States of genuine environmental and climate change policies, as explained below [85]. Finally, other techniques relating to the applicable law(s) to the merits of the dispute and to the interpretation of the relevant treaty, such as the principle of systemic integration, concern the substance of the contentious matter at issue [86].

---

77. J. E. Viñuales, "Access to Water in Foreign Investment Disputes", *Geo. Int'l Envtl. L. Rev.*, 2009, Vol. 21 (4), p. 742.
78. The major chambers of commerce and their arbitral institutes regularly participate to the annual climate UNFCCC Conferences of the Parties (COPs).
79. ICC Commission Report, "Resolving Climate Change Related Disputes through Arbitration and ADR", ICC Publishing, 2019.
80. J. Levine, "Climate Change Disputes: The PCA, The Paris Agreement and Prospects for Future Arbitrations", *TDM*, 2017, Vol. 1; *id.*, "Adopting and Adapting Arbitration for Climate Change-Related Disputes – The Experience of the Permanent Court of Arbitration", *TDM*, 2018, Vol 1.
81. Sukma Dwi Andrina, "Green Technology Disputes in Stockholm", August 2019. See A. Magnusson, "Foreword: The Story of the Stockholm Treaty Lab", *J. Int'l Arb.*, 2019, Vol. 36, p. 1.
82. R. Orsua (reporter), "Resolving Climate Change-Related Disputes through Alternative Modes of Dispute Resolution", at https://www.hkiac.org/content/resolving-climate-change-related-disputes-through-alternative-modes-dispute-resolution.
83. International Bar Association (IBA), Climate Change Justice and Human Rights Task Force's Report, "Achieving Justice and Human Rights in an Era of Climate Disruption", July 2014 (IBA Report). See D. W. Rivkin, "Introduction to the IBA Task Force on Climate Change Justice and Human Rights and the Importance of Accessible and Enforceable Dispute Resolution Mechanism Frameworks" (COP21: Climate Change Related Disputes: A Role for International Arbitration and ADR, Paris, 7 December 2015), at 4, https://www.ibanet.org.
84. See A. Newcombe, "Investor Misconduct: Jurisdiction, Admissibility, or Merits?", in C. Brown and K. Miles (eds.), *Evolution in Investment Treaty Law and Arbitration*, Cambridge University Press, 2011, p. 187.
85. See the previous Section of this chapter.
86. See the following Section of this chapter.

First, a "brown" investment may not be eligible for protection under the applicable IIA, including dispute settlement, if it does not meet the jurisdictional requirements set forth therein. An investment treaty-based arbitral tribunal determines its jurisdiction based on distinct conditions: the investor must be a protected "national" (natural or juridical person) under the relevant IIA (*ratione personae* condition); the claimant's investment must be subsumable in the definition of "investment" codified in the IIA (*ratione materiae* condition) [87]; the applicable temporal scope of the applicable agreement must be respected (*ratione temporis* condition); and, the Contracting Parties of the treaty should have effectively consented to the tribunal's jurisdiction (*ratione voluntatis* condition) [88]. In parallel, in ICSID arbitration the jurisdiction of the Center is also governed by Article 25 of the Convention on the Settlement of Investment Disputes between States and Nationals of Other States (ICSID Convention), which is meant to set further outer limits to the competence of ICSID Tribunals [89]. Furthermore, the applicable treaty may frequently codify a jurisdictional requirement *ratione legis*, namely that the investment should be performed "in accordance with" the laws and regulations of the host State [90]. Some treaties expressly include in this reference the compliance with municipal environmental laws and regulations. To this extent, the Costa Rica-Netherlands BIT (1999) provides in its Article 10 that:

---

87. Fascinatingly, Humblet and Duggal "submit that on the basis of Article 37 of the EU Charter [Charter of Fundamental Rights of the European Union], the notion of investment could also include a sustainable development component, irrespective of the question whether the establishment of an investment complies with the laws of the host state". F. Humblet and K. Duggal, "If You Are Not Part of the Solution, You Are the Problem: Article 37 of the EU Charter as a Defence for Climate Change and Environmental Measures in Investor-State Arbitrations", *European Investment Law and Arbitration Review*, Vol. 2020, p. 288. See Morocco-Nigeria BIT (2016), Article 1.
88. C. F. Amerasinghe, "The Jurisdiction of the International Centre for the Settlement of Investment Disputes", *Indian Journ. Int. Law*, Vol. 19, 1979, pp. 181-225; M. Hirsch, *The Arbitration Mechanism of the International Centre for the Settlement of Investment Disputes*, Martinus Nijhoff Publishers, 1993, pp. 62-104.
89. Article 25 of the ICSID Convention is held to impose the "outer limits" of the Center's jurisdiction. See A. Broches, "The Convention on the Settlement of Investment Disputes Between States and Nationals of Other States", in *Recueil des Cours*, tome 137 (1972), Vol. II, p. 361; C. F. Amerasinghe, "Jurisdiction *Ratione Personae* Under the Convention on the Settlement of Investment Disputes Between States and Nationals of Other States", *Brit. YB Int. Law*, 1974-1975, p. 227, 244.
90. E.g. Bosnia and Herzegovina-Malaysia BIT (1994), Article 1 (2) *(a)*; Iran-Japan BIT (2016), Article 1; Germany-Philippines BIT (1997), Article 1 (1). See Z. Douglas, "The Plea of Illegality in Investment Treaty Arbitration", *ICSID Review – Foreign Investment Law Journal*, Vol. 29 (1), 2014, p. 155; J. Hepburn, "In Accordance with Which Host State Laws? Restoring the 'Defence' of Investor Illegality in Investment Arbitration", *JIDS*, 2014, Vol. 5, p. 531; G. Bottini, "Legality of Investments under ICSID Jurisprudence", in M. Waibel *et al.* (eds.), *The Backlash against Investment Arbitration: Perceptions and Reality*, Kluwer Law International, 2010, p. 297.

"The provisions of this Agreement shall, from the date of entry into force thereof, apply to all investments made, whether before or after its entry into force, by investors of one Contracting Party in the territory of the other Contracting Party in accordance with the laws and regulations of the latter Contracting Party, including its laws and regulations on labour and environment." [91]

This specification relating to the "environment" may arguably include domestic legal frameworks and policies aimed at the fight against climate change [92]. The operative impact of this type of IIA provision would be significant insofar as foreign investors and investments not complying with climate change municipal laws and regulations would not be considered as being protected by the applicable treaty and international law. As a consequence, an arbitral tribunal would exercise the prerogative to decline its jurisdiction over a "brown" investor's claim in a preliminary phase of the proceedings, without adjudicating the merits of the claimant's claim.

Second, the host State's objection of illegality of the claimant's investment may also substantiate a ground for inadmissibility of the request for arbitration. The concept of the *admissibility* of the claim does not pertain to the powers of the tribunal to take into its cognizance an investment dispute (*jurisdiction*), but rather to the suitability of the investor's legal action to be arbitrated when it is presented or pending [93]. To this extent, the application of the requirements of admissibility of the claim are more nuanced and subject to a broader degree of discretion by arbitrators. Moreover, the inadmissibility of the claim may derive not only from the infringement of domestic laws and legal principles, which may be indeed decisive in case the applicable IIA does not contain jurisdictional conditions *ratione legis*, but also from the violation of transnational or truly international public policy *(ordre public transnational ou réellement international)* [94]. This reasoning has been upheld by consolidated arbitral case law in relation to traditional pleas of investors' illegality, for instance, with regard to allegations of corruption [95]. The justifications for dismissing a claim

---

91. Costa Rica-Netherlands BIT (1999), Article 10.
92. The portal "Climate Change Laws of the World" lists around 3,000 national and supranational laws and policies. See https://climate-laws.org/legislation_and_policies.
93. M. Waibel, "Investment Arbitration: Jurisdiction and Admissibility", in M. Bungenberg, J. Griebel, S. Hobe and A. Reinisch (eds.), *International Investment Law*, Nomos, 2015, p. 1213; A. Reinisch, "Jurisdiction and Admissibility in International Investment Law", *LPICT*, Vol. 16, 2017, pp. 21-43; F. Fontanelli, *Jurisdiction and Admissibility in Investment Arbitration. The Practice and the Theory*, Brill, 2018.
94. P. Lalive, "Transnational (or Truly International) Public Policy and International Arbitration", ICCA Congress Series No. 3, 1986, p. 257; *id.*, *L'ordre public transnational et l'arbitre international*, in G. Venturini and S. Bariatti (eds.), *Nuovi strumenti del diritto internazionale privato. Liber Fausto Pocar*, Giuffrè Editore, 2009, p. 599.
95. C. A. Miles, "Corruption, Jurisdiction and Admissibility in International Investment Claims", *JIDS*, Vol. 3, 2012, p. 329.

for lack of admissibility on the basis of illegality have been usually rooted on manifold doctrines and general principles of international, transnational and domestic law, such as good faith, *nemo auditur suam turpitudinem allegans* and "unclean hands" [96]. Given the unequivocal international consensus in favor of the fight against climate change, it is submitted that climate change policies, as developed under the aegis of the ICCR and implemented at the domestic level, may be considered as part of the truly international public policy of most, if not all, States [97]. Therefore, an ISDS adjudicator, while being vested with treaty-based jurisdiction, may take into consideration such prescriptive elements of transnational public policy to deny the adjudication of foreign investors' claims that infringe them or dismiss such claims in their merits. This legal technique may prove to be useful from a practical viewpoint, since the interpreter may resort to its application irrespective of the codification of an appropriate legality requirement in the applicable treaty and even in the absence of specific climate change obligations and commitments under the local laws and regulations.

Third, the opposition to "brown" investors and investments may be realized through actual counterclaims by respondent States, in particular of an environmental nature [98]. States have traditionally refrained from submitting counterclaims, also in light of a restrictive attitude by tribunals in treaty-based arbitration. However, States have recently intensified their attempts to avail themselves of such remedies in investment arbitration. In addition, the most recent and innovative IIAs contain specific clauses imposing commitments also on investors, thus someway overturning the classic asymmetry in ISDS in terms of substantive and procedural rights between investors and States. As mentioned above, these clauses are inspired by CSR tenets as embodied by international standards of socially responsible practices and generally focus on the foreign investors' commitments and obligations with respect to the preservation of the environment, including climate change issues, the safeguard of adequate labor conditions and the protection of human rights [99].

---

96. *World Duty Free Company Limited* v. *Republic of Kenya*, ICSID Case No. ARB/00/7, Award, 4 October 2006, paras. 126-157.
97. W. Miles and M. Lawry-White, "Arbitral Institutions and the Enforcement of Climate Change Obligations for the Benefit of all Stakeholders: The Role of ICSID", *ICSID Review – Foreign Investment Law Journal*, Vol. 34 (1), 2019, p. 17.
98. M. Scherer, S. Bruce and J. Reschke, "Environmental Counterclaims in Investment Treaty Arbitration", *ICSID Review – Foreign Investment Law Journal*, Vol. 36 (2), 2021, pp. 413-440; D. A. Desierto, "Environmental Protection in International Investment Arbitration: From Defences to Counterclaims", in E. Sobenes *et al.* (eds.), *The Environment Through the Lens of International Courts and Tribunals*, TMC Asser Press, p. 325; C. de Stefano, "Equality and Asymmetry in Treaty-Based Investment Arbitration: Counterclaims by Host States", in D. Amoroso *et al.* (eds.), *More Equal than Others? Perspectives on the Principle of Equality from International and EU Law*, TMC Asser Press, 2022, p. 303.
99. Cf. the previous section of this chapter.

Moreover, where the relevant treaty provides the obligation of investors to respect substantive laws and regulations that are applicable in the territory where the investment is hosted, the respondent State may also root its counterclaims on the breach of environmental domestic laws as relevant cause of action. To this extent, it is submitted that the State's counterclaim must not be necessarily engrafted on the strictly same legal title or *causa petendi* on which the investor's claim is based in order to satisfy the condition of direct connectedness, in addition to the requirement of consent of the Parties [100]. This would widen the scope of admissibility of counterclaims by respondent sovereigns having as object the violation by foreign enterprises of climate change laws and requirements, including the respect of the investor's climate due diligence. As a consequence, an ISDS adjudicator would be empowered to condemn a "brown" investor for its noncompliance with climate change related obligations stemming from the relevant treaty or domestic laws and regulations.

This section has illustrated how the current system of international investment law and dispute resolution may accommodate the inescapable urgency of climate change policies through procedural "entry points", such as the denial of jurisdiction, the declaration of inadmissibility of the claim and the admission of States' counterclaims against "brown" investors and investments. While more flexibility and an evolutionary approach would be definitely required in the future attitude of ISDS adjudicators to climate change issues [101], the aforementioned legal techniques are simply the application of canonical principles of international investment law and arbitration, such as the integrity of the arbitral jurisdiction, the contrast to "tainted" claims by foreign investors and the overarching value of party autonomy. To this extent, it has been generally observed that:

> "international arbitration as a form of dispute resolution has generally proved its utility in resolving environmental and climate change related disputes, and has received the endorsement of States at least in collateral implementation schemes under the UNFCCC. This is, in part, because of arbitration's flexibility and the primacy of party autonomy, as well as the potential to tailor the specific procedures in climate change related arbitrations – procedures that need careful consideration" [102].

---

100. See ICSID Convention, Article 46; ICSID Arbitration Rules (2022), Rule 48; ICSID Additional Facility Arbitration Rules (2022), Rule 58.
101. M. Sharma, "Integrating, Reconciling, and Prioritising Climate Aspirations in Investor-State Arbitration for a Sustainable Future: The Role of Different Players", *JWIT*, 2022, Vol. 23, p. 760.
102. W. Miles and M. Lawry-White, "Arbitral Institutions and the Enforcement of Climate Change Obligations for the Benefit of all Stakeholders: The Role of ICSID", *ICSID Review – Foreign Investment Law Journal*, Vol. 34 (1), 2019, p. 11.

Moreover, the enforcement regime governing the circulation of investment awards under the ICSID Convention and the New York Convention embodies a major benefit of international arbitration in terms of effectiveness in comparison to other dispute resolution systems. However, as mentioned above [103], there is mounting concern and warning by intergovernmental bodies and within the civil society about the constraints posed by ISDS to the States' right to regulate for the purposes of climate change action ("regulatory chill") [104]. The following section will address the core of these arguments and explain how the application of substantive standards of protection contained in IIAs may affect climate change policies. Moreover, it will also address the central question whether IIAs, instead of curtailing such policies, may contribute to their realization.

SECTION 4   THE SUBSTANTIVE SCRUTINY OF STATE ACTS AND OMISSIONS RELATING TO CLIMATE CHANGE ACTION UNDER INTERNATIONAL INVESTMENT LAW

The international obligations of States to promote and protect foreign investments pursuant to IIAs and their implementation or failure to implement commitments stemming from the ICCR may interact in manifold respects. National laws and regulations banning or restricting high-carbon industries (for instance, phasing out coal [105]) are as a matter of principle justified either under the application of general exceptions codified in the applicable treaty or based on the general legitimate right to regulate of States. The same would apply to measures incentivizing low-carbon businesses also pertaining to foreign investments performed in the territory of the host State.

---

103. Cf. the introduction of this chapter.
104. IPCC, (2022). In Climate Change 2022: Mitigation of Climate Change. Contribution of Working Group III to the Sixth Assessment Report of the Intergovernmental Panel on Climate Change. Geneva: IPCC, Chap. 14, p. 81 and Chap. 15, p. 66; UNCTAD, "Treaty-Based Investor-State Dispute Settlement Cases and Climate Action", IIA Issues Note, No. 4, September 2022: "The risk of investor–State dispute settlement (ISDS) being used to challenge climate policies is a major concern"; id., "International Investment in Climate Change Mitigation and Adaptation. Trends and Policy Developments", 2022, p. 14; A. Ipp, A. Magnusson and A. Kjellgren, "The Energy Charter Treaty, Climate Change and Clean Energy Transition. A Study of the Jurisprudence", Climate Change Counsel, 2022, p. 5. See also M. Sharma, "Integrating, Reconciling, and Prioritising Climate Aspirations in Investor-State Arbitration for a Sustainable Future: The Role of Different Players", *JWIT*, 2022, Vol. 23, pp. 751-752.
105. See, for instance, *Westmoreland Mining Holdings LLC v. Government of Canada*, ICSID Case No. UNCT/20/3, Final Award, 31 January 2022, claim eventually dismissed for lack of jurisdiction of the tribunal. See also the earlier case *Vattenfall AB, Vattenfall Europe AG, Vattenfall Europe Generation AG v. Federal Republic of Germany (I)*, ICSID Case No. ARB/09/6, Award, 11 March 2011, award embodying the Parties' settlement agreement.

However, the fact that States operate under the umbrella of a climate change accord, for instance, the Paris Agreement, or a multilateral environmental treaty does not, in and of itself, preclude the possibility of incurring international responsibility under IIAs. Notably, the measure at issue shall not be applied in discriminatory, arbitrary or unreasonable manner, which would entail the violation of the various substantive standards of treatment under IIAs, as applicable, both relative (most favored nation and national treatment) and absolute (fair and equitable treatment and the prohibition of unlawful indirect expropriations). This mindset is found also in Article 3.5 of the UNFCCC, pursuant to which "[m]easures taken to combat climate change, including unilateral ones, should not constitute a means of arbitrary or unjustifiable discrimination or a disguised restriction on international trade" [106]. This antiprotectionist provision borrows its language from the chapeau of Article XX of the GATT 1947, which was conserved in the GATT 1994 and also provides the model for general exceptions clauses in IIAs, as illustrated above [107]. Moreover, Article 3.5 of the UNFCCC posits a general parameter of legality of State measures adopted in furtherance of climate change commitments that affect foreign businesses.

Before developing the analysis on the legality of domestic measures implementing climate change action and the censurability of States' omissions in the fulfilment of determined targets under the ICCR, it is appropriate to address the various legal avenues that may interconnect climate change norms, especially those arising from multilateral accords, and international commercial agreements with regard to treaty interpretation and the applicable law(s) to the merit of an investment dispute. This perusal completes the catalog of the "entry points" already illustrated in the previous sections of this chapter. It will be shown that, consistently with the *jurisprudence* of the Appellate Body of the World Trade Organization, also investment dispute settlement should not be then considered "in clinical isolation from public international law" [108].

First, the interpreter of an international investment treaty may resort to systemic integration pursuant to Article 31 (3) *(c)* of the Vienna Convention on the Law of Treaties (VCLT), pursuant to which "together with the context... any relevant rules of international law applicable in the relations between the parties" shall be taken into account [109]. Such rules may comprise both customary

---

106. UNFCCC, Article 3.5.
107. See Section 2 of this chapter.
108. Appellate Body Report, *United States – Standards for Reformulated and Conventional Gasoline (US-Gasoline)*, WT/ DS2/ AB/ R, 29 April 1996, 17, at 19. See also *Urbaser SA and Consorcio de Aguas Bilbao Bizkaia, Bilbao Biskaia Ur Partzuergoa v. The Argentine Republic*, ICSID Case No. ARB/07/26, Award, 8 December 2016, para. 1200.
109. Vienna Convention on the Law of Treaties (VCLT), signed at Vienna on 23 May 1969, entered into force on 27 January 1980, *UNTS*, Vol. 1155, p. 331, Article 31 (3) *(c)*: "There shall be taken into account, together with the context: . . .

international law as well as international agreements concerning climate change, which may form the "external context" upon which the applicable IIA shall be construed [110]. Given the large membership of the UNFCCC and the Paris Agreement, it is highly realistic that Parties to a bilateral or multilateral investment treaty are also bound by climate change commitments under treaty law embodying concordant and common practice to all States concerned [111].

Second, such an openness of the system for the resolution of international investment disputes to general international law is confirmed by rules on the applicable law(s) contained in the principal international agreements and arbitration rules governing the procedural aspects of ISDS [112]. Indeed, in the absence of the agreement of the Parties on the applicable rules of law, Article 42 (1) of the ICSID Convention allows the competent arbitral tribunal to "apply the law of the Contracting State party to the dispute (including its rules on the conflict of laws) and such rules of international law as may be applicable" [113], whereas Article 35 (1) of the UNCITRAL Arbitration Rules liberally establishes that "the arbitral tribunal shall apply the law which it determines to be appropriate" [114]. Both formulations were not originally devised for treaty-based investment arbitration, but are clearly applicable in that context: they are susceptible of permitting the application of ICCR instruments by ISDS adjudicators. Therefore, this option stands as a further

---

(c) any relevant rules of international law applicable in the relations between the parties". Cf. J.-M. Sorel and V. Boré Eveno, Commentary *sub* Article 31, in O. Corten and P. Klein (eds.), *The Vienna Conventions on the Law of Treaties*, Oxford University Press, 2011, p. 825; O. Dörr, "Article 31", in O. Dörr and K. Schmalenbach (eds.), *Vienna Convention on the Law of Treaties: A Commentary*, Springer, 2018, p. 603; M. E. Villiger, *Commentary on the 1969 Vienna Convention on the Law of Treaties*, Brill, 2009, p. 432. See in particular, C. McLachlan, "The Principle of Systemic Integration and Article 31(3)(c) of the Vienna Convention", *International and Comparative Law Quarterly*, 2005, Vol. 54 (2), p. 279.

110. J.-M. Sorel and V. Boré Eveno, *supra*, p. 825. Notably, Article 8.31 (1) of the CETA expressly refers to interpretation under the VCLT:

> "When rendering its decision, the Tribunal established under this Section shall apply this Agreement as interpreted in accordance with the Vienna Convention on the Law of Treaties, and other rules and principles of international law applicable between the Parties."

111. A. Dimopulos, "Climate Change and Investor-State Dispute Settlement: Identifying the Linkages", in P. Delimatsis (ed.), *Research Handbook on Climate Change and Trade Law*, 2016, Edward Elgar Publishing, p. 428.

112. M. Sasson, "The Applicable Law and the ICSID Convention", in C. Baltag (ed.), *ICSID Convention After 50 Years. Unsettled Issues*, Kluwer Law International, 2017, p. 273; D. Atanasova, "Applicable Law Provisions in Investment Treaties: Forever Midnight Clauses?", *Journal of International Dispute Settlement*, 2019, p. 396; F. Humblet and K. Duggal, "If You Are Not Part of the Solution, You Are the Problem: Article 37 of the EU Charter as a Defence for Climate Change and Environmental Measures in Investor-State Arbitrations", *European Investment Law and Arbitration Review*, Vol. 2020, p. 289.

113. ICSID Convention, Article 42 (1).

114. UNCITRAL Arbitration Rules, Article 35 (1).

gateway through which norms that are *external* with respect to the relevant IIA may be directly included within the set of laws and rules that are applicable by arbitrators [115].

Third, climate change norms may be applied via municipal law(s) that implement at the nationwide level environmental commitments of States descending from international agreements. Municipal laws may be applied as applicable law to the merits of the investment dispute based on the agreement of the Contracting States to the investment treaty or by virtue of the relevant rules of private international law. Moreover, the Parties may also stipulate a clause of observance of contractual obligations ("umbrella clause" or *clause de couverture*) [116]. In this respect, contractual commitments, for instance, contracts regulating the issuance and trade of GHG emissions, may further climate change action through IIAs insofar as they are "elevated" to ISDS claims by virtue of an umbrella clause [117]. Furthermore, it has been already shown that the respect by investors of local environmental and climate change regulatory frameworks may form the object of specific treaty clauses, which create obligations incumbent upon enterprises and may be the object of counterclaims by the host State [118].

Finally, to complete this analysis on applicable laws, the protection from the adverse effects of climate change, as descending from multilateral treaties adopted in furtherance of the agenda subscribed by the entire community of nations, may be categorized as international or transnational public policy imposing itself to States and private actors, at least in terms of negative duty to abstain from aggravating global warming. While transnational public policy has already been taken into consideration as doctrine preventing the admissibility of "brown" investors' claims [119], it can also be resorted to as applicable law to the merits of an investment dispute [120].

---

115. W. Miles and M. Lawry-White, "Arbitral Institutions and the Enforcement of Climate Change Obligations for the Benefit of all Stakeholders: The Role of ICSID", *ICSID Review – Foreign Investment Law Journal*, Vol. 34 (1), 2019, p. 14.

116. S. Hamamoto, "Parties to the 'Obligations' in the Obligations Observance ('Umbrella') Clause", *ICSID Review – Foreign Investment Law Journal*, 2015, Vol. 30 (2), p. 449; G. Cahin, "La clause de couverture (dite umbrella clause)", *RGDIP*, 2015, Vol. 119, p. 103; Y. Nouvel, "La compétence matérielle : contrat, traité et clauses parapluie", in C. Leben (ed.), *La procédure arbitrale relative aux investissements internationaux. Aspects récents*, LGDJ, 2010, p. 13.

117. A. Boute, "Combating Climate Change through Investment Arbitration", *Fordham Int'l LJ*, 2012, Vol. 35, p. 644.

118. See Section 2 of this chapter.

119. See *supra* the previous section of this chapter.

120. W. Miles and M. Lawry-White, "Arbitral Institutions and the Enforcement of Climate Change Obligations for the Benefit of all Stakeholders: The Role of ICSID", *ICSID Review – Foreign Investment Law Journal*, Vol. 34 (1), 2019, p. 14; B. D. Burstein, "Green Investment Disputes: The Interaction Between Investment Arbitration and the Climate Change Agenda", *Revista Brasileira de Arbitragem*, 2020, No. 68, pp. 121-124; L. Elborough, "International Climate Change Litigation:

State measures consisting in prohibitions, bans or, less drastically, restrictions affecting a carbon intensive economic sector are in principle lawful under IIAs [121]. In January 2021, the German company RWE AG and its Dutch subsidiary RWE Eemshaven Holding II BV lodged a request for arbitration at ICSID against the Netherlands for its ban of coal-fired power generation by 2030 implemented through the Law on the Prohibition of Using Coal in the Electricity Production (*Wet verbod op kolen bij elektriciteitsproductie, Staatsblad* 2019, No. 493), which entered into force on 20 December 2019 [122]. The Dutch Government adopted this decision to meet its commitments under the Paris Agreement. However, the claimants had invoked the responsibility of the Netherlands under the Energy Charter Treaty (ECT), including for breach of FET and the prohibition of unlawful indirect expropriation, since practically no compensation was offered by the State, and emphasized that the coal ban targeted a sector in which only foreign investors were operating. A similar claim against the same ban was filed in April 2021 by the German energy company Uniper. However, in this case the investor subsequently agreed in July 2022 to withdraw its request for arbitration as a condition of the deal reached with the German Government for its bailout [123].

The legality of an environmental mining ban applied by Colombia formed the object of an arbitration brought by the Canadian corporation Eco Oro. Colombia adopted relevant regulation to protect the high mountain ecosystem of Santurbán Páramo, an environmental conservation zone which fell to cover in part the concession area, a gold and silver deposit, in which the investor operated for decades. The arbitral tribunal, while acknowledging that "neither environmental protection nor investment protection is subservient to the other,

---

Limitations and Possibilities for International Adjudication and Arbitration in Addressing the Challenge of Climate Change", *New Zealand Journal of Environmental Law*, 2017, Vol. 21, p. 119.

121. C. Titi, "Police Powers Doctrine and International Investment Law", in A. Gattini, A. Tanzi and F. Fontanelli (eds.), *General Principles of Law and International Investment Arbitration*, Brill, 2018, p. 323.

122. *RWE AG and RWE Eemshaven Holding II BV v. Kingdom of the Netherlands*, ICSID Case No. ARB/21/4.

123. *Uniper SE, Uniper Benelux Holding BV and Uniper Benelux NV v. Kingdom of the Netherlands*, ICSID Case No. ARB/21/22. This act by the German Government appears to be in line with the position adopted by the European Commission and Member States with regard to intra-EU investment arbitration, especially in light of various judgments of the Court of Justice of the European Union *(Achmea, Komstroy, PL Holdings, Micula)*. See "Declaration of the Representatives of the Governments of the Member States, of 15 January 2019 on the Legal Consequences of the Judgment of the Court of Justice in *Achmea* and on Investment Protection in the European Union", in particular at point 4: "Member States which control undertakings that have brought investment arbitration cases against another Member State will take steps under their national laws governing such undertakings, in compliance with Union law, so that those undertakings withdraw pending investment arbitration cases".

they must coexist in a mutually beneficial manner" [124], found by majority – Professor Sands dissenting – that the ban violated the minimum standard of treatment of aliens, including FET [125], pursuant to Article 805 of the Canada-Colombia FTA (2008), notwithstanding the applicability of its general exceptions clause in Article 2201 (3) [126]. This conclusion appears questionable insofar as it subverts the cardinal tenet upon which a sovereign measure justified by a general environmental exception (or by legitimate right to regulate) and applied evenly and non-discriminatorily by a State shall not give rise to a violation of the applicable IIA, including in relation to compensation [127]. The same conclusion remains applicable to climate change action undertaken by States through domestic legislation. This is confirmed by other arbitral decisions that pondered in a more appropriate manner the competing societal objectives at issue. For instance, in *Chemtura v. Canada*, the tribunal considered that the ban adopted by the Canadian Pest Management Regulatory Agency (PMRA) with regard to the use of toxic agro-chemical lindane on the basis of its health and environmental effects was subject to the provisions of Aarhus Protocol to the Convention on Long-Range Transboundary Air Pollution on

---

124. *Eco Oro Minerals Corp. v. Republic of Colombia*, ICSID Case No. ARB/16/41, Decision on Jurisdiction, Liability and Directions on Quantum, 9 September 2021, para. 828. See L. Létourneau Tremblay, "In Need of a Paradigm Shift: Reimagining *Eco Oro v Colombia* in Light of New Treaty Language", *JWIT*, 2022, Vol. 23, p. 915.
125. A controversial finding of breach of the minimum standard of treatment, including FET, under Article 1105 of the NAFTA was decided by majority in the *Clayton/Bilcon* case in relation to the environmental assessment decision by Canadian authorities to reject a project to develop and operate a quarry and a marine terminal in Nova Scotia significantly based on "community core values". See *Bilcon of Delaware et al. v. Government of Canada*, PCA Case No. 2009-04, Award on Jurisdiction and Liability, 17 March 2015, paras. 588-604 and 733-741 *Contra, Id.*, Dissenting Opinion of Professor Donald McRae, 10 March 2015, especially para. 44 *et seq*. See the report by S. Schacherer in N. Bernasconi-Osterwalder and M. D. Brauch (eds.), *International Investment Law and Sustainable Development: Key Cases from the 2010s*, International Institute for Sustainable Development, 2018, pp. 54-60. See also J. Peel, "The Use of Science in Environment-related Investor-State Arbitration", in K. Miles (ed.), *Research Handbook on Environment and Investment Law*, Edward Elgar Publishing, 2019, pp. 256-257.
126. This provision applied specifically to the investment chapter of the relevant FTA and preserved the adoption of "measures necessary: a. To protect human, animal or plant life or health, which the Parties understand to include environmental measures necessary to protect human, animal or plant life and health; b. To ensure compliance with laws and regulations that are not inconsistent with this Agreement; or c. For the conservation of living or non-living exhaustible natural resources". See Canada-Colombia FTA (2008), Article 2201 (3) *(a)-(c)* and Annex 811 (2) *(b)*.
127. For the tribunal's reasoning, cf. *Eco Oro Minerals Corp. v. Republic of Colombia*, ICSID Case No. ARB/16/41, Decision on Jurisdiction, Liability and Directions on Quantum, 9 September 2021, paras. 826-837. See also *Bear Creek Mining Corporation v. Republic of Peru*, ICSID Case No. ARB/14/21, Award, 30 November 2017, para. 477.

Persistent Organic Pollutants (LRTAP Convention) [128] and therefore necessary under the international treaty obligations assumed by the State [129]. Eventually, the tribunal did not find any breach of NAFTA and consequently did not award any damages to the claimant [130].

Also State measures that provide incentives to "green" investment, for instance, in the sector of renewable energies, are in principle legitimate under international investment law [131]. However, such support schemes should not engender a breach of contingent nondiscrimination standards under IIAs, namely the obligations of most-favoured-nation (MFN) treatment *vis-à-vis* investors of third countries and, especially, the national treatment *vis-à-vis* domestic undertakings. In *Nykomb* v. *Latvia*, a Swedish investor successfully complained about the refusal by Latvia to honor a promise of incentivization, namely a double-tariff, for low-carbon electricity production on the basis of which its investment was made. The tribunal ascertained discriminatory treatment by the State under Article 10 (1) of the ECT, since the administrator of the incentive schemes continued to support low-carbon installations operated by domestic investors, while refusing this benefit to foreign investors operating in comparable conditions [132]. This case law entails that national incentive schemes applying *de iure* to and benefitting both foreign as well as domestic investors would not trigger international responsibility of the State under investment treaties.

Hitherto, it has been analyzed how positive measures by States imposing bans or restrictions on "brown" investments or providing incentives in favor of "green" investments may withstand the ISDS scrutiny, but for a finding of discriminatory, selective or protectionist application. The necessary achievement of the objectives that are consubstantial to the fight against climate change may provide a sound and viable justification to such measures under both general international law and international investment law. The remaining paragraphs of this section will instead investigate to what extent the inaction of States in implementing climate change measures required under the umbrella of the ICCR may be sanctioned under IIAs for breach of non-

---

128. Protocol to the 1979 Convention on Long-Range Transboundary Air Pollution on Persistent Organic Pollutants, done at Aarhus on 24 June 1998, *UNTS*, Vol. 2230, p. 79.
129. *Chemtura Corporation* v. *Government of Canada*, UNCITRAL (formerly *Crompton Corporation* v. *Government of Canada*), Ad Hoc NAFTA Arbitration under UNCITRAL Rules, Award, 2 August 2010, para. 266.
130. See also *Methanex Corporation* v. *United States of America*, UNCITRAL, Final Award of the Tribunal on Jurisdiction and Merits, 3 August 2005, especially Part IV, Chapter D, para. 7 (claim dismissed on the merits in relation to the Californian ban on the use or sale in California of the gasoline additive MTBE).
131. W. Ben Hamida, "Droit climatique et du droit des investissements: de la friction à la coordination", *Revista Brasileira de Arbitragem*, 2021, No. 71, p. 84, at 90 *et seq*.
132. *Nykomb Synergetics Technology Holding AB* v. *The Republic of Latvia*, SCC, Arbitral Award, 16 December 2003, para. 4.3.2.

contingent standards of treatment, in particular FET [133]. Notably, the analysis will address the relevance of climate change mitigation and adaptation measures to which a State committed through the issuance of its nationally determined contributions (NDCs) [134]. While the previous analysis assumed a dimension of confrontation between international investment law and climate change law, this scenario posits a relation of reciprocal benefit between the two. In particular, the economic protection of a "green" business investing in the territory of the host State in reliance of the latter's unilateral NDC and in line with the objective to fully realize the climate "ambition cycle" of the Paris Agreement would be placed in alignment rather than opposition.

Pursuant to Article 3 of the Paris Agreement, "[a]s nationally determined contributions to the global response to climate change, all Parties are to undertake and communicate ambitious efforts as defined in Articles 4, 7, 9, 10, 11 and 13 with the view to achieving the purpose of" the Paris Agreement itself [135]. Moreover, it is established that "[t]he efforts of all Parties will represent a progression over time" [136]. Pursuant to Article 4 [137], each Party "shall prepare, communicate and maintain successive nationally determined contributions that it intends to achieve. Parties shall pursue domestic mitigation measures, with the aim of achieving the objectives of such contributions" [138].

---

133. Concerning the substantive standard of the prohibition of unlawful expropriation measures, especially indirect, the adoption and evenhanded implementation by States of climate change legislations and regulations would constitute a legitimate exercise of their police powers, especially if necessitated by multilateral commitments, and would not result in a violation of IIAs. See, for example, *Philip Morris Brands Sàrl, Philip Morris Products SA and Abal Hermanos SA v. Oriental Republic of Uruguay*, ICSID Case No. ARB/10/7, Award, 8 July 2016, paras. 272-307, especially 304 (taking into consideration the World Health Organization Framework Convention on Tobacco Control). Morcover, as observed above (see *supra* Section 2 of this chapter) the measures at issue would not be sanctioned as unlawful under the relevant IIA, if the latter contains an express carve-out clause. See CETA, Annex 8-A (*Expropriation*). Instead, it would be markedly speculative to submit that the State's failure to adopt specific climate change action on which the investor legitimately relied may embody an expropriatory act, notably for lack of the requirement of substantial deprivation of the value of the investment. See J. A. VanDuzer, "The Complex Relationship between International Investment Law and Climate Change Initiatives: Exploring The Tension", in P. Delimatsis (ed.), *Research Handbook on Climate Change and Trade Law*, 2016, Edward Elgar Publishing, p. 440.
134. H. Hellio, "Les "contributions déterminées du niveau national", instruments au statut juridique en devenir", *Revue Juridique de l'Environnement*, Special Issue 2017, p. 33.
135. Paris Agreement, Article 3.
136. *Ibid.*
137. B. Mayer, "Article 4: Mitigation", in G. Van Calster and L. Reins (eds.), *The Paris Agreement on Climate Change*, 2021, Edward Elgar Publishing, p. 109; H. Winkler, "Mitigation (Art. 4)", in D. Klein *et al.* (eds.), *The Paris Agreement on Climate Change: Analysis and Commentary*, 2017, Oxford University Press, p. 141.
138. *Id.*, Article 4 (2). See M. Doelle, "The Heart of the Paris Rulebook: Communicating NDCs and Accounting for Their Implementation", *Climate Law*, 2019, Vol. 9, p. 3.

Each State Party shall communicate every five years its NDCs and every successive edition thereof shall "represent a progression" and "reflect" the "highest possible ambition" of the issuing State [139]. These obligations bind all Contracting Parties of the Paris Agreement, having regard to the "common but differentiated responsibilities and respective capabilities, in the light of different national circumstances" (CBDRRC-NC) [140].

In the NDCs synthesis report of 2022, the UNFCCC Secretariat acknowledged that

> "[m]any Parties (56 percent) mentioned specific policy instruments in place to facilitate NDC implementation in addition to institutional arrangements, and some others (25 percent) mentioned instruments being under development. Such policy instruments include energy and/or climate strategies, low-emission development strategies, NDC implementation road maps, NDC action plans, laws and regulations on climate change, sectoral national mitigation and adaptation plans, and NDC investment plans" [141].

Moreover, it is mentioned that numerous States (58 percent) identified certain types of technology that they intend to use for implementing adaptation and mitigation actions, most frequently related to "the energy, agriculture, water and waste sectors" [142]. At present, fewer States refer to partnership with non-State stakeholders, including investors, whereas voluntary commitments may in any case be contracted between States (and SOEs) and foreign enterprises to

---

139. *Id.*, Articles 4 (3) and 4 (9). See L. Rajamani and E. Guérin, "Central Concepts in the Paris Agreement and How They Evolved", in D. Klein *et al.* (eds.), *The Paris Agreement on Climate Change. Analysis and Commentary*, Oxford University Press, 2017, p. 78: "Suffice it to say here that these expectations in relation to progression are of tremendous significance, as they are designed to ensure that, notwithstanding the national determined nature of contributions from parties, the regime as a whole is moving towards ever more ambitious and rigorous actions from parties. This ensures that there is a 'direction of travel' for the regime, as it were." See also D. Bodansky, J. Brunnée and L. Rajamani, *International Climate Change Law*, Oxford University Press, 2017, p. 234: "The standards of progression and highest possible ambition are arguably objective rather than self-judging".
140. *Id.*, Articles 2 (2) and 4 (3). See C. Voigt and F. Ferreira, "Differentiation in the Paris Agreement", *Climate Law*, 2016, Vol. 6, p. 58; *id.*, "'Dynamic Differentiation': The Principles of CBDR-RC, Progression and Highest Possible Ambition in the Paris Agreement", *Transnational Environmental Law*, 2016, Vol. 5, p. 285; B. Mayer, *The International Law on Climate Change*, Cambridge University Press, 2018, p. 97; S. Maljean-Dubois and P. Moraga Sariego, "Le principe des responsabilités communes mais différenciées dans le régime international du climat", *Les Cahiers de Droit*, 2014, Vol. 55, p. 83. See also L. Rajamani, *Differential Treatment in International Environmental Law*, Oxford University Press, 2006.
141. "Nationally determined contributions under the Paris Agreement. Synthesis report by the secretariat", 26 October 2016, FCCC/PA/CMA/2022/4, para. 104.
142. See https://unfccc.int/ndc-synthesis-report-2022#Means-of-implementation.

ultimately support implementation of the Paris Agreement [143]. This means that, but for a certain degree of flexibility and modularity, such commitments that are instrumental to the realization of the goals of the Paris Agreement – first and foremost its temperature goal, the net-zero target and the financial pledge – must not be overturned and, moreover, must be progressively strengthened in the course of the "ambition cycle", namely the combination of the expectation of progression (Art. 3), the global stocktake (Art. 14) and the binding obligation of each Party to present an NDC every five years (Art. 4) [144].

In the latest NDC dated December 2020, the EU committed to reduce its emissions from the sectors covered by the Emissions Trading System (ETS) legislation by 43 percent and Members States also engaged in lowering their emissions from the sectors outside the ETS from 2005 levels by 2030 (for instance, France by 37 percent, Germany by 38 percent, and Italy by 33 percent) [145]. In its updated NDC submitted in July 2021, Canada promised to reduce its GHG emissions by 40-45 percent below 2005 levels by 2030 and to achieve net-zero by 2050 [146]. Canada also provides more concrete and specific applications of its contribution in various economic sectors, such as housing, transportation, energy, agriculture and land management, for instance, to "[r]equire 100 percent of new light-duty vehicle and passenger trucks sold in Canada to be zero emissions by 2035, a commitment supported by pursuing a combination of supportive investments and regulations" [147]. The contents of NDCs by developing countries may be less articulated. In the update to its first NDC, India assured to reduce the "Emissions Intensity of its GDP by 45 percent by 2030, from 2005" and "to better adapt to climate change by enhancing investments in development programmes in sectors vulnerable to climate change, particularly agriculture, water resources, Himalayan region, coastal regions, health and disaster management" [148].

Under the Paris Agreement, a Party's substantive commitment pursuant to its NDC embodies an obligation of conduct rather than result [149], which entails

---

143. "Nationally determined contributions under the Paris Agreement. Synthesis report by the secretariat", 26 October 2016, FCCC/PA/CMA/2022/4, para. 103.
144. L. Rajamani and J. Werksman, "Climate Change", in L. Rajamani and J. Peel, *The Oxford Handbook of International Environmental Law*, 2nd ed., Oxford University Press, 2021, p. 503; L. Rajamani and D. Bodansky, "The Paris Rulebook: Balancing International Prescriptiveness with National Discretion", *ICLQ*, 2019, Vol. 68, p. 1026; A. Zahar, "Collective Progress in the Light of Equity Under the Global Stocktake", *Climate Law*, 2019, Vol. 9, p. 101.
145. Update of the NDC of the European Union and its Member States, 17 December 2020, p. 13.
146. Canada's 2021 Nationally Determined Contribution under The Paris Agreement, 12 July 2021, p. 1.
147. *Id.*, p. 4.
148. India's Updated First Nationally Determined Contribution Under Paris Agreement (2021-2030), 26 August 2022, p. 2.
149. See B. Mayer, "International Law Obligations Arising in relation to Nationally Determined Contributions", *Transnational Environmental Law*, 2018, Vol. 7, pp. 256-

that the State is not bound to actually achieve its self-imposed targets, whereas it must proffer its best efforts to this goal within a bottom-up regime [150]. Instead, the Parties' procedural obligation to prepare, communicate every five years and maintain successive "progressive" NDCs is strictly binding, including the duty to provide mandatory informational requirements to track progress in their implementation and achievement [151]. It is hereunder investigated whether substantive obligations under IIAs – especially noncontingent standards of treatment – may be applied so as to reinforce qualitatively the binding scope of NDC related obligations under the Paris Agreement in terms of operationalization of prescriptions and enforceability of contents. This analysis chiefly revolves around the protection of the legitimate expectations of foreign investors relying on a State's NDC for or in the making of its investment [152].

The *Antaris v. Czech Republic* tribunal provided an effective FET analysis by isolating its cardinal principles. With regard to the investor's legitimate expectations, it found that "[a] claim based on legitimate expectation must proceed from an identification of the origin of the expectation alleged, so that its scope can be formulated with precision" [153]. It also added that "[a] specific representation may make a difference to the assessment of the investor's knowledge and of the reasonableness and legitimacy of its expectation, but is not indispensable to establish a claim based on legitimate expectation which is advanced under the FET standard" [154]. The representation may be explicit or

---

262; L. Rajamani, "The 2015 Paris Agreement: Interplay between Hard, Soft and Non-Obligations", *Journal of Environmental Law*, 2016, Vol. 28, p. 354; D. Bodanski, "The Legal Character of the Paris Agreement", *RECIEL*, 2016, Vol. 25, p. 146; C. Voigt, "International Environmental Responsibility and Liability", in L. Rajamani and J. Peel, *The Oxford Handbook of International Environmental Law*, 2nd ed., Oxford University Press, 2021, p. 1016 (characterizing Parties' NDC commitments under the Paris Agreement as a "treaty-based expression of due diligence"); R. Bodle and S. Oberthür, "Legal Form of the Paris Agreement and Nature of Its Obligations", in D. Klein *et al.* (eds.), *The Paris Agreement on Climate Change. Analysis and Commentary*, Oxford University Press, 2017, p. 99.

150. L. Rajamani, "Ambition and Differentiation in the 2015 Paris Agreement: Interpretative Possibilities and Underlying Politics", *Int'l & Comp. LQ*, 2016, Vol. 65, pp. 500 and 511; D. Bodanski, "The Paris Climate Change Agreement: A New Hope", *Am. J. Int'l L.*, 2016, Vol. 110, p. 300; Y. Kerbrat, S. Maljean-Dubois and M. Wemaëre, "Conférence internationale de Paris sur le climat en décembre 2015 : comment construire un accord evolutif dans les temps?", *JDI*, 2015, Vol. 142 (4), p. 1115.

151. Cf. Paris Agreement, Article 13 (7) *(b)*.

152. For an effective FET analysis, see *Antaris Solar GmbH and Dr Michael Göde v. Czech Republic*, PCA Case No. 2014-01, Award, 2 May 2018, para. 360.

153. *Id.*, para. 360(2), quoting *Mr Franck Charles Arif v. Republic of Moldova*, ICSID Case No. ARB/11/23, Award, 8 April 2013, para. 535.

154. *Antaris Solar GmbH and Dr Michael Göde v. Czech Republic*, PCA Case No. 2014-01, Award, 2 May 2018, para. 360(5), quoting *Electrabel SA v. Republic of Hungary*, ICSID Case No. ARB/07/19, Decision on Jurisdiction, Applicable Law and Liability, 30 November 2012, para. 7.78.

implicit[155]. Furthermore, consistent arbitral case law and literature establish that the investor's reliance on a legitimate expectation should be crystallized at the time of the investment decision or in the post-establishment phase at the time of the determination whether to channel additional economic resources into an ongoing project or operation[156].

To borrow the language of the *Total* v. *Argentina* tribunal, NDCs may embody a State's "previous publicly stated position, whether that be in the form of a formal decision or in the form of representation"[157]. The substantiation of such a position may depend on the particularization of the content of the individual NDC, which, as above illustrated, may vary based on the discretion of the communicating Party[158]: the more specific and clear the declaration to the addressees, the more compelling the case that the foreign investor in question was entitled to rely on it in good faith on the basis of a legitimate expectation. NDCs are not addressed by States only to single investors, but to the generality of stakeholders, *in primis* to the other Parties of the Paris Agreement[159]. However, the general character of the source of the legitimate expectation does not fatally prevent a successful FET claim. Tribunals have found that general regulatory frameworks and legislation may also give rise to legitimate expectations especially if drafted with sufficient specificity and targeted at foreign investors in order to attract their commitments of resources in the host State[160]. To this extent, domestic laws and regulations on climate

---

155. *Antaris Solar GmbH and Dr Michael Göde* v. *Czech Republic*, PCA Case No. 2014-01, Award, 2 May 2018, para. 360(3), quoting *Parkerings-Compagniet AS* v. *Republic of Lithuania*, ICSID Case No. ARB/05/8, 11 September 2007, Award, para. 331.

156. C. Schreuer and U. Kriebaum, "At What Time Must Legitimate Expectations Exist?", in J. Werner and A. Hyder Ali (eds.), *A Liber Amicorum: Thomas Wälde. Law Beyond Conventional Thoughts*, Cameron May, 2009, p. 265. Cf. *Bayindir Insaat Turizm Ticaret Ve Sanayi AS* v. *Islamic Republic of Pakistan*, ICSID Case No. ARB/03/29, Award, 27 August 2009, para. 190; *National Grid plc* v. *The Argentine Republic*, UNCITRAL, Award, 3 November 2008, para. 219; *Frontier Petroleum Services Ltd.* v. *The Czech Republic*, UNCITRAL, Final Award, 12 November 2010, para. 287: "where investments are made through several steps, spread over a period of time, legitimate expectations must be examined for each stage at which a decisive step is taken towards the creation, expansion, development, or reorganisation of the investment".

157. *Total SA* v. *The Argentine Republic*, ICSID Case No. ARB/04/01, Decision on Liability, 27 December 2010, para. 129.

158. The notion of NDCs "by privileging sovereign autonomy, respecting national circumstances, and permitting self-differentiation, significantly reduced the sovereignty costs of a legally binding instrument". See D. Bodansky, J. Brunnée and L. Rajamani, *International Climate Change Law*, Oxford University Press, 2017, p. 212.

159. B. Mayer, "International Law Obligations Arising in Relation to Nationally Determined Contributions", *Transnational Environmental Law*, 2018, Vol. 7, p. 273.

160. *LG&E Energy Corp., LG&E Capital Corp., and LG&E International, Inc.* v. *Argentine Republic*, ICSID Case No. ARB/02/1, Decision on Liability, 3 October 2006, para. 133; *Continental Casualty Company* v. *The Argentine Republic*, ICSID Case No. ARB/03/9, Award, 5 September 2008, para. 260 (referring to specific "legislative"

change, including those envisaged in NDCs [161], that provide a defined legal framework for future "green" investment operations – for example, including the provision of support schemes and incentives – may create legitimate expectations based on specific commitments reliable by foreign investors [162].

NDCs can be considered among the variety of host States' unilateral acts or statements (or assurances, representations or declarations) that may represent a source of obligations with regard to the protection of foreign investments [163]. However, their degree of normativity depends on the clarity and specificity of their contents, which embodies the result of a State's commitment to climate change mitigation and adaptation. This approach is supported by Guiding Principle 7 of the "Guiding Principles applicable to unilateral declarations of States capable of creating legal obligations" adopted by the International Law Commission in 2006:

> "A unilateral declaration entails obligations for the formulating State only if it is stated in clear and specific terms. In case of doubt as to the scope of the obligations resulting from such a declaration, such obligations must be interpreted in a restrictive manner. In interpreting the content of such obligation, weight shall be given first and foremost to the text of the declaration, together with the context and the circumstances in which it was formulated." [164]

The context and the circumstances in which the NDCs have been communicated by States comprise the applicable international instruments under the aegis of the ICCR, first and foremost the Paris Agreement. In particular, although the mitigation (and adaptation) targets stated in NDCs are not binding as to their result, the "ambition cycle" established by the Paris Agreement generates a

---

undertakings); *Blusun SA, Jean-Pierre Lecorcier and Michael Stein v. Italian Republic*, ICSID Case No. ARB/14/3, Award, 27 December 2016, para. 371.

161. "Nationally determined contributions under the Paris Agreement. Synthesis report by the secretariat", 26 October 2016, FCCC/PA/CMA/2022/4, para. 104.

162. M. Gehring and M. Tokas, "Synergies and Approaches to Climate Change in International Investment Agreements. Comparative Analysis of Investment Liberalization and Investment Protection Provisions in European Union Agreements", *JWIT*, 2022, Vol. 23, pp. 796-797; J. Tropper and K. Wagner, "The European Union Proposal for the Modernisation of the Energy Charter Treaty – A Model for Climate-Friendly Investment Treaties?", *JWIT*, 2022, Vol. 23, pp. 839-840.

163. W. M. Reisman and M. H. Arsanjani, "The Question of Unilateral Governmental Statements as Applicable Law in Investment Disputes", *ICSID Review – Foreign Investment Law Journal*, 2004, Vol. 19, Issue 2, pp. 328-343.

164. Guiding Principles applicable to unilateral declarations of States capable of creating legal obligations, Guiding Principle No. 7. The incorporation of the relevance of the context and the circumstances in which the unilateral declaration was formulated is consistent with the case law of the International Court of Justice. See *Case Concerning Frontier Dispute (Burkina Faso v. Republic of Mali)*, Judgment of 22 December 1986, *ICJ Reports 1986*, 554, at 574, para. 40 and *Case Concerning Nuclear Tests (Australia v. France)*, Judgment of 20 December 1974, *ICJ Reports 1974*, at 256, para. 34.

reasonable expectation of progression in climate change action, which prevents the self-committing Party to reverse or repeal abruptly its representations and bind the same to take appropriate steps for the attainment of such goals, decisively in view of the presentation of its successive NDC [165]. This force of logic is even more mandatory in relation to countries characterized by an industrialized developed economy having reached its peak of emissions consistent with the CBDRRC-NC caveat. As a consequence, at determined conditions a foreign investor may rely on the State's specific unilateral statements formulated in NDCs and to accrue legitimate expectations that the latter would implement its climate change policy and action in effectually incremental direction. Against this background, the investments performed in furtherance of such expectations may fall under the normative scope of IIAs and their substantive protections. To such an extent, climate change multilateral agreements would constitute "any relevant rules of international law applicable in the relations between the parties" pursuant to Article 31 (3) *(c)* of the VCLT and, therefore, may be systemically integrated in the BIT or IIA that is applicable in an investor-State dispute. The fact that a State is party to the Paris Agreement or other ICCR instrument does not "transform" the substantive standards under the IIAs to which it is also a Party (it is self-explanatory that "IIAs . . . are not environmental treaties") [166]. However, the *Allard* v. *Barbados* tribunal pertinently acknowledged in relation to the Convention on Biological Diversity (CBD) [167] and the Ramsar Convention [168] that "consideration of a host State's international obligations may well be relevant in the application of the standard to particular circumstances" [169]. This entails that ISDS adjudicators may well interpret the applicable IIA, including its external context, and substantiate the reach of the FET obligations contained therein having regard to the relevant climate change obligations binding on the Contracting Parties and the entire variety of aggregate consequences descending therefrom, including reasonable reliance by investors on the

---

165. L. Rajamani and D. Bodansky, "The Paris Rulebook: Balancing International Prescriptiveness with National Discretion", *ICLQ*, 2019, Vol. 68, p. 1026.
166. A. Boute, "Combating Climate Change through Investment Arbitration", *Fordham Int'l LJ*, 2012, Vol. 35, p. 662, quoting P. D. Cameron, *International Energy Investment Law: The Pursuit of Stability*, Oxford University Press, 2010, p. 203.
167. Convention on Biological Diversity (CBD), signed at Rio de Janeiro on 5 June 1992, entered into force on 29 December 1993, *UNTS*, Vol. 1760, p. 79.
168. Convention on Wetlands of International Importance especially as Waterfowl Habitat, signed at Ramsar on 2 February 1971, entered into force on 21 December 1975, *UNTS*, Vol. 996, p. 245.
169. *Peter A. Allard* v. *The Government of Barbados*, PCA Case No. 2012-06, Award, 27 June 2016, para. 244 (in the context of FPS analysis). In this case, the investor had unsuccessfully argued that the host State's approval of an environmental management plan (EMP) constituted a representation that it would act in a specific way. See G. M. Farnelli, "Investors as Environmental Guardians? On Climate Change Policy Objectives and Compliance with Investment Agreements", *JWIT*, 2022, Vol. 23, p. 907.

practicability of commitments formulated by States in their NDCs. This legal construct appears to be consonant with the consideration of general principles of law recognized by the community of nations such as good faith, estoppel and *venire contra factum proprium* [170], especially in case a host State's organs and instrumentality willingly induced and attracted foreign "green" businesses by signaling a favorable investment climate. This conclusion would be even more viable if the applicable IIA required the Contracting States to implement the commitments stated in their NDCs [171].

Finally, since NDCs, as mentioned above, may lack specificity, a foreign investor and the organs (or parastatal entities or SOEs) of the host State may always incorporate in contractual arrangements a reference to climate change commitments articulated in NDCs or other obligations stemming from the Paris Agreements or other ICCR instruments. In this scenario, the breach of such privy commitments can be scrutinized under IIAs with regard to FET [172] and, if applicable, especially umbrella clauses [173]. Accordingly, the competent tribunal would be empowered to adjudicate both treaty and contract claims (the latter being governed by the proper law of contract, which usually is the domestic law of the host State) thus rendering enhanced justice to the vindication of climate change related commitments. This stands as an effective option for States and private businesses furthering the transition to the "green" economy, taking into account that the Paris Agreement's "ambition cycle" is yielding increased target setting activity through Parties' successive NDCs, but the gap between actual implementation and optimal levels of mitigation, adaptation and finance remains considerable [174].

SECTION 5   **CONCLUDING REMARKS**

Consistently with their progressive understanding of climate change as the most urgent and pressing global challenge of the present era, States, especially in the developed world, and investors increasingly consider

---

170. D. W. Bowett, "Estoppel Before International Tribunals and its Relation to Acquiescence", *Brit. YB Int'l L.*, 1957, Vol. 33, p. 176: "It is possible to construe the estoppel as resting upon a responsibility incurred by the party making the statement for having created an appearance of act, or as a necessary assumption of the risk of another party acting upon the statement."
171. EU-China Comprehensive Agreement on Investment (CAI), Agreement in Principle (2020), Section IV, Subsection 2, Article 6 *(a)*.
172. See *SGS Société Générale de Surveillance SA v. The Republic of Paraguay*, Decision on Jurisdiction, 12 February 2010, para. 148 (referring *inter alia* to the "baseline expectation of contractual compliance").
173. J. Crawford, "Treaty and Contract in Investment Arbitration", *Arbitration International*, 2008, Vol. 24, p. 351.
174. S. Maljean-Dubois, H. Ruiz Fabri and S. W. Schill, "International Investment Law and Climate Change: Introduction to the Special Issue", JWIT, 2022, Vol. 23, p. 738: "Existing pledges, however, are far from sufficient and remain inconsistent with the temperature target set in the Paris Agreement".

climate change norms as elements of international public policy, on one side, and a source of business opportunities rather than a negative economic externality, on the other side. In this context, unilateral domestic measures adopted by "pioneer" States in furtherance of climate mitigation, adaptation and finance would be legitimate pursuant to international law, notably under IIAs, if not applied arbitrarily, unpredictably, discriminatorily and as a way to foster protectionism [175]. Moreover, the imperatives of climate change related action, especially as ordered under the Paris Agreement, require massive sustainable investment, including FDI. In the corresponding perspective of "green" investment, climate change action and the protection of economic rights would then stand in synergy, rather than dichotomy.

With regard to investment treaty drafting (recognition of the States' right to regulate, general exceptions, express environmental carve-outs and provisions establishing investors' commitments), procedural issues (jurisdictional requirements, admissibility filters and viability of States' counterclaims) and substantive matters (treaty interpretation and applicable laws), this contribution has enumerated various "entry points" through which the *lex climatica* – international climate change rules and implementing municipal laws – may be successfully integrated in the *lex mercatoria* – IIAs. In the framework of investment dispute resolution, it has been shown that adjudicators may positively determine the legality of domestic measures implementing climate change action and, significantly at given conditions, sanction States' omissions in the observance of determined obligations under the ICCR, in particular specific voluntary targets communicated in their NDCs. Accordingly, this study on international investment law corroborates the persuasive proposition of the "progressive climatization of international law" as applied concretely in a legal field that is "not primarily about climate change" but is fundamentally relevant to it especially in terms of "effective response to the problem" [176]. Having regard to the prong of effectiveness, international investment law and arbitration may importantly give to the ICCR those "teeth" that are lacking under both the Paris Agreement and the UNFCCC, thus tempering their admitted compliance and enforcement gaps. Indeed, the prescriptions relating to climate change that are established in investment awards may be successfully recognized and enforced under the ICSID Convention and the New York Convention in accordance with the requirements set forth therein.

From the perspective of deepened and broadened international investment law, the relevance and consideration of climate change related action and

---

175. R. B. Bilder, "The Role of Unilateral State Action in Preventing International Environmental Injury", *Vand. J. Transnat'l Law*, 1981, Vol. 14, p. 51; D. Bodanski, "What's so Bad About Unilateral Action to Protect the Environment?", *EJIL*, 2000, Vol. 11, p. 339; L. Boisson de Chazournes, "Unilateralism and Environmental Protection: Issues of Perception and Reality of Issues", *EJIL*, 2000, Vol. 11, p. 315.

176. J. Peel and S. Maljean-Dubois, *Introduction*.

concerns, notably under the framework of the Paris Agreement, may function as paradigmatic catalyst of a more sophisticated internalization of non-economic values in the legal dimension of foreign investment. For instance, this forthcoming development would be demonstrated by a conclusive defeat of the sole effects doctrine [177] with regard to the ascertainment of States' breaches of IIAs, notably as to expropriatory conduct.

The evolution of international investment law in response to the test of climate change will also depend on the attitude and posture of ISDS adjudicators, in terms of their possible inclusive approach or, conversely, self-restraint, with regard to the application and taking into consideration of norms and legal standards that are "external" [178] to the applicable commercial treaty. This reflection opens a reference to the question of the requirements and competences of ISDS adjudicators, which *inter alia* is the object of discussions within the current possible reform of ISDS. Certainly, a "demonstrated expertise in public international law" [179] by arbitrators appears to be fundamental for the purposes of appropriate integration of international climate change law in the international protection of foreign investments.

---

177. E.g. *Compañia del Desarrollo de Santa Elena SA* v. *Republic of Costa Rica*, ICSID Case No. ARB 96/1, Award, 17 February 2000, para. 72.
178. J. Kurtz, "The Paradoxical Treatment of the ILC Articles on State Responsibility in Investor-State Arbitration", *ICSID Review – Foreign Investment Law Journal*, 2010, Vol. 25 (1), p. 200.
179. E.g. CETA (2016), Article 8.27 (4).

10 The Potential Contribution of the BBNJ Agreement towards a Sustainable International Governance of Marine Renewable Energy Technologies [1]

Carlos Soria-Rodríguez *

SECTION 1   INTRODUCTION

The massive deployment of marine renewable energy (MRE) technologies at a global scale has been suggested as a solution to address climate change and its effects [2]. Although the MRE industry has been mainly developed in areas within national jurisdiction [3] so far, marine areas beyond national jurisdiction (ABNJ) offer an immense potential to continue developing this industry and in the fight against climate change.

ABNJ, which are comprised by the Area and the high seas, represent nearly half of the Earth's surface and close to two-thirds of the global ocean. The large size and the availability of energy in ABNJ offer the possibility to further develop the MRE industry. However, its exponential growth can pose environmental threats while also testing international law considering that ABNJ and the protection of the environment in the development of these technologies in ABNJ are regulated by international law and that the applicable framework in ABNJ shows significant gaps and limitations. In this context, it is of the utmost importance to consider and address these gaps in advance and

---

* Marie Curie postdoctoral research fellow at the University of Jaén (Spain) & senior associate researcher to the Brussels School of Governance and the section of international and EU law of the Vrije Universiteit Brussel (Belgium).

1. This chapter is an update and continuation of the research started in the contribution, C. Soria-Rodríguez, "Marine Renewable Energy Technologies on the High Seas: Challenges and Opportunities to Strengthen International Environmental and Renewable Energy Governance", *Cambridge International Law Journal*, Vol. 11, No. 2, 2022, pp. 202-219.

2. J. P. Gatusso *et al.*, "Ocean Solutions to Address Climate Change and Its Effects on Marine Ecosystems", *Frontiers in Marine Science*, 5, 337, 2018, 1-18, pp. 6 and 9.

3. For more specific information on average distance from shore and water depth for offshore wind farm in the period 2000-2021, see IRENA, "Renewable Power Generation Costs in 2021", International Renewable Energy Agency, 2022, pp. 102-107.

ensure environmental protection in the development of MRE technologies in ABNJ.

The literature is starting to identify the legal implications and regulatory problems associated with the development of MRE technologies in ABNJ [4], but has not yet explored how to guarantee sufficient environmental protection in the development of this climate change mitigation instrument in ABNJ. In addition, the ongoing negotiations of an international legally binding instrument for the conservation and sustainable use of marine biodiversity in ABNJ [5] under the United Nations Convention on the Law of the Sea (UNCLOS) [6] create an excellent opportunity to strengthen the existing general framework provided by UNCLOS, not just for the protection of marine biodiversity in ABNJ, but also for the sustainable development of other activities, such as the development of MRE technologies, in these spaces.

Against the previous background, this chapter focuses on analyzing and highlighting the potential contribution of the proposed biodiversity beyond national jurisdiction (BBNJ) agreement under UNCLOS to strengthen the sustainable governance of MRE technologies in ABNJ. For this, the chapter is structured as follows: Section 2 provides a background on MRE technologies, their role as a climate change mitigation activity, the main environmental concerns associated with the development of these technologies and also presents the main regulatory framework provided for the protection of the environment against the impacts associated with these technologies in ABNJ; Section 3 highlights some of the main limitations of UNCLOS to guarantee environmental protection against the impacts associated with the development of MRE technologies in ABNJ; Section 4 explores the potential ability of the BBNJ agreement to overcome some of the identified limitations and strengthen the sustainable governance of MRE installations in ABNJ; finally, the concluding part in Section 5 presents the main conclusions as well as some suggestions on how to strengthen the regulatory framework for the protection of the environment in ABNJ through the expected BBNJ agreement.

---

4. See, for instance, P. Elsner and S. Suarez, "Renewable Energy from the High Seas: Geo-Spatial Modelling of Resource Potential and Legal Implications for Developing Offshore Wind Projects Beyond The National Jurisdiction of Coastal States", *Energy Policy*, 128, pp. 919-929; T. E. Hutchins, "Crafting An International Legal Framework for Renewable Energy on the High Seas", *Environmental Law*, 51, 2, 2021, pp. 485-514.

5. UNGA, International Legally Binding Instrument Under the United Nations Convention on the Law of the Sea on the Conservation and Sustainable Use of Marine Biological Diversity of Areas Beyond National Jurisdiction, 24 December 2017, A/RES/72/249.

6. United Nations Convention on the Law of the Sea (entered into force 16 November 1994) 1833 UNTS 3 (hereinafter UNCLOS).

SECTION 2   BACKGROUND

The 2012 Report of the United Nations Secretary-General on the Oceans and the law of the sea defined MRE as "a subset of renewable energy involving natural processes in the marine environment"[7]. MRE sources are generally used to mean all types of marine-based renewable energy, including wind. Offshore wind energy[8], ocean renewable energy[9], geothermal energy[10] derived from submarine geothermal resources and bioenergy[11] derived from marine biomass are the four types of MRE sources[12].

The work of the Intergovernmental Panel on Climate Change (IPCC) has consistently and clearly highlighted the essential and prominent role of renewable energy, including MRE, as a climate change mitigation activity[13]. The IPCC confirmed that renewable energy needs to supply 70-85 percent of the world's electricity by 2050 to limit global warming to 1.5 °C above pre-industrial levels[14] and more recently the Working Group III contribution to the Sixth Assessment Report of the IPCC on Mitigation of Climate Change, which was finalized on 4 April 2022, indicated that the consistent expansion of policies and laws addressing mitigation since 2014 "has led to the avoidance of (greenhouse gas) emissions that would otherwise have occurred and increased investment in low-greenhouse gas technologies and infrastructure"[15]. The signal in international law is also clear. The adoption of the Paris Agreement

---

7. UN, Report of the UN Secretary-General, Oceans and the law of the sea. UNGA, 67th session (A/67/79), 4 April 2012, p. 4.
8. "Wind energy is energy which is harnessed from the kinetic energy of moving air", UN, Report of the UN Secretary-General, Oceans and the law of the sea. UNGA, 67th session (A/67/79), 4 April 2012, p. 5.
9. "Ocean energy is derived from the potential, kinetic, thermal and chemical energy of seawater, which can be transformed to provide, *inter alia*, electricity, or thermal energy, as well as potable water. The renewable energy resource in the ocean comes from six distinct sources, each with different origins and requiring different technologies for conversion: waves; tidal range; tidal current; ocean currents; ocean thermal energy conversion: and salinity gradient." UN, Report of the UN Secretary-General, Oceans and the law of the sea. UNGA, 67th session (A/67/79), 4 April 2012, p. 4.
10. "Geothermal energy is energy harnessed from the thermal energy of the Earth's interior", UN, Report of the UN Secretary-General, Oceans and the law of the sea. UNGA, 67th session (A/67/79), 4 April 2012, p. 5.
11. "Bioenergy is energy produced from biomass through a variety of processes", UN, Report of the UN Secretary-General, Oceans and the law of the sea, UNGA, 67th session (A/67/79), 4 April 2012, p. 5.
12. UN, Report of the UN Secretary-General, Oceans and the law of the sea. UNGA, 67th session (A/67/79), 4 April 2012, p. 4.
13. See, for instance, IPCC, "Special Report on Renewable Energy Sources and Climate Change Mitigation", 2011, prepared by Working Group II of the IPCC, in particular for the case of MRE, pp. 87-103.
14. IPCC, "Special Report on Global Warming of 1.5 °C. Summary for policymakers", 2018, p. 21.
15. IPCC, "Summary for Policymakers. Climate Change 2022: Mitigation of Climate Change", Contribution of Working Group III to the Sixth Assessment Report of the Intergovernmental Panel on Climate Change, 2022, p. 17.

in 2015 requires its Parties to cut greenhouse gas emissions from sources such as fossil fuels. In order to achieve this, measures such as fostering the development of renewable energy, including MRE, technologies are needed.

As mentioned in the introductory section, MRE technologies, and in particular offshore wind energy and ocean renewable energy technologies, have been mainly developed in areas within national jurisdiction [16]. However, reasons such as the favorable renewable resource conditions in the open ocean [17], the reduction of renewable energy production costs, continuous technological development, the need to fight climate change and the political support at international and national level for different interests, including economic reasons and in order to strengthen energy security and competitiveness among others, are further promoting the MRE industry and bringing these technologies to areas far from the coast. That being said, in addition to the advantages associated with the development of MRE technologies, there are also environmental concerns. The different phases of the life cycle of the MRE devices (installation, operation and decommissioning) in addition to the maintenance, the energy transmission to the grid and the development of related industry could compromise the protection of the marine environment, including the habitats and the species of the marine ecosystems. Not all the environmental impacts associated with the deployment of MRE installations are fully known but the literature highlights that the potential impacts on biodiversity of MRE installations include habitat loss and degradation, collision risks and other negative impacts associated with but not limited to noise, vibrations and electromagnetic fields [18]. The main stressors of the environmental impacts associated with MRE highlighted in the literature are the physical presence of the devices, changes in the air and water pressure fields, release of chemicals, generation of sound above and underwater, electromagnetic fields produced by cables and the cumulative effects of stressors [19]. The main highlighted receptors of the abovementioned stressors

---

16. For more specific information on average distance from shore and water depth for offshore wind farm in the period 2000-2021, see IRENA, "Renewable Power Generation Costs in 2021", International Renewable Energy Agency, 2022, pp. 102-107.

17. See current and average global wind, ocean current and wave resource available at http://earth.nullschool.net/, last accessed 1 November 2022.

18. See, for instance, E. Garel *et al.*, "Applicability of the 'Frame Of Reference' Approach for Environmental Monitoring of Offshore Renewable Energy Projects", *Journal of Environmental Management*, 141, 16-28, 2014, p. 18; L. Bergström *et al.*, "Effects of Offshore Wind Farms on Marine Wildlife – A Generalized Impact Assessment", *Environ. Res. Lett.* 9, 3, 2014; J. Lloret *et al.*, "Unravelling the Ecological Impacts of Large-Scale Offshore Wind Farms in the Mediterranean Sea", *Science of the Total Environment*, 824, 15380, 2022.

19. E. Garel *et al.*, "Applicability of The 'Frame of Reference' Approach for Environ-Mental Monitoring of Offshore Renewable Energy Projects", *Journal of Environmental Management*, 141, 16-28, 2014, p. 18.

are the physical environment, marine mammals and sea turtles, pelagic (water column of the open ocean) habitat and communities, benthic (depths of the ocean) habitat and communities, marine birds, water quality and ecosystem interactions [20]. This shows that it is of utmost importance to control the environmental impacts associated with MRE installations before the unbridled development of this industry in ABNJ.

Regarding the applicable framework for the regulation of MRE, it could be argued at first glance that the deployment of MRE technologies is a climate change mitigation activity and therefore could be regulated under the climate change regime. However, the climate change regime does not currently include provisions for the governance of MRE technologies globally or locally, nor how to provide environmental protection in its development. Nationally Determined Contributions (NDCs) establish the actions that countries can plan to achieve the objectives of the Paris Agreement, with the primary objective to limit the rise in average global temperatures to well below 2 °C (ideally to 1.5 °C). In this regard, the establishment of renewable energy targets plays an important role for the Parties of the Paris Agreement to establish the NDCs and the development of MRE projects can contribute to the NDCs. However, as previously indicated, the regulation of these technologies is not addressed by the climate change regime. Although there are no specific provisions for the regulation of MRE technologies under the climate change regime, there have been international efforts over the last years to include the ocean in the policy discussions at the United Nations Framework Convention on Climate Change (UNFCCC) Conference of Parties (COP) and this was finally considered at the COP26 [21] in 2021 through a series of decisions known as the "Glasgow Climate Pact" [22]. This Pact has emphasized the importance of protecting, conserving and restoring marine ecosystems [23], invited strengthening of ocean-based action [24] and called on Parties to "accelerate the development, deployment and dissemination of technologies, and the adoption of policies, to transition towards low-emission energy systems, including by rapidly scaling up the deployment of clean power generation" [25]. That being said, the international regulation of MRE is fragmented and primarily based on the law of the sea. The 2012 Report of the UN Secretary-General on the Oceans and the law of the sea, which specifically focused on MRE, already indicated that the legal framework for these sources of renewable energy is anchored in UNCLOS,

---

20. *Ibid.*, p. 18.
21. UNFCCC, Glasgow Climate Pact, Decision 1/CP.26.
22. For more information on COP26, see M. Lennan and E. Morgera, "The Glasgow Climate Conference (COP26)", *The International Journal of Marine and Coastal Law*, 37 (1), 2022, pp. 137-151.
23. UNFCCC, Glasgow Climate Pact, Decision 1/CP.26, para. 21.
24. UNFCCC, Glasgow Climate Pact, Decision 1/CP.26, para. 61.
25. UNFCCC, Glasgow Climate Pact, Decision 1/CP.26, para. 20.

which is complemented by an array of instruments and measures at the global, regional and national levels [26]. The Report is clear in this sense indicating that:

"The international legal framework primarily relates to the rights and obligations of States in the various maritime zones and in relation to the resources found therein; the establishment and use of installations and structures in the maritime zones for the exploitation of the energy; the transport of the energy produced; and the protection and preservation of the marine environment from the known or likely impacts of activities aimed at the development, deployment, exploitation and transmission of such energies. In this regard, the development of marine renewable energy requires a careful balance between the interests of various users of ocean space and resources and the rights and obligations of States under a number of instruments." [27]

The legal literature on MRE has also made clear that UNCLOS provides the basis for the regulation of these technologies. Studies on the legal aspects of MRE technologies have mainly focused on topics such as the identification of the general international regime of exploitation for MRE technologies [28], the legal challenges for the development of this industry in the European Union (EU) [29], the study of specific countries permitting processes for MRE technologies [30] or studies on the role of various legal instruments on the protection of the environment in the development of MRE technologies in EU Member States' waters, such as the analysis of the Maritime Spatial Planning Directive [31]. The identified instruments can be generally classified as instruments focusing on the governance of the maritime spaces and the protection and conservation of the (marine) environment.

Regarding the environmental framework for the protection of the environment against the impacts associated with the deployment of MRE technologies in areas within national jurisdiction, this is provided by national and international law. However, ABNJ are regulated by international law and

---

26. UN, Report of the UN Secretary-General, Oceans and the law of the sea. UNGA, 67th session (A/67/79), 4 April 2012, para. 27.
27. Ibid, para. 28.
28. See, for instance, S. McDonald, and D. L. VanderZwaag, "Renewable Ocean Energy and the International Law and Policy Seascape: Global Currents, Regional Surges", *Ocean Yearbook*, 29, 2015, 299-326.
29. See, for instance, R. Long, "Harnessing Offshore Wind Energy: Legal Challenges and Policy Conundrums in the European Union", *The International Journal of Marine and Coastal Law*, 29, 4, 2014, pp. 690-715.
30. See, for instance, G. Wright, "Regulating Marine Renewable Energy Development: a Preliminary Assessment of UK Permitting Processes", *Underwater Technology*, 32, 1, 2014, pp. 39-50.
31. See, for instance, C. Soria-Rodríguez, "The Maritime Spatial Planning Directive, Its Environmental Dimension and Its Applicability to Ocean Renewables", in P. A. Fernández Sánchez and J. A. Azeredo Lopes (eds.), "Seguridad medioambiental y orden internacional", Atelier, 2015, 127-147.

are mainly managed under the framework provided by UNCLOS through global and regional agreements and bodies [32]. Literature on the international regulation of MRE technologies identified and analyzed the main applicable framework to regulate MRE and the protection of the environment against the impacts associated with the deployment of these technologies [33]. At international law level, this framework is mainly provided by UNCLOS but also other instruments such as the Convention on Biological Diversity (CBD) [34], the Regional Sea Conventions and other sectorial instruments. Specific legal literature on the regulation of MRE in ABNJ is scarce but has begun to analyze some of the main limitations of UNCLOS to regulate MRE technologies in these maritime spaces [35]. However, it remains to be addressed how to provide answers to the identified environmental threats and therefore ensure a sustainable development of this climate change mitigation activity in ABNJ.

Considering that the development of the MRE industry in ABNJ as a climate change instrument can endanger the protection of the environment and that the regulatory framework for the protection of the environment in ABNJ is provided by international law, this background also serves to show that the development of this activity is testing international law and therefore it is crucial to identify the limitations of the framework as well as to find solutions to strengthen the applicable regulatory framework. Accordingly, Section 3 of this chapter will focus on briefly revising the limitations of UNCLOS to provide protection in the development of MRE technologies in ABNJ to later focus in Section 4 on analyzing the potential contribution of the expected BBNJ agreement under UNCLOS to overcome the identified limitations and strengthen environmental protection.

---

32. See, for instance, D. Freestone, "The Final Frontier: The Law of the Sea Convention and Areas beyond National Jurisdiction", in H. N. Scheiber and M. S. Kwon (eds.), LOSI Conference Papers, 2012.

33. See, for instance, 1) S. McDonald, and D. L. VanderZwaag, "Renewable Ocean Energy and the International Law and Policy Seascape: Global Currents, Regional Surges", *Ocean Yearbook*, 29, 2015, 299-326; 2) C. Soria-Rodríguez, "The International Regulation for the Protection of the Environment in the Development of Marine Renewable Energy in the EU", *Review of European, Comparative & International Environmental Law*, 30, 2021, pp. 46-60; 3) M. M. das Neves, "Offshore Renewable Energy and the Law of the Sea", in E. Johansen, S. V. Busch and I. U. Jakobsen (eds.), *The Law of the Sea and Climate Change: Solutions and Constraints*, Cambridge University Press, 2021, pp. 206-233.

34. Convention on Biological Diversity (entered into force 28 December 1993) 1760 UNTS 79.

35. See, for instance, T. E. Hutchins, "Crafting an International Legal Framework for Renewable Energy on the High Seas", *Environmental Law*, 51, 2, 2021, pp. 485-514; and P. Elsner and S. Suarez, "Renewable Energy from the High Seas: Geo-Spatial Modelling of Resource Potential and Legal Implications for Developing Offshore Wind Projects Beyond the National Jurisdiction of Coastal States", *Energy Policy*, 128, pp. 919-929.

SECTION 3   THE LIMITATIONS OF UNCLOS TO GUARANTEE PROTECTION IN THE DEVELOPMENT OF MRE TECHNOLOGIES IN ABNJ

The protection of the environment in ABNJ is provided by multiple instruments. Among these instruments, UNCLOS establishes the main framework for the governance of the high seas (Part VII of UNCLOS), which is subject to the principle of freedom of the high seas, the regime for the governance of the Area (Part XI of UNCLOS), which is subject to the principle of common heritage of humankind, as well as the regime for the protection of the marine environment (Part XII of UNCLOS), which is applicable in all maritime spaces. UNCLOS provides the general framework but there are also other universal, regional and sectorial instruments for the protection of the environment in these maritime spaces such as the abovementioned CBD and Regional Sea Conventions such as the Convention for the Protection of the Marine Environment of the North-East Atlantic (OSPAR Convention) [36] or the Barcelona Convention for the Protection of the Marine Environment and the Coastal Region of the Mediterranean (Barcelona Convention) [37]. However, the focus of this section is on UNCLOS, also considering that the following section will focus on the expected BBNJ agreement, an implementing agreement under UNCLOS, in case the agreement is reached [38].

The current framework for the governance for ABNJ presents multiple limitations and gaps. These include the absence of a comprehensive overarching governance structure, a fragmented legal and institutional framework or the lack of global rules for environmental impact assessments (EIAs) in ABNJ [39]. In addition, some of the regulatory challenges identified in the literature related to the deployment of MRE technologies in ABNJ are insufficient flag State regulation, the threat to navigational freedom, the lack of environmental safeguards, the national appropriation of high seas resources, the spatial discontinuity created by the development of this industry or the lack of judicially recognizable standards for resolving disputes [40]. The focus of this chapter is on the environmental concerns. None of the instruments for the

---

36. Convention for the Protection of the Marine Environment of the North-East Atlantic (entered into force 25 March 1998) 2354 UNTS 67.
37. Convention for the Protection of the Marine Environment and the Coastal Region of the Mediterranean, since 1995 (entered into force 9 July 2004) 2102 UNTS 201. Originally called "The Convention for the Protection of the Mediterranean Sea Against Pollution" (entered into force 12 February 1978).
38. Agreement has been reached on March 2023 after the submission of the article.
39. See summary of some of the most important gaps stressed in literature in G. Wright, J. Rochette, K. Gjerde and I. Seeger, "The Long and Winding Road: Negotiating A Treaty for the Conservation and Sustainable Use of Marine Biodiversity in Areas Beyond National Jurisdiction", IDDRI, Studies No. 08/18, 2018, pp. 31-40.
40. T. E. Hutchins, "Crafting an International Legal Framework for Renewable Energy on the High Seas", *Environmental Law*, 51, 2, 2021, 485-514, pp. 501-507.

governance of ABNJ specifically regulate MRE technologies in these maritime spaces. That said, UNCLOS provides relevant provisions applicable to MRE technologies and the protection of the environment in their development [41], and therefore is relevant to examine its ability to guarantee the sustainable development of the MRE industry in ABNJ. Accordingly, the regime for the high seas, the Area and the protection of the marine environment provided by UNCLOS are briefly revised in the context of MRE technologies before exploring in Section 4 how the proposed BBNJ agreement could potentially strengthen the protection and contribute to overcome some of the identified limitations and challenges.

Regarding the regulation of the high seas in the context of MRE technologies, the Convention does not provide much guidance on the environmental considerations in the development of MRE technologies in these maritime spaces. The general regime of the high seas provided in UNCLOS establishes that "the high seas are open to all States, whether coastal or land-locked States" [42]. As a result, every State has an equal right to make use of the high seas under the conditions laid down in UNCLOS and other rules of international law [43]. The Convention includes an open list of freedoms. Among these freedoms, Article 87 of UNCLOS recognizes the freedom to construct artificial islands and other installations permitted under international law, subject to Part VI of UNCLOS and the freedom to lay submarine cables and pipelines, subject to Part VI of UNCLOS. These are MRE-related freedoms since MRE technologies can be categorized as installations and the deployment of MRE technologies requires laying submarine cables necessary for the transmission of energy to the grid. According to the regime of the high seas provided in UNCLOS, there are no prohibitions for the deployment of MRE technologies in this maritime space but the freedoms of the high seas are not absolute, as some limitations apply to their exercise [44]. There are general and specific limitations to the freedoms of the high seas. The main general limitations are that the high seas shall be reserved for peaceful purposes [45], the freedoms "shall be exercised with due regard for the interest of other States in their exercise of the freedom of the high seas, and also with due regard for the rights under [the] Convention

---

41. See, for instance, S. McDonald and D. L. VanderZwaag, "Renewable Ocean Energy and the International Law and Policy Seascape: Global Currents, Regional Surges", *Ocean Yearbook*, 29, 2015, 299-326, pp. 301-302; C. Soria-Rodríguez, "The International Regulation for the Protection of the Environment in the Development of Marine Renewable Energy in the EU", *Review of European, Comparative & International Environmental Law*, 30, 46-60, 2021, pp. 47-48.
42. UNCLOS, Article 87.1.
43. UNCLOS, Article 87.1.
44. See, for instance, L. B. Sohn, K. G. Juras, J. E. Noyes and E. Franckx, *Law of the Sea in a Nutshell*, 2nd ed., 2010, pp. 29-42.
45. UNCLOS, Article 88.

with respect to activities in the Area"[46], and that the freedoms of the high seas must be exercised under the conditions specified by UNCLOS and other international rules[47].

Regarding the specific limitations connected to the MRE-related freedoms, i.e. freedom to construct artificial islands and installations such as MRE installations, and the freedom to lay submarine cables, the Convention includes some general provisions. In relation to the exercise of the freedom to construct artificial islands and other installations on the high seas, Part VI of UNCLOS refers to the application *mutatis mutandis* of Article 60 concerning the regime that applies in the Exclusive Economic Zone. According to this, all States have the obligation to give due notice for the construction of MRE installations, maintaining warnings of their presence[48] and establishing reasonable safety zones to ensure navigation safety[49]. The safety zones should not exceed 500 metres around the artificial installation[50] unless authorized by the competent international organizations, which is in this case the International Maritime Organization. Additionally and according to Article 60.7 of UNCLOS, States must ensure MRE installations do not interfere with recognized sea lanes essential to international navigation[51]. Consequently, States have the right to construct and regulate the construction, operation and use of artificial islands, installations and structures on the high seas bearing in mind the abovementioned obligations, the general obligations and limitations in the exercise of the freedoms of the high seas and the provisions of Part VII (high seas) of UNCLOS. As for the exercise of the freedom to lay submarine cables and pipelines, all States are entitled to do so in the bed of the high seas[52] for the transmission of energy from MRE installations to the grid. However, this is subject to the previously mentioned general limitations but also specific limitations such as taking reasonable measures for the exploitation of the natural resources[53] and having due regard to cables or pipelines already constructed[54]. UNCLOS does not define "reasonable measures" or "due regard" in this context or its meaning for the deployment of MRE technologies. Despite that, UNCLOS provides concrete restrictions in the exercise of this freedom. In this sense, all States must not infringe or result in any unjustifiable interference with navigation or any other freedom of other State in the exercise of their rights over the continental shelf[55]. Moreover, UNCLOS poses the obligation

---

46. UNCLOS, Article 87.2.
47. UNCLOS, Article 87.1.
48. UNCLOS, Article 60.3.
49. UNCLOS, Article 60.4.
50. UNCLOS, Article 60.5.
51. UNCLOS, Article 60.7.
52. UNCLOS, Article 79.1.
53. UNCLOS, Article 79.2.
54. UNCLOS, Article 79.5.
55. UNCLOS, Article 78.2.

of the States to adopt laws and regulations for the case of breaking or injuring a submarine cable or pipeline [56].

In contrast with the high seas, the governance of the Area is based on the principle of "common heritage of mankind" [57], which is characterized by the non-appropriation of the Area as well as its natural resources, the benefit of all mankind as a whole, and the peaceful use of the Area [58]. The International Seabed Authority (ISA), also called the "Authority", governs the "activities in the Area" following the aforementioned principle of "common heritage of mankind". UNCLOS indicates that the "activities in the Area shall be organized, carried out and controlled by the Authority on behalf of mankind as a whole" [59]. However, the deployment of MRE technologies does not fall under the concept of "activities in the Area" and therefore under the mandate of the ISA.

UNCLOS also provides a specific legal regime for protection and preservation of the marine environment in its Part XII (Arts. 192-237), which is applicable to all maritime spaces and therefore in ABNJ. Literature has shown that Part XII of UNCLOS provides limited environmental protection against the impacts associated with the development of MRE technologies [60]. The studies indicate that this part contains some relevant but broad obligations applicable to MRE. Article 192 provides the general obligation for States "to protect and preserve the marine environment". The relevant measures to this end are included in Article 194. In this context, "States shall take all measures necessary to ensure that activities under their jurisdiction or control are so conducted as not to cause damage by pollution to other States and their environment" [61]. Furthermore, they "shall take, individually or jointly as appropriate, all measures consistent with this Convention that are necessary to prevent, reduce and control pollution of the marine environment from any source" [62]. In addition, Article 196.1 affirms that "States shall take all measures necessary to prevent, reduce and control pollution of the marine environment

---

56. UNCLOS, Article 113-115. See also J. A. Yturriaga, "Ambitos de jurisdicción en la convención de las naciones unidas sobre el derecho del mar. Una perspectiva española", Madrid, 1996, pp. 348-349.
57. UNCLOS, Article 136.
58. Y. Tanaka, *The International Law of the Sea*, Cambridge University Press, 2012, p. 173. See also UNCLOS, Articles 137, 140 and 141.
59. UNCLOS, Article 153.
60. See C. Soria-Rodríguez, "The International Regulation for the Protection of the Environment in the Development of Marine Renewable Energy in the EU", *Review of European, Comparative & International Environmental Law*, 30, 46-60, 2021, pp. 47-48; and Y.-C. Chang, "Marine Renewable Energy – the Essential Legal Considerations", *Journal of World Energy Law and Business*, Vol. 8, No. 1, 2015, 26-44, pp. 32-33, and T. E. Hutchins, "Crafting an International Legal Framework for Renewable Energy on the High Seas", *Environmental Law*, 51, 2, 2021, 485-514, pp. 502-505.
61. UNCLOS, Article 194.2.
62. UNCLOS, Article 194.1.

resulting from the use of technologies under their jurisdiction or control". The analysis in the studies shows that this legal regime is applicable to MRE technologies but also points out the lack of specificity of the obligations to guarantee protection against the impacts of MRE technologies [63]. Special attention is paid to Article 206, which provides an essential obligation to control the environmental impacts associated with the development of activities in the marine environment. Article 206 affirms that

> "when States have reasonable grounds for believing that planned activities under their jurisdiction or control may cause substantial pollution of or significant and harmful changes to the marine environment, they shall, as far as practicable, assess the potential effects of such activities on the marine environment and shall communicate reports of the results of such assessments in the manner provided in article 205".

This is known as the EIA obligation, which is an obligation under general international law, requiring that "planned activities with potentially damaging effects may be effectively controlled and that other States are kept informed of their potential risks" [64]. However, as Galea indicates, although the EIA has been widely recognized under international law, the methods of assessments and applicability to MRE remain vague and undefined [65].

In conclusion, UNCLOS provides an essential general framework for the deployment of MRE technologies and the protection of the environment in ABNJ, but it also provides obligations which do not specifically address MRE technologies and lack specificity to control the environmental impacts associated with the development of these technologies in ABNJ. The regimes for the high seas and the Area included in UNCLOS do not provide much guidance to guarantee environmental protection and the regime for protection and preservation of the marine environment in Part XII also shows limitations mainly due to the lack of specificity of the obligations. Accordingly, specific regulation for the deployment of MRE technologies in ABNJ is necessary in order to provide more exhaustive environmental protection and guarantee the sustainable development of this industry in these maritime spaces.

---

63. C. Soria-Rodríguez, "The International Regulation for the Protection of the Environment in the Development of Marine Renewable Energy in the EU", *Review of European, Comparative & International Environmental Law*, 30, 2021, pp. 46-60, pp. 49-50.
64. PCA, South China Sea Arbitration *(The Republic of Philippines* v. *The People's Republic of China)*, Award, 12 July 2016, PCA Case No. 2013-19, para. 948.
65. F. Galea, "A Legal Regime for the Exploration and Exploitation of Offshore Renewable Energy", *Ocean Yearbook Online*, Vol. 25, Issue 1, 2011, p. 124.

SECTION 4 THE POTENTIAL ROLE OF THE BBNJ AGREEMENT UNDER UNCLOS TO STRENGTHEN THE SUSTAINABLE GOVERNANCE OF MRE TECHNOLOGIES IN ABNJ

Considering the limitations of UNCLOS to guarantee environmental protection in the development of MRE technologies in ABNJ, which have been briefly explored in the previous section, this section focuses on analyzing the potential of the proposed BBNJ agreement to strengthen the protection of the environment against the impacts associated with the development of MRE technologies in ABNJ. However, a brief explanation of the origin, the current status and the elements of the BBNJ negotiations is in order before proceeding with the analysis.

The discussions on how to strengthen environmental protection in ABNJ have been going on for a long time but it was not until 2017 when the UN General Assembly adopted a resolution to begin negotiations on an international legally binding instrument under UNCLOS for the conservation and sustainable use of marine biodiversity in ABNJ [66]. In this resolution it was also decided that there would be four sessions of negotiations between 2018 and 2020. The first session took place in New York in 2018 while the second and third session took place in 2019. The fourth session had to be postponed twice due to the global pandemic caused by COVID-19, finally taking place in March 2022. As the expected BBNJ Agreement did not materialize during the scheduled sessions, the UN General Assembly decided to convene a fifth session of the conference in August 2022 [67]. However, the agreement was not reached during the fifth session and the negotiations will have to continue at a later date to be determined, but are expected to take place during 2023 [68].

The UN General Assembly also agreed that the negotiations would address four thematic areas or topics: (1) marine genetic resources, including benefit-sharing issues; (2) area-based management tools (ABMTs), including marine protected areas (MPAs); (3) EIA; and (4) capacity building and transfer of marine technology.

The BBNJ agreement is expected to highly influence the management of activities in ABNJ as well as to fill some of the gaps in the existing international framework for the governance of the ocean. However, the current version of the expected BBNJ agreement does not include specific provisions for the development of MRE technologies. That being said, the regulation

---

66. UNGA, International Legally Binding Instrument Under the United Nations Convention on the Law of the Sea on the Conservation and Sustainable Use of Marine Biological Diversity of Areas Beyond National Jurisdiction, 24 December 2017, A/RES/72/249.
67. UNGA, 76th session (A/76/L.46), 24 March 2022.
68. Indicating that negotiations were still ongoing during the time of submission.

of EIA and the ABMTs, including MPAs under this instrument, have the potential to strengthen the framework of protection for the development of MRE technologies in ABNJ, if an agreement is reached. This section briefly analyzes the potential application of the expected BBNJ treaty in the context of MRE, and more precisely on the impact of the regulation of ABMTs, including MPAs, and EIA to strengthen the protection against the environmental impacts associated with MRE projects. Based on the analysis, it also makes suggestions for further strengthening such protection. The latest draft of the BBNJ agreement, which is analyzed in this chapter, is that of 1 June 2022[69].

Paragraph 1　　**The regulation of the ABMTs, including MPAs under the BBNJ agreement in the context of MRE installations**

The draft of the expected BBNJ agreement dedicates Part III (Arts. 14-21) to the regulation of ABMTs, including MPAs. However, the BBNJ agreement also provides the definition for ABMT and MPA in Articles 1.3 and 1.12, respectively. One of the two possible definitions provided in the text of the draft concerning ABMT defines this as "a tool, including a marine protected area, for a geographically defined area through which one or several sectors or activities are managed with the aim of achieving particular conservation and sustainable use objectives in accordance with this Agreement"[70]. This provides the possibility to consider the development of MRE technologies as a sector or activity which can be managed to achieve conservation and sustainable use objectives. The concept of MPA has a more environmental focus as this is defined "a geographically defined marine area that is designated and managed to achieve specific [long-term biodiversity] conservation [and sustainable use] objectives"[71].

In addition, the regulation of ABMTs, including MPAs, in Part III includes various elements such as the objectives of the ABMTs and MPAs, their process for the designation, the identification of areas, the consultation on and assessment of proposals for the designation of ABMTs and MPAs, the decision-making process, the international cooperation and coordination, the implementation as well as the monitoring and review[72].

The elements for the regulation of ABMTs provides the possibility to organize and coordinate activities in ABNJ, which can result in a more secure development of the MRE industry. For instance, Article 17.4 *(c)* on proposals

---

69. Further revised draft text of an agreement under the United Nations Convention on the Law of the Sea on the Conservation and Sustainable Use of Marine Biological Diversity of Areas Beyond National Jurisdiction (A/CONF.232/2022/5), 1 June 2022 (hereinafter "BBNJ draft").
70. BBNJ draft. Article 1.3.
71. BBNJ draft. Article 1.12.
72. BBNJ draft. Article 14-21.

regarding ABMTs, including MPAs, requires considering "specific human activities in the area". However, it is still to be decided which ABMTs are included and how they are developed and controlled as well as to which activities they are applied. That being said, this can create the possibility to include the development of MRE technologies as an activity to be considered in proposals regarding ABMTs, including MPAs. In addition, the development of a system for designation of MPAs in ABNJ can contribute to identify vulnerable and ecologically sensitive areas which require protection and where activities that can pose threats to them are prohibited or limited. This can result in the identification of the most suitable spaces in ABNJ for the development of MRE technologies taking into account environmental considerations as well as other interests.

Paragraph 2　**The regulation of EIAs under the BBNJ agreement in the context of MRE installations**

The draft of the expected BBNJ Treaty dedicates Part IV (Arts. 21 *bis* to Art. 41 *ter*) to the regulation of the EIA. In addition, a definition of EIA is provided in Article 1.10. The Treaty includes various elements that directly or indirectly have an impact on the regulation of the EIA, notably: the definition and objectives of EIA; the scope of the agreement; the general principles and approaches of the agreement; the content of the obligation to conduct EIA; the relationship between the agreement and EIA processes under other relevant instruments, frameworks and bodies; the consideration of activities for which EIA is required; thresholds and criteria for conducting the EIA; listing of activities requiring or not requiring EIA; preliminary screening; preparation and content of EIA reports; decision-making; monitoring, reporting and review; and the consideration of the strategic environmental assessment. The inclusion of all these elements can contribute to establish with more clarity the concept of EIA, the activities that are subject to the EIA or even the impacts that need to be considered during the EIA process. As a result, this can strengthen the current framework for the EIA provided by UNCLOS and its ability to provide protection against the environmental impacts associated with MRE technologies. The rest of the section is dedicated to analyzing some of the main elements mentioned above.

UNCLOS does not provide a definition of EIA but the text of the draft of the BBNJ agreement contains three possible options for this term. In one of these definitions EIA "means a process to evaluate the potential environmental impacts, including cumulative impacts, of an activity with an effect on areas within or beyond national jurisdiction, taking into account, *inter alia*, interrelated social and economic, cultural and human health impacts, both beneficial and adverse"[73]. This is defined in similar terms by the

---

73. BBNJ draft. Article 1.10.

CBD [74] and can be interpreted to consider all types of activities, where the deployment of MRE technologies can be included. In addition, the draft of the BBNJ agreement includes the objectives of the EIAs, which are: *(a)* operationalize the provisions of UNCLOS on EIA by establishing processes, thresholds and guidelines for conducting and reporting assessment by Parties; *(b)* enable the consideration of cumulative and transboundary impacts; *(c)* provide for strategic environmental assessments; and *(d)* achieve a coherent EIA framework for activities in ABNJ [75]. The first of the objectives is especially important to guarantee uniform EIA processes and establish minimum standards of protection.

Importantly, Article 22 of the draft of the BBNJ agreement includes the obligation to conduct the EIA and Article 22.3 establishes the possibility to conduct an EIA only to activities conducted in ABNJ or to all activities that have an impact in ABNJ. While the second option would have a broader scope, the interpretation of the two alternatives would require to conduct an EIA for MRE technologies developed in ABNJ. In addition, the draft includes a provision on the relationship between the BBNJ agreement and EIA processes under other relevant legal instruments at global, regional, subregional and sectoral bodies in Article 23. This enables coordinated EIA processes when EIA is required under this instrument or others such as the CBD, the Convention on Environmental Impact Assessment in a Transboundary Context (Espoo Convention) [76] and its Protocol on Strategic Environmental Assessment [77] or other instruments dealing with the EIA processes.

The inclusion of thresholds and criteria as well as a list of activities requiring EIA are respectively provided in Articles 24.2 and Article 41 *bis* 2 *(a)* of the draft of the BBNJ agreement. These elements are essential to determine whether the EIA has to be conducted or not for specific activities. Article 24.2 requires the conduct of an EIA in accordance with the threshold and criteria established in that provision, including the non-exhaustive criteria listed there, which are the following: *(a)* the type of activity; *(b)* the duration of the activity; *(c)* the location of the activity; *(d)* the characteristics and ecosystem of the location (including areas of particular ecological or biological significance or vulnerability); *(e)* the presence of any other activity within or beyond national jurisdiction with potential for cumulative impacts; *(f)* the potential effects

---

74. The EIA is defined in COP Decision VIII/28 to the CBD as "a process of evaluating the likely environmental impacts of a proposed project or development, taking into account inter-related socio-economic, cultural and human-health impacts, both beneficial and adverse".
75. BBNJ draft. Article 21 *bis*.
76. Convention on Environmental Impact Assessment in a Transboundary Context, adopted on 25 February 1991, entered into force 10 September 1997, 1989 UNTS 309.
77. Protocol on Strategic Environmental Assessment to the Convention on Environmental Impact Assessment in a Transboundary Context, adopted on 21 May 2003, entered into force 11 July 2010, 2685 UNTS 140.

of the activity; *(g)* the potential cumulative effects of the activity; *(h)* the impacts in areas within national jurisdiction; *(i)* other ecological or biological criteria. This would enable the possibility to trigger the EIA based on specific criteria and minimum standards of protection. In addition, Article 41 *bis* 2 *(a)* establishes the possibility, not the obligation, that a Scientific and Technical Body will develop an indicative non-exhaustive list of activities that require an EIA, with also the possibility that these lists are periodically updated. The draft does not contemplate a list of activities yet. However, if this is incorporated into the BBNJ agreement, the specific inclusion of MRE projects in a list could be an option to strengthen protection against the impacts of MRE installations. In this regard, the BBNJ agreement could follow the example of the Espoo Convention, which includes a list of activities requiring an EIA in its Appendix I [78].

The EIA process is also included in the draft of the BBNJ agreement. It contains provisions for the main stages in Article 30, including the screening [79], scoping [80], the impact assessment and evaluation [81] and the consideration of measures to prevent, mitigate and manage potential adverse effect of the activities under the jurisdiction or control of the Parties to the BBNJ agreement [82]. The screening is essential to determine whether an EIA is required in view of a planned or proposed activity based on the criteria of the aforementioned Article 24 [83]. The EIA process is complemented with Article 34, which establishes the procedures on public notification and consultation [84], Article 35 on the preparation of the EIA reports and Article 38 on decision-making. In this context, Article 35.2 is of utmost importance to control environmental impacts as it describes the content of the EIA report, which shall include, as a minimum, the following components:

> "a description of the [planned] [proposed] activity, a baseline assessment of the marine environment likely to be affected, a description of potential impacts, a description of prevention and mitigation measures, uncertainties and gaps in knowledge, information on the public consultation process, consideration of alternative options to the [planned] [proposed] activity, and a description of follow-up actions, including a monitoring and review plan" [85].

---

78. Convention on Environmental Impact Assessment in a Transboundary Context, adopted on 25 February 1991, entered into force 10 September 1997, 1989 UNTS 309, Appendix I.
79. BBNJ draft. Article 30 *(a)*.
80. BBNJ draft. Article 30 *(b)*.
81. BBNJ draft. Article 30 *(c)*.
82. BBNJ draft. Article 30 *(d)*.
83. BBNJ draft. Article 30 *(a)*.
84. BBNJ draft. Article 34.
85. BBNJ draft. Article 35.2.

The impact of including the EIA process and the content of the EIA report for the development of MRE projects would be beneficial as it would enable specific identification of the negative environmental effects associated with their deployment as well as establishing alternative options to minimize or eliminate them.

An initial analysis of the EIA under the expected BBNJ agreement clearly shows that it provides a more specific regulation than Articles 204-206 of UNCLOS. The inclusion of the previously mentioned elements can contribute to providing a more effective protection in the development of activities in ABNJ, including the development of MRE installations.

SECTION 5 **CONCLUSIONS**

ABNJ offer an immense potential for the development of MRE technologies and in the fight against climate change, but environmental considerations should be taken into account before the rapid development and in order to guarantee the sustainable development of this industry in these maritime spaces. UNCLOS, which provides the general framework for the governance and the protection of the environment in ABNJ, has limitations to guarantee sufficient protection in the development of MRE technologies in ABNJ. Considering the above, this chapter has highlighted the potential contribution of the expected BBNJ agreement, and more specifically the regulation for the EIA and the ABMTs, including MPAs, under this agreement to strengthen the regulatory framework for the protection of the environment against the negative environmental impacts associated with the deployment of MRE technologies in ABNJ.

The regulation of the ABMTs, including MPAs, under the BBNJ agreement can potentially contribute in two main ways: by helping to organize and coordinate activities in ABNJ; and identifying the areas that need protection and where activities need to be prohibited or limited. The combination of these two actions can contribute to identifying the most suitable spaces for the development of MRE technologies taking into account environmental considerations.

The regulation of EIAs under the BBNJ agreement is probably the most relevant part to strengthen the environmental protection framework. It provides a more detailed and specific regulation on EIA in relation to what is provided in UNCLOS. The inclusion of elements such as a definition of the EIA, the obligation to conduct the EIA, the EIA process or the inclusion of thresholds, criteria and list of activities requiring EIA or not an EIA can establish with more clarity which activities should undergo an EIA, the environmental impacts that need to be considered during the EIA process as well as the standards of protection that need to be established, among other elements. That being said, the development of MRE projects is not listed as an activity subject to EIA in the latest draft of the BBNJ agreement, which maybe should be reconsidered before the agreement is reached or added to the list of activities afterwards.

The combination of both elements under the BBNJ agreement can potentially contribute to strengthen the framework provided by UNCLOS and the protection of the environment in the development of MRE technologies in ABNJ. However, the level of success will highly depend on the level of ambition and the nature of the obligations of the final text of the treaty.

11 | Le droit international au défi de la fragmentation : Interactions entre les régimes internationaux de protection de la couche d'ozone et des changements climatiques

Claire Malwé *

Les changements climatiques constituent un problème de nature transversale [1] : d'une part, les causes et les répercussions des changements climatiques, ainsi que les réponses à apporter, touchent tous les secteurs de la société ; d'autre part, ils constituent un « problème commun mondial » au sens où les émissions de gaz à effet de serre (GES), quels que soit leurs lieux d'origine, peuvent avoir des impacts sur le fonctionnement du système terrestre dans sa globalité et/ou sur des écosystèmes très éloignés. Enfin, la réponse aux changements climatiques est compliquée par le fait qu'elle suppose de faire intervenir de multiples acteurs à toutes les échelles [2]. Cette transversalité des changements climatiques pose un défi au droit international dès lors que, en regard, le droit et la gouvernance internationale sont caractérisés par un certain degré de fragmentation.

Le phénomène, défini comme la « segmentation du droit international en régimes spécialisés, chargés de répondre à des besoins fonctionnels précis » [3], a fait l'objet de débats doctrinaux qui se sont intensifiés avec l'émergence, dans le courant des années 1990, d'une multiplicité de régimes juridiques internationaux dotés d'une relative autonomie, coïncidant avec l'intervention de nouveaux acteurs aux côtés des Etats. Alertée par la doctrine sur les effets

---

* Maîtresse de conférences, Faculté de droit et de science politique, Université de Rennes 1, IODE-Institut de l'Ouest : Droit et Europe, UMR 6262.
  1. F. Incropera, *Climate Change : A Wicked Problem : Complexity and Uncertainty at the Intersection of Science, Economics, Politics, and Human Behavior*, Cambridge University Press, 2015, préface.
  2. H. van Hasselt, « Managing the fragmentation of international climate law », dans E. J. Hollo, K. Kulovesi et M. Mehling (dir. publ.), *Climate change and law*, Springer 2013, p. 329.
  3. A.-Ch. Martineau, *Une analyse critique du débat sur la fragmentation du droit international*, thèse, Université Panthéon Sorbonne – Paris I, 2013, p. 20. Pour une classification : A. Peters, « The Refinement of International Law : From Fragmentation to Regime Interaction and Politicization », *International Journal of Constitutional Law*, vol. 15, n° 3, 2017, p. 675. Bibliographie annotée de M. A. Young, « Fragmentation », dans *Oxford Bibliographies in International Law*, éd. Tony Carty, Oxford university press, 2014.

néfastes de la fragmentation [4], la Commission du droit international se saisit du sujet et publie, en 2006, un rapport dans lequel elle fait état des différents outils juridiques pour surmonter les conflits normatifs résultant de la fragmentation du droit international [5]. La gouvernance internationale de l'environnement n'a pas échappé à ce mouvement : ainsi que le soulignent S. Maljean-Dubois et D. Pesche, elle s'est « construite progressivement autour de différentes questions se traduisant par l'émergence de multiples espaces juridiques et institutionnels relativement autonomes » [6]. Les changements climatiques en sont un exemple : face à l'urgence et à la gravité du problème, la réponse du droit international a consisté dans la mise en place d'un régime international dédié, fondé sur la Convention-cadre sur les changements climatiques (CCNUCC, 1992), complétée par la suite par le Protocole de Kyoto (1997), puis l'Accord de Paris (2015). Cette réponse s'est révélée insuffisante, soit que les défis posés par les changements climatiques s'inscrivent en tout ou partie dans le champ d'intervention d'autres régimes juridiques internationaux qui n'avaient pas vocation à les traiter, soit que les interconnections des changements climatiques avec d'autres problématiques, telles que la perte de biodiversité, fassent émerger des rivalités, des incohérences voire des contradictions, ou entraînent des transferts de problèmes environnementaux [7]. La transversalité des changements climatiques met ainsi en évidence les limites de la construction fragmentée du droit international. Elle oblige à réfléchir à des solutions systémiques, en même temps qu'elle pose la question de la cohérence et, finalement, de l'effectivité du droit international du climat.

En réponse aux risques de la fragmentation [8], une partie de la doctrine va souligner la nécessité de penser les différentes façons d'établir des liens

---

4. Discours de S. E. M. G. Guillaume, président de la Cour internationale de Justice, Assemblée générale des Nations Unies, 27 octobre 2000, https://www.icj-cij.org/public/files/press-releases/1/3001.pdf., P.-M. Dupuy, « L'unité de l'ordre juridique international », dans *Recueil des cours*, tome 297 (2002), Brill Nijhoff, Leiden, 2000.
5. Commission du droit international, Rapport du groupe d'étude, *La fragmentation du droit international : difficultés découlant de la diversification et de l'expansion du droit international*, établi par M. Koskenniemi, 13 avril 2006, doc. A/CN.4/L.682.
6. S. Maljean-Dubois et D. Pesche, « Circulation de normes et réseaux d'acteurs. La gouvernance internationale de l'environnement entre fragmentation et défragmentation », dans S. Maljean-Dubois (dir. publ.), *Circulations de normes et réseaux d'acteurs dans la gouvernance internationale de l'environnement*, Confluence des droits, Droits international, comparé et européen (en ligne), Aix-en-Provence, 2017.
7. Les transferts de problèmes environnementaux sont définis comme la situation dans laquelle une mesure visant à régler un problème environnemental « transfère le problème ailleurs ou en transforme la nature », R. E. Kim et H. van Asselt, « Global Governance : Problem Shifting in the Anthropocene and the Limits of International Law », dans *Research handbook on international law and natural resources*, Edward Elgar, 2016, p. 473.
8. Sur les conséquences négatives de la fragmentation : A. Peters, *op. cit.*, p. 678. G. Hafner, « Pros and Cons Ensuing from Fragmentation of International Law », *Michigan Journal of International Law*, 25, 2004, p. 849.

entre les institutions de la gouvernance internationale du climat, de manière à promouvoir la cohérence et à faire émerger des synergies entre les régimes [9]. C'est cette perspective qui guide les recherches consacrées aux interactions entre régimes [10], puis aux complexes de régimes [11]. Il ne s'agit plus alors, dans le prolongement des travaux de la Commission du droit international, de s'intéresser à la résolution des conflits de normes, lesquels se manifestent essentiellement au stade du règlement des différends entre Etats, finalement peu fréquent. L'objet de ces travaux est bien plutôt d'analyser les processus de coopération, de collaboration et, plus largement, les interactions entre régimes spécialisés, au moment de l'élaboration et de la mise en œuvre du droit international. Dans le prolongement de ces recherches, la présente contribution utilise le concept de «défragmentation» afin de dépasser l'analyse des conséquences négatives de la fragmentation, pour s'intéresser aux éléments (normatifs, institutionnels ou opérationnels) susceptibles de relier les différents régimes entre eux, afin d'éviter les contradictions, d'accroître leur cohérence et d'impulser des synergies. L'étude des interactions entre les régimes internationaux pour la protection de la couche d'ozone et les changements climatiques est ici considérée comme un laboratoire pour réfléchir à «ce qui fait» la défragmentation. En partant de l'identification, à l'intérieur de ce couple de régimes, du ou des objets de la défragmentation, nous cherchons à comprendre quels en sont les leviers, vecteurs, obstacles ou verrous. Le champ d'étude choisi (*i.e.* les interactions de régimes ozone-climat) est particulièrement révélateur des difficultés engendrées du fait de la transversalité des changements climatiques, en ce qu'il a donné lieu à la fois, négativement, à des transferts de problèmes environnementaux et, positivement, à des co-bénéfices.

Dès 1974, M. J. Molina et F. S. Rowland alertent la communauté scientifique en démontrant que les chlorofluorocarbones (CFCs) détruisent par réaction chimique l'ozone stratosphérique [12]. Une décennie plus tard, la découverte du trou dans la couche d'ozone au-dessus de l'Antarctique et la confirmation scientifique du rôle joué par ces substances conduisent à l'adoption de la Convention de Vienne pour la protection de la couche d'ozone (1985) [13], puis

---

9. H. van Asselt et F. Zelli, «Connect the Dots: Managing the Fragmentation of Global Climate Governance». *Environ. Econ. Policy Stud.*, 16 (2), 2014, p. 137-155.
10. M. A. Young, «Climate Change Law and Regime Interaction», *Carbon and Climate Law Review*, 2011, p. 147; M. A. Young, *Trading Fish, Saving Fish: The Interaction between Regimes in International Law*, Cambridge: Cambridge University Press, 2011.
11. R. Kehoane et D. Victor, «The Regime Complex for Climate Change», *Perspectives on Politics*, vol. 9, n° 1, mars 2011, p. 7-23.
12. M. J. Molina et F. S. Rowland, «Stratospheric Sink for Chlorofluoromethanes: Chlorine Atom-Catalysed Destruction of Ozone», *Nature*, 249, 1974, p. 810-812.
13. Convention de Vienne pour la protection de la couche d'ozone, Vienne, 22 mars 1985, Nations Unies, *Recueil des Traités*, vol. 1513, p. 293.

du Protocole de Montréal (1987)[14]. Ce dernier vise à réduire et éliminer la production et la consommation mondiale des « substances appauvrissant la couche d'ozone » (SACO), lesquelles incluent, initialement, deux catégories de substances : les CFCs et les halons. Les obligations sont différenciées entre les pays développés et ceux en voie de développement, qui bénéficient d'un délai supplémentaire de dix à quinze ans[15]. Par ailleurs, est mis en place un Fonds multilatéral qui a vocation à aider les pays en voie de développement dans la mise en œuvre des engagements pris. Au-delà de l'efficacité avérée de cette réglementation pour la protection de la couche d'ozone dont la reconstitution est prévue vers 2066 en Antarctique et vers 2045 en Arctique[16], la mise en œuvre des obligations relatives à l'élimination des SACO a contribué significativement à l'atténuation du changement climatique[17]. Sur la période de 1990 à 2010, la réduction des émissions des SACO, évaluée en fonction de leur potentiel de réchauffement global (PRG), a été estimée à 8 gigatonnes d'équivalent CO2 par an, ce qui correspond à une quantité 5 à 6 fois supérieure à la cible de réduction de la première période d'engagement du Protocole de Kyoto[18]. Plus récemment, P. J. Young *et al.* suggèrent que le Protocole de Montréal pourrait également aider à atténuer le changement climatique en évitant la diminution des puits de carbone terrestre[19]. Enfin, le respect intégral des dispositions de l'amendement de Kigali au Protocole de Montréal (2016) pourrait permettre d'éviter un réchauffement global en 2100 estimé entre 0,3 et 0,5 °C[20].

Afin de mettre en évidence les éléments susceptibles de servir à une défragmentation des régimes internationaux de protection de la couche d'ozone et des changements climatiques, une première étape consistera à analyser l'état des interactions existantes entre ces deux régimes. A cet égard, les analyses de F. Biermann *et al.* constituent un cadre conceptuel particulièrement utile[21].

---

14. Protocole de Montréal relatif à des substances qui appauvrissent la couche d'ozone, Montréal, 16 septembre 1987, Nations Unies, *Recueil des Traités*, vol. 1522, p. 3.
15. Article 5 du Protocole de Montréal.
16. WMO, *Scientific Assessment of Ozone Depletion : 2018*, Executive summary, Geneva, Switzerland, 2018, p. 27.
17. M. J. Molina *et al.*, « Reducing Abrupt Climate Change Risk Using the Montreal Protocol and other Regulatory Actions to Complement Cuts in CO2 Emissions », *PNAS* 2009, vol. 106, n° 49, p. 20616-20621.
18. G. Velders *et al.*, « The Importance of the Montreal Protocol in Protecting Climate », *PNAS* 2007, vol. 104, n° 12, p. 4814-4819.
19. P. J. Young *et al.*, « The Montreal Protocol Protects the Terrestrial Carbon Sink », *Nature*, 596 (7872), 2021, p. 384-388. S. O. Andersen *et al.*, « Narrowing Feedstock Exemptions under the Montreal Protocol has Multiple Environmental Benefits », https://ozone.unep.org/sites/default/files/2021-12/e2022668118.full_.pdf.
20. WMO, *Scientific Assessment of Ozone Depletion : 2022*, Executive summary, Geneva, Switzerland, 2022, p. 4.
21. F. Biermann *et al.*, « The Fragmentation of Global Governance Architectures : a Framework for Analysis », *Global Environmental Politics*, 2009, p. 19-20.

Ces auteurs ont en effet mis en évidence le caractère graduel (ou par degrés) de la fragmentation de l'architecture de la gouvernance internationale du climat, dont ils estiment qu'elle peut être soit «synergique», soit «coopérative», soit «conflictuelle». Selon ces auteurs, une fragmentation est dite «conflictuelle» lorsqu'un domaine d'intérêt est caractérisé, notamment, par «différentes institutions qui sont peu connectées et/ou ont des procédures de prise de décision distinctes et sans lien, et relèvent de principes, normes ou règles contradictoires...» A l'inverse, une fragmentation est dite «coopérative» lorsqu'un domaine d'intérêt est caractérisé par des «institutions et procédures de prise de décision faiblement intégrées, et lorsque la relation entre les normes et les principes des différentes institutions est ambiguë»[22]. Au-delà de ces critères, la distinction entre les hypothèses de fragmentation conflictuelle et coopérative réside dans le fait que, dans le dernier cas, «l'intégration globale au sein de l'architecture de gouvernance dans le domaine en question est suffisante pour empêcher des conflits ouverts entre différentes institutions»[23].

Prenant appui sur ce cadre conceptuel, l'analyse des interactions des régimes internationaux de l'ozone et du climat révèle que celles-ci sont caractérisées par la lente émergence d'une fragmentation coopérative (sect. 1). La seconde section de cette contribution propose de dépasser ce constat et expose les leviers susceptibles de mener à une défragmentation des deux régimes (sect. 2).

SECTION 1   **LES INTERACTIONS DE RÉGIMES OZONE – CLIMAT : LA LENTE ÉMERGENCE D'UNE FRAGMENTATION COOPÉRATIVE**

Alors que le contexte normatif était plutôt favorable à un décloisonnement des régimes, celui-ci n'a pas eu lieu immédiatement. Ainsi que le soulignent D. Bodansky, J. Brunnée et L. Rajamani, les dispositions conventionnelles ne constituent que l'un des nombreux déterminants de la gouvernance globale de lutte contre les changements climatiques: «elles sont probablement plus le reflet que le moteur d'une volonté politique»[24]. Elles n'ont, en tout état de cause, pas suffi à impulser une «fragmentation coopérative» des régimes ozone-climat (par. 1). Ce n'est que suite aux transferts de problèmes environnementaux créés par l'emploi de certaines substances de remplacement aux SACO (par. 2) que la fragmentation entre le régime ozone et le régime climat, que l'on pouvait qualifier, dans sa forme initiale, de

---
22. F. Biermann *et al.*, *op. cit.*, p. 20 et 21.
23. F. Biermann *et al.*, *op. cit.*, p. 20.
24. D. Bodansky, J. Brunnée et L. Rajamani, *International Climate Change Law*, OUP, 2017, p. 361.

«conflictuelle», est devenue «coopérative»: un certain nombre de mesures ont pu être prises et des liens normatifs, institutionnels ou opérationnels ont pu être établis entre les régimes, venant limiter les conséquences négatives de l'approche fragmentée de la lutte contre les changements climatiques (par. 3). Les régimes internationaux de l'ozone et du climat ont ainsi évolué de façon très progressive d'une «fragmentation conflictuelle», caractérisée par des transferts de problèmes environnementaux, vers une «fragmentation coopérative», permettant d'éviter des conflits ouverts.

Paragraphe 1   **Les facteurs nécessaires mais insuffisants à l'émergence d'une fragmentation coopérative**

Certains facteurs peuvent être considérés comme nécessaires mais insuffisants à l'émergence d'une fragmentation coopérative. Ainsi, la présence de dispositions normatives plutôt favorables à un décloisonnement des régimes n'aura pas suffi à faire émerger des liens entre ceux-ci (A). De la même manière, la prise en compte du Protocole de Montréal comme modèle a certainement favorisé la circulation des normes entre les deux régimes, sans qu'une telle circonstance ne constitue un facteur déclencheur d'une fragmentation coopérative (B).

A. La présence de dispositions normatives plutôt favorables à un décloisonnement des régimes

Les dispositions de la Convention de Vienne apparaissent plutôt favorables à un décloisonnement des régimes. D'une part, elles reconnaissent l'existence d'interactions chimiques à double sens entre, d'un côté, les substances rejetées dans l'atmosphère et associées à l'appauvrissement de la couche d'ozone, et de l'autre, les changements climatiques. Le chevauchement entre les polluants a été souligné dans les négociations qui ont précédé l'adoption de la Convention de Vienne [25], puis dans la Convention elle-même [26]. Un tel constat est novateur pour l'époque, car il précède la naissance du GIEC, qui ne sera créé qu'en 1988, et celle des institutions mises en place dans le cadre de la CCNUCC. D'autre part, les Parties s'engagent à prendre les mesures appropriées, y compris des mesures législatives ou administratives, pour «protéger la santé humaine et l'environnement contre les effets néfastes résultant ou susceptibles de résulter des activités humaines qui modifient ou sont susceptibles de modifier la couche d'ozone» [27]. Le terme d'«effet néfaste», défini à l'article 1 de la Convention, s'entend des

---

25. *Ad Hoc* Working Group of Legal and Technical Experts for the Elaboration of a Global Framework Convention for the Protection of the Ozone Layer. Second revised draft, UNEP/WG.94/3/second_revised_draft_convention, 30 juillet 1983, p. 6-7.
26. Convention de Vienne, article 3 (1) *(c)* et annexe 1 (4) *(a) (ii)* et *(iii)*.
27. Convention de Vienne, préambule, article 2 (1) et article 2 (2) *(b)*.

LE DROIT INTERNATIONAL AU DÉFI DE LA FRAGMENTATION   315

«modifications apportées à l'environnement physique ou aux biotes, *y compris les changements climatiques*, qui exercent des effets nocifs significatifs sur la santé humaine ou sur la composition, la résistance et la productivité des écosystèmes naturels ou aménagés, ou sur les matériaux utiles à l'humanité»[28].

Ces dispositions, qui doivent être lues de manière combinée[29], mettent à la charge des Parties l'obligation de prévenir les éventuels impacts sur le climat résultant de l'emploi des SACO. Il existe ainsi, *a minima*, une obligation «de ne pas nuire» au système climatique qui découle directement des dispositions conventionnelles. En outre, celles-ci laissent ouverte la possibilité que les mesures prises dans le cadre de la Convention de Vienne aient pour but de contrer les effets néfastes *connexes* de la lutte contre l'appauvrissement de la couche d'ozone, tels que ceux provoqués par l'utilisation de substances de remplacement aux SACO. En revanche, les bénéfices climatiques qui peuvent résulter des mesures prises pour la réduction des SACO ne sont envisagés que comme un «sous-produit» des efforts déployés pour protéger la couche d'ozone et non comme un objectif à atteindre[30].

Adopté deux ans plus tard, le Protocole de Montréal est lui aussi marqué par la volonté «de nuire le moins possible» au système climatique. Son préambule énonce que les Etats parties ont «conscience des effets climatiques possibles des émissions» des SACO. Originellement, le Protocole de Montréal ciblait l'élimination des CFCs et des halons, dont on savait qu'ils contribuaient à la fois à l'appauvrissement de la couche d'ozone et au changement climatique[31]. Mais, progressivement, de nouvelles substances ont été ajoutées à celles listées en annexe du Protocole. En effet, afin d'aider à l'élimination des CFCs, les hydrochlorofluorocarbones (HCFCs) et les hydrofluorocarbones (les HFCs) ont été considérés, dans un premier temps, comme des produits de transition, car ils pouvaient être utilisés dans de nombreuses applications industrielles en remplacement des CFCs. Si ces substances avaient l'avantage d'être associées à un potentiel de déplétion ozonique plus faible, voire proche de zéro pour les HFCs[32], leur potentiel de réchauffement global était non négligeable[33] ou

---

28. Convention de Vienne, article 1 (2).
29. Convention de Vienne sur le droit des traités, article 31 (3) *(c)*.
30. D. Kaniaru *et al.*, «Appendix 1, Frequently Asked Questions», dans *The Montreal Protocol, Celebrating 20 Years of Environmental Progress, Ozone Layer and Climate Protection*, éd. Cameron May, 2007.
31. T. M. Wigley, «Future CFC Concentrations under the Montreal Protocol and their Greenhouse-Effect Implications», *Nature*, vol. 335, 22 septembre 1988, p. 333.
32. D. W. Fahey, «The Montreal Protocol Protection of Ozone and Climate (Reaching International Cooperation on Climate Change Mitigation)», *Theoretical Inquiries in Law*, vol. 14, n° 1, 2013, p. 21-42.
33. UNEP, *Environmental Effects of Ozone Depletion and its Interactions with Climate Change: 2010 Assessement*, p. 9: «The GWPs of CFC-11 and CFC-12 are 3800 and 8100, respectively, while the GWP for HCFC-22 (a major replacement), is 1500».

très important s'agissant des HFCs [34]. Dès 1990, l'amendement de Londres au Protocole de Montréal oblige les Parties à prendre «toutes les mesures possibles» pour que les «meilleurs produits de remplacement et techniques connexes sans danger pour l'environnement soient transférés au plus vite aux pays en voie de développement» [35]. Puis, en 1992, ce sont les dispositions relatives à l'emploi des HCFCs qui sont modifiées dans le même sens : l'article 2.F (7) *(a)* et *(c)* du Protocole de Montréal dispose que leur emploi doit être «limité aux utilisations pour lesquelles il n'existe aucune autre substance ou technique mieux adaptée à l'environnement» et qu'elles sont «choisies pour être utilisées de manière à réduire au minimum l'appauvrissement de la couche d'ozone, en dehors des autres considérations auxquelles elles doivent satisfaire en matière d'environnement».

En regard, du côté du régime climatique, l'objet des négociations dans le cadre de la CCNUCC était défini strictement : il s'agissait de «ramener individuellement ou conjointement à leurs niveaux de 1990 les émissions anthropiques de dioxyde de carbone et d'autres GES *non réglementés* par le Protocole de Montréal» [36]. Les substances régulées par le Protocole de Montréal ont donc été explicitement exclues du champ de la CCNUCC et du Protocole de Kyoto. La volonté de ne pas empiéter sur le champ de compétence de la Convention de Vienne et du Protocole de Montréal est perceptible, mais cela revient de fait à déléguer une partie de l'action climatique au régime ozone. En effet, cette exclusion a été faite avec la connaissance scientifique que de nombreuses substances régulées par le Protocole de Montréal étaient associées à un haut potentiel de réchauffement global et qu'elles étaient donc susceptibles de contribuer significativement aux changements climatiques [37]. D. Bodansky et S. Day O'Connor en ont conclu que ces dispositions établissaient une forme de «délégation» de compétence au profit du régime ozone de traiter

---

34. Les HFCs ont un PRG entre 14000 et 23000 fois supérieur au CO2. G. Velders *et al.*, «Projections of Hydrofluorocarbon Emissions and the Resulting Global Warming Based on Recent Trends in Observed Abundances and Current Policies», *Atmospheric Chemistry and Physics*, 2022, p. 6087-6101.
35. Protocole de Montréal, article 10A, amendement adopté par la deuxième réunion des Parties, Londres, 27-29 juin 1990.
36. UNFCCC, article 4 (2) *(b)*. Le Protocole de Kyoto cite systématiquement les GES «non réglementés par le Protocole de Montréal».
37. Compte rendu de la 1re réunion des Parties au Protocole de Montréal, Helsinki, 2-5 mai 1989. UNEP/OzL.Pro.1/5. paragraphe 19 :

> «Control of CFCs can also be considered as a first step in dealing with the related problem of global warming. CFCs and halons are greenhouse gases with high greenhouse warming potentials ... Most identified potential substitutes for the controlled substances have low or no ozone depleting potentials (HCFCs and HFCs, respectively), but all have some greenhouse warming potential ...»

Section 9.24 de l'*Agenda 21*, adopté à la conférence des Nations Unies sur l'environnement et le développement de Rio de 1992.

cet aspect particulier du problème des changements climatiques [38]. En ce sens, du point de vue du régime climat, les Parties au Protocole de Montréal portent la responsabilité de la lutte contre les changements climatiques qui résulte des émissions des GES que sont les SACO. Enfin, sans faire expressément référence au régime international de l'ozone, d'autres dispositions du régime climat, telles que l'article 8, paragraphe 2 e) ou l'article 7, paragraphe 2 l) de la CCNUCC, peuvent servir d'appui à un décloisonnement des régimes [39].

De manière générale, les dispositions des traités-cadre des régimes ozone et climat n'entretiennent pas une approche fragmentée du droit international. Sans pour autant promouvoir la recherche de synergies, la Convention de Vienne et le Protocole de Montréal prennent soin de favoriser des mesures qui affectent le moins possible le système climatique. La CCNUCC, quant à elle, s'est contentée de déléguer au régime ozone une part de l'action climatique.

B. La circulation des normes

La doctrine a souligné le fait que la coopération internationale dans le cadre du Protocole de Montréal avait servi de modèle dans la conception du régime international sur les changements climatiques [40]. En particulier, le Protocole de Montréal a inspiré la conception de divers aspects du régime sur les changements climatiques : le mécanisme financier, les procédures de révision et de modification des règles du traité ou encore la conception d'un panier de gaz soumis à des contrôles [41]. A l'origine, la prise en compte du Protocole de Montréal comme modèle a ainsi certainement favorisé la circulation des normes entre les deux régimes. Mais les évolutions successives des régimes internationaux ont conduit à l'adoption d'approches normatives parfois assez éloignées. Il en est ainsi du principe de responsabilités communes mais différenciées, que l'on retrouve pour le régime ozone, sous une formulation très opérationnelle, à l'article 5 du Protocole de Montréal

---

38. D. Bodansky et S. Day O'Connor, «Multilateral Climate Efforts beyond the UNFCCC», Center for climate and energy solutions, novembre 2011.
39. S. Maljean-Dubois et M. Wemaëre, «L'accord à conclure à Paris en décembre 2015 : une opportunité pour défragmenter la gouvernance internationale du climat?», *Revue juridique de l'environnement*, n° 4, 2015. p. 649-671.
40. S. Oberthür, «Linkages between the Montreal and Kyoto Protocols. Enhancing Synergies between Protecting the Ozone Layer and the Global Climate», *International Environmental Agreements : Politics, Law and Economics* 1, 2001, p. 357-377. O. Yoshida, *The International Legal Regime for the Protection of the Stratospheric Ozone Layer*, Brill Nijhoff, 2018, p. 97. H. Hellio, «HFC : histoire d'une formation de complexe jusqu'à l'amendement de Kigali», dans S. Maljean-Dubois (dir. publ.), *Circulations de normes et réseaux d'acteurs dans la gouvernance internationale de l'environnement*, confluence des droits (en ligne). Aix-en-Provence : Droits international, comparé et européen, 2017.
41. T. Gehring et S. Oberthur, *Institutional Interaction in Global Environmental Governance. Synergy and Conflict among International and EU Policies*, The MIT press, 2006, p. 328.

et, pour le régime climat, aux articles 3 (1) et 3 (2) de la CCNUCC et à l'article 10 du Protocole de Kyoto. Si ces dispositions reposent sur une distinction similaire entre pays industrialisés et pays en voie de développement, les deux régimes ont adopté, par la suite, des approches distinctes de la différenciation qui rendent aujourd'hui difficiles l'établissement de correspondances [42].

Finalement, en dépit d'une circulation des normes entre les deux régimes et de la présence de dispositions normatives plutôt favorables à un décloisonnement, les interactions entre régimes ne se sont pas développées immédiatement. Cette inertie initiale a plusieurs explications : d'une part, l'urgence est d'abord à la protection de la couche d'ozone et les mesures prises dans le cadre du régime ozone visent en premier lieu l'élimination des émissions de SACO. Les bénéfices climatiques ne sont alors qu'une conséquence indirecte de la réglementation adoptée. D'autre part, le régime climat a pu déléguer une partie de l'action climatique au régime ozone sans que cela ne pose, initialement, de difficulté particulière : à l'origine de «bénéfices climatiques», les mesures adoptées dans le régime ozone venaient compléter ou suppléer celles adoptées dans le régime climat sans être, au départ, porteuses de contradictions. Dans ces conditions, et alors que les champs de compétence des deux conventions étaient clairement délimités, une coopération entre les régimes n'est pas immédiatement apparue comme nécessaire.

Paragraphe 2   **Le facteur déclencheur d'une fragmentation coopérative : les transferts de problèmes environnementaux**

Parce qu'ils sont orientés vers la résolution d'un problème particulier, les régimes environnementaux spécialisés peuvent générer des «transferts de problèmes environnementaux», entendus comme la situation dans laquelle une mesure visant à régler un problème environnemental «transfère le problème ailleurs ou en transforme la nature» [43]. L'emploi des HFCs comme substituts aux CFCs et autres SACO en constitue un exemple : si l'utilisation des HFCs facilitait la transition vers des substances moins nocives pour la couche d'ozone, elle se révélait, compte tenu de leur potentiel de réchauffement global élevé, particulièrement préjudiciable à la lutte contre les changements climatiques. Généralement considérés comme non souhaitables, les transferts de problèmes environnementaux qui ont émergé

---

42. L'article 4.4 de l'Accord de Paris invite à prendre en considération «les différentes situations nationales», alors que l'amendement de Kigali distingue quatre groupes de pays : les Etats parties de l'article 5, les parties qui ne relèvent pas de l'article 5, les pays bénéficiant de dérogations pour températures ambiantes élevées, ceux considérés comme des pays en transition.
43. R. E. Kim et H. van Asselt, «Global Governance : Problem Shifting in the Anthropocene and the Limits of International Law», *op. cit.*, p. 473.

dans les interactions de régimes ozone-climat ont agi comme un révélateur des difficultés et finalement permis d'initier un processus de dialogue entre ceux-ci.

A. L'adoption du Protocole de Kyoto (1997) : un révélateur du transfert de problème environnemental constitué par l'emploi des HFCs

L'adoption du Protocole de Kyoto va mettre en évidence l'existence du transfert de problème environnemental constitué par l'emploi des HFCs. En effet, ce texte fixe des objectifs de réduction des émissions en spécifiant, dans son annexe A, les GES concernés : sont ainsi inclus dans le panier de gaz du Protocole de Kyoto, le dioxyde de carbone (CO2), le méthane (CH4), l'oxyde nitreux (N2O), les hydrofluorocarbones (HFC), les hydrocarbures perfluorés (PFC) et l'hexafluorure de soufre (SF6). Si le Protocole de Kyoto ne fixe pas d'objectif de réduction d'émission en ciblant spécifiquement les HFCs et les PFCs, la seule inclusion de ces gaz dans le Protocole de Kyoto, alors qu'ils étaient considérés jusqu'alors par le Protocole de Montréal comme des « substances de remplacement »[44], met en évidence la contradiction entre les deux régimes. S. Oberthür relève ainsi :

> « Some Parties to the Montreal Protocol and branches of the industry concerned have even claimed that they agreed to total ODS phase-out under the Montreal Protocol on the understanding that HFCs would be available as substitutes. »[45]

Dans cette situation, les Etats sont contraints de décider lequel des deux objectifs principaux aux conventions (protéger le climat ou la couche d'ozone) ils souhaitent poursuivre.

La Conférence des Parties à la CCNUCC se saisit de la problématique et adopte, dès 1998, la décision 13/CP4 sur les liens entre les efforts visant à protéger la couche d'ozone stratosphérique et les efforts visant à protéger le système climatique mondial, en faisant référence aux HFCs et aux PFC[46]. En écho, la décision X/16 de la dixième réunion des Parties au Protocole de Montréal ne peut que constater, quelques jours plus tard, que « les GES inscrits à l'annexe A du Protocole de Kyoto comprennent les HFCs et les PFC vu leur potentiel de réchauffement global élevé », alors même que « le groupe

---

44. Convention de Vienne, article 1. Les « substances de remplacement » sont des « substances qui réduisent, éliminent ou évitent les effets néfastes sur la couche d'ozone ».
45. S. Oberthür, « Linkages between the Montreal and Kyoto Protocols. Enhancing Synergies between Protecting the Ozone Layer and the Global Climate », *op. cit.*, 2001.
46. Décision 13/CP.4, CCNUCC, 11 novembre 1998, doc. FCCC/ CP/1998/16/Add.1, p. 51.

de l'évaluation technique et économique (GETE) [les] a retenus comme des produits de remplacement pouvant se substituer aux SACO »[47]. Il devient alors impératif d'aider les Parties au Protocole de Montréal à évaluer les conséquences de l'inclusion des HFCs et des PFC parmi les substances visées par le Protocole de Kyoto.

B. La naissance d'un dialogue institutionnel informel

A la suite de ces deux décisions, une collaboration s'engage entre les trois groupes d'évaluation du Protocole de Montréal, l'organe subsidiaire de conseil scientifique et technologique de la CCNUCC (SBSTA) et le GIEC[48] : une réunion conjointe d'experts au GIEC et au GETE (groupe de l'évaluation technique et économique du Protocole de Montréal) sur les options de limitation des émissions de HFCs et de PFC se tient dans le courant du mois de mai 1999 ; une « task force » est créée par le GETE ; le GIEC y consacre des développements dans son troisième rapport d'évaluation du groupe de travail III ; enfin, lors de sa quinzième session en novembre 2001, le SBSTA invite les Parties à la CCNUCC à présenter leurs points de vue pour un examen lors de sa seizième session[49]. La perspective de l'entrée en vigueur du Protocole de Kyoto en 2005 conduit à soutenir l'effort de discussion déjà engagé : en 2002, la décision 12/CP8 de la conférence des Parties à la CCNUCC[50], et à laquelle fait écho la décision XIV/10[51] de la réunion des Parties au Protocole de Montréal, demande au GIEC et au GETE d'établir un rapport spécial équilibré sur le sujet des HFCs et PFCs avant le début de l'année 2005[52]. Il sera suivi de la tenue d'un atelier d'experts en 2006[53].

A partir de 1998, un dialogue informel entre les organes scientifiques se met ainsi progressivement en place sous l'impulsion des réunions des Parties des deux régimes. Son existence est officiellement actée en 2004[54]. En mettant en lumière les contradictions entre les deux régimes à propos de la réglementation

---

47. Décision X/16, 10ᵉ réunion des parties, Le Caire, 23-24 novembre 1998.
48. Décision XI/17, 11ᵉ réunion des parties, Beijing, 29 novembre-3 décembre 1999.
49. Document SBSTA, dix-septième session New Delhi, 23-29 octobre 2002, Item 6 of the provisional agenda, disponible sur https://unfccc.int/resource/docs/2002/sbsta/misc23.pdf.
50. Décision 12/CP.8, 1ᵉʳ novembre 2002, doc. FCCC/CP/2002/7/Add.1, p. 32.
51. Décision XIV/10, 14ᵉ réunion des parties, Rome, 25-29 novembre 2002.
52. IPCC/TEAP, special report : « Safeguarding the Ozone Layer and the Global Climate System : Issues Related to HFCs and PFCs », Cambridge University Press, 2005, p. 478.
53. Décision XVII/19, 17ᵉ réunion des parties, Dakar, 12-16 décembre 2005. Décision XVIII/12, 18ᵉ réunion des parties, New Delhi, 30 octobre-3 novembre 2006.
54. Décision XVI/34, 16ᵉ réunion des Parties, Prague, 22-26 novembre 2004. La conférence des parties du Protocole de Montréal prend acte de « l'instauration d'un dialogue informel ... notamment entre le secrétariat du Protocole de Montréal et le secrétariat de la CCNUCC ».

des HFCs, l'adoption du Protocole de Kyoto a constitué un révélateur qui a permis d'initier ce processus de dialogue. Mais les interactions entre les régimes demeurent limitées. Les échanges institutionnels ont seulement pour finalité de résoudre le transfert de problème environnemental constitué par l'emploi des HFCs et des PFCs. Ils n'engagent pas les parties vers une collaboration élargie à d'autres substances (telles que les HCFCs)[55], encore moins vers la maximisation des synergies entre les régimes. En outre, aucun agenda n'est fixé et la coopération institutionnelle reste largement limitée à l'observation, à la participation mutuelle aux réunions, à la coopération scientifique et à l'échange d'informations. Enfin, en dépit de la volonté affichée par de nombreux Etats[56], aucun des deux régimes n'est en mesure de faire émerger une solution au problème constitué par l'emploi des HFCs. En particulier, les négociations dans le cadre du régime ozone butent sur des oppositions politiques[57], de sorte que les interactions qui se construisent entre les deux régimes à cette période ne suffisent pas à résoudre les transferts de problèmes environnementaux constatés.

Paragraphe 3   **L'émergence d'une «fragmentation coopérative» impulsée par le régime international de l'ozone**

Alors que les bénéfices climatiques étaient considérés jusqu'ici comme un «sous-produit» des efforts engagés pour la protection de la couche d'ozone, les enjeux climatiques vont devenir l'un des critères déterminants des décisions prises dans le cadre du régime ozone. Cette entrée des considérations climatiques se fera par le biais de la réglementation relative à l'élimination des HCFCs (A). Par la suite, l'adoption de l'Amendement de Kigali va raviver la crainte d'une rivalité préjudiciable aux deux régimes (B) et provoquer la mise en place d'outils susceptibles de favoriser des interactions coopératives (C).

A. L'entrée des considérations climatiques comme critère déterminant des décisions prises dans le cadre du régime ozone: le cas des HCFCs

Considérés dans l'amendement de Londres comme une «substance de transition» (c'est-à-dire non assujettis à un calendrier de

---

55. Pour l'ouverture du dialogue sur l'utilisation des HCFCs: décision XX/8, 20e réunion des parties, Doha, 16-20 novembre 2008.
56. Déclaration de Bali sur la réalisation du passage aux solutions de remplacement des SACO présentant un faible PRG, annexe IX du rapport de la 23e réunion des parties, 21-25 novembre 2011.
57. H. Hellio, «HFC: histoire d'une formation de complexe jusqu'à l'amendement de Kigali», *op. cit.*, 2017.

réduction), les HCFCs avaient fait l'objet, dans l'amendement de Copenhague de 1992, de mesures prescrivant l'élimination totale de leur consommation pour 2030. En 1994, la Communauté européenne accepte d'éliminer complètement les HCFCs d'ici 2015 (soit quinze ans avant la date prescrite par ledit amendement [58]) et se positionne en faveur d'un calendrier accéléré d'élimination des HCFCs. Mais les Etats-Unis, dont les industries avaient déjà massivement investi dans les HCFCs, s'y opposent [59]. Après de difficiles négociations, les Etats adoptent en 1999 un nouvel amendement au Protocole qui gèle la production des HCFCs à partir de 2004 pour les pays développés et à partir de 2016 pour les pays en voie de développement [60].

En 2005, l'entrée en vigueur du Protocole de Kyoto relance les négociations relatives à l'accélération de l'élimination des HCFCs. C'est la décision XIX/6 *Adjustments to the Montreal Protocol with regard to annex C* du 21 septembre 2007 [61] qui avance explicitement, pour la première fois, des considérations climatiques pour justifier une révision du calendrier en ce sens. Pour les pays développés, il s'agit, en procédant à des réductions échelonnées, d'éliminer toute production et consommation de HCFCs en 2020 et, pour les pays en voie de développement (visés à l'article 5 du Protocole), en 2030. Aux termes de cet ajustement, les Parties s'accordent pour promouvoir (9.) «le choix de solutions de remplacement des HCFCs qui réduisent au minimum les impacts environnementaux, en particulier sur le climat».

Les Etats conviennent également que le Comité exécutif du Fonds multilatéral du Protocole de Montréal, lors de l'élaboration et de l'application de critères de financement pour les programmes et projets, accorde la priorité aux programmes et projets axés, entre autres, (11.*b.*)

> «sur les produits et solutions de remplacement qui réduisent au minimum les autres impacts sur l'environnement, en particulier sur le climat, en tenant compte de leur potentiel de réchauffement global, de leur consommation d'énergie et d'autres facteurs pertinents».

La décision XXI/9 [62] de novembre 2009 prolonge celle de 2007 en demandant au Comité exécutif, lorsqu'il élaborera et appliquera des critères de financement aux projets et programmes concernant l'élimination des HCFCs,

> «*b)* d'envisager de fournir des fonds additionnels pour d'autres bienfaits sur le plan climatique, le cas échéant; *c)* de prendre en compte, lorsqu'il

---

58. Règlement CE n° 3093/94 du Conseil, du 15 décembre 1994, relatif à des substances qui appauvrissent la couche d'ozone.
59. En opposition, 24 Etats signent la «Déclaration de Vienne sur les HCFCs», UNEP/OzL.Pro.7/12, annexe IX, p. 107.
60. Décision XI/5, 11ᵉ réunion des Parties, Beijing, 29 novembre-3 décembre 1999.
61. Décision XIX/6, 19ᵉ réunion des Parties, Montréal, 17-21 septembre 2007.
62. Décision XXI/9, 21ᵉ réunion des Parties, Port Ghalib, 4-8 novembre 2009.

étudie le rapport coût-efficacité des projets et programmes, la nécessité de procurer des bienfaits sur le plan climatique».

Pour la première fois, la réglementation pour l'élimination de la production et de la consommation des HCFCs se trouve ainsi commandée par une logique dans laquelle sont intégrés les enjeux climatiques et la recherche de co-bénéfices ozone-climat. Formalisant ce tournant dans le régime ozone, la dix-neuvième réunion des Parties va aboutir à l'adoption de la Déclaration de Montréal, dans laquelle les Etats, dans le prolongement des ajustements adoptés pour accélérer l'élimination des HCFCs, soulignent l'interdépendance entre le régime de l'ozone et celui de changement climatique, et «conviennent de l'importance d'accélérer la reconstitution de la couche d'ozone tout en abordant également d'autres questions environnementales, notamment les changements climatiques»[63].

A l'opposé, et à partir de 2002, le régime climat est demeuré très largement silencieux. S. Maljean-Dubois et M. Wemaëre relèvent ainsi la «tendance isolationniste» du régime qui l'empêche «d'impulser une réelle dynamique aux autres initiatives et régimes traitant ou causant les changements climatiques»[64]. Hormis la poursuite du dialogue institutionnel, les seules interventions du régime climat en faveur d'une interaction entre les régimes sont celles qui s'intéressent aux nécessaires modifications du Mécanisme pour un développement propre (MDP) dont le fonctionnement a été fortement affecté par l'emploi des HFCs comme substitut aux CFCs[65]. En effet, dès lors que les HFCs étaient inclus dans le panier de gaz visés par le Protocole de Kyoto, la réduction de leurs émissions dans un pays en développement pouvait être échangée sur le marché du carbone contre des crédits autorisant une augmentation des émissions de CO2 dans les pays développés. Or, les unités de réduction certifiée des émissions liées aux HFCs ont longtemps été très bon marché (en particulier celles liées aux HFC23), ce qui a conduit à inonder le marché de crédits carbone. Cette situation a été largement critiquée et a conduit la CCNUCC à accepter des modifications régulières au MDP[66]. A cette exception près, le régime climat n'a pas déployé d'efforts pour renforcer les synergies entre les deux régimes, d'autant que, par la suite, l'essentiel

---

63. Déclaration de Montréal, annexe IV du rapport de la 19ᵉ réunion des Parties, 2007.
64. S. Maljean-Dubois et M. Wemaëre, «L'accord à conclure à Paris en décembre 2015: une opportunité pour défragmenter la gouvernance internationale du climat?», *op. cit.*
65. D. Zaelke, S. O. Andersen et N. Borgford-Parnell, «Strengthening Ambition for Climate Mitigation: the Role of the Montreal Protocol in Reducing Short-Lived Climate Pollutants», *RECIEL*, 21 (3), 2012, p. 231.
66. Décision 8/CMP.1, Conséquences de la mise en place de nouvelles installations de production d'HCFC-22 dans le but d'obtenir des URCE pour la destruction d'HFC-23, 9 et 10 décembre 2005.

de ses forces se concentrera sur l'éventualité d'adopter un nouvel accord international dans le prolongement du Protocole de Kyoto.

B. L'adoption de l'amendement de Kigali et le risque d'une rivalité entre les régimes

Dans le cadre des négociations sur la régulation des HFCs, un désaccord entre les Parties au Protocole de Montréal a émergé sur la question de savoir si la production et la consommation de ces substances devaient être limitées dans le cadre du Protocole de Montréal malgré leur absence de nocivité à l'égard de la couche d'ozone. Lors de la vingt-et-unième réunion des Parties (2009), les représentants du Canada, du Mexique et des Etats-Unis ont présenté une proposition en ce sens [67] et, en dépit des oppositions [68], ont renouvelé celle-ci à chacune des réunions des Parties [69]. Parallèlement, la pression sur les gouvernements avait été renforcée à l'occasion d'autres forums internationaux. Ainsi, en 2012, les dirigeants mondiaux reconnaissaient, dans le document final de Rio +20, que l'augmentation rapide des émissions de HFCs à fort PRG était le résultat involontaire des politiques mises en place pour protéger la couche d'ozone [70].

Au terme de négociations difficiles, l'amendement de Kigali au Protocole de Montréal est adopté le 15 octobre 2016 [71]. Ses dispositions imposent aux pays développés de réduire progressivement les HFCs de 85 % par rapport aux niveaux de 2011-2013 en 2036. Les pays en voie de développement disposent d'une période de réduction des émissions plus longue (jusqu'à 2045 et 2047), mais ils s'engagent à geler leur production et leur consommation de HFCs entre 2024 et 2028 [72]. Par ailleurs, une interdiction de commercialisation des HFCs avec des Etats non parties à l'amendement de Kigali doit entrer en vigueur le 1er janvier 2033.

La possibilité qu'offrent ces dispositions de combattre les changements climatiques à travers un forum international extérieur à la CCNUCC portait le risque d'une rivalité entre les régimes. La régulation des HFCs dans le cadre

---

67. Report of the 21st meeting of the Parties to the Montreal protocol, Port Ghalib, Egypte, 4-8 novembre 2009, UNEP/OzL.Pro.21/8, §36. Voir également la proposition des Etats fédérés de Micronésie et de Maurice, UNEP/OzL.Pro.WG.1/29/8.
68. Certaines parties ont soutenu que les HFCs ne relevaient pas du champ d'application du Protocole de Montréal, d'autres que cela conduirait à une violation du principe de responsabilités communes mais différenciées, UNEP/OzL.Pro.23/11, par. 111. UNEP/OzL.Pro.22/9, par. 57.
69. UNEP/OzL.Pro.22/9, par. 49 ; UNEP/OzL.Pro.23/11, par. 105-109 ; UNEP/OzL.Pro.24/10, par. 126-131 ; UNEP/OzL.Pro.25/9, par. 113-115 ; UNEP/OzL.Pro.26/10, par. 114-115, 117 ; UNEP/OzL.Pro.27/13, par. 60-62.
70. Document final, conférence des Nations Unies sur le développement durable, Rio +20, paragraphe 222, «The Future We Want».
71. L'amendement de Kigali est entré en vigueur le 1er janvier 2019.
72. K. Ripley et C. Verkuijl, «Ozone Family Delivers Landmark Deal for the Climate», *Environmental Policy and Law*, 46/6, 2016, p. 371.

du Protocole de Montréal pouvait en effet être perçue comme concurrençant le Protocole de Kyoto, mais aussi l'Accord de Paris, dont les dispositions entraient en vigueur le 4 novembre 2016. Mais là encore, le régime ozone va faire preuve d'ouverture. D'une part, l'article 3 de l'Amendement de Kigali précise que : « Le présent Amendement ne vise pas à exclure les hydrofluorocarbones de la portée des engagements énoncés aux articles 4 et 12 de la CCNUCC et aux articles 2, 5, 7 et 10 du Protocole de Kyoto y relatif. » L'insertion de cette clause de conflit permettait de confirmer, s'il en était besoin, que les contrôles sur la production et la consommation de HFCs dans le cadre du Protocole de Montréal devaient coexister avec les mesures visant à réduire les émissions de HFCs dans le cadre du régime climat. D'autre part, une note du secrétariat de l'ozone publiée peu avant l'adoption de l'Amendement de Kigali souligne que les réglementations issues des deux régimes peuvent coexister sans générer de conflit et doivent être appliquées de manière synergique dans le cadre des pratiques des Etats parties[73]. Au delà de l'affirmation de la nécessaire coexistence des mesures, il fallait, pour éviter toute rivalité préjudiciable aux deux régimes, mettre en place des outils opérationnels susceptibles de favoriser les interactions coopératives.

C. Les mécanismes d'opérationnalisation comme vecteur d'une interaction coopérative des régimes

1. L'adoption d'une unité de mesure commune

L'élément clé d'une interaction coopérative entre l'Amendement de Kigali et l'Accord de Paris réside en premier lieu dans *l'utilisation d'une unité de mesure commune* des émissions de GES dans le cadre des deux régimes. A cet effet, l'amendement de Kigali impose à chaque partie de calculer ses niveaux de production, de consommation, d'importation, d'exportation et d'émission de HFCs, exprimés en tonnes d'équivalent CO_2[74] en lieu et place des tonnes métriques utilisées pour les autres substances contrôlées au titre du Protocole de Montréal[75]. Le dispositif mis en place repose entièrement sur le travail du secrétariat de l'ozone. Conformément aux dispositions de l'article 7 du Protocole de Montréal, les Parties communiquent au secrétariat leurs données sur les

---

73. UNEP Ozone Secretariat, « Briefing Note on Legal Aspects in the Context of HFC Management under the Montreal Protocol », Dubai Pathway on HFCs, 37th OEWG, Geneva, Switzerland, 4-8 avril 2016 :

« From a legal stand point, regulatory measures on HFCs under the UNFCCC/ Kyoto Protocol and the Montreal Protocol are not necessarily exclusive of each other, and can co-exist without any conflict. . . . The provisions under the respective treaty regimes need to be applied in a synergetic and supportive manner through practices of the respective parties. »

74. Protocole de Montréal, article 3.2.
75. Protocole de Montréal, article 2J : hydrofluorocarbones (1).

différentes substances réglementées en tonnes métriques, puis la conversion en tonnes équivalent de CO2 est réalisée par les services du secrétariat [76]. La production et la consommation de HCFCs est également exprimée en tonnes d'équivalent CO2 car ce texte utilise la production et la consommation de ces substances comme mesure de référence pour la détermination de l'élimination progressive des HFCs. C'est l'évaluation scientifique de l'appauvrissement de l'ozone pour 2018 qui présente ces données, pour la première fois, ainsi que le PRG de l'ensemble des HCFCs listés dans l'annexe C, groupe 1 du Protocole de Montréal [77].

Mais si l'adoption d'une unité de mesure commune engage clairement les deux régimes dans un processus coopératif, elle n'en efface pas pour autant leurs différences fondamentales. En particulier, alors que les mesures mises en œuvre dans le cadre du régime climat se concentrent sur la réduction des émissions de GES, le Protocole de Montréal introduit des mesures de contrôle pour la production et la consommation de substances ciblées, ce qui relève d'une logique distincte. Le régime climat considère les changements climatiques comme un problème de pollution globale qui se traite par la réduction des émissions de GES au prix d'un effort de chaque Etat. A l'inverse, le régime ozone s'attaque au système productif et industriel en visant directement la source des SACO. En outre, si certaines correspondances peuvent être observées, toute production ou consommation de HFCs n'entraîne pas systématiquement des émissions de GES [78]. De plus, dans certaines circonstances, les corrélations entre émissions et production de substances peuvent être différées [79]. En tout état de cause, elles peuvent difficilement être considérées comme systématiques.

2. L'établissement de liens avec les contributions déterminées au niveau national (CDN)

Dans le cadre de l'Accord de Paris, il est attendu des Parties qu'elles réduisent leurs émissions de GES conformément aux engagements pris dans leur CDN. Mais l'Accord ne mentionne pas les GES qui doivent ou non être inclus dans

---

76. UNEP Ozone Secretariat, Briefing note, «Calculation of Control Levels for Production, Consumption and Baselines Values of HFC, juin 2017», https://ozone.unep.org/sites/default/files/2020-06/calculation-of-control-levels%E2%80%A8-for-production-consumption-and-baseline-values%E2%80%A8-of-hydrofluorocarbons.pdf.
77. WMO, *2018 : Scientific Assessment of Ozone Depletion*, op. cit.
78. Voir l'exemple des stocks de HFCs : Rapport spécial du GIEC et du GETE, «Préservation de la couche d'ozone et du système climatique planétaire : questions relatives aux hydrofluorocarbures et aux hydrocarbures perfluorés», 2005, p. 8.
79. S. Hoch, A. Michaelowa, A. Espelage et A.-K. Weber, «Governing Complexity : how can the Interplay of Multilateral Environmental Agreements be Harnessed for Effective International Market-Based Climate Policy Instruments?», *International Environmental Agreements : Politics, Law and Economics*, 19, 2019, p. 595.

les CDN, ni les méthodologies, bases de références et calendriers à utiliser. Ici, les approches des deux régimes sont radicalement opposées : l'approche *bottom-up* de l'Accord de Paris laisse aux Etats le choix de la méthodologie, des hypothèses et des mesures applicables pour l'établissement de leurs CDN, alors que l'approche *top-down* de l'amendement de Kigali conduit à imposer des bases de référence pour les calculs, ainsi qu'un calendrier de réduction progressive. La question se pose donc de savoir si les CDN doivent tenir compte des calendriers et des bases de référence fixés dans l'amendement de Kigali comme base pour l'atténuation des émissions de HFCs.

Compte tenu du principe de l'autonomie des traités, il était difficile de soutenir que le calendrier de réduction des HFCs devait être considéré comme obligatoire dans le cadre des CDN. Le rapport de synthèse du Secrétariat quant aux CDN du 17 septembre 2021 mentionne toutefois que beaucoup des Parties à l'Accord de Paris ont indiqué leurs émissions de HFCs, de PCF et de SF6 dans leurs CDN et que la plupart d'entre elles contenaient des cibles quantifiées de réduction des émissions sous diverses formes [80]. Néanmoins, la pratique n'est pas homogène : certaines Parties n'énoncent pas les gaz visés par leur CDN ; d'autres ne mentionnent pas les HFCs parmi les gaz inclus dans le champ de leur CDN. Faire la liaison entre les régulations imposées par l'amendement de Kigali et les engagements pris par les Etats dans le cadre de l'Accord de Paris supposait donc, dans un premier temps, d'harmoniser les différentes pratiques.

Aux termes de l'article 4 (8) de l'Accord de Paris, « en communiquant leurs CDN, toutes les Parties présentent l'information nécessaire à la clarté, la transparence et la compréhension » de celles-ci. La conférence des Parties à l'Accord de Paris a précisé, dans une décision adoptée le 15 décembre 2018 [81], les types d'informations à fournir pour satisfaire une telle obligation : il s'agit notamment d'informations quantifiables sur le point de référence (y compris, si nécessaire, une année de référence), les calendriers et/ou périodes de mise en œuvre, ou encore les démarches méthodologiques pour l'estimation et la comptabilisation des émissions de GES. Par ailleurs, au terme de l'annexe 2 de cette même décision, les Parties « rendent compte des émissions et des absorptions anthropiques conformément aux méthodes et aux paramètres de mesure communs évalués par le GIEC ». Elles doivent également « s'efforcer d'inclure toutes les catégories d'émissions ou d'absorptions anthropiques dans leurs CDN et, dès lors qu'une source, un puits ou une activité est pris en compte, continuent de l'inclure » [82]. Alors que dans leur première CDN, les

---

80. Rapport de synthèse du secrétariat, « Contributions déterminées au niveau national en vertu de l'accord de Paris », FCCC/PA/CMA/2021/8, 17 septembre 2021, p. 4.
81. Décision 4/CMA.1, « Autres directives concernant la section de la décision 1/CP.21 relative à l'atténuation », 15 décembre 2018, FCCC/PA/CMA/2018/3/Add.1.
82. Annexe II, « Comptabilisation des CDN des Parties, visées au paragraphe 31 de la décision 1/CP21 », points 1 et 3.

Parties ont utilisé une variété de points de référence, de niveaux de base ou d'indicateurs, ces directives devraient permettre d'engager une harmonisation des CDN, fondée sur l'utilisation des méthodes les plus récentes préconisées par le GIEC. Cette avancée, combinée avec l'adoption d'une unité de mesure commune, pourrait inciter les Parties à reprendre dans les CDN les obligations auxquelles elles sont soumises dans le cadre du Protocole de Montréal, à la condition que le GIEC fasse lui-même le lien, ce qui est le cas pour les gaz relevant de l'annexe F (HFCs) du Protocole de Montréal, mais pas pour les autres [83].

Enfin, l'harmonisation des unités de mesure pourrait permettre aux Etats parties aux deux conventions de faire correspondre les dispositions de l'article 7 de l'Amendement de Kigali relatives à la communication des données avec le dispositif de MRV *(Monitoring Reporting Verification)* appelé «cadre de transparence renforcé» prévu à l'article 13 de l'Accord de Paris. A ce titre, les Parties doivent soumettre leur premier rapport biennal sur la transparence contenant leur rapport national d'inventaire au plus tard le 31 décembre 2024. Puis, à partir du 1er janvier 2025, toutes les Parties auront des obligations de rapportage communes dans le cadre de l'article 13. Dans cette perspective, les modalités techniques du cadre de transparence renforcé (en particulier les tableaux de rapportage) ont fait l'objet de négociations intenses et difficiles lors des réunions des parties à Katowice puis à Glasgow pour être finalement établies dans les décisions 18/CMA.1 [84] et 5/CMA.3 [85]. Ces tableaux de rapportage (qui préfigurent les grandes lignes des futurs rapports biennaux sur la transparence) permettent de rendre opérationnel et de garantir la transparence, et constituent la base pour évaluer les progrès réalisés par les Etats, notamment dans le cadre du bilan mondial de l'article 14. Ils doivent y indiquer les émissions de HFCs, PFCs, des mélanges de ces deux gaz, et de SF6 exprimées en tonnes d'équivalent CO2. Les autres substances régulées par le Protocole de Montréal en sont absentes. De ce point de vue, le changement d'unité de mesure à l'initiative des parties à l'amendement de Kigali constituait une première étape indispensable à la mise en œuvre du cadre de transparence renforcée.

Au final, les interactions ozone-climat, tout en ayant évolué vers une «fragmentation coopérative», ont conservé un caractère largement déséquilibré. Si le régime ozone a désormais largement intégré les enjeux climatiques et se positionne comme un «levier» extérieur de la lutte contre les changements climatiques, celui du climat ne semble avoir promu le dialogue inter-régimes

---

83. IPCC, «2019 Refinement to the 2006 IPCC Guidelines for National Greenhouse Gas Inventories», p. 7. Le GIEC indique que les GES couverts par les annexes A à E du Protocole de Montréal ne sont pas inclus dans ses lignes directrices, à l'inverse de ceux relevant de l'annexe F (HFCs).
84. Décision 18/CMA.1, 19 mars 2019, FCCC/PA/CMA/2018/3/Add.2.
85. Décision 5/CMA.3, 8 mars 2022, FCCC/PA/CMA/2021/10/Add.2.

que pour la régulation de substances ciblées (les HFCs, ou les HCFCs) [86]. En ce sens, il est possible de parler d'une « climatisation » du régime international de l'ozone, entendue comme « le processus par lequel une question, un acteur ou une institution est présentée comme étant lié au changement climatique anthropique et pertinent au regard de la politique climatique » [87]. Dans son état actuel, les interactions des régimes ozone-climat reflètent ainsi un processus évolutif caractérisé, d'une part, par la pénétration des enjeux climatiques dans le régime ozone et, d'autre part, par des institutions faiblement reliées entre elles et des outils opérationnels entre lesquels un lien a été vaguement construit ou est en cours de construction. Si l'intégration réalisée permet sans doute d'éviter des conflits et contradictions pour l'avenir, elle est, en tout état de cause, insuffisante à impulser des synergies entre les régimes. Le défi pour le droit international consiste alors à identifier les leviers à actionner afin d'approfondir cette coopération et engendrer des synergies pour l'avenir.

SECTION 2 **LE DÉPASSEMENT DE LA « FRAGMENTATION COOPÉRATIVE » : LES LEVIERS D'UNE DÉ-FRAGMENTATION DES RÉGIMES INTERNATIONAUX DE L'OZONE ET DU CLIMAT**

Le concept de « défragmentation » permet de dépasser le stade de la fragmentation coopérative pour s'intéresser aux éléments qui pourraient relier plus avant les différents régimes entre eux. Un des enjeux actuels de la défragmentation des régimes ozone-climat est porté par la question de l'efficacité énergétique des appareils et équipements de climatisation et de réfrigération : l'élimination progressive des HFCs dans le cadre de l'Amendement de Kigali offre en effet une occasion de favoriser et d'améliorer l'efficacité énergétique de ces équipements, dont on sait qu'ils représentent un pourcentage croissant de la demande mondiale d'électricité. En raison des impacts des changements climatiques, on s'attend à ce que l'augmentation des températures moyennes mondiales entraîne une demande accrue dans le secteur du refroidissement (réfrigération, climatisation, pompes à chaleur). Alors que, en 2014, ces équipements étaient responsables d'un peu plus de 7 % des émissions mondiales de GES [88], les prévisions indiquent qu'elles augmenteront à 8,1 Gt CO2 en 2030, ce qui représente environ 13 % des émissions mondiales de GES prévues à cette date [89]. Par ailleurs, il

---

86. Note du secrétariat, « Summary of cooperative activities with United Nations entities and other international organizations that contribute to the work under the Convention », 27 mai 2022, FCCC/SBSTA/2022/INF.1, p. 20 : la coopération établie se réalise essentiellement dans le cadre du suivi de l'adoption de l'amendement de Kigali.
87. S. Aykut et L. Maertens, « The Climatization of Global Politics : Introduction to the Special Issue », *International Politics* 58, 2021, p. 501-518. Notre traduction.
88. Soit l'équivalent de 3,7 gigatonnes (Gt) de CO2 par année.
89. Ozone secretariat, UNEP, Briefing note A, « The importance of energy efficiency in the refrigeration, air-conditioning and heat pump sectors », mai 2018, p. 3 et 5.

a été démontré que les investissements dans des appareils à haut rendement énergétique pourraient générer des réductions d'émissions de GES de même ampleur que ceux obtenus du fait de l'élimination progressive des HFCs[90]. L'objectif est donc de favoriser les synergies entre la mise en œuvre des prescriptions de l'amendement de Kigali et la nécessaire amélioration de l'efficacité énergétique des nouveaux équipements mis en place. En ce sens, un certain nombre de leviers normatifs, opérationnels et institutionnels peuvent être envisagés afin de dépasser l'état de fragmentation coopératif qui vient d'être décrit et impulser une véritable défragmentation des régimes internationaux de l'ozone et du climat.

Paragraphe 1   **Les leviers normatifs**

Afin de renforcer les synergies entre les deux régimes, un certain nombre de leviers normatifs sont susceptibles d'être actionnés : la défragmentation pourrait ainsi passer par la diffusion d'une vision systémique (A), par l'activation de certains mécanismes propres à l'Accord de Paris, tels que ceux de l'article 6 (B), ou encore par la promotion d'une normalisation technique internationale (C).

A. La diffusion d'une vision systémique

La défragmentation des régimes internationaux pourrait passer, en premier lieu, par la diffusion d'une vision systémique au sein des régimes ozone et climat. A cet égard, le régime international sur la pollution atmosphérique transfrontière à longue distance pourrait utilement servir d'exemple. Dans la version datée de 2012 du Protocole de Göteborg[91], les Parties s'engageaient déjà à tenir compte «des synergies et arbitrages possibles entre la pollution atmosphérique et les changements climatiques». Aujourd'hui, l'adoption de la «stratégie à long terme» consacre une conception systémique qui va bien au-delà de la seule recherche de co-bénéfices entre la santé humaine et le climat. Adoptée en 2018, celle-ci

> «définit une vision d'ensemble pour la période 2020-2030 et au-delà, pour prendre en considération les priorités fixées et les nouveaux enjeux concernant les effets de la pollution atmosphérique et leur interaction avec les changements climatiques, la pollution par l'azote, la perte de

---

90. WMO, *2018 : Scientific Assessment of Ozone Depletion*, *op. cit.*, Executive summary, p. 31.
91. Modification du texte et des annexes II à IX du Protocole à la Convention de 1979 sur la pollution atmosphérique à longue distance, relatif à la réduction de l'acidification, de l'eutrophisation et de l'ozone troposphérique et ajout de nouvelles annexes X et XI, Genève 4 mai 2012, entrée en vigueur le 7 octobre 2019.

biodiversité et d'autres problèmes environnementaux mondiaux, grâce à une approche intégrée associant les politiques agricole, énergétique, climatique et des transports, parmi d'autres »[92].

Elle a donc vocation à ouvrir les textes du régime de la Convention de Genève à une approche entièrement décloisonnée du sujet. De façon similaire, l'adoption d'une stratégie à long terme dans le cadre du régime ozone et/ou climat pourrait permettre d'aller au-delà de la vision coopérative actuelle et engager les régimes vers une approche systémique. La logique aurait par ailleurs vocation à être déclinée à l'échelle nationale, où la défragmentation suppose que la législation nationale évolue en intégrant une vision systémique à la fois dans les stratégies nationales les plus vastes (industrielles, transports), dans les instruments sectoriels (tels que la réglementation thermique), ou encore dans les instruments de planification. On pourrait ainsi imaginer des évaluations environnementales intégrant parmi d'autres les enjeux transversaux de la réduction des SACO, ceux des GES, et de la pollution atmosphérique.

B. L'activation des mécanismes de l'article 6 de l'Accord de Paris

Les différents outils ou mécanismes mis en place dans le cadre de l'Accord de Paris n'ont pas, jusqu'à présent, été sollicités afin de renforcer les synergies entre les deux régimes. Or, certains d'entre eux pourraient être utilement actionnés en ce sens. C'est le cas des mécanismes de l'article 6 de l'Accord de Paris, qui pourraient être utilisés comme des incitations financières en faveur de l'élimination des HFCs et de l'amélioration de l'efficacité énergétique. En ce sens, S. Hoch *et al.*[93] considèrent que ces mécanismes de marché pourraient être mobilisés pour compléter le financement des options coûteuses de transition à faible potentiel de réchauffement global et garantir que l'amélioration de l'efficacité énergétique ne soit pas laissée de côté, à condition que cette complémentarité soit conçue avec soin, en tirant les leçons des expériences passées et notamment celles du MDP. Ainsi, par exemple, le crédit pour la destruction des HFC-23 ne devrait pas être admissible dans le cadre de l'Accord de Paris, car il s'agit d'une action obligatoire dans le cadre de l'amendement de Kigali à partir de 2020[94] et, par conséquent, les coûts supplémentaires dans les pays en développement seront couverts par le Fonds du Protocole de Montréal[95]. Parallèlement, les

---

92. Décision 2018/5, organe exécutif de la Convention de Genève, Stratégie à long terme au titre de la Convention sur la pollution atmosphérique transfrontière à longue distance pour 2020-2030 et au-delà, ECE/EB.AIR/142/Add.2.
93. S. Hoch, A. Michaelowa, A. Espelage et A.-K. Weber, *op. cit.*, p. 607.
94. Protocole de Montréal, article 2J (6).
95. Voir en ce sens, décision XXVIII/2, 28ᵉ réunion des Parties, Kigali, 10-15 octobre 2016.

projets de réduction des émissions de HFCs et d'amélioration de l'efficacité énergétique devraient être considérés comme éligibles au titre des mécanismes de marché de l'Accord de Paris, à condition que les émissions nationales des pays où ces projets ont lieu soient réduites en deçà des niveaux d'élimination progressive fixés par l'amendement de Kigali. A défaut, un financement supplémentaire ne se justifierait pas. Enfin, selon S. Hoch *et al.*, il conviendrait d'harmoniser les bases de références pour que celles utilisées dans le cadre des mécanismes de marché de l'Accord de Paris aillent au-delà des bases établies par l'Amendement de Kigali, ce qui devrait générer des co-bénéfices à long terme en terme d'atténuation aux changements climatiques [96]. Les mécanismes de marché de l'article 6 pourraient ainsi, à certaines conditions, apporter une manne de financement et une incitation complémentaire à celle apportée par le Fonds multilatéral du Protocole de Montréal.

C. La promotion de la normalisation technique

La défragmentation pourrait passer également par l'adoption de normes techniques d'efficacité énergétique harmonisées à l'échelle internationale. En effet, bien que de telles normes soient discutées dans le cadre d'organismes internationaux de normalisation, les procédures et les paramètres pris en compte pour l'évaluation de l'efficacité énergétique des équipements de climatisation et de réfrigération varient fortement d'un pays à l'autre, ce qui rend difficile la comparaison des performances énergétiques [97]. Ainsi, des normes internationales devraient établir des standards techniques d'efficacité énergétique favorisant l'usage de substances à faible PRG pour les équipements de climatisation et de réfrigération. Leur adoption pourrait aider les industries à accélérer la transition du marché et inciter les autorités nationales à harmoniser les normes nationales et celles relatives aux essais liés à l'efficacité énergétique avec ces normes techniques internationales. Sur un plan opérationnel, le régime ozone pourrait également impulser, sur la base des recommandations du GETE, la mise en place d'une infrastructure technique pour tester le rendement énergétique, certifier et enregistrer les nouveaux équipements et enfin, établir un mécanisme d'évaluation, de mesures

---

96. S. Hoch, A. Michaelowa, A. Espelage et A.-K. Weber, *op. cit.*, figure 1, p. 608. Les auteurs soulignent qu'étant donné que les bases de référence de l'amendement de Kigali pour les pays en développement dépendront de la production et de la consommation de HFCs au début et au milieu des années 2020 (voir art. 5: situation particulière des pays en développement, 8 *qua, c) d) e) f)* du Protocole de Montréal), les mesures prises dans le cadre de l'article 6 pourraient aboutir à faire baisser les niveaux de référence et générer des avantages d'atténuation à long terme dans le cadre de l'Amendement de Kigali.
97. W. Y. Park *et al.*, «Ensuring the Climate Benefits of the Montreal Protocol: Global Governance Architecture for Cooling Efficiency and Alternative Refrigerants», *Energy Research and Social Science*, 76, 2021, 102068.

et de vérification approprié au moment de la mise en œuvre des projets et programmes de transition. Dans sa décision XXI/9 à propos de la transition des HCFCs, la réunion des Parties avait

« encouragé les Parties à envisager de revoir et modifier, le cas échéant, les politiques et normes qui entravent ou limitent l'utilisation et l'application de substance à faible PRG ou à PRG nul en remplacement des SACO, en particulier dans le contexte de l'élimination des HCFC »[98].

Depuis, la question des solutions de remplacement aux SACO a été abordée à plusieurs reprises, mais sans que ne soit discutée l'hypothèse de l'adoption de normes techniques internationales établissant des standards d'efficacité énergétique dans le cadre de l'élimination progressive des HFCs[99].

Paragraphe 2   **Les leviers opérationnels**

Sur un plan opérationnel, l'expertise scientifique (A) et les financements (B) pourraient représenter des leviers importants pour servir la défragmentation des régimes internationaux de l'ozone et du climat.

A. Défragmenter par l'expertise scientifique

Ainsi que le souligne M. Lemoine-Schonne, l'expertise scientifique constitue un facteur de défragmentation du droit international[100]. En ce sens, l'article 3.1 de la Convention de Vienne promeut une recherche croisée ozone-climat et une coopération scientifique internationale en la matière. Le GETE est ainsi chargé de mener des évaluations scientifiques portant sur l'efficacité énergétique dans le cadre du passage des HFCs à des produits de remplacement à faible PRG. L'amélioration de l'efficacité énergétique des équipements de climatisation et de réfrigération suppose en effet de connaître les options et les exigences des technologies disponibles, les obstacles à leur adoption, leur performance et leur viabilité à long terme, et d'évaluer leurs bienfaits environnementaux mesurés en tonnes équivalent CO2. Dans le champ économique, les éléments de connaissance indispensables à la transition concernent les besoins en matière de renforcement des capacités et d'entretien des équipements, et l'évaluation des coûts afférents à leur mise en

---

98. Décision XXI/9, point 8, 21ᵉ réunion des Parties, Port Ghalib, 4-8 novembre 2009.
99. Décision XXVII/4, 27ᵉ réunion des Parties, Dubaï, 1-5 novembre 2015; décision XXIX/10, 29ᵉ réunion des Parties, Montréal, 20-24 novembre 2017; décision XXXI/7, 31ᵉ réunion des Parties, Rome, 4-8 novembre 2019.
100. M. Lemoine-Schonne, « Le droit international au défi des évolutions scientifiques : le rôle du GIEC », dans *Le droit international au défi des changements climatiques*, Académie de droit international de La Haye, en cours de publication, 2022.

place. Dans sa décision XXVIII/3 de 2016, la Réunion des Parties au Protocole de Montréal avait ainsi sollicité l'expertise du GETE afin d'examiner

> « les possibilités d'améliorer l'efficacité énergétique dans les secteurs de la réfrigération, de la climatisation et des pompes à chaleur offertes par la transition vers des solutions de remplacement sans incidence sur le climat, y compris des solutions faisant appel à de nouvelles technologies » [101].

Dans le même temps, le Comité exécutif était chargé d'élaborer des directives concernant les coûts associés au maintien ou à l'amélioration de l'efficacité énergétique des techniques et du matériel utilisant des produits de remplacement à faible PRG ou à PRG nul, dans le contexte de réduction progressive des HFCs [102].

Mais, depuis 2019, les organes scientifiques du régime ozone sont appelés à développer une vision systémique qui dépasse très largement les seules interactions ozone-climat. Ainsi, dans sa décision XXXI/2 [103] de 2019, la réunion des Parties a chargé le groupe de l'évaluation des effets sur l'environnement

> « d'accorder une attention particulière aux données scientifiques les plus récentes et aux projections et scénarios relatifs aux effets des produits de dégradation des substances réglementées et de leurs produits de remplacement sur la biosphère, la biodiversité et la santé des écosystèmes, *y compris les processus biogéochimiques et les cycles globaux* ».

Il s'agit ici de la première mention de la nécessité de prendre en compte les impacts des émissions de SACO et de leurs substituts sur les processus et les cycles qui commandent le fonctionnement du système terrestre dans sa globalité. Cette vision systémique, également présente dans les rapports du GIEC [104], est portée par les sciences du système Terre, décrites comme une « initiative transdisciplinaire visant à comprendre la structure et le fonctionnement de la Terre en tant que système unique, complexe et adaptatif » [105]. Chaque sous-système terrestre (tel que le système climatique ou la couche d'ozone stratosphérique) est non seulement considéré comme participant à l'équilibre d'un seul et unique système complexe, le système terrestre, mais aussi sous l'angle de ses interactions avec les autres composants du système.

---

101. Décision XXVIII/3, 28ᵉ réunion des Parties, Kigali, 10-15 octobre 2016.
102. Décision XXVIII/2, 28ᵉ réunion des Parties, Kigali, 10-15 octobre 2016.
103. Décision XXXI/2, 31ᵉ réunion des Parties, Rome, 4-8 novembre 2019.
104. Les rapports du GIEC incluent désormais les recherches sur les *tipping points* ou points de bascule : voir, par exemple SR15, p. 264 (table 3.7).
105. W. Steffen, K. Richardson, J. Rockström *et al.*, « The Emergence and Evolution of Earth System Science », *Nat. Rev. Earth Environ.* 1, 2020, p. 54-63.

Les nouvelles connaissances acquises dans le cadre des sciences du système Terre ont des implications majeures pour la gouvernance internationale : l'étude des interactions entre les composants du système complexe terrestre permet notamment de comprendre où et quand les synergies ou les co-bénéfices entre les sous-systèmes sont les plus importants, à des échelles temporelles et spatiales multiples [106]. Si les études scientifiques en ce domaine sont encore lacunaires, elles sont essentielles en termes d'aide à la décision politique. Ainsi, par exemple, lorsque les co-bénéfices attendus sont localisés et à courte échéance, l'acceptabilité des mesures adoptées est renforcée et la prise de décision politique est favorisée. De plus, ces éléments de connaissance scientifique peuvent aider à prioriser les actions politiques à entreprendre. Ainsi, par exemple, l'identification de co-bénéfices élevés climat/ozone/pollution atmosphérique pourrait permettre, à l'échelle nationale et internationale, d'indiquer les domaines les plus pertinents pour la mise en œuvre de politiques intégrées.

Sur le plan institutionnel, l'établissement de rapports conjoints du GIEC et du groupe d'évaluation scientifique ou du GETE du Protocole de Montréal est certainement un premier pas qui devrait être renouvelé [107]. Mais il n'engage pas la défragmentation à d'autres champs d'étude scientifiques, tels que la pollution atmosphérique, les interactions avec les processus d'acidification des océans, ou la perte de biodiversité. Pour combler cette lacune, la mise en place d'une interface science-politique sur le modèle du GIEC qui serait chargée, entre autres

> « de rendre compte des avancées scientifiques relatives à la connaissance du fonctionnement du système Terre, des points de basculement, de la résilience de la planète, et des interactions entre les différents processus biophysiques à toutes les échelles ; d'évaluer les impacts (positifs et négatifs) des régimes instaurés par les différentes conventions internationales et régionales en vigueur sur chacun des processus biophysiques essentiels du système Terre ; d'émettre des recommandations visant à la coordination et à la cohérence entre ces différents régimes juridiques... »

serait utile [108]. Sans minimiser les obstacles politiques à la mise en place d'une telle interface, il nous semble qu'il s'agit d'un élément indispensable à la défragmentation de la gouvernance internationale.

---

106. T. Vandyck *et al.*, « Quantifying Air Quality Co-Benefits of Climate Policy across Sectors and Regions », *Climatic Change* 163, 2020, p. 1501-1517.
107. Le rapport spécial IPCC/TEAP date de 2005.
108. E. Fernandez Fernandez et C. Malwé, « L'émergence du concept de *planetary boundaries* en droit international de l'environnement. Proposition pour une convention-cadre sur les limites de la planète », dans S. Beaugendre *et al.* (dir. publ.), *Mélanges en l'honneur de François Collart Dutilleul. Liber amicorum*, Dalloz, collection Études, mélanges, travaux, 2017, p. 357-373.

B. Défragmenter par les financements

Compte tenu des obligations de réduction progressive des HFCs fixées par l'amendement de Kigali, il est peu probable que les ressources du Fonds multilatéral du Protocole de Montréal se révèlent suffisantes pour financer l'intégralité de la transition. Par suite, la mobilisation de ressources complémentaires constitue un enjeu crucial. En outre, il est nécessaire de veiller à ce que l'incitation financière favorise également l'efficacité énergétique des appareils de réfrigération et de climatisation mis en place.

Un premier pas vers un décloisonnement des financements a été réalisé en ce sens du fait de la décision XXX/5 relative à l'efficacité énergétique dans laquelle les Parties ont sollicité le Comité exécutif du Fonds multilatéral afin que celui-ci envisage de réorienter une partie du soutien financier dédié à l'élimination des HFCs et destinée aux pays en voie de développement vers des activités en matière de politique d'efficacité énergétique[109]. En outre, le Comité exécutif est

> «prié d'assurer la liaison avec d'autres fonds et institutions financières, de concert avec le Secrétariat de l'ozone, en vue d'explorer les possibilités de mobiliser des ressources additionnelles et, au besoin, de définir des modalités de coopération, notamment des arrangements de cofinancement, en vue de maintenir ou d'améliorer l'efficacité énergétique dans le contexte de la réduction progressive des hydrofluorocarbones »[110].

La défragmentation des financements semble donc engagée, même si, là encore, l'effort est fourni par le régime international de l'ozone. Il est vrai que, à cet égard, le système de financements dans le cadre du régime international du climat est à la fois plus fragmenté et plus complexe, de sorte qu'il semble plus difficile de le mobiliser.

Paragraphe 3   **Les leviers institutionnels**

Sur le plan institutionnel, la relation entre les régimes ozone-climat est aujourd'hui limitée à un dialogue institutionnel informel qui

---

109. Décision XXX/5, point 1, 30ᵉ réunion des parties, Quito, 5-9 novembre 2018. Les Parties

> «prient le Comité exécutif du Fonds multilatéral d'envisager qu'une partie du soutien financier apporté au titre des activités de facilitation concernant les HFC puisse être acheminée par les Parties visées au paragraphe 1 de l'article 5 du Protocole qui le souhaitent vers des activités en matière de politique d'efficacité énergétique et de formation en rapport avec la réduction progressive des substances réglementées»,

notamment dans le cadre de «l'élaboration et application effective de politiques et réglementations ayant pour but d'éviter l'entrée sur le marché d'équipements de réfrigération, de climatisation et de pompage de chaleur inefficaces sur le plan énergétique».

110. Décision XXX/5, point 7, *op. cit.*

s'est construit en réponse à la nécessité de résoudre le transfert de problème environnemental constitué par les HFCs. Mais d'autres leviers institutionnels pourraient contribuer à la défragmentation des régimes. D'une part, les secrétariats respectifs pourraient renforcer la coordination entre les régimes sur le fondement de l'article 8 (2) *(e)* de la CCNUCC et de l'article 7 (1) *(e)* de la Convention de Vienne. Un *joint liaison group*, incluant d'autres régimes comme celui des pollutions transfrontalières, pourrait être créé, à l'image de celui existant entre les trois Conventions de Rio, afin d'appuyer cette coopération entre secrétariats. Cet organe pourrait être chargé d'établir un processus d'interaction continue entre les régimes afin d'assurer la cohérence et la synergie aux niveaux décisionnel, institutionnel et de mise en œuvre. Un tel processus pourrait comporter la création d'une plateforme permanente de dialogue et de coordination, qui aurait pour objet d'identifier et de soutenir les synergies entre les régimes, ou encore la tenue de sessions conjointes des organes subsidiaires.

Quelles que soient les structures institutionnelles envisagées, deux difficultés devront être surmontées : d'une part, le renforcement de la coopération institutionnelle avec d'autres organes ne peut se faire que sur le fondement d'une décision des conférences des parties. Or, les Etats ont souvent tendance à interpréter les mandats des secrétariats de façon restrictive, et les secrétariats resteront prudents en s'engageant dans de nouvelles interactions avec d'autres acteurs internationaux [111]. D'autre part, il est souvent avancé que certains Etats seront réticents à s'engager dans une coopération internationale dans le cadre de régimes auxquels ils ne sont pas parties. Ainsi, si la Convention de Vienne et la CCNUCC sont des conventions quasi universelles, de nombreux Etats ne sont pas parties à la Convention de Genève de 1979, conclue dans le cadre de la Commission économique pour l'Europe des Nations Unies. Or, une adhésion parallèle des Etats aux différents régimes ne constitue pas un prérequis indépassable. M. A. Young a en effet démontré que les capacités d'interaction des organisations internationales sont souvent dissociées du consentement des membres de ces organisations et que « les pouvoirs des organisations internationales dans les situations d'interactions entre régimes reposent sur autre chose que le consentement des Etats » [112].

Au final, la contribution du régime international de l'ozone aux efforts mondiaux de lutte contre les changements climatiques pose la question de savoir quelle devrait être l'articulation entre les régimes extérieurs participant

---

111. P.-O. Busch, « The Climate Secretariat : Making a Living in a Straitjacket », dans F. Biermann et B. Siebenhüner (dir. publ.), *Managers of Global Change : The Influence of International Environmental Bureaucracies*, Cambridge, The MIT Press, 2009.

112. M. A. Young, « Regime Interaction in Creating, Implementing and Enforcing International Law », dans *Regime Interaction in International Law. Facing Fragmentation*, Cambridge University Press, 2012, p. 103.

à l'action climatique et le régime climat : la CCNUCC ne devrait-elle pas servir de point central pour l'action climatique internationale sur le climat, suivre les efforts fournis par les régimes extérieurs et évaluer leur contribution à l'objectif fixé par la Convention-cadre ? Les organes de la CCNUCC joueraient ici le rôle stratégique d'« orchestrateur »[113], utilisant de multiples moyens incitatifs pour catalyser les efforts des organisations internationales et développer les synergies en faveur de la lutte contre les changements climatiques.

---

113. K. W. Abbott, « Orchestration. Strategic Ordering in Polycentric Governance », dans A. Jordan *et al.* (dir. publ.), *Governing Climate Change. Polycentricity in Action ?*, Cambridge University Press, 2018, p. 194.

12 | Mobility in an Era of Climate Change: A Call for International Law to Fully Realize Itself

Marie Courtoy *

Does human mobility in the context of climate change challenge international law?

One might instinctively think of the need to protect people fleeing the effects of climate change, waves of migrants to come who risk exceeding the capacity of the international community to accommodate them. This is how the literature initially approached the issue and how the political sphere most often took it up [1].

This articulation of the climate change-migration nexus, i.e. migration as a negative outcome of climate change leading to protection needs, is actually very revealing (or symptomatic) of the way migration is conceived in Western States [2]. As Fröhlich and Klepp point out, "the 'Western' idea of the Westphalian state, which has developed into the dominant model of societal organization over centuries, regards migration as an 'outlier', as an 'exception',

---

* Doctoral Researcher at Université catholique de Louvain and Katholieke Universiteit Leuven, FRESH Grantee (Fund for Scientific Research), Research Associate in the "Law & Anthropology" Department of the Max Planck Institute for Social Anthropology.

1. This refers to the securitization of the issue, S. Klepp, "Climate Change and Migration", *Oxford Research Encyclopedia of Climate Science*, 2017; F. Gemenne, "How They Became The Human Face of Climate Change. Research and Policy Interactions in The Birth of The 'Environmental Migration' Concept", in E. Piguet, A. Pécoud and P. De Guchteneire (eds.), *Migration and Climate Change*, CUP, 2011, pp. 225-259, which participated in the alarmist/maximalist approach (see footnote 17).

2. I use the terms "South" and "North" most of the time, except when the authors I refer to use other terms such as "Third World States" and "Western States". I use them for simplicity's sake in order to group under the same term the most affected and least responsible States on the one hand, and the least affected and most responsible States on the other. Such terminology, though, hides other issues, since beyond a quasi-geographical expression there are differences in terms of economic prosperity and political marginalization in international society; the term "Third World" in particular also refers to political coalitions and social movements, K. Mickelson, "Rhetoric and Rage: Third World Voices in International Legal Discourse", *Wisconsin International Law Journal*, 1998, Vol. 16, No. 2, pp. 353-362. Moreover, beyond a difference between States, there is also a marginalization of certain communities within Northern States that cannot be ignored (see footnote 108).

and therefore at least potentially as 'critical'"[3]. The study of environmental migration is still based on this "sedentary understanding of human society"[4].

Yet, while climate change is nothing but negative, migration *per se* is neither positive nor negative. Mobility is a human phenomenon, which humans have used since time immemorial. As Sagan reminds us, "We were wanderers from the beginning"[5]. Some communities still live in a nomadic way. Beyond that, we all experience forms of mobility, over a longer or shorter period of time, over a greater or lesser distance. In the words of Ravenstein, one if not the most prominent figure of migration studies in its early days, "Migration means life and progress; a sedentary population stagnation"[6].

Climate change has a complex relationship with human movement[7], which is further influenced by personal factors as well as by the socioeconomic and political context[8]. Climate change can impact migration in several ways: beyond being one cause (among others) of displacement, it can harm people already on the move or cause them to change their trajectory; it can even hinder migration, sometimes for people used to moving. Importantly, migration itself can also have an impact on people's capacity to deal with the effects of climate change, as it reshuffles the deck and influences (positively or negatively) their living conditions[9].

---

3. C. Fröhlich and S. Klepp, "Effects of Climate Change on Migration Crises in Oceania", in C. Menjívar, M. Ruiz and I. Ness (eds.), *The Oxford Handbook of Migration Crises*, OUP, 2019, p. 336.

4. K. Hastrup and K. F. Olwig, "Introduction: Climate Change and Human Mobility", in K. Hastrup and K. F. Olwig (eds.), *Climate Change and Human Mobility: Global Challenges to The Social Sciences*, CUP, 2012, p. 12.

5. C. Sagan, *Pale Blue Dot: a Vision of The Human Future In Space*, Random House, 1994.

6. E. G. Ravenstein, "The Laws of Migration", *Journal of the Royal Statistical Society*, 1889, Vol. 52, No. 2, p. 288.

7. I. Boas *et al.*, "Climate Migration Myths", *Nat. Clim. Chang.*, 2019, Vol. 9, No. 12, pp. 901-903; A. Baldwin, "Pluralising Climate Change and Migration: An Argument in Favour of Open Futures", *Geography Compass*, 2014, Vol. 8, No. 8, pp. 516-528.

8. I. Boas *et al.*, "Climate Mobilities: Migration, Im/Mobilities and Mobility Regimes in a Changing Climate", *Journal of Ethnic and Migration Studies*, 2022, Vol. 48, No. 14, pp. 1-15; A. Baldwin, C. Fröhlich and D. Rothe, "From Climate Migration to Anthropocene Mobilities: Shifting The Debate", *Mobilities*, 2019, Vol. 14, No. 3, pp. 289-297.

9. As Guadagno explains, "it is therefore difficult to single out 'positive' and 'negative' forms of mobility; mobility choices should rather be investigated for their positive and negative effects, trying to understand how these latter are distributed and how they interplay with existing patterns of vulnerability and risk", L. Guadagno, "Human Mobility in a Socio-Environmental Context: Complex Effects on Environmental Risk", in K. Sudmeier-Rieux *et al.* (eds.), *Identifying Emerging Issues in Disaster Risk Reduction, Migration, Climate Change and Sustainable Development: Shaping Debates and Policies*, Springer, 2017, p. 15.

Migration offers a way to live in tune with nature, to learn to rethink how humans can adapt to their environment [10]. It can be part of the transformational changes needed to envisage a sustainable way of living, respectful of fellow human beings, future generations, but also nature in and for itself. Climate change has come about subsequent to the lack of consideration for the protection of nature and the prioritization of human desires, as is the inability today to take measures to limit the damage already done. In a world where climate change adaptation proposals sometimes run counter to mitigation goals, it is perhaps time to consider that the solutions are not to be found in new technologies, in an endless quest for progress, but through a humbler relation with nature [11].

Therefore, the real challenge of international law today lies in the possibility of making migration a positive solution to adapt to a changing environment, notably due to climate change. This requires a real change in the way migration is conceived, hence my preference for another term that is less connoted: mobility. It invites us to investigate the symbolic meaning of movement beyond its concrete reality [12] and to question mobility justice [13]. Moreover, the term captures the diversity of human movement in terms of form, timing and destination [14].

To use a classic division in the field of climate change adaptation [15], which I find useful from a legal perspective, mobility can be a form of autonomous or planned adaptation, depending on whether it is undertaken by individuals themselves or implemented by the authorities. With regard to autonomous

---

10. Oliver-Smith insists on the difference between nature, as "biologically constructed", and environment, as "socially constructed". The distinction is important since today it is "an increasingly accepted scientific tenet that nature and society, because of human activities, are no longer seen as separate interacting entities but rather as mutually constituting components of a single system", A. Oliver-Smith, "Debating Environmental Migration: Society, Nature and Population Displacement in Climate Change", *Journal of International Development*, 2012, Vol. 24, No. 8, p. 1058.
11. Piguet observes that one reason for the disappearance of the environment in migration research over the course of the 20th century was the Western belief that "the influence of the environment on migration tends to decline to insignificance as humans gradually gain mastery over nature through technological progress", E. Piguet, "From 'Primitive Migration' to 'Climate Refugees': The Curious Fate of the Natural Environment in Migration Studies", *Annals of the Association of American Geographers*, 2013, Vol. 103, No. 1, p. 151. Faced with the observation of a nature to which we are intrinsically bound, a certain humility may be necessary to consent to listen and adapt to it.
12. N. B. Salazar, "Mobility", *REMHU: Revista Interdisciplinar da Mobilidade Humana*, 2019, Vol. 27, pp. 13-24.
13. M. Sheller, *Mobility Justice: The Politics of Movement in an Age of Extremes*, Verso, 2018.
14. I. Boas, "From Climate Migration to Climate Mobilities", *MPC Blog*, 9 December 2020.
15. B. Smit et al., "Adaptation to Climate Change in The Context of Sustainable Development and Equity", in *AR4 Climate Change 2001: Impacts, Adaptation and Vulnerability*, pp. 877-912.

adaptation, the governance of migration needs to be rethought to be more transversal and equitable in order to effectively enable individuals to opt for mobility as an adaptation strategy (Sec. 1). With regard to planned adaptation, States must assume their responsibility by anticipating the protection of people living in deteriorating areas, notably through the use of mobility (Sec. 2).

These proposals require major changes, commensurate with the changes brought about by climate change. They therefore also require a different way of looking at relations between States: opening up new migratory routes and assisting the poorest and most impacted States to implement a preventive policy, require a commitment from all States. This must go beyond a soft duty of cooperation and must be based at least on reparation for the harm caused, and at best on a solidarity based on common values and objectives. However, one cannot be achieved without the other, and solidarity must necessarily involve the recognition of past wrongs in order to restore to each State, especially Southern States, their place in the creation and application of international law (Sec. 3).

SECTION 1 MOBILITY AS AUTONOMOUS ADAPTATION, OR THE CHALLENGE OF MOBILITY JUSTICE

The identification of a direct causal link between climate change and migration has come mainly from environmentalists advocating for environmental protection. They depicted waves of migrants fleeing a degrading environment whom they characterized as the "human face of climate change" [16], thereby singling out a new category of migrants in need of protection. This unilinear and deterministic vision was criticized by migration scholars, who emphasized the multicausal nature of displacement [17].

Legally, the first reflex has also been to distinguish a category of migrants using the rhetoric of refugee status, where protection requires that the flight be based on one of the five grounds for persecution set out in the Convention. While the political attempt to extend the only existing protection regime is

---

16. Interview in the film Climate Refugees by Michael Nash.
17. This is known as the debate between "alarmists" and "skeptics" or "maximalists" and "minimalists", E. Piguet, R. Kaenzig and J. Guélat, "The Uneven Geography of Research on 'Environmental Migration'", *Popul Environ*, 2018, Vol. 39, No. 4, pp. 357-383; C. A. Vlassopoulos, "Des migrants environnementaux aux migrants climatiques : un enjeu définitionnel complexe", *Cultures & Conflits*, 2012, No. 88, pp. 7-18; K. E. McNamara, "Conceptualizing Discourses on Environmental Refugees at The United Nations", *Popul Environ*, 2007, Vol. 29, No. 1, pp. 12-24; A. Suhrke, "Environmental Degradation and Migration Flows", *Journal of International Affairs*, 1994, Vol. 47, No. 2, pp. 437-496. At the same time, the skeptic/minimalist position is consistent with the recognition that nature and society are not two separate entities in interaction but belong to the same system, which implies that "environmental resources as well as hazards are always channelled for people through social, economic and political factors", Oliver-Smith, "Debating Environmental Migration", *op. cit.*, p. 1066. See also Piguet, *op. cit.*, pp. 148-162.

understandable, this reasoning is not scientifically sound [18]: not only do people take to the road for a set of intertwined and undistinguishable reasons, but they face the same difficulties and have the same needs once on the road. This is why addressing the concerns of people moving in the context of climate change once they are displaced is a matter of international migration law in general. Even though the limitations of the latter are particularly glaring in this context, this should rather serve as an incentive to reimagine the whole system [19].

One if not the most problematic feature is the unequal access to international mobility. Indeed, international migration law basically aims at determining who is allowed to enter the territory of a State. The starting point is State sovereignty, and the resulting discretion of States in choosing who can enter their territory through the granting of visas. Already at this stage, inequality in movement is marked according to the number of visa-free countries one can go to depending on one's nationality [20]. In the aftermath of the Second World War, the law evolved to include an exception for people fleeing persecution in their country of origin with the refugee regime. But it also created a dichotomy between migrants who deserve to enter another country, when migration is said to be forced, and migrants who do not, when migration is said to be voluntary [21].

This is well illustrated in the case of mobility in the context of climate change, which does not always easily fit into this dichotomy. While one might think that fleeing the effects of climate change is a forced movement in and of itself, in practice, legal protection requires a temporal element for a movement to be considered as such, failing which it is deemed voluntary (para. 1). This way of governing migration with State sovereignty at its core may seem immutable, but it has not always been so and it is not the same everywhere (para. 2). This observation questions the capacity of international law to move from a governance based on the containment of migration to a

---

18. Turton indeed noted that "the main reason for the fragmentation of research on displacement is the heavy dependence of this research on categories and concepts that are the products of policy considerations rather than of scientific ones", D. Turton, "Who is a Forced Migrant?", in C. de Wet (ed.), *Development-Induced Displacement: Problems, Policies and People*, Berghahn, 2006, p. 13.

19. B. Mayer and F. Crépeau, "Changement climatique et droits de l'homme des migrants", *Mobilité humaine et environnement. Du global au local*, Quæ, 2015, pp. 31-48; M. Courtoy, "Les migrants climatiques : symptômes d'une gouvernance mondiale de la migration défaillante ?", *Annales de Droit de Louvain*, 2017, Vol. 77, pp. 507-540.

20. Passport Index, visualisation Yussef Al Tamimi 2017/2021, cited in T. Spijkerboer, "International Migration Law and Coloniality", *Verfassungsblog*, 28 January 2022.

21. M. Becker, "The Discourse About Legal Protection for Environmental Refugees: Re-Constructing Categories – Rethinking Policies", in F. Gesing, J. Herbeck and S. Klepp (eds.), *Denaturalizing Climate Change: Migration, Mobilities and Space*, Universität Bremen, 2014, p. 82.

governance based on the facilitation of migration, which proves crucial in light of the central role of migration in human history, and in particular today in the face of climate change (para. 3).

Paragraph 1   **The artificial distinction between voluntary and forced migration, a way to restrict migration**

The Refugee Convention establishes a curative and palliative regime that protects people who are in another State because they have fled persecution based on one of the five Convention grounds in their country of origin and their State is unable or unwilling to protect them [22]. By definition, therefore, the harm must have occurred (and in a sufficiently serious manner) to qualify for refugee status, thereby excluding from its scope any displacement in anticipation of future harm [23]. The same holds true for the principle of *non-refoulement*, which derives from human rights law and prohibits States from returning an individual to a State where he or she faces a serious threat to his or her human rights [24]. The exclusion of proactive movement – arguably

---

22. Convention relating to the Status of Refugees (signed in Geneva on 28 July 1951), Article 1, A, (2). Researchers have studied at length the extent to which the Convention may apply to people fleeing the effects of climate change, but for the purpose of this paper it is sufficient to note that some of them benefit from the status in limited cases, M. Scott, "Climate Refugees and the 1951 Convention", in S. Singh Juss (ed.), *Research Handbook on International Refugee Law*, Edward Elgar, 2019, pp. 343-356; C. Cournil, "The Inadequacy of International Refugee Law in Response to Environmental Migration", in B. Mayer and F. Crépeau (eds.), *Research Handbook on Climate Change, Migration and the Law*, Edward Elgar, 2017, pp. 85-107; J. McAdam, *Climate Change, Forced Migration, and International Law*, OUP, 2012.

23. Nevertheless, certain developments deserve to be pointed out. The Federal Court of Australia highlighted the need "to consider . . . the applicant's fear of being persecuted in the more distant future", FCA, *NAGT of 2002* v. *Minister for Immigration and Multicultural and Indigenous Affairs* (2002), para. 22. In New Zealand, the Immigration and Protection Tribunal also recognized that "[j]ust as in the refugee context past persecution can be a powerful indicator of the risk of future persecution, so too can the existence of a historical failure to discharge positive duties to protect against known environmental hazards be a similar indicator in the protected person jurisdiction" (NZIPT, *AC* (2014), para. 69). At the global level, the UNHRC was called upon the first time to rule on a case of climate-related displacement. The standard it applied in the *Teitiota* case was not one of imminence, but of foreseeability (*Ioane Teitiota* v. *New Zealand* (24 October 2019) UNHRC 2728/2016, esp. paras. 9.4, 9.7, 9.8 and 9.9). The risk was not recognized as sufficiently foreseeable in the present case – a finding which was moreover contested by two Committee members in dissenting opinions (Annex I by Duncan Laki Muhumuza and Annex II by Vasilka Sancin) –, but this means that future cases could succeed even though the risk is not imminent as long as there is enough scientific evidence to demonstrate that it will occur, B. Çalı, C. Costello and S. Cunningham, "Hard Protection through Soft Courts? *Non-Refoulement* before the United Nations Treaty Bodies", *German Law Journal*, 2020, Vol. 21, No. 3, p. 368.

24. The principle of *non-refoulement* opens up more possibilities in that it does not require certain conditions imposed by the Refugee Convention (such as a link to certain grounds). Its potential was illustrated in the recent views of the UNHRC in the

described as "voluntary"[25] – was advanced by the New Zealand Immigration and Protection Tribunal in the *Teitiota* case, where it stated that "it is clear ... that this appellant has undertaken what may be termed a voluntary adaptive migration – that is, to adapt to changes in the environment ... by migrating to avoid the worst effects of those environmental changes"[26].

Yet mobility in the context of climate change often falls somewhere in between – the paradigmatic example being people fleeing an area affected by a slow onset disaster in anticipation of expected harm[27]. Quilleré-Majzoub helpfully illustrates migration in the face of environmental degradation as a continuum between preventive and reactive migration[28], depending on whether it is driven more by attractive factors in the destination country or repulsive factors in the origin country. Delegitimizing proactive migration deprives individuals affected by climate change of an escape route before they suffer too much, and sometimes also when it could benefit their household and home communities[29], knowing that mobility is always more successful when it is a choice[30].

Paragraph 2   **Sovereignty as a starting point, not necessarily a fatality**

As De Vries and Spijkerboer point out,

"the right to travel into foreign territories was conceived by European lawyers in the early modern period to enable colonial expansion. Freedom of movement remained the dominant legal framework for international migration for roughly three and a half centuries, until the end of slavery and decolonization resulted in a reversal of (voluntary) migration flows. It was at this point that the Supreme Court of the United

---

Teitiota case. For a general analysis, see J. McAdam, *Climate Change Displacement and International Law: Complementary Protection Standards*, Geneva, UNHCR, 2011. For the contribution of the views, see J. McAdam, "Protecting People Displaced by the Impacts of Climate Change: The UN Human Rights Committee and the Principle of *Non-refoulement*", *American Journal of International Law*, 2020, Vol. 114, No. 4, pp. 708-725; M. Courtoy, "Le Comité des droits de l'homme des Nations Unies face à l'homme qui voulait être le premier réfugié climatique : une avancée mesurée mais bienvenue", *RTDH*, 2020, Vol. 124, No. 4, pp. 941-968.

25. B. Mayer, *The Concept of Climate Migration. Advocacy and its Prospects*, Edward Elgar, 2016, p. 153.
26. NZIPT, *AF (Kiribati)*, 25 June 2013, No. 800413, para. 49.
27. V. Kolmannskog, "Climate Change, Environmental Displacement and International Law", *Journal of International Development*, 2012, Vol. 24, p. 1073.
28. F. Quilleré-Majzoub, "Le droit international des réfugiés et les changements climatiques : vers une acceptation de l'ecoprofugus", *Revue de droit international et de droit comparé*, 2009, No. 4, p. 610.
29. F. Gemenne and J. Blocher, "How Can Migration Serve Adaptation to Climate Change? Challenges to Fleshing Out a Policy Ideal", *The Geographical Journal*, 2017, Vol. 183; Guadagno, *op. cit.*, pp. 13-31.
30. IPCC, *AR6 Climate Change 2022: Impacts, Adaptation and Vulnerability*, pp. 7-49.

States... substituted the doctrine of sovereign migration control for the right to free travel, followed one century later by the ECtHR"[31].

When the European Court of Human Rights (ECtHR) considers the right of States to control entry of noncitizens as "a matter of well-established international law"[32], it may not be self-evident[33]. The proof, as Spijkerboer notes[34], is that case law in Africa and the Americas does not necessarily accept this legal doctrine of the Global North. He gives the example of the 2003 Advisory Opinion on the Juridical Condition and Rights of Undocumented Migrants of the Inter-American Court of Human Rights (IACtHR), where the Court holds that

> "States may not discriminate or tolerate discriminatory situations that prejudice migrants. However, the State may grant a distinct treatment... between migrants and nationals, provided that this differential treatment is reasonable, objective, proportionate and does not harm human rights" (para. 119).

The African Commission on Human and Peoples' Rights, in its 1997 decisions in *UIADH* v. *Angola* and *RADDH* v. *Zambia*, also begins by highlighting the human rights of the deportee and deducing that they were not respected *in casu*, devoting only one sentence at the very end to the fact that this did not prejudice the right of the State to take measures against illegal migrants. The starting point of these two bodies is different from that of the ECtHR[35] in that it does not place the burden of proof on the migrant to justify his or her non-exclusion, but on the State to justify the exclusion – thus applying human rights in the same way as in other spheres of law[36].

---

31. K. de Vries and T. Spijkerboer, "Race and The Regulation of International Migration. The Ongoing Impact of Colonialism in The Case Law of The European Court Of Human Rights", *Netherlands Quarterly of Human Rights*, 2021, Vol. 39, No. 4, p. 292.
32. ECtHR, *Abdulaziz, Cabales and Balkandali* v. *United Kingdom* (1985), para. 67.
33. See the history traced by Hollifield, who explains that European States "asked for workers but human beings came", using Frisch's formula. Yet human beings acquire rights and therefore stayed; this is when the hostility toward migration was born, J. F. Hollifield, "The Emerging Migration State", *The International Migration Review*, 2004, Vol. 38, No. 3, pp. 885-912.
34. Spijkerboer, Inaugural Lecture Francqui Chair 2021.
35. It should be noted, however, that the ECtHR has followed a similar line of reasoning, contrary to its usual jurisprudence, in certain judgments, notably in the *Anakomba Yula* (2009) and *MSS* (2011) cases. See M.-B. Dembour, "An Anthro-Pological Approach to MSS v. Belgium and Greece", *Research Methods for International Human Rights Law: Beyond The Traditional Paradigm*, Routledge, 2020, pp. 227-249.
36. This is why Sarolea considers such jurisprudence as obsolete in view of the evolution of international and domestic human rights law and advocates for a reversal of the reasoning, whereby the migrant's rights becomes the principle, thus taking the

Paragraph 3   **Mobility as autonomous adaptation through mobility justice**

Today, international migration law allows and values certain movements, while preventing and stigmatizing others [37]. Yet movement has always been a means of adaptation, especially in a changing environment. In the literature on the climate change-migration nexus, the concept of "migration as adaptation" has emerged to counter the dominant discourse that mobility is a failure of adaptation [38] and therefore marks a reversal in the perception of migration: while it tends to be legitimized when it is (sufficiently) forced, here it is legitimized because it occurs before the harm has been done. The spirit is similar in the Global Compact for Migration, as explained by the Special Rapporteur on the human rights of migrants, Crépeau, who initiated it: "migration governance is not about closing off borders and keeping people out, but about regulating mobility, that is, opening accessible, regular, safe and affordable migration channels and promoting and celebrating diversity" [39].

Both the concept of "migration as adaptation" and the Global Compact for Migration, however, have been criticized as ultimately favoring the interests of the Global North by providing them with the opportunity to obtain cheap labor [40] and thereby "extend a series of neoliberal economic relations that reproduce the conditions out of which vulnerabilities emerge" [41]. Even more, Bettini *et al.* warn against "a move away from inherent rights, towards the idea that risk should be governed through the fostering of individual preparedness, which in this case falls on the shoulders of (potential) migrants" [42]. States must therefore propose legal channels that are genuine to

---

migrant out of his "legal exile" through a nondiscriminatory reading of his rights (S. Sarolea, *Droits de l'homme et migrations. De la protection du migrant aux droits de la personne migrante*, Bruylant, 2006). See also M.-B. Dembour, *When Humans Become Migrants: Study of the European Court of Human Rights with an Inter-American Counterpoint*, OUP, 2015.

37. Salazar, *op. cit.*, p. 18.

38. R. Black *et al.*, *Foresight*, UK Government Office for Science, 2011; C. A. Vlassopoulos, "When Climate-Induced Migration Meets Loss and Damage: A Weakening Agenda-Setting Process?", in B. Mayer and F. Crépeau (eds.), *Research Handbook on Climate Change, Migration and the Law*, Edward Elgar, 2017, pp. 376-393.

39. UNGA, "Human Rights of Migrants", UN Doc. A/71/285, 4 August 2016, p. 6.

40. Spijkerboer, Inaugural Lecture Francqui Chair 2021; R. Felli, "Managing Climate Insecurity by Ensuring Continuous Capital Accumulation: 'Climate Refugees' and 'Climate Migrants'", *New Political Economy*, 2013, Vol. 18, No. 3, pp. 337-363.

41. G. Bettini and G. Gioli, "Waltz with Development: Insights on The Develop-Mentalization of Climate-Induced Migration", *Migration and Development*, 2015, Vol. 5, No. 2, p. 13.

42. G. Bettini, S. L. Nash and G. Gioli, "One Step Forward, Two Steps Back? The Fading Contours of (In)Justice in Competing Discourses on Climate Migration", *The*

achieve real mobility justice[43]. This must be based, more than on a general obligation to cooperate, on a duty to repair the damage caused, or even on the principle of solidarity, which should underpin a true international community (see Sec. 3).

Accordingly, I suggest the phrase "international mobility law" for a redesign of the governance of movement, which is based on the principle that mobility is part of human existence and that humans are constantly shifting[44] from mobility to immobility, from one form of mobility to another[45]. Changing the way human movement is perceived is an important step toward approaching migration not through fear and prejudice[46], but sensibly and fairly. The concept of mobility also has other advantages that cannot be developed here due to space constraints, mainly related to its cross-cutting nature. It takes into account the protection of migrants in transit and destination zones, a necessity already identified in the Global Compact for Migration, but also the multiple forms that movement can take, including intra-State mobility. Indeed, States must also legislate to facilitate mobility within their countries, including as part of their climate change adaptation and disaster risk reduction obligations[47]. "International mobility law" does not aim to create a new branch of law, but to ensure that international law on migration, internal displacement and human rights, is considered in a holistic way and that the focus of governance shifts from constraint to facilitation of movements[48]. Only then can mobility be seen as positive, and thus contribute to adapting to a changing environment[49].

Geographical Journal, 2017, Vol. 183, No. 4, p. 349. See also F. Gemenne, "One Good Reason to Speak of 'Climate Refugees'", *Forced Migration Review*, 2015, Vol. 49, pp. 70-71.
  43. Sheller, *op. cit.*
  44. See Salazar's criticism of migration studies in that they consider only "a very limited range of mobile people as 'migrants', with a strong bias toward so-called lowly skilled workers" and identify different types of migration, thereby ignoring "the fact that many people shift, not always willingly, between various migratory statuses, categories, and roles" – critiques that can broadly apply to international migration law, Salazar, *op. cit.*, p. 15.
  45. C. Zickgraf, "The Fish Migrate and so Must We: The Relationship between International and Internal Environmental Mobility in a Senegalese Fishing Community", *Journal of International Relations*, 2018, Vol. 16.
  46. UNGA, "Making migration work for all. Report of the Secretary-General", UN Doc A/72/643, 12 December 2017, pp. 4-5.
  47. M. Scott and A. Salamanca, "A Human Rights-based Approach to Internal Displacement in the Context of Disasters and Climate Change", *Refugee Survey Quarterly*, 2020, Vol. 39, No. 4, pp. 564-571; K. Warner *et al.*, "National Adaptation Plans and human mobility", *Forced Migration Review*, 2015, Vol. 49, pp. 8-9.
  48. C. G. Gonzalez, "Climate Justice and Climate Displacement: Evaluating the Emerging Legal and Policy Responses", *Wisconsin International Law Journal*, 2019, Vol. 36, No. 2, p. 396.
  49. One step further, Vlassopoulos suggests "to empower the most vulnerable people to reinforce their capabilities so that they are able to exercise greater agency in adaptation processes", C. A. Vlassopoulos, "Social Inequality and Justice Triggered by

SECTION 2 **MOBILITY AS PLANNED ADAPTATION, OR THE CHALLENGE OF ANTICIPATION**

Migration in the context of climate change, much like migration in general, has long been viewed only reactively by legal scholars, as a matter of receiving migrants. With the Global Compact for Migration, a more cross-cutting approach to migration has taken hold in law, which also includes responding to the root causes, including climate change, that compel people to move [50]. In the literature on the climate change-migration nexus, attention has gradually been drawn to those who move internally, who constitute the majority [51], as well as to those who are immobile in the face of climate change, whether by choice [52] or by inability [53]. As mobility studies show, mobility and immobility are two sides of the same coin and need to be understood together [54].

This progressive concern for anticipation is also generally observed in international law [55]. With regard to international environmental law, Birnie *et al.* explain that "the basis and perspective" have changed:

> "Having started as a set of rules limited largely to state responsibility for transboundary harm, resource allocation, and the resolution of conflicting uses of common spaces, international environmental law now accommodates a preventive and precautionary approach to the management of environmental risk and the protection of the environment on a global level." [56]

The same holds true for international disaster law. When preparing the Draft Articles on the "Protection of Persons in the Event of Disasters", the ILC Secretariat wrote in 2007 that "the emphasis in recent decades has shifted away from disaster management, concentrating on short-term emergency contingencies, towards the adoption of disaster risk reduction . . . strategies focusing on prevention and mitigation activities which can contribute

---

the Anthropocene: An Historical View", in R. McLeman, J. Schade and T. Faist (eds.), *Environmental Migration and Social Inequality*, 2016, p. 233.

50. See Objective 2.
51. K. Rigaud *et al.*, *Groundswell: Preparing for Internal Climate Migration*, Washington, World Bank, 2018.
52. C. Farbotko, "Voluntary Immobility: Indigenous Voices in the Pacific", *Forced Migration Review*, 2018.
53. S. Marcu, "Trapped Mobility: A Theoretical Framework and Literature Review Focusing on Displaced Youth at The Borders Between The Global South and Global North", *Children's Geographies*, 2021, pp. 1-14.
54. C. Zickgraf, "Keeping People in Place: Political Factors of (Im)Mobility and Climate Change", *Social Sciences*, 2019, Vol. 8, No. 8, pp. 228-245.
55. A. A. C. Trindade, *International Law for Humankind: Towards a New* Jus Gentium, Brill Nijhoff, 2010, p. 39.
56. A. Boyle and C. Redgwell, *Birnie, Boyle, and Redgwell's International Law and the Environment*, OUP, 2021, p. 40.

to saving lives and protecting property and resources before they are lost"[57]. The idea is best described by the expression "prevention is better than cure"[58].

Obligations in terms of anticipation refer to States' primary responsibility to protect their citizens[59]. This means that the affected State becomes the predominant actor in the subject matter, whereas it was previously excluded when formulated in reference to refugee law. This return to the affected State can be observed in the *Teitiota* case, in which the UN Human Rights Committee declared that "the timeframe of 10 to 15 years, as suggested by the author, could allow for intervening acts by the Republic of Kiribati, with the assistance of the international community, to take affirmative measures to protect and, where necessary, relocate its population"[60].

In the context of climate change, anticipation takes place at multiple levels[61]. It starts with protecting the environment, notably through mitigation measures. It can also mean putting in place *in situ* adaptation measures, allowing people to remain in place. For the purpose of this contribution, however, I will limit myself to the anticipation of mobility as a means of adapting to climate

---

57. ILC, "Protection of persons in the event of disasters: Memorandum by the Secretariat", UN Doc. A/CN.4/590, 11 December 2007, para. 31. This is interesting because it also ties in with the common idea in disaster studies that there is no such thing as "natural" disasters since these are always socially constructed, A. Oliver-Smith, "Adaptation, Vulnerability, and Resilience: Contested Concepts in the Anthropology of Climate Change", in H. Kopnina and E. Shoreman-Ouimet (eds.), *Routledge Handbook of Environmental Anthropology*, Routledge, 2017, p. 210. As Focarelli explains, "many so-called natural disasters actually flow from man's failures to safeguard the environment or to take adequate preventive measures", C. Focarelli, "Duty to Protect in Cases of Natural Disasters", *Max Planck Encyclopedias of International Law*.

58. Attributed to the Dutch philosopher Desiderius Erasmus.

59. Ferris and Weerasinghe derive the central responsibility of the State from Article 9 of the ILC Draft Articles on the Protection of Persons in the Event of Disasters, which requires States to "reduce the risk of disasters by taking appropriate measures, including through legislation and regulations, to prevent, mitigate, and prepare for disasters", E. Ferris and S. Weerasinghe, "Promoting Human Security: Planned Relocation as a Protection Tool in a Time of Climate Change", *Journal on Migration and Human Security*, 2020, Vol. 8, No. 2, pp. 134-149.

60. UNHRC, Views concerning communication No. 2728/2016, *Ioane Teitiota v. New Zealand*, 24 October 2019, para. 9.12.

61. To be fully consistent, anticipation should even begin upstream of environmental protection, by addressing issues of inequality and poverty. See Aronsson-Storrier's conclusion: "Not every legal enquiry or effort needs to address the larger systemic questions . . . But just as it is increasingly accepted that a focus on disaster response does not suffice, we must also accept that DRR efforts which do not address systemic issues will have limited success in addressing disaster risk and minimise losses and suffering which follows when such risk is realized. Looking ahead, we must move beyond 'practicalities' and consider the extent to which international law facilitates the creation of disaster risk, including regulating the vulnerabilities and capacities of affected persons and communities." M. Aronsson-Storrier, "Beyond Early Warning Systems: Querying the Relationship between International Law and Disaster Risk (Reduction)", *Yearbook of International Disaster Law Online*, 2019, Vol. 1, No. 1, p. 69.

change, thus focusing on evacuation and planned relocation. This contribution therefore understands the anticipation on the part of States as the duty they have to "move people out of harm's way"[62], considering above all the obligation of States to *put in place* such measures even if this must be preceded by the adoption of an adequate legal framework[63]. Two questions therefore arise. First of all, at what point should States act? (para. 1). Second, how can they determine whether mobility is the best solution? (para. 2).

Paragraph 1   **When should states act? human rights as a benchmark**

Under international human rights law, States have an obligation to protect individuals' human rights from interference by third parties. Regional human rights courts have identified an anticipative dimension to the duty to protect, requiring States to *prevent* violations of human rights, especially the right to life[64]. This obligation obviously has limits: it depends on the State's knowledge of the violation in question, as well as the resources available to do so. In the *Osman* case, the ECtHR holds that the positive obligations associated with the right to life are incumbent on States only to the extent that "the authorities *knew or ought to have known* at the time of the existence of a real and immediate risk to the life of an identified individual or individuals from the criminal acts of a third party and that they failed to take measures *within the scope of their powers* which, judged reasonably, might have been expected to avoid that risk"[65]. It follows that "an impossible or disproportionate burden must not be imposed on the authorities without consideration being given, in particular, to the operational choices which they must make in terms of priorities and resources"[66].

The duty to prevent also applies in the event of a disaster[67], as the ECtHR's case law demonstrates[68]. States may use a variety of measures to protect the lives

---

62. B. Burson *et al.*, "The Duty to Move People Out of Harm's Way in the Context of Climate Change and Disasters", *Refugee Survey Quarterly*, 2018, Vol. 37, No. 4, pp. 379-407.
63. 2015 Guidance on Protecting People from Disasters and Environmental Change through Planned Relocation; 2017 Toolbox: Planning Relocations to Protect People from Disasters and Environmental Change.
64. IACtHR, *Velasquez Rodriguez* v. *Honduras* (1988), para. 175; ECtHR, *Osman* v. *United Kingdom* (1998), para. 115. Borges considers it unequivocal that "prevention is the starting point and one of the states' principal positive obligations", based on the ECtHR decisions in the *Öneryildiz* and *Fadeyeva* cases, I. Borges, *Environmental Change, Forced Displacement and International Law: From Legal Protection Gaps to Protection Solutions*, Routledge, 2019, p. 65.
65. ECtHR, *Osman* (1998), para. 116 (emphasis added). The IACtHR has adopted the same approach, see *Pueblo Bello Massacre* v. *Columbia* (2006), para. 123.
66. *Ibid.*, para. 116.
67. See OHCHR message on disaster risk reduction, in Borges, *op. cit.*, p. 45.
68. The ECtHR is the most advanced in the field but it is likely that other human rights bodies would adopt a similar reasoning. See UNHRC, "General Comment on the Right to Life", CCPR/C/GC/36, para. 28; Burson *et al.*, *op. cit.*, p. 388;

of individuals anticipatively, including "forced evacuations and prohibitions to return or even permanent relocation as a measure of last resort"[69]. When it comes to "natural" disasters[70], though, the ECtHR has specified that the already wide margin of appreciation granted to States regarding positive obligations was "even greater... in the sphere of emergency relief in relation to a meteorological event, which is as such beyond human control, than in the sphere of dangerous activities of a man-made nature"[71]. However, in assessing the obligations of States, their capacity to act must be weighed against the foreseeability of the disaster, notably in cases where "the circumstances... point to the imminence of a natural hazard that had been clearly identifiable, and especially where it concerned a recurring calamity affecting a distinct area developed for human habitation or use"[72]. Therefore, the advancement of knowledge in climate change makes it possible to conceive of an increasingly broad responsibility of States in the protection of individuals in an anticipatory manner: even if uncertainties remain inevitable, this should not justify inaction[73].

However, the need for a threat to life, as well as the criterion of imminence, lead one to question the real possibility of anticipation, particularly with regard to slow onset disasters. Some have recalled that human rights bodies have also recognized positive obligations under other human rights, although with greater discretion for States[74], while others have argued that the duty to prevent with regard to (non-immediate) structural risks should give rise to medium emergency measures to encourage the development of a more coherent doctrine of risk prevention[75]. Moreover, the obligation could also be inferred from the duty to ensure a "minimum core" identified by the UN Committee on Economic, Social and Cultural Rights[76], notably through the

---

A. Birchler, *Climate Change, Resulting Natural Disasters and the Legal Responsibility of States*, Interstentia, 2020, p. 195.
69. W. Kälin, "The Human Rights Dimension of Natural or Human-made Disasters", *German Yearbook of International Law*, 2012, p. 139.
70. The term "natural" disaster is contested in view of the interaction of the natural event with social vulnerability. See M. Scott, *Climate Change, Disasters, and the Refugee Convention*, CUP, 2020.
71. ECtHR, *Budayeva and others v. Russia* (2008), para. 135.
72. *Ibid.*, para. 137.
73. J. Verschuuren, "Introduction", *Research Handbook on Climate Change Adaptation Law*, Edward Elgar, 2013, pp. 9-11; D. K. Bardsley and G. J. Hugo, "Migration and Climate Change: Examining Thresholds of Change to Guide Effective Adaptation Decision-Making", *Popul Environ*, 2010, Vol. 32, No. 2, pp. 240, 255.
74. W. Kälin and J. Künzli, *The Law of International Human Rights Protection*, OUP, 2019, pp. 106-108.
75. F. C. Ebert and R. I. Sijniensky, "Preventing Violations of the Right to Life in the European and the Inter-American Human Rights Systems: From the Osman Test to a Coherent Doctrine on Risk Prevention?", *Human Rights Law Review*, 2015, Vol. 15, No. 2, pp. 343-368.
76. CESCR, "General Comment No. 3: The Nature of States Parties' Obligations (Art. 2, para. 1 of the Covenant)", UN Doc. E/1991/23,14 December 1990, para. 10.

continued accessibility of certain elements like housing, food or water [77]. Beyond the positive obligations as part of the duty to protect, one may indeed wonder whether compliance with the duty to fulfil, particularly with regard to economic, social and cultural rights, does not require such anticipation by States [78]. In fact, some have emphasized the need to realize housing, land and property rights in order to anticipate mobility in the context of climate change [79].

Lastly, while human rights offer the advantage of accountability [80], they are best appreciated when interpreted in the light of other branches of law. "Hybridization" is common and has already proven successful in climate litigation [81]. The principles of environmental law, in particular prevention and precaution, as well as climate change (adaptation) law and disaster (risk reduction) law, can also give content to the preventive approach generated by the dynamic reading of human rights [82].

Paragraph 2   **How should states act? mobility as a transformational solution to be approached with caution**

When it is established that the State must act, the question is how, and in particular when mobility is an appropriate solution. This means that the State, in spite of measures addressing more structural problems such as environmental protection, sees a part of its territory deteriorating and threatening the citizens who live there. In order to cope with this, different measures are possible and this involves choosing between *in situ* and mobility measures. The significance of mobility, whether temporary (evacuations) or permanent (planned relocation), in response to the effects of climate change is found in the various branches of international law relevant to the subject:

---

77. Burson *et al.*, *op. cit.*, pp. 390-391.
78. While the full realization of human rights is by nature progressive, the duty to fulfil also requires States to take "deliberate, concrete and targeted" steps from the outset, ESCR Committee, "General Comment No. 3: The Nature of States Parties' Obligations (Art. 2, para. 1, of the Covenant)", UN Doc. E/1991/23, 14 December 1990, para. 2.
79. E. Simperingham, "State Responsibility to Prevent Climate Displacement: The Importance of Housing, Land and Property Rights", in D. Manou *et al.* (eds.), *Climate Change, Migration and Human Rights: Law and Policy Perspectives*, Routledge, 2018, pp. 86-98; S. McInerney-Lankford, "Climate Change, Human Rights and Migration: A Legal Analysis of Challenges and Opportunities", in B. Mayer and F. Crépeau (eds.), *Research Handbook on Climate Change, Migration and the Law*, Edward Elgar, 2017, p. 160.
80. McInerney-Lankford, *op. cit.*, p. 140.
81. O. De Schutter, "Changements climatiques et droits humains : l'affaire Urgenda", *RTDH*, 2020, Vol. 123, pp. 596-597.
82. J. H. Knox, "Afterword: Environmental Disasters and Human Rights", in J. Peel and D. Fisher (eds.), *The Role of International Environmental Law in Disaster Risk Reduction*, Brill Nijhoff, 2016, pp. 453-469.

in climate change (adaptation) law [83], disaster (risk reduction) law [84], internal displacement law [85] and migration law [86]. Furthermore, specific guidelines for planned relocation in the event of disasters and environmental change have been developed by experts from international institutions and academia [87].

Evacuations are commonplace in international disaster law and are usually considered positive as they ultimately allow people to remain in place [88] – a good illustration of how mobility and immobility interact. Yet evacuations are not always sufficient, especially when areas disappear or become unliveable, or when the recurrence of disasters makes life barely bearable. On the other hand, planned relocations constitute a more transformational form of adaptation in that they touch more deeply on the essential features of the system [89]. They can be a solution to allow communities to continue to exist collectively [90], or to support people who do not have the financial or social resources to move on their own [91]. They can also be used when transformational measures are needed that no longer damage the environment but adjust to it, which is increasingly the case with climate change [92].

Indeed, climate change is the result of a lifestyle that is destructive to the environment [93], the response to this cannot therefore be limited to reproducing the ways of the past but requires profound changes in society [94]. Yet it is striking that climate change adaptation is sometimes at odds with climate

---

83. 2010 Cancun Adaptation Framework, para. 14 *(f)*.
84. Sendai Framework for Disaster Risk Reduction 2015-2030, Articles 27 *(h)* and *(k)*; 33 *(l)* and *(m)*.
85. 1998 Guiding Principles on Internal Displacement, Article 6.
86. 2018 Global Compact for Migration, para. 18.*j* and 21.*h*.
87. 2015 Guidance on Protecting People from Disasters and Environmental Change through Planned Relocation; 2017 Toolbox: Planning Relocations to Protect People from Disasters and Environmental Change.
88. J. McAdam, "Displacing Evacuations: A Blind Spot in Disaster Displacement Research", *Refugee Survey Quarterly*, 2020, Vol. 39, No. 4, pp. 583-590 ; J. Nalau, J. Handmer, "Improving Development Outcomes and Reducing Disaster Risk through Planned Community Relocation", *Sustainability*, 2018, Vol. 10, No. 10, p. 3545.
89. IPCC, *AR6 Climate Change 2022: Impacts, Adaptation and Vulnerability*, p. 179.
90. J. McAdam, "Historical Cross-Border Relocations in the Pacific: Lessons for Planned Relocations in the Context of Climate Change", *The Journal of Pacific History*, 2014, Vol. 49, No. 3, p. 326.
91. J. McAdam and E. Ferris, "Planned Relocations in the Context of Climate Change: Unpacking the Legal and Conceptual Issues", *Cambridge Journal of International and Comparative Law*, 2015, Vol. 4, No. 1, p. 166.
92. This is the focus on the Working Group II in the Sixth Assessment Report, IPCC, *AR6 Climate Change 2022: Impacts, Adaptation and Vulnerability*, p. 7.
93. I. Porras, "Appropriating Nature: Commerce, Property, and the Commodification of Nature in the Law of Nations", *Leiden Journal of International Law*, 2014, Vol. 27, No. 3, pp. 641-660.
94. U. Natarajan and J. Dehm, "Introduction: Where Is the Environment? Locating Nature in International Law", in J. Dehm and U. Natarajan (eds.), *Locating Nature: Making and Unmaking International Law*, CUP, 2022, pp. 1-18.

change mitigation [95]. The solutions must be part of a new relationship between humans and the environment, going beyond the Western thinking of progress and mastery of nature to consider a more harmonious relationship [96]. Many authors have stressed the inspiration to be taken from other worldviews rooted in the interconnectedness between humans and the environment [97]. Legal scholars have therefore attempted to translate this imperative into law, notably by emphasizing that adaptation measures must contribute to sustainable development [98] or even be sustainable [99]. One may also ask whether the collective right to a sound environment [100], or even the right of nature, may not also justify such need. Mobility, as an ancestral practice of our societies, can be one of the solutions in accordance with nature [101].

---

95. J. Verschuuren, *op. cit.*, p. 9.
96. See, for example, the concept of "nature-based solutions" developed by the International Union for Conservation of Nature (IUCN dedicated webpage: https://www.iucn.org/our-work/nature-based-solutions) and now widespread, especially in the European Union, EU dedicated webpage: https://research-and-innovation.ec.europa.eu/research-area/environment/nature-based-solutions_en.
97. U. Natarajan, "Decolonization in Third and Fourth Worlds: Synergy, Solidarity and Sustainability through International Law", in S. Xavier *et al.* (eds.), *Decolonizing Law: Indigenous, Third World and Settler Perspectives*, Routledge, 2021, pp. 77-83; I. Boas, "'Climate Mobility' Is a Proper Subject of Research and Governance", in A. Zahar and B. Mayer (eds.), *Debating Climate Law*, CUP, 2021, p. 213; M. Burkett, "Behind the Veil: Climate Migration, Regime Shift, and a New Theory of Justice", *Harv. CR-CL L. Rev.*, 2018, Vol. 53, No. 2, pp. 485-492; J. Alizzi, "The Logic of Industrial Capitalism Versus The Logic of Inuit Thinking – Denied Interconnectedness and How It Inhibits Broad-Based Action in The Human Rights And Environmental Spaces", *Journal of Human Rights and the Environment*, 2017, Vol. 8, No. 1, p. 167.
98. Mayer derives this obligation from both international climate change and sustainable development law, B. Mayer, *The International Law on Climate Change*, CUP, 2018, pp. 175-177. See also Warner *et al.*, *op. cit.*, p. 9; N. A. Robinson, "The UN SDGs and Environmental Law: Cooperative Remedies for Natural Disaster Risks", *The Role of International Environmental Law in Disaster Risk Reduction*, Brill Nijhoff, 2016, pp. 299-355.
99. Natarajan, "Decolonization in Third and Fourth Worlds", *op. cit.*; K. Bosselmann, "Losing the Forest for the Trees: Environmental Reductionism in the Law", *Sustainability*, 2010, Vol. 2, No. 8, pp. 2424-2448.
100. It belongs to the human rights of the third generation, that are collective in nature and that recognize that the human rights of individuals are sometimes reduced for the benefit of the community, P. Cullet, "Human Rights and Climate Change – Broadening the Right to Environment", in C. Carlarne, K. Gray and R. Tarasofsky (eds.), *The Oxford Handbook of International Climate Change Law*, OUP, 2016, pp. 499-519; C. Reiplinger, "L'évolution des droits fondamentaux et du climat. Réflexions sur les droits fondamentaux de la troisième génération", in C. Cournil and C. Colard-Fabregoule (eds.), *Changements climatiques et défis du droit*, Bruylant, 2010, pp. 277-296.
101. It is important to note that mobility can also contribute to the deterioration of the environment if large waves of migrants settle in areas that are already under pressure, hence the importance of anticipation by States in the face of deteriorating areas. About this, see K. Jacobsen, "Refugees' Environmental Impact: The Effect of Patterns of Settlement", *Journal of Refugee Studies*, 1997, Vol. 10, No. 1, pp. 19-36.

While praising planned mobility, one must also be aware of its dangers. Planned relocations in the development field have often been instrumentalized for hidden political and economic purposes [102], under an apparent objectivity concealing power relations [103]. Klepp and Vafeidis invite us to re-politicize climate change adaptation and to open a real debate with the community at risk on its future [104]. Far from being a purely technical matter, climate change adaptation entails "value judgments about what constitutes adverse impacts, which impacts should be addressed in priority, and how many resources should be dedicated to this" [105]. Decision-making must be carried out with the affected community, in accordance with the principles of justice [106]. This is part of their right to self-determination [107]; some even suggest funding communities directly so that they can undertake the whole process on their own [108]. In any case, the success of a measure such as planned relocation that uproots people ultimately depends on the community's perception of it [109].

In the end, the value of implementing planned relocation is highly contextual and its potential success relies primarily on community involvement – something that the literature on the subject has understood rather well [110]. One may wonder what the role of international law is in this. Apart from financing (see Sec. 3), international law is there to compel States to take their responsibilities seriously by anticipating, despite the political

---

102. A. Arnall, "Resettlement As Climate Change Adaptation: What Can Be Learned From State-Led Relocation in Rural Africa and Asia?", *Climate and Development*, 2019, Vol. 11, No. 3, p. 254.
103. B. Wilmsen and M. Webber, "What Can We Learn from The Practice of Development-Forced Displacement and Resettlement for Organised Resettlements in Response to Climate Change?", *Geoforum*, 2015, Vol. 58, pp. 76-85.
104. S. Klepp and A. T. Vafeidis, "Long-Term Adaptation Planning for Sustainable Coasts", *DIE ERDE – Journal of the Geographical Society of Berlin*, 2019, Vol. 150, No. 3, pp. 113-117.
105. B. Mayer, *The International Law on Climate Change*, *op. cit.*, p. 164.
106. R. Alba, S. Klepp and A. Bruns, "Environmental Justice and The Politics of Climate Change Adaptation – The Case of Venice", *Geographica Helvetica*, 2020, Vol. 75, No. 4, pp. 363-368.
107. G. Dawson and R. Laut, *Humans on the Move: Integrating an Adaptive Approach with a Rights-Based Approach to Climate Change Mobility*, Brill Nijhoff, 2021, pp. 97-99.
108. M. Burkett, "Lessons From Contemporary Resettlement in the South Pacific", *Columbia Journal of International Affairs*, 2015, Vol. 68, No. 2, pp. 75-91. Indeed, TWAIL authors have already pointed out that States can sometimes go against the interests of their people, A. Anghie and B. S. Chimni, "Third World Approaches to International Law and Individual Responsibility in Internal Conflicts", *Chinese Journal of International Law*, 2003, Vol. 2, No. 1, p. 83. See also the Fourth World approaches, U. Natarajan, "Decolonization in Third and Fourth Worlds", *op. cit.*
109. D. Petz, *Planned Relocations in The Context of Natural Disasters and Climate Change: A Review of The Literature*, Brookings, 2015, pp. 6-7.
110. See the guidance and toolbox developed by experts from international institutions and academia on the use of planned relocation to protect people from disasters and environmental change.

unpopularity of proactive measures [111], but also to offer some guidelines on the interests to be considered and the procedural safeguards that must be made available [112]. Several branches of international law are concerned with this preventive approach to securing the population; a welcome convergence seems to be emerging behind the notion of risk [113], but it needs to be strengthened [114]. Human rights, as always, provide an underlying framework, with minimum standards and effective remedies [115]. As a final point, it is important to note that adaptation to a changing environment, especially in the context of climate change, is always a "work in progress" [116] – but the sooner the work begins, the more we can hope to minimize harm to all.

SECTION 3   **FROM COOPERATION TO REPARATION, TO THE CHALLENGE OF SOLIDARITY**

Facilitating cross-border mobility involves opening up new legal avenues between States that respect human dignity. Facilitating internal mobility through effectively implemented national legal and policy frameworks [117] and developing a coherent and proactive response to the degradation of certain areas demand investment from affected States for which they may need financial support. The challenges for international law to regulate mobility in a world marked by climate change therefore require the commitment of all States. The involvement of non-affected States can be justified in various ways, from the most flexible to the most demanding, from the most consensual to the most transformative. Under general and specialized international law, States have a (soft) [118] duty to cooperate (para. 1). One step further, the past and present responsibilities for the damage caused by

---

111. C. Mortreux *et al.*, "Political Economy of Planned Relocation: A Model of Action and Inaction in Government Responses", *Global Environmental Change*, 2018, Vol. 50, p. 124; C. J. McGuire, "The Human Dimensions of Coastal Adaptation Strategies", *Sustainability*, 2021, Vol. 13, p. 549.
112. K. E. McNamara *et al.*, "The Complex Decision-Making of Climate-Induced Relocation: Adaptation and Loss and Damage", *Climate Policy*, 2018, Vol. 18, No. 1, pp. 111-117; P. P. Garimella, "Planned Relocation: an Unusual Case for Developed Countries", *Current Research in Environmental Sustainability*, 2022, Vol. 4, pp. 100-177.
113. See, as an example, IPCC, *AR6 Climate Change 2022: Impacts, Adaptation and Vulnerability*, p. 5; R. Mechler *et al.*, "Science for Loss and Damage. Findings and Propositions", in R. Mechler *et al.* (eds.), *Loss and Damage from Climate Change: Concepts, Methods and Policy Options*, Springer, 2019, pp. 23-25.
114. With regard to planned relocations, see Nalau, Handmer, *op. cit.*, p. 3554.
115. Knox, *op. cit.*, pp. 466-469.
116. Dawson, Laut, *op. cit.*, p. 213.
117. M. Wewerinke-Singh and T. Van Geelen, "Protection of Climate Displaced Persons under International Law: A Case Study from Mataso Island, Vanuatu", *Melbourne Journal of International Law*, 2019, Vol. 19, No. 2.
118. Mayer, *The Concept of Climate Migration, op. cit.*, pp. 186-255.

Northern States impose a (hard)[119] duty to make reparation (para. 2). In a last step, climate change perhaps highlights the need for international law to change its *modus operandi*, or rather, to fully realize itself: the very idea of an international law could be to achieve common goals together based on shared values, namely the principle of solidarity (para. 3). In the end, as Dawson and Laut aptly phrase it: "climate change – and, more critically, our response to climate change – [is] what will define, not our century, but rather ourselves – as individuals, communities, States, and a species"[120].

Paragraph 1   **Soft duty: cooperation**

If in its beginnings international law emerged with the simple aim of establishing peaceful coexistence between States, cooperation has since become one of its *raisons d'être*[121], as evidenced by the Charter of the United Nations (UN), which makes it one of the purposes of the UN in Article 1. Cooperation is particularly important[122] in the area of the environment[123], climate change[124] and disasters[125].

Cooperation is also very important in international human rights law, and especially when it comes to economic, social and cultural rights. Indeed, the Maastricht Principles provide extraterritorial obligations for economic, social and cultural rights that are more extensive than for civil and political rights in that they do not require effective control but rather the exercise of influence on the realization of the rights[126]. Some authors doubt, however, that States will accept such a broad interpretation in view of the refusal of States to endorse the proposal of the Office of the High Commissioner for Human Rights to characterize international cooperation as a human rights obligation[127].

---

119. *Ibid.*
120. Dawson, Laut, *op. cit.*, p. 6.
121. P. d'Argent, *Public International Law*, Louvain-la-Neuve, 2015.
122. For an overview, see P. G. Teles, C. Duval and V. T. da Veiga, "International Cooperation and the Protection of Persons Affected by Sea-Level Rise: Drawing the Contours of the Duties of Non-affected States", *Yearbook of International Disaster Law Online*, 2022, Vol. 3, No. 1, pp. 218-226.
123. 1972 Stockholm Declaration, Principle 24; 1992 Rio Declaration, Principle 27.
124. 1992 UN Framework Convention on Climate Change, Preamble and Article 4.
125. The Sendai Framework on Disaster Risk Reduction provides in para. 19 (a) that "[e]ach State has the primary responsibility to prevent and reduce disaster risk, including through international, regional, subregional, transboundary and bilateral cooperation". Burson *et al.* stress the significance of such wording as "it locates the duty to cooperate on disaster risk reduction as an *inherent component* of the State's own duty to prevent and reduce the risks of disasters", Burson *et al.*, *op. cit.*, p. 405.
126. Birchler, *op. cit.*, pp. 92-94.
127. M. Limon, "Human Rights Obligations and Accountability in the Face of Climate Change", *Georgia Journal of International and Comparative Law*, 2010, Vol. 38, pp. 565-566.

More generally, but convincingly, Burson *et al.* rely on the principle of good faith and suggest that

"[t]aking into account the legal principle of cooperation between States as enshrined in the UN Charter and the ICESCR, one could even argue that States approached by other countries in need of international support are, to quote the International Court of Justice [in its *North Sea Continental Shelf* judgment], 'under an obligation to enter into negotiations with a view to arriving at an agreement, and not merely to go through a formal process of negotiation'"[128].

The principle of good faith, considered to be among the most important general principles of law [129], is perhaps a first sign of this will among States that the objectives defined together through international law are sincerely pursued. However, the duty to cooperate remains rather vague as to what obligations it imposes on whom and to what extent, not to mention the fact that it remains poorly enforceable.

Paragraph 2   **Hard duty: reparation**

There is no longer any doubt that climate change was mainly caused by the so-called developed States whose development was based on high greenhouse gas emissions. The emissions of the past remain in the atmosphere, along with the new ones that still come mostly from the same States [130]. Faced with this undisputed fact, a fundamental principle of international environmental law seems to impose itself: the "no-harm" rule, belonging to international customary law, prohibits States from undertaking activities that would cause damage to the environment of other States. Yet it has never been applied in this area, due mainly to the issue of causation [131].

In a context where climate litigation is increasingly innovative, legal scholars are reformulating the argument. Birchler [132] refers more particularly to the enshrinement of the no-harm rule in the 2001 ILC Draft Articles on Prevention of Transboundary Harm form Hazardous Activities, which require in Article 3 that States "take all appropriate measures to prevent significant transboundary harm or at any event to minimize the risk thereof". Although greenhouse gas emissions are not illegal *per se*, they cause damage in other

---

128. Burson *et al.*, *op. cit.*, p. 407 (internal note omitted).
129. J. Wouters, "Bronnen van het Internationaal Recht [Sources of international law]", in N. Horbach, R. Lefeber and O. Ribbelink (eds.), *Handboek internationaal recht [Handbook international law]*, TMC Asser Press, 2007, p. 103.
130. IPCC, *AR4 Climate Change 2007: Impacts, Adaptation and Vulnerability*, pp. 7-22.
131. N. Jägers and M. C. Gromilova, "Climate Change Induced Displacement and International Law", in J. Verschuuren (ed.), *Research Handbook on Climate Change Adaption Law*, Edward Elgar, 2013, pp. 99-101.
132. Birchler, *op. cit.*, pp. 86-88.

countries and States can minimize such damage by opening up new legal migration pathways and financing adaptation in those countries, including mobility measures. On the other hand, Mayer [133] assumes that "the failure of a State to prevent excessive GhG emissions from activities under its jurisdiction constitutes a breach of the no-harm principle" and deduces that this engages the responsibility of the State under international law on the responsibility of States for internationally wrongful acts, which therefore entails remedial obligations on its part.

If the money is to finance adaptation within the affected States, and if migration channels are opened to allow the use of mobility as a form of adaptation, it is still more appropriate to consider these as loss and damage. This makes sense factually, since these measures are actually taken because of the harm caused, but it also avoids a form of interference by the donor States [134], who are then no longer masters of a discretionary charity but debtors of an obligation incumbent upon them. The discourse of loss and damage, while gaining momentum today [135], has not yet led to any funding from the States. There are currently several funds in the UNFCCC regime, with different but overlapping focuses, all of which suffer from a lack of resources, but none of which cover reparation. This refusal to recognize any form of responsibility is also reflected in the principle of common but differentiated responsibility, about which there is a disagreement between the Global South for whom differentiation is about historical responsibility and the Global North for whom differentiation is about capabilities, thereby reiterating their superiority [136].

There is therefore a basis for reparatory justice in this area [137], which makes it possible to identify the debtors of the obligation and to make the support binding. However, the idea has not yet found its place in international law, failing to be recognized by Northern States [138]. But the argument is strong,

---

133. Mayer, *The International Law on Climate Change, op. cit.*, p. 187.

134. Mayer, *The Concept of Climate Migration. Advocacy and its Prospects, op. cit.*, p. 234.

135. This contribution is written a few days before COP 27, where loss and damage will be a major issue. See, for example, UN News, "COP27: What you need to know about this year's big UN Climate Conference", 28 October 2022.

136. J. Dehm, "Carbon Colonialism or Climate Justice? Interrogating the International Climate Regime from a TWAIL Perspective", *Windsor Yearbook of Access to Justice*, 2016, Vol. 33, No. 3, p. 141.

137. According to some, notably TWAIL scholars, this responsibility goes even further since Western States have colonized Third World States, thereby creating particular vulnerabilities that make them less able to cope with the effects of climate change, C. G. Gonzalez, "Migration as Reparation: Climate Change and the Disruption of Borders", *Loyola Law Review*, 2020, Vol. 66, pp. 401-444; Burkett, "Behind the Veil: Climate Migration, Regime Shift, and a New Theory of Justice", *op. cit.*, pp. 445-493; Baldwin, Fröhlich, Rothe, *op. cit.*, pp. 289-297.

138. In particular, Paris COP decision, para. 51, excludes liability and compensation from the scope of Article 8 on loss and damage.

based on undisputed facts, and must be carried forward until it succeeds so as to engage all States. It is also a necessary first step toward a fair handling of the issue, for which the recognition of past and present responsibilities is essential [139]. In my view, however, international law cannot simply point the finger at the guilty parties; to be meaningful, it must build a common future on the basis of this shared history. This brings us to the more prospective reflections on the principle of solidarity as a foundation of international law.

Paragraph 3   **A new rationale for international law: solidarity**

In his lecture for The Hague Academy of International Law, Wolfrum observes "the transformation of international relations from a system governed by the coexistence of States into a law of cooperation and now into a legal system based upon common values" and concludes "[o]n that basis" that "the recourse to the principle of solidarity is a matter of logic" [140]. According to Spijkers also [141], international law as conceived by the UN consists of identifying norms based on shared values, whose observance is considered a shared legal interest and whose realization must be pursued through a shared effort. This quest for shared values from which legal norms are derived, while difficult in a diverse world, is therefore what "would make possible the realization of a truly international law" [142].

In the face of climate change, the construction of a common narrative with shared values and goals through international law has emerged as a necessity. In their book dedicated to the loss and damage from climate change, Mechler *et al.* consider that the solution ultimately relies on finding a new narrative that is no longer that of "a win-lose negotiation 'game'", but is framed in a more inclusive way, "highlighting collective ambition, mutual benefits and

---

139. Klinsky and Brankovic suggest to approach the climate regime through the lens of transitional justice: not only is a transition necessary from a fossil fuel-based system to a green system, but it also rests on a tension between past responsibilities and the need to turn to the future. In this context, any solution to climate change requires starting with "the recognition that historically rooted events, systems, and norms responsible for imposing harms on particular populations must be included in any viable pathway toward a future in which all people are able to lead full, flourishing lives" – the core principle of transitional justice, S. Klinsky and J. Brankovic, *The Global Climate Regime and Transitional Justice*, Routledge, 2018, p. 184.
140. R. Wolfrum, *Solidarity and Community Interests: Driving Forces for the Interpretation and Development of International Law*, Brill Nijhoff, 2021, p. 451 (footnotes omitted).
141. O. Spijkers, "Value-Based Norms as the Foundation for the Pursuit of Health in Global Solidarity", in S. Murase and S. Zhou (eds.), *Epidemics and International Law*, Brill Nijhoff, 2021, p. 82.
142. M. Chemillier-Gendreau, *Humanité et souverainetés : Essai sur la fonction du droit international*, La Découverte, 1995, p. 330.

the role of transformation" [143]. The principle of common concern conveys this awareness, in that it goes "beyond the traditional precepts of territoriality" as it "does not require such linkages, but depends upon an examination as to whether the measure and action is able to support the attainment of a Common Concern" [144]. Basing international law on a sovereignty that is still defined as the power of a State to refuse to collaborate with other States, is no longer appropriate in the face of globalization and the interdependence of States [145].

While the principle of solidarity requires the definition of common value-based norms [146], universalism must be contextualized [147] and accommodate the diversity of concrete situations, as the principle of common but differentiated responsibilities suggests. This recalls, according to Aguila and de Bellis [148], the idea of distributive justice developed by Aristotle, which requires aiming at a *de facto* equality by proceeding to a distribution of goods according to the talents and capacities of each person. This concern for equity and social justice in the response to global challenges is found in the definition of solidarity by the UN General Assembly [149]. Yet this need for differentiation is not unknown, and international law has already made some modest progress, as pointed out by Voigt and Ferreira:

"Traditionally, international law is defined by the sovereign equality of states, which aims to guarantee that all states have equal rights and obligations. Yet, states differ significantly. Based on the concepts of cooperation, effectiveness and solidarity, those differences must be taken into account in order to create a fair international legal order. Differential treatment – or differentiation between states – has therefore become an important feature of international law. The idea is to bring about practical, rather than formal, equality among *de facto* unequal states and to increase participation in and the effectiveness of international agreements." [150]

---

143. Mechler *et al.*, *op. cit.*, p. 30.
144. T. Cottier *et al.*, "The Principle of Common Concern and Climate Change", *Archiv des Völkerrechts*, 2014, Vol. 52, No. 3, p. 141.
145. Hollifield, *op. cit.*, pp. 885-912; S. Castles, "Why Migration Policies Fail", *Ethnic and Racial Studies*, 2004, Vol. 27, No. 2, pp. 205-227; M. Delmas-Marty, "Gouverner la mondialisation par le Droit", *RED*, 2020, Vol. 1, No. 1, pp. 6-11.
146. Spijkers, *op. cit.*, pp. 79-115.
147. Y. Aguila and M.-C. de Bellis, "Un Martien aux Nations Unies, ou réflexions naïves sur la gouvernance mondiale de l'environnement", *Le Grand Continent*, 14 March 2021.
148. *Ibid.*
149. UNGA, "United Nations Millennium Declaration", UN Doc. A/RES/55/2, 8 September 2000, para. 6. It is also interesting to note that the UNGA refers mainly to the principle of solidarity in order to draw attention to the most vulnerable or the most affected, Spijkers, *op. cit.*, p. 90.
150. Voigt and Ferreira, "Dynamic Differentiation", 286, (internal notes omitted). See also L. Rajamani, *Differential Treatment in International Environmental Law*, OUP, 2006.

This necessity is particularly relevant in the context of climate change [151]. Analyzing the unquestioned celebration of human rights in climate litigation, Raible warns that "they do not, in and of themselves, provide those principles of priority that are needed to distribute resources fairly in the first place" while "climate justice is primarily a distributive issue" [152]. This echoes the social justice discourse carried by the Global South from the beginning in international dialogues on environmental protection, but which has failed to prevail against the scientific discourse of the Global North [153]. Crucially, distributive justice makes it possible to tackle people's underlying vulnerabilities that condition their ability to use mobility positively and to cope with disasters [154].

In this sense, solidarity seems better equipped than cooperation to deal with current issues, including climate change. Solidarity differs from cooperation in that the latter "takes place outside a value-oriented system" [155]. It is this characteristic that makes solidarity "one of the multifunctional, constituent elements of the concept of justice in public international law" [156] and that makes it indispensable to speak of a true international community beyond an international society [157]. As described by Villalpando, indeed,

"the international community is characterized by a particular degree of cohesion that derives from the solidarity of the members of the social group in safeguarding certain identical collective interests" [158].

If the idea still seems utopian, Dupuy advised that

"actions in the promotion of universal values, which have now been integrated into the rules of positive law, must always be carried

---

151. A. Williams, "Solidarity, Justice and Climate Change Law", *Melb. J. Int'l L.*, 2009, Vol. 10, No. 2, p. 507.
152. L. Raible, "Expanding Human Rights Obligations to Facilitate Climate Justice? A Note on Shortcomings and Risks", *EJIL: Talk!*, 15 November 2021.
153. U. Natarajan, "Third World Approaches to International Law (TWAIL) and the Environment", in A. Philippopoulos-Mihalopoulos and V. Brooks (eds.), *Research Methods in Environmental Law: A Handbook*, 2017, p. 229; S. Atapattu and C. G. Gonzalez, "The North–South Divide in International Environmental Law: Framing the Issues", in C. G. Gonzalez *et al.* (eds.), *International Environmental Law and the Global South*, CUP, 2015, p. 1. On the relevance of North-South justice to the climate change-migration nexus, see S. Klepp, F. Gesing and J. Herbeck, *Denaturalizing Climate Change. Migration, Mobilities and Spaces*, Universität Bremen, 2014.
154. See footnotes 49 and 61.
155. R. Wolfrum, "Concluding Remarks", in R. Wolfrum and C. Kojima (eds.), *Solidarity: A Structural Principle of International Law*, Springer, 2010, p. 228.
156. K. Wellens, "Revisiting Solidarity as a (Re-)Emerging Constitutional Principle: Some Further Reflections", in R. Wolfrum and C. Kojima (eds.), *Solidarity: A Structural Principle of International Law*, Springer, 2010, p. 7.
157. *Ibid.* p. 8.
158. S. Villalpando, *L'émergence de la Communauté internationale dans la responsabilité des Etats*, Graduate Institute, 2005, p. 26 (translation by the author).

out resolutely but with vigilance, without naivety but also without compromise"[159].

SECTION 4 CONCLUSION

We will not find "the" solution for "climate migrants". Climate migrants do not exist: moving according to circumstances, especially a changing environment, is a human reality that concerns us all. And the solution is to start by not considering migration *per se* as a problem. What climate change says about international law on movement is that it is time to change its foundation. Migration, or rather mobility in its diversity, should no longer be prevented at all costs, but governed in such a way that it is as little as possible a constraint that makes people more vulnerable, and as much as possible an opportunity for virtuous adaptation.

Mobility gives humans the opportunity to adapt to nature. Climate change is the result of a myth: the belief that humans can dominate and control nature. The response to climate change cannot repeat the mistakes of the past [160]. It must be part of a different, more harmonious relationship with the environment. It must be inspired by other visions of the world and aim at sustainability. It is a reflection on "which kind of climate, mobility and society we want for the decades to come" [161]. Mobility is in phase with this need to be more humble, more attentive to the environment.

Mobility is often positive when it is chosen and undertaken autonomously: it therefore requires international and internal regulation that favors the act of moving. In some cases, most notably when the degradation of a territory is foreseeable, when individuals are too vulnerable or simply when they want to maintain their collective existence as a community, mobility can be planned with the support of the State. In a world marked by climate change, the effects of which are known to a certain extent, States' responsibility to protect requires them to anticipate as far as possible in order to hope for the least painful outcome for all.

The challenge of mobility justice and the challenge of anticipation call for another challenge, perhaps even more important: that of an international law based on solidarity. Climate change highlights the interdependence of States.

---

159. P.-M. Dupuy, "Some Reflections on Contemporary International Law and the Appeal to Universal Values: A Response to Martti Koskenniemi", *European Journal of International Law*, 2005, Vol. 16, No. 1, p. 137.
160. As Hobsbawm points out in his book on "the age of extremes", "If humanity is to have a recognizable future, it cannot be by prolonging the past or the present", E. Hobsbawm, *The Age of Extremes: A History of the World, 1914-1991*, Vintage Books, 1994, p. 585.
161. G. Bettini, "Where Next? Climate Change, Migration, and the (Bio)politics of Adaptation", *Global Policy*, 2017, Vol. 8, No. S1, p. 37.

It is a striking illustration of the world's inequalities. It appeals to our sense of justice. We could "be content" with reparatory justice. But even though it has not yet been achieved, I think it is necessary to advocate for more: distributive justice. An international law based on common values, pursued together but with a fair distribution of efforts.

All this may seem quite utopian. Yet this is commonplace. When legal scholars study issues of migration or climate change, they usually come to the conclusion that the problem lies in structural failures of international law and the solution calls for profound shifts [162]. This appeal for an international law more firmly based on solidarity is also found in political discourses [163]. To use the telling metaphor of Aguila and de Bellis [164], if a Martian came to Earth, he would ask why it is not already the case.

---

162. After examining all the avenues proposed to address the issue of climate migrants, Mayer concludes his book as follows: "There is no solution to 'climate migration' because 'climate migration' is not an issue in and by itself. Beyond the issues reflected by climate migration lie some of the major shortfalls of today's global governance." Mayer, *The Concept of Climate Migration. Advocacy and its Prospects*, *op. cit.*, p. 301, Burkett, developing the climate justice position, speaks about "the unfinished work of the law" and explains that "Current legal structures and underlying principles facilitated, if not actively produced, both the significant disruption to global atmospheric chemistry as well as the erratic and uneven vulnerability to its effects", Burkett, "Behind the Veil: Climate Migration, Regime Shift, and a New Theory of Justice", *op. cit.*, p. 456.

163. See, in particular, the contribution of Spijkers who traces the use of the notion of solidarity within the UN, in a general way but also more specifically in the context of the Covid-19 pandemic which has revived the question, Spijkers, *op. cit.*, pp. 79-115.

164. Aguila, de Bellis, *op. cit.*

13 Climate Crisis and the Testing of International Human Rights Remedies: Forecasting the Inter-American Court of Human Rights

Juan Auz*

INTRODUCTION

The climate crisis is already affecting and will continue to affect human and natural systems across the planet, especially in Global South geographies like Latin America and the Caribbean (LAC). Undoubtedly, this jeopardises entire communities' enjoyment of human rights. In response to this ever-increasing challenge, international human rights courts and bodies have only recently started adjudicating some climate crisis concerns. So far, only one of these organs specified obligations for States to appropriately address the climate crisis. Against this backdrop, this chapter will interrogate if international human rights remedies can contribute, in any meaningful manner, to tackle the climate crisis and if they could be redesigned for improvement. The Inter-American Court of Human Rights (IACtHR) case law with environmental dimensions will be scrutinised to provide a situated case study on how international human rights remedies are designed. The rationale of the IACtHR as a case study is that it has jurisdiction over most of LAC, a climate-vulnerable region, rendering it an excellent geographical candidate to test the tools of international law. Since climate litigation is still extraneous to the IACtHR, it is argued that its indigenous peoples' rights case law is a good proxy for analytical extrapolation, given its rich discussions for collective environmental protection. This chapter will first introduce how environmental reparations have been dealt with in international human rights courts and bodies. Secondly, an analysis of the emergence of climate litigation before international human rights bodies and the associated remedial outcomes will be conducted. Thirdly, aiming to test the limits of human rights remedies in a concrete legal space, a more granular examination of the indigenous peoples' rights case law before the IACtHR will be elaborated. Fourthly, based on the effectiveness of remedies in the examined case law, this section will put forward three climate litigation scenarios (mitigation, adaptation and loss and

---

*PhD researcher at the Hertie School's Centre for Fundamental Rights and postdoc researcher for the TransLitigate project at Tilburg University's Law School.

damage) to propose options for remedial design. Ultimately, this chapter aims to anticipate the future of climate remedies at the IACtHR and imagine them in a way that seriously considers remedial relevance and effectiveness.

SECTION I INTRODUCTION: INTERNATIONAL HUMAN RIGHTS REMEDIES AND ENVIRONMENTAL PROTECTION

It has become a mantra in the human rights literature to describe that when domestic relief for a human rights violation is inadequate, unsatisfactory or inexistent, international human rights courts and bodies will subsidiarily assist a petitioner by granting them a proper remedy [1]. Indeed, this has been the goal of international human rights courts and bodies (IHRCBs) created under the auspices of the United Nations or regional human rights conventions [2]. The notion of obtaining remedial action under international law is spelled out in Article 31 of the Draft Articles on State Responsibility for International Wrongful Acts (ARSIWA), which stresses that reparations are due by States when material or moral injury was caused by an internationally wrongful act [3]. The scope of the obligation to reparations, as set in Article 33.2 of ARSIWA is not constrained to States alone. It includes "any right, arising from the international responsibility of a State, which may accrue directly to any person or entity other than a State" [4]. Accordingly, State responsibility for the breach of an obligation under a human rights treaty foregrounds the condition for rights holders to be the ultimate beneficiaries of applicable remedies.

Virtually all IHRCBs are mandated to order remedies that benefit the victims when they find a breach of the State's treaty obligation [5]. These judgments contain orders directed to the States to redress the harm resulting from certain

---

1. Andreas Føllesdal, "Subsidiarity and International Human-Rights Courts: Respecting Self-Governance and Protecting Human Rights – Or Neither?" (2016), 79 *Law and Contemporary Problems* 147; Jan Kratochvíl, "Subsidiarity of Human Rights in Practice: The Relationship between the Constitutional Court and Lower Courts in Czechia" (2019), 37 *Netherlands Quarterly of Human Rights* 69; Robert Spano, "Universality or Diversity of Human Rights? Strasbourg in the Age of Subsidiarity" (2014), 14 *Human Rights Law Review* 487.
2. Christine Gray, "Remedies", in Cesare P. R. Romano, Karen J. Alter and Yuval Shany (eds.), *The Oxford Handbook of International Adjudication*, Oxford University Press, 2013.
3. International Law Commission, "Draft Articles on Responsibility of States for Internationally Wrongful Acts, with Commentaries", International Law Commission 2001, Report of the ILC on the work of its 53rd session A/56/10 91.
4. *Ibid.*, 94.
5. Sofía Galván Puente, "Legislative Measures as Guarantees of Non-Repetition: A Reality in the Inter-American Court, and a Possible Solution for the European Court" [2009], Revista IIDH 69.

conduct determined to be wrongful. Generally, the verdicts are firstly composed of the rationale upon which the courts attribute the defendant's conduct in contraposition of the law. Secondly, if the behaviour breaches an obligation, it orders a set of remedial actions [6]. Remedies either demand bringing the current state of affairs to how it was before the affecting conduct took place *(status quo ex-ante)*, create the material and behavioural conditions for the plaintiff's sense of retribution or serve as dissuasive norms for future harm [7]. The approach an IHRCB will follow may vary depending on several circumstances, including the procedural legal framework that confines their operation, the type of violation committed and the harm caused, the force of persuasion of plaintiffs' claims for reparations or particular idiosyncrasy they have developed in their culturally-aligned practice [8]. However, all IHRCBs opt for a remedy codified in the UNGA Resolution on "Basic Principles and Guidelines on the Right to a Remedy and Reparation for Victims of Gross Violations of International Human Rights Law and Serious Violations of International Humanitarian Law" [9]. These forms include restitution, compensation, rehabilitation, satisfaction and guarantees of non-repetition.

Article 13 of the European Convention on Human Rights guarantees the right to effective redress. Article 41 authorises the European Court of Human Rights (ECtHR) to award and afford just satisfaction to the injured party when domestic legislation allows only partial reparation [10]. In the Inter-American Human Rights System (IAHRS), Articles 51 and 63 of the American Convention on Human Rights establish how the Inter-American Commission on Human Rights (IACHR) and the Inter-American Court of Human Rights (IACtHR) shall proceed to grant remedies, respectively. Article 51 states that the IACHR has the mandate to transmit a report to the State defendant with pertinent recommendations and a deadline to take remedial measures, after which it shall decide whether they were complied with [11]. Article 63 (1) recognises that the IACtHR shall grant victims appropriate remedies, including fair compensation payment [12]. Similarly, Article 27 (1) of the Protocol to the African Charter

---

6. *Velásquez-Rodríguez v. Honduras (Merits)* [1988] IACtHR Series C No. 04 [166].
7. Dinah Shelton, *Remedies in International Human Rights Law*, 3rd ed., Oxford University Press, 2015, 19; *Case Concerning the Factory at Chorzów (Merits)* [1928] PCIJ Series A. No. 17 [47].
8. Başak Çalı, "Explaining Variation in the Intrusiveness of Regional Human Rights Remedies in Domestic Orders" (2018), 16 *International Journal of Constitutional Law* 214.
9. Basic Principles and Guidelines on the Right to a Remedy and Reparation for Victims of Gross Violations of International Human Rights Law and Serious Violations of International Humanitarian Law, 2006 (A/RES/60/147).
10. European Convention for the Protection of Human Rights and Fundamental Freedoms 1950, Article 13.
11. Organization of American States, "American Convention on Human Rights" (1970), 9 *International Legal Materials* 673, Article 51.
12. *Ibid.*, 63.

on Human and Peoples' Rights Establishing an African Court on Human and Peoples' Rights states that the Court shall issue specific instructions to correct the violation, including the payment of fair compensation [13]. Several United Nations human rights treaty bodies, arguably weaker in authority than regional mechanisms [14], have jurisdiction to receive individual and inter-State complaints. These are sometimes included in optional clauses within the treaty but are often contained in a separate protocol [15]. Despite none of these treaty bodies having explicit legal competence to order compensation or other remedies, they occasionally incorporate calls to give restitution, pay compensation, or afford other remedies through their observations on periodic State reports, in general comments, and in their views on communications [16].

A common practice between the Inter-American Court of Human Rights (IACtHR) and the European Court of Human Rights (ECtHR) has been to place their focus on granting satisfaction measures based on pecuniary reparations. However, after the *Loayza-Tamayo* v. *Peru* case, the IACtHR began to steer away from that trajectory and instead redirected its course towards granting non-pecuniary reparations. Specifically, the IACtHR ordered that the State Party adopts domestic legal measures to conform to the American Convention on Human Rights [17]. This case represented what might be called a breaking point, after which the IACtHR was described as having the most wide-reaching remedies afforded in international human rights law, while the ECtHR holds a somewhat restrictive remedial mandate that prompts it to adopt a deferential approach *vis-à-vis* the respondent State [18]. In light of this, the ECtHR underwent a procedural revamp by creating the "pilot judgment" procedure, the findings and redress of which stem from a single case and can apply to a situation affecting many other applicants [19].

Due in large part to the upsurge of industrial activities and the associated global pressure on natural resource exploitation, in recent years, IHRCBs have used their contentious and advisory functions to review claims of human rights infringements resulting from environmental harm [20]. In several of these cases, a diverse constellation of remedies was ordered. For instance,

---

13. Protocol to the African Charter on Human and Peoples' Rights on the Establishment of an African Court on Human and Peoples' Rights 1998, Article 27.
14. Helen Keller and Geir Ulfstein, "Introduction", in Helen Keller and Geir Ulfstein (eds.), *UN Human Rights Treaty Bodies: Law and Legitimacy*, Cambridge University Press, 2012, 3-4.
15. Shelton (n. 7) 191.
16. *Ibid.*, 193.
17. *Loayza-Tamayo* v. *Peru (Reparations and Costs)* [1998] IACtHR Series C-42 45.
18. Galván Puente (n. 5) 70.
19. Rules of Court 2022 32.
20. Alan Boyle, "Human Rights and the Environment: Where Next?" (2012), 23 *European Journal of International Law* 613.

in *Portillo Cáceres* et al. v. *Paraguay*, the UN Human Rights Committee found Paraguay in breach of its obligation to protect the rights to life, privacy, family and home as it did not correctly prevent unlawful air spraying of toxic agrochemicals, resulting in damages to people and the environment [21]. Accordingly, the UN Human Rights Committee recommended Paraguay to conduct a thorough investigation of the events and hold infringing Parties accountable (satisfaction), adequately pay reparations for damages (compensation) and take steps to prevent similar violations in the future (non-repetition) [22]. Similarly, in *Benito Oliveira* et al. v. *Paraguay*, a case about aerial spraying of toxic agrochemicals over indigenous territories, the UN Human Rights Committee determined that the environmental repercussions of these harmful substances encroach upon the community's rights to privacy, family, home and the enjoyment of culture. As a result, the Committee ordered Paraguay to comply with the same remedies it ordered in *Portillo Cáceres* et al., with the addition that the respondent State must take all measures necessary to remedy the environmental degradation in close consultation with the community [23].

The IACHR has also been significantly proactive in granting broad remedies to human rights victims of environmental-related harm. On 1 April 2011, the IACHR granted precautionary measures for the members of the Xingu River Basin indigenous communities in Pará, Brazil [24]. The request for precautionary measures alleges that the life and physical integrity of the beneficiaries is at risk due to the impact of the construction of the Belo Monte hydroelectric power plant. The IACHR requested that the State of Brazil immediately suspend the licensing process for the Belo Monte hydroelectric plant project and stop any construction work from moving forward until a meaningful process of consultation with accessible environmental impact assessments is guaranteed [25]. Ten years later, in *La Oroya Community* v. *Peru*, a case concerning environmental harm resulting from the longstanding pollution of a metallurgical complex, the IACHR found violations, among others, to the rights to a life with dignity, access to information on environmental issues and a healthy environment [26]. Consequently, the IACHR asked the IACtHR to establish, as reparation measures, *inter alia*, compensation to the victims, provide healthcare and adopt non-repetition measures. The IACHR listed very

---

21. *Portillo Caceres* v. *Paraguay* [2019] Human Rights Committee CCPR/C/126/D/2751/2016 [7.1-10].
22. *Ibid.*, 10.
23. *Benito Oliveira Pereira* et al. v. *Paraguay* [2021], UN Human Rights Committee CCPR/C/132/D/2552/2015 [10].
24. *Precautionary Measures in the Case Indigenous Communities of the Xingu River Basin* v. *Brazil* [2011], IACHR PM 382-10.
25. *Ibid.*
26. *Application with the IACtHR in La Oroya Community* v. *Peru* [2021], IACHR Case No. 12.718 3.

specific participatory environmental assessments and reparations, namely, to reform national air quality and pollutants standards following international parameters [27].

Now that human rights litigation before IHRCBs encompasses environmental concerns, the new generation of this category of cases is likely to put climate change at the forefront. If one of these cases reaches the final stage of the judicial process, and a court grants remedies benefitting plaintiffs in a proactive climate case, judges must apply a very specific catalogue of redress mechanisms. Except for a handful of studies in the literature [28], commentators have not paid enough attention to international human rights remedies in the context of climate-related litigation. To fill this gap, this chapter will examine the remedies the organs of the IAHRS have granted in cases concerning the protection of indigenous peoples' rights in resource extraction settings. Given that no specific climate-related case has reached the merits stage of the judicial process, it is here argued that the selected environmental-related cases are the most similar to those in climate litigation, which allows for sound comparative analysis and juridical forecasting. Cases about indigenous peoples' rights before the IACHR and the IACtHR tend to discuss aspects of collective harm and redress, projects and policies detrimental to a healthy environment, and uneven distribution of socio-environmental burdens and benefits based on vulnerability markers. These aspects are also present in numerous climate litigation cases [29]. Such similarity enables us to anticipate what remedies the IAHRS' organs could order, the potential barriers to their implementation based on present practice and ways to optimise compliance through remedial enhancement. The remainder of the chapter will discuss an overview of the existing practice of climate remedies by IHRCBs. The following section analyses the remedial approach of the IAHRS in indigenous peoples' rights cases and underscores the problem of consistently low compliance with specific reparation measures. Finally, the chapter ends with a normative argument that calls for reforms of current remedial practices to combat low compliance. This contribution seeks to render international human rights remedies more resilient to the future testing of international law.

---

27. *Ibid.*, 4.
28. Margaretha Wewerinke-Singh, "Remedies for Human Rights Violations Caused by Climate Change" (2019), 9 *Climate Law* 224; Helen Keller, Corina Heri Corina and Réka Piskóty, "Something Ventured, Nothing Gained? – Remedies Before the ECtHR and Their Potential for Climate Change Cases" (2022), 22 *Human Rights Law Review* 1.
29. Birsha Ohdedar, "Climate Adaptation, Vulnerability and Rights-Based Litigation: Broadening the Scope of Climate Litigation Using Political Ecology" (2022), 13 *Journal of Human Rights and the Environment.*

SECTION II   **CLIMATE REMEDIES AND INTERNATIONAL HUMAN RIGHTS COURTS AND BODIES**

Human rights-based climate litigation and ensuing remedies have increased at the domestic level [30]. It is also a phenomenon that occurs before international human rights courts and bodies [31]. However, contrary to the trajectory in domestic courts, most cases concerning the climate crisis filed before IHRCBs are still pending, some have been dismissed and only a couple have yielded verdicts containing some remedies.

The lion's share of pending cases lies at the European Court of Human Rights (ECtHR), which, at the time of writing, amounts to eleven, according to the Sabin Center for Climate Change Law's climate litigation repository [32]. It is difficult to predict what type and scope of remedies the ECtHR might award. Still, at least it is possible to determine the applicants' opinion of remedies based on their petitions. For example, in *Duarte Agostinho* et al. v. *Portugal* et al., applicants allege that greenhouse gas emissions from thirty-three Contracting States contribute to global warming and, as a result, cause heat waves that impair the applicants' living circumstances and health [33]. The applicants, among other things, complain about these thirty-three States' failure to meet their commitments under the 2015 Paris Agreement to keep the increase in global average temperature well below 2 °C above pre-industrial levels and to pursue efforts to limit the temperature increase to 1.5 °C above those same levels, with the understanding that this would significantly reduce the risks and impacts of climate change. The application articulates an injunctive type of remedy, whereby it requests the ECtHR to recognise that the signatory States are under an obligation to take measures to regulate in an adequate manner their contributions to climate change. As a corollary, the applicants seek an authoritative statement from the ECtHR that Member States share a presumed responsibility regarding climate change and that the uncertainty as to the "fair share" of this contribution between the Member States can only operate in the applicants' favour. In this context, the applicants would like to see in writing that the notion of States' shared responsibility does exist and is valid [34].

---

30. Annalisa Savaresi and Joana Setzer, "Mapping the Whole of the Moon: An Analysis of the Role of Human Rights in Climate Litigation" [2021], SSRN Electronic Journal, https://www.ssrn.com/abstract=3787963, accessed 27 January 2022.
31. Annalisa Savaresi and Juan Auz, "Climate Change Litigation and Human Rights: Pushing the Boundaries" (2019), 9 *Climate Law* 244.
32. Sabin Center for Climate Change Law, "European Court of Human Rights Archives", *Climate Case Chart*, http://climatecasechart.com/non-us-jurisdiction/european-court-of-human-rights/, accessed 20 October 2022.
33. *Application in the Case of Duarte Agostinho* et al. v. *Austria* et al. [2020] European Court of Human Rights 39371/20.
34. *Ibid.*

Similarly, in *Verein KlimaSeniorinnen Schweiz* et al. v. *Switzerland*, applicants composed of members of an elderly women's association and four individual elderly women, claimed that the Swiss Government breached their rights to life and private life under Articles 2 and 8 of the ECHR [35]. Furthermore, they claim that rising temperatures resulting from climate change impact their enjoyment of the cited rights, a situation made possible by the Government's failure to adopt and implement appropriate regulations to meet the Paris Agreement's global temperature threshold of well below 2 °C compared to pre-industrial levels [36]. Applicants also argued that their rights to a fair trial under Article 6 had been violated by the Swiss Federal Supreme Court's allegedly arbitrary rejection of their case [37]. Finally, the petitioners contended that failing to hear the issue's merits before Swiss domestic courts violated their right to an effective remedy under Article 13 [38]. Once again, this case must reach the admissibility phase for applicants to include their claims to obtain an award for just satisfaction [39]. However, applicants argue that due to the impending risks of irreversible harm, the respondent State is not absolved by its margin of appreciation, which implies it must implement measures equivalent to its fair share to stay within 1.5 °C [40].

Against these facts, one can speculate about which remedies the ECtHR would choose from its repertoire. The ECtHR is entitled to afford just satisfaction for a violation, should such a claim have been submitted, which usually takes the form of monetary compensation [41]. If the cause is conceived as a matter of concrete environmental harm, as with environmental-related case law [42], then pecuniary or non-pecuniary damages as just satisfaction might be awarded. In rare cases, the ECtHR can issue a consequential order to end the respective violation. In broader terms, for the ECtHR to find a violation of rights enshrined in the ECHR would require the Court to establish an interpretative link between international law on climate change and human rights as legal, not merely moral rights. In that connection, persuading for pecuniary damages entails a significant evidentiary hurdle for plaintiffs, something that could become particularly intricate when proving individual harm as a cause of climate change [43]. Non-pecuniary damages, on the other hand, are more

---

35. *Verein KlimaSeniorinnen Schweiz* et al. v. *Switzerland*, European Court of Human Rights.
36. *Verein KlimaSeniorinnen Schweiz* et al. v. *Suisse (communicated)* [2021] ECtHR 53600/20.
37. *Verein KlimaSeniorinnen Schweiz* v. *Switzerland* (n. 35).
38. *Ibid.*
39. Rules of Court 32.
40. *Verein KlimaSeniorinnen Schweiz* v. *Switzerland* (n. 35).
41. Wewerinke-Singh (n. 28) 231.
42. *López Ostra* v. *Spain (Merits and just satisfaction)* [1994], ECHR App No 16798/90; *Tătar* v. *Roumanie* [2009], ECHR App. No. 67021/01; *Pavlov* et al. v. *Russia* [2022] ECHR 31612/09.
43. Savaresi and Auz (n. 31).

common to be awarded because of the flexible yet inconsistent methodology the ECtHR adopts [44]. According to Keller *et al.*, the other approach the ECtHR may follow is to indicate individual measures aimed at ending the violation, or general measures, which stem from the pilot or the "semi-pilot" judgment procedure and seek to address structural problems [45]. In that case, if the ECtHR decides to apply Article 46, which enables the Council of Europe's Committee of Ministers – as the political body charged with supervising the execution of judgments – then general measures as consequential orders, such as GHG emissions reductions, could be drawn [46]. Still, the virtual inexistence of this practice in environmental-related cases shows its implausibility [47].

In the IAHRS, climate-related human rights discussions have emerged and developed thanks to the system's users affected by the climate crisis [48]. For instance, the first climate-related petition before an international human rights organ ever recorded was filed by the Inuit peoples before the IACHR in 2005 against the US, arguing that unrestrained GHG emissions affect their human rights [49]. Despite the relevance and pioneering nature of the petition, it was dismissed on procedural grounds [50]. Petitioners, however, requested several actions both the IACHR and the defendant should pursue to attain relief. For instance, petitioners requested the IACHR to make an *in situ* visit for investigative purposes, hold a hearing and prepare a report stating all the facts and applicable law [51]. In the report, plaintiffs not only requested the inclusion of a declaratory, injunctive relief confirming the US as internationally responsible for breaching its human rights obligations, but they also requested specific non-repetition and rehabilitation measures much in the scope of domestic policy reforms. Specifically, petitioners requested recommendations for the US to adopt mandatory GHG emissions reductions, to be more proactive in international climate co-operation, to incorporate a climate dimension

---

44. Veronika Fikfak, "Non-Pecuniary Damages before the European Court of Human Rights: Forget the Victim; It's All about the State" (2020), 33 *Leiden Journal of International Law* 335.
45. Keller, Heri Corina and Piskóty (n. 28) 3.
46. Alice Donald and Anne-Katrin Speck, "The European Court of Human Rights' Remedial Practice and Its Impact on the Execution of Judgments" (2019), 19 *Human Rights Law Review* 83, 84.
47. Keller, Heri Corina and Piskóty (n. 28) 19.
48. Juan Auz, "'So, This Is Permanence': The Inter-American Human Rights System as a Liminal Space for Climate Justice" (2021), 22 *Melbourne Journal of International Law* 187.
49. Jessie Hohmann, "Igloo as Icon: A Human Rights Approach to Climate Change for the Inuit" (2009), 18 *Transnational Law & Contemporary Problems* 295.
50. Sébastien Jodoin, Shannon Snow and Arielle Corobow, "Realizing the Right to Be Cold? Framing Processes and Outcomes Associated with the Inuit Petition on Human Rights and Global Warming" (2020), 54 *Law & Society Review* 168.
51. *Petition To the Inter-American Commission on Human Rights Seeking Relief from Violations Resulting from Global Warming Caused by Acts and Omissions of the United States* [2005] Inter-American Commission on Human Rights P-1413-05 118.

in environmental impact assessments and to create a participatory plan for climate change adaptation and the protection of Inuit's culture and resources [52].

Years after the unadmitted Inuit's petition, the Arctic Athabaskan Council filed a similar petition against Canada before the IACHR, alleging that Canada's inadequate regulations of black carbon emissions threaten the Athabaskan peoples' human rights [53]. Unlike the Inuit petition, the Athabaskan petition is still pending, thus potentially reaching the merits and eventually drawing recommendations for the State defendant, which is the legal form of remedy the IACHR has at its disposal. The request for remedies petitioners included are strikingly similar to the Inuit's petition. The Athabaskan petitioners also requested an *in situ* visit, a hearing and a report that declares Canada in breach of its human rights obligations due to failure to substantially reduce its black carbon emissions [54]. In addition, they requested the IACHR to recommend Canada adopt mandatory measures to limit emissions of black carbon from key Canadian emissions sectors, to include climate impacts of black carbon emissions on the Arctic and the affected Arctic Athabaskan people in environmental impact assessments and to establish a participatory plan to protect Arctic Athabaskan culture and resources from the effects of accelerated Arctic warming and melting [55].

It remains to be seen whether the cases before the ECtHR and the Athabaskan case before the IACHR reach the merits stage of the adjudicatory process and ensuing remedies if State responsibility is established. For the time being, the only case an IHRCB has so far handed down a verdict awarding climate-related remedies is *Billy* et al. v. *Australia*, which was filed by a group of eight indigenous authors from the Torres Strait Islands before the UN Human Rights Committee [56]. The authors claimed that Australia had violated their rights to life because by not taking sufficient climate mitigation and adaptation measures, it has failed to prevent a foreseeable loss of life from the impacts of climate change and protect the authors' right to life with dignity [57]. Additionally, the authors claimed their right to enjoy their culture and traditional way of life is being infringed upon due to their interdependence with their islands' ecological balance, which is being compromised by climate change, thus

---

52. *Ibid.*
53. Veronica de la Rosa Jaimes, "The Arctic Athabaskan Petition: Where Accelerated Arctic Warming Meets Human Rights" (2015), 45 *California Western International Law Journal* 213.
54. *Petition to the IACHR Seeking Relief from Violations of the Rights of Arctic Athabaskan Peoples Resulting from Rapid Arctic Warming and Melting Caused by Emissions of Black Carbon* v. *Canada*, Inter-American Comission on Human Rights, 86.
55. *Ibid.*, 86-87.
56. *Billy* et al. v. *Australia (Torres Strait Islanders Case)* [2022], UNHRC CCPR/C/135/D/3624/2019.
57. *Ibid.*, 3.3.

generating displacement and irreparable cultural harm [58]. Furthermore, the authors claimed that climate change already affects and will continue to affect their right to privacy, family and home life due to ongoing and prospective forced abandonment of their homes [59]. Finally, the authors asserted that by failing to adopt adequate climate action, Australia is rendering the climate's State inhospitable for future generations, thereby affecting the specific rights of minors as enshrined in Article 24.1 of the Covenant [60]. The UN Human Rights Committee eventually found that Australia was in breach of all of the rights invoked by the authors except for the right to life and the rights of minors. As a result, the Committee ordered Australia to provide adequate compensation, conduct consultations for needs assessments, continue implementing and monitoring adequate measures to secure islanders' existence and adopt non-repetition measures [61]. The UN Human Rights Committee followed a consistent path *vis-à-vis* its environmental jurisprudence because it did not draw specific measures the State should implement, such as the precise amount of compensation and more detailed non-repetition measures.

As shown, IHRCBs have been endowed with the mandate of designing and awarding remedies when they find a breach in treaty law. These remedies will vary depending on the nature of the violation and the scope of the mandate an IHRCB has. Still, they will be either individual or general and specific or abstract [62]. Regarding climate change, remedies are a nascent phenomenon that might change the material reality by contributing to steering the trajectory of States' climate action towards a more ambitious course. However, remedies that IHRCBs order, depending on the arrangement that leads to compliance, are yet to be assessed for effectiveness. It is safe to say that given the very low compliance rates or implementation with individual communications from UN treaty bodies [63], there are no significant reasons to think this trend will not continue with remedies that nudge States for climate protection. Unlike the straightforward binding nature of regional courts' decisions, UN treaty bodies

---

58. *Ibid.*, 3.5.
59. *Ibid.*, 3.6.
60. *Ibid.*, 3.7.
61. *Ibid.*, 11.
62. Başak Çalı and Alexandre Skander Galand, "Towards a Common Institutional Trajectory? Individual Complaints before UN Treaty Bodies during Their 'Booming' Years" (2020), 24 *The International Journal of Human Rights* 1103, 1112.
63. UN Human Rights Committee, "Report of the Human Rights Committee of Their 126th, 127th and 128th Sessions" (UNHRC, 2020), Annual Report UN Doc. A/75/40; UN Human Rights Committee, "Report of the Human Rights Committee of Their 129th, 130th and 131st Sessions" (UNHRC, 2021), Annual Report UN Doc. A/76/40; CODEHUPY, "Exigen Que Estado Cumpla Con Reparación, Tras Resolución de La ONU Por La Muerte de Un Joven a Consecuencia de Agrotóxicos", *Paraguayan Human Rights Blog*, 20 November 2020, https://www.codehupy.org.py/exigen-que-estado-cumpla-con-reparacion-tras-resolucion-de-la-onu-por-la-muerte-de-un-joven-a-consecuencia-de-agrotoxicos/, accessed 1 November 2022.

do not enjoy a consistent legal status at the domestic level [64]. For this reason, the following sections will focus on the IACtHR, whose authority as a binding interpreter of the American Convention on Human Rights is unquestionable for those States that have ratified its jurisdiction [65], thus providing international human rights law with advantageous legitimacy against the test the climate crisis imposes on international law.

SECTION III EXTRAPOLATING THE IACtHR'S ENVIRONMENTAL REMEDIES TO THE CLIMATE CRISIS

Despite the myriad of subject matters the IACtHR has decided upon since the late 1980s, no case about climate change has yet reached its docket. However, it is just a question of when this will be the case if one considers the exponential growth of human rights-based climate litigation across the countries that have accepted the IACtHR jurisdiction and the emergence of Inter-American environmental rights standards [66]. In the IAHRS, climate-related human rights discussions have emerged and developed both top-down and bottom-up. As for the latter, users of the system affected by the climate crisis have been the ones influencing its inclusion in the work of the IACHR, as was mentioned in the previous section with the Inuit and the Athabaskan petitions. Also, two public hearings on climate change and human rights in Latin America have been held before the IACHR, the first one on the effects of fracking on the climate and human rights of environmental defenders [67] and the other on climate change and the rights of vulnerable populations [68]. Conversely, the top-down approach could be traced to 2008, when the Organization of American States issued a resolution on "Human Rights and Climate Change in the Americas", which instructed

---

64. Rosanne van Alebeek and André Nollkaemper, "The Legal Status of Decisions by Human Rights Treaty Bodies in National Law", *UN Human Rights Treaty Bodies: Law and Legitimacy*, Cambridge University Press, 2012, 410-413.
65. Eduardo Ferrer Mac-Gregor, "The Conventionality Control as a Core Mechanism of the Constitutionalism Commune", in Armin von Bogdandy et al. (eds.), *Transformative constitutionalism in Latin America: The Emergence of a New Ius Commune*, 1st ed., Oxford University Press, 2017, 323.
66. Juan Auz, "Human Rights-Based Climate Litigation: A Latin American Cartography" (2021), 13 *Journal of Human Rights and the Environment*.
67. Inter-American Commission on Human Rights, "Hearing during the 169 Period of Sessions: Use Fracking and the Violation of Human Rights of Communities and Defenders of Environmental and Land Rights in the Americas", *Organization of American States*, 3 October 2018, https://www.oas.org/es/cidh/audiencias/Hearings.aspx?Lang=en&Session=1160&page=2, accessed 20 September 2021, 3 October 2018.
68. Magdalena Albar Diaz et al., "Cambio Climático y los Derechos de Mujeres, Pueblos Indígenas y Comunidades Rurales en las Américas", Heinrich Böll Foundation, 2020.

the IACHR to "determine the possible existence of a link between adverse effects of climate change and the full enjoyment of human rights"[69]. This mandate arguably influenced certain proactive developments to protect human rights in the context of climate change, for example, in recommendations for States to protect the rights of persons of African descent[70], people living in poverty[71], indigenous peoples in Pan-Amazonia[72], business and human rights standards[73] and a dedicated resolution on human rights and climate change[74]. Despite these normative developments, the IAHRS and Latin American organisations and movements have only modestly engaged on climate-related issues, at least compared to other international human rights bodies[75]. This is puzzling because climate change and its response measures will exacerbate rampant economic inequality[76], threaten crucial ecosystems[77], increase the unconstrained violence against environmental defenders[78] and produce diverse continuities of a colonial past[79].

Either alleged victims through an IACHR endorsement or a State can have *locus standi* with the IACtHR. They must succeed in admissibility and merits before the IACtHR orders appropriate remedies. Assuming that is the case, this section will focus on the different types of remedies the IACtHR has ordered in environmental-related indigenous peoples' cases and will discuss the compliance problem as one of the most salient in the testing of

---

69. Organization of American States, Human Rights and Climate Change in the Americas, 2008, 4.
70. Inter-American Commission on Human Rights, "Economic, Social, Cultural and Environmental Rights of Persons of African Descent – Inter-American Standards to Prevent, Combat and Eradicate Structural Racial Discrimination", IACHR, 2021, Thematic Report OEA/Ser.L/V/II 89.
71. Inter-American Commission on Human Rights, "Poverty and Human Rights in the Americas", IACHR, 2017, Thematic Report OEA/Ser.L/V/II.164, para. 293.
72. Comisión Interamericana de Derechos Humanos, "Situación de Los Derechos Humanos de Los Pueblos Indígenas y Tribales de La Panamazonía", CIDH, 2019, Informe Temático OEA/Ser.L/V/II. Doc.176/19, para. 419.
73. Inter-American Commission on Human Rights, "Informe sobre Empresas y Derechos Humanos: Estándares Interamericanos", Inter-American Commission on Human Rights, 2019, Thematic Report CIDH/REDESCA/INF.1/19.
74. Inter-American Commission on Human Rights, "Resolution 3/2021 – Climate Emergency: Scope of Inter-American Human Rights Obligations".
75. Juan Auz, "Why Is the Inter-American Human Rights System Lagging on Climate Change?", *OpenGlobalRights*, 11 January 2018, https://www.openglobalrights.org/why-is-the-inter-american-human-rights-system-lagging-on-climate-change/, accessed 20 December 2020.
76. Special Rapporteur on Extreme Poverty and Human Rights, "Climate Change and Poverty", United Nations, 2019, A/HRC/41/39.
77. Christopher P. O. Reyer and others, "Climate Change Impacts in Latin America and the Caribbean and Their Implications for Development" (2017), 17 *Regional Environmental Change* 1601.
78. Global Witness, "Last Line of Defence: The Industries Causing the Climate Crisis and Attacks against Land and Environmental Defenders" (2021).
79. Carmen Gonzalez, "Climate Change, Race, and Migration" (2020), 1 *Journal of Law and Political Economy* 109, 113.

international law. Against that backdrop, it is noteworthy to underscore that one of the most important contributions of the IACtHR has been the concept of *restitutio in integrum* or "integral reparation" for human rights violations [80]. It means that beyond monetary compensation, the IACtHR will order other measures to "wipe out all the consequences of the illegal act and re-establish the situation which would, in all probability, have existed if that act had not been committed" [81]. Such other types of measures include, for example, amending legislation, adopting public policies or modifying practices that amount to the degree of the violation [82]. In harmony with a dynamic interpretation of the rights embedded in the American Convention on Human Rights, remedies designed by the IACtHR have been described as innovative, comprehensive and monitored for compliance [83]. They have also been characterised by reaching significant levels of "intrusiveness" against the State and drawing structural modifications or disruptions of the status quo to attain non-repetition [84]. Altogether, the "activist" legal culture of the IACtHR mirrors its socio-political milieu, whereby the more democratic countries are, the more likely they comply with ambitious verdicts [85].

It is likely that the IACtHR will build upon its remedial practice on indigenous peoples' rights in the context of natural resource extraction to design climate remedies in future contentious cases. One of the challenges of remedies in environmental cases is that the IACtHR has used ambiguous balancing tests to apportion damages. These tests reflect increased use of discretion and equity to determine several types of material damages and compensation. In the *Saramaka v. Suriname* case, for example, the IACtHR acknowledged the "environmental destruction" resulting from deforestation and accepted the petitioners' calls for market value [86]. Nonetheless, the

---

80. Clara Sandoval, "The Inter-American System of Human Rights and Approach", in Scott Sheeran and Nigel S. Rodley (eds.), *Routledge Handbook of International Human Rights Law*, Routledge, 2012, 438; *Velásquez-Rodríguez v. Honduras (Merits)* (n. 6), para. 166.
81. Thomas M. Antkowiak, "Remedial Approaches to Human Rights Violations: The Inter-American Court of Human Rights and Beyond" (2008), 46 *Columbia Journal of Transnational Law* 351, 355; *Case Concerning the Factory at Chorzów (Merits)* (n. 7) 47.
82. Mariela Morales Antoniazzi and Pablo Saavedra Alessandri, "Inter-Americanization: Its Legal Bases and Political Impact", in Armin von Bogdandy *et al.* (eds.), *Transformative Constitutionalism in Latin America: The Emergence of a New Ius Commune*, 1st ed., OUP, 2017, 267.
83. Gina Donoso, "Sacred Fire as Healing: Psychosocial Rehabilitation and Indigenous Peoples in the Inter-American Court's Judgments", in Yves Haeck, Oswaldo Ruiz Chiriboga and Clara Burbano Herrera (eds.), *The Inter-American Court of Human Rights: Theory and Practice, Present and Future*, Intersentia, 2015.
84. Çalı (n. 8) 220.
85. *Ibid.*, 234.
86. *Saramaka People v. Suriname (Preliminary Objections, Merits, Reparations, and Costs)* [2007] IACtHR Series C No. 172 [153].

judgment set a problematic standard for pecuniary damages, undermining the community's rights to its land and resources [87]. The lack of consistency and transparency in the chosen methodology to value and calculate environmental damages is akin to the ECtHR context. Ambiguous methodological choices could potentially reappear in a climate case focusing on compensation for climate-related loss and damage [88].

However, the main problem with international human rights remedies seeking to bridge the chasm between ecosystems and humans is that even if IHRCBs, such as the IACtHR, acknowledge the violation of rights and order remedies accordingly, non-compliance is the default outcome. Indeed, most of the IACtHR's remedial orders have been partially complied with, and none have been fully complied with [89]. Article 63.1 of the American Convention on Human Rights endows the IACtHR with the authority to rule when a breach of a right or freedom was established and to order remedies and fair compensation to redress the consequences of such breach. In that regard, the IACtHR can order, among others, measures of restitution, rehabilitation, satisfaction and guarantees of non-repetition [90]. In cases where extractivism is at stake, the tendency for States has been to comply with those remedies that imply modest monetary expenditures but have systematically failed to comply with those entailing profound legislative reforms to address the root causes of harm. These remedies equate to guarantees of non-repetition and orders of restitution. In the IACtHR's case law, these remedies include, among other things, legislative initiatives to guarantee prior consultation for actions that could affect indigenous peoples, comprehensive territorial demarcation, and institutional co-ordination for implementation [91].

In the *Kaliña and Lokono Peoples* v. *Suriname* case, which concerns the State's failure to recognise the juridical personality of indigenous communities and the unconsented concession of mining licences in the ancestral territory,

---

87. Thomas M. Antkowiak and Alejandra Gonza, *The American Convention on Human Rights: Essential Rights*, 1st ed., Oxford University Press, 2017, 296.

88. Emmanuel Onyeabor, Iljeamaka Anika and Ngozi Joan Nwanta, "Overcoming Barriers to Claims for Loss and Damage in Climate Change Litigation" (2016), 44 *International Affairs and Global Strategy* 62.

89. Oliver Román López, "Cumplimiento y Ejecución de Las Sentencias de La Corte Interamericana de Derechos Humanos: Algunas Reflexiones a Partir Del Proceso de Reforma En El Sistema Europeo de Derechos Humanos" (2019), 15 *Anuario de Derechos Humanos* 213, 217; Aníbal Pérez Liñán, Luis Schenoni and Kelly Morrison, "Time and Compliance with International Rulings: The Case of the Inter-American Court of Human Rights" [2019], SSRN Electronic Journal 27, https://www.ssrn.com/abstract=3463105, accessed 25 October 2022.

90. James Cavallaro et al., *Doctrine, Practice, and Advocacy in the Inter-American Human Rights System*, Oxford University Press, 2019, 805.

91. Comisión Interamericana de Derechos Humanos, "Guía de Buenas Prácticas y Orientaciones Básicas Para La Implementación de Decisiones de La Comisión Interamericana de Derechos Humanos", https://www.oas.org/es/cidh/publicaciones/2021/guia_buenaspracticasCIDH_ES.pdf, accessed 1 February 2022.

the IACtHR found Suriname in violation of Article 21 of the ACHR vis-à-vis the right to property. As a guarantee of non-repetition, the IACtHR ordered Suriname to adopt, within two years of the judgment's notification, all the necessary legislative, administrative or other measures to "grant the indigenous and tribal peoples in Suriname legal recognition of collective juridical personality to ensure them the exercise and full enjoyment of their right to property"[92]. The Court also ordered to establish, with the participation of indigenous peoples, an "effective mechanism for the delimitation, demarcation and titling of the territories of the indigenous and tribal peoples in Suriname"[93]. Moreover, the Court mandated to guarantee an effective consultation process with the indigenous and tribal peoples of Suriname in the context of "any project, investment, nature reserve or activity that could have an impact on their territory"; and "the sharing of benefits resulting from such projects"[94]. These all-encompassing remedies have not been complied with at the time of writing, thereby threatening the enjoyment of the Kaliña and Lokono peoples' rights and that of all the indigenous peoples in Suriname. In that connection, a compelling explanation of non-compliance can be found in the judgment itself, where Suriname affirmed that the control of their natural resources could not be shared because Suriname's economy and development primarily depend on their exploitation[95].

Guarantees of non-repetition and restitution measures have a significantly low compliance rate in all the IACtHR judgments[96]. Explained mainly by the capitalist global deployment of the doctrine of permanent sovereignty over natural resources[97], the non-compliance tendency in cases with extractivist dimensions is even more evident. Cases that require as remedies the creation and continuity of legal barriers to natural resource extraction imply structurally reforming legal frameworks that enable Latin America's economic dependence on resource exploitation[98]. In cases concerning indigenous peoples' rights in the context of extractivism, guarantees of non-repetition have been partially complied with within 9 per cent of cases and fully complied with in 15 per cent of cases[99].

---

92. *Kaliña and Lokono Peoples v. Suriname (Merits, Reparations and Costs)* [2015] IACtHR Series C No. 309 [305].
93. *Ibid.*
94. *Ibid.*
95. *Ibid.*, 303.
96. Juan Auz, "The Political Ecology of Climate Remedies: An Inter-American Human Rights System Prognosis" [Forthcoming], *Journal of Human Rights Practice*.
97. Usha Natarajan and Kishan Khoday, "Locating Nature: Making and Unmaking International Law", in Usha Natarajan and Julia Dehm (eds.), *Locating Nature*, 1st ed., Cambridge University Press, 2022, 30.
98. Cavallaro *et al.* (n.90) 835.
99. Auz, "The Political Ecology of Climate Remedies: An Inter-American Human Rights System Prognosis" (n. 96).

In the same vein, measures of restitution have been partially complied with in 6 per cent of cases and fully complied with in 13 per cent of cases [100]. This interpretation of the empirical evidence follows Huneeus' insights on the lower rate of remedial compliance resulting from remedy design [101]. She posits that there is an agreement among scholars about the correlation between the rate of remedial compliance and the cost of the order for the burdened State; that orders requiring monetary compensation are more likely to receive compliance than those requiring bureaucratic reforms; that remedial orders requiring action by distinct government branches or institutions are less likely to spur compliance than those that a single institutional actor can carry out; and that vague judicial opinions are less likely to be implemented than explicit opinions [102].

Since approximately twenty years ago, the IACtHR has been ordering guarantees of non-repetition in environmental-related indigenous peoples' rights cases. Still, States are yet to fully comply with all of them [103]. This situation suggests that the factors leading to the implementation of such orders are either absent or ill-fitted for the task [104]. As a result, the design of remedies, as argued by Huneeus, generates an essential burden for States. Indeed, these remedies are costly to implement in and of themselves and imply severing fundamental sources of fiscal income that have been in place as the manifestation of a long-standing path-dependent structure. In other words, the implications of climate remedies for extractivist defendant States are problematic if aspects of politics and economy, very much entrenched in climate policies, are seriously considered.

Resource-rich States, such as those where the IACtHR has jurisdiction, have built their legal architecture to facilitate nature's exploitation since colonial times, thus generating different forms of environmental degradation, including atmospheric pollution [105]. The climate crisis, resulting from atmospheric pollution, is a systemic problem that requires bold and costly measures that post-colonial resource-rich countries might not be able to implement without compromising their entrenched extractivist dependence [106]. For instance,

---

100. *Ibid.*
101. Alexandra Huneeus, "Compliance with Judgments and Decisions", *The Oxford Handbook of International Adjudication*, 1 December 2013, 449.
102. *Ibid.*
103. Karina Denari, "Taking Courts Seriously: Assessing Judicial Compliance in Latin America", *Judicial Compliance* (2018).
104. Alice Palmer, "National Implementation", in Lavanya Rajamani and Jacqueline Peel (eds.), *The Oxford Handbook of International Environmental Law*, Oxford University Press, 2021, 1026.
105. Héctor Alimonda, "Mining in Latin America: Coloniality and Degradation", in Raymond Bryant (ed.), *The International Handbook of Political Ecology*, Edward Elgar Publishing, 2015.
106. Maristella Svampa, "Resource Extractivism and Alternatives: Latin American Perspectives on Development" (2012), 28 *Journal für Entwicklungspolitik* 43.

structural climate remedies could require Amazon basin countries to reform laws that enable deforestation, but from a political economy perspective, this could be an existential challenge. Deforestation is the main activity that occurs in tandem with other extractivist operations, such as oil exploitation and mining [107]. As far as the climate crisis is concerned, these entangled extractive activities exacerbate it. Thus, if deforestation – as the fulcrum of them all – is systematically stalled, then the unsustainable activities will take a toll, and so would national economies, which could explain compliance reticence in these cases, as shown in the *Kaliña and Lokono Peoples* v. *Suriname* case. This is a fundamental difference from other systemic or structural litigation cases that ended with complete remedial orders like policy reforms, which are costly or too vague to implement, like in *Massacre of Plan de Sánchez* v. *Guatemala*, an IACtHR judgment about the systematic killing and enforced disappearance of hundreds of indigenous peoples. In that case, the IACtHR ordered Guatemala to implement culturally sensible education programmes in the region and construct or overhaul local infrastructures, such as roads, sewage systems and health care centres [108]. These types of remedies associated with collective social rights litigation also require considerable amounts of State spending, legal reform and co-ordination. Still, their hypothetical full implementation might not necessarily cripple States' budgets because they do not entail curtailing their source of income as decarbonising measures would in the context of climate litigation [109].

Suppose one would like to place the effectiveness benchmark of IACtHR's remedies in their design's far-reaching, bold and collective nature. In that case, it is safe to say these could be deemed effective compared with remedial approaches from other IHRCBs. However, if the benchmark is set by the monumental challenge the climate crisis imposes, then considering the implications of non-compliance with remedies becomes essential. If climate litigation occurs under the auspices of the IACtHR and it decides to order appropriate remedies according to the violated rights, it would be wise to understand whether there might be some elements under its remit to pre-empt States' non-compliance when deciding climate remedies. It is clear that non-compliance is primarily the outcome of extra-legal factors and political forces. Still, it is not imprudent nor unrealistic to think of approaches the IACtHR could adopt in climate-related cases to facilitate, accelerate and measure future

---

107. Laura J. Sonter *et al.*, "Mining Drives Extensive Deforestation in the Brazilian Amazon" (2017), 8 *Nature Communications* 1013.
108. *Plan de Sánchez Massacre* v. *Guatemala (Judgment and Reparations)* [2004], *Inter-American Court of Human Rights*, Series C 105 [110].
109. Daniel M. Brinks, "Solving the Problem of (Non)Compliance in Social and Economics Rights Litigation", in Malcolm Langford, César Rodriguez-Garavito and Julieta Rossi (eds.), *Social Rights Judgments and the Politics of Compliance*, Cambridge University Press, 2017, 481, https://www.cambridge.org/core/product/identifier/9781316673058%23CN-bp-14/type/book_part, accessed 27 January 2022.

State compliance. After all, when it comes to testing the limits of international human rights law against the weight of the climate crisis, adjudication is often fertile ground for reimagining new courses of action.

SECTION IV   **REIMAGINING HUMAN RIGHTS REMEDIES FOR THE CLIMATE CRISIS**

Arguably, the ultimate test for international human rights law that hinges on the climate crisis is addressing the prevalent issue of remedial non-compliance. Strategic climate litigation, including human rights-based litigation, is multiplying in many jurisdictions seeking to correct what other mechanisms and decision-making fora have failed to accomplish for positive climate action [110]. It is often the case that those instituting judicial climate proceedings, including litigators, claimants and the broader supportive community, resort to courts for more than a declaratory relief statement but for concrete and measurable normative transformation that is aligned with parameters and thresholds described in climate science [111]. For example, the plaintiffs in *Urgenda v. The Netherlands* demanded from the Dutch courts a clear order to the government to reduce its GHG emissions from 25 per cent to 40 per cent, compared to 1990 by 2020 [112]. In considering the arguments and the evidence during the litigation process, the Dutch courts, including the Supreme Court, upheld that the State should reduce emissions by at least 25 per cent by end-2020 [113]. Regarding compliance, it seems the Dutch government did comply with it. Still, some commentators agree that it was mainly due to extraneous factors, namely overall emissions reductions associated with the COVID-19 pandemic's measures [114]. Regardless of the reasons that led to compliance with the remedy in the verdict, what is relevant to highlight is that one of the reasons the *Urgenda* precedent is so commendable in the literature and by practitioners is because of the characteristics of the remedy. For a "systemic" or "holistic" case about overarching mitigation in an economy-

---

110. Jacqueline Peel and Hari M. Osofsky, "A Rights Turn in Climate Change Litigation?" (2018), 7 *Transnational Environmental Law* 37.\\uc0\\u8216{}A Rights Turn in Climate Change Litigation?\\uc0\\u8217{} (2018).
111. Jacqueline Peel and Hari M. Osofsky, "Climate Change Litigation" (2020), 16 *Annual Review of Law and Social Science* 21, 29.
112. *Urgenda Foundation v. The Netherlands* [2015], The Hague District Court (Chamber for Commercial Affairs) C/09/456689 / HA ZA 13-1396 [3.1].
113. *Urgenda Foundation v. The State of the Netherlands* [2018], The Hague Court of Appeal Civil-law Division 200.178.245/01 [76].
114. Sjoerd Lopik, "The Second Anniversary of the Urgenda Climate Ruling: A Day to Celebrate?", *Strasbourg Observers*, 28 December 2021, https://strasbourgobservers.com/2021/12/28/the-second-anniversary-of-the-urgenda-climate-ruling-a-day-to-celebrate/; Benoit Mayer, "The Contribution of Urgenda to the Mitigation of Climate Change" [2022], *Journal of Environmental Law*, eqac016.

Question for the Author :
I'm not sure what this reference refers to at footnotes 110.

wide approach [115], the remedies in *Urgenda* might contain some valuable traits for transplanting in climate cases before IHRCBs in general and the IACtHR in particular.

As previously mentioned, the Inuit and the Athabaskan cases before the IACHR could be deemed as cases about mitigation action or GHG emissions reductions. In that vein, all cases pending before the ECtHR also target States' climate mitigation ambition. When the time comes for these IHRCBs to decide on how to right a wrong in a climate mitigation case, it is helpful to think of ways to quantify levels of compliance. How a court determines whether a State complied is not necessarily a binary assessment, which means there could be room for progressive compliance based on markers, which could arise if a court establishes specific quantities of GHG emission reductions over time, thereby mimicking *Urgenda*. The legitimacy of awarding specific and quantifiable remedies will depend on each court's rules of procedure and how much deference there is for the State's discretion. Despite having a toolbox at its disposal with individual and general measures that could ease its longstanding deference, the idea of the ECtHR utilising them by quantifying specific emission reductions as remedies seems remote [116]. On the other hand, the IACtHR has shown in its environmental case law several instances of ordering specific instructions to the State regarding what remedial order shall have complied with and when to do it. In the *Lhaka Honhat* v. *Argentina* case, the IACtHR ordered that in a maximum of six years after notification of the judgment, the State must demarcate and grant a collective property title in favour of indigenous territory over a specific georeferenced surface area of 400,000 hectares [117]. If extrapolated to a concrete emissions reduction plan, this mandate could resemble the outcome in *Urgenda*, meaning that a State defendant must comply with a specific reduction marker in a given timeframe. The idea is that non-compliance could be abated when quantifying targets for compliance are spelled out, paving the way for a streamlined follow-up procedure [118]. In that connection, the IACtHR could deem the obligation of result of communicating progressively ambitious NDCs to the UNFCCC secretariat as something in its remit if it is connected to a mitigation case before it, thus enabling it to include in a remedial order a reminder of the State obligation under the international climate regime.

---

115. Lucy Maxwell, Sarah Mead and Dennis van Berkel, "Standards for Adjudicating the next Generation of Urgenda-Style Climate Cases" (2022), 13 *Journal of Qualitative Research in Tourism*, https://www.elgaronline.com/view/journals/jhre/13/1/article-p35.xml, accessed 11 November 2022; Benoit Mayer, "Prompting Climate Change Mitigation Through Litigation" [2022], *International and Comparative Law Quarterly*, 1.
116. Keller, Heri Corina and Piskóty (n. 28) 25-26.
117. *Caso Comunidades Indígenas Miembros de la Asociación Lhaka Honhat (Nuestra Tierra)* v. *Argentina* [2020], Inter-American Court of Human Rights, Series C No. 400 [322–327].
118. Brinks (n. 109) 498-499.

The other type of potential climate litigation IHRCBs might address is an adaptation case, whereby plaintiffs demand appropriate measures from States so they can become climate resilient by, for instance, shaping adaptation planning responses [119]. In the *Torres Strait Islanders* v. *Australia* case, the UN Human Rights Committee ordered a remedy to keep securing adaptation measures to protect the rights to home and culture without establishing which measures should be enhanced and how victims should participate in such endeavour [120]. Whether it is adaptation litigation aiming to stall or modify adaptation-related projects, enforce existing adaptation policies or implement specific adaptation solutions [121], IHRCBs often face a quandary when establishing remedies related to defining the extent of plaintiffs' vulnerability for resource allocation purposes [122]. One possible way to overcome such a predicament while fostering legitimacy and thoroughness is to rely on the convergence of scientific reports that assess vulnerability in a given location and the stories of plaintiffs as lived experience data so the court can delineate a more granular set of adaptation redress [123]. It is incontrovertible that plaintiffs usually provide their testimony during a court hearing, which allows them to voice their lived experience directly; nonetheless, a practice that helps connect the plaintiffs with their broader community and the environment as a more robust contextual basis for situating the judgment and the remedy is *in situ* visits. Article 58 *(e)* of the IACtHR's Rules of Procedure enables it to collect evidence at any proceeding stage through hearings either at the court or at a different location [124]. For the first time, the IACtHR used this prerogative to hold a hearing in the Sarayaku territory during the proceedings of the *Kichwa Sarayaku People* v. *Ecuador* case. Since then, *in situ* visits have become standard practice, which lends itself to making visible the importance of location and kinship as elements to assess vulnerability and resilience, which could influence how judges design their remedial orders. Fact-finding visits from courts in environmental cases have happened in several instances and cases [125], like in the *Lliuya* v. *RWE* case, in which a Peruvian farmer is suing a German energy provider in a

---

119. Jacqueline Peel and Jolene Lin, "Climate Change Adaptation Litigation: A View from Southeast Asia", in Jolene Lin and Douglas A. Kysar (eds.), *Climate Change Litigation in the Asia Pacific*, 1st ed., Cambridge University Press, 2020, 296.
120. *Torres Strait Islanders Case* (n. 56), para. 8.12-11.
121. Elizabeth Donger, "Lessons on 'Adaptation Litigation' from the Global South", *Verfassungsblog*, 25 March 2022, https://verfassungsblog.de/lessons-on-adaptation-litigation-from-the-global-south/.
122. Ohdedar (n. 29) 145.
123. Jacob Elkin, "Climate Science in Adaptation Litigation in the US" (2022), Sabin Center for Climate Change Law.
124. Rules of Procedure of the Inter-American Court of Human Rights, 2009, 29.
125. Silvia Steininger and Juan C. Herrera, "Travelling Courts and Strategic Visitation", *Verfassungsblog*, 1 June 2022, https://verfassungsblog.de/travelling-courts-and-strategic-visitation/.

German court [126]. Judges, in this case, travelled to Huaraz, the plaintiff's home, so the judges could understand what was at stake in what had been framed as a climate adaptation case [127]. It could be said then that *in situ* visits could compel judges to be more sensitive to the material reality plaintiffs come from and perhaps include a broader understanding of vulnerability in their remedial orders in an adaptation litigation case.

When an IHRCB includes monetary compensation for loss and damages due to climate impacts and depending on whether the plaintiffs are individuals or a collective, there could be the question of who is entitled to receive the compensation when there is a right to life violation. For this, the IACtHR has developed in its case law the notion of compensating the next of kin, not only because the rights holder himself/herself is due compensation but also because it amounts to moral damages for those who depended on the victim and suffer from their loss [128]. This is by no means something controversial; however, what could become innovative is for IHRCBs to apply a post-anthropocentric approach to the next of kin precedent and to extend the concept to non-humans. Arguably, this could be done without too much friction in climate litigation, where indigenous peoples, who depend on their territory as a livelihood provider, are the plaintiffs. This is because there is ample case law from the IACtHR that recognises the unique relationship between indigenous peoples and their territorial environment and because the IACtHR acknowledges the intrinsic value of nature based on the existence of rights of nature doctrines across Latin American constitutionalism [129]. This approach will force the IACtHR to transpose and adjust the tested methodology for compensation for next of kin victims to an environmental context.

Finally, some aspects of prospective remedial design for climate action could be applied cross-cuttingly, irrespective if the case is about mitigation, adaption or compensation. For instance, in Global South cases, especially those whose small contribution to climate change is proportionally inversed to climate impacts [130], IHRCBs could interpret and incorporate the international

---

126. *Luciano Lliuya* v. *RWE AG* [2016] Landgericht Essen 2 O 285/15.
127. Steininger and Herrera (n. 125).
128. *Case of González et al. ("Cotton Field") v. Mexico (Preliminary Objection, Merits, Reparations, and Costs)* [2009] Inter-American Court of Human Rights Series C No. 205 [580-586].
129. *Caso Comunidad Indígena Sawhoyamaxa* v. *Paraguay* [2006], Corte IDH Series C No. 146 [131–132]; *Case of the Garífuna Punta Piedra Community and its members* v. *Honduras (Preliminary Objections, Merits, Reparations and Costs)* [2015] Inter-American Court of Human Rights Series C No. 304 [167]; *The Environment and Human Rights (State obligations in relation to the environment in the context of the protection and guarantee of the rights to life and to personal integrity – interpretation and scope of Articles 4 (1) and 5 (1) of the American Convention on Human Rights)* [2017] IACtHR Series A No. 23 [62].
130. Glenn Althor, James E. M. Watson and Richard A. Fuller, "Global Mismatch Between Greenhouse Gas Emissions and the Burden of Climate Change" (2016), 6 *Scientific Reports* 20281.

duty to co-operate as an obligation of conduct for developing States to fund the remedial order [131]. Additionally, following the implicit suggestion from the International Court of Justice to consider the best available technical knowledge in decision-making that could impact people and the environment [132], IHRCBs may rely upon the most widely used methodologies to calculate an estimation of the fair share of a state *vis-à-vis* a global carbon budget [133]. This approach could be applied to define specific expectations for mitigation, adaptation and compensation purposes, thus also establishing a predictable, consistent and transparent way for courts to calculate compensation measures. Concomitantly, IHRCBs might be able to engage in regime interaction by borrowing some criteria that would fill an interpretive or methodological gap in the definition, precision and scope of remedies. For instance, when designing remedies for a case framed as mitigation or adaptation, IHRCBs might rely on the Paris Agreement's Technical Expert Review reports, whose task is to provide technical recommendations when a State does not fulfil the modalities under the Paris Agreement and the Rules of Procedure [134]. This will allow the IHRCB to base the remedial order against a sound and legitimate methodology that assesses consistency and transparency, thereby providing a justiciable usage of an otherwise non-confrontational mechanism.

The suggestions outlined in this section could potentially enhance the quality and specificity of the remedial order the IACtHR or any other IHRCB could deliver. This legal intervention might facilitate compliance because the markers that determine the progress of the compliance process could become easier to measure and verify. Albeit these potential approaches could, in theory, apply to climate litigation, caution is warranted because most of the factors that determine compliance are not necessarily legal but political and economic. Despite this caveat, judges have at their disposal existing mechanisms that could enable them to reimagine better and more rigorous remedies that could withstand, to a reasonable extent, the testing of the climate crisis in international human rights law.

---

131. Juan Auz, "Two Reputed Allies: Reconciling Climate Justice and Litigation in the Global South", in César Rodríguez-Garavito (ed.), *Litigating the Climate Emergency*, 1st ed., Cambridge University Press, 2022.
132. *Pulp Mills on the River Uruguay (Argentina* v. *Uruguay)* (2010), ICJ Rep 14 (International Court of Justice) [246]; Kate Cook, "Judging 'Best Available Science': Emerging Issues and the Role of Experts" (2018), 9 *Journal of International Dispute Settlement* 388.
133. UN Committee on Economic, Social and Cultural Rights, "Concluding Observations on the Fourth Periodic Report of Argentina", UN CESCR, 2018, Concluding Observations E/C.12/ARG/CO/4, para. 13; Andreas Buser, "Of Carbon Budgets, Factual Uncertainties, and Intergenerational Equity – The German Constitutional Court's Climate Decision" (2021), 22 *German Law Journal* 1409; Benoit Mayer, "Temperature Targets and State Obligations on the Mitigation of Climate Change" (2021), 33 *Journal of Environmental Law* 585.
134. Christina Voigt, "Accountability in the Paris Agreement: The Interplay between Transparency and Compliance"(2020), 2020 *Nordic Environmental Law Journal* 31.

SECTION V   CONCLUSION

This chapter looked at the challenges the climate crisis imposes on how IHRCBs understand and design remedial orders for State defendants. In doing so, the analysis reviewed approaches from selected IHRCBs and considered how the practice of international and regional human rights institutions could transpose to climate-related questions. So far, the UN Human Rights Committee has been the only international human rights body that has communicated to the State defendant how it should engage in repairing the breach of an international human rights obligation in the context of climate adaptation measures. Such a decision, plus the increasing number of petitions reaching the dockets of these international institutions, indicate that similar or more ambitious remedies will likely emerge and join the norms in the climate governance constellation.

Moreover, to understand the granularity and nuance of the testing of the climate crisis on international human rights remedies, this chapter examined the IACtHR as an institution that might have advantages and disadvantages in designing climate remedies. In exploring the remedial opportunities, the chapter highlighted that the IACtHR has jurisdiction over Latin American countries already experiencing human rights-based climate litigation, suggesting it is a matter of time before a domestic case gets an admissibility report in the IAHRS. Also, unlike UN treaty bodies, judgments from the IACtHR are binding for the State defendant and provide an *erga omnes* authoritative interpretation of the American Convention on Human Rights. Additionally, the chapter studied the case law concerning indigenous peoples' rights in the context of natural resource extraction. It found that the IACtHR has ordered integral restitution encompassing collective commons, such as indigenous territories and environmental protection, which might enable conditions for bold and overarching remedies for possible climate protection. Nevertheless, even if the IACtHR offers the most far-reaching and "intrusive" types of remedies amongst other IHRCBs, a fundamental and pervasive challenge is systematic non-compliance. In particular, those remedies that might address aspects of climate mitigation, adaptation and loss and damage more adequately are the ones that have a higher rate of non-compliance, namely measures of restitution and guarantees of non-repetition.

Just like in indigenous peoples' cases, the chapter anticipated the inertia of remedial non-compliance in future climate judgments[135]. The IACtHR will interact with questions of national developmental policies, meaning that climate remedies will face structural aspects of Latin America's political economy. Despite the extra-legal and systemic factors at play, the last section

---

135. Emily Boyd and others, "Anticipatory Governance for Social-Ecological Resilience" (2015), 44 AMBIO 149.

argued that some adjustments the IACtHR could implement in how it designs its remedial orders could play a role in reducing the levels of non-compliance in the context of future climate litigation. The IACtHR could anticipate these adjustments and reimagine more specific, contextual and measurable remedies by extending its current practice to future mitigation, adaptation and compensation cases [136]. These adjustments include, among other things, implementing the best available knowledge for a more precise fair share of mitigation action, holding fact-finding hearings to broaden the conception of vulnerability in a contextual setting and extending the next of kin reparation practice to non-human entities.

Nation-States did not create international human rights law having in mind the contemporary testing of the anthropogenic climate crisis [137]. However, a kinetic interpretation of what would otherwise be considered a fixed corpus of human rights norms in light of the Anthropocene ebbs and flows provides an opportunity to expand and climatise the toolkit usage. In the end, if remedies are reimagined in a way that anticipates problems of non-compliance rigorously, and keeps in mind the global crisis at hand, then it is easy to forecast that the IACtHR, and potentially other IHRCBs, will become resilient to the testing of a warmer planet.

---

136. Rachel Murray and Clara Sandoval, "Balancing Specificity of Reparation Measures and States' Discretion to Enhance Implementation" (2020), 12 *Journal of Human Rights Practice* 101, 121.

137. Daniel Bodansky, Jutta Brunnée and Lavanya Rajamani, *International Climate Change Law*, 1st ed., Oxford University Press, 2017, 305-308.

14 Quelles évolutions du droit international des catastrophes face aux effets des changements climatiques ?

Chiara Parisi [*]

Les données scientifiques confirment l'influence des changements climatiques sur la fréquence et l'ampleur des catastrophes [1]. Le droit saisit progressivement ces phénomènes afin de réguler la prévention et la réduction des impacts sur les populations et l'environnement [2]. Toutefois, en l'état, le droit international des catastrophes ne semble pas outillé pour appréhender adéquatement le phénomène. Le débat doctrinal juridique sur la question des catastrophes induites par les changements climatiques est en plein essor [3], tandis que l'accélération et les impacts sans cesse croissants des effets des changements climatiques appellent à une action rapide.

En droit international, il n'existe pas de définition unique de la catastrophe [4]; les instruments qui s'y consacrent contiennent au contraire une multitude de définitions divergentes. Traditionnellement, les catastrophes ont été appréhendées par le droit en fonction de leur cause, à travers les deux catégories de catastrophes naturelles et de catastrophes d'origine humaine [5]. Cette distinction a donné lieu à des régimes juridiques divergents, notamment en matière de réaction et d'obligation juridique d'atténuer le

---

[*] Doctorante contractuelle en droit public à l'Université Côte d'Azur en cotutelle avec l'Université Milan-Bicocca.

1. D. A. Farber, « The Intersection of International Disaster Law and Climate Change Law », *Yearbook of International Disaster Law Online*, vol. 2 (1), 2021, p. 87-115, p. 89. Le dernier rapport du GIEC fait état de cette accélération et alerte sur le caractère irréversible des changements climatiques, obligeant à apporter une régulation rapide des activités humaines ayant une incidence sur le changement du climat. GIEC, *Climate Change 2022. Impacts, Adaptation and Vulnerability. Summary for Policymakers*, Working Group II contribution to the Sixth Assessment Report of the Intergovernmental Panel on Climate Change, 2022, p. 35.

2. J.-M. Lavieille, J. Bétaille et M. Prieur. *Les catastrophes écologiques et le droit : échecs du droit, appels du droit*, Bruylant, p. 9.

3. R. Lyster et R. R. M. Verchick, *Research Handbook on Climate Disaster Law*, Elgar, 2018, p. 4.

4. G. Bartolini, « A Universal Treaty for Disasters ? Remarks on the International Law Commission's Draft Articles on the Protection of Persons in the Event of Disasters », *International Review of the Red Cross*, vol. 99 (906), 2019, p.1103-1137, p. 1111.

5. Ch. Leben, « Vers un droit international des catastrophes ? », dans Ch. Leben et D. Caron (dir. publ.). *Les aspects internationaux des catastrophes naturelles et industrielles*, Académie de droit international de La Haye, Nijhoff, 2001, p. 34.

risque[6], en partant de l'idée que les catastrophes naturelles échappent au contrôle humain[7] et ne sont pas le produit de son activité, contrairement aux catastrophes dites d'origine humaine[8]. Cette distinction classique est remise en question par les événements produits sous l'effet des changements climatiques[9], car elle ne se présente plus comme pertinente[10], dès lors qu'il est difficile de faire la part du naturel et de l'humain dans la causalité de ces catastrophes. En effet, selon le GIEC, les changements climatiques sont définis comme un changement dans l'état du climat, induits directement ou indirectement par l'activité humaine[11]. Il est désormais scientifiquement prouvé que les changements climatiques ont une origine anthropique, et leur matérialisation peut correspondre à celle des catastrophes naturelles.

De son côté, le Projet d'articles de la Commission du Droit international de 2016 sur la protection des personnes en cas de catastrophe fournit deux critères cumulatifs pour définir la catastrophe : la matérialisation d'un événement calamiteux et le dysfonctionnement conséquent de la société[12]. Ainsi, cette définition met en lumière le défi posé par les effets des changements climatiques, dont les manifestations multiples peuvent ne pas refléter la définition classique de la catastrophe[13]. La source climatique des événements catastrophiques souligne la nécessité de prendre en considération de nouveaux facteurs, tels que la capacité d'adaptation des communautés affectées par des événements calamiteux à l'impact climatique[14]. De la sorte, un aléa ne représente pas

---

6. J. Peel et D. A. Fisher, « International Law at the Intersection of Environmental Protection and Disaster Risk Reduction », dans J. Peel et D. A. Fisher (dir. publ.), *The Role of International Environmental Law in Disaster Risk Reduction*, Brill, Nijhoff, 2016, p. 20.

7. J.-M. Lavieille, J. Bétaille et M. Prieur (dir. publ.), *op. cit.*, p. 8.

8. C. Wells, « Disasters : A Challenge for the Law », *Washburn Law Journal*, 39 (3), 2000, p. 496-525, p. 499. Des études doctrinales ont commencé à rapprocher les deux catégories à travers la notion de « catastrophe écologique », en entendant par cette expression toute catastrophe ayant pour source ou conséquence la dégradation de l'environnement.

9. J. Peel et D. A. Fisher, *op. cit.*, p. 15.

10. M. D. Cooper, « Seven Dimensions of Disaster : The Sendai Framework and the Social Construction of Catastrophe », dans K. L. H. Samuel, M. Aronsson-Storrier et K. Nakjavani Bookmiller, *Cambridge Handbook of Disaster Risk Reduction and International Law*, Cambridge University Press, 2019, p. 18.

11. GIEC, Annex I : Glossary, J. B. R. Matthews (dir. publ.), *Global Warming of 1.5°C*, 2018, p. 544.

12. CDI, Projet d'articles sur la protection des personnes en cas de catastrophe, 2016, article 3.

13. Sur le plan doctrinal, le professeur Park s'est interrogé sur l'intégration des changements climatiques dans la catégorie de catastrophe naturelle. Finalement, il a traité les changements climatiques comme une troisième catégorie distincte, considérant que les effets des changements climatiques sont plus graves à moyen et long terme. K.-G. Park, « La protection des personnes en cas de catastrophe », *Recueil des cours*, tome 368 (2014), p. 24.

14. P. Govind, « Utilizing International Climate Change Adaptation Funding to Reduce Risks of Natural Disasters in the Developing World », dans D. D. Caron,

systématiquement une catastrophe, car cela dépend de la capacité de la population à répondre à son impact. Or, la vulnérabilité des populations est particulièrement accentuée sous l'effet des changements climatiques [15].

Ces changements appellent à une évolution de la conception des catastrophes et des instruments juridiques qui s'y intéressent. Le régime du droit international des catastrophes demeure pour l'instant très lacunaire et se présente comme un ensemble hétérogène d'instruments [16], dont l'adaptation aux effets des changements climatiques peut être questionnée. En effet, ces événements se situent à la croisée de deux branches du droit international, que sont le droit international des catastrophes et le droit climatique. Cela nous conduira à étudier préalablement les règles relatives au droit international des catastrophes, afin d'en évaluer l'adéquation à la lumière du défi posé par les changements climatiques (sect. 1), pour ensuite analyser la progressive évolution de la réponse juridique, notamment sous l'influence du droit international du climat (sect. 2).

SECTION 1 UN DROIT INTERNATIONAL DES CATASTROPHES PARTIELLEMENT INADAPTÉ AUX CHANGEMENTS CLIMATIQUES

Si les changements climatiques ont déterminé un élargissement de la notion de catastrophe, et sont désormais intégrés dans la définition des catastrophes par la plupart des instruments juridiques concernés (par. 1), ces derniers ne sont pas complètement adaptés à la gestion des leurs effets. En effet, l'intégration des conséquences des changements climatiques demeure théorique, le droit international des catastrophes ne disposant pas de mécanismes suffisants pour gérer adéquatement cette source de catastrophe (par. 2).

Paragraphe 1 **L'intégration progressive des changements climatiques dans les instruments du droit international des catastrophes**

Le droit international appréhende la question des catastrophes de manière très confuse [17], dans la mesure où il se présente comme

---

M. J. Kelly et A. Telesetsky (dir. publ.) *The International Law of Disaster Relief*, Cambridge University Press, 2014, p. 255.

15. M. D. Cooper, *op. cit.*, p. 19.

16. La Commission du droit international a listé l'ensemble des accords existants en matière de gestion et assistance en cas de catastrophe dans le cadre de ses travaux sur le Projet d'articles relatif à la protection des personnes en cas de catastrophe. Ce tableau illustre la fragmentation et l'hétérogénéité des instruments adoptés : AGNU, Commission du droit international, *Protection of Persons in the Event of Disasters. Memorandum by the Secretariat*, Addendum, A/CN.4/590/Add.1, 26 février 2008.

17. G. Bartolini et T. Natoli, « Disaster Risk Reduction : An International Law Perspective », *Questions of International Law Review*, vol. 48, 30 avril 2018, p. 1-6, p. 1.

fragmenté. En effet, cette branche est constituée principalement d'instruments de portée régionale ou d'accords bilatéraux [18]. Au niveau universel, ce sont des instruments non contraignants qui viennent réguler la matière [19]. Ce n'est qu'en 1927 qu'une convention multilatérale [20] a créé une organisation internationale dédiée à l'assistance en cas de catastrophes, l'Union internationale de secours (UIS). Cette dernière a effectivement permis de coordonner et centraliser la gestion des secours en cas de catastrophes. La Convention a ainsi été le seul instrument multilatéral adopté en matière de catastrophes, en dehors des situations de conflit armé [21]. Toutefois, l'UIS a été dissoute peu après la fin de la Seconde Guerre mondiale [22], en raison du manque de financement de la part des Etats. Depuis cet échec, on assiste à une véritable régionalisation de la matière [23], le cadre régional constituant un terrain fertile, bien que désordonné, pour l'organisation de la réponse en matière de catastrophes. C'est dans ce contexte que les changements climatiques commencent à être intégrés dans les instruments du droit des catastrophes. Toutefois, cette intégration n'est pas uniforme, son niveau étant très variable dans la mesure où les différents instruments adoptent des conceptions des catastrophes parfois divergentes (A). Les efforts de coordination et d'incorporation des changements climatiques au niveau universel n'ont pour l'instant abouti que sur le plan de la *soft law* (B).

A. L'intégration disparate des changements climatiques dans les instruments régionaux en matière de gestion des catastrophes

Les premiers instruments de gestion des catastrophes, souvent bilatéraux, se fondaient sur la division classique des formes de catastrophes. A titre d'exemple, l'accord bilatéral établi entre la République d'Autriche et le Royaume de Jordanie, établissant un mécanisme d'assistance mutuelle en cas de catastrophe, intègre une définition précise de la catastrophe [24] ; ses sources

---

18. A. N. Pronto, «International Disaster Law», dans R. Geiß et N. Melzer (dir. publ.), *The Oxford Handbook of the International Law of Global Security*, 2021, p. 943.
19. M. Aronsson-Storrier, «Exploring the Foundations: The Principles of Prevention, Mitigation, and Preparedness in International Law», dans K. L. H. Samuel, M. Aronsson-Storrier et K. Nakjavani Bookmiller (dir. publ.), *op. cit.*, p. 52.
20. Convention établissant une Union internationale de secours, Genève, 12 juillet 1927.
21. P. Macalister-Smith, «The International Relief Union of 1932», *Disasters*, vol. 5 (2), 1981, p. 147-154.
22. D. A. Farber, «Disaster Law in the Anthropocene...», *op. cit.*, p. 55.
23. G. Bartolini, *op. cit.*, p. 1105. Toutefois, selon d'autres auteurs, on ne pourrait pas véritablement parler d'une «approche régionale» car les différents modèles, en particulier l'asiatique et l'européen, divergent. Voir W. J. Hopkins, «Soft Obligations and Hard Realities: Regional Disaster Risk Reduction in Europe and Asia», dans K. L. H. Samuel, M. Aronsson-Storrier et K. Nakjavani Bookmiller (dir. publ.), *op. cit.*, p. 233.
24. Agreement between the Republic of Austria and the Hashemite Kingdom of Jordan on mutual assistance in the case of disasters or serious accidents, BGBl. III - Ausgegeben am 12. Juli 2005 – n° 119, 13 mars 2004, article 2.

y sont listées et ne laissent pas de place aux événements météorologiques, de nature hybride.

L'intégration des changements climatiques aux instruments relatifs à la gestion des catastrophes a été impulsée notamment par les organisations régionales, qui comptent désormais les changements climatiques parmi les phénomènes pouvant déclencher une catastrophe et méritant par conséquent une observation et une réponse appropriées.

Dans le cadre de l'Organisation des Etats américains, la Convention adoptée en 1991, l'*Inter-American Convention to Facilitate Assistance in Cases of Disaster*, ne propose pas de définition de la catastrophe [25], mais son préambule précise que sont visés les «disasters, catastrophes, and calamities that take and threaten the lives, safety, and property of the inhabitants of the American hemisphere» [26], adoptant une vision très large permettant d'inclure les effets des changements climatiques. Ensuite, en 2005, l'Assemblée générale de l'organisation interaméricaine a adopté un *Strategic Plan for Partnership for Development 2002-2005* [27] qui visait directement la réduction de la vulnérabilité aux catastrophes naturelles, ainsi que la prévention et l'adaptation aux changements climatiques globaux. Cela sous-entendait que les effets des changements climatiques seraient intégrés directement à la catégorie des catastrophes naturelles. Au contraire, l'Accord établissant l'Agence pour la gestion des urgences liées aux catastrophes dans les Caraïbes reprend la division entre les catastrophes naturelles et d'origine humaine [28] et ne mentionne pas les changements climatiques.

En Asie, à la suite du séisme du 26 décembre 2004 [29], différents instruments [30] ont été adoptés dans le cadre de l'ASEAN afin d'organiser la réponse aux catastrophes. Cette organisation régionale a porté une grande attention au développement d'un système de réduction des risques de catastrophe. Ceci résulte assurément de la grande vulnérabilité de la région, où les catastrophes sont récurrentes. Toutefois, ce système doit être confronté aux capacités très

---

25. D. A. Fisher, «The Law of International Disaster Response: Overview and Ramifications for Military Actors», *Israel Yearbook on Human Rights*, Leiden, The Netherlands, Brill, Nijhoff, 2008, p. 293-320, p. 299.
26. Inter-American Convention... *op. cit.*, préambule.
27. OAS, Assemblée générale, *rés. 1855*, 4 juin 2002.
28. Agreement establishing the Caribbean Disaster Emergency Management Agency (CDEMA), article 1.
29. G. Simm, «Disaster Response in Southeast Asia: The ASEAN Agreement on Disaster Response and Emergency Management», *Asian Journal of International Law*, vol. 8 (1), 2018, p. 116-142, p. 116.
30. Voir ASEAN, *Declaration on Action to Strengthen Emergency Relief, Rehabilitation, Reconstruction and Prevention in the Aftermath of the Earthquake and Tsunami Disaster*, 26 décembre 2004; *ASEAN Declaration on Mutual Assistance on Natural Disasters*, 26 juin 1976; *ASEAN Agreement on Transboundary Haze Pollution*, 10 juin 2002.

limitées de chaque Etat à répondre aux impacts [31]. En 2005, a été adopté un accord contraignant, l'AADMER [32], qui en son article 5 évoque une lecture binaire et classique des catastrophes, en identifiant le risque dans les aléas naturels et dans les activités humaines [33]. Néanmoins, les documents relatifs au programme de travail, qui ont été établis par l'Organisation afin de programmer la mise en œuvre de l'Accord, y ont progressivement intégré la notion de changements climatiques. En particulier, le plan relatif à la période 2021-2025 les évoque à plusieurs reprises, dans la perspective de prévenir et atténuer les effets des catastrophes induites par ces phénomènes [34]. Dans ce document, les changements climatiques sont intégrés à l'étude des catastrophes comme facteur de déclenchement de celles-ci et il est souligné l'importance de les inclure dans l'analyse des catastrophes afin de mieux adapter le régime de prévention de ces dernières [35]. De plus, l'organisation a mis en place le projet *Disaster Risk Reduction by Integrating Climate Change Projection into Flood and Landslide Risk Assessment (ASEAN DRR-CCA)*, soutenu par le Japon, qui vise directement l'intégration des changements climatiques dans la politique de réduction des risques de catastrophes de l'organisation afin d'en améliorer la préparation [36]. Cela témoigne d'un développement substantiel des mécanismes relatifs à la gestion des catastrophes et d'une intégration désormais poussée des changements climatiques à ces derniers dans la région.

L'Union européenne a également développé un cadre juridique assez complet en matière de gestion des différentes phases d'une catastrophe. En 2013, une décision du Parlement européen et du Conseil incitait au développement de plans de gestion des risques de catastrophe nationaux et régionaux [37], dans l'objectif de canaliser et centraliser l'assistance en cas de catastrophe. A cet effet, le Centre de Coordination de la réaction d'urgence (ERCC) a été créé dans le cadre du mécanisme de protection civile de l'Union européenne, pour permettre d'assurer une véritable coordination en matière de vigilance et assistance. Dans cette décision, la notion de catastrophe est assez

---

31. W. J. Hopkins, *op. cit.*, p. 231.
32. M. Aronsson-Storrier, *op. cit.*, p. 64.
33. ASEAN, accord AADMER, 2005, article 5.1.
34. ASEAN, *AADMER Work Programme 2021-2025*, p. 28.
35. Cette vision est également consolidée par la Déclaration de l'ASEAN relative au renforcement de l'adaptation face à la sécheresse dans laquelle il est affirmé que : «The region is facing a double burden of disasters, namely the stress and the threat of climate change and extreme weather events . . .» De la sorte, les événements climatiques sont désormais intégrés à l'analyse et à l'étude des plans d'action relatifs aux catastrophes.
36. Le site du projet est disponible à l'adresse, https://aseandrr.org/.
37. Parlement européen et Conseil, décision n° 1313/2013/UE du Parlement européen et Conseil du 17 décembre 2013 relative au mécanisme de protection civile de l'Union, *Journal officiel de l'Union européenne*, L 347/924, 20 décembre 2013.

large [38], couvrant un ensemble hétérogène de situations [39], et ouvrant ainsi à la possible inclusion des changements climatiques. C'est en 2021 que l'approche européenne en la matière s'est précisée, car le Parlement européen et le Conseil ont adopté le règlement 2021/836 portant modification de la décision de 2013, qui intègre directement et expressément les changements climatiques comme source de catastrophe [40]. Sur la base de ce règlement, la Commission adopte des recommandations qui servent de base non contraignante pour les actions de prévention et préparation face aux catastrophes, compte tenu des effets des changements climatiques sur celles-ci [41]. Le mécanisme de gestion des catastrophes est ainsi guidé par la Commission et intégré à la protection civile et aux opérations d'aide humanitaire européennes (au sein de sa direction générale ECHO). De plus, le 3 mars 2022, le Conseil a adopté des conclusions appelant à l'adaptation des mécanismes et systèmes de protection civile aux conséquences des changements climatiques, aussi bien en matière de prévention que de réaction [42].

Si l'action régionale se présente comme assez dynamique en la matière, l'intégration des changements climatiques dans les instruments universels s'avère plus complexe.

B. L'intégration des changements climatiques dans des instruments universels en matière de gestion des catastrophes

Un des premiers textes universels adoptés en matière de gestion des catastrophes est la Convention de Tampere de 1998 relative à la mise à disposition de ressources de télécommunication pour l'atténuation des effets des catastrophes et pour les opérations de secours en cas de catastrophe [43]. Même si ce texte se concentre sur un aspect très particulier de cette gestion, il a le mérite d'avoir impulsé un cadre de collaboration

---

38. L'article 4 de la décision donne une définition très large de la catastrophe, entendue comme « toute situation qui a ou peut avoir des effets graves sur les personnes, l'environnement ou les biens, y compris le patrimoine culturel ». Ainsi, les éléments pris en considération par cette définition s'intéressent majoritairement aux « victimes » de la catastrophe, sans citer les diverses catégories de sources qui peuvent la déclencher.
39. En 2022, le mécanisme d'assistance a été activé dans le cadre du conflit en Ukraine. Conseil européen, *Réunion extraordinaire du Conseil européen (30 et 31 mai 2022) – Conclusions*, EUCO 21/22, 31 mai 2022, p. 2.
40. Parlement européen et Conseil, Règlement (UE) 2021/836 du Parlement européen et du Conseil du 20 mai 2021 modifiant la décision n° 1313/2013/UE relative au mécanisme de protection civile de l'Union, *Journal officiel de l'Union européenne*, L 185/1, 26 mai 2021, paragraphe 5.
41. Parlement européen et Conseil, Règlement (UE) 2021/836..., *op. cit.*, article 1 (5) *(b)*.
42. Conseil de l'Union européenne, *Draft Council conclusions on civil protection work in view of climate change*, 6528/22, Bruxelles, 24 février 2022, adopté le 3 mars 2022.
43. ONU, Convention de Tampere, 10 novembre 1998, New York.

transnational en la matière, au sein d'un régime très lacunaire caractérisé par le manque de textes universels et généraux. La Convention propose une définition large de la notion de catastrophe en son article 1er [44]. Toutefois, cet instrument n'intègre pas directement les changements climatiques, même si cela ne préjuge pas de la possibilité de mettre en œuvre les moyens prévus par la Convention en cas de catastrophes induites par les changements climatiques.

Ensuite, les instruments non contraignants que sont les cadres d'action de Hyogo [45] et Sendai [46], adoptés par les conférences mondiales sur la prévention des catastrophes organisées par le Bureau des Nations Unies pour la Prévention des risques de catastrophes (UNISDR) ont intégré directement les changements climatiques dans des instruments de droit international des catastrophes au niveau universel [47]. Bien qu'il ne s'agisse que d'instruments de *soft law*, ceux-ci permettent de développer la réflexion sur les catastrophes induites par les changements climatiques et d'établir un cadre propice à l'adoption future d'instruments contraignants en la matière. D'abord, le Cadre d'action de Hyogo pour 2005-2015 a permis d'élargir la notion de catastrophe, en y incluant toutes les menaces qui contribuent désormais à la matérialisation d'événements désastreux [48] et en s'intéressant directement aux «facteurs des risques sous-jacents» [49], dans le but de promouvoir l'intégration des changements climatiques dans les plans d'action en matière de catastrophe [50]. Ensuite, dans cette lignée, le cadre de Sendai a repris cet objectif en identifiant expressément la variabilité climatique parmi «l'un des principaux facteurs de risque de catastrophe» [51]. En effet, ce cadre insère à la priorité 1 la compréhension du risque de catastrophe, qui devient essentielle pour une prise en charge adéquate des catastrophes. Ainsi, ces instruments de *soft law* consacrent désormais l'intégration des changements climatiques dans le droit international des catastrophes.

Le texte du projet d'articles de la Commission du droit international relatif à la protection des personnes en cas de catastrophe adopté en 2016 se montre en retrait sur la question, car il ne mentionne pas directement les changements

---

44. *Ibid.*, article 1.6.
45. Cadre d'action de Hyogo pour 2005-2015 : Pour des nations et des collectivités résilientes face aux catastrophes, deuxième Conférence mondiale sur la prévention des catastrophes, 22 janvier 2005, Hyogo.
46. Cadre d'action de Sendai pour la réduction des risques de catastrophe 2015 – 2030, troisième Conférence mondiale sur la prévention des catastrophes, 18 mars 2015, Sendai.
47. D. A. Farber, *The Intersection…*, *op. cit.*, p. 97.
48. Cadre d'action de Hyogo pour 2005-2015 : Pour des nations et des collectivités résilientes face aux catastrophes, A/CONF.206/6, 2015, p. 7.
49. *Ibid.*, p. 17.
50. *Ibid.*, p. 22.
51. Cadre d'action de Sendai, *op. cit.*, p. 11.

climatiques[52]. Il se focalise davantage sur les conséquences générées par ces événements sur les populations, en vue d'y organiser le cadre de réponse, sans pour autant ignorer complètement la question de la réduction des risques, mentionnée à l'article 2. Son article 3[53] adopte une vision extensive de la catastrophe, cela s'expliquant par l'objet principal du projet d'articles, se concentrant sur l'organisation de l'acheminement de l'aide humanitaire et des secours. En réalité, l'établissement de la source de la catastrophe importe peu aux fins de l'application du projet d'articles, dès lors qu'il vise la phase postérieure à la matérialisation de la catastrophe, ce qui est indépendant de sa cause. Toutefois, les débats en cours démontrent une volonté de faire évoluer la lecture des catastrophes, notamment à lumière des effets des changements climatiques[54].

Paragraphe 2   **Les limites du droit international des catastrophes en matière de changements climatiques**

Même si les changements climatiques sont désormais intégrés implicitement ou explicitement dans la plupart des instruments de gestion des catastrophes, une certaine fragmentation est à constater dans l'appréhension de la catastrophe, qui n'est pas sans conséquence sur l'adaptation des instruments à ces circonstances. Le droit international des catastrophes a connu une évolution intrinsèque, mais il demeure marqué par un fractionnement dans l'organisation des phases de gestion de la catastrophe, inadapté à une approche globale de ces événements induits par les changements climatiques (A). De même, à l'instar du droit des catastrophes naturelles, cette branche émergente du droit international n'octroie pas une réponse adéquate aux populations victimes (B).

A. Un fractionnement dans l'intervention inadapté à la gestion des effets des changements climatiques

Le droit international des catastrophes s'est développé autour des trois phases d'une catastrophe, qui comprennent prévention, atténuation et réaction. Cela correspond désormais au cœur de la matière, comme cela a été confirmé par le Cadre de Sendai et par le projet d'articles de la Commission du droit international de 2016[55]. Néanmoins, la phase de réaction demeure

---

52. D'autant plus que le consensus autour de la définition de catastrophe avait été atteint avec difficulté : D. A. Farber, « The Intersection… », *op. cit.*, p. 101.
53. CDI, Projet d'articles sur la protection des personnes en cas de catastrophe, *Annuaire de la Commission du droit international*, 2016, vol. II (2), article 3.
54. *Cf. infra*.
55. M. Aronsson-Storrier, *op. cit.*, p. 52.

la plus développée. En effet, les premiers instruments de droit international des catastrophes ont permis notamment de prévoir des moyens de répondre à une catastrophe [56], se focalisant essentiellement sur l'assistance [57]. Ainsi, la Convention de Tampere de 1998 relative à la mise à disposition des moyens de communication visait principalement la facilitation des opérations de secours, dans l'objectif de coordonner au niveau des Nations Unies les communications et la mise à disposition des services de télécommunication en cas de catastrophe [58]. Ensuite, le projet d'articles de la Commission du droit international de 2016, intervenant également en la matière, consacre l'émergence d'un véritable «droit international d'intervention en cas de catastrophe» [59]. Les normes et principes propres à l'assistance humanitaire [60] s'y appliquent et plusieurs acteurs sont susceptibles d'intervenir [61]. Concernant plus précisément l'assistance aux personnes victimes des effets des changements climatiques, plusieurs options ont été envisagées, notamment concernant la situation des personnes déplacées [62]. Une partie de la doctrine a également évoqué la possibilité d'élargir le champ d'application de la doctrine

---

56. F. Zorzi Giustiniani, «Something Old, Something New : Disaster Risk Reduction in International Law», *Questions de droit international*, 49, 2018, p. 7-27, p. 9.

57. Toutefois, cette convention avançait déjà une approche très préventive, visant la prévention, la surveillance et la préparation aux catastrophes, en vue d'atténuer les conséquences : ONU, Convention de Tampere, article 1.7, 10 novembre 1998, New York.

58. A. Rahrig, «Love Thy Neighbor : The Tampere Convention as Global Legislation», *Indiana Journal of Global Legal Studies*, vol. 17 (2), 2010, p. 273-288, p. 279.

59. C. Cournil, «Les défis du droit international pour protéger les «réfugiés climatiques»: réflexions sur les pistes actuellement proposées», dans C. Cournil et C. Colard-Fabregoule (dir. publ.), *Changements climatiques et défis du droit*, Bruylant, p. 345-372, 2010, p. 353.

60. Voir M.-J. Domestici-Met, «Aspects juridiques récents de l'assistance humanitaire», *Annuaire français de droit international*, vol. 35, 1989, p. 117-148 ; J.-M. Lavieille, «L'assistance écologique», *Revue européenne de droit de l'environnement*, 4, 2006, p. 400-406 ; R. Kolb, «De l'assistance humanitaire : la résolution sur l'assistance humanitaire adoptée par L'Institut de droit international à sa session de Bruges en 2003», *Revue internationale de la Croix-Rouge/International Review of the Red Cross*, vol. 86, n° 856, 2004, p. 853-878 ; B. Jakovljević, «Le droit à l'assistance humanitaire – Aspects juridiques», *Revue internationale de la Croix-Rouge*, vol. 69 (767), 1987, p. 490-506 ; P. Walker, «les victimes de catastrophes naturelles et le droit à l'assistance humanitaire : point de vue d'un praticien», *Revue internationale de la Croix-Rouge*, vol. 80 (832), 1998, p. 657-665.

61. R. J. Hardcastle et A. T. L. Chua, «Assistance humanitaire : pour un droit à l'accès aux victimes des catastrophes naturelles», *Revue internationale de la Croix-Rouge*, vol. 80, n° 832, 1998, p. 633-655, p. 635.

62. Voir C. Cournil, *op. cit.* ; C. Cournil et C. Perruso, «Réflexions sur l'«humanisation» des changements climatiques et la «climatisation» des droits de l'Homme. Emergence et pertinence», *La Revue des droits de l'homme*, 14, 2018 ; D. A. Farber, «Basic Compensation for Vctims of Climate Change», *University of Pennsylvania Law Review*, 155, 2007, p. 1605-1656 ; T. Koivurova, «International Legal Avenues to Address the Plight of Victims of Climate Change : Problems and Prospects», *Journal of Environmental Law and Litigation*, vol. 22, 2007, p. 267-299.

de la responsabilité de protéger aux catastrophes naturelles [63], ce qui pourrait inclure également les effets des changements climatiques [64].

En réalité, les effets des changements climatiques ne posent pas de véritables défis au droit international dans la phase de réponse à la matérialisation d'une catastrophe, car les instruments juridiques peuvent être mobilisés et appliqués même lors de ces événements ; toutefois, leur adaptation est nécessaire, car les catastrophes induites par les changements climatiques peuvent présenter une ampleur et une fréquence plus importantes. Néanmoins, la gestion des catastrophes par le droit international a été structurée autour de l'idée d'urgence et d'immédiateté de la survenance de la catastrophe [65], comme pour un tremblement de terre ou un accident industriel. Toutefois, les changements climatiques pouvant se manifester de plusieurs façons, les instruments conçus pour répondre à une catastrophe dans l'urgence pourraient se révéler difficilement mobilisables dans le cadre des *slow-onset disasters* [66], catastrophes à évolution lente avec des conséquences sur le long terme. L'élévation du niveau de la mer en fournit une bonne illustration, car sa progression menace l'existence de certains territoires qui pourraient disparaître du fait de leur submersion [67]. Les habitants des petits Etats insulaires et de certains Etats côtiers expérimentent déjà les premiers effets de l'élévation du niveau de la mer, les obligeant à se déplacer de leur lieu de vie habituel [68]. C'est potentiellement l'existence même de certains Etats insulaires qui

---

63. S. E. Davies, «Chapter Seven. A Responsibility to Protect Persons in the Event of Natural Disasters», dans S. E. Davies et L. Glanville (dir. publ.), *Protecting the Displaced*, Leiden, The Netherlands, Brill, Nijhoff, 2010 ; G. Evans, «The Responsibility to Protect in Environmental Emergencies», *Proceedings of the ASIL Annual Meeting*, vol. 103, 2009, p. 27-32 ; J. Harrington, «R2P and Natural Disasters», dans W. A. Knight et F. Egerton (dir. publ.), *The Routledge Handbook of the Responsibility to Protect*, Routledge, 2012 ; T. R. Saechao, «Natural Disasters and the Responsibility to Protect: From Chaos to Clarity», *Brooklyn Journal of International Law*, 32, 2006, p. 663-707.
64. G. Evans, *op. cit.*, p. 32. L'auteur exprime des réserves concernant l'application jugée trop large de la doctrine de la responsabilité de protéger, en dehors des quatre crimes traditionnellement envisagés. Dans le même sens, C. L. Edward, «Environmental Emergencies and the Responsibility to Protect : A Bridge too Far ? », *Proceedings of the Annual Meeting, op. cit.*, p. 32-38.
65. L. Gonzalo, J. Cassidy et D. Colin, *Rebuilding after Disaster. From Emergency to Sustainability*, 2009, Routledge, p. 1.
66. S. J. Fiske et E. Marine, «Slow-Onset Disaster Climate Change and the Gaps between Knowledge, Policy, and Practice», dans S. M. Hoffman et R. E. Barrios (dir. publ.), *Disaster Upon Disaster : Exploring the Gap Between Knowledge, Policy and Practice*, Berghahn Books, 2020, p. 139.
67. S. Willcox, «Climate Change Inundation, Self-Determination, and Atoll Island States», *Human Rights Quarterly*, vol. 38 (4), 2016, p. 1022-37, p. 1023.
68. Voir W. Kälin, «The Climate Change – Displacement Nexus», Communication, Panel on disaster risk reduction and preparedness : addressing the humanitarian consequences of natural disasters, ECOSOC Humanitarian Affairs Segment, 16 juillet 2008, disponible à l'adresse http://www.brookings.edu/speeches/2008/0716_climate_change_kalin.aspx.

est menacée par la progression du phénomène [69]. Malgré la mise en œuvre par les populations de mesures d'adaptation afin d'atténuer les impacts des *slow-onset disasters* [70], les effets des changements climatiques à évolution lente sont progressivement appréhendés parallèlement aux catastrophes soudaines [71], ce qui permet de souligner les conséquences désastreuses que ces phénomènes produisent inexorablement, et probablement l'insuffisance des mesures d'adaptation adoptées jusque-là. Toutefois, le droit international des catastrophes comporte encore peu de ressources face à ces événements, ce qui nécessite le développement d'autres aspects de la gestion de la catastrophe.

B. *Un encadrement insuffisant de la prévention des catastrophes*

En matière d'anticipation de la catastrophe, l'introduction du concept de risque, à la suite d'initiatives prises au sein des Nations Unies [72], a permis d'adopter une nouvelle perspective [73] dans la gestion des catastrophes. En effet, ce concept renvoie à la dimension préventive de l'intervention en matière de catastrophe, en se plaçant dans la phase *ex ante* [74]. Toutefois, en droit international des catastrophes, la prévention vise l'impact environnemental plutôt que la prévention de la catastrophe elle-même [75]. L'Assemblée générale des Nations Unies a souligné dans sa résolution 46/182 l'attention particulière qui doit être accordée aux phases de prévention et préparation à la catastrophe

---

69. Sur la question voir la contribution de J.-B. Dudant.
70. Plusieurs projets du Fonds vert pour le climat accompagnent les communautés dans des programmes d'adaptation aux effets des changements climatiques. Voir *Vanuatu community-based climate resilience project (VCCRP)*, les informations sont disponibles à l'adresse, https://www.greenclimate.fund/project/fp184; *Tuvalu coastal adaptation project (TCAP)*, https://www.greenclimate.fund/project/fp015; *Development of arganiculture orchards in degraded environment (DARED)*, https://www.greenclimate.fund/project/fp022. Les mesures d'adaptation pourraient permettre de réduire l'impact des effets des changements climatiques sur les populations et, à terme, éviter que ceux-ci provoquent un dysfonctionnement dans la société.
71. Cela est le cas notamment du Projet d'articles à l'étude par la Commission du droit international relatif à l'élévation du niveau de la mer: CDI, *L'élévation du niveau de la mer au regard du droit international*. Seconde note thématique établie par *Patrícia Galvão Teles et Juan José Ruda Santolaria, Coprésidents du Groupe d'étude sur l'élévation du niveau de la mer au regard du droit international*, A/CN.4/752, 31 mars 2022, p. 79; voir aussi J. Peel et D. Fisher, *The Role of International Environmental Law in Disaster Risk Reduction*, 2016, Leiden, Brill, Nijhoff, p. 2.
72. F. Zorzi Giustiniani, *op. cit.*, p. 9.
73. La Commission du droit international s'est penchée sur cet aspect lors des travaux d'élaboration et rédaction du Projet d'articles de 2016 sur la protection des personnes en cas de catastrophes; voir AGNU, Commission du droit international, *Sixième rapport sur la protection des personnes en cas de catastrophe*, A/CN.4/662, 3 mai 2013, p. 5.
74. D. A. Farber, *The Intersection...*, *op. cit.*, p. 94.
75. M. Aronsson-Storrier, *op. cit.*, p. 54.

dans les plans des gouvernements et de la communauté internationale [76]. En effet, l'intérêt pour cet aspect de la gestion des catastrophes s'est accru à partir des années 1990 et les documents politiques ont mentionné progressivement la prévention et l'atténuation [77] des catastrophes naturelles [78]. La Convention cadre d'assistance en matière de protection civile du 22 mai 2000 a introduit la notion de prévention en matière de catastrophes, à côté de celle d'assistance [79]. Dans cette lignée, le cadre de Hyogo puis celui de Sendai promeuvent aussi une culture de la prévention en matière de catastrophes [80], soulignant à quel point cette notion est centrale. Cette évolution dans l'objet de la gestion de la catastrophe a été également impulsée par la jurisprudence internationale [81], en particulier par une lecture influencée par les droits de l'homme. En effet, la Cour européenne des droits de l'homme a considéré que le droit à la vie oblige les Etats à prendre toutes mesures pour prévenir les catastrophes naturelles et humaines et informer promptement les populations en cas de menace [82]. L'objectif de prévention se matérialise sous plusieurs formes, dont la plus développée est représentée par les systèmes d'alerte rapide. Ces systèmes ont été mis en lumière après le tsunami de 2004 dans l'océan Indien. Certains traités régionaux, comme l'accord de l'ASEAN de 2005, établissent des obligations spécifiques pour les Etats et intègrent les systèmes d'alerte rapide à tout stade de la gestion de la catastrophe [83]. Toutefois, la prévention des changements

---

76. AGNU, résolution 46/182, *Renforcement de la coordination de l'aide humanitaire d'urgence de l'Organisation des Nations Unies*, Quarante-sixième session, 19 décembre 1991, p. 53.
77. Les termes de prévention et atténuation sont souvent utilisés comme synonymes dans les documents et instruments relatifs à la gestion des catastrophes. Toutefois, une nuance existe entre les deux notions, puisque la prévention a une dimension plus large, comprenant également l'aspect de l'atténuation, qui serait donc plus spécifique. En effet, l'atténuation renvoie à la capacité de réduire les risques et la gravité de la catastrophe sur les individus et les biens, tandis que la prévention vise à empêcher que les actions humaines ne génèrent une catastrophe. Voir Organisation mondiale de la santé, *Emergency health training programme for Africa*, Panafrican Emergency Training Centre, Addis Ababa, 1998, p. 3. Néanmoins, selon l'Agence européenne pour l'environnement, le terme d'atténuation a une définition plus précise, renvoyant à l'action de diminuer l'impact des changements climatiques en réduisant les émissions de gaz à effet de serre. Il est à noter que le Cadre de Sendai pour la réduction des risques de catastrophes n'emploie pas le terme d'atténuation, mais seulement de prévention.
78. M. Aronsson-Storrier, *op. cit.*, p. 60.
79. Convention cadre d'assistance en matière de protection civile, 22 mai 2000, article 4.
80. *Ibid.*, p. 64.
81. La Cour internationale de Justice s'est prononcée sur l'obligation de prévenir les dommages irréversibles dans son arrêt *Nagymaros* de 1997 : CIJ, Projet *GabCikovo-Nagymaros (Hongrie c. Slovaquie)*, arrêt, *CIJ Recueil 1997*, p. 7.
82. CEDH, *Oneryildiz* et al. *c. Turquie*, 30 novembre 2004 et CEDH, *Budeyeva* et al. *c. Russie*, 20 mars 2008.
83. M. Eburn, A. Collins et K. Da Costa, « Recognising Limits of International Law in Disaster Risk Reduction as Problem and Solution », dans K. L. H. Samuel, M. Aronsson-Storrier et K. Nakjavani Bookmiller, *op. cit.*, p. 144.

climatiques requiert une vision élargie, et notamment une intervention axée sur la prévention en amont de la survenance de la catastrophe, approche que l'on ne retrouve pas encore en droit international des catastrophes. A titre d'exemple, l'Union européenne fonde son intervention en matière de catastrophes liées aux changements climatiques sur le concept de solidarité, qui se traduit par l'octroi de fonds destinés à aider les Etats touchés [84]. Bien que la lutte contre les changements climatiques soit inscrite directement dans l'article 191 du Traité sur le fonctionnement de l'Union européenne [85] comme moyen de protéger l'environnement, les actions prises ont une nature réactive aux incidents qui peuvent se produire [86]. La prévention, qui traduirait plus efficacement la dimension de lutte contre les changements climatiques, n'est pas suffisante en l'état et mérite d'être redéfinie et développée davantage [87].

L'inadéquation du droit international des catastrophes en matière de changements climatiques conduit à envisager une évolution, notamment à travers un rapprochement avec le droit international du climat, afin de mieux répondre aux effets des changements climatiques.

SECTION 2   **UN DROIT INTERNATIONAL DES CATASTROPHES EN MUTATION SOUS L'EFFET DU CHANGEMENT CLIMATIQUE**

La création d'instruments universels spécifiques pourrait permettre de mieux prendre en compte les effets des changements climatiques (par. 1). L'appréhension des phénomènes envisagés ne peut cependant être réalisée que par le rapprochement entre le droit international des catastrophes avec d'autres branches du droit international, en particulier avec le droit international du climat (par. 2).

---

84. Sur le site de la Commission européenne est disponible la liste détaillée des fonds octroyés sur plusieurs années aux Etats membres de l'UE à l'occasion de différentes catastrophes, disponible à cette adresse https://ec.europa.eu/regional_policy/fr/funding/solidarity-fund/. L'intensification des événements, due à l'accélération des changements climatiques montre les limites de cet instrument et appelle à une intervention en aval; voir «Catastrophes naturelles: les pertes humaines et financières en Europe ont été chiffrées», ActuEnvironnement, 3 février 2022, en ligne.
85. UE, article 191.1 TFUE.
86. Face aux incendies et aux inondations récurrents, l'UE mobilise les moyens matériels pour réagir à ces événements. Voir Maison de l'Europe, *Le changement climatique et les catastrophes naturelles en Europe*, 2021, en ligne.
87. La dimension préventive de l'action européenne dans le domaine se fonde sur les instruments d'alerte rapide, qui permettent d'agir immédiatement mais qui sont insuffisants pour anticiper réellement la survenance d'une catastrophe.

Paragraphe 1   **Des projets d'évolution du régime des catastrophes pour une meilleure adéquation avec les changements climatiques**

Les changements climatiques font précisément l'objet d'instruments juridiques spécifiques, qui relèvent du droit international du climat [88]. Toutefois, ces derniers abordent la question de la gestion des effets catastrophiques générés par ces événements de manière insuffisante, tandis que le droit international des catastrophes ne s'est pas doté d'instruments efficaces pour y répondre concrètement [89]. Pour cela, de nouveaux instruments spécifiques sont envisagés (A), ce qui ne va pas sans difficultés (B).

A. Vers l'élaboration d'instruments universels en matière de catastrophes

L'analyse des instruments nationaux démontre que la réponse aux catastrophes varie considérablement selon les pays, en l'absence d'une méthode unique [90]. Pour cela, les lignes directrices de l'*International Disaster Response Law* (IDRL), élaborées par le Mouvement international de la Croix-Rouge et du Croissant-Rouge (IFRC) en 2011 [91], se fixent l'objectif de rapprocher les législations nationales en la matière. En effet, plusieurs Etats se sont fondés sur ce texte afin de développer des mécanismes de réponse aux catastrophes sur le plan national. Le Mouvement a véritablement œuvré pour réduire l'écart entre les législations nationales, en publiant un *Model Act for the Facilitation and Regulation of International Disaster Relief and Initial Recovery Assistance* [92]. Toutefois, cet acte n'aborde pas directement les changements climatiques comme source de catastrophe. Cette absence n'a pas empêché certains Etats d'adopter une approche plus large dans leurs

---

88. C. Cournil, *La fabrique d'un droit climatique : au service de la trajectoire « 1.5 »*, éditions A. Pedone, 2021, p. 1.
89. *Ibid.*, p. 1105. L'auteur mentionne un rapport de la Fédération internationale de la Croix-Rouge, écrit en 2000, qui exprime bien cette idée :

« There is no definitive, broadly accepted source of international law which spells out legal standards, procedures, rights and duties pertaining to disaster response and assistance. No systematic attempt has been made to pull together the disparate threads of existing law, to formalize customary law or to expand and develop the law in new ways. »

90. *Ibid.*, p. 1106.
91. Fédération internationale des Sociétés de la Croix-Rouge et du Croissant-Rouge, *Fiche technique : IDRL / Préparation juridique à l'assistance internationale en cas de catastrophe*, 2020.
92. Fédération internationale des Sociétés de la Croix-Rouge et du Croissant-Rouge, United Nations Office for the Coordination of Humanitarian Affairs and the Inter-Parliamentary Union, *Model Act for the Facilitation and Regulation of International Disaster Relief and Initial Recovery Assistance (with commentary)*, 2013, p. 7.

instruments nationaux, en intégrant également les changements climatiques[93]. Plus précisément, ce processus pourrait servir de modèle à l'adoption progressive d'instruments spécifiques aux catastrophes générées par les changements climatiques.

Même si le Projet d'articles de la Commission du droit international de 2016 concerne un aspect particulier de la gestion de la catastrophe, c'est-à-dire la seule protection des personnes, les Etats se sont engagés à élaborer un traité sur son fondement, ce qui représenterait tout de même une nouveauté pour cette branche du droit international[94]. L'Assemblée générale des Nations Unies surveille ce processus, et elle a invité les gouvernements à élaborer une convention[95]. Un autre projet de traité universel avait été proposé en 1984, portant plus spécifiquement sur l'acheminement du secours d'urgence, dans le but de créer une coordination des compétences au niveau des Nations Unies[96]. Ce processus souligne une volonté de systématiser la matière par l'adoption d'un texte universel, selon une technique classique du droit international, qui, d'un ensemble fragmenté d'instruments, fait émerger des «standards généraux»[97]. En 2020, la Sixième Commission relative à l'adoption d'une convention sur le fondement du projet d'articles a souligné la volonté de faire évoluer la lecture du texte, en déplaçant le débat sur la phase de prévention et y intégrant notamment la question de la vulnérabilité des populations aux changements climatiques[98]. Cela démontre la capacité du projet d'articles à se présenter comme le fondement du développement du débat juridique en la matière, en vue de faire évoluer les instruments existants.

L'adoption d'une future convention universelle en matière de gestion des catastrophes, et a fortiori l'intégration des changements climatiques dans un tel instrument, se heurte à certaines difficultés que fait surgir le processus d'élaboration normative. Celui-ci a montré à quel point les positions des Etats

---

93. Les Philippines ont expressément intégré les changements climatiques dans les mesures issues de ce processus relatives à la gestion des catastrophes. Fédération internationale des Sociétés de la Croix-Rouge et du Croissant-Rouge, United Nations Office for the Coordination of Humanitarian Affairs and the Inter-Parliamentary Union, *Model Act...*, *op. cit.*, p. 80.
94. G. Bartolini. «The Draft Articles on "The Protection of Persons in the Event of Disasters": Towards a Flagship Treaty?», *EJIL:Talk!*, 2 décembre 2016, en ligne.
95. AGNU, résolution 71/141 «Protection des personnes en cas de catastrophes», 13 décembre 2016.
96. P.-M. Dupuy, «Problèmes de souveraineté, responsabilité internationale des Etats et droit des victimes», dans *Droit et Ville*, tome 21, 1986, XXe anniversaire de l'IEJUC – Colloque sur les risques naturels et technologiques majeurs : aspects juridiques, 14-15 octobre 1985, Toulouse – deuxième partie, p. 69-78, p. 77.
97. S. Sivakumaran, *op. cit.*, p. 1108; pour appuyer l'analyse, l'auteur prend en exemple le droit international des investissements dont le processus de création a suivi ce modèle.
98. AGNU, *Protection des personnes en cas de catastrophe*, rapport, A/75/214, 21 juillet 2020.

peuvent diverger, notamment en fonction de leurs intérêts géopolitiques[99]. De plus, les instruments de droit international des catastrophes doivent être conciliés avec la souveraineté étatique. Classiquement, l'intervention dans le cadre de l'assistance est subordonnée au consentement de l'Etat territorial[100]. Ainsi, le droit international étant un droit contractuel, les obligations pesant sur les Etats ne peuvent qu'être le fruit de leur consentement[101]. L'Etat territorial représente le principal acteur en charge de la gestion de la catastrophe, comme le souligne le projet d'articles de la Commission du droit international de 2016, qui évoque en son préambule que «l'Etat touché par une catastrophe a le rôle principal en ce qui concerne la fourniture des secours». Néanmoins, l'ampleur des dégâts et de l'impact générés par les changements climatiques dépasse parfois les capacités d'un seul Etat à y faire face. Le consentement de l'Etat constitue aussi un frein majeur à l'élaboration normative. Les différentes Conférences des Parties à la Convention-cadre des Nations Unies sur les changements climatiques de 1992 ont démontré la difficulté à réunir le consensus des Etats autour du sujet[102].

Ce contexte conduit à considérer les instruments de *soft law* comme un moyen important d'évolution du droit en la matière. En effet, les Cadres de Hyogo puis de Sendai appréhendent de façon holistique la gestion de la catastrophe, en constituant ainsi une première systématisation de la matière. Toutefois, ces instruments se présentent comme extrêmement larges et n'établissent qu'un ensemble de priorités que les Etats devraient considérer dans la gestion de la catastrophe. Néanmoins, la *soft law* peut influencer l'adoption d'instruments de *hard law*, même au niveau national[103]. Dans le cadre de la gestion des catastrophes, un nombre important d'instruments de *soft law* ont été adoptés, notamment au niveau des Nations Unies[104].

---

99. G. Bartolini, *op. cit.*, p. 1130:
«States have expressed mixed positions on the recommendation made by the ILC, which did not directly reflect their geopolitical interests or status as disaster-prone or donor States.»

100. La Birmanie avait refusé l'aide à l'assistance de sa population, après le passage du cyclone Nargis: H. Haider, *International Legal Frameworks for Humanitarian Action: Topic Guide*, Birmingham, UK, GSDRC, University of Birmingham, 2013, p. 40.

101. J.-M. Lavieille, J. Bétaille et M. Prieur (dir. publ.), *op. cit.*, p. 99.

102. Voir M. Arcanjo, «Has Climate Change Rendered the Concept of Sovereignty Obsolete?», *Climate Institute Publication*, 2019; D. Badrinarayana, «International Law in a Time of Climate Change, Sovereignty Loss, and Economic Unity», *Proceedings of the ASIL Annual Meeting*, vol. 104, 2010, p. 256-259; C. E. Werrell et F. Femia, «Climate Change, the Erosion of State Sovereignty, and World Order», *The Brown Journal of World Affairs*, vol. 22 (2), 2016, p. 221-35; M. Tsayem Demaze, «La difficile construction de la gouvernance internationale de la lutte contre les changements climatiques», *VertigO – la revue électronique en sciences de l'environnement (en ligne), Débats et Perspectives*, 2012.

103. S. Sivakumaran, *op. cit.*, p. 1103.

104. *Ibid.*

B. Des méthodes d'interprétation propices à l'évolution du droit international des catastrophes

L'évolution normative en matière de droit international des catastrophes peut être influencée par la jurisprudence. Le contentieux ne s'est pas encore développé en la matière, aucun litige ne portant sur les catastrophes générées par les changements climatiques. Toutefois, l'activité jurisprudentielle a intéressé de manière séparée les deux domaines. Les catastrophes, naturelles et technologiques, ont occupé sporadiquement le contentieux national [105] et régional [106]. Cependant, le contentieux relatif au climat et en particulier aux changements climatiques commence à émerger à travers les pays et permet d'éclairer le contenu du droit international voire de le développer [107]. Le contentieux relatif au climat compte désormais plus d'un millier d'affaires, par lesquelles la société civile essaie, par le biais du juge, de contraindre les acteurs étatiques et les entreprises à s'investir plus concrètement dans la protection du climat [108], par la responsabilité qui s'attache aux obligations juridiques [109]. Sans directement les évoquer, ces litiges concernent par ricochet les catastrophes induites par les changements climatiques car, par la demande d'action en faveur d'une diminution des émissions de gaz à effet de serre, les requérants visent l'atténuation des changements climatiques dont les effets peuvent constituer une atteinte à leur vie, santé et sécurité. L'emblématique affaire *Urgenda* évoquait les « conséquences catastrophiques des changements

---

105. Ces affaires concernent la protection des droits de propriété des personnes affectées : Cour constitutionnelle de l'Afrique du Sud, *Minister for Public Works & Ors. c. Kyalami Ridge Environmental Association & Ors.*, CCT 55/00, 29 mai 2001 ; concernant la réparation et la compensation des personnes dont les biens ont été touchés par un événement catastrophique : Cour suprême de la Nouvelle-Zélande, *Osbourne c. WorkSafe New Zealand*, [2017] NZSC 175, 23 novembre 2017 ; concernant le devoir de vigilance des autorités : Cour suprême de l'Irlande, *University College Cork – National University of Ireland c. The Electricity Supply Board*, [2020] IESC 38, 13 juillet 2020 ; Haute Cour de la Nouvelle Zélande, *Wislang c. Attorney-General*, [2020] NZHC 2588, 1er octobre 2020.

106. Ces affaires portent sur la prise de mesures préventives inadéquates de la part des autorités nationales face au risque de la production d'événements catastrophiques : CEDH, *Viviani et al. c. Italie*, n° 9713/13, 16 avril 2015 ; CIDH, *Pacheco Teruel et al. c. Honduras*, n° 241, 27 avril 2012 ; ou sur l'évacuation et les mesures de réinstallation de personnes dont le domicile avait été atteint par des événements catastrophiques : CEDH, *Kashchuk c. Ukraine*, n° 5407/06, 2 juin 2016.

107. Voir S. Maljean-Dubois, « Climate Litigation : The Impact of the Paris Agreement in National Courts », *The Taiwan Law Review, Angle*, 2022, p. 211-222 ; C. Cournil et C. Perruso, « Le climat s'installe à Strasbourg – Les enseignements des premières requêtes portées devant la Cour européenne des droits de l'Homme », *L'Observateur de Bruxelles*, Des nouveaux enjeux du droit européen de l'environnement, 2021/2 (n° 124), 2021, p. 24-29.

108. C. Cournil et C. Perruso, « Le climat s'installe à Strasbourg... », *op. cit.*, p. 24.

109. C. Cournil et A. S. Tabau, « *Urgenda c. Pays Bas* (2015) », dans C. Cournil, *Les grandes affaires climatiques*, Confluence des droits [en ligne] Aix-en-Provence : Droits international, comparé et européen, 2020, p. 75.

climatiques »[110] et le juge a fixé le contenu du devoir de diligence due, afin de prévenir la matérialisation de « changements climatiques dangereux »[111]. Depuis, elle a servi de modèle à une série d'affaires qui ont été introduites à l'encontre de divers Etats, afin de pointer du doigt l'inefficacité de leur action climatique[112], et d'entreprises, afin de réguler leurs activités polluantes[113]. Ces affaires partagent l'objectif de démonstration d'une carence fautive de l'Etat et du gouvernement dans l'action climatique et ont été fondées généralement sur des atteintes aux droits subjectifs des requérants[114]. Sur le terrain des droits de l'homme[115], la décision du Comité des droits de l'homme des Nations Unies du 24 octobre 2019 *Teitiota* a permis d'ouvrir le dialogue autour de la protection des personnes habitant dans les zones les plus exposées aux catastrophes induites par les changements climatiques, telles les îles du Pacifique. Celle-ci se focalise plus précisément sur les conséquences des « changements de l'environnement et des catastrophes naturelles »[116] sur les populations et sur la possible application du régime relatif au droit d'asile[117]. C'est effectivement dans cette lignée que le 22 septembre 2022, le Comité a rendu une décision « révolutionnaire »[118], par laquelle il a directement reconnu les carences de l'Australie à protéger la population autochtone Torres contre les effets des changements climatiques, sur le fondement du droit à la vie privée et familiale[119]. Cette affaire démontre que la mobilisation des droits de l'homme constitue un élément qui pourrait faire avancer le droit en

---

110. The Hague Court of Appeal, *State of the Netherlands c. Urgenda Foundation*, C/09/456689/ HA ZA 13-1396 (version anglaise), 9 octobre 2019, paragraphe 59. Notre traduction.
111. C. Cournil et A. S. Tabau, *op. cit.*, p. 89.
112. *Ibid.*
113. District Court of The Hague, *Milieudefensie* et al. *c. Royal Dutch Shell plc.*, n° 90046903, 5 avril 2019 ; United States Court of Appeal for the Second Circuit, *City of New York c. BP, Chevron*, Conocophillips, Exxonmobil, et Royal Dutch Shell, 1er avril 2021 ; voir aussi C. Cournil, *Les grandes affaires climatiques...*, *op. cit.*, p. 413 ss.
114. D. Misonne, « Affaire *Klimaatzaak* (2015) », dans C. Cournil, *Les grandes affaires climatiques...*, *op. cit.*, p. 93.
115. C. Cournil, « Affaires *Greta Thunberg*, *Teitiota* et *Torrès* (2019-2020) », DICE. Les grandes affaires climatiques, 10, 2020, *Confluences des droits*, p. 281-302, p. 284 ss.
116. ONU, Comité des droits de l'homme, Views adopted by the Committee under article 5 (4) of the Optional Protocol, concerning communication n° 2728/2016, 7 janvier 2020, p 3 ; le Comité a analysé le degré de risque de matérialisation de catastrophes causées par les changements climatiques, p. 4.
117. Sur la question, voir la contribution de Marie Courtoy.
118. NU, *Australia: Groundbreaking decision creates pathway for climate justice on Torres Strait Islands*, 23 septembre 2022, en ligne https://news.un.org/en/story/2022/09/1127761.
119. ONU, Comité des droits de l'homme, Views adopted by the Committee under article 5 (4) of the Optional Protocol, concerning communication No. 3624/2019, 22 septembre 2022.

la matière [120]. Ainsi, ces affaires s'intéressent indirectement aux effets des changements climatiques pouvant provoquer des catastrophes. Sur ce modèle, on pourrait songer au rôle d'entraînement du juge, international mais aussi national, dans l'évolution de l'interprétation du droit en la matière, notamment pour encourager la convergence du régime relatif au climat et celui relatif aux catastrophes, à travers les changements climatiques [121].

Paragraphe 2 **Une convergence progressive du droit international des catastrophes et du droit international du climat ?**

Le droit international des catastrophes, tel qu'il est actuellement conçu, ne pourra véritablement appréhender de manière complète les catastrophes climatiques sans un rapprochement avec le droit international du climat (A). Ce rapprochement pourrait en outre être facilité par l'approfondissement de certains éléments, qui se présentent comme communs aux deux régimes (B).

A. Des perspectives de convergence des régimes juridiques relatifs aux catastrophes et au climat

Les catastrophes climatiques appellent à l'analyse de l'apport des instruments du droit international du climat face à la matérialisation des catastrophes. L'approche adoptée par cette branche du droit permettrait de se focaliser davantage sur la prévention des catastrophes induites par les changements climatiques. Comme constaté précédemment, bien que la «réduction des risques de catastrophes» (RRC) soit désormais un point d'intérêt du droit international des catastrophes, l'approche préventive qui en découle n'est pas assez approfondie et adaptée aux effets des changements climatiques [122]. Cette approche est au cœur de la Convention-cadre des Nations Unies sur les changements climatiques de 1992, qui vise à limiter les «effets néfastes» des changements climatiques et invite les Etats à conduire aussi des politiques d'adaptation. Les traités ultérieurs ont engagé les Etats à réduire leurs émissions de gaz à effet de serre. En particulier, l'Accord de Paris fixe l'objectif de contenir l'élévation moyenne de la température mondiale nettement en dessous de 2 °C, et de poursuivre cet objectif jusqu'à 1,5 °C [123].

---

120. L. Duthoit, «*Milieudefensie* et al. *c. Shell* (2019)», dans C. Cournil, *Les grandes affaires climatiques...*, *op. cit.*, p. 543.
121. De la même manière que l'Affaire du siècle a porté sur la question de l'existence d'un principe général du droit portant sur le droit à vivre dans un système climatique soutenable: C. Cournil, A. Le Dylio et P. Mougeolle, «*Notre affaire à tous* et al. *c. l'Etat français* (2019)», dans C. Cournil, Les grandes affaires climatiques..., *op. cit.*, p. 229.
122. Cf. *supra*.
123. Nations Unies, Accord de Paris, article 2, 2015.

Les influences mutuelles entre le droit des catastrophes et le droit des changements climatiques rendent les deux matières complémentaires et *in fine* également nécessaires à une bonne appréhension du phénomène. Cette influence commence à se profiler notamment par l'introduction de *loss and damage* en droit international du climat : lors de la COP19 en 2013, avait été mis en place le mécanisme de Varsovie relatif aux dommages liés aux changements climatiques. La décision instituant le mécanisme ne donne pas une définition claire de *loss and damage* [124] mais fait référence aux « incidences » des changements climatiques, comprenant les pertes économiques, et également non économiques [125], ce qui permettrait d'aborder les dommages causés aux personnes, dont la perte de vies humaines, les déplacements forcés, etc. Ce mécanisme a été ensuite intégré à l'article 8 de l'Accord de Paris, érigé comme le « troisième pilier » de la politique relative aux changements climatiques [126]. Celui-ci a été entériné par la COP27, dans une décision qui acte la création d'un fonds destiné à aider les pays les plus vulnérables face au « loss and damage associated with the adverse effects of climate change » [127], même si ses contours restent encore à définir [128]. La définition de *loss and damage* fournie par le GIEC, conformément aux travaux du Mécanisme, fait référence « broadly to harm from (observed) impacts and (projected) risks ». La notion est par conséquent très large et renvoie à tous les impacts découlant des événements climatiques. Mais puisque le Mécanisme de Varsovie a été adopté à la suite du Plan d'action de Bali de 2007, qui encourageait à adopter « des stratégies de réduction des effets des catastrophes » [129], il semble évident que les pertes et dommages mentionnés par le Mécanisme correspondent en

---

124. En l'absence d'une définition claire, la doctrine a essayé d'en dégager le sens : voir K. Warner et K. Van der Geest, « Loss and Damage from Climate Change : Local-Level Evidence from Nine Vulnerable Countries », *International Journal of Global Warming*, 5, p. 367-386. 2013, p. 369 ss.
125. A. Venn, « Legal Claims for Reparation of Loss and Damage », dans B. Mayer et A. Zahar, *Debating Climate Law*, Cambridge University Press, Cambridge, 2021, p. 329-348, p. 331.
126. M. Broberg et B. Martinez Romera (dir. publ.), *The Third Pillar of International Climate Change Policy : On "Loss and Damage" After the Paris Agreement*, London, Routledge, 2021. Cet article est le fruit de la revendication des Etats en développement, les plus touchés par les effets irréversibles des changements climatiques. En effet, déjà en 1991 lors des négociations de la Convention-cadre des Nations Unies, l'ensemble des petits Etats insulaires avait proposé l'insertion de cet aspect dans la régulation du climat ; M. Mace, R. Verheyen et R. Loss, « Damage and Responsibility after COP21 : All Options Open for the Paris Agreement », *RECIEL*, 25, 2016, p. 197-214, p. 198.
127. UNFCCC, *Funding arrangements for responding to loss and damage associated with the adverse effects of climate change, including a focus on addressing loss and damage*, CMA4, 20 novembre 2022.
128. S. Lavorel, « COP27 et « pertes et préjudices » : une première étape symbolique dont le cadre reste à définir », *Le club des juristes*, 8 décembre 2022, en ligne.
129. UNFCCC, Plan d'action de Bali, décision 1/CP.13, 2007, p. 2.

réalité aux catastrophes [130] évoquées à Bali. En effet, le Plan d'action est plus précis sur ce point, car il désigne directement les «catastrophes» en lien avec les stratégies de RRC [131]; ainsi, le *loss and damage* serait compris comme tous les dommages découlant des catastrophes générées par les changements climatiques [132]. De plus, le mécanisme comprend également un volet dédié à la gestion des risques qui, dans la compréhension du Mécanisme, inclut également les *slow-onset events*, pour lesquels un groupe d'experts a été créé [133]. Ce mécanisme, qui prévoit également l'instauration d'un dialogue autour de l'anticipation des effets des changements climatiques et des moyens d'y parvenir, permettrait à la fois de mettre en œuvre les objectifs d'anticipation des risques de catastrophes, propres au droit international des catastrophes et de gestion des effets de changements, relevant du droit international du climat.

En droit international, la responsabilité en cas de catastrophe est évoquée de manière marginale [134]; ce sont plutôt les systèmes nationaux de gestion des catastrophes [135] qui régissent les questions de responsabilité et indemnisation des victimes. Or, ces derniers appréhendent la responsabilité classiquement,

---

130. Pour une étude approfondie de la définition, E. A. Page et C. Heyward, «Compensating for Climate Change Loss and Damage», *Political Studies*, 65 (2), 2017, p. 356-372.

131. UNISDR, Bali Action Plan and DRR, 2007:

«The strong emphasis on disaster risk reduction in the Bali Action Plan reflects a growing recognition that climate change adaptation and disaster risk reduction agendas are closely linked. The linkages need to be understood in order to combine synergies and to overcome that the climate agenda is still mainly focused on mitigation.»

132. La *working definition* avancée par l'UNFCCC définit le *loss and damage* comme «negative effects of climate variability and climate change that people have not been able to cope with or adapt to». UNFCCC, *Loss & Damage: Evidence from the Front Lines*, 2012.

133. Dont la première réunion s'est tenue en avril 2021: UNFCCC, *First meeting of the Expert Group on slow onset events* (SOEs 1), avril 2021, informations en ligne; le *Rolling plan of action* mentionne les différents événements à évolution lente qui seront étudiés, dont l'élévation du niveau de la mer, UNFCC, FCCC/SB/2021/4, annexe II, p. 11.

134. M. G. Faure, «In the Aftermath of the Disaster: Liability and Compensation Mechanisms as Tools to Reduce Disaster Risks», *Stanford Journal of International Law*, 52 (1), 2016), p. 95-178, p. 103. L'auteur démontre que les mécanismes, rares, qui existent sont sectoriels.

135. Pour des exemples nationaux, voir M.-A. Descamps, «Catastrophe et responsabilité», *Revue française de sociologie*, 1972, 13 (3), p. 376-391; J. Raikes et G. McBean, «Responsibility and Liability in Emergency Management to Natural Disasters: A Canadian Example», *International Journal of Disaster Risk Reduction*, 16, 2016, p. 12-18,; S. Hochrainer-Stigler, A. Keating, J. Handmer et M. Ladds, «Government Liabilities for Disaster Risk in Industrialized Countries: a Case Study of Australia», *Environmental Hazards*, 17 (5), p. 418-435; pour une étude plus générale, voir P. Steichen, «La responsabilité environnementale et les catastrophes écologiques», dans J. M. Lavieille, J. Bétaille et M. Prieur, *op. cit.*, p. 421-452.

en fonction de la source de la catastrophe[136]. Les effets des changements climatiques ne peuvent être intégrés dans ces systèmes de responsabilité binaire, car ils ne sauraient être assimilés aux catastrophes dérivant d'accidents technologiques ou industriels, se fondant sur la notion de la causalité humaine. Dans le périmètre du droit international de l'environnement, la responsabilité environnementale a fait l'objet de plusieurs conventions, mais celles-ci sont insuffisantes pour prévenir et réparer les catastrophes[137]. Dans ce contexte et sur cette question, les lacunes du droit international des catastrophes, et du droit international de manière plus générale, doivent se concilier avec le constat que la responsabilité représente une question complexe, car le lien de causalité entre la catastrophe « climatique » et l'activité qui en est à l'origine est difficile à établir juridiquement[138]. En effet, ces catastrophes résultent principalement des émissions de gaz à effet de serre, conséquences d'un ensemble d'activités et de comportements[139]. Il n'est, dans ces conditions, pas aisé de déterminer l'auteur responsable des agissements ayant provoqué la catastrophe. Face à cette analyse, le Mécanisme de Varsovie et l'émergence d'un mécanisme financier dédié aux *loss and damage* pourraient constituer un bon compromis pour la gestion des catastrophes climatiques[140].

Il serait donc artificiel de maintenir une distance entre les deux régimes et a fortiori que ceux-ci continuent de se développer parallèlement, alors que le vocabulaire employé se rapproche[141]. A cette fin, l'IFCR a publié des

---

136. Sur la question, voir V. Bruggeman, *Compensating Catastrophe Victims: a Comparative Law and Economics Approach*, Kurt Deketelaere ed., 2010.

137. M. G. Faure, *op. cit.*, p. 98 :

« ... many of the international environmental agreements dealing with liability and compensation do not sufficiently contribute to disaster risk reduction. What is worse, some of those international conventions even create substantial perverse effects. As the Article will show, domestic law often provides better incentives for disaster risk reduction and better protection to victims ».

Ces mécanismes sont peu nombreux et intéressent surtout les accidents nucléaires et la pollution marine.

138. S. Caney, « Cosmopolitan Justice, Responsibility, and Global Climate Change », *Leiden Journal of International Law*, vol. 18 (4), 2005, p. 747-775, p. 753.

139. S. Maljean-Dubois, « Au milieu du gué : le mécanisme de Varsovie relatif aux pertes et préjudices liés aux changements climatiques », dans A.-S. Tabau (dir. publ.), *Quel droit pour l'adaptation des territoires aux changements climatiques ? L'expérience de l'île de la Réunion*, Confluence des droits, Aix-en-Provence, 2018, p. 123-134, p. 125.

140. Voir dans cet ouvrage la contribution de Germain Dabire.

141. Cela avait déjà été affirmé en relation avec le droit international de l'environnement : A. Telesetsky, « Overlapping International Disaster Law Approaches with International Environmental Law Regimes to Address Latent Ecological Disaster », *Stanford Journal of International Law*, 52 (1), 2016, p. 179-209, p. 184 :

« Even though IDL and IEL currently operate in different temporal paradigms, an important question for public international law is whether opportunities exist for these disciplines to inform each other's practice and perhaps operate more self-consciously as "overlapping regimes" capable of synergistically reducing community exposures to disaster risks while also resolving complex environmental challenges in a timely manner. »

documents dans le cadre de la *Global Platform for Disaster Risk Reduction* qui pourraient servir de base pour l'adoption de normes formant un cadre intégré de gouvernance des catastrophes générées par les changements climatiques [142]. Ce cadre intégré permettrait de réunir les normes existantes dans les deux régimes juridiques utiles à la gestion de la catastrophe, et de systématiser les connaissances. Cela amènerait également à une meilleure intelligibilité des normes applicables en la matière, notamment en clarifiant les rôles et les responsabilités des différents acteurs intervenant lors des diverses phases de gestion de la catastrophe [143]. Ce rapprochement pourrait s'exprimer davantage à travers la mobilisation de certaines notions, communes aux deux branches du droit, révélatrices de la nécessité d'apporter une réponse croisée.

B. Le rapprochement par les notions relatives à l'adaptation des populations aux changements climatiques

Deux notions communes contribuent au rapprochement des deux régimes. Il s'agit d'abord de l'adaptation aux changements climatiques, qui doit permettre de réduire l'impact des effets des changements du climat sur les écosystèmes et sur les communautés humaines. En droit international du climat, cette perspective a été consacrée par l'Accord de Paris de 2015, qui intègre l'adaptation en son article 7 [144], comme moyen nécessaire au renforcement des capacités des populations et à la poursuite des objectifs de réduction des effets des changements climatiques [145]. Le droit international des catastrophes a également intégré cette notion dans le Cadre de Hyogo [146] puis celui de Sendai [147]. En Asie, le document sur le *Work Programme* de l'ASEAN relatif à l'AADMER pour la période 2021-2025 présente une liste de bonnes pratiques qui montrent la convergence entre la politique d'adaptation aux changements climatiques et la réduction des risques de catastrophes [148]. Selon l'IFRC, certaines législations nationales ont déjà commencé le processus de convergence entre les deux régimes par la notion d'adaptation, notamment en créant des institutions spécialisées dédiées à ces phénomènes spécifiques,

---

142. IFRC, *Legal Frameworks for Effective and Integrated Disaster and Climate Risk Governance*, Policy brief, 2022, p. 6. Néanmoins, le processus d'intégration s'avère lent.
143. *Ibid.*, p. 4.
144. Accord de Paris, article 7-1, 2015.
145. Le projet d'articles Commission du droit international sur la protection des personnes en cas de catastrophe de 2016 contient un article 9 faisant référence aux mesures de réduction des risques à adopter par les Etats. Pourtant, les notions de résilience ainsi que d'adaptation sont absentes.
146. Cadre de Hyogo, *op. cit.*, p. 17, p. 22 et p. 27.
147. Le Cadre de Sendai, *op. cit.*, priorité 3, p. 25.
148. ASEAN, *AADMER Work Programme*, *op. cit.*, p. 44.

afin d'y apporter une réponse efficace [149]. Cela est notamment le cas des Kiribati, l'un des territoires les plus touchés par les impacts des changements climatiques, qui ont adopté en 2019 un *Joint Implementation Plan*, visant l'adoption d'un paquet de réformes législatives en matière d'adaptation aux effets des changements climatiques [150].

Selon le professeur Farber, les deux régimes pourraient converger également à travers le concept de résilience, qui peut permettre à la fois d'approfondir le cadre de gestion des catastrophes et d'attirer l'attention sur la nécessité d'en atténuer les causes [151]. Cette même idée est reprise par l'IFCR, qui soutient que «the basic connections between climate change adaptation (CCA) and disaster risk reduction (DRR) are at the core of any effort to enhance "climate resilience"» [152]. Les Cadres de Hyogo puis de Sendai mettent en œuvre cette idée, car ils déploient le renforcement de l'adaptation à travers la notion de résilience. Cette dernière apparaît en 2010 dans le cadre des Accords de Cancùn [153], dédiés spécifiquement au renforcement des politiques d'adaptation et de résilience, avant d'être reprise cinq ans plus tard par l'Accord de Paris, qui vise à «accroître la résilience aux changements climatiques». Elle serait ainsi une forme spécifique d'adaptation, particulièrement pertinente en matière de catastrophes, car elle permettrait de réduire les vulnérabilités et d'augmenter le niveau de résistance aux effets du changement climatique. Cela conduirait ainsi à résister à la manifestation d'événements climatiques extrêmes qui ne seraient plus vécus comme des catastrophes. Plus particulièrement, la notion de «résilience climatique» est en train d'émerger; celle-ci se concentre sur les catastrophes générées par les changements climatiques, visant à répondre de manière spécifique à ces événements. En la matière, l'IFRC a lancé un programme global pluriannuel aspirant à renforcer au niveau local les capacités des communautés exposées aux effets des changements climatiques par la réunion des éléments relatifs à la RRC et de ceux relatifs à l'adaptation aux changements climatiques [154]. De la même manière, l'OCDE a réalisé un guide pour les gouvernements pour que ceux-ci intègrent la notion de «résilience climatique» dans leurs agendas, afin d'adopter des mesures adaptées [155]. Dans

---

149. IFRC, *Global Synthesis Report on Law and Policies for Climate Resilience. Enhancing Normative Integration Between Climate Change Adaptation and Disaster Risk Reduction*, 2021, p. 16
150. *Ibid.*
151. D. A. Farber, *The Intersection...* , *op. cit.*, p. 114.
152. IFRC, *Global Synthesis Report on Law and Policies for Climate Resilience...*, *op. cit.*, p. 11.
153. M. T. Demaze, «La difficile construction de la gouvernance internationale de la lutte contre les changements climatiques», *VertigO*, 2012, p. 6.
154. IFRC, *Scaling up Locally-Led Climate-Smart DRR and Adaptation, IFRC Global Program*, 2022. Sur le site il est également possible de connaître les détails du programme à mettre en œuvre d'ici 2027.
155. OCDE, *Strengthening Climate Resilience, Guidance for Governments and Development Co-operation*, en ligne.

le cadre de l'UE, la Commission européenne a intégré cette notion dans la stratégie de 2021 sur les changements climatiques, dans l'objectif de permettre aux Etats membres de s'adapter aux effets des changements climatiques et de devenir *climate resilient by 2050*, par l'approfondissement des instruments de coopération internationale et de financement des projets d'adaptation [156]. De son côté, François Gemenne y voit «la forme la moins ambitieuse de l'adaptation, car perpétue les rapports de force au lieu de les transformer» [157], alors que comme l'affirme Sandrine Maljean-Dubois, la résilience s'inscrirait plutôt dans un double défi d'atténuation et d'adaptation [158], les deux concepts étant désormais complémentaires. Pour cela, cette analyse doit s'accompagner du constat selon lequel les négociations interétatiques [159], ainsi que les procès climatiques sur le plan interne, reconnaissent et confirment les obligations des Etats en termes de réduction des émissions de gaz à effet de serre.

In fine, les initiatives en matière de résilience climatique démontrent que la convergence des deux régimes se dessine. Ce rapprochement pourrait s'avérer être la seule forme de réponse efficace et adaptée aux catastrophes générées par les changements climatiques.

SECTION 3   **CONCLUSION**

La fragmentation du droit international des catastrophes, ainsi que les lacunes que ce régime présente au niveau international, laissent plusieurs questions ouvertes quant à son adaptation aux événements climatiques. L'analyse des «catastrophes climatiques» et de l'évolution du droit international en la matière conduit à constater que les influences réciproques des régimes du droit des catastrophes et du droit du climat ont eu pour résultat de recentrer l'attention des juristes sur les effets humains des changements climatiques, conduisant notamment à rechercher des solutions pour anticiper les impacts. L'anticipation constitue sans aucun doute la meilleure voie à suivre dans la gestion des «catastrophes climatiques», mais les instruments existants se montrent insuffisants pour atteindre cet

---

156. Commission européenne, *Bâtir une Europe résiliente – la nouvelle stratégie de l'Union européenne pour l'adaptation au changement climatique*, COM(2021) 82 final, 24 février 2021.
157. F. Gemenne, «De l'équité dans l'adaptation aux impacts du changement climatique», dans C. Cournil et C. Colard-Fabregoule (dir. publ.), *Changements climatiques et défis du droit*, Bruylant, 2010, p. 216.
158. S. Maljean-Dubois, «Quel droit international face au changement climatique?», *Revue juridique de l'environnement*, Société française pour le droit de l'environnement – SFDE, 2017, Après l'Accord de Paris, quels droits face au changement climatique?, p.1.
159. Notamment les accords issus des conférences des parties à la Convention-cadre des Nations Unies.

objectif[160]. Les évolutions du droit international sous l'effet des changements climatiques n'en sont qu'à leurs débuts, mais conduisent dès à présent à constater une progressive «climatisation» du régime relatif aux catastrophes. Toutefois, les progrès s'avèrent lents et se développent essentiellement sur le plan de la *soft law*; pour cela, il demeure nécessaire de renforcer et améliorer la réponse aux catastrophes qui ne cessent de se matérialiser, en l'attente d'une action plus efficace en matière d'anticipation.

---

160. Le droit international est encore mal outillé sur ce point, comme le constate le rapport PNUE de 2022, qui témoigne d'une action inadéquate face à l'augmentation constante des effets des changements climatiques. Voir PNUE, *The Closing Window. Climate Crisis Calls for Rapid Transformation of Societies*, émission Gap Report 2022.

15 | Market Mechanisms, Corporations and Article 6 of the Paris Agreement

Ling Chen *

SECTION 1 INTRODUCTION

Market mechanisms have developed from being discussed in passing to one of the most controversial issues in the three-decade United Nations (UN) climate negotiations [1]. Article 6 of the Paris Agreement is now the most relevant legal text that sets out the norms and tools to operationalize the market mechanisms. However, the negotiations on this Article's operationalization have been challenging. Parties agreed on almost every element of the Paris Agreement's "Rulebook" at the 24th session of the Conference of the Parties (COP) to the UN Framework Convention on Climate Change (UNFCCC) but struggled to deliver guidelines on Article 6 [2]. Not until COP 26 did the Parties finally reach a broad agreement that supports further development of the machinery, definitions and procedures for the new market mechanisms. These multilateral rules and infrastructures provide the foundation and future for international market mechanisms that countries can embrace to realize their nationally determined contributions (NDCs).

Opportunities and incentives also arise for transnational cooperation between countries, international organizations and non-State actors. Climate change has manifested as reputational, financial and legal issues for corporations, trustees and directors. But these actors are also in unique positions to gain recognition as authorities by managing financial and regulatory risks and taking on climate-related responsibilities. They can improve problem-

---

* Doctor of Civil Law Candidate, Faculty of Law, McGill University, Montreal; Visiting Scholar, East Asian Legal Studies, Harvard Law School, Cambridge.
 1. Philippe Cullet, "Equity and Flexibility Mechanisms in the Climate Change Regime: Conceptual and Practical Issues" (1999), 8 *RECIEL* 168, 172; Sébastien Jodoin, Ling Chen and Carolina Gueiros, "Vice or Virtue? Flexibility in Transnational Environmental Law", in Veerle Heyvaert and Leslie-Anne Duvic-Paoli (eds.), *Research Handbook of Transnational Environmental Law*, Edward Elgar, 2020, 292-293.
 2. For the negotiation on Article 6, see e.g. Ling Chen, "Are Emissions Trading Schemes a Pathway to Enhancing Transparency under the Paris Agreement?" (2018), 19 *Vermont Journal of Environmental Law* 306; Matthieu Wemaëre, "Article 6: Voluntary Cooperation/NDCs", in Geert van Calster and Leonie Reins (eds.), *The Paris Agreement on Climate Change: A Commentary*, Edward Elgar, 2021.

solving and contribute to climate mitigation and adaptation in specific jurisdictions and sectors. For example, corporations can act individually or collaboratively to exercise authority over behavior in carbon measurement and reporting. They can also help governments and civil society organizations mobilize knowledge, expertise, technology and funding opportunities. In turn, corporations can receive economic and reputational benefits, as well as other benefits that come from dialogue, knowledge exchange and policy support.

With market mechanisms evolving to be a favored approach to regulating emissions at international, national, local and transnational levels [3], corporations, as emitters and market participants, may operate at those levels involving multi-jurisdictional legal frameworks. Even when a corporation is a local business in California, it could be affected by Quebec's policy on emissions trading schemes (ETS) if it wants to buy allowances from the California-Quebec joint auction. It could also be affected by the relationship between the United States (US) and the Paris Agreement if it wants to join an Article 6-related partnership. Climate governance does not only sit in international law; it has been increasingly multi-actor and exercised by corporate and local actors. These actors ordinarily have little direct interaction with international law, the norms of which are filtered down to the local level only through the mediation of national law [4]. International law even creates legal hurdles for corporate participation in the international governance of market mechanisms. According to the Paris Agreement's Article 6.3, for example, non-Party cooperation for achieving NDCs only counts when participating Parties give authorization [5]. If corporations want the Paris Agreement to recognize their efforts in market mechanisms, they need to be part of regulated carbon markets that Parties count for their NDCs, or Parties authorize corporate cooperation from voluntary carbon markets. Parties thus have considerable discretion in granting authorization, which could oversee corporate activities but also creates uncertainties for their decisions on how they will perform in compliance or voluntary carbon markets.

The scholarly and policy responses to Article 6 have centered around the controversy over its negotiations, the rapid legal developments it has caused and the different pathways for its implementation [6]. Less is known

---

3. See e.g. Shi-Ling Hsu, "International Market Mechanisms", in Cinnamon P. Carlarne, Kevin R. Gray and Richard Tarasofsky (eds.), *The Oxford Handbook of International Climate Change Law*, Oxford University Press, 2016, 241.
4. Daniel Bodansky, Jutta Brunnée and Lavanya Rajamani, *International Climate Change Law*, Oxford University Press, 2017, 264, 282.
5. Paris Agreement 2015, art. 6.3.
6. See e.g. Bodansky, Brunnée and Rajamani (n. 4), chaps. 6-7; Andrew Howard, "Voluntary Cooperation (Art. 6)", in Daniel R. Klein *et al.* (eds.), *The Paris Agreement on Climate Change: Analysis and Commentary*, Oxford University Press, 2017; Wemaëre (n. 2).

about how corporations will use Article 6 for transnational cooperation, their role in generating new forms of climate governance or climate law and the multilevel governance challenge that arises from the interaction between corporations and the State-centric regime [7]. This chapter aims to enrich these discussions by explaining the legal processes and practices for involving corporate actors and partnerships in market mechanisms. I argue that corporate participation in market mechanisms tests international law's ability to react and improve. Although climate change does not distinguish State and non-State actors, international law does. This distinction limits corporate use of Article 6 to deal with proliferated market-based systems, regulations and standards worldwide. Even with this limitation, Article 6 is still best placed to provide an international legal framework to safeguard market mechanisms. The ability to interpret and stretch the application of Article 6 decides whether and how it can accommodate and regulate corporate action that is increasingly influential in the public-private or hybrid governance of market mechanisms. In this respect, I contribute to the study of what Peel and Maljean-Dubois term the "progressive 'climatization' of international law" [8] by demonstrating its vertical manifestations and effects in market-based solutions to climate change that involve multiple governance levels and a diversity of public and private actors, legal institutions, practices and challenges.

The chapter proceeds as follows. Section 2 examines the concept of market mechanisms by looking into two main rationales: their "perceived" economic efficiency to address environmental externalities and their flexibility in making and complying with international climate change law. Section 3 explores the governance activities of corporations that could exert a positive influence on climate change. Their participation in market mechanisms is crucial to implementing government regulation and corporate net-zero commitments. I highlight the need and ways to ensure credible corporate participation in international market mechanisms. Section 4 analyzes the key institutions and developments for corporations to use international market mechanisms. I delve into the features and advantages of the Paris Agreement's Article 6 and the legal arrangements that can oversee and support corporations in light of the varied instruments used by the Kyoto Protocol (KP) mechanisms. Section 5 concludes.

---

7. A recent contribution is from Bassam Fattouh and Andrea Maino, Article 6 and Voluntary Carbon Markets" (The Oxford Institute for Energy Studies, 2022), https://a9w7k6q9.stackpathcdn.com/wpcms/wp-content/uploads/2022/05/Insight-114-Article-6-and-Voluntary-Carbon-Markets.pdf, accessed 20 October 2022.
8. See further Jacqueline Peel and Sandrine Maljean-Dubois, "The Progressive 'Climatization' of International Law", in this book (observing and describing the phenomena of climatization in international law that is adapted, adjusted and transformed to address the tests posed by climate change).

SECTION 2   WHAT ARE MARKET MECHANISMS? WHY ARE THEY NEEDED?

The term "market mechanisms" was coined to describe policy instruments that rely on market forces to reduce pollution and/or compliance costs [9]. As a regulatory innovation to command-and-control regulation, market mechanisms harness the market power to remedy the tragedy of the commons. Instead of regulating the commons, the remedy of the market is to "privatize the commons so that it no longer exists and therefore no tragedy can arise" [10]. ETS has been the most popular market mechanism, promoted and preferred by environmental law, policy and scholarship [11]. ETS privatizes the commons by transforming it into a tradable commodity. Polluters use allocated allowances for polluting a certain amount, while unused allowances can be traded [12]. ETS mainly includes cap-and-trade and baseline-and-credit programs. Besides ETS, carbon taxes and crediting mechanisms are the other major market mechanisms [13]. As CO_2 is the principal greenhouse gas (GHG), "carbon" trading or crediting is mainly referred to in transactions. Market mechanisms are also known as "carbon" markets [14]. Recent years have seen a rapid rise in global interest in ETSs and carbon taxes. According to the World Bank (as of 31 March 2023), 73 initiatives are in place or scheduled, including national and subnational jurisdictions and covering 11.66 $GtCO_2e$ and 23 percent of global GHG emissions [15].

Paragraph 1   The "perceived" economic efficiency

Economic efficiency has been used as the primary rationale for market mechanisms to address environmental problems [16]. They seek to

---

9. Hsu (n. 3), 241.
10. Elizabeth Fisher, *Environmental Law: A Very Short Introduction*, Oxford University Press, 2017, 106 (relying on Hardin's theory); see further Garrett Hardin, "The Tragedy of the Commons" (1968) 162 Science 1243.
11. See further Sanja Bogojević, "Trading Schemes", in Emma Lees and Jorge E. Viñuales (eds.), *The Oxford Handbook of Comparative Environmental Law*, Oxford University Press, 2019, 929; Sanja Bogojević, *Emissions Trading Schemes: Markets, States and Law*, Hart Publishing, 2013, 144-145.
12. See e.g. Directive 2003/87/EC of the European Parliament and of the Council of 13 October 2003 Establishing a Scheme for Greenhouse Gas Emission Allowance Trading within the Community and Amending Council Directive 96/61/EC; Ministry of Ecology and Environment, Measure for the Management of Carbon Emissions Trading (Trial) [碳排放权交易管理办法(试行)] 2021; see also Fisher (n. 10), 106.
13. The analysis and examples of this chapter are focused on ETS and crediting mechanisms. More about carbon taxes, see e.g. Hsu (n. 3), 251-255; World Bank, State and Trends of Carbon Pricing 2022" (World Bank, 2022), 55-64, https://openknowledge.worldbank.org/handle/10986/37455, accessed 3 November 2022.
14. "Emissions Trading" *(UNFCCC)*, https://unfccc.int/process/the-kyoto-protocol/mechanisms/emissions-trading, accessed 7 August 2022.
15. "Carbon Pricing Dashboard" *(World Bank)*, https://carbonpricingdashboard.worldbank.org/map_data, accessed 20 June 2023.
16. Harro van Asselt and Joyeeta Gupta, "Stretching Too Far? Developing Countries and the Role of Flexibility Mechanisms Beyond Kyoto" (2009) 28 *Stanford*

overcome the market's failure to provide incentives for reducing emissions. For example, ETS is perceived to have the advantages of cost-effectiveness and allocative efficiency over conventional command-and-control regulation [17]. It could turn externalities into transferable rights and allocate them to the highest buyer in the market, thus internalizing them. ETS is considered a profit center that could make reducing emissions profitable [18].

Like other forms of international trade, market mechanisms exploit comparative advantage opportunities across different jurisdictions [19]. Jurisdictions with higher costs to fulfill climate commitments can fund technological innovation in other places in exchange for credits that help them achieve the same goals [20]. Lower compliance costs create opportunities for setting more ambitious commitments [21]. In light of the Paris Agreement, market mechanisms can help Parties achieve their NDCs cost-effectively. They can further strengthen mitigation efforts than their NDCs have promised and support more adaptation actions [22].

Although market mechanisms have been widely accepted among first-choice strategies because of their "deliverable" promise of reducing emissions economically efficiently [23], this economic-efficiency advantage still depends on, for example, calculating "what a willing buyer of mitigation should pay a willing service provider per ton of carbon mitigated" [24]. Creating a robust market where buyers and service providers do transactions is difficult [25]. There are concerns that market mechanisms would not necessarily guarantee success, as experienced by some prominent ETSs. If allowances are oversupplied, their price may fall dramatically and fail to incentivize emissions trading and reductions [26]. The price volatility in Phase 1 of the European Union (EU) ETS was attributed to the lack of good emissions data and the overallocation of

---

Environmental Law Journal 311, 331; see further Bogojević 2013 (n. 11) (also presenting the private property rights and command-and-control models to explain ETS).

17. Thomas H. Tietenberg, *Emissions Trading: Principles and Practice*, 2nd ed., Resources for the Future, 2006, 27.
18. Bogojević 2013 (n. 11), 30.
19. Cullet (n. 1), 171; Benoit Mayer, *The International Law on Climate Change*, Cambridge University Press, 2018, 132.
20. Cullet (n. 1), 171.
21. Mayer (n. 19), 140.
22. "COP26 Outcomes: Market Mechanisms and Non-Market Approaches (Art. 6)" *(UNFCCC)*, https://unfccc.int/process-and-meetings/the-paris-agreement/the-glasgow-climate-pact/cop26-outcomes-market-mechanisms-and-non-market-approaches-article-6, accessed 25 June 2022.
23. See e.g. Ian Bailey and Geoff A. Wilson, "Theorising Transitional Pathways in Response to Climate Change: Technocentrism, Ecocentrism, and the Carbon Economy" (2009), 41 *Environment and Planning* A 2324, 2324-2325; Hsu (n. 3), 243.
24. Frédéric Gilles Sourgens, "Paris Agreement Regained or Lost? Initial Thoughts" *(EJIL Talk!,* 28 December 2018), https://www.ejiltalk.org/paris-agreement-regained-or-lost-initial-thoughts/.
25. *Ibid.*; Mayer (n. 19), 141-142.
26. Easwaran Narassimhan *et al.*, "Carbon Pricing in Practice: A Review of Existing Emissions Trading Systems" (2018), 18 *Climate Policy* 967, 979.

allowances [27]. The ETS must deal with the oversupply of allowances, requiring the Commission to propose pathways to reforming the scheme [28]. On the contrary, if the price is too high, there are stronger incentives to avoid paying for emissions [29]. One rationale is that emitters would be disincentivized to spend on allowances if the benefits of non-compliance exceed the compliance costs [30].

The clean development mechanism (CDM), a crediting mechanism under the KP, has been criticized for focusing too much on its cost-effective objective and overlooking its perverse environmental and social impacts [31]. The CDM lets Annex I Parties purchase "certified emission reductions" (CER) generated through project activities in non-Annex I Parties [32]. Annex I Parties are mostly developed countries, whereas non-Annex I Parties are developing countries [33]. The CDM has thus connected developing countries' emissions reductions to the international market mechanism. It has also united public and private actors in transnational partnerships to finance and develop emissions-reducing activities. However, numerous mistakes plagued the implementation of CDM projects, such that the HFC-23 problem featured inequitable project distribution. China and India hosted about 70 percent of projects, leaving little room for other developing countries. In addition, the over-approval of projects with no real intention to reduce emissions but sell credits incurred skepticism toward their environmental integrity and the entire offset concept [34]. Others caution against this approach's association with "neoliberal capitalism" [35]. In case the private sector diverts the CDM from delivering strong environmental performance,

---

27. Richard Schmalensee and Robert N. Stavins, "Lessons Learned from Three Decades of Experience with Cap and Trade" (2017), 11 *Review of Environmental Economics and Policy* 59, 69-72.

28. Kati Kulovesi, "Review Essay: The EU Emissions Trading Scheme in Context – Conquering the World or 'Honeymooning' in Environmental Law Scholarship?" (2014), 33 *Yearbook of European Law* 521, 524.

29. John K. Stranlund, Carlos A. Chavez and Barry C. Field, "Enforcing Emissions Trading Programs: Theory, Practice, and Performance" (2002), 30 *Policy Studies Journal* 343, 351; see also Djamel Kirat and Ibrahim Ahamada, "The Impact of the European Union Emission Trading Scheme on the Electricity-Generation Sector" (2011), 33 *Energy Economics* 995, 1003 (analyzing the relationship between the allowances prices and allocations and the incentives for emissions reductions in the EU ETS).

30. Lesley K. McAllister, "The Enforcement Challenge of Cap-and-Trade Regulation" (2010), 40 *Environmental Law* 1195, 1201.

31. David Freestone, "The International Climate Change Legal and Institutional Framework: An Overview", in David Freestone and Charlotte Streck (eds.), *Legal Aspects of Carbon Trading: Kyoto, Copenhagen, and Beyond*, Oxford University Press, 2009, 20-21; Jodoin, Chen and Gueiros (n. 1), 291-292.

32. Kyoto Protocol to the United Nations Framework Convention on Climate Change 1997 (2303 UNTS 162), art. 12.

33. "Parties & Observers" *(UNFCCC)*, https://unfccc.int/parties-observers, accessed 7 August 2022.

34. Jodoin, Chen and Gueiros (n. 1), 292; Hsu (n. 3), 249.

35. See e.g. Bailey and Wilson (n. 23), 2324-2325; Kulovesi (n. 28), 524.

the CDM Executive Board has been given high expectations to govern project integrity through a complex set of rules, decisions and guidelines [36]. However, they have led to rigid, lengthy and costly evaluation processes. The Executive Board has been questioned about its capacity to regulate private entities that bring in an incredible number of projects [37].

Paragraph 2 **Flexibility in making and complying with international climate change law**

Market mechanisms increase flexibility for making and complying with international treaty obligations. A wide variety of flexibility devices have been applied to manage the uncertainty and risk of signing and implementing a climate treaty [38]. The KP's market mechanisms are the most well-known manifestation of flexibility, including a broad agreement on international emissions trading and two mechanisms for crediting projects – the CDM and joint implementation (JI). The emissions trading allows the transfer of "assigned amount units" (AAU) between the KP's Annex B Parties that have quantified emission limitation and reduction commitments (QELRC). These Parties can emit a certain amount, while unused AAUs can be traded [39]. The JI involves the transfer of "emission reduction units" (ERU) between Annex I Parties to the UNFCCC. An Annex I Party can invest in an emissions-reducing project in another Annex I Party and use the resulting ERUs toward the former's climate targets, including its QELRCs [40].

The main reason for the KP to include market mechanisms was to ensure acceptance of the draft Protocol by the US, which preferred greater flexibility in making its climate plan and was unwilling to accept any binding obligation without accommodating its flexible implementation [41]. The three market

---

36. Christina Voigt, "Responsibility for the Environmental Integrity of the CDM: Judicial Review of Executive Board Decisions", in David Freestone and Charlotte Streck (eds.), *Legal Aspects of Carbon Trading: Kyoto, Copenhagen, and Beyond*, Oxford University Press, 2009, 272.
37. *Ibid.*; Matthias Krey and Heike Santen, "Trying to Catch up with the Executive Board: Regulatory Decision-Making and Its Impact on CDM Performance", in David Freestone and Charlotte Streck (eds.), *Legal Aspects of Carbon Trading: Kyoto, Copenhagen, and Beyond*, Oxford University Press, 2009, 247; Robert O. Keohane and David G. Victor, "The Regime Complex for Climate Change" (2011), 9 *Perspectives on Politics* 7, 19.
38. See e.g. Harro van Asselt, "Between the Devil and the Deep Blue Sea: Enhancing Flexibility in International Climate Change Law", in Mónika Ambrus and Ramses A Wessel (eds.), *Netherlands Yearbook of International Law 2014*, TMC Asser Press, 2015, 258-271 (providing a detailed analysis of flexibility in the UNFCCC and the KP); Jodoin, Chen and Gueiros (n. 1) (assessing flexibility in the UNFCCC and beyond).
39. Kyoto Protocol, arts. 3.7, 17; "Emissions Trading" (n. 14).
40. Kyoto Protocol, art. 6.
41. Christopher Carr and Flavia Rosembuj, "Flexible Mechanisms for Climate Change Compliance: Emission Offset Purchases under the Clean Development

mechanisms highlight "means flexibility", giving countries much discretion in achieving their mitigation targets. They could choose from a portfolio of policies, measures and implementation tools and decide where and when to reduce emissions in order to fulfill their treaty obligations [42].

The flexibility advantage of market mechanisms has facilitated their experimentation and expansion in wide-ranging geographic jurisdictions and legal settings. ETS started in the US, where successful SO_2 trading inspired the use of market logic to tackle carbon emissions. The Clinton Administration promoted this idea in the KP negotiation and succeeded in delivering the market mechanisms in the final text. Notably, the negotiation faced strong skepticism from both European countries insisting on mandatory measures and non-Annex I countries being concerned about "carbon colonialism". The Bush Administration ironically rejected the KP. By contrast, the EU has ever since become the biggest ETS supporter. The EU ETS was one of the first market mechanisms jointly formed by a group of countries [43]. The EU also has an established climate policy position that its ETS can travel and become a "role model" for ETS outside the EU [44]. It has accordingly offered training and funding opportunities to many developing countries, including China, to experiment with ETS [45]. Although the EU ETS is still the world's largest carbon market in terms of traded value, China's national ETS has become the largest by emissions since its electricity generation industry commenced the first compliance cycle in 2021 [46]. Its progressive legal and regulatory developments can inform other emerging ETSs. Furthermore, market mechanisms have come into most NDCs. The share of Parties indicating the plan or possibility to use the Paris Agreement's Article 6 and market-based approaches has jumped from 44 percent to 87 percent in their latest NDCs compared with their previous ones [47].

The promotion by Clinton and the rejection by Bush also demonstrate the limited lure of the flexibility of market mechanisms if climate politics is intractable. ETS at other levels has also been fraught with changes in political leadership, such that Ontario left the Western Climate Initiative following the cancellation of its cap-and-trade program. The very flexibility of forming

---

Mechanism" (2008), 16 *NYU Environmental Law Journal* 44, 46; van Asselt and Gupta (n. 16), 334.

42. See further Jodoin, Chen and Gueiros (n. 1), 286; van Asselt (n. 38), 268-269.
43. Navraj Singh Ghaleigh, "Economics and International Climate Change Law", in Cinnamon P. Carlarne, Kevin R. Gray and Richard Tarasofsky (eds.), *The Oxford Handbook of International Climate Change Law*, Oxford University Press, 2016, 84; van Asselt and Gupta (n. 16), 335-336.
44. Bogojević 2013 (n. 11), 57.
45. See e.g. "Online ETS Courses" *(European Commission)*, https://ec.europa.eu/clima/policies/ets/ets-summer-university/Online-Courses.
46. World Bank (n. 13), 18.
47. Nationally Determined Contributions under the Paris Agreement, Synthesis Report by the Secretariat 2021 (FCCC/PA/CMA/2021/8), paras. 96-97.

networks of governments and corporations around carbon markets also makes it very vulnerable to political changes. Climate politics is driven by distributive conflicts over climate policymaking and reflects the divided interests of political and economic stakeholders [48]. Nevertheless, it should be a reminder that these experiences could be results more of climate politics' intractability than any fundamental flaw of ETS [49].

SECTION 3   **CORPORATIONS IN CLIMATE GOVERNANCE AND INTERNATIONAL LAW**

Climate change is more than just a global problem that requires a global solution. It also needs regional, local and sectoral intervention. Many aspects of the climate problem have been tremendously influenced by municipal and industry policies in electricity, land-use planning, transportation and waste management, among other issues [50]. The scale and difficulty of the climate problem call for distinct resources mobilized through different types of actors. Even more climate-resilient countries are challenged for their capacity to regulate activities beyond their borders, let alone the countries with minimal resources to regulate domestically [51]. In this regard, involving non-State actors may increase the overall problem-solving capacity because they can significantly contribute to climate action in specific jurisdictions and sectors [52].

Paragraph 1   **Corporations in climate governance**

More and more corporations have realized the urgency of changing everyday activities substantially and have explored innovative approaches to lowering energy use and carbon footprints. They can act individually or collaboratively to exercise authority over behavior through "network effects, public opinion, and peer pressure" [53]. Governance activities abound in developing (legal) norms of climate-related disclosure or voluntary reporting. The Carbon Disclosure Project serves as a registry for corporations

---

48. See further Michaël Aklin and Matto Mildenberger, "Prisoners of the Wrong Dilemma: Why Distributive Conflict, Not Collective Action, Characterizes the Politics of Climate Change" (2020), 20 *Global Environmental Politics* 4.
49. Hsu (n. 3), 250-251.
50. Bodansky, Brunnée and Rajamani (n. 4), 281.
51. Kenneth W. Abbott and Duncan Snidal, "The Governance Triangle: Regulatory Standards Institutions and the Shadow of the State", in Walter Mattli and Ngaire Woods (eds.), *The Politics of Global Regulation*, Princeton University Press, 2009, 44.
52. Robert Falkner, "A Minilateral Solution for Global Climate Change? On Bargaining Efficiency, Club Benefits, and International Legitimacy" (2016), 14 *Perspectives on Politics* 87, 89; Richard B. Stewart, Michael Oppenheimer and Bryce Rudyk, "A New Strategy for Global Climate Protection" (2013), 120 *Climatic Change* 1.
53. Bodansky, Brunnée and Rajamani (n. 4), 265.

to disclose emissions data. It scores their performance and leadership in environmental risk disclosure and management and provides investors, customers, governments and citizens with a worldwide range of self-reported environmental information [54]. The Greenhouse Gas Protocol works with partnering businesses to adopt accounting and reporting standards to prepare corporate-level GHG emissions inventories [55]. The Global Reporting Initiative supports corporate practices of sustainability reporting through multi-stakeholder governance in standard setting and implementation [56]. Another activity now gaining traction is the International Sustainability Standards Board's proposed climate-related disclosure standards that aim to establish a comprehensive global baseline of disclosures to meet investors' information needs for assessing enterprise value [57].

Corporations can also make technological and institutional contributions, such as facilitating dialogue and building capacities for policy and program implementation. Canada's Oil Sands Innovation Alliance gathers companies with over 90 percent of Canada's oil sands products. They pledge to share and provide access to innovation and intellectual property relating to tailings, water, land and GHG emissions that can be built on to accelerate improvement in their environmental performance [58]. Through the "Green and Thriving Neighborhoods" project, Arup helps cities develop the pathways to net-zero and people-centered neighborhoods that can advance equitable and inclusive climate action [59].

Paragraph 2   **Corporate participation in market mechanisms**

Given their profit-driven nature and ability to pursue innovative, collaborative and flexible ways to improve environmental perfor-

---

54. Carbon Disclosure Project, "Who We Are", https://www.cdp.net/en/info/about-us, accessed 3 November 2022; Carbon Disclosure Project, "Companies Scores", https://www.cdp.net/en/companies/companies-scores, accessed 3 November 2022; see also Kenneth W. Abbott, "The Transnational Regime Complex for Climate Change" (2012), 30 *Environment and Planning C: Government and Policy* 571, 575.
55. Greenhouse Gas Protocol, "About Us", https://ghgprotocol.org/about-us, accessed 5 September 2021; Greenhouse Gas Protocol, "Corporate Standard", https://ghgprotocol.org/corporate-standard, accessed 3 November 2022.
56. Global Reporting Initiative, "About GRI", https://www.globalreporting.org/about-gri/, accessed 25 June 2022.
57. International Sustainability Standards Board, "Climate-Related Disclosures", https://www.ifrs.org/projects/work-plan/climate-related-disclosures/, accessed 5 November 2022.
58. Canada's Oil Sands Innovation Alliance, "Members", https://cosia.ca/about/members, accessed 28 June 2022; see also Richard B. Stewart, Michael Oppenheimer and Bryce Rudyk, "Building Blocks: A Strategy for Near-Term Action within the New Global Climate Framework" (2017), 144 *Climatic Change* 1, 5.
59. C40 and Arup, "Green and Thriving Neighborhoods: A Pathway to Net Zero, Featuring the '15-Minute City'" (2021).

mance [60], corporations have inevitably, and indeed enthusiastically, participated in market mechanisms. There are two primary forms of participation and governance that corporations can exert positive influence in market mechanisms. First, corporations constitute an essential part of implementing market-based government regulation. Corporations regulated by a compliance market can acquire emissions allowances for free, through auction or both. With free allowances, corporations can emit to a predetermined level set by the initial allocation and pay only when their emissions exceed that level. Regulators sometimes shift to auctions that distribute allowances to the buyers who value the allowances the highest. Corporations must surrender enough allowances to cover their emissions and comply with a regulatory obligation [61]. For example, China's national ETS has thus far applied free allocation. Its first compliance cycle regulated 2,225 enterprises and other economic entities in the electricity generation industry with yearly emissions of at least 26,000 tons of CO_2e. They must surrender allowances by the end of 2021 to cover their emissions in 2019-2020 [62].

Other than being required to pay for emissions, corporations can voluntarily conduct emissions reduction or removal activities. They can then claim these activities as credits and generate revenues from them [63]. Transnational independent mechanisms, such as the Gold Standard and Verra's Verified Carbon Standard, have supported the certification of mitigation projects [64]. Corporations participating in these voluntary markets can purchase and sell carbon credits to fulfill voluntary mitigation commitments. Credits from independent mechanisms have been reported to dominate the carbon market. The total value of voluntary markets exceeded one billion US dollars for the first time in 2021 [65]. Corporate commitments could be driven by filling the gap left by government regulation or anticipating a new regulation in the issue area. They may consider corporate social responsibility and environmental, social and governance standards, as well as climate-oriented business models and opportunities [66]. By association with credible mechanisms, corporations

---

60. Jodoin, Chen and Gueiros (n. 1), 286.
61. See further Harro van Asselt, "The Design and Implementation of Greenhouse Gas Emissions Trading", in Kevin R. Gray, Richard Tarasofsky and Cinnamon Carlarne (eds.), *The Oxford Handbook of International Climate Change Law*, Oxford University Press, 2016, 343-344; Narassimhan *et al.* (n. 26), 975-978; Meinhard Doelle and Chris Tollefson, *Environmental Law: Cases and Materials*, 2nd ed., Carswell, 2013, 781-782.
62. Ministry of Ecology and Environment, List of Major Emitters for Allowances Management in the National Emissions Trading for 2019-2020 [纳入2019-2020年全国碳排放权交易配额管理的重点排放单位名单] 2021.
63. World Bank (n. 13), 13.
64. Bodansky, Brunnée and Rajamani (n. 4), 291; Jodoin, Chen and Gueiros (n. 1), 289.
65. World Bank (n. 13), 10, 38.
66. Michelle Passero, "The Voluntary Carbon Market: Its Contributions and Potential Legal and Policy Issues", in David Freestone and Charlotte Streck (eds.),

can differentiate themselves as "sustainable options for consumers, potentially gaining price premiums, market access, and reputational benefits" [67].

Paragraph 3   **Corporate net-zero commitments and international market mechanisms**

Since the world's largest emitters announced their national net-zero targets, similar pledges have proliferated among corporations. They have various plans for whether to cover GHGs other than CO_2, whether only to count direct emissions or extend to those from their supply chain and how to combine emissions reductions, removals and offsets [68]. Rapidly growing corporate net-zero commitments have also driven the demand for carbon credits to offset emissions. In some cases, however, they over-relied on low-quality credits that did not avoid or reduce emissions [69]. Thus, it is crucial to ensure the credibility of those plans by having transparency and accountability mechanisms. Transnational cooperation, such as the reporting and certification programs previously discussed, can be further developed to compare their immediate and long-term milestones, track implementation progress and support policy- and lawmaking. Experience can also be drawn from ETSs aligning their program stringency through networks in the absence of formal governing authorities. The Western Climate Initiative, for example, has facilitated communication, strengthened policy implementation capacities and lowered transaction costs for American States, Canadian provinces and the corporations they regulate [70].

Corporations and their groupings provide another form of climate governance and an alternative approach to international law to realize policy integration, transformation or disruption. They also need more inquiries into their power and responsibility sources than State-centric cooperation. They depend on how international law recognizes their legal competency and authority and how domestic law regulates cross-border non-State activities [71]. Their ability to conform with, shape or transcend the different forms of law surrounding them matters for their sustained viability and political acceptance. As noted

---

Legal Aspects of Carbon Trading: Kyoto, Copenhagen, and Beyond, Oxford University Press, 2009, 518-519; Charles E. Di Leva and Scott Vaughan, The Paris Agreement's New Article 6 Rules" (IISD, 13 December 2021), https://www.iisd.org/articles/paris-agreement-article-6-rules, accessed 15 May 2022.

67. Jodoin, Chen and Gueiros (n. 1), 289.

68. Joeri Rogelj *et al.*, "Three Ways to Improve Net-Zero Emissions Targets" (2021), 591 *Nature* 365.

69. See e.g. World Bank (n. 13), 40-41; Akshat Rathi, Natasha White and Demetrios Pogkas," Junk Carbon Offsets Are What Make These Big Companies 'Carbon Neutral'" (*Bloomberg*, 21 November 2022), https://www.bloomberg.com/graphics/2022-carbon-offsets-renewable-energy/, accessed 25 November 2022.

70. Bodansky, Brunnée and Rajamani (n. 4), 262; Chen (n. 2), 332-334.

71. This chapter is focused on the international law aspect.

by environmental law and governance scholarship, these multilevel and multi-actor characters can markedly complicate the carbon market governance by duplicating efforts, generating inefficiencies and causing confusion, conflicts and fragmentation of policies and laws [72]. The exercises of authority by "private, unelected, non-democratic" actors also raise legitimacy concerns [73].

Higher-level governance mechanisms or umbrella institutions hold a prominent role in that multilevel governance structure, guiding, coordinating and reconciling different or overlapping policies and regulatory actions [74]. The UN Secretary-General established the High-Level Expert Group on the Net-Zero Emissions Commitments of Non-State Entities [75]. At COP 27, the Group rolled out recommendations for setting and attaining net-zero targets and urged the buy-in from businesses, investors, cities and regions [76]. For example, corporations should prioritize deep emissions reductions in their value chain and use high-integrity carbon credits for beyond value chain mitigation and funding decarbonization in developing countries [77]. The Group's effort was acknowledged by the Parties to the Paris Agreement in the Sharm el-Sheikh Implementation Plan [78]. It could add significant expertise and authority to preparing standards for higher ambition and environmental integrity and facilitating pledge implementation, but it is far from enough. A more established approach is making best use of the UNFCCC's dynamic arrangements for participation and implementation. The Paris Agreement acts as an umbrella institution where Parties promise to reduce net GHG emissions to zero in the century's second half. They must communicate NDCs every five years and report on their implementation and achievement [79]. The new agreements on market mechanisms under Article 6 can further incentivize, empower and govern corporate action and partnership, which I will discuss in the next section.

---

72. Van Asselt (n. 61), 350; Bodansky, Brunnée and Rajamani (n. 4), 263; Jodoin, Chen and Gueiros (n. 1), 290-293.
73. Bodansky, Brunnée and Rajamani (n. 4), 266.
74. Jacqueline Peel, Lee Godden and Rodney J. Keenan, "Climate Change Law in an Era of Multi-Level Governance" (2012), 1 *Transnational Environmental Law* 245, 252, 280; Bodansky, Brunnée and Rajamani (n. 4), 264.
75. United Nations, "High-Level Expert Group on the Net-Zero Emissions Commitments of Non-State Entities", https://www.un.org/en/climatechange/high-level-expert-group, accessed 5 November 2022.
76. High-Level Expert Group on the Net-Zero Emissions Commitments of Non-State Entities, "Integrity Matters: Net-Zero Commitments by Businesses, Financial Institutions, Cities and Regions" (2022).
77. *Ibid.*, 19.
78. Draft Decision: Sharm el-Sheikh Implementation Plan 2022 (FCCC/PA/CMA/2022/L.21), para. 92.
79. Paris Agreement, arts. 3-4, 13.

SECTION 4   CORPORATE USE OF MARKET MECHANISMS
             IN THE PARIS AGREEMENT

Climate change concerns every country. A multilateral forum like the UNFCCC allows every country to have its voice and concerns heard. It also enables discussion and agreement on global ambition and equity [80]. All countries need to be on board to avoid free riding that would otherwise undermine any effective solution [81]. The UNFCCC has exceptional infrastructure and resources for negotiating collaborative climate action. The comparatively mature institutions and policies it has accumulated show various stakeholders' tremendous efforts and wisdom. "It would be difficult and take time to create a parallel set of institutions and be rather short-sighted to throw away institutions which have achieved results." [82]

Article 6 of the Paris Agreement is now the most relevant legal text that sets out the norms and tools to support voluntary cooperation. As systems, regulations and standards regarding ETS and crediting have proliferated worldwide [83], Article 6 provides legal certainty to international market mechanisms and other cooperative activities that Parties can embrace to realize their NDCs. Opportunities and incentives also arise for transnational cooperation among countries, international organizations and non-State actors.

Three instruments take forward Article 6's operationalization: guidance on cooperative approaches (Art. 6.2); rules, modalities and procedures for a mechanism that supports emissions mitigation and sustainable development (Art. 6.4); and a work program for non-market approaches (Art. 6.8) [84]. This section is focused on the cooperative approaches and the Article 6.4 mechanism that favor the establishment of market mechanisms. These two mechanisms would bring in developed country Parties that have circumvented cooperation through the KP's market mechanisms and developing country Parties that cannot use the KP's JI or emissions trading. For example, the KP's market mechanisms did not apply to Canada or the US because neither is a KP Party. They can now make the most of Article 6.2 and Article 6.4. Meanwhile, these tools also appeal to countries like China which is building the world's largest ETS to help achieve its NDC [85]. Moreover, the two mechanisms can

---

80. Lutz Weischer, Jennifer Morgan and Milap Patel, "Climate Clubs: Can Small Groups of Countries Make a Big Difference in Addressing Climate Change?" (2012), 21 *RECIEL* 177, 191.
81. Harald Winkler and Judy Beaumont, "Fair and Effective Multilateralism in the Post-Copenhagen Climate Negotiations" (2010), 10 *Climate Policy* 638, 649.
82. Weischer, Morgan and Patel (n. 80), 191.
83. See e.g. Charlotte Streck and David Freestone, "Summary and Outlook", in David Freestone and Charlotte Streck (eds.), *Legal Aspects of Carbon Trading: Kyoto, Copenhagen, and Beyond*, Oxford University Press, 2009, 627.
84. Paris Agreement, art. 6.
85. Chen (n. 2), 314.

involve intergovernmental or public-private markets. Nor do they exclude the possibility of having fully private or voluntary carbon markets [86]. Article 6.2 guides "internationally transferred mitigation outcomes" (ITMO), including reducing or removing GHG emissions, between Parties to achieve their NDCs [87]. Bilateral arrangements can recognize the transfer of mitigation outcomes from one Party achieving mitigation outcomes to another Party acquiring the outcomes [88]. Article 6.2 text does not restrict the types of cooperative approaches by which ITMOs can be counted for achieving NDCs. Some exploratory projects come from Switzerland funding sustainable agricultural practices in Ghana and affordable electricity via renewable energy in Vanuatu [89]. Also, support arises from the UNFCCC secretariat, Parties and scholars that cooperation can take the form of international emissions trading and linking ETSs in different jurisdictions [90]. This can be built on the over-decade work on the central characteristics, forms, benefits and risks of linking ETSs and heterogeneous climate policies, as well as their institutional, normative and jurisprudential implications [91].

While engaging in voluntary cooperation, Parties are obligated to "promote sustainable development and ensure environmental integrity and transparency, including in governance" [92]. ITMOs must be real, verified and additional and represent mitigation from 2021 onward. Each ITMO can only be used once toward an NDC or "other international mitigation purposes" that include "international mitigation purposes" (e.g., Carbon Offsetting and Reduction

---

86. Di Leva and Vaughan (n. 66).
87. Decision 2/CMA.3: Guidance on Cooperative Approaches Referred to in Article 6, Paragraph 2, of the Paris Agreement 2021 (FCCC/PA/CMA/2021/10/Add.1), Annex, para. 1.
88. "COP26 Outcomes: Market Mechanisms and Non-Market Approaches (Art. 6)" (n. 22); Di Leva and Vaughan (n. 66).
89. United Nations Development Programme, "Ghana, Vanuatu, and Switzerland Launch World's First Projects Under New Carbon Market Mechanism Set Out in Article 6.2 of the Paris Agreement" (12 November 2022), https://www.undp.org/geneva/press-releases/ghana-vanuatu-and-switzerland-launch-worlds-first-projects-under-new-carbon-market-mechanism-set-out-article-62-paris-agreement, accessed 24 November 2022; but see NewClimate Institute, "Switzerland's Bilateral Agreements to Offset Their Emissions Set a Poor Precedent for Ambition Ahead of COP 26" (28 October 2021), https://newclimate.org/news/switzerlands-bilateral-agreements-to-offset-their-emissions-set-a-poor-precedent-for-ambition, accessed 24 November 2022.
90. See e.g. "COP26 Outcomes: Market Mechanisms and Non-Market Approaches (Art. 6)" (n. 22); Joanna Depledge, Miguel Saldivia and Cristina Peñasco, "Glass Half Full or Glass Half Empty?: The 2021 Glasgow Climate Conference" (2022), 22 *Climate Policy* 147, 153; Chen (n. 2), 307-308, 312; Howard (n. 6), 185.
91. See e.g. Michael Mehling, "Linking of Emissions Trading Schemes", in David Freestone and Charlotte Streck (eds.), *Legal Aspects of Carbon Trading: Kyoto, Copenhagen, and Beyond*, Oxford University Press, 2009, 108; Jessica F Green, "Don't Link Carbon Markets" (2017), 543 *Nature* 484; Chen (n. 2); Michael A. Mehling, Gilbert E. Metcalf and Robert N. Stavins, "Linking Heterogeneous Climate Policies (Consistent with the Paris Agreement)" (2018), 48 *Environmental Law* 647.
92. Paris Agreement, art. 6.2.

Scheme for International Aviation) and "other purposes as determined by the first transferring participating Party" (e.g., use for voluntary carbon markets) [93]. Each participating Party applies "corresponding adjustments" to avoid double counting and ensures participation in cooperative approaches that cause no net emissions increase across participating Parties [94]. The ITMO-acquiring Party who uses the ITMO toward its NDC can deduct the corresponding number of emissions from its emissions balance. In turn, the ITMO-transferring Party must add those emissions to its emissions balance [95]. An Article 6 database and a centralized accounting and reporting platform are expected to track information relating to cooperative approaches submitted by participating Parties for technical expert review [96]. At COP 27, Parties adopted tracking guidance, initial report outline and technical expert review guidelines [97]. These developments are crucial to ensuring transparent cooperative approaches but are not without criticism. For example, observers of the negotiations expressed significant concerns about the Parties' complete control over what information to be kept confidential [98]. They urged further elaboration of rules to constrain the use of confidentiality that could otherwise cover up greenwashing and the least ambitious activities and risk becoming a transparency loophole and leaving the review process toothless [99].

Article 6.4 creates a new multilateral mechanism to replace the KP's CDM. The Article 6.4 mechanism allows public or private actors in one Party that have their mitigation activities credited (A6.4ER) to sell the credits to their counterparts in another Party to meet emissions-reducing or net-zero goals [100]. This mechanism is established under the authority and guidance of the Conference of the Parties serving as the meeting of the Parties to the Paris

---

93. Decision 2/CMA.3, Annex, para. 1 *(a) (e) (f)*; Andrei Marcu, "Article 6 Rule Book: A Post COP26 Assessment" (*European Roundtable on Climate Change and Sustainable Transition*, 2021, 4-5, https://ercst.org/wp-content/uploads/2021/11/2021 1122-COP26-Art6-final.pdf, accessed 2 June 2022.
94. Decision 2/CMA.3, Annex, para. 7.
95. Fattouh and Maino (n. 7), 4.
96. Decision 2/CMA.3, Annex, paras. 20-21, 25-26, 32, 35.
97. Draft Decision: Matters Relating to Cooperative Approaches Referred to in Article 6, Paragraph 2, of the Paris Agreement 2022 (FCCC/PA/CMA/2022/L.15), para. 1.
98. *Ibid.*, para. 6.
99. See e.g. Khaled Diab, "Lacklustre COP 27 Fails to Bring Clarity to Carbon Markets" (*Carbon Market Watch*, 20 November 2022), https://carbonmarketwatch. org/2022/11/20/lacklustre-cop27-fails-to-bring-clarity-to-carbon-markets/, accessed 22 November 2022; Aruna Chandrasekhar *et al.*, "COP27: Key Outcomes Agreed at the UN Climate Talks in Sharm El-Sheikh" (*CarbonBrief*, 21 November 2022), https://www.carbonbrief.org/cop27-key-outcomes-agreed-at-the-un-climate-talks-in-sharm-el-sheikh/, accessed 22 November 2022.
100. Paris Agreement, art. 6.4; Decision 3/CMA.3: Rules, Modalities and Procedures for the Mechanism Established by Article 6, Paragraph 4, of the Paris Agreement 2021 (FCCC/PA/CMA/2021/10/Add.1), Annex, paras. 30-31; "COP26 Outcomes: Market Mechanisms and Non-Market Approaches (Art. 6)" (n. 22).

Agreement and governed by a Supervisory Body [101]. The Supervisory Body oversees the eligibility and implementation of activities, from methodology development and approval to project authorization, validation, registration, monitoring and verification to A6.4ER issuance, transfer and cancellation [102]. Although this internationally centralized oversight resembles that of the CDM Executive Board [103], the Article 6.4 mechanism is expected to offer host Parties, activity participants or stakeholders some flexibility to develop baseline approaches and other mechanism methodologies following the Supervisory Body's guidance [104].

A6.4ERs can be ITMOs when they are authorized for use toward achieving NDCs or other mitigation purposes [105]. However, unlike ITMOs, a levy of 5 percent of A6.4ERs at issuance is devoted to the Adaptation Fund to assist developing country Parties [106]. Meanwhile, Article 6.4 aims for "an overall mitigation in global emissions" [107] by canceling at least 2 percent of A6.4ERs at issuance [108]. Unlike the CDM, this mechanism allows all Parties (rather than only developing countries) to host mitigation activities. The host Parties may limit the supply of ITMOs to avoid jeopardizing the fulfillment of their own NDCs. Also, they may be incentivized to finance "hard-to-abate sectors" that could generate mitigation outcomes for transfer, thus providing more abatement choices than the CDM [109]. Furthermore, the Supervisory Body's decisions could be appealed through a potential "in-house" mechanism or an external grievance process [110]. These designs could help the new mechanism achieve better outcomes than the CDM in raising climate ambitions and producing higher-quality emissions credits.

Although Article 6's developments have mirrored the KP's market mechanisms, the cooperative approaches developed under Article 6.2 depart from Article 6.4's or the KP's centralized approaches. For example, the governance of CDM featured bureaucratic and inflexible processes. It failed to address the Parties' needs comprehensively and undermined their participation enthusiasm. More decentralized governance of Article 6.2, with sufficient capacity-

---

101. Paris Agreement, art. 6.4; Decision 3/CMA.3, Annex, paras. 3-25.
102. Decision 3/CMA.3, Annex, paras. 33-62.
103. Kyoto Protocol, art. 12; "The CDM Executive Board" *(UNFCCC)*, https://cdm.unfccc.int/EB/index.html, accessed 7 August 2022.
104. Decision 3/CMA.3, Annex, paras. 35-36; Di Leva and Vaughan (n. 66).
105. Decision 2/CMA.3, Annex, para. 1 *(g)*.
106. Decision 3/CMA.3, Annex, paras. 58, 67 *(a)*.
107. Paris Agreement, art. 6.4 *(d)*.
108. Decision 3/CMA.3, Annex, para. 69.
109. Fattouh and Maino (n. 7), 6.
110. Decision 3/CMA.3, Annex, para. 62; Christina Voigt, "Appeal Procedure for the Mechanism Established by Art. 6.4 of the Paris Agreement", *(European Roundtable on Climate Change and Sustainable Transition*, 2019), https://ercst.org/wp-content/uploads/2019/08/20190819-Art.-6.4-Appeal-w-Letterhead.pdf, accessed 22 October 2022.

building support and oversight from the UNFCCC, may avoid that situation and incentivize ETS cooperation or other creative projects among Parties or their subnational jurisdictions.

Notably, Article 6.2 only mentions Party-to-Party cooperation. Non-Party participation is nevertheless possible when this provision is read together with Article 6.3, which marks the role and responsibility of Parties. Non-Party cooperation on ITMOs can count for NDCs when participating Parties (i.e. the national authority of a non-Party) give authorization [111]. However, the Party where mitigation outcomes are generated is not obligated to authorize all ITMO requests. It can decide whether to use the outcomes for domestic compliance or transfer them abroad to support the NDC fulfillment of other Parties [112]. If authorization is not granted or a participant is not a constituent of any Party, recognizing the transfer and use of their ITMOs remains uncertain. When negotiating guidance on Article 6.2, some Parties called for involving subnational governments and private entities in the cooperative approaches. Nevertheless, their calls only reiterated Article 6.3 text without detailing whether and how an ITMO from a non-Party, or short of authorization, could be counted toward a Party's NDC [113]. The final text of guidance does not clarify operational details on non-Party participation, only with the phrase "stakeholders using cooperative approaches" indicating the possibility [114].

Uncertainties left by international negotiations have also led to different interpretations of Article 6.3. Considering international law as a permissive system by default, Mehling, Metcalf and Stavins suggest that Article 6 should not prevent a Party from acquiring ITMOs from a non-Party for use toward the Party's NDC [115]. Even when mitigation outcomes from non-Parties cannot be used directly toward NDC, restricted linking via a "gateway solution" may allow limited transfers [116]. In addition, mitigation outcomes without authorization could be used for the domestic mitigation purpose of the Party that generates the outcomes or for transnational application in voluntary carbon markets [117]. For example, Verra does not require corresponding adjustments with a Party's authorization but has recently proposed labeling authorized credits [118]. The Gold Standard initially required corresponding adjustments. It now adopts a

---

111. Paris Agreement, art. 6.3; Chen (n. 2), 314; Wemaëre (n. 2), 151.
112. Fattouh and Maino (n. 7), 4.
113. Chen (n. 2), 336.
114. Decision 2/CMA.3, Annex, paras. 37, 39.
115. Mehling, Metcalf and Stavins (n. 91), 669.
116. *Ibid.*, 670.
117. Marcu (n. 93), 5; Fattouh and Maino (n. 7), 4.
118. Verra, "The Future of the Voluntary Carbon Market" (22 April 2021), https://verra.org/the-future-of-the-voluntary-carbon-market/, accessed 15 July 2022; Verra, "Proposed New Verra Unit Labels" (30 June 2022), https://verra.org/wp-content/uploads/2022/06/Proposed-new-Verra-unit-labels-1.pdf, accessed 25 November 2022.

similar practice as Verra and will label authorized and correspondingly adjusted credits [119]. Corporate buyers of non-adjusted mitigation outcomes should be aware of the negative impacts of double counting on the environment and their reputations.

On another note, Parties at COP 27 explicitly distinguished authorized and unauthorized A6.4ERs. The unauthorized A6.4ERs are now called "mitigation contribution A6.4ERs" and may be used for "results-based climate finance, domestic mitigation pricing schemes, or domestic price-based measures", contributing to the host Party's emissions reductions [120]. Although this clarification still leaves the mitigation contribution A6.4ERs out of the corresponding adjustment requirement, it suggests that those emissions reductions only count for the host Party. A corporation that counts the same reductions via purchasing credits would lead to double counting. The designation of mitigation contribution A6.4ERs would not necessarily prevent double counting but has the potential to orient corporate behavior and shift their focus from offsetting to financing mitigation [121].

Despite its centralized nature, the Article 6.4 mechanism allows non-State actors, including corporations, to organize and finance emissions-reducing projects. Their participation in trading and investment activities can contribute to the Parties' compliance with the Paris Agreement. Given the experience from the KP, however, the Article 6.4 mechanism would similarly involve "diverse and complex legal relationships amongst a mix of private and public participants and stakeholders" [122]. Supporting the transaction of emissions credits in a global market requires a range of institutions and governance structures with diverse skills and capacities [123].

First, the broad terms of primary and secondary markets reveal the complexity. A primary market is where emissions credits are issued, such as ERUs and CERs in the KP mechanisms. These credits are then traded on a secondary market [124]. The interactions between these primary and secondary markets have created opportunities and tensions. For example, the EU adopted

---

119. The Gold Standard, "Treatment of Double Counting and Corresponding Adjustments in Voluntary Carbon Markets" (18 February 2021), https://www.goldstandard.org/sites/default/files/documents/gs_guidance_correspondingadjustments_feb2021.pdf, accessed 25 November 2022; The Gold Standard, "Guidance on Functionality to Support Attribution and Management of VERs Authorized for Use Under Article 6 of the Paris Agreement" (November 2022), https://www.goldstandard.org/sites/default/files/documents/gold_standard_impact_registry_article_6_guidance.pdf, accessed 25 November 2022.
120. CMA/2022/L.14, Annex I, para. 29 *(b)*.
121. Diab (n. 99); Chandrasekhar *et al.* (n. 99).
122. Voigt (n. 110), 1.
123. See e.g. Liliana B. Andonova, Michele M. Betsill and Harriet Bulkeley, "Transnational Climate Governance" (2009), 9 *Global Environmental Politics* 52, 58.
124. Narassimhan *et al.* (n. 26), 985.

a linking directive to connect its ETS with the KP [125]. In this case, the EU ETS is a secondary market to the KP mechanisms and allows trading ERUs and CERs. This linkage has increased corporations' demand for credits generated by CDM and JI projects in developing and transitioning economies [126]. Meanwhile, the EU ETS entails agreed elements providing certainty to the contractual treatment of physical events occurring in transactions and contractual compensation mechanisms to remedy a failure to deliver. By contrast, the primary market does not necessarily guarantee such certainty and remedy for delivering projects [127].

Second, governing each project relies on a proper set of instruments. Approval Letters for JI or CDM projects are unilateral instruments by Parties that transfer credits. They are directed toward credits-acquiring Parties and authorize private or public legal entities to generate, transfer or acquire ERUs or CERs under the Parties' responsibility [128]. Those letters also have an administrative character under the domestic law of the transferring Parties. Besides, bilateral instruments, such as Host Country Agreements or Memoranda of Understanding, govern the transfer of ERUs or AAUs. All three instruments concern the authorization of projects by Parties and the transfer of internationally defined credits [129]. What entails more complexities are bilateral or multilateral instruments between JI or CDM project participants (e.g. Annex I and non-Annex I Parties and public and private entities) that govern the implementation of emissions-reducing or removing projects and the transfer of credits and funds. They are commercially structured forward contracts whereby payments are only made after projects are delivered and credits are transferred [130]. The transactions and contracts can vary depending on the geographical context, project type, size, owner and financial status. Emissions Reduction Purchase Agreements are one example that records the Parties' agreement, establishes rights and obligations and allocates risks [131].

---

125. Directive 2004/101/EC of the European Parliament and of the Council of 27 October 2004 Amending Directive 2003/87/EC Establishing a Scheme for Greenhouse Gas Emission Allowance Trading within the Community, in respect of the Kyoto Protocol's Project Mechanisms.
126. Freestone (n. 31), 19-20; Streck and Freestone (n. 83), 627.
127. Andrew Hedges, "The Secondary Market for Emissions Trading: Balancing Market Design and Market Based Transaction Norms", in David Freestone and Charlotte Streck (eds.), *Legal Aspects of Carbon Trading: Kyoto, Copenhagen, and Beyond*, Oxford University Press, 2009, 310, 331.
128. Kyoto Protocol, arts. 6.3, 12.9.
129. Freestone (n. 31), 22-23.
130. See further "CDM Transactions: A Review of Options" *(UNDP)*, https://www.undp.org/sites/g/files/zskgke326/files/publications/cdmchapter6.pdf, accessed 25 October 2022.
131. Freestone (n. 31), 22-23.

The KP mechanisms have thus created legal links between sovereign Parties and corporations [132]. On the one hand, the KP mechanisms reflect a degree of agreement for managing emissions among international, regional and national norms. They have attracted the private sector to embed public standards and accumulated prestige for emissions credits. On the other hand, the interconnections between internationally negotiated rules in the KP, national and subnational carbon market rules and private standards show blurred boundaries between public and private governance [133]. The Paris Agreement's two market mechanisms may have similar, and even more complex, interplay with corporations. This interplay is increasingly evident in the climatization of international law and engages a multiplicity of actors to test different legal solutions, be they public or private, within or beyond the UNFCCC. It would rely on the expertise, attentiveness and creativity of international, climate, and corporate lawyers to interpret and stretch the application of international rules to accommodate and regulate corporate action in the changing climate and legal context [134].

SECTION 5   CONCLUSION

Corporations occupy unique roles in exercising authority over climate governance. They are essential to market mechanisms, supporting government regulation implementation and voluntary mitigation activities. When fulfilling net-zero commitments, corporations tend to use market mechanisms, given their profit-driven nature and pursuit of cost-effective and flexible ways to improve environmental performance. However, purchasing and selling low-quality carbon credits that do not contribute to mitigation raise significant concerns over the environmental integrity of offsetting and its adverse impacts.

The Paris Agreement's cooperative approaches and Article 6.4 mechanism are best placed to provide an international legal framework to ensure credible corporate participation in market mechanisms. They allow corporations to conduct emissions reduction and removal activities. Credits generated from those activities can be transferred internationally and used toward NDCs or other compliance purposes. They can help scale up achievements in mitigation, which may further strengthen adaptation action. Although the Paris

---

132. *Ibid.*, 22.
133. Bodansky, Brunnée and Rajamani (n. 4), 291-292; see further Jessica F. Green, "Order out of Chaos: Public and Private Rules for Managing Carbon" (2013), 13 *Global Environmental Politics* 1.
134. For the role of lawyers in this context, see e.g. Ling Chen, "Climate Law Education and Its Place in Canadian Law Schools" (2023), 53:1 *Environmental Law* 1; Ling Chen *et al.*, "Teaching and Learning International Climate Change Law", in Jean-Pierre Gauci and Barrie Sander (eds.), *Teaching International Law*, Routledge, forthcoming 2023.

Agreement presents a promising future for the public-private governance of market mechanisms, it has created legal hurdles for non-Party cooperation that only counts for achieving NDCs when Parties give authorization. Requiring authorization and corresponding adjustments does increase the Parties' authority and oversight. It could help to minimize double counting but also poses uncertainties and limitations to corporate use of Article 6. Whether and how Article 6 can govern and continue incentivizing corporate engagement with market mechanisms would depend on the ability to interpret and stretch its application while learning and responding to the standards and recommendations developed in parallel with the UNFCCC. International lawyers, climate lawyers and corporate lawyers all have a role to play in testing the Paris Agreement's limit and making the most of its potential to react and improve.

16 | Obscured by Transparency? How the Desire for Depoliticisation hides the Potential for Facilitative Compliance from Expert Review

Ellycia Harrould-Kolieb [*]

Transparency has become a central component of many multilateral agreements, with expert review being employed as a means for ensuring the reliability of disclosed information in a politically neutral way. This chapter challenges the notion that expert review is a neutral process. This is done through an examination of the political processes at play within the expert review of the international climate change regime. This chapter finds that the negotiated and facilitative processes that take place during expert review allow for learning and socialisation to occur, which can ultimately enhance State compliance. Thus, this chapter contends that the desire for depoliticisation obscures the positive benefits that can arise from these processes and that there should be a greater focus on enhancing the facilitative role of expert reviewers, rather than a stripping away of these activities.

SECTION 1   INTRODUCTION

Transparency arrangements have become an increasingly central component of international agreements and can be seen to play an important role in many human rights, trade, arms and environmental regimes. Within these arrangements, expert technical reviews are frequently used as a means of ensuring the reliability of the information submitted by States. One such regime is the climate regime, which has increasingly used transparency coupled with expert review as a mechanism for ensuring accountability and fairness within the regime. This is particularly true for the Paris Agreement, in which the enhanced transparency framework is a central component of the agreement's design.

In 2014, the Conference of the Parties to the United Nations Framework Convention for Climate Change (UNFCCC) agreed upon a set of guidelines for technical expert review, which at the time only applied to the review of

---

[*] Law School, University of Eastern Finland.

Annex I country data that established the expected conduct of the expert reviewers and reflected an aspiration for a depoliticised review process to be achieved by technocratic decision-making. These guidelines detailed that the reviews were to be conducted in a "facilitative, non-confrontational, open and transparent manner" [1], and while expert review teams were expected to provide thorough and comprehensive technical reviews of Party reports, they were also expected to "refrain from making any political judgement" [2]. Further, the experts were guided to act in their personal capacity [3] and should not be nationals of, nominated or funded by the Party under review [4].

Huggins and to a lesser extent Zahar *et al.* assert that the facilitative nature and broad mandate of the review teams has, in practice, resulted in a considerable disconnect between the desire for depoliticised reviews and work of the reviewers [5]. Huggins argues that the "roles of negotiation, facilitation, diplomacy and cooperation assumed by [the expert review teams] led to political considerations shaping review processes in the first commitment period [of the Kyoto Protocol]" [6]. Huggins further suggests that the legitimacy of the reviews, which comes in part from the political independence of the expert reviewers [7], is put under strain by the fact that many of the technical experts also hold government positions. In light of these critiques, Huggins calls for a constraining of the scope of the facilitative capacity of the expert review teams to prevent further politicisation of the review process in the future.

This call has, to date, not been heeded within the international climate regime, and conversely it could be argued that under the enhanced transparency framework of the Paris Agreement, expert review teams have an even greater potential for facilitation given that they no longer have the responsibility to forward issues of non-compliance to a Compliance Committee, something that expert reviewers could do under the Kyoto Protocol. Thus, this chapter seeks to understand the influence of this facilitative role of the expert review teams

---

1. UNFCCC, "Report of the Conference of the Parties on its twentieth session, held in Lima from 1 to 14 December 2014", FCCC/CP/2014/10/Add.3, Decision13/CP.20 Annex Part II.B.5 *(a)*.
2. *Ibid.*, Decision 13/CP.20 Annex Part II.E.I.24.
3. *Ibid.*, Decision 13/CP.20 Annex Part II.E.I.27.
4. *Ibid.*, Decision 13/CP.20 Annex Part II.E.I.30.
5. Anna Huggins, "The Desirability of Depoliticization: Compliance in the International Climate Regime", *Transnational Environmental Law* 4, No. 1, April 2015: 101-124, https://doi.org/10.1017/S2047102514000314; Alexander Zahar, Jacqueline Peel and Lee Godden, *Australian Climate Law in Global Context*, 1st ed., Cambridge University Press, 2012, https://doi.org/10.1017/CBO9781139192583.
6. Huggins, 105.
7. Geir Ulfstein, "Depoliticizing Compliance", in *Promoting Compliance in an Evolving Climate Regime*, Jutta Brunnee, Meinhard Doelle and Lavanya Rajamani (eds.), Cambridge: Cambridge University Press, 2011, 419, https://doi.org/10.1017/CBO9780511979286.023.

on State behaviour. It contends that facilitation can in fact exert a "compliance pull"[8] on States and should therefore not be constrained in the future. This chapter not only hopes to better elucidate the facilitative role played by the expert review teams, but also questions the desire to depoliticise expert review.

The chapter proceeds with a brief account of expert review within the climate regime in Section 2. This is followed, in Section 3, by an examination of the ways in which expert review may be able to exert a compliance pull on States. It is suggested that expert review can exert an influence on State behaviour indirectly via the findings and outcomes of the reviews, but also directly via the expert review process itself. This theoretical account is then discussed in light of examples from within the regime in Section 4. This analysis brings into question the desirability of depoliticisation, which is further discussed in Section 5. The chapter concludes, in Section 6, with some overarching observations and recommendations for future design and deployment of expert review processes.

SECTION 2   **EXPERT REVIEW WITHIN THE CLIMATE REGIME**

Since the inception of the Convention, Parties have been required to submit National Communications in which they report on their emissions of greenhouse gases and on the steps they have taken to implement the Convention[9]. Ensuring the completeness and reliability of national reports and most importantly national emissions inventories is critical, as it is these reports that arguably provide the "foundation on which the rest of the international climate regime is built"[10]. One way of achieving this is tasking independent technical experts with reviewing national greenhouse gas inventories and other nationally reported information. Since 1998, this information has been reviewed by technical experts. Participation of experts was introduced to improve the accuracy of submitted information by ensuring that the reviews are "thorough, objective, credible and recognized by Parties"[11].

---

8. Thomas M. Franck, *The Power of Legitimacy Among Nations*, Vol. 86, New York, Oxford, Oxford University Press, 1990, https://www.cambridge.org/core/article/the-power-of-legitimacy-among-nations-by-thomas-m-franck-new-york-oxford-oxford-university-press-1990-pp-vii-289-index-3250/3C95CCB3575F1DACBFF13-64742740FB0.
9. UNFCCC, Articles 4.1 and 12.1.
10. Zahar, Peel and Godden, *Australian Climate Law in Global Context*, 96.
11. https://unfccc.int/process-and-meetings/transparency-and-reporting/reporting-and-review-under-the-convention/greenhouse-gas-inventories-annex-i-parties/review-process#:~:text=to%20this%20information.-,Expert%20review%20teams,by%20Parties%20and%20intergovernmental%20organizations, accessed 23 May 2022.

These experts do not, however, verify the accuracy of the emission inventories against independent data or, in the case of the Paris Agreement, assess the appropriateness of the nationally determined contributions of each Party. This review process thus differs from a scientific assessment in that its purpose is to "provide confidence for the COP that the data submitted by Parties are fit for use under the processes of the UNFCCC" [12] and not to assess whether the data provided or the commitments made are independently verifiable or able to achieve the overall goals of the regime.

While the Kyoto period has come to an end with the transition to the Paris Agreement, review activities are still occurring under the Kyoto Protocol, including greenhouse gas inventories and supplementary information [13]. The final round of reviews under the Kyoto Protocol will take place in 2023-2024. This section will therefore provide a brief overview of expert review under the Kyoto Protocol before moving on to do the same for the Paris Agreement.

Paragraph 1   **Review under the Kyoto Protocol**

The Kyoto Protocol required more detailed reporting than under the Convention in order for Annex I Parties to demonstrate compliance [14]. To this end, the protocol also introduced the use of expert review of national inventories and established that information submitted by each Annex I Party would undergo a review by expert review teams [15]. The Kyoto Protocol dictates that expert review teams will be drawn from experts nominated by Parties and intergovernmental organisations and that they will provide a "thorough and comprehensive technical assessment of all aspects of the implementation by a Party", including of their commitments, and that expert reviewers will identify "any potential problems in, and factors influencing, the fulfilment of commitments" [16].

Under the Kyoto Protocol, the review of Party reports consists of a three-part process, with an initial check by the Secretariat to ensure all data is reported in the correct format, a synthesis by the Secretariat to facilitate report comparisons and finally individual reviews of inventories. The final stage is conducted by expert review teams and involves a combination of desk-based, centralised and in-country reviews. Desk reviews involve a review by the expert review team without travel. The centralised reviews take place in a

---

12. Tinus Pulles, "Did the UNFCCC Review Process Improve the National GHG Inventory Submissions?", *Carbon Management* 8, No. 1, 2 January 2017: 27, https://doi.org/10.1080/17583004.2016.1271256.
13. See, for example, SBSTA 57, "Measurement, Reporting and Verification (MRV)", FCCC/SBSTA/2022/INF.4 (2022).
14. Kyoto Protocol, Decision 22/CMP.1 (30 March 2006).
15. *Ibid.*, Article 8.1.
16. *Ibid.*, Article 8.3.

single location, however, not in the Party's home country. In-country reviews take place in the Party-under-review's home country. Expert review teams are composed of generalists and area-specific experts that are responsible for one of the five sectors covered in the review: energy, industrial processes and product use, land use, land use change and forestry and waste. Depending on the format of review and number of reviews being conducted, teams usually range from six (one generalist and five sectoral experts)) to seventeen experts (for centralised reviews of three Parties)[17].

The scope of the review includes the application and use of Intergovernmental Panel on Climate Change (IPCC) guidelines and those considered to be best practice (the good practice guidelines), the type and use of methodologies selected by the Party, as well the emission factor (the mass of greenhouse gas emitted per unit of activity) that the Party has chosen to use, the choice of activity data and how it has been collected and the identification of missing sources or areas for improvement[18]. Expert review teams do not have the mandate to access independent data, but rather the main source of information is the country authorities themselves. Thus, expert reviews are limited to assessing the consistency of the reported data and testing compliance with the accepted reporting procedures.

An important component of the Kyoto Protocol, and a point of differentiation with the enhanced transparency framework of the Paris Agreement (which will be elaborated upon shortly), is that during the review process the expert review teams are required to pass "questions of implementation", or non-compliance issues, on to the Kyoto Protocol's Compliance Committee. Expert review teams have been given discretion to decide when an issue is deemed a question of implementation or a technical issue that can be solved through a facilitative process. The expert review teams can therefore decide on an individual basis when an issue is to be referred to the Compliance Committee.

Paragraph 2   **Review under the Paris Agreement**

By the end of 2024, Parties are due to submit their first round of reports under the enhanced transparency framework of the Paris Agreement. The Paris Agreement contrasts with the earlier reporting and review requirements of the climate regime in that all Parties are now required to report, with some flexibility for developing countries. Article 13 of the Paris

---

17. Lisa Hanle *et al.*, "Challenges and Proposed Reforms to the UNFCCC Expert Review Process for the Enhanced Transparency Framework", Seattle, WA: Green House Gas Management Institute, 2019.
18. UNFCCC, "Review of the implementation of commitments and of other provisions of the convention. National communications: Greenhouse gas inventories from parties included in Annex I to the Convention", FCCC/CP/2002/8.

Agreement details the enhanced transparency framework, whose aim is "to build mutual trust and confidence and to promote effective implementation" of the Paris Agreement [19]. The purpose of the transparency framework, as described by the Paris Agreement, is to provide a "clear understanding of" and "clarity on" climate action and support provided and received by each Party respectively [20]. Climate action is to be understood in "light of the objective of the Convention", and is to include an assessment of individual Parties' progress towards achieving their nationally determined contributions and adaptation measures [21]. The operational rules of the enhanced transparency framework have been elaborated through the modalities, procedures and guidelines [22].

The use of expert review has carried over into the enhanced transparency framework, in which all Parties will undergo technical expert review of national inventories and progress made in implementing and achieving their nationally determined contributions [23]. Information reported on financial, technological and capacity-building support provided by developed countries also undergo review; this is optional for developing countries [24]. Technical expert review is again deployed as a means of ensuring that the reporting on progress made by each country is as robust and accurate as possible and is consistent with international requirements.

The composition of the technical expert review teams under the enhanced transparency framework is likely to be similar to that of the expert review teams under the Kyoto Protocol, in that the modalities, procedures and guidelines dictate that there should be one expert for each significant sector. It is also expected that the technical expert review teams will have reviewers from a mix of developed and developing countries, cultural backgrounds, ages and genders [25].

The review process under the enhanced transparency framework can take up to a year from report submission to final technical review report. The process takes place in eight stages [26]:

1. Fourteen weeks prior to review commencing: the review date is agreed with the Party.
2. Ten weeks prior to the review: the expert review team is established.
3. Four weeks prior to the review: preliminary questions are sent to the Party.
4. Two weeks prior to the review: the Party responds to preliminary questions.

---

19. Paris Agreement, Article 13.1.
20. Paris Agreement, Articles 13.5 and 13.6.
21. Paris Agreement, Article 13.5.
22. Decision 18/CMA.1.
23. PA, Article 13.11.
24. PA, Article 13.11.
25. MPGs, para. 176.
26. Hanle *et al.*, "Challenges and Proposed Reforms to the UNFCCC Expert Review Process for the Enhanced Transparency Framework".

5. Review week: findings are communicated to the Party by the end of the review week.
6. Two months after review week: a draft report of findings is sent to the Party.
7. Within one month of receiving the report: the Party comments on the draft report.
8. Within one month of the Party's comments: the expert review team drafts the final report.

The modalities, procedures and guidelines outline four available formats in which the reviews can be conducted: simplified reviews, desk reviews, centralised reviews and in-country reviews. Simplified reviews are conducted by the Secretariat on the years in which the biennial transparency report is not due and involves an assessment of the national emission inventory reports. Desk reviews are limited in that they are not to be conducted on any given country more than once in any five-year period, or directly following the communication or update of a nationally determined contribution or when a biennial transparency report includes the communication on a Party's achievement of its nationally determined contribution. The in-country reviews are to occur for the review of the first biennial reports submitted and then twice in a ten-year period. In-country reviews may also happen if recommended by a technical expert review team at the request of the Party.

The expert review is to be implemented "in a facilitative, non-intrusive, non-punitive manner, respectful of national sovereignty, and [to] avoid placing undue burden on Parties"[27]. The process is limited to assessing the completeness and consistency of national reports with the modalities, procedures and guidelines and therefore internationally agreed reporting requirements. The technical expert review teams are, however, not permitted to make political judgments, or review the adequacy of either a Party's nationally determined contribution, its level of domestic implementation or the level of support it has provided.

SECTION 3   THE COMPLIANCE PULL OF EXPERT REVIEW

It is suggested that transparency arrangements can exert a compliance pull and in doing so enhance State performance and induce States to strengthen implementation in pursuit of the overarching goals of the international agreement in which they are embedded[28]. Compliance theories offer explanations for why compliance pulls exert influence over States and suggest different mechanisms that can explain why States change or enhance

---

27. Paris Agreement, Article 13.3.
28. Myele Rouxel, "The Paris Rulebook's Rules on Transparency: A Compliance Pull?", *Carbon & Climate Law Review* 14, No. 1 (2020), 18-39.

their behaviour in relation to various compliance pulls. These mechanisms, or "compliance pathways", can be grouped according to one of the three main theoretical lineages from which they are drawn: the managerial, enforcement and constructivist schools.

The managerial school argues that States have a general desire to comply with their international commitments and that most problems of compliance arise from limits in State capacities, ambiguities in agreement wording, lack of knowledge about the actions of others and/or a change in national circumstances after an agreement is made. Therefore, solving compliance problems is less about employing coercive sanctions and more about managing the problem through increasing capacity, improving information flows, clarifying rules and offering reassurance [29].

The enforcement approach, on the other hand, assumes that States only comply when it is within their material interest to do so, and that non-compliance is an intentional, rational choice. States will employ cost-benefit calculations and inducing behaviour change will only come through the use of substantial incentives, either carrots or sticks, at either the international [30] or national level [31].

The constructivists understand that States have a general desire to accept and be accepted into the community of States and that interaction and communication continually reconstitute State identities. States will comply when rules are seen as aligning with their social identity. Rules that are seen as inappropriate and misaligned with their own internal sense of self are less likely to be complied with. Constructivists offer norm diffusion and socialisation as means through which states can be brought into compliance [32].

Each of these three theoretical approaches rely on different underlying assumptions about the behaviour of States, which then plays a role in explaining the effect that transparency plays within each compliance pathway [33]. These are each described in turn below.

---

29. A Chayes, A. H. Chayes and R. B. Mitchell, "Managing Compliance: A Comparative Perspective", in *Engaging Countries: Strengthening Compliance with International Environmental Accords*, E. B. Weiss and H. K. Jacobson (eds.), MIT Press, 1998.
30. Andrew Guzman, *How International Law Works*, Oxford, Oxford University Press, 2008.
31. Xinyuan Dai, "Why Comply? The Domestic Constituency Mechanism", *International Organization* 59, No. 02, April 2005, https://doi.org/10.1017/S00208183050 50125.
32. Alexander Wendt, "Anarchy Is What States Make of It: The Social Construction of Power Politics", *International Organization* 46, No. 2 (1992), 391-425.
33. Ellycia Harrould-Kolieb *et al.*, "Opening the Black Box of Transparency: Exploring the Causal Pathways from Disclosure to State Behaviour Change within the International Climate Regime", n.d.

Paragraph 1   **Evaluation**

The evaluation pathway is a process internal to the state, in which stock is taken as to the State of implementation, where policy gaps may exist and whether there is a need for additional capacity to meet international commitments. This pathway is one of assessment and problem-solving. In this pathway, transparency provides a means for the identification of problems preventing compliance and assists in increasing the internal flow of information. Transparency can allow for an assessment of State behaviour and an evaluation of implementation; this can lead to policy adjustments and shifts in behaviours to allow for enhanced compliance to meet international commitments [34]. Self-evaluation can also highlight where capacity inadequacies may exist, for example, within institutional, technical, financial or legal capacities [35].

Evaluation plays an important role in developing State reports and therefore informing the expert review teams as to the levels of implementation and needs with regard to assistance with capacity building. Given, however, that evaluation is a process internal to the State, it is not directly influenced by the expert review process itself. Expert review reports may be (and hopefully are) taken into account in subsequent evaluations. However, due to expert review reports being one of many inputs into the evaluation process, I categorise them as having an indirect influence on the evaluation process. Thus, expert review is not understood here as exerting a direct compliance pull on State behaviour through the evaluation pathway.

Paragraph 2   **Learning**

The learning pathway is a process by which States learn from the actions of other States. This can be through the sharing of best practices, solutions to common problems and more efficient and effective policies and implementation procedures, which can lead to better compliance [36]. Through the generation of substantial amounts of information on State practice, transparency arrangements can provide an opportunity for States to learn from other States, even for those States not undergoing review themselves. This learning process is one that is both voluntary and purposive, in which actors seek out information to problem solve and fill known gaps in policymaking and implementation [37].

---

34. Cosette D. Creamer and Beth A. Simmons, "The Proof Is in the Process: Self-Reporting Under International Human Rights Treaties", *American Journal of International Law* 114, No. 1, January 2020: 1-50, https://doi.org/10.1017/ajil.2019.70.
35. Ronald B. Mitchell, "Compliance Theory: Compliance, Effectiveness, and Behavior Change in International Environmental Law", in *Oxford Handbook of International Environmental Law*, Jutta Brunee, Daniel Bodansky and Ellen Hey (eds.), Oxford, Oxford University Press, 2007, 893-921.
36. Abram Chayes and Antonia Handler Chayes, "On Compliance", *International Organization* 47, No. 2 (1993).
37. Creamer and Simmons, "The Proof Is in the Process".

Expert review can facilitate learning by bringing together State representatives and allowing them to gather information about the implementation actions taken by the States they are reviewing as well as the reporting procedures of those States. They also have the potential to learn from their fellow reviewers given that they work together in teams to complete the reviews. This learning can then be taken back to their home countries and applied in the preparation of their own national reports or implementation of their commitments. In this way, expert review is understood here as being able to exert a compliance pull on State behaviour via the learning pathway.

Paragraph 3   **Reassurance**

States seek to be reassured that they are not being disadvantaged by their own compliance and wish to know that others are complying at commensurate levels to themselves. Positive reassurance can reinforce and facilitate compliance and reciprocity [38]. However, when States do not receive the reassurance they seek, they may decide to lessen their own compliance. This is particularly true in collective action problems, such as climate change, where free-riding is an issue and States are likely to only act co-operatively when other States are seen to be doing their part [39].

Transparency allows for States to communicate their actions and to therefore reassure others that they are complying [40]. Similarly, States can be reassured by learning of others' activities that they are not being disadvantaged by their own compliance. Transparency can also highlight cases of defection or shirking, which can either result in reciprocal shirking from other States or the application of pressure from compliant States to bring the wayward State back into compliance. Like evaluation, reassurance does not occur within the expert review process, but rather can be a result of the outputs that result from expert review. Thus, expert review is seen here as being able to exert a compliance pull only indirectly via the reassurance pathway.

Paragraph 4   **Incentivism**

Incentives can consist of either rewards or punishments offered as a means of inducing behaviour change by other States [41]. When the costs or benefits are perceived as being greater than the benefits gained

---

38. Dai, "Why Comply?".
39. Thomas N. Hale, "Under what Conditions does International Review alter National Policy? Refining Concepts and building Theory", 10th Annual Conference on the Political Economy of International Organizations, Bern, Switzerland, 2017.
40. Andrew Kydd, "Trust, Reassurance, and Cooperation", *International Organization* 54, No. 2 (2000): 325-357.
41. George W. Downs, David M. Rocke and Peter N. Barsoom, "Is the Good News about Compliance Good News about Cooperation?", *International Organization* 50, No. 3 (1996): 379-406.

from non-compliance it is understood that States will shift to more compliant behaviours. Punishments can include outcasting, which is the denial of benefits from memberships and co-operation [42], and retaliation, such as the denial of aid, trade sanctions, boycotts and diplomatic or military sanctions [43]. Positive incentives can be utilised to increase the benefits of compliant behaviours. This can include financial rewards, improved trade flows and increased cooperation and group memberships [44]. It is argued that positive incentives are more effective than punishments and should be seen as a better option to the imposition of punishments [45].

Transparency allows States to communicate how they are pursuing compliance in the hope of being rewarded for their efforts and similarly avoiding punishments. Conversely, transparency can also uncover or highlight cases of non-compliance, thereby allowing for the imposition or threat of punishments or the promise of rewards for better behaviour. Mitchell suggests that the existence of a transparency mechanism can act as a deterrent to shirking [46]. The outcomes of expert review can feed into uncovering non-compliant behaviours, however, the process itself does not allow for the recommendation for or the imposition of incentives. This was different under the Kyoto Protocol, given that the expert review teams could refer cases on non-compliance to the Compliance Committee, whose Enforcement Branch could apply certain consequences, such as the withdrawal of benefits (i.e. by barring participation in the Protocol's market-based mechanisms). Therefore, expert review under the Paris Agreement can be understood as only exerting an indirect influence on State behaviour via the incentives pathway, whereas under Kyoto there was a direct influence.

Paragraph 5   **Domestic mobilisation**

Another form of incentivism can come from domestic constituencies, in which electoral and other forms of domestic power can be used to pressure States to comply with their international commitments [47]. The act of signing up to treaties has been shown to be self-reinforcing, in that they are able to influence public support for behaviour change by altering the

---

42. Oona A. Hathaway and Scott J. Shapiro, "Outcasting: Enforcement in Domestic and International Law", *The Yale Law Journal*, 2011, 98.
43. Guzman, *How International Law Works*.
44. Mitchell, "Compliance Theory: Compliance, Effectiveness, and Behavior Change in International Environmental Law".
45. Anne van Aaken and Betül Simsek, "Rewarding in International Law", *American Journal of International Law*, 1 February 2021, 1-103, https://doi.org/10.1017/ajil.2021.2.
46. Mitchell, "Compliance Theory: Compliance, Effectiveness, and Behavior Change in International Environmental Law".
47. Dai, "Why Comply?".

political climate (within democracies)[48]. This domestic level of enforcement can help to explain why some States comply with international agreements even when they are lacking enforcement mechanisms of their own[49].

Transparency arrangements allow for the assessment of international actions of the State against its international commitments and the normative expectations of domestic constituencies. Thus, domestic constituencies are able to hold the State to account over its international actions. The disclosure of information can mobilise civil society, as can the outputs of the expert review process. However, this is an indirect influence on compliance.

Paragraph 6   **Shaming/faming**

Shaming or faming is the process of publicly denouncing or applauding States for their actions. The mobilisation of shame or fame is done to pressure a State into changing (shaming) or enhancing (faming) their behaviours[50]. This can be understood as a form of incentivism in which a reputational cost or benefit is applied to the State in question. In this context, the targeted State does not actually internalise the rebuke or praise in terms of shame or pride, but rather as a cost or benefit which is weighed against the undesirable behaviour[51]. However, shaming and faming can also be understood as having an impact on the identity of the State and affecting how it sees itself as a part of the international order. States who are shamed for behaviour that they see as antithetical to their internalised norms can be brought back into compliance[52]. Similarly, faming can bring about enhanced or improved behaviour as it increases a State's social worth and self-esteem[53].

In the shaming/faming pathway, transparency exposes non-compliant or exemplary behaviours. As with some earlier pathways, the existence of a transparency mechanism and the threat of exposure and accompanying reputational costs can be enough to ensure States maintain compliant

---

48. Adam S. Chilton, "The Influence of International Human Rights Agreements on Public Opinion: An Experimental Study", 2014, 29.
49. Dai, "Why Comply?".
50. Valentina Carraro, Thomas Conzelmann and Hortense Jongen, "Fears of Peers? Explaining Peer and Public Shaming in Global Governance", *Cooperation and Conflict* 54, No. 3 (2019): 335-355, https://doi.org/10.1177/0010836718816729.
51. Jacqueline H. R. DeMeritt, "International Organizations and Government Killing: Does Naming and Shaming Save Lives?", *International Interactions* 38, No. 5, November 2012, 597-621, https://doi.org/10.1080/03050629.2012.726180.
52. C. Epstein and K. Barclay, "Shaming to 'Green': Australia-Japan Relations and Whales and Tuna Compared", *International Relations of the Asia-Pacific* 13, No. 1, 1 January 2013, 95-123, https://doi.org/10.1093/irap/lcs019.
53. Rochelle Terman and Erik Voeten, "The Relational Politics of Shame: Evidence from the Universal Periodic Review", *The Review of International Organizations* 13, No. 1, March 2018, 1-23, https://doi.org/10.1007/s11558-016-9264-x.

behaviours [54]. Expert review is unable to directly engage in shaming or faming, as expert review teams are directed to avoid engaging in political pronouncements or assessing the adequacy of State actions. Therefore, while the outputs of expert review may be used to shame or fame States, the expert review process itself cannot influence State behaviour directly via this pathway.

Paragraph 7   **Socialisation**

Socialisation is the process by which States internalise norms originating from within the international system; that is, a process by which States have internally accepted and adhere to socially acceptable behaviours, without sanctions or other forms of incentives required for compliance [55]. Strongly socialised States have internalised collective norms and engage in compliance behaviours without little calculation [56]. However, States that are less strongly socialised may have internalised some collective behaviours and not others, and may choose to shirk certain responsibilities as they are not seen as a component of their own self-identities and may be deemed too costly to perform.

Transparency arrangements can enable dialogue between States and provide space for facilitative interactions that can communicate normative content and assist in the transition from non-compliant to compliant behaviours [57]. Expert review can contribute directly to the process of State socialisation as it is designed to be facilitative. In this process, reviewers are able to assist States in becoming compliant with their reporting requirements. This allows for both the State under review and the reviewers to learn from each other about expected norms and behaviours. Thus, the expert review process can be a site of both facilitation and norm diffusion leading to State socialisation.

Paragraph 8   **The direct versus indirect compliance pull of expert review**

The preceding discussion has highlighted that there are two forms of influence that the expert review process can have on State

---

54. Philippe Le Billon, Päivi Lujala and Siri Aas Rustad, "Transparency in Environmental and Resource Governance: Theories of Change for the EITI", *Global Environmental Politics*, 31 May 2021, 1-23, https://doi.org/10.1162/glep_a_00610.

55. Kai Alderson, "Making Sense of State Socialization", *Review of International Studies* 27, No. 03, July 2001, https://doi.org/10.1017/S0260210501004156.

56. Martha Finnemore and Kathryn Sikkink, "International Norm Dynamics and Political Change", *International Organization* 52, No. 4 (1998), 887-917, https://doi.org/10.1162/002081898550789.

57. Donald B. Mitchell, "Transparency for Governance: The Mechanisms and Effectiveness of Disclosure-Based and Education-Based Transparency Policies", Ecological Economics 70, No. 11 (2011): 1882-1890, https://doi.org/10.1016/j.ecolecon.2011.03.006.

compliance: direct and indirect. Direct influence occurs when the expert review process *itself* is able to exert a compliance pull on States, such as by enhancing State learning or socialisation. Indirect influence is exerted when the *outcomes* of the expert review process are able to influence State decision-making. This can occur in the evaluation and reassurance pathways, and also in the incentivism, domestic mobilisation and shaming/faming pathways when various international or domestic actors utilise the information generated by expert review to change State behaviour.

SECTION 4 LEARNING AND SOCIALISATION WITHIN EXPERT REVIEW

The previous discussion has theorised that it is possible for expert review to exert a direct compliance pull on State behaviour through the expert review process itself and not just influence compliance via its findings. This section discusses whether there is any evidence that such direct influence – through learning and socialisation – is exerted by expert review. These examples are drawn from the expert review process under the Kyoto Protocol, which as discussed earlier is different to that of the Paris Agreement. Nevertheless, they can shed light on the activities that are also likely to take place once the expert review process of the Paris Agreement commences.

The expert review process itself was designed to build inventory capacity and encourage learning between Parties [58] through the provision of feedback from the expert review teams to the reviewed Parties, thereby allowing for improvement in their inventories. Moreover, the process is not just envisioned as being a learning process for the States under review, but also for the participating experts, who have the opportunity to gain experience and knowledge of inventory practices, to which they can apply in their own countries [59]. Reviewers themselves describe this as a learning process, one in which they can learn from both other reviewers and the States that they are reviewing. As one reviewer describes it:

> "The review provided opportunities to connect with fellow reviewers. I appreciate diverse approaches in reporting among the EU and non-EU countries, and as a report compiler, I will use the experience for the preparation of the next Biennial Report." [60]

---

58. https://unfccc.int/process-and-meetings/transparency-and-reporting/reporting-and-review-under-the-convention/greenhouse-gas-inventories-annex-i-parties/review-process#:~:text=to%20this%20information.-,Expert%20review%20teams,by%20 Parties%20and%20intergovernmental%20organizations, accessed 23 May 2022.
59. *Ibid.*
60. UNFCCC, "Virtual Review Shows Climate Action in Line With 2020 Emission Reduction Targets", 5 May 2020, https://unfccc.int/news/virtual-review-shows-climate-action-in-line-with-2020-emission-reduction-targets.

It is suggested that the in-country format of review will provide for the greatest learning potential, as these reviews not only engage larger groups of in-country officials and reviewers, but do so in person [61].

It has been documented that under the Kyoto Protocol the expert review teams rarely passed issues along and that instead the reviewers played an active role in facilitating improvements in national reports by providing advice to the Party under review and assisting in improving reporting and implementation of commitments, as required by the Kyoto Protocol [62]. In practice, the expert review teams have been more likely to refer issues back to the Parties for further clarification than on to the Compliance Committee [63]. This has been criticised as an inherently political process that avoids the due process guarantees of the facilitative branch of the Kyoto Protocol and thereby risks delegitimising the expert review process as it can no longer be seen as a depoliticised process [64]. Yet there is evidence that this facilitative process led to a strengthening of reporting, with increased quality of inventories in subsequent reporting rounds [65].

The review process was designed with the intention of allowing interaction between the reviewers and Parties to enhance the accuracy of reports and inventories. For example, expert review teams can recommend that the reported information be adjusted to better align with agreed methodologies [66]. Similarly, Parties are allowed to request changes to the review reports and expert review teams are expected to provide responses to the Party on how its comments were considered and whether the report was revised in their light, and all revisions are provided to the Party for consideration and comment before the report is finalised [67]. This indicates that it is expected that review is a negotiated process in which the Parties are given the opportunity to respond to the reviews and work with the reviewers in improving the accuracy of the final review report.

Socialisation and learning can also take place between the reviewers themselves. Pulles offers an example in which scientists were developing the Tier 1 default emission factors for non-CO_2 gases from combustion for the IPCC Guidelines. In this example, the scientists were unable to agree due to

---

61. Hanle et al., "Challenges and Proposed Reforms to the UNFCCC Expert Review Process for the Enhanced Transparency Framework", 20.
62. Kyoto Protocol, paras. 2 *(b)*, 2 *(c)*, 5, 106 and 107.
63. Zahar, Peel and Godden, *Australian Climate Law in Global Context*, 118.
64. Huggins, "The Desirability of Depoliticization".
65. Pulles, "Did the UNFCCC Review Process Improve the National GHG Inventory Submissions?"; Hanle et al., "Challenges and Proposed Reforms to the UNFCCC Expert Review Process for the Enhanced Transparency Framework".
66. Kyoto Protocol, Article 5.2.
67. Third meeting of inventory leave reviewers, "Conclusions and Recommendations", 2005, https://unfccc.int/files/national_reports/annex_i_ghg_inventories/review_process/application/pdf/final_conclusions_and_recommendations.pdf.

the high levels of uncertainty. Pulles, however, notes that when "the chair of the meeting succeeded in converting this process into a negotiation setting, the experts smoothly moved toward a solution and agreed on the values to publish"[68]. In this example, the discussion was unable to proceed until it shifted into a facilitative process, in which the scientists were focused on the political, rather than the scientific outcomes of the decision.

It does appear that both learning and socialisation has taken place through the expert review process under the Kyoto Protocol and is therefore likely to also occur under the enhanced transparency framework of the Paris Agreement. We are, however, lacking strong empirical evidence that this is true and it would be useful to collect additional information to confirm that learning and socialisation practices take place within expert review. This would also place an additional focus on these potential sites of compliance facilitation. Currently, they are hidden by the focus on the outcomes of the process and the emphasis on expert review as a depoliticised process.

SECTION 5   IS DEPOLITICISATION DESIREABLE?

Huggins, in writing about the compliance system of the Kyoto Protocol, discusses the role played by the expert review teams and asserts that "the aspiration of expert decision making that is perceived to be free from political bias is put under strain by ERTs' [expert review teams'] simultaneous roles of technical review and compliance facilitation"[69]. Huggins further argues that the "roles of negotiation, facilitation, diplomacy and cooperation assumed by ERTs led to political considerations shaping review processes"[70] and that the "procedures for impartial and autonomous technical review by ERTs have been undermined by simultaneous expectations on ERTs to respect state sovereignty and the diplomatic customs of international law"[71], which has had "negative implications for the reliability and consistency of ERTs' review processes"[72]. Despite these claims, there seems to be general agreement that the expert reviews contribute to a "robust verification process"[73]. In a review of all annual inventories of Annex I Parties, Pulles found that expert reviews "increased the quality of the inventories in terms of transparency, consistency,

---

68. Pulles, "Did the UNFCCC Review Process Improve the National GHG Inventory Submissions?", 1.
69. Huggins, "The Desirability of Depoliticization", 104.
70. Huggins, 104.
71. Huggins, 109.
72. Huggins, 109.
73. Taryn Fransen, "Enhancing Today's MRV Framework to Meet Tomorrow's Needs", 6 January 2009, 5, https://www.wri.org/research/enhancing-todays-mrv-framework-meet-tomorrows-needs.

completeness, comparability and accuracy"[74]. Hence, it must be asked whether depoliticisation should be the aspirational goal of expert reviews, or whether there is a better way of conceptualising the process.

While Huggins claims that pursuing depoliticisation in expert review is desirable, the notion of depoliticisation as desirable is not universally accepted[75]. Moreover, the production of science is not a neutral process. While including expert reviews within the climate regime is often perceived as a method of removing political contestation, it is simultaneously acknowledged that "experts are not simply 'neutral mouthpieces of science' or law, and construct knowledge by the processes of prioritizing, interpreting and framing available information"[76]. Thus, there lies a schism in the notion that decision-making can be depoliticised by managing it through arm's-length, technocratic procedures.

Depoliticisation has been described as "the process of placing at one remove the political character of decision-making"[77]. This description emphasises that the political nature of decision-making is placed at arm's length, but not entirely removed[78]. Thus, political decisions are still present, but their location changed. Flinders and Buller refer to this as "arena-shifting"[79]. They further suggest that a paradoxical element of depoliticisation is that none of the depoliticisation literature claims issues become less political, but rather that the strategy of depoliticisation utilises a very narrow definition of "politics", namely occurring within those institutions commonly associated with representative democracy[80]. In this context, the strategy of depoliticisation as deployed in practice does not recognise areas beyond this narrow arena as being political. Therefore, the shifting of an issue out of this arena can be perceived as removing it from the political realm.

One common means for achieving this form of depoliticisation is the handing over of decision-making to independent bodies, which function autonomously yet within boundaries drawn by the governing system. Habermas discusses this trend in advanced capitalist societies as being an effort to work towards

---

74. Pulles, "Did the UNFCCC Review Process Improve the National GHG Inventory Submissions?", 28.
75. Matthew Wood, "Politicisation, Depoliticisation and Anti-Politics: Towards a Multilevel Research Agenda", *Political Studies Review* 14, No. 4, 1 November 2016, 521-533, https://doi.org/10.1111/1478-9302.12074; Matt Wood and Matthew Flinders, "Rethinking Depoliticisation: Beyond the Governmental", *Policy & Politics* 42, No. 2 (2014): 151-170, https://doi.org/10.1332/030557312X655909.
76. Huggins, "The Desirability of Depoliticization", 104.
77. Burnham, 2001, 128.
78. Peter Burnham, "Neo-Liberalism, Crisis and the Contradictions of Depoliticisation", *Partecipazione e Conflitto* 10, No. 2 (2017), 362.
79. Matthew Flinders and Jim Buller, "Depoliticisation: Principles, Tactics and Tools", *British Politics* 1, No. 3, November 2006, 296, https://doi.org/10.1057/palgrave.bp.4200016.
80. *Ibid.*

the "elimination of dysfunctions and the avoidance of risks . . . not, in other words, toward the *realisation of practical goals* but toward the *solution of technical problems*" [81]. This, Habermas, argues reorients governance towards the legitimation of "the ideology of technology and science articulated as 'technocratic consciousness'" [82], or the scientisation of environmental governance, in which scientific knowledge and experts are perceived as being neutral, unbiased and apolitical.

These seemingly neutral scientific and technical solutions are aligned with notions of ecological modernisation, in which environmental and developmental goals are mutually achievable through alignment of the market, policy and science [83]. Sustainable development approaches are an outgrowth of this ecological modernisation discourse, which has become dominant globally because it rests upon the idea that it offers "straightforward technical solutions derived from apparently value-neutral scientific and other technical knowledge" [84]. The idea of scientific knowledge as neutral can be understood as aiding in making compromises and smoothing political decision-making and is central to the strategy of depoliticisation.

The perception of science and expert knowledge as neutral hides the political character of the choices that are made as solutions are generated [85]. The involvement of experts in policymaking is not simply a matter of conveying scientific fact in a neutral manner, but rather a dynamic interplay of interests, values and politics. Experts must engage in processes of selection, interpretation and framing [86] in order to contextualise scientific knowledge in different political settings to provide usable science [87]. Thus, experts constitute the knowledge that they select and present, and therefore the selection of experts, the groups they constitute and the questions they are asked all shape the knowledge they convey [88]. This is eloquently described by Beck as

---

81. Habermas, 1971, 104-105, italics in original.
82. *Ibid.*
83. Karin Bäckstrand, "*Scientisation* v. *Civic Expertise* in Environmental Governance: Eco-Feminist, Eco-Modern and Post-Modern Responses", *Environmental Politics* 13, No. 4, December 2004, 696, https://doi.org/10.1080/0964401042000274322.
84. *Ibid.*, p.3.
85. Anna Wesselink *et al.*, "Technical Knowledge, Discursive Spaces and Politics at the Science-Policy Interface", *Environmental Science & Policy* 30, June 2013, 2, https://doi.org/10.1016/j.envsci.2012.12.008.
86. Wouter G. Werner, "The Politics of Expertise: Applying Paradoxes of Scientific Expertise to International Law", in *The Role of 'Experts' in International and European Decision-Making Processes*, Monika Ambrus *et al.* (ed.), Cambridge, Cambridge University Press, 2014, 56, https://doi.org/10.1017/CBO9781139871365.004.
87. Reiner Grundmann, "The Problem of Expertise in Knowledge Societies", *Minerva* 55, No. 1, March 2017, 25-48, https://doi.org/10.1007/s11024-016-9308-7.
88. Werner, "The Politics of Expertise", 49.

"reality has sublimated into data that are produced. Thus, 'facts' – the former centerpieces of reality – are nothing but answers to questions that could just as well have been asked differently, products of rules for gathering and omitting. A different computer, a different specialist, a different institute – a different 'reality'"[89].

Werner argues that the extensive use of expert knowledge in decision-making "should not be read as a displacement of politics"[90]. Indeed, according to Limoges, "the involvement of scientists in public disputes has promoted the political polarization of controversies"[91], rather than neutralise the decision-making process. Werner further states:

"Knowledge societies may even involve more politics than before because of the pivotal role of scientific experts. While experts are called in to reduce complexity and provide legitimacy by enabling well-informed decision making, in practice their answers are often partial, conditional and contested. Using experts in decision making may then yield opposite results: an increase in complexity, openly contested decisions and a struggle over alternative definitions of problem situations.... [However, Werner also points out that] Not all scientific knowledge is effectively contested all the time and there are examples where scientific experts have been able to reduce complexity and to provide legitimacy."[92]

Indeed, Haas' studies of epistemic communities highlight how experts are not neutral mouthpieces of science, but rather utilise consensus to pursue normative goals[93]. This consensus, however, can be challenged by other epistemic communities, further emphasising the political nature of expert knowledge and the utilisation of science in the pursuit of political goals. In the process, consensus may break down, shifting to a new dominant understanding of a problem or its solutions[94]. This exemplifies the notion that the involvement of experts in decision-making is not to find "the truth" as such, but rather to establish particular problem frames that designate the causes of the problem,

---

89. U. Beck, "Risk Society"; U. Beck, A. Giddens and S. Lash (eds.), "Reflexive Modernization: Politics, Tradition and Aesthetics in the Modern Social Order", Stanford University Press, 1994, 166, italics in original.
90. Werner, "The Politics of Expertise", 48.
91. C. Limoges, "Expert Knowledge and Decision-Making in Controversy Contexts", Public Understanding in Science, 2 (1993), 417-426, at 417.
92. Werner, "The Politics of Expertise", 48.
93. Peter M. Haas, "Epistemic Communities and International Policy Coordination - Introduction", *International Organization* 46, No. 1 (1992), 1-35.
94. Haas and Haas, "Learning to Learn", at 261: "In the absence of such a knowledge monopoly, competing epistemic communities seek to take over bureaucracies in order to promote their preferred knowledge scheme".

the perpetrators and victims, and therefore justify particular solutions and paths of action [95].

Reflecting back upon the expert review process, it seems impossible to consider it a neutral process in which the expert reviewers themselves are not engaging in the processes of selecting, prioritising and framing. Processes determine the outcomes of the review process and also allow for the give and take between reviewers themselves and between the reviewers and the Party under review. To think of expert knowledge production as a neutral process overlooks the ways in which this knowledge is constantly negotiated and the feedbacks that this process has on those involved, including enhancing State learning and socialisation, which then in turn can improve State compliance.

SECTION 6   CONCLUSION

Jasanoff observed over thirty years ago that the "notion that the scientific component of decision-making can be separated from the political and entrusted to independent experts has effectively been dismantled" and that the "idea that scientists can speak truth to power in a value-free manner has emerged as a myth without correlates in reality" [96]. Nevertheless, as has been shown in this chapter, this idea still permeates governance literatures and beliefs around the role of experts within transparency processes.

This chapter has also highlighted that along with the climatisation of international law, as discussed in the introduction to this volume, a parallel process of the scientisation of international law is occurring, in which scientific knowledge and experts are perceived as being neutral, unbiased and apolitical. However, as this chapter has found, these processes, at least in the context of expert review, are not apolitical or neutral. Therefore, there remains a need to question the notion that the depoliticisation of the expert review process is desirable and that the political nature of expertise is not something that can or should be stripped away from the process. Rather, there should be an increased focus on the facilitative areas of the review process as they offer sites where learning and socialisation can take place and exert a pull towards enhanced compliance.

This chapter has highlighted that expert review is a dynamic process in which facilitation and negotiation occur and are able to exert a compliance pull on State behaviour. Therefore, rather than seeing expert review as a depoliticised

---

95. Beck, XX; for "knowledge politics", see also R. Grundmann and N. Stehr, "Social Control and Knowledge in Democratic Societies", Science and Public Policy, 30 (2003), 183-188; C. Limoges, "Expert Knowledge and Decision-Making in Controversy Contexts", Public Understanding in Science, 2 (1993), 417-426, at 417.
96. S. Jasanoff, *The Fifth Branch: Science Advisers as Policymakers*, Cambridge, MA, Harvard University Press, 1990, 17.

space that needs to be further stripped of political interactions, it should be seen as a locus of learning and socialisation through which compliance can be strengthened and that these political processes actually allow for a stronger pull towards compliance than the technocratic process alone.

17 Through the Looking Glass: Climate Change and the Law of State Responsibility

Niklas Reetz*

SECTION 1   INTRODUCTION

The severity and urgency of climate change are at an all-time high and with them the need for effective mitigation[1]. On this, there is consensus, not only in climate science but also among States[2]. And yet the mitigation measures taken by States regularly fall short of what would be necessary to achieve the minimum goal of holding the global average temperature increase to well below 2°C above pre-industrial levels[3]. The need for effective climate change mitigation thus brings to the fore a need for accountability for mitigation failures. International law is tested in how far it can provide suitable accountability mechanisms. Recent attempts to achieve accountability reveal significant challenges, ranging from the complex causalities of climate change to the limited ambition of international legal agreements. So much is well known.

This contribution champions the argument that while the testing of international law by climate change presents severe challenges, it simultaneously

---

* Ph.D. Researcher, Law Department, European University Institute, Fiesole, Italy.

1. See e.g. H. O. Pörtner *et al.* (eds.), "IPCC, 2022: Summary for Policymakers", *Climate Change 2022: Impacts, Adaptation, and Vulnerability. Contribution of Working Group II to the Sixth Assessment Report of the Intergovernmental Panel on Climate Change*, Cambridge University Press, 2022; P. R. Shukla *et al.* (eds.), "IPCC, 2022: Summary for Policymakers", *Climate Change 2022: Mitigation of Climate Change. Contribution of Working Group III to the Sixth Assessment Report of the Intergovernmental Panel on Climate Change*, Cambridge University Press, 2022.

2. The States parties to the 1992 UN Framework Convention on Climate Change thus agreed in Article 2 on the objective of stabilising greenhouse gas concentrations in the atmosphere at a level that would prevent dangerous anthropogenic interference with the climate system. This objective is continuously pursued through related legal instruments, such as the 2015 Paris Agreement.

3. UN Environment Programme, "Emissions Gap Report 2022, The Closing Window: Climate Crisis Calls for Rapid Transformation of Societies, Executive Summary" finds that the policies currently in place are projected to result in global warming of 2.8°C by the end of the twenty-first century. See also Shukla *et al.* (n. 1); Conference of the Parties Serving as the Meeting of the Parties to the Paris Agreement, "Nationally Determined Contributions Under the Paris Agreement: Synthesis Report by the Secretariat" (2022) UN FCCC/PA/CMA/2022/4.

creates significant opportunities for the regulation of climate change and its mitigation. One such opportunity is to be found in the framework of general international law that regulates questions of State responsibility. Despite ample reference to the gaping lack of accountability in contemporary legal discourse, the law of State responsibility has to date been of little relevance for attempts to overcome the prevalent challenges [4]. This is surprising not only because of its suggestive name, but also because the law of State responsibility is well suited to establish accountability for climate change mitigation failures.

The law of State responsibility differs from other, substantive areas of international law in that it does not set out the scope or content of substantive (primary) obligations but stipulates only procedural (secondary) rules on how to assert responsibility for the breach of an obligation and the consequences that flow from it [5]. Applied to climate change mitigation, the secondary rules of the law of State responsibility can function like Alice's looking glass, facilitating the identification of, not the Jabberwocky poem, but primary international obligations that would otherwise remain undiscerned [6]. The legal landscape of primary obligations is, so to speak, a looking glass book and the law of State responsibility is the looking glass.

Once a primary obligation is identified through the lens of the law of State responsibility, its rules and requirements provide a malleable and flexible framework for determining the existence of State responsibility and the implementation of its legal consequences. At the same time, the legal consequences provided for by the law of State responsibility, including different forms of reparation, can significantly reinforce the impact of a claim under this framework. The chapter explores how far the structural advantages of the law of State responsibility, as a secondary regime of general international

---

4. Several contributions to legal scholarship contain the keywords "climate change" and "State responsibility" in their title. However, only few of them engage with a claim of state responsibility in the classical sense – that is a claim of responsibility of one State for an internationally wrongful act, brought forward by another State under the rules expressed in the Articles on Responsibility of States for Internationally Wrongful Acts (ARSIWA). But see in this vein Roda Verheyen, *Climate Change Damage and International Law: Prevention, Duties and State Responsibility*, Nijhoff Brill, 2005; Margaretha Wewerinke-Singh, *State Responsibility, Climate Change and Human Rights under International Law*, Hart, 2019; Christina Voigt, "State Responsibility for Damages Associated with Climate Change", in Meinhard Doelle and Sara Seck, *Research Handbook on Climate Change Law and Loss & Damage*, Edward Elgar Publishing, 2021.

5. "Yearbook of the International Law Commission" (1970) II 306; James Crawford, *State Responsibility: The General Part*, Cambridge University Press, 2013, 64-66.

6. The title of this contribution and the corresponding metaphor are inspired by Lewis Carroll, *Through the Looking-Glass*, Macmillan Children's Books, 2014. In the story, the looking glass enables not only an instructive perspective on a looking glass book, it also opens up an entirely new world that Alice discovers when stepping through the looking glass.

law, facilitate overcoming the challenges of accountability for climate change mitigation failures.

The chapter unfolds as follows. Section 2 highlights the challenges that plague attempts to establish accountability for climate change mitigation. Challenges stem, in particular, from the indirect chain of causality between a State's greenhouse gas emissions on the one hand and the aggravation of climate change and its resulting harms on the other, as well as the complexity of assessing and quantifying those harms. In addition, these challenges are matched by limitations of the legal frameworks in which accountability is often sought, namely the international climate change regime and human rights law.

Section 3 then explores whether the structure of the law of State responsibility renders it less vulnerable to these challenges. Paragraph 1 discusses the law of State responsibility's necessary search for a primary obligation and how this helps to identify a binding international obligation for climate change mitigation. One example of what such an obligation may look like is grounded in the interdependency of protecting human rights from climate change. Paragraph 2 in turn highlights the relative ease with which the breach of a mitigation obligation can be determined despite the complexities of climate change. Paragraph 3 looks at the legal consequences arising from the wrongful act and their contribution to accountability for climate change mitigation failures, especially through different forms of reparation. For these legal consequences to be of practical impact, it is of crucial relevance by whom and under what conditions they can be invoked and enforced. This is considered in Paragraph 4.

In concluding, Section 4 ties the proposed use of the law of State responsibility back to the broader question of this volume concerning the testing of international law by climate change.

SECTION 2 HOW THE CHARACTERISTICS OF CLIMATE CHANGE THWART THE PATH TOWARDS MITIGATION ACCOUNTABILITY

The international community has arrived at the general consensus that the threat of aggravated climate change requires effective mitigation measures[7]. As both the causes and the effects of climate change are global – albeit with significant regional differences – so its mitigation,

---

7. Even fractional digits within the Paris Agreement's temperature goal range of 1.5°C to 2.0°C global warming lead to critical differences in the consequences of climate change. See O. Hoegh-Guldberg *et al.*, "Impacts of 1.5°C Global Warming on Natural and Human Systems", in V. Masson-Delmotte *et al.* (eds.), *Global Warming of 1.5°C: IPCC Special Report on impacts of global warming of 1.5°C above pre-industrial levels in context of strengthening response to climate change, sustainable development, and efforts to eradicate poverty*, Cambridge University Press, 2018.

too, needs to be globally co-ordinated [8]. Despite this general consensus, States have significantly different perceptions of who should take what mitigation measures and what mechanisms should govern their implementation. In this context, the capacity of international law to provide effective accountability mechanisms is crucial, but equally confronted with several challenges. The subsequent paragraphs identify the challenges that mark the path towards international accountability for climate change mitigation failures. Some challenges have their roots in the scientific specifics of climate change while others are located entirely within the legal sphere.

Paragraph 1   **Indirect chain of causality**

Establishing accountability for a specific behaviour regularly requires a form of causality between an action and the legally sanctioned consequence of that action. The phenomenon of climate change, however, is infamous for its indirectness and complexity. While the existence of a general causal link between human behaviour and climate change is by now broadly accepted, this is difficult to translate to specific mitigation failures for which accountability is sought [9]. Hurdles arise, in particular, when trying to establish a causal link between a State's mitigation (in)action, the general effects of climate change and the harmful impact on a specific situation or community [10]. A State's mitigation measures can limit global warming only overall and the consequences of climate change follow from global (in)action, not from the (in)action by a specific State. In addition, although climate change impacts the frequency and severity of, for example, extreme weather events, these events would to some extent also occur without climate change [11]. It is therefore difficult to establish that a specific event occurs (exclusively) because of climate change [12]. Consequently, the link from mitigation failures to concrete

---

8. Shukla and others (n. 1), 21-52.
9. The establishment of a causal link is easier with regard to adaptation failures. However, notwithstanding the importance of adaptation (accountability), adaptation has its limits and effective mitigation remains crucial to reduce the pressure on adaptation. See Pörtner *et al.* (n. 1), 26-28; Shukla *et al.* (n. 1) 35, 41, 44-47; Benoit Mayer, "Climate Change Mitigation as an Obligation Under Human Rights Treaties?" (2021), 115 *American Journal of International Law* 409, 415-416.
10. Mayer, "Climate Change Mitigation as an Obligation Under Human Rights Treaties?" (n. 9), 422-423.
11. For example, the floods that devastated Pakistan in 2022 are not definitely attributed to climate change, but the likelihood of them occurring has definitely increased due to climate change. See Friederike E. L. Otto *et al.*, "Climate Change Likely Increased Extreme Monsoon Rainfall, Flooding Highly Vulnerable Communities in Pakistan" [2022], World Weather Attribution, https://www.worldweatherattribution.org/climate-change-likely-increased-extreme-monsoon-rainfall-flooding-highly-vulnerable-communities-in-pakistan/, accessed 4 November 2022.
12. Mayer, "Climate Change Mitigation as an Obligation Under Human Rights Treaties?" (n. 9), 421-422; see Pörtner *et al.* (n. 1), 8.

damage and destruction that follows an extreme weather event is uncertain. This is further complicated where the harmful consequences of climate change arise from phenomena with a multiplicity of causes, among which climate change is only one, such as instability and violence [13]. Finally, the fact that a harm is suffered as a consequence of climate change is rarely inevitable, but rather due to a variety of individual as well as collective decisions that shape vulnerability [14].

While the complex and indirect chain of causality between greenhouse gas emissions and harmful consequences of climate change does not mean that there is no link between a State's mitigation (in)action and concrete harm, it poses a significant challenge to establishing legal accountability [15]. In some cases of climate change litigation, courts have applied relaxed standards for the degree to which causality needs to be proven [16]. However, complexity arises along all links of the chain of causality and although courts may be willing to relax standards for some of them, this is to date rather exceptional. In other cases, the complex causality led courts to deny a sufficiently clear and direct link between a government's (in)action and specific consequences of climate change [17]. This causality challenge already hints at the promise of the law of State responsibility, which does not necessarily require concrete damages and is thus less vulnerable to these complications.

Paragraph 2   **Quantification of damages**

Assuming that the challenge of ascertaining causality between mitigation inaction and a concrete harm can be overcome, it is often necessary to specify and quantify the suffered damages in order to claim accountability for them. For some damages, such as destroyed houses or plantations, this can be done rather easily. For other damages it is more difficult [18]. It seems

---

13. See also Jacqueline Peel and Hari M. Osofsky, "A Rights Turn in Climate Change Litigation?" (2018), 7 *Transnational Environmental Law* 37, 46.
14. Mayer, "Climate Change Mitigation as an Obligation Under Human Rights Treaties?" (n. 9), 422; Pörtner *et al.* (n. 1), 11-13.
15. Voigt (n. 4), 180-181.
16. For example, *Urgenda Foundation v. The State of the Netherlands (Ministry of Infrastructure and the Environment)* [2019], Supreme Court of the Netherlands ECLI:NL:HR:2019:2007 [5.9.3], where the Court grants standing to the claimant despite it not being a victim itself.
17. Mayer, "Climate Change Mitigation as an Obligation Under Human Rights Treaties?" (n. 9), 422-423 with case references.
18. Diane Desierto, "Environmental Damages, Environmental Reparations, and the Right to a Healthy Environment: The ICJ Compensation Judgment in *Costa Rica v. Nicaragua* and the IACtHR Advisory Opinion on Marine Protection for the Greater Caribbean", *EJIL:Talk!*, 14 February 2018 , https://www.ejiltalk.org/environmental-damages-environmental-reparations-and-th-right-to-a-healthy-environment-the-icj-compensation-judgment-in-costa-rica-v-nicaragua-and-the-iacthr-advisory-opinion-on-marine-protection/, accessed 27 September 2022; Voigt (n. 4), 181-182.

almost impossible, for example, to quantify changes in sensitive ecosystems, and the resulting effects on communities that depend on these ecosystems, in an adequate and comprehensive manner [19]. However, without the specification and quantification of damages, it is often difficult to hold a State accountable for its harmful behaviour and to attain reparation. This challenge again points to the potential of the law of State responsibility, where a concrete material damage is not a requirement for the existence of an internationally wrongful act and the ensuing State responsibility. Nevertheless, also under the law of State responsibility the quantification of damages helps to attain meaningful and material consequences through reparation.

Paragraph 3   **Limitations of legal accountability**

Another challenge for establishing accountability for climate change mitigation failures is found in the applied legal frameworks and, more specifically, in their gaps. An ideal scenario would feature an internationally binding obligation for all States to implement mitigation measures of an adequate scope, paired with an inter-State mechanism of accountability and enforcement. However, it seems that an obligation that incorporates all these elements is nowhere to be found. The following two sections respectively look at the international climate change regime and international human rights law – the special regimes that are at the centre of attempts to ensure that States enact adequate climate change mitigation policies and that they are held accountable for failures to do so [20]. While both regimes offer avenues towards accountability, critical elements remain missing in substance and scope. Identifying these limitations is crucial for the analysis that follows, which seeks to determine whether the law of State responsibility offers a superior (additional) pathway to accountability.

A. Limitations of the international climate change regime

The international climate change regime is the part of international law that is most directly concerned with the regulation of climate

---

19. See Michael Bowman, "Biodiversity, Intrinsic Value, and the Definition and Valuation of Environmental Harm", in Michael Bowman and Alan E. Boyle (eds.), *Environmental Damage in International and Comparative Law: Problems of Definition and Valuation*, Oxford University Press, 2002; Günther Handl, "Indigenous Peoples' Subsistence Lifestyle as an Environmental Valuation Problem", in Michael Bowman and Alan E. Boyle (eds.), *Environmental Damage in International and Comparative Law: Problems of Definition and Valuation*, Oxford University Press, 2002.
20. See for more in-depth discussions of these regimes Camila Perruso, "L'ambition de et dans l'Accord de Paris"; Juan Gabriel Auz Vaca, "Climate Crisis and the Testing of International Human Rights Remedies: Forecasting the Inter-American Court of Human Rights" in this volume. The present volume demonstrates that beyond these two regimes, other areas of international law are also relevant for climate change mitigation and, to some extent, accountability.

change, including questions of mitigation and to some extent also accountability. The climate change regime is of a highly political character and manifests many a compromise [21]. Under the UN Framework Convention on Climate Change (UNFCCC), the Paris Agreement represents the most recent effort to create a binding international agreement that aspires for States to take broad and effective mitigation measures. Article 2 (1) *(a)* of the Paris Agreement stipulates the objective of holding the increase in the global average temperature to well below 2 °C above pre-industrial levels. In service of this objective, the Agreement contains the obligation for all States parties to determine, communicate and implement the so-called "nationally determined contributions" (NDCs) to global emission reduction [22]. Although this obligation is legally binding, it is predominantly interpreted to be of a merely procedural nature [23]. The substance and ambition of the NDCs remain at the autonomous discretion of each State [24]. In practice, this has led to NDCs that are – even if fully implemented, which is often not the case – insufficient to put a meaningful halt to global warming [25]. The Paris Agreement, while aspirational in its objective, lacks the necessary mitigation obligations that legally bind States to implement adequate national shares of global emission reduction [26].

The Paris Agreement lacks not only a binding substantive mitigation obligation but also legal mechanisms for enforcement and accountability. The international climate change regime generally prioritises co-operation over more robust options whereby States could exercise legal pressure on their reluctant peers and hold them accountable for mitigation failures [27]. The technical expert review prescribed in Article 13 of the Paris Agreement, for example, does not allow for an interrogation of the adequacy of a State's NDC

---

21. Daniel Bodansky, Jutta Brunnée and Lavanya Rajamani, *International Climate Change Law*, Oxford University Press, 2017, 2-4.
22. Article 4 (2) of the Paris Agreement. See Benoit Mayer, "Article 4: Mitigation", in Geert van Calster and Leonie Reins (eds.), *The Paris Agreement on Climate Change: A Commentary*, Edward Elgar, 2021.
23. Lavanya Rajamani and Jutta Brunnée, "The Legality of Downgrading Nationally Determined Contributions under the Paris Agreement: Lessons from the US Disengagement" (2017), 29 *Journal of Environmental Law* 537, 541-542; Mayer, "Article 4: Mitigation" (n. 22), 126-128.
24. Mayer, "Article 4: Mitigation" (n. 22), 124-128.
25. Shukla *et al.* (n. 1), 17-27.
26. Jacqueline Peel, "Climate Change", in Andre Nollkaemper and Ilias Plakokefalos (eds.), *The Practice of Shared Responsibility in International Law*, Cambridge University Press, 2017, 1022-1029; Navraj Singh Ghaleigh, "Article 2: Aims, Objectives and Principles", in Geert van Calster and Leonie Reins (eds.), *The Paris Agreement on Climate Change: A Commentary*, Edward Elgar, 2021, 79-81. But see Voigt (n. 4), 171-172 arguing in favour of a legally binding obligation arising from Article 2 UNFCCC in combination with Article 4 UNFCCC.
27. Sylvia I. Karlsson-Vinkhuyzen *et al.*, "Entry into Force and Then? The Paris Agreement and State Accountability" (2018), 18 *Climate Policy* 593; Mayer, "Climate Change Mitigation as an Obligation Under Human Rights Treaties?" (n. 9), 420.

that is under review [28]. With regard to loss and damage associated with the adverse effects of climate change, Article 8 calls upon States to co-operate and facilitate understanding, action and support. However, the States parties made explicit that this does not foresee any liability or compensation [29]. The Paris Agreement thus lacks a robust accountability mechanism that could constitute *lex specialis* for failures in climate change mitigation and evinces a lack of international consensus to create one in the future [30]. As a consequence, attempts to establish accountability need to resort to avenues outside the international climate change regime, such as the *lex generalis* that is the law of State responsibility [31].

B. Limitations of human rights approaches

In the attempt to overcome the limitations to mitigation obligations and accountability in the international climate change regime, affected individuals, communities and non-governmental organisations often turn to human rights. By enabling non-State actors to assert a State's obligation to take adequate climate change mitigation measures, international and regional human rights law plays an important role in accountability [32]. The negative impact that climate change has on a range of human rights – including the right to life, the right to health and the right to a clean, healthy and sustainable environment – is by now generally acknowledged [33]. In addition to such general

---

28. See for a further discussion of the expert review Ellycia Harrould-Kolieb, "Obscured by Transparency? How the desire for depoliticization within the climate change regime hides the potential for facilitative compliance from expert review" in this volume.

29. UNFCCC, "Adoption of the Paris Agreement (Decision 1/CP.21)", FCCC/CP/2015/10/Add.1 para. 51; Voigt (n. 4), 167, 176. Article 8 of the Paris Agreement further references the Warsaw International Mechanism for Loss and Damage (WIM), established under the UNFCCC. However, the WIM does also not foresee the establishment of any legal responsibility for damages. Benoit Mayer, *The International Law on Climate Change*, Cambridge University Press, 2018, 190-192.

30. Article 55 ARSIWA explicitly allows for special rules to prevail over the general rules of international responsibility.

31. See also Karlsson-Vinkhuyzen *et al.* (n. 27).

32. Lavanya Rajamani, "The Increasing Currency and Relevance of Rights-Based Perspectives in the International Negotiations on Climate Change" (2010), 22 *Journal of Environmental Law* 391; Wewerinke-Singh (n. 4); Mayer, "Climate Change Mitigation as an Obligation Under Human Rights Treaties?" (n. 9), 408, 420-421.

33. For example, Office of the UN High Commissioner for Human Rights, "Report on the Relationship between Climate Change and Human Rights" (2009), A/HRC/10/61; Preamble of the Paris Agreement, 2015; Committee on the Elimination of Discrimination Against Women *et al.*, "Joint Statement on "Human Rights and Climate Change" (2019), https://www.ohchr.org/en/statements/2019/09/five-un-human-rights-treaty-bodies-issue-joint-statement-human-rights-and?LangID=E&NewsID=24998, accessed 2 June 2022; Wewerinke-Singh (n. 4), 97-133; UN Human Rights Council, "Resolution 48/13" (2021) A/HRC/RES/48/13; UN General Assembly, "Resolution 76/300" (2022) A/76/L.75.

human rights, there are emerging calls for the development of a separate and independent human right to a safe, healthy and sustainable climate [34]. However, while agreement exists on the general human rights impact of climate change, there is little consensus on the content and scope that the obligations derived from human rights law (should) have [35].

Notwithstanding the uncertainties and disagreements, the body of climate change litigation that successfully invokes human and fundamental rights as the basis for State obligations is growing [36]. One of the first successful and most prominent litigations is the case of *Urgenda v. The State of the Netherlands*, where Dutch courts ruled that the government's climate change mitigation measures did not foresee an adequate reduction of greenhouse gas emissions [37]. In 2022, the UN Human Rights Committee found in its *Torres Strait Islanders* non-binding decision that Australia violated several human rights by failing to protect the Islanders against adverse climate change impacts [38]. Further cases, such as the case of *Duarte Agostinho and Others v. Portugal and Other States*

---

34. Francesco Francioni and Ottavio Quirico, "Untying the Gordian Knot: Towards the Human Right to a Climatically Sustainable Environment?", in Ottavio Quirico and Mouloud Boumghar (eds.), *Climate Change and Human Rights: An International and Comparative Law Perspective*, Routledge, 2016; Ademola Oluborode Jegede, "Arguing the Right to a Safe Climate under the UN Human Rights System" (2020), 9 *International Human Rights Law Review* 184. Similarly, although on the domestic level, the US District Court of Oregon argued in the case of *Juliana v. United States* for the existence of a fundamental right to a climate system capable of sustaining human life. *Juliana v. United States* [2016] United States District Court of Oregon No. 6:15-cv-01517-TC, 217 F Supp 3d 1224, 1250; see Peel and Osofsky (n. 13) 56.

35. Peel and Osofsky (n. 13), 42; Mayer, "Climate Change Mitigation as an Obligation Under Human Rights Treaties?" (n. 9), 412.

36. See for an overview Sabin Center for Climate Change Law, "Global Climate Change Litigation Database: Suits Against Governments: Human Rights", http://climatecasechart.com/non-us-case-category/human-rights/, accessed 2 June 2022.

37. *Urgenda Foundation v. The State of the Netherlands (Ministry of Infrastructure and the Environment)* [2015] The Hague District Court ECLI:NL:RBDHA:2015:7145; *Urgenda Foundation v. The State of the Netherlands (Ministry of Infrastructure and the Environment)* (n. 16).

With regard to the legal obligation to meet the adequate emission reduction target, the Court relied primarily on the Dutch Government's domestic duty of care instead of its human rights obligations. However, it resorted to human rights arguments when interpreting the scope the duty of care. *Urgenda Foundation v. The State of the Netherlands (Ministry of Infrastructure and the Environment)*, paras. 4.35-4.86; see Peel and Osofsky (n. 13), 49-51.

38. *Views adopted by the Committee under Article 5 (4) of the Optional Protocol, concerning communication No 3624/2019* [2022], UN Human Rights Committee UN CCPR/C/135/D/3624/2019; See Monica Feria-Tinta, "Torres Strait Islanders: United Nations Human Rights Committee Delivers Ground-Breaking Decision on Climate Change Impacts on Human Rights", *EJIL:Talk!*, 27 September 2022, https://www.ejiltalk.org/torres-strait-islanders-united-nations-human-rights-committee-delivers-ground-breaking-decision-on-climate-change-impacts-on-human-rights/, accessed 6 November 2022. However, while the authors of the communication argued the violation of their human rights with regard to both adaptation and mitigation failures, the Human Rights Committee focused mainly on adaptation.

are pending and may reiterate human rights obligations concerning climate change.

However, climate change litigation also reveals the limitations of a human rights approach to mitigation obligations and accountability [39]. While some limitations are case-specific, one is particularly characteristic for any attempt to hold States accountable for climate change mitigation failures through human rights: the domestic and inward-looking focus of these claims. Human rights law requires a link between a rights-bearer and the obligated State. While a considerable debate exists as to the nature and details of this link, it is broadly accepted that an individual needs to be on the territory of a State or otherwise under its "effective control" in order to be entitled to the respective human rights protection [40]. Beyond this, the general contribution by a State to climate change and the ensuing impact on an individual's human rights are mostly rejected as constituting effective control [41]. Accordingly, most rights-based climate change litigation is based on a territorial link and brought by citizens against their home State [42]. Notwithstanding the importance of this domestic judicial control, it often excludes the most severely affected individuals and communities from claiming human rights protection against the States that contribute the most to climate change and have the largest emission reduction potential [43].

Furthermore, the domestic focus of human rights ignores the horizontal and inter-State dimension of mitigation accountability. The mitigation measures that States are obligated to implement under human rights law at the domestic level are, however, interdependent on the global level. By excluding the enforcement of mitigation obligations among States, domestic accountability fails to do justice to the extent of this interdependency between national

---

39. See for an overview Peel and Osofsky (n. 13), 45-48; Mayer, "Climate Change Mitigation as an Obligation Under Human Rights Treaties?" (n. 9).
40. Mayer, "Climate Change Mitigation as an Obligation Under Human Rights Treaties?" (n. 9), 426-427 with case references.
41. *Ibid.*, 426-428 with case references. There are calls for a broader extraterritorial application of human rights treaties in the special context of climate change. In 2021, the Committee on the Rights of the Child held that some of the human rights contained in the Convention on the Rights of the Child may be applicable, and potentially violated, extraterritorially, if the responsible State exercises effective control over the sources of emissions that cause transboundary harm. However, especially in a case of transboundary harm, the causal requirement between a State's (in)action and the harm suffered is strict. In light of the complex and indirect causality that characterises climate change harms, a generalisation of this jurisprudence will face significant hurdles. *Sacchi* et al. v. *Argentina* [2021] Committee on the Rights of the Child No. 104/2019, CRC/C/88/D/104/2019; see Katherine Lofts, Sébastien Jodoin and Larissa Parker, "A Rights-Based Approach to Loss and Damage Due to Climate Change", in Meinhard Doelle and Sara Seck, *Research Handbook on Climate Change Law and Loss & Damage*, Edward Elgar Publishing, 2021, 217-218.
42. Peel and Osofsky (n. 13); Wewerinke-Singh (n. 4), 147-150; Lofts, Jodoin and Parker (n. 41), 216-218.
43. Wewerinke-Singh (n. 4), 150.

obligations. An inter-State claim of accountability constitutes the most direct expression of the differences in responsibility and compliance between major carbon emitters and those States that are severely affected by the consequences of climate change, sometimes such that their very existence is threatened. The possibility of inter-State accountability would enable those States with a strong political interest in climate change mitigation to take effective action to promote and enforce adequate emission reduction at the global level [44]. The demand for such inter-State adjudication is becoming clear, for example, by several small island States seeking advisory opinions on climate change-related State obligations from the International Court of Justice (ICJ) and the International Tribunal for the Law of the Sea (ITLOS) [45]. Thus, while human rights constitute a strong basis for asserting climate change mitigation obligations with a domestic focus, its potential is limited for establishing accountability beyond a claimant's home State. International and inter-State accountability for climate change mitigation failures requires the identification of a legal responsibility beyond national borders and jurisdictions. This can be pursued through the law of State responsibility.

SECTION 3   HOW THE LAW OF STATE RESPONSIBILITY CAN FACILITATE MITIGATION ACCOUNTABILITY

The severity and urgency of climate change call for an effective accountability mechanism that ensures adequate mitigation measures on the international level. The above discussion of the challenges that every accountability mechanism faces suggests that the law of State responsibility is particularly well suited for the task. This capacity follows from its nature as a set of secondary rules that references external primary obligations and from the malleable and flexible requirements of these secondary rules. The present section fleshes out the advantages that the law of State responsibility, in its different components, holds for attaining meaningful accountability [46].

---

44. *Ibid.*, 146-147.
45. By the time of publication, the UN General Assembly has indeed requested an advisory opinion by the ICJ through resolution A/RES/77/276 (29 March 2023), and the Commission of Small Island States on Climate Change and International Law has requested an advisory opinion by ITLOS (12 December 2022).
46. The International Law Commission's 2001 Draft Articles on the Responsibility of States for Internationally Wrongful Acts (ARSIWA) serve as the authoritative point of reference, and are taken to reflect customary international law. See International Law Commission, "Draft Articles on Responsibility of States for Internationally Wrongful Acts" (2001), II *Yearbook of the International Law Commission*; Crawford (n. 5), 43-49.

Paragraph 1   **The necessary search for an internationally binding mitigation obligation**

To date, the law of State responsibility has received little attention in the context of accountability for climate change mitigation failures [47]. This is likely due to the difficulty of identifying a primary obligation to undertake adequate climate change mitigation that is internationally binding. The primary obligation constitutes, although located outside of the secondary rules of State responsibility, the substantive core of any claim of State responsibility. Under Articles 1 and 2 ARSIWA, a State is internationally responsible for an internationally wrongful act insofar as there is conduct that is attributable to the State and that constitutes a breach of an international obligation of that State [48]. Article 2 ARSIWA clarifies that the breaching conduct can consist of an action or omission [49]. Potentially, this includes the failure to enact or implement adequate mitigation measures. The problem, however, lies in finding a relevant obligation.

The assertion that a concrete and substantive mitigation obligation does not exist between States could lead to the conclusion that the law of State responsibility is of little use here. Such a conclusion would be premature. Usually, a legal analysis of climate change mitigation starts and ends with the search for an existing primary mitigation obligation as its ultimate purpose. The focus of such an analysis remains on the substantive level. The present chapter argues that, in order to identify the required primary mitigation obligation, a "mere" change of perspective can suffice. Because the law of State responsibility takes an external perspective on primary obligations, it can function as a looking glass that enables such a change of perspective. The ultimate purpose of an analysis under the law of state responsibility is international responsibility and its focus lies on the legal relationship between States. Looking *through* the secondary rules of the law of State responsibility may facilitate the identification of primary obligations that are otherwise overlooked. The legal landscape of primary obligations can be seen as a looking glass book and the law of State responsibility as the looking glass.

In addition to the identification of primary obligations that are otherwise overlooked, the secondary nature of the law of State responsibility also allows relying on primary obligations that are newly emerging. While the existence, content and scope of primary obligations may develop as determined by the relevant substantive subfields of international law, the law of State responsibility

---

47. But see Verheyen (n. 4); Voigt (n. 4); Wewerinke-Singh (n. 4).
48. International Law Commission, "Draft Articles on Responsibility of States for Internationally Wrongful Acts, with Commentaries" (2001), II *Yearbook of the International Law Commission* 32-36.
49. *Ibid.* 35.

remains malleable to these dynamics without being in need of change itself [50]. This malleable capacity applies to all substantive areas of international law in which a State responsibility claim is made. It is particularly critical, however, concerning climate change mitigation, where primary obligations are subject to relatively sudden developments and contested interpretations.

To illustrate the argument, this paragraph outlines one primary obligation that can be identified through the looking glass of the law of State responsibility and shows how a corresponding claim could be based on it. However, it is worth emphasising here that the advantages of the law of State responsibility for establishing accountability are of a general character and not dependent on any one specific primary obligation. The following exercise of deriving an inter-State mitigation obligation from human rights law as an obligation *erga omnes partes* is intended as an illustration. It is only one way in which the perspective of the law of State responsibility may help in the search for a primary obligation and for accountability for its breach – there may well be others [51].

A. A human rights-based mitigation obligation erga omnes partes

One primary mitigation obligation that can be identified through the looking glass of the law of State responsibility is based on the link between climate change and human rights law. In light of the harmful impact that climate change has on a range of human rights, human rights law is increasingly interpreted as obligating States to take adequate mitigation measures by affected individuals, scholars, human rights bodies and courts alike [52]. While consensus, especially among States, on such an interpretation is far from being reached, it is gaining traction. As discussed above, these arguments remain largely limited to domestic situations and the relationship between citizens and their home States.

---

50. Crawford (n. 5), 65.
51. Another primary mitigation obligation for a claim of State responsibility may be found in the obligation to prevent transboundary environmental harm that would significantly affect other States. See René Lefeber, "Climate Change and State Responsibility", in Rosemary Gail Rayfuse and Shirley V. Scott (eds.), *International Law in the Era of Climate Change*, Edward Elgar, 2012, 333-340; Peel (n. 26), 1029-1036; Sandrine Maljean-Dubois, "The No-Harm Principle as the Foundation of International Climate Law", in Benoit Mayer and Alexander Zahar (eds.), *Debating Climate Law*, Cambridge University Press, 2021; Mayer, "Climate Change Mitigation as an Obligation Under Human Rights Treaties?" (n. 9), 419-420; Voigt (n. 4), 177-178; Manuel Baena Pedrosa, "Obligations de due diligence et lutte contre les changements climatiques dans l'Accord de Paris: nouveaux éclairages à la lumière de la jurisprudence internationale et des Directives de la CDI sur la protection de l'atmosphère" in this volume.
52. See above Section 2, para. 3 B.

Yet, given the global character of climate change, the human rights-based mitigation obligation also serves as the basis for a mitigation obligation that is binding at the inter-State level. The primary responsibility of a State for taking mitigation measures under human rights law is to individual rights-holders. However, the climate on which a rights-holder's enjoyment of her human rights depends is not only affected by the mitigation measures of her local State. These constitute only a small share of global greenhouse gas emissions [53]. The mitigation efforts of all other States are equally, and in sum much more, decisive for the climate in which a rights-holder lives and, by extension, for her health and well-being. If a State decreases its emissions to comply with its human rights-based mitigation obligation, this will bring about only a small change in the total global emissions [54]. In sum, a single State's mitigation measures are severely limited in the extent to which they can protect the enjoyment of human rights within that State from climate change [55].

Judging the mitigation measures employed by a State as adequate to protect its population in compliance with the State's human rights obligations loses meaning when not all other States enact similarly adequate measures [56]. When any other State fails to comply with its own human rights-based mitigation obligation, the total emission sum increases and the original mitigation measures of the State initially seen as in compliance no longer constitute a sufficient share of the needed global mitigation measures. Its people are – still – looking at a future in an unsafe climate [57]. This interdependency of mitigation measures and human rights compliance has been acknowledged by

---

53. See for an overview of greenhouse gas emissions Climate Watch, "Historical GHG Emissions", climatewatchdata.org/ghg-emissions, accessed 30 June 2022.

54. For example, the Netherlands argued in *Urgenda* that even if the State was to enact additional emission reduction and reach the target asserted by the claimant, the additional reduction would represent only 0.04-0.09 per cent of global greenhouse gas emissions. The Court still found that the fact that the Dutch contribution to global emissions is relatively minor does not excuse the Netherlands from its mitigation obligation. *Urgenda Foundation v. The State of the Netherlands (Ministry of Infrastructure and the Environment)* (n. 37), paras 4.78-4.79.

55. Mayer, "Climate Change Mitigation as an Obligation Under Human Rights Treaties?" (n. 9), 424-425.

56. Similarly, The Hague District Court stated in the *Urgenda* decision that "climate change is a global problem and therefore requires global accountability", *Urgenda Foundation v. The State of the Netherlands (Ministry of Infrastructure and the Environment)* (n. 37), para. 4.79.

57. For this reason, Greenpeace argued in its petition to the Philippines Commission on Human Rights that the host States of major carbon emitters must regulate their domestic carbon emissions to prevent an interference with human rights in the Philippines. However, the argument was not taken up by the Commission in its final decision. Greenpeace Southeast Asia and Philippine Rural Reconstruction Movement, "Petition To the Commission on Human Rights of the Philippines Requesting for Investigation of the Responsibility of the Carbon Majors for Human Rights Violations or Threats of Violations Resulting from the Impacts of Climate Change", 25-28, http://climatecasechart.com/non-us-case/in-re-greenpeace-southeast-asia-et-al/, accessed 6 November 2022; see Peel and Osofsky (n. 13), 58.

former UN Special Rapporteur John Knox, who in his report on the human rights obligations relating to climate change States that "[t]he failure of States to effectively address climate change through international cooperation would prevent individual States from meeting their duties under human rights law to protect and fulfil the human rights of those within their own jurisdiction"[58]. The (non-)compliance of one State with its human rights-based mitigation obligation directly affects the ability of other States to comply with their own human rights obligations. For a State to nevertheless protect its subjects successfully, it has to compensate for the failures of other States and implement even stricter mitigation measures at a higher cost[59].

The human rights-based mitigation obligations for both a State that is not complying with it and a State that is in its attempt of compliance impaired by the former State's non-compliance will often arise from the same legal authority. Most human rights of which the enjoyment is endangered by climate change are guaranteed under global or comprehensive regional treaties, such as the International Covenant on Civil and Political Rights or the European Convention on Human Rights[60]. It is thus not only the mitigation *efforts* of States that are interdependent. The same is true of their mitigation *obligations*, which are legally connected under a single treaty.

This interdependency justifies the exceptional classification of the States' respective human rights-based mitigation obligations as *erga omnes partes*[61]. A State party to a relevant human rights treaty owes the obligation not only to the individual rights-bearers, but also to all States parties to the treaty, which

---

58. John Knox, "Report of the Special Rapporteur on the Issue of Human Rights Obligations Relating to the Enjoyment of a Safe, Clean, Healthy and Sustainable Environment" (2016), UN Doc. A/HRC/31/52, n. 27.
59. In how far the content of a State's mitigation obligation towards its individual rights-bearers is affected by another State's mitigation failures depends on the nature of the mitigation obligation. Generally, positive human rights obligations are obligations of conduct. However, the human rights-based mitigation obligation appears distinct from other, usual obligations of conduct and has a particularly concrete goal in emission reduction. The scientific assessment of the corresponding measures allows for their evaluation while being implemented. In light of this, they are most accurately described as obligations oriented towards goals. This concept, developed by Rüdiger Wolfrum, describes obligations that are neither a classic case of an obligation of conduct nor of an obligation of result. Instead, States owe "a conduct leading into a particular direction". A breach of this obligation oriented towards the goal of effective climate change mitigation would exist when a State's mitigation measures are not suitable to reach the national (fair) share of the global reduction target. Therefore, the scope of such an obligation is directly affected by another State's mitigation failures. See generally Rüdiger Wolfrum, "Obligation of Result Versus Obligation of Conduct: Some Thoughts About the Implementation of International Obligations", in Mahnoush H Arsanjani *et al.* (eds.), *Looking to the Future: Essays on International Law in Honour of W. Michael Reisman*, Brill Nijhoff, 2010, 366-368.
60. Wewerinke-Singh (n. 4), 97-124.
61. But see Mayer, "Climate Change Mitigation as an Obligation Under Human Rights Treaties?" (n. 9), 428-433 arguing generally against obligations towards other States under human rights law.

share the same obligation towards their respective subjects [62]. Such a mitigation obligation arising *erga omnes partes* from a human rights treaty constitutes one possible primary obligation based on which a State that is willing to comply with the obligation can invoke a claim of State responsibility against another State that fails to fulfil its obligation.

B. Quantifying individual mitigation obligations

For any primary mitigation obligation to be an effective basis of a State responsibility claim, it needs to specify mitigation measures in a substantive and quantifiable manner. Only when the scope of mitigation measures is specified, or can be specified by, for example, courts, can it be assessed whether mitigation measures are inadequate and thus in breach of the obligation. The merely procedural obligation of the Paris Agreement, which leaves it to each individual State to determine its NDC, does not meet this bar. The need for a mitigation obligation to be specific and quantifiable complicates the search for a suitable primary obligation. However, it also brings the value of using the law of State responsibility as a looking glass to the fore again: it compels us to identify a primary obligation outside of the climate change regime and thereby to overcome the limited ambition of the NDCs under the Paris Agreement [63].

Ultimately, the exact way in which a primary mitigation obligation is quantified depends on the obligation itself and is not the focus of this contribution [64]. As a brief illustration, consider again the example of the human rights-based *erga omnes partes* mitigation obligation. Quantification can be done by applying the concept of national "fair shares" [65]. This concept is already relied on by several courts to determine the adequacy of States' mitigation policies [66]. National fair shares can be assessed, for example, by relying on well-established principles of international environmental law, such as the principles of harm prevention and common but differentiated responsibilities [67]. These principles facilitate the determination, interpretation

---

62. See also Wewerinke-Singh (n. 4), 65.
63. But see critically towards obligations that go beyond the international climate change regime Alan Boyle, "Climate Change, the Paris Agreement and Human Rights" (2018), 67 *International and Comparative Law Quarterly* 759, 773; Mayer, "Climate Change Mitigation as an Obligation Under Human Rights Treaties?" (n. 9), 441.
64. See Lavanya Rajamani *et al.*, "National 'Fair Shares' in Reducing Greenhouse Gas Emissions Within the Principled Framework of International Environmental Law" (2021), 21 *Climate Policy* 983, 994, arguing that the link to human rights calls for particularly ambitious emission reduction goals and national shares.
65. See Rajamani *et al.* (n. 64).
66. For example *Urgenda Foundation v. The State of the Netherlands (Ministry of Infrastructure and the Environment)* (n. 16), paras. 6.3, 6.5; *Neubauer* et al. v. *Germany* [2021] German Federal Constitutional Court 1 BvR 2656/18, 1 BvR 78/20, 1 BvR 96/20, 1 BvR 288/20 [225].
67. Rajamani *et al.* (n. 64).

and implementation of specific indicators, which allows for an objective evaluation and is at the same time in accordance with the broader international legal framework [68].

Whether or not a given mitigation policy meets these indicators can be assessed by relying on climate science and in particular the IPCC reports [69]. The reports of the IPCC derive legitimacy from its status as an intergovernmental organisation endorsed by the States whose obligations are to be assessed [70]. The reliance on general principles of international (environmental) law is particularly convincing as the mitigation obligation is to be quantified in the context of a claim under the general law of State responsibility. By incentivising the quantification of mitigation obligations in this manner, the generalist perspective of the law of State responsibility strengthens ambitious mitigation that goes beyond the international climate change regime and its unsatisfactory NDCs.

Paragraph 2   **Breach of the obligation and concrete damages**

For there to be an internationally wrongful act with regard to a primary obligation, there needs to be a breach of that obligation through conduct that is attributable to the responsible State [71]. Article 12 ARSIWA clarifies that a breach of an international obligation by a State exists when an act of that State is not in conformity with what is required of it by the obligation. In the case of climate change, demonstrating nonconformity with a mitigation obligation is complicated by indirect causality and hard-to-measure damages.

However, under the law of State responsibility, an internationally wrongful act requires only the breach of an obligation as such. If the primary obligation does not demand otherwise there is no need to identify the precise harmful consequences and prove causality [72]. In the case of an international obligation to undertake adequate mitigation measures, a breach of the obligation exists as soon as a State enacts mitigation measures that are inadequate to fulfil its national fair share [73]. There is no need to establish causality between the individual mitigation failure and the harmful effects of climate change [74]. The

---

68. See for an example of a concrete quantification of national fair shares based on this approach *ibid.*, 997-999.
69. For example, *Urgenda Foundation* v. *The State of the Netherlands (Ministry of Infrastructure and the Environment)* (n. 37), paras. 4.11-4.34.
70. *Ibid.*, 2.8-2.10, 4.12.
71. Article 2 ARSIWA.
72. International Law Commission (n. 48), 36.
73. Insofar as a mitigation policy is *prima facie* inadequate to achieve a State's mitigation obligation, the mere passing of the policy will regularly already constitute a wrongful conduct without having to await its implementation. See *ibid.*, 57.
74. Crawford (n. 5), 54-58; Voigt (n. 4), 169.

law of State responsibility thus allows to circumvent the causality challenge inherent to climate change and paves a simpler path towards accountability for mitigation failures.

The attribution of wrongful conduct to the responsible State depends on the circumstances of the concrete case, but hurdles are unlikely to arise in the context of climate change mitigation. Article 2 ARSIWA clarifies that wrongful conduct can consist of either an action or an omission. Although the largest contribution to climate change ultimately comes from private actors, it is a State's omission to enact adequate regulation of those private actions that constitutes the breach of an international mitigation obligation [75]. Once a primary mitigation obligation is identified and quantified, the relatively lenient requirements of the law of State responsibility can thus be applied in a straightforward manner and are shown to be immune to the challenges that so often impede accountability for climate change mitigation failures.

However, the causality challenge still rears its head in a claim of State responsibility when it comes to the assessment of damages [76]. The occurrence of damage is not a requirement for the existence of an internationally wrongful act and the consequential State responsibility [77]. Still, a clear link between a wrongful act and an injury needs to be established for a finding of State responsibility to have meaningful material consequences, namely through different forms of reparation [78]. Yet, while causality is thus not without significance under the law of State responsibility, the malleability of the legal framework still renders causality a less critical challenge than it is in other approaches to accountability.

The malleability and looking glass function of the law of State responsibility facilitate a preference for primary obligations for which the assessment of damages is simple and direct. This can be illustrated by considering again the example of a human rights-based *erga omnes partes* mitigation obligation. The interdependency of States' mitigation efforts gives not only rise to the *erga omnes partes* character of the mitigation obligation, but also allows for the assessment of damages without having to consider the physical consequences of climate change. The damages of a breach of the mitigation obligation can be identified in the additional, more far-reaching mitigation measures the injured State has to implement as a result of another State's mitigation failure to achieve the aspired total global emission reduction.

More precisely, the damage consists in the extent to which the injured State needs to increase its own mitigation effort to compensate for the other State's failure and the corresponding increase in costs. The damage can be quantified

---

75. Wewerinke-Singh (n. 4), 87-90.
76. Lefeber (n. 51), 341-342; Wewerinke-Singh (n. 4), 136-138.
77. Crawford (n. 5), 54-58; Voigt (n. 4), 169.
78. Crawford (n. 5), 55, 59; Voigt (n. 4), 169.

by relying on the national fair share concept used to determine each State's mitigation obligation [79]. This assessment of damages, expressed in shares and percentages, is significantly easier than attempting to link specific events and physical damages to mitigation failures [80]. In a next step, the increase in percentage that constitutes the damage can be converted into concrete financial costs that arise from implementing the required additional mitigation effort in practice. This has the advantage of providing a clear benchmark for compensation and is easier to quantify than environmental and ecological damages, such as the loss of territory [81].

Paragraph 3   **Legal consequences and reparation**

Once an inadequate mitigation policy constitutes an internationally wrongful act, the legal consequences stipulated by the law of State responsibility are triggered. The legal consequences of State responsibility reiterate the flexible and effective capacity that renders this legal framework particularly well suited for accountability in climate change mitigation. First and foremost, the State responsible for a wrongful act is obligated to cease that act and comply with its international obligation going forward [82]. Applied to mitigation obligations, this means that the responsible State must start enacting mitigation measures that are adequate to achieve its national fair share of global emission reduction [83]. In requiring the cessation of the wrongful act by the responsible State, the law of State responsibility reinforces the original mitigation obligation [84].

In addition to ceasing the breach of obligation going forward, the responsible State must make reparation for the injury caused by the breach [85]. Reparation can take the form of restitution, compensation or satisfaction, or a combination thereof [86]. Its purpose is to "as far as possible, wipe out all consequences of the illegal act and re-establish the situation which would, in all probability, have existed if that act had not been committed" [87]. Ideally, full reparation is

---

79. The injured State's damage is its national fair share of the extent to which the responsible State did not meet its greenhouse gas reduction target.
80. Voigt (n. 4), 180.
81. *Ibid.* 181-182.
82. Article 30 ARSIWA.
83. Lefeber (n. 51), 341; Wewerinke-Singh (n. 4), 135-136.
84. See International Law Commission (n. 48), 88-89. This presumes the continued duty of performance with regard to the breached obligation, which is confirmed by Article 29 ARSIWA.
85. Article 31 ARSIWA. See *ibid.*, 91-94.
86. Article 34 ARSIWA.
87. *Factory at Chorzów (Claim for Indemnity) (Germany v. Poland) (Merits)* (1928) No. 17 PCIJ Ser A (Permanent Court of International Justice) 47; see International Law Commission (n. 48), 91.

achieved through restitution in kind, which seeks to re-establish the situation that existed before the wrongful act was committed [88].

In the case of climate change mitigation, restitution might appear difficult to achieve: it is hard to envisage how specific greenhouse gasses, once emitted, can be taken back [89]. There are, however, several ways in which restitution may, at least partly, be achieved. Additional mitigation efforts could include the share of emission reductions that the responsible State failed to achieve in the past in addition to the emission reductions it is obliged to achieve to comply with its mitigation obligation going forward. The obligation to undertake restorative mitigation is not entirely new and aligns with the concept of carbon budgets and so-called "overshoot" as used in the international climate change regime [90].

Another option to make restitution could be through advancements in the field of carbon removal. Both natural and technological strategies can be used to remove carbon dioxide from the atmosphere and store it away [91]. A responsible State could thus be obligated to actively remove (a part of) the carbon that it previously emitted in breach of its mitigation obligation. Both options – additional emission reduction and carbon removal – are particularly important given the little time remaining to achieve meaningful climate change mitigation. In this way, the legal consequences following a successful State responsibility claim can play a crucial role in limiting global warming in due time.

Still, restitution will not always be possible or proportionate to the full extent of past mitigation failures [92]. Insofar as the damage is not made good by restitution, the law of State responsibility requires the responsible State to make compensation or satisfaction [93]. While satisfaction is likely inadequate for climate change mitigation, a responsible State having to pay financial compensation can be another impactful legal consequence of State responsibility [94]. If an injured State demands compensation, it is necessary to

---

88. Article 35 ARSIWA. See on the primacy of restitution over other forms of reparation International Law Commission (n. 48), 96-97.
89. See Lefeber (n. 51), 341. See on the difficulty of adequate reparations Tiérowé Germain Dabire, "Le droit international au défi de la réparation des dommages causés par les changements climatiques" in this volume.
90. See J. G. Canadell *et al.*, "Global Carbon and Other Biogeochemical Cycles and Feedbacks", in V. Masson-Delmotte *et al.* (eds.), *Climate Change 2021: The Physical Science Basis. Contribution of Working Group I to the Sixth Assessment Report of the Intergovernmental Panel on Climate Change*, Cambridge University Press, 2021, 776–778.
91. See generally Matthias Honegger, Will Burns and David R. Morrow, "Is Carbon Dioxide Removal 'Mitigation of Climate Change'?" (2021), 30 *Review of European, Comparative & International Environmental Law* 327.
92. Lefeber (n. 51), 341.
93. Articles 36, 37 ARSIWA. See International Law Commission (n. 48), 99.
94. Lefeber (n. 51), 341.

quantify the financial damage suffered[95]. As argued above, the calculation of financial damage is made possible, for example, by focussing on the costs of additional mitigation measures employed by the injured State. In many cases, failure to comply with a mitigation obligation will injure not one but many States (more on this below). Given this, collective modes of compensation appear particularly appropriate. The compensation for financial damages could, for example, be paid into a global climate fund that facilitates mitigation and adaptation measures[96].

Whether it is through global funds or individual compensation, through additional emission reductions or carbon removal, the legal consequences that the law of state responsibility holds for mitigation failures can enable the enforcement of adequate and effective mitigation action and a fair distribution of its costs.

Paragraph 4   **Standing and enforcement**

The above appreciation of the legal consequences of State responsibility begs the question of who and under what circumstances can invoke them. Although the legal consequences arise automatically as a matter of law, their practical relevance depends on States claiming and enforcing them[97]. Generally, any injured State can invoke a claim of State responsibility for a wrongful act against another State[98]. Although climate change, and consequently mitigation failures, affect each and every State, a State is injured only insofar as the breached obligation is owed to it individually, or to a group of States of which it is a part and the breach specially affects that State[99]. Which State can invoke a claim of State responsibility as an injured State therefore depends on the primary obligation and whom it is owed to.

Most mitigation obligations, such as the human rights-based one considered above, will have the character of an obligation *erga omnes partes* or *erga omnes*[100]. It thus needs to be determined which States are specially affected by a mitigation failure. A State is considered specially affected if the breach "distinguishes it from the generality of other states to which the obligation is owed" through "particular adverse effects"[101]. With a climate change

---

95. International Law Commission (n. 48), 99.
96. This could, for example, rely on the Special Climate Change Fund established under the Paris Agreement and the UNFCCC. See also on the relevance of such an international financial mechanism for areas beyond national jurisdiction Lefeber (n. 51), 346-347.
97. International Law Commission (n. 48), 91; Lefeber (n. 51), 344; Wewerinke-Singh (n. 4), 143.
98. Articles 42, 46 ARSIWA.
99. Article 42 *(a)*, *(b)* *(i)* ARSIWA. Article 42 *(b)* *(ii)* ARSIWA speaks to so-called interdependent obligations, a category that climate change mitigation obligations are unlikely to fall under.
100. See International Law Commission (n. 48), 126-127; Lefeber (n. 51), 346.
101. International Law Commission (n. 48), 119.

mitigation obligation, this can be assumed for States that suffer particularly adverse consequences from climate change, such as a significant loss of territory or resources [102]. Especially for an obligation derived from human rights law, the assessment should include particularly adverse impacts on the State's population and its human rights standards [103]. The fact that an injured State itself contributes to climate change does not preclude its entitlement to bring a claim [104].

Moreover, climate change is characterised not only by the vast number of States suffering from its consequences, but also by the vast number of States contributing to its occurrence. This implies a potential plurality of responsible States. In this case, State responsibility can be invoked against each responsible State and all will be obligated to cease the wrongful act and make reparation according to their mitigation share [105].

As mitigation obligations likely apply *erga omnes partes* or *erga omnes*, effective mitigation accountability is facilitated by a further strength of the law of State responsibility: not only injured States are entitled to invoke State responsibility, but also every State that is part of the group the obligation is owed to [106]. The State responsibility framework acknowledges that every State addressed by the obligation has an interest in claiming responsibility for a breach of the obligation, regardless of whether or not it is specially affected [107]. For the breach of a mitigation obligation, such as the human rights-based one presented above, there will thus regularly be a large pool of potential claimant States out of which only one has to take action to invoke and enforce State responsibility.

When invoking a claim of State responsibility, a State other than a specially affected State can claim the cessation of the wrongful act as well as the performance of reparation, albeit not for itself but in the interest of the injured State(s) [108]. The picture that emerges is that the law of State responsibility enables a proactive and effective enforcement of accountability for mitigation failures. When a mitigation obligation is owed to a large group of States, it takes only one activist State within that group that seeks to establish a State's responsibility for inadequate mitigation measures to enforce compliance

---

102. See *ibid.* referencing the example of pollution of the high seas specially affecting States whose beaches are polluted or whose coastal fisheries are closed.
103. Wewerinke-Singh (n. 4), 143.
104. Lefeber (n. 51), 346.
105. Peel (n. 26), 1045-1047; Wewerinke-Singh (n. 4), 92-96. See Article 47 ARSIWA.
106. Article 48 ARSIWA.
107. International Law Commission (n. 48), 126; Pok Yin Stephenson Chow, "On Obligations *Erga Omnes Partes*" (2021), 52 *Georgetown Journal of International Law* 469, 487-488.
108. Article 48 (2) ARSIWA. See International Law Commission (n. 48), 127-128; Chow (n. 106), 488-491.

with the mitigation obligation going forward as well as reparation for past failures.

A more difficult question concerns the sites in which claims of State responsibility can be invoked. The fact that a State has the legal standing to invoke a claim does not automatically lead to a judicial body having jurisdiction over it [109]. The question of jurisdiction again depends on the primary obligation that is breached and its legal source. In the case of a human rights-based *erga omnes partes* mitigation obligation, there is a case to be made that the respective human rights treaty body has jurisdiction to adjudicate the claim [110].

Although the jurisdictional question comes with uncertainty, there is good reason to believe that claims will find an appropriate forum. International adjudicatory bodies, especially human rights courts, are already beginning to be confronted with climate change litigation and the cases in which they exercise their jurisdiction, regardless of the outcome on the merits, are growing. Further courts, such as the ICJ, are likely to be presented with questions concerning climate change mitigation soon [111]. The legal questions at the heart of these cases may appear technical and specific, but they will mark the broader development of international law in the foreseeable future. International courts are aware of this and may find it necessary to shape this development and exercise their jurisdiction over claims of State responsibility for mitigation failures. In addition, such claims may also find their way to national courts [112]. There are thus several opportunities how courts and tribunals may seize the moment to exercise jurisdiction and decide on questions of State responsibility for mitigation failures.

Notwithstanding the opportunities that may arise in different sites of jurisdiction, the enforcement of a claim of State responsibility does not depend solely on the judiciary. The law of State responsibility also provides for

---

109. Chow (n. 106), 498-500.

110. For example, Article 33 of the European Convention on Human Rights (ECHR) enables any Member State to refer any alleged breach of a provision of the Convention and the Protocols to the European Court of Human Rights. There is no reason why this would not apply to an *erga omnes partes* mitigation obligation derived from human rights of the ECHR. See generally Annie Bird, "Third State Responsibility for Human Rights Violations" (2010), 21 *European Journal of International Law* 883, 892; Chow (n. 109), 492. See on inter-State complaints before UN treaty bodies Wewerinke-Singh (n. 4), 160-161.

111. By the time of publication, the UN General Assembly has indeed requested an advisory opinion on the obligations of states in respect of climate change by the ICJ through resolution A/RES/77/276 (29 March 2023). The request includes the question of "What are the legal consequences under these obligations for States where they, by their acts and omissions, have caused significant harm to the climate system and other parts of the environment . . .".

112. See for a further discussion Esmeralda Colombo, "Judging Without Waymarkers? The Engagement of Domestic Courts with International Climate Change Law" in this volume.

countermeasures as an option of self-help for an injured State to enforce the legal consequences of State responsibility [113]. An injured State is entitled to undertake measures that would otherwise be prohibited in order to induce the responsible State to cease its wrongful act and make reparation [114]. Such countermeasures could, for example, entail trade-related measures and taxes designed to offset emissions for imported products and compensate for the financial burden of increased mitigation efforts [115]. The law of State responsibility thus grants injured States the prerogative to enforce State responsibility autonomously. This presents the chance to advance accountability for climate change mitigation, which is urgently needed, without having to rely on the structures and processes of international adjudication.

Paragraph 5   **The malleable and flexible nature of the law of State responsibility**

The foregoing discussion has revealed the comparative advantage of wielding the law of State responsibility as a looking glass to further climate change mitigation accountability. In sum, three main benefits stand out. First, the law of State responsibility is a secondary legal regime that can be applied in respect of a myriad of primary obligations. This malleability allows it to function like a looking glass, arming us with the change in perspective needed to read certain obligations within the existing landscape of primary obligations as mitigation obligations. This feature of the law of State responsibility is crucial for establishing accountability for climate change mitigation failures, a task which has to date been complicated by the ostensible lack of substantive mitigation obligations.

Relatedly, the malleability of the law of State responsibility means that it can "freeride" on substantive developments in other subfields of international law. Because of its secondary nature, the law of State responsibility does not need change itself and can, for example, be applied to emerging interpretations of human rights law. A change of outcome in State responsibility such that accountability is furthered is thus achievable without requiring a change in the legal framework governing State responsibility itself.

Second, the requirements that the law of State responsibility poses to a claim are relatively relaxed and flexible. This makes the approach put

---

113. Whether or not a State other than an injured State can take countermeasures against the breach of an obligation *erga omnes (partes)* is controversial and the enforcement of a State responsibility claim may well reach its limitation at this point. Still, such a State is not prevented to resort to lawful measures below the threshold of countermeasures, Article 54 ARSIWA. See Crawford (n. 5), 684-706.

114. Articles 49-54 ARSIWA. However, countermeasures are not unrestricted and the ARSIWA framework requires, for example, the continued observation of the general prohibition on the use of force and the proportionality of countermeasures.

115. Lefeber (n. 51), 348.

forward in this chapter less vulnerable to the challenges that normally impede accountability in climate change mitigation. Most importantly, the relevant conduct to constitute a wrongful act and trigger State responsibility is the breach of an international obligation as such. In the context of climate change mitigation, this can be the omission by a State to enact a mitigation policy that is adequate to meet that State's share of global emission reduction. It is not necessary to demonstrate a causal link between the breach and any concrete damages, which often proves difficult for climate change. However, the approach suggested in this chapter does make it easier to nevertheless establish such a causal link.

Third, a claim of State responsibility against States which have failed to meet their mitigation obligations can trigger impactful legal consequences – especially if concrete damages can be established for those mitigation failures. A responsible State would have to make reparation for its mitigation failure, for example, through additional emission reduction, carbon removal or financial compensation. Overall, the legal consequences that flow from a finding of State responsibility have the effect of further contributing to the substantive goal behind the mitigation obligation, namely, to improve mitigation efforts and minimise the harmful effects of climate change.

These legal consequences arise automatically but their practical impact depends on their enforcement. Here, the relative flexibility of the law of State responsibility is once again highlighted as it grants standing to any State whom a mitigation obligation – which is likely to be an obligation *erga omnes (partes)* – is owed to. This is so regardless of whether or not a State is injured and specially affected by the breach. A State may then want to refer the claim of State responsibility for mitigation failures to an international, regional or national court. Given the growing momentum for judicial review of climate change policies, there is reason to expect courts to exercise their jurisdiction and thereby shape the climatisation of international law. The law of State responsibility, however, goes further and offers the alternative, proactive path of countermeasures. An injured State could autonomously enforce the legal consequences of State responsibility. The picture that arises of the general law of State responsibility is thus one of a remarkably malleable and flexible regime that harbours the potential to make an impactful contribution to the quest for accountability for climate change mitigation failures.

SECTION 4   **CONCLUSION**

The burden of effective climate change mitigation measures needs to be shared globally and, given the continuing hesitancy of many States, this needs to be accompanied by a robust accountability regime. This tests international law and poses significant challenges. The link between the greenhouse gas emissions of a given State on the one hand and the worsening of climate change and the associated harms on the other is complex and difficult to establish within most applicable legal frameworks. The complexity of climate change continues to obstruct the quantification of harm and damages, an exercise which is often required to arrive at meaningful legal consequences. Furthermore, the areas of international law that are often asked to provide binding mitigation obligations and accountability mechanisms bear significant limitations. These challenges handicap the search for accountability. However, this chapter has put forward the argument that general public international law – namely the law of State responsibility – has the potential to meet the challenges that hinder accountability for climate change mitigation failures.

The contribution has highlighted three comparative advantages of the law of State responsibility. First, its malleable nature and necessary search for an external primary mitigation obligation can serve as a looking glass and facilitate the identification of obligations outside of obvious and popular, but limited, sources like the Paris Agreement. The human rights-based *erga omnes partes* mitigation obligation outlined in this contribution is one example of what such a primary obligation may look like. Second, the requirements that the law of State responsibility stipulates for establishing and invoking a claim are flexible enough to accommodate most complexities of climate change. Third, the legal consequences that a breach of a mitigation obligation triggers are impactful and can be enforced effectively. In sum, while the generalist character of the law of State responsibility may suggest that it is ill-suited to meet the challenges of such a particular case as climate change, it is precisely because of this character that the law of State responsibility has several advantages over specialised regimes.

Looking through the law of State responsibility, one may discover a path to accountability where previously one saw nothing but challenges. Leveraging the law of State responsibility in this manner will likely not resolve every challenge currently standing in the way of mitigation accountability. Ultimately, its success depends on the willingness of States and courts to embrace the inevitable climatisation of general international law. Nevertheless, this contribution ends with the hope that a novel appreciation of the general and secondary legal framework of State responsibility provides an additional tool to strengthen accountability and effectiveness for the mitigation of climate change. When looked at through the right lens, the testing of international law provides not only challenges, but also opportunities.

18 | Le droit international au défi de la réparation des dommages causés par les changements climatiques

Tiérowé Germain Dabire [*]

Phénomènes multiples et variés, les changements climatiques échappent, par leur nature même, à toute territorialité [1]. Le caractère déterritorialisé des changements climatiques est conforté par l'hétérogénéité des dommages qui en découlent. Ces dommages apparaissent de manière non linéaire et incertaine. Ils s'inscrivent dans des rythmes différents et à diverses échelles spatiales [2]. Mais, selon leur degré de complexité, il est possible d'en distinguer, au moins, trois catégories. Certains affectent l'homme dans ses intérêts individuels ou collectifs. Ce sont les dommages aux personnes et aux biens [3]. D'autres touchent à l'environnement naturel, à la biodiversité ou aux ressources naturelles. Ce sont les dommages environnementaux [4]. Enfin, d'autres encore affectent le système climatique lui-même dans son fonctionnement. Ces dommages restent juridiquement insaisissables au regard des incertitudes qui les caractérisent. Il s'agit de phénomènes lents et globaux tels que les perturbations météorologiques, la fonte des glaces, les pertes de

---

[*] Doctorant à la faculté de droit de l'Université de Genève (Suisse).
1. IPCC, *Climate Change 2022. Impacts, Adaptation and Vulnerability. Summary for Policymakers. Working Group II Contribution to the sixth Assessment Report of the IPCC*, p. 7, https://www.ipcc.ch/report/ar6/wg2/downloads/report/IPCC_AR6_WGII_FinalDraft_FullReport.pdf.
2. S. Maljean-Dubois, «Au milieu du gué : le Mécanisme de Varsovie relatif aux pertes et préjudices liés aux changements climatiques», dans A.-S. Tabau (dir. publ.), *Quel droit pour l'adaptation aux territoires aux changements climatiques. L'expérience de l'île de la Réunion*, DICE éditions, Confluence des droits, collection d'ouvrages numériques, 2018, p. 123-134, p. 124.
3. C. Canali, «Les contentieux climatiques contre les entreprises : Bilan et perspectives», dans C. Cournil et L. Varison (dir. publ.), *Les procès climatiques entre le national et l'international*, préface de Mireille Delmas-Marty, 2018, p. 67-84, p. 77 ; M. Torre-Schaub, «Les dynamiques du contentieux climatique : anatomie d'un phénomène émergent», dans M. Torre-Schaub, C. Cournil, S. Lavorel et M. Moliner-Bubost (dir. publ.), *Quel(s) droit(s) pour les changements climatiques ? Préface de Laurence Boisson de Chazournes*, Mare & Martin, 2018, p. 111-137, p. 116.
4. C. Voigt, «State Responsibility for Climate Change Damages», *Nordic Journal of International Law*, 77, 2008, p. 1-22 ; S. Maljean-Dubois et B. Mayer, «Liability and Compensation for Marine Plastic Pollution : Conceptual Issues and Possible Ways Forward», dans *Symposium on Global Plastic Pollution*, p. 206-211.

productivité des sols et la montée du niveau de mers [5]. Une partie de la doctrine les considère comme des dommages véritablement climatiques [6].

La réparation, en droit international, présuppose l'établissement d'un fait internationalement illicite et la preuve d'un lien de causalité entre le dommage et ledit fait [7]. Cette double exigence permet de saisir les difficultés que soulève l'application de la réparation aux dommages climatiques. Certaines sont liées à l'établissement même de cette obligation de réparer et d'autres à la détermination des modalités de réparation. L'établissement de l'obligation de réparer suscite deux grands défis; l'un procédural et l'autre substantiel.

Le défi procédural touche aux conditions de l'action en responsabilité internationale, fondement de la réparation. Deux questions s'entremêlent ici. La première touche à la détermination de la qualité donnant intérêt à agir. Face à des dommages médiats, il est difficile de rapporter la preuve du caractère actuel, personnel et direct de l'intérêt à agir [8]. La deuxième question est liée au choix du for juridictionnel approprié en cas de possibilité de *forum shopping*. Certes, l'hypothèse n'est pas fréquente, mais elle pourrait être pertinente en cas d'action en protection diplomatique. La recevabilité d'une telle action pourrait se discuter en cas de litispendance ou de connexité internationale [9]. Enfin, dans la mesure où des dommages pourraient être causés dans des zones internationales, l'élaboration de critères pertinents de rattachement aux fins de réparation constituerait un obstacle supplémentaire.

Quant au défi substantiel, il touche aux problèmes d'imputation et de causalité entre le dommage et le fait illicite. L'on peut se demander s'il existe, dans le régime juridique international du climat, des obligations dont la violation par l'Etat engagerait sa responsabilité internationale [10]. En effet, les

---

5. UNFCCC, décision 1/CP. 16 (10 décembre 2010), Les accords de Cancun: Résultats des travaux du Groupe de travail spécial de l'action concertée à long terme au titre de la Convention, 2010, paragraphe 25.
6. L. J. Kotzé *et al.*, «Earth System Law: Exploring new Frontiers in Legal Science», *Earth System Governance*, vol. 11, 2022, 100126, p. 1-9; L. J. Kotzé, R. E. Kim et C. Blanchard (dir. publ.), «Earth System Law: Towards a new Legal Paradigm for the Anthropocene», dans *Earth System Governance*, vol. 7, 2021.
7. *Usine de Chorzów (Pologne c. Allemagne)* (indemnité) (fond), série A, n° 17, CPJI, arrêt du 13 septembre 1928, p. 27; G. Salvioli, «La responsabilité des Etats et la fixation des dommages et intérêts par les tribunaux internationaux», *Recueil des cours*, tome 28 (1929), p. 236; I. Brownlie, *System of the Law of Nations: State Responsibility*, part. I, Oxford Clarendon Press, 1983, p. 22 s.
8. CJUE, *Armando Ferrão Carvalho* et al. *c. le Parlement européen et le Conseil*, jugement du 25 mars 2021 confirmant la décision du Tribunal européen, *Armando Ferrão Carvalho* et al. *c. le Parlement européen et le Conseil*, jugement du 15 mai 2019.
9. Voir *Lliuya c. RWE*, tribunal régional supérieur de Hamm, 30 novembre 2017 et *Handelskwekerij GJ Bier c. Mines de Potasse d'Alsace SA*, CJCE, 30 novembre 1976.
10. P. Marcantoni, «Perspectives du contentieux climatique administratif français. La difficile identification d'une obligation juridique préalable à la charge de l'Etat», dans M. Torre-Schaub (dir. publ.), *Les dynamiques du contentieux climatique. Usages et mobilisations du droit*, Mare & Martin, 2021, p. 361-380.

règles qui y sont édictées ressemblent dans l'ensemble plus à des déclarations d'intention qu'à de véritables obligations substantielles de faire ou de ne pas faire. Toutefois, derrière l'apparente imprécision des obligations internationales en matière climatique, le recours aux techniques d'interprétation par le juge international pourrait permettre de spécifier et de clarifier leur contenu. Par exemple, une interprétation téléologique et de bonne foi des articles 2 et 4 de la Convention-cadre des Nations Unies sur les changements climatiques (CCNUCC) faciliterait l'identification d'obligations substantielles indirectes à la charge des Etats. Si l'article 2 de la CCNUCC poursuit la stabilisation des gaz à effets de serre (GES), l'article 4.1 de la CCNUCC, en invitant les Etats à prendre des mesures pour stabiliser le niveau des émissions, nourrit substantiellement cet objectif. Dès lors, une interprétation téléologique des articles 2 et 4.1 devrait permettre de déduire une obligation concrète de prévention et de réduction des GES. L'augmentation par une partie contractante de son taux d'émission à partir de la ratification de la CCNUCC, pourrait être considérée comme une violation du traité et engagerait sa responsabilité internationale.

De plus, en complément des obligations conventionnelles de l'Etat en matière climatique, le recours aux principes généraux de droit ou aux règles coutumières pertinents pourrait faciliter l'établissement de la responsabilité internationale de l'Etat [11]. Le recours notamment à la *due diligence* serait à cet effet d'un grand intérêt [12]. La *due diligence* implique une obligation de minimiser le risque ou le dommage et, le cas échéant, de le prévenir en prenant toutes les mesures appropriées ou raisonnables. De ce fait et malgré les controverses à son sujet [13], la *due diligence* permet d'imposer à l'Etat une obligation générale de s'efforcer de prévenir les dommages climatiques d'où qu'ils proviennent et quel que soit leur auteur. Le principe 2 de la Déclaration de Rio qui reprend à son compte le principe de la *due diligence*, appréhende cette obligation générale de prévention sans distinction entre la conduite de l'Etat et celle des acteurs privés [14]. Ainsi, les activités polluantes placées sous le contrôle ou la juridiction de l'Etat peuvent lui être imputées au titre de l'article 8 du Projet d'articles sur la responsabilité de l'Etat pour fait internationalement illicite [15]. Une telle technique d'imputation a déjà été utilisée dans le contexte

---

11. B. Mayer, *The International Law on Climate Change*, CUP, 2018, p. 69-70.
12. Voir la contribution de Manuel Baena Pedrosa, chapitre 6, dans cet ouvrage qui montre les potentialités qu'offre la *due diligence* en la matière.
13. C. Tomuschat, «International Law : Ensuring the Survival of Mankind on the Eve of a new Century», *Recueil des cours*, tome 281 (1999), p. 1-269, p. 279.
14. R. S. J. Tol et R. Verheyen, «State Responsibility and Compensation for Climate Change Damages – A Legal and Economic Assessment», *op. cit.*, p.1111 ; *Fonderie de Trail*, (Etats-Unis c. Canada), sentence arbitrale du 11 mars 1941, R.S.A., vol. III, p. 1963.
15. *Annuaire de la Commission du droit international*, 2001, vol. II (2), p. 109.

des activités dangereuses [16] et est maintenant suffisamment ancrée dans la jurisprudence internationale [17]. A ce titre, la *due diligence* présente une utilité certaine dans le contexte des changements climatiques en matière d'émissions de GES. La responsabilité internationale de l'Etat serait alors fondée sur la violation de l'obligation coutumière relative à l'interdiction de causer des dommages transfrontières significatifs [18].

Toutefois, la *due diligence* ne résout pas totalement le problème d'imputation en cas de diversité de faits contributifs dans le cadre d'émissions transfrontières de GES. En cas de concours de faits générateurs, il est quasiment impossible d'établir précisément le degré de participation de chaque acteur à la réalisation des dommages ou d'affirmer clairement que tel fait a causé tel dommage. En considérant les effets des changements climatiques comme déterritorialisés, la détermination du niveau de diligence requis dans la fonction de contrôle et de régulation de l'Etat sur les effets transfrontières des émissions de personnes privées paraît très difficile [19]. Aussi, la limitation de la portée de la *due diligence* par la jurisprudence internationale aux dommages significatifs ou sérieux rend son application moins évidente aux dommages cumulatifs causés par les GES [20]. Ces obstacles sont exacerbés par la difficulté à prouver le lien suffisant de causalité entre le dommage et les émissions diverses. Certes, une distinction doit être opérée entre la causalité générale et la causalité spécifique.

---

16. L. Cahier, « Le problème de la responsabilité pour risque en droit international », *International Relations in a Changing World*, 1977, p. 411-432 ; G. Handl, « State Liability for Accidental Transnational Environmental Damage by Private Persons », *American Journal of International Law* 74 (1980), p. 525.
17. *Responsabilités et obligations juridiques des Etats parties à la Convention qui patronnent des personnes et des entités dans le cadre d'activités menées dans la Zone*, Chambre pour le règlement des différends relatifs aux fonds marins, avis consultatif, 1er février 2011, paragraphes 110-111 ; *Licéité de la menace ou de l'emploi d'armes nucléaires*, CIJ, avis consultatif, 8 juillet 1996, paragraphe 29 ; *Fonderie de Trail (Etats-Unis c. Canada)*, sentence arbitrale du 11 mars 1941, *Rec.*, vol. III, p. 1965. Pour une étude systématique de la notion, voir S. Besson, « La *due diligence* en droit international », *Recueil de cours*, tome 409 (2020), p. 153-398.
18. R. S. J. Tol et R. Verheyen, « State Responsibility and Compensation for Climate Change Damages – a Legal and Economic Assessment », dans *Energy Policy*, 32, 2004, p. 1109-1130, p. 1111 ; J. Peel, « Unpacking the Elements of a state Responsibility Claim for Transboundary Pollution », dans S. Jayakumar *et al.* (dir. publ.), *Transboundary Pollution: Evolving Issues of International Law and Policy*, Elgar, 2015, p. 51 ; S. Maljean-Dubois, « Les obligations de diligence dans la pratique : la protection de l'environnement », dans S. Cassella (dir. publ.), *Le standard de* due diligence *et la responsabilité internationale*, journée d'études du Mans, Pedone, 2018, p. 145-162 ; V. R. Yotova, « The Principle of Due Diligence and Prevention in International Environmental Law », *The Cambridge Law Journal*, vol. 75, 2016, p. 445-448.
19. R. S. J. Tol et R. Verheyen, « State Responsibility and Compensation for Climate Change Damages – a Legal and Economic Assessment », *op. cit.*, p. 1112 ; P. D'Argent, « Les obligations internationales », *Recueil des cours*, tome 417 (2021), p. 9-210, p. 181.
20. *Licéité de la menace ou de l'emploi d'armes nucléaires*, *op. cit.*, opinion dissidente du juge Koroma, p. 578 ss et l'opinion dissidente du juge Weeramantry, p. 456-458.

Les données scientifiques permettent d'établir la causalité générale entre les émissions de GES de source anthropique et le réchauffement climatique [21]. En revanche, la causalité spécifique requiert la preuve qu'une activité spécifique a causé un dommage spécifique. Ce lien de causalité est forcément diffus, au regard d'une causalité complexe et cumulative avec la variabilité naturelle [22]. Sa preuve est donc souvent difficilement rapportée.

Hormis ces obstacles, ou en les supposant neutralisés, l'on peut s'interroger sur l'existence même de mécanismes internationaux de réparation des dommages climatiques. La particularité des dommages climatiques invite à se demander si les mécanismes internationaux de réparation peuvent leur assurer une réparation appropriée. Autrement dit, les mécanismes internationaux de réparation sont-ils adaptés aux dommages climatiques? Quels outils le droit international peut-il mobiliser pour répondre aux défis posés par leur réparation?

Afin de répondre à ces questions, la présente analyse se fondera principalement sur les règles de droit international général éclairé au besoin par la pratique nationale des Etats. En outre, dans la mesure où les Etats restent concurrencés par des acteurs non étatiques qui influencent considérablement le système juridique international [23], il conviendra de prendre subsidiairement en compte le droit transnational [24] en vue de saisir sa potentielle contribution à la réparation des dommages climatiques. Nous nous emploierons donc à exposer les difficultés dans la réparation des dommages causés par les changements climatiques avant d'identifier les solutions envisageables. Ainsi, après avoir montré l'inadaptation des mécanismes internationaux de réparation des dommages causés par les changements climatiques (sect. 1), nous nous interrogerons sur l'adaptabilité du droit international à la réparation desdits dommages (sect. 2).

---

21. B. D. Santer *et al.*, «Detection of Climate Change and Attribution of Causes», dans J. T. Houghton, L. G. Meira Filho *et al.* (dir. publ.), *Climate Change 1995: The Science of Climate Change*, Cambridge University Press, Cambridge, 1996, p. 407-433; J. F. B. Mitchell *et al.*, «Detection of Climate Change and Attribution of Causes», dans J. T. Houghton, Y. Ding *et al.* (dir. publ.), *Climate Change 2001: The Scientific Basis. Report of Working Group of the Intergovernmental Panel on Climate Change*, Cambridge University Press, Cambridge, 2001.
22. S. Maljean-Dubois, «Au milieu du gué: le Mécanisme de Varsovie relatif aux pertes et préjudices liés aux changements climatiques», dans A.-S. Tabau (dir. publ.), *Quel droit pour l'adaptation aux territoires aux changements climatiques. L'expérience de l'île de la Réunion*, DICE éditions, Confluence des droits, collection d'ouvrages numériques, 2018, p.123-134, p. 126.
23. P. Reuter, «Principes de droit international public», *Recueil des cours*, tome 103 (1961), p. 432-433; G. Scelle, *Manuel élémentaire de droit international public*, 1943, p. 258.
24. Ph. Jessup, *Transnational Law*, New Haven, Yale University Press, 1956, p. 2; G. Lhuilier, *Le droit transnational*, Dalloz, 2016, p. 6; Ch.-A. Morand, «Le droit saisi par la mondialisation: définitions, enjeux et transformations», dans Ch.-A. Morand (dir. publ.), *Le droit saisi par la mondialisation*, Bruxelles, Bruylant, 2001, p. 85 et 98.

SECTION 1 L'INADAPTATION DES MÉCANISMES INTERNATIONAUX DE RÉPARATION DES DOMMAGES CAUSÉS PAR LES CHANGEMENTS CLIMATIQUES

Les mécanismes de réparation tels qu'appliqués en droit international n'ont pas été pensés pour les dommages climatiques[25]. Ainsi, leur application aux dommages climatiques soulève-t-elle des difficultés, qu'il s'agisse de la *restitutio in integrum* (par. 1), de l'indemnisation (par. 2) ou de la satisfaction (par. 3).

Paragraphe 1 L'inadaptation de la *restitutio in integrum*

La *restitutio in integrum* constitue l'objectif de toute réparation[26]. Elle est mise en œuvre par la réparation en nature. Cette dernière peut être *in situ* ou *ex situ*. Dans le contexte des dommages climatiques, la réparation en nature *in situ* est le plus souvent irréalisable (A) alors que celle *ex situ* se heurte à certaines limites (B).

A. La difficile réparation en nature in situ

La réparation en nature *in situ* s'opère par la remise en état[27]. Son application aux dommages climatiques est confrontée à des obstacles touchant à sa faisabilité[28]. Le premier obstacle à la faisabilité de la réparation en nature *in situ* tient d'abord à la détermination du *statu quo ante*. Dans la mesure où la plupart des dommages climatiques sont à la fois continus et irréversibles, il existe une difficulté à déterminer le *statu quo ante* face à la progressivité

---

25. «Résumé des décisions rendues par les tribunaux internationaux en matière de responsabilité des Etats, préparé par le Secrétariat», *Ann. CDI*, 1964, vol. II, doc. A/CN.4/169, p. 171, paragraphes 162-199; «Résumé des débats dans divers organes des Nations Unies et des décisions qui y ont fait suite: Document de travail préparé par le Secrétariat», doc. A/CN.4/165 du 7 février 1964, p. 137, paragraphe 44.
26. *Ahmadou Sadio Diallo (République de Guinée c. République démocratique du Congo), indemnisation, arrêt, CIJ Recueil 2010* (II), p. 691, paragraphe 161; *Projet Gabčíkovo-Nagymaros (Hongrie/Slovaquie), arrêt, CIJ Recueil 1997*, p. 80, paragraphe 150; *Usines de pâte à papier sur le fleuve Uruguay (Argentine c. Uruguay), arrêt, CIJ Recueil 2010 (I)*, p. 103, paragraphe 273; *Certaines activités menées par le Nicaragua dans la région frontalière (Costa Rica c. Nicaragua)*, indemnisation due par le Nicaragua au Costa Rica, arrêt du 2 février 2018, paragraphe 30.
27. Article 31, alinéa 1, Projet d'articles sur la responsabilité de l'Etat pour fait internationalement illicite; article 8.*f* et 14.2 de la Convention sur la diversité biologique; *Navire « SAIGA » (n° 2) (Saint-Vincent-et-les-Grenadines c. Guinée), arrêt, TIDM Recueil 1999*, p. 65, paragraphe 170; *Navire « Virginia G » (Panama/Guinée-Bissau), arrêt, TIDM Recueil 2014*, p. 116, paragraphe 428; *Navire «Norstar» (Panama c. Italie), arrêt, TIDM, Recueil 2019*, paragraphe 316.
28. P. M. Dupuy, «Le droit à la santé et la protection de l'environnement», dans J.-R. Dupuy (dir. publ.), *Le droit à la santé en tant que droit de l'homme*, 1979, p. 340-414; p. 341.

du dommage. Même lorsque certains dommages climatiques sont instantanés et réversibles, tels que certains dommages causés à l'environnement, la faisabilité peut encore se poser dès lors que le temps est capable, à lui seul, de restaurer l'environnement par l'auto-régénération de la nature[29]. Si l'échelle du temps permet de distinguer les préjudices immédiatement réparables de ceux qui ne le sont pas, c'est aussi par son influence que le temps agit comme un facteur supplémentaire de complexification dans la réparation en nature[30]. La faisabilité interroge ensuite notre capacité à restaurer l'environnement dans son état initial au regard de l'unicité des écosystèmes environnementaux[31]. Au-delà des difficultés à déterminer l'(ir)réversibilité d'un dommage ou même connaître l'état initial du milieu environnemental endommagé avant la survenance de la catastrophe écologique[32], l'impossibilité tient surtout à la capacité à remédier à l'extinction définitive d'espèces animales ou végétales ou de les remplacer par d'autres espèces dans le même écosystème, s'il s'agissait de niches écologiques uniques ou d'espèces endémiques[33]. La même difficulté s'applique aux écosystèmes complexes présentant des conditions biophysiques particulières. Le Comité F4 de la Commission d'indemnisation des Nations Unies (CINU) a indiqué que l'application du *statu quo ante* devrait tenir compte du lieu où se trouvent les ressources endommagées et l'usage qui en est fait ou qui pourrait en être fait, la nature et l'ampleur du dommage, la possibilité d'effets nocifs ultérieurs, la viabilité des mesures de remise en état proposées et la nécessité d'éviter des dommages collatéraux pendant et après leur application. Ainsi, la réparation en nature *in situ* de l'environnement devrait se faire « du point de vue de son fonctionnement écologique global » plutôt que « dans un état physique particulier »[34]; l'objectif étant « de rétablir l'environnement ou les ressources endommagées dans l'état où ils se seraient

---

29. G. Viney, « Le préjudice écologique », *Resp. civ. et assur.*, mai 1998, n° spécial, p. 6.
30. P. Brun, « La temporalité et les préjudices liés au dommage environnemental », dans L. Neyret et G. J. Martin (dir. publ.), *Nomenclature des préjudices environnementaux*, LGDJ, 2012, p. 181-191 ; *Commission africaine des droits de l'homme et des peuples c. République du Kenya*, requête n° 06/2012, Cour ADHP, arrêt (réparations) du 23 juin 2022, paragraphe 66.
31. Paragraphe 1 du préambule de la Convention CITES du 3 mars 1973 ; paragraphe 1 du Préambule de la Convention sur la diversité biologique ; N. De Sadelier, « Le principe de prévention : analyse coût-bénéfice de la mesure préventive », dans S. Maljean-Dubois (dir. publ.), *L'outil économique en droit international et européen de l'environnement*, CERIC, 2002, p. 43-51, p. 44 : « Chaque milieu, chaque espèce est irremplaçable ».
32. C. Cans et C. De Klemm, « Un cas d'irréversibilité : l'introduction d'espèces exogènes dans le milieu naturel », *RJE*, 1998, p. 101 s.
33. M. Fritz-Legendre, « Biodiversité et irréversibilité », *RJE*, 1998, p. 79 s., spéc. p. 85-86.
34. CINU, 3e rapport, paragraphe 48 ; et 5e rapport, paragraphe 82 ; A. Kolliopoulos, *La Commission d'indemnisation des Nations-Unies et le droit de la responsabilité internationale*, LGDJ, Paris, 2001, p. 205 s. et p. 230.

trouvés »[35]. Cette position est partagée par la pratique nationale des Etats. Dans l'affaire *Carlos Schneider*, un tribunal brésilien, se fondant sur le fonctionnement écologique global d'une forêt de mangroves, a ordonné sa restauration[36].

La faisabilité touche enfin à l'application de la réparation en nature aux dommages climatiques subis par les Etats insulaires ou sahéliens. Si la montée du niveau des mers touche potentiellement tous les Etats, elle affecte plus particulièrement les petits Etats insulaires[37]. Elle constitue une menace existentielle[38] pour ces Etats qui risquent de disparaître du fait de leur submersion[39]. La perte de leur territoire, de leur « étaticité »[40] entraînera des déplacements forcés et exposera des milliards de personnes à des risques environnementaux et climatiques[41]. Si la relocalisation de la population sur une partie dudit territoire peut constituer une mesure d'adaptation, elle ne vaut pas remise en état[42]. Les communautés insulaires sont caractérisées par des valeurs culturelles, économiques et sociales, reflet de leurs identités socio-culturelles[43]. La disparition de leur territoire portera atteinte à ces valeurs et identités socioculturelles en brisant le lien nature-culture[44]. Il s'agira d'un

---

35. 3ᵉ rapport du Comité F4, paragraphe 47.
36. *Ministère public c. H. Carlos Schneider S/A Comércio e Indústria* et al., décision du 2 décembre 2009 confirmée par la Cour fédérale régionale de la quatrième région, puis de nouveau par la Cour supérieure de justice.
37. Voir sur le sujet la contribution de Jean-Baptiste Dudant dans cet ouvrage.
38. A. Roach, « Sea Level Rise and the Law of the Sea : Maritime Zones and Maritime Boundaries », dans M. H. Nordquist, J. N. Moore et R. Long (dir. publ.), *The Marine Environment and United Nations Sustainable Development Goal* 342, Brill, 2018, p. 348 ; P. P. Wong *et al.*, « Coastal Systems and Low-Lying Areas », dans Ch. B. Field *et al.* (dir. publ.), *Climate Change 2014 : Impacts, Adaptation. and Vulnerability, Part A : Global and Sectoral Aspects. The Working Group II Contribution to the Fifth Assessment Report of the Intergovernmental Panel on Climate Change*, Cambridge University Press, 2014, p. 364.
39. J. G. Stoutenburg, « Implementing a New Regime of Stable Maritime Zones to Ensure the (Economic) Survival of Small Island States Threatened by Sea-Level Rise », 2011, 26 *International J Maritime & Coastal L 263*, p. 265.
40. O. Sharon, « Disappearing States. State extinction through Climate Change », dans B. Mayer et A. Zahar (dir. publ.), *Debating Climate Law*, CUP, 2021, p. 349-364.
41. S. A Kulp et B. H. Sirauss, « New Elevation Data Triple Estimates of Global Vulnerability to Sea-Level Rise and Coastal Flooding », 2019, 10 *Nature Communication,* p. 4844 ; US GAO Report, « Alaska Native Villages : Limited Progress has been made on Relocating Villages threatened by Flooding and Erosion », *GAO-09-51*, juin 2009.
42. A. Venn, « Legal Claims for Reparation of Loss and Damage », dans B. Mayer et A. Zahar (dir. publ.), *Debating Climate Law*, CUP, 2021, p. 329-348, p. 345.
43. S. J. Anaya, *International Human Rights and Indigenous Peoples*, Aspen Publishers/Wolters Kluwer Law & Business, 2009, p. 1 ; S. Krakoff, « Indigenous Peoples and Climate Change », dans D. A. Farber et M. Peeters (dir. publ.), *Climate Change Law*, Edward Elgar Publishing, 2016, p. 627-636 ; L. Miranda, « Introduction to Indigenous People' Status and Rights under International Human Rights Law », dans R. Abate et E. Kronk (dir. publ.), *Climate Change and Indigenous Peoples : the Search for Legal Remedies*, Edward Elgar, 2013, p. 46.
44. Les Mélanésiens considèrent par exemple que les eaux du lagon abritent des divinités et que leur acidification porterait atteinte à leurs valeurs religieuses et

préjudice « bio-social », transversal et transgénérationnel que la relocalisation ne saurait combler [45]. En effet, le simple accès à la terre n'est pas suffisant pour protéger les droits à la terre [46]. En cas de disparition totale, la dation d'un territoire inhabité paraît difficilement envisageable ne serait-ce que pour des raisons pratiques [47]. En outre, si la désertification constitue une des causes du réchauffement climatique [48], les changements climatiques constituent en retour une menace pour les Etats désertiques déjà confrontés à des problèmes de canicules. Les effets des changements climatiques contribueront à exacerber les problèmes de santé publique, de stress hydrique et de sécurité alimentaire. Le retour au *statu quo ante* est presque irréalisable.

Face aux difficultés d'application de la réparation en nature *in situ*, le juge pourrait recourir à la réparation en nature *ex situ* qui, du reste, se présente comme « imparfaite » [49].

B. Les limites de la réparation en nature ex situ

On peut rapprocher la réparation en nature *ex situ* à la réparation par équivalent. L'équivalence serait traduite par l'équivalence des

---

traditionnelles, voir F. Ewald, A. Garapon, G. J. Martin *et al.* (dir. publ.), *Les limites de la réparation du préjudice*, Dalloz, 2009, p. 360; *Commission africaine des droits de l'homme et des peuples c. République du Kenya*, requête n° 06/2012, paragraphe 112; *Yakye Axa Indigenous Community c. Paraguay* (fond, réparations et dépens), Cour IADH, arrêt du 17 juin 2005, série C n° 125, paragraphe 131; *Observations générales, Comité des Nations Unies sur l'élimination de la discrimination raciale*, n° 23, paragraphe 5.

45. R. Lafargue, « Le préjudice culturel né du dommage environnemental : par-delà nature et culture, un préjudice écologique spécifique », dans L. Neyret et G. J. Martin (dir. publ.), *Nomenclature des préjudices environnementaux*, LGDJ, 2012, p. 219-250, p. 238.

46. *Commission africaine des droits de l'homme et des peuples c. République du Kenya*, requête n° 06/2012, *op. cit.*, paragraphe 110; *Saramaka People c. Suriname* (exceptions préliminaires, fond, réparations et dépens), Cour IADH, arrêt du 28 novembre 2007, paragraphe 110; 115; *Mayagna (Sumo) Awas Tingni Community c. Nicaragua* (fond, réparations et dépens), Cour IADH, arrêt du 31 août 2001, série C n° 79, pararaphe 153; *Indigenous Community Yakye Axa c. Paraguay* (fond, réparations et dépens), Cour IADH, arrêt du 17 juin 2005, série C n° 125, paragraphe 143; 215; *Moiwana Community c. Suriname* (exceptions préliminaires, fond, réparations et dépens), Cour IADH, arrêt du 15 juin 2005, série C n° 124, paragraphe 209.

47. « Il n'est jamais question de refaire la nature entièrement, et l'équité ne commande pas qu'un Etat sans accès à la mer se voie attribuer une zone du plateau continental, pas plus qu'il ne s'agit d'égaliser la situation d'un Etat dont les côtes sont étendues et celle d'un Etat dont les côtes sont réduites… Il ne s'agit donc pas de refaire totalement la géographie dans n'importe quelle situation de fait »,
voir *Affaires du plateau continental de la Mer du Nord (République fédérale d'Allemagne c. Danemark; République fédérale d'Allemagne c. Pays-Bas)*, arrêt, CIJ Recueil 1969, paragraphe 91 (nous soulignons).

48. Ch. Voigt, *op. cit.*, p. 1.

49. J. Carbonnier, *Droit civil, vol. II, Les biens, Les obligations*, coll. Quadrige, PUF, 2004, n° 286.

écosystèmes endommagés que l'on cherche à réparer. Mais, pour éviter les confusions avec les autres formes de réparation utilisées en cas d'impossibilité de recourir à la *restitutio in integrum*, il conviendrait de parler d'une réparation en nature *ex situ*. La réparation en nature *ex situ* permet au juge d'ordonner, en cas d'impossibilité d'une réparation en nature *in situ*, l'introduction d'éléments dans un milieu autre que celui endommagé [50]. Une telle opération paraît plus ou moins adaptée aux dommages environnementaux découlant des changements climatiques. En effet, certaines conventions privilégient la réparation en nature *ex situ*, en cas de dommages environnementaux, lorsque la réparation en nature *in situ* est irréalisable [51]. C'est le cas de la Convention de Lugano qui invite à recourir à la réparation en nature *ex situ*, en cas de dommages causant la disparition d'une espèce animale ou la destruction irrémédiable d'un biotope. C'est la même logique que privilégie la directive européenne 2004/35/CE sur la responsabilité environnementale en priorisant la réparation complémentaire et/ou compensatoire [52]. Dans la pratique internationale, la CINU a imposé à la Jordanie la réparation en nature *ex situ* en lui allouant des sommes destinées au rétablissement et au maintien de réserves additionnelles pour compenser les pertes de services naturels [53].

En revanche, la réparation en nature *ex situ* semble mal adaptée aux dommages climatiques. La réparation en nature *ex situ* doit être justifiée par une faisabilité matérielle, une viabilité écologique et une proportionnalité pratique. Or, avec la montée du niveau des mers, l'exposition des Etats insulaires aux risques de submersion partielle ou totale complique la réalisation de ces conditions [54]. Dans le contexte d'une disparition partielle d'un Etat insulaire, la relocalisation des populations insulaires dans des zones territoriales équivaudrait à une réparation par équivalent si elle favorise la conservation de leurs identités socio-culturelles. Il n'en serait pas ainsi en cas de disparition totale de l'Etat insulaire ayant entraîné une migration complète de la population vers un territoire étranger. Une telle situation entraînerait une impossibilité matérielle d'envisager une réparation par équivalent.

A défaut d'une réparation en nature *in situ* ou *ex situ*, le juge pourrait recourir à l'indemnisation.

---

50. B. Queffelec et J. Hay, «L'évaluation du préjudice environnemental en droit international», dans A. C. Cécile De Cet Bertin (dir. publ.), *Mer et responsabilité*, Actes du colloque de Brest, 16 et 17 octobre 2008, Pedone, 2009, p. 121-134.
51. Article 1) *a) viii)* de la Convention de Paris de 2004 sur la responsabilité civile dans le domaine de l'énergie nucléaire ; article 1.1) *m)* de la Convention de Vienne de 1997 ; article 2.2. *g)* du Protocole de Kiev et article 2.8) de la Convention de Lugano.
52. Directive 2004/35/CE du Parlement européen et du Conseil du 21 avril 2004 sur la responsabilité environnementale en ce qui concerne la prévention et la réparation des dommages environnementaux (JO L 143 du 30 avril 2004, p. 56-75) modifiée par le Règlement (UE) 2019/1010.
53. Rapport du Comité F4, annexes II et III.
54. *Société pour la protection des paysages et de l'esthétique de la Royaume-Uni et consorts c. les moulins de Lohan*, Cour administrative de Nantes, 5 mars 2019.

Paragraphe 2 **L'indemnisation des dommages causés par les changements climatiques**

La question de la réparation des dommages climatiques *per se* ne s'est pas encore véritablement posée dans un contentieux interétatique. Néanmoins, elle a été effleurée par la CIJ dans l'affaire *Certaines activités menées dans la région frontalière*[55] au sujet de l'indemnisation des dommages environnementaux. Les difficultés à indemniser les dommages environnementaux purs peuvent être transposées aux dommages climatiques. Elles sont liées à leur évaluation et à la proportionnalité dans la détermination de l'indemnité compensatoire. Si pour les dommages aux biens ou aux personnes, les juridictions considèrent la valeur de leur remplacement ou l'allocation d'indemnités forfaitaires[56] comme «la juste mesure de la réparation»[57], l'évaluation des dommages environnementaux est obstruée par l'impossibilité de leur estimation *ad valorem*[58]. Le Comité F4 de la CINU a adopté une vision marchande de l'environnement pour évaluer le coût des mesures d'atténuation du dommage écologique[59]. En optant pour une évaluation fondée sur les services écologiques[60], le Comité F4 a, non seulement éludé la fonction de *durabilité* qui sous-tend toute ressource naturelle surtout épuisable, mais aussi exclu toute considération liée aux générations futures. De même, dans l'affaire *Certaines activités menées par le Nicaragua dans la région frontalière*, la CIJ a déterminé l'indemnité globale[61] pour le Costa Rica, en affectant un prix par arbre détruit. C'est la même approche qu'elle a suivie dans l'affaire des *Activités armées sur le territoire du Congo* en déterminant l'indemnité globale du Congo RDC à partir de la valeur d'exploitation des ressources naturelles[62]. Dans les affaires *Burlington* et *Perenco*, le tribunal arbitral a privilégié une conception

---

55. *Certaines activités menées par le Nicaragua dans la région frontalière (Costa Rica c. Nicaragua)*, indemnisation, *op. cit.*, paragraphe 86.
56. *Détroit de Corfou (Royaume-Uni c. Albanie), fixation du montant des réparations*, CIJ Recueil 1949, p. 249.
57. *Détroit de Corfou, ibid.* ; *affaire du Navire « Saïga » (n° 2) (Saint-Vincent-et-les-Grenadines c. la Guinée)*, arrêt, TIDM Recueil 1999, paragraphe 176.
58. M. M. Mbengue, «Critical Assessment of Reparation in International Environmental Law», *Proceedings of the ASIL Annual Meeting*, 2017, vol. 110-2016, p. 293-297.
59. P. H. Sand, «Compensation for Environmental Damage from 1991 Gulf War», *Environmental Policy and Law*, 2005, vol. 35, n° 6, p. 244-249 ; J.-C. Martin, «La pratique de la Commission d'indemnisation des Nations Unies pour l'Irak en matière de réclamations environnementales», dans SFDI, *Le droit international face aux enjeux environnementaux, Colloque d'Aix-en-Provence*, Pedone, Paris, 2010, p. 257-274 ; CINU, 1er rapport, paragraphe 29.
60. J.-C. Martin, «La notion de dommage environnemental réparable en droit international : l'apport de la Commission d'indemnisation des Nations Unies», dans L. Neyret et G. J. Martin (dir. publ.), *Nomenclature des préjudices environnementaux*, LGDJ, p. 140.
61. Paragraphe 157 de l'arrêt.
62. Paragraphe 409-1) *c)* de l'arrêt.

marchande de l'environnement dans le calcul de l'indemnité compensatoire au titre des dommages environnementaux causés à l'Equateur [63]. Cette technique d'évaluation n'échappe pas aux juridictions des droits de l'homme. Dans l'affaire *Daniel Billy* et al. c. *Australie (Torres Strait Islanders Petition)*, le Comité des droits de l'homme a enjoint l'Australie non seulement de prévenir les dommages futurs, mais aussi d'indemniser les insulaires autochtones pour le préjudice subi du fait de l'insuffisance des mesures prises pour les protéger contre les effets néfastes des changements climatiques [64].

L'indemnisation des dommages climatiques suscite des questions relatives à la proportionnalité de l'indemnité compte tenu de la multiplicité des contributeurs aux émissions de GES. Concernant l'Etat demandeur en tant que contributeur au dommage, l'application de l'article 39 du Projet d'articles sur la responsabilité de l'Etat pour fait internationalement illicite peut être pertinente dans la mesure où, pour déterminer la réparation, il est tenu compte du comportement de la victime. La prise en compte du comportement de l'Etat lésé est largement étayée par la doctrine [65], la pratique des Etats [66] et la jurisprudence [67]. Elle n'est cependant pertinente que dans le cadre de la commission d'un fait internationalement illicite [68]. Or, l'établissement du fait illicite n'est pas toujours facile à opérer, ce qui rend difficile l'opérationnalisation de l'article 39 du Projet d'articles sur la responsabilité de l'Etat pour fait internationalement illicite. Une fois l'illicéité établie, l'indemnité devrait tenir compte de la part contributive de l'Etat lésé au dommage. Par ailleurs, si l'Etat défendeur n'est pas le seul contributeur au dommage et que d'autres, même sans être impliqués dans le litige, y ont contribué, l'application de l'article 47 du Projet d'articles de la CDI relatif à la «pluralité d'Etats responsables» est envisageable. Dans la mesure où les dommages découlent le plus souvent

---

63. *Burlington Resources Inc. Burlington c. Equateur*, CIRDI n° ARB/08/5, sentence du 7 février 2017, paragraphe 1099.B ; *Perenco Ecuador Ltd. c. République de l'Equateur et Empressa Estatal Petroleos del Ecuador*, ICSID case n° ARB/08/6, sentence du 27 septembre 2019.
64. *Daniel Billy* et al. c. *Australie (Torres Strait Islanders Petition)*, 3624/2019, rapport du 23 septembre 2022.
65. B. Graefrath, «Responsibility and Damage Caused : Relations between Responsibility and Damages», *Recueil des cours*, tome 185 (1984), p. 95 ; B. Bollecker-Stern, *Le préjudice dans la théorie de la responsabilité internationale*, Paris, Pedone, 1973, p. 265 et 300.
66. *Chemin de fer de la baie de Delagoa (Grande-Bretagne et Etats-Unis/Portugal)*, Martens, *Nouveau Recueil*, 2ᵉ Série, vol. XXX, p. 329 ; Moore, *International Arbitrations*, vol. II, p. 1865 (1900) ; C. D. Gray, *Judicial Remedies in International Law*, Oxford, Clarendon Press, 1987, p. 23 ; D. Dreyssé, *Le comportement de la victime dans le droit de la responsabilité internationale*, préface de Jean Combacau, Dalloz, 2021, p. 33 s.
67. *Affaire LaGrand (Allemagne c. Etats-Unis d'Amérique)*, arrêt, *CIJ Recueil 2001*, paragraphe 57, p. 116 et 466.
68. Commentaires de l'article 39, paragraphe 1-2.

de plusieurs faits isolés et indépendants [69], les possibilités d'invocation de l'article 47, applicable au cas d'un seul et même fait illicite, semblent réduites. La transposition d'une responsabilité solidaire bien réelle dans les ordres juridiques internes [70] au sein de l'ordre juridique international semble problématique au sens où «the absence of State practice and ignorance in international law literature on this issue do not allow the consideration of joint and several liability as a principle of international law» [71]. L'absence de principes uniformes relatifs à l'évaluation des dommages [72] devrait donc inciter le juge à recourir à des considérations d'équité [73]. Ces considérations d'équité pourraient s'inspirer du principe des responsabilités communes, mais différenciées et des capacités respectives.

A défaut d'appliquer l'indemnisation, le juge pourrait recourir à la satisfaction.

Paragraphe 3 **La satisfaction comme réparation des dommages causés par les changements climatiques**

D'après l'article 37 du Projet d'articles sur la responsabilité de l'Etat pour fait internationalement illicite, lorsque le fait illicite ne peut pas être réparé par la restitution ou l'indemnisation, l'Etat responsable est tenu de donner satisfaction. C'est «... une habitude de longue date des Etats et des cours et tribunaux internationaux d'utiliser la satisfaction en tant que remède ou forme de réparation...» [74] La satisfaction peut prendre plusieurs formes dont une reconnaissance de la violation [75]. Elle ne doit cependant pas être disproportionnée ou humiliante pour l'Etat responsable [76]. Dans la pratique, elle sert à réparer les préjudices immatériels [77]. Dans le cadre des dommages

---

69. C. Voigt, *op. cit.*, p. 19.
70. S. Caney, «Cosmopolitan Justice. Responsibility and Global Climate Change», *JIL*, 18, 2005, p. 125.
71. I. Brownlie, *Principles of International Law*, 6e éd., Oxford University Press, Oxford, 2003, p. 189.
72. G. Amador, L. B. Sohn et R. R. Baxter (dir. publ.), *Recent Codification of the Law of State Responsibility for Injury to Aliens*, Dobbs Ferry, NY, 1974, p. 89.
73. Commentaires à l'article 36 ARE, p. 263 ; G. H. Aldrich, *The Jurisprudence of the Iran-United States Claims Tribunal*, Oxford, Clarendon Press, 1996, p. 242 ; B. Graefrath, «Responsibility and Damages Caused : Relationship between Responsibility and Damages», *Recueil des cours*, tome ??? (1984), p. 101 ; C. D. Gray, *Judicial Remedies in international Law*, Oxford, Clarendon Press, 1987, p. 33 et 34 ; C. Voigt, «Climate Change and Damages», dans C. P. Carlane, K. R. Gray et R. Tarasofsky (dir. publ.), *op. cit.*, paragraphe 3.4.
74. *Rainbow Warrior (Nouvelle-Zélande/France)*, Nations-Unies, *Recueil des sentences arbitrales*, vol. XX, p. 272 et 273, paragraphe 122.
75. IACtHR, *Moiwana Community c. Suriname*, Judgment, Ser C n° 124(2005).
76. Article 37 du Projet d'articles de la CDI de 2001.
77. C. Dominicié, «De la réparation constructive du préjudice immatériel souffert par un Etat», dans *L'ordre juridique international entre tradition et innovation*, Recueil d'études, Paris, PUF, 1997, p. 354.

climatiques, la satisfaction peut prendre la forme d'une déclaration d'illicéité ou d'injonction de mesures de mise en conformité.

Si l'on considère que les dommages climatiques réparables sont ceux qui résultent de la violation des normes relatives aux émissions de GES, la déclaration d'illicéité d'une violation sans dommage matériel peut constituer en soi une satisfaction appropriée [78]. L'analogie entre le contentieux international et national est donc possible à ce niveau. En effet, quoique fondés sur des systèmes de responsabilité distincts, les ordres juridiques internes et international recourent aux mêmes modalités de réparation en cas de dommage. Ainsi, la déclaration d'illégalité dans le cadre des contentieux climatiques internes pourrait remplir une fonction similaire à une constatation d'illicéité par le juge international. Or, au titre de la réparation, le juge international en conclut le plus souvent à une satisfaction appropriée. De la même manière, les contentieux objectifs internes peuvent jouer un tel rôle. Il peut s'agir de simples déclarations d'illégalité fondées sur des interprétations de dispositions au contenu flou. C'est ainsi que, dans l'affaire *Gbemre*, un tribunal nigérian, sans ordonner de mesures particulières de réparation, a interprété le torchage du gaz comme une atteinte aux droits à la vie et à la dignité [79]. De même, dans l'affaire *Ntombentsha Beja*, la Haute Cour du Cap-Occidental, confirmant une conclusion de la Commission sud-africaine des droits de l'homme concluait que l'incapacité de la ville à assurer un assainissement sans danger portait atteinte à la dignité humaine [80]. De son côté, la Cour du district de Californie a, dans l'affaire *EPA*, annulé un règlement relatif au taux d'émission de GES pour illégalité [81]. Ces déclarations d'illégalité qui aboutissent le plus souvent à la reconnaissance de la responsabilité de l'Etat ou des entreprises ont une fonction de réparation préventive et confirment l'idée selon laquelle «[p]revention and reparation cannot be separated in a watertight fashion» [82].

La satisfaction peut aussi prendre la forme d'une injonction de mesures de mise en conformité décidées par le juge à la charge de l'Etat responsable. En matière environnementale, c'est ce que visait la demande du Japon au Tribunal tendant à ce qu'il ordonne à la Nouvelle-Zélande et à l'Australie de reprendre de toute urgence et de bonne foi les négociations dans les affaires du

---

78. *Détroit de Corfou*, fond, CIJ Recueil 1949, p. 35 repris dans le dispositif, p. 36.
79. *Gbemre c. Shell Petroleum Development Company Nigeria Limited* et al., Cour fédérale du Nigeria, arrêt du 30 novembre 2005 ; J. R. May et T. O. Dayo, «Dignity and Environmental Justice in Nigeria : The Case of *Gbemre c. Shell*», *Widener Law Review*, 25, 2019, p. 269-284..
80. *Ntombentsha Beja c. Premier of the Western Cap*, (3) All SA 401 (COE) 2011 (S. Afr.).
81. *California c.. EPA*, D.C. Circuit Court of Appeal du 4 mai 2021.
82. Ch. Tomuschat, «International Liability for Injurious Consequences Arising out of Acts not Prohibited by International Law : The Work of the International Law Commission», dans F. Francioni et T. Scovazzi (dir. publ.), *International Responsibility for Environmental Harm*, Graham & Trotman, 1991, p. 37-68, p. 47.

Thon à nageoire bleue[83]. Certaines affaires climatiques au plan interne vont dans le même sens. Dans l'affaire *Future generations*[84], conscient des effets de la déforestation sur les changements climatiques, un tribunal colombien a ordonné à la Colombie d'adopter et de mettre en œuvre des plans d'action pour gérer les problèmes de déforestation. Dans le même sens, la Cour suprême des Pays-Bas a enjoint, dans l'affaire *Urgenda*, aux Pays-Bas de réduire d'au moins 25% les émissions de GES à l'horizon 2020[85]. A sa suite, le tribunal de district de la Haye, dans l'affaire *Milieudefensie*, a ordonné à Shell de réduire ses émissions de 45% d'ici 2030[86].

Ainsi, l'examen des mécanismes internationaux de réparation révèle leurs limites s'agissant de fournir une réparation adéquate et efficace aux victimes des dommages climatiques. Il est donc nécessaire de s'interroger désormais sur l'adaptabilité du droit international.

SECTION 2   **L'ADAPTABILITÉ DU DROIT INTERNATIONAL À LA RÉPARATION DES DOMMAGES CAUSÉS PAR LES CHANGEMENTS CLIMATIQUES**

Les problèmes posés par la réparation des dommages climatiques ne sont pas tous insurmontables. Une adaptation du droit international est envisageable. Elle devrait, tout en prenant la direction d'un assouplissement des règles de responsabilité internationale de l'Etat, permettre au droit international de mieux saisir les entreprises multinationales. Elle pourrait ainsi évoluer non seulement par la modification du fondement de la responsabilité internationale (par. 1), mais aussi par le dépassement de cette dernière (par. 2).

Paragraphe 1   **La modification du fondement de la responsabilité internationale**

Le *nexus* entre la réparation et la responsabilité internationale nuit à l'efficacité de la réparation des dommages du fait des difficultés de mise en œuvre de la responsabilité internationale. Une telle défaillance, systémique,

---

83. *Thon à nageoire bleue*, TIDM, Mesures conservatoires, ordonnance du 27 août 1999, paragraphe 33 ; M. Kawano, «L'affaire du thon à nageoire bleue et les chevauchements de juridictions internationales», *AFDI*, vol. 49, 2003, p. 516-541, p. 520 s.
84. *Future generations c. Ministry of the environment and the others*, Colombia, supreme court, 5 avril 2018.
85. *Urgenda c. Pays-Bas*, Cour suprême des Pays-Bas, arrêt du 20 décembre 2019.
86. *Milieudefensie et al. c. Royal Dutch Shell plc*, tribunal du district de la Haye, jugement du 26 mai 2021(toujours pendant); IACtHR, *Nineteen Tradesmen v. Colombia*, Judgment, Ser C No 109 (2004).

commande de recourir à une objectivation (A) et/ou à une contractualisation (B) de la responsabilité climatique.

A. L'objectivation de la responsabilité climatique

L'objectivation de la responsabilité climatique part du postulat que les GES sont un produit dangereux dont l'émetteur a la garde ou le contrôle. Elle viserait à déplacer le fondement de la réparation du fait illicite vers le risque créé ou le dommage avéré pour faciliter l'accès de la victime à l'indemnisation en rendant l'auteur de l'activité dangereuse responsable des risques créés [87]. L'objectivation de la responsabilité climatique pourrait s'appliquer à la fois aux Etats – à titre principal ou subsidiaire – et aux entreprises multinationales.

La responsabilité objective climatique de l'Etat pourrait s'inspirer du régime de la responsabilité du fait des dommages résultant des activités particulièrement dangereuses impliquant des risques significatifs [88]. Cela comprend le nucléaire ou les activités liées à l'exploration de l'espace [89]. La responsabilité objective de l'Etat pour de telles activités découle au moins de deux fondements, l'un conventionnel et l'autre coutumier. Le fondement conventionnel de l'objectivation de la responsabilité de l'Etat en matière climatique réside dans les traités réglementant les activités dangereuses de nature nucléaire ou liées à l'exploration de l'espace. Ainsi, l'article VII du Traité de 1967 sur les principes régissant les activités des Etats en matière d'exploration et d'utilisation de l'espace extra-atmosphérique pose le principe de la responsabilité de l'Etat du point de vue du droit international pour «... des dommages causés ... sur la terre, dans l'atmosphère ou dans l'espace extra-atmosphérique ... à un autre Etat». De même, l'article II de la Convention sur la responsabilité internationale pour les dommages causés par des objets spatiaux de 1972 impose à l'Etat «de verser réparation pour le dommage causé par son objet spatial à la surface de la Terre ou aux aéronefs» [90]. La Convention de 1987 sur la responsabilité des dommages causés par les accidents radio-

---

87. P.-M. Dupuy, «L'Etat et la réparation des dommages catastrophiques», dans F. Francioni et T. Scovazzi (dir. publ.), *International Responsibility for Environmental Harm*, Londres, Graham and Trotman, 1991, p. 126-127.
88. P. Birnie, A. Boyle et C. Redgwell, *International Law and the Environment*, New York, OUP, 2009, p. 218; A. Kiss et D. Shelton, *Guide to International Environmental Law*, Leiden, Martinus Nijhoff Publishers, 2007a, p. 24; «Strict Liability in International Environmental Law», dans T. M. Ndiaye et R. Wolfrum (dir. publ.), *Law of the Sea, Environmental Law and settlement of disputes. Liber Amicorum Judge Thomas A. Mensah*, Leiden, Martinus Nijhoff, 2007b, p. 1131-1151, p. 1135.
89. R. Lefeber, *Transboundary Environmental Interference and the Origin of State Liability*, The Hague, Martinus Nijhoff, 1996, p. 150.
90. L'incident du Cosmos 954 qui a opposé le Canada à la Russie a été réglé en application de cette convention, voir K. Böckstiegel, «Case Law on Space Activities», dans N. Jasentuliyana (dir. publ.), *Space Law: Development and Scope*, Praeger Publishers, 1992, p. 206-218, p. 206.

logiques rend aussi les Etats principalement responsables des dommages nucléaires. Ces conventions, en subordonnant l'obligation d'indemnisation à la survenance du dommage, établissent une responsabilité objective de l'Etat à titre principal. L'application d'une telle obligation d'indemniser aux dommages causés par les émissions de GES serait tout à fait envisageable. Certes, la multiplicité des sources d'émissions pourrait conduire les Etats à s'opposer à une responsabilité objective absolue [91]. Mais, cela pourrait en tout état de cause favoriser une indemnisation partielle des dommages causés par les émissions de GES.

L'objectivation de la responsabilité de l'Etat en matière climatique pourrait aussi s'inspirer de l'obligation coutumière de négocier entre l'Etat d'origine et l'Etat affecté [92], en cas de dommages transfrontières résultant des activités qui ne sont pas interdites par le droit international. Cette obligation de négocier pour parvenir à une indemnisation des victimes, selon Robert Quentin-Baxter, se substitue à l'obligation de prévention [93]. De ce fait, cette obligation demeurerait à la charge des Etats même s'ils s'étaient conformés à leur obligation de prévention dès lors que des dommages seraient néanmoins causés. En pareille situation, dès que le dommage surviendrait et qu'un lien de causalité aurait été établi entre les émissions et lesdits dommages, l'Etat d'origine serait tenu objectivement d'assurer une indemnisation prompte, adéquate et effective aux victimes. L'obligation de fournir une indemnisation prompte et adéquate, constituerait à son tour un fondement d'objectivation de la responsabilité climatique de l'Etat. Une telle logique semble avoir été adoptée par le tribunal arbitral dans l'affaire de la *Fonderie de Trail* et, en partie, reprise par la CIJ dans l'affaire *Détroit de Corfou*. Dans la première affaire, conformément à l'article III [94] du compromis, le rôle du tribunal était de statuer sur le montant

---

91. E. Kosolapova, *Interstate Liability for Climate Change-Related Damage*, Eleven international Publishing, 2013, p.43 ; R. Lefeber, *op. cit.*, p. 181.
92. Sur l'application de cette obligation dans le cadre de dommages aux cours d'eau transfrontières, voir L. Boisson de Chazournes, *Fresh Water in International Law*, OUP, 2ᵉ éd., 2021, p. 258 s.
93. R. Q. Quentin-Baxter, Third report on international liability for injurious consequences arising out of acts not prohibited by international law, A/CN.4/360 & corr.1, *YILC*, vol. II, Part. I (1982), paragraphe 2 ; Draft Articles on Prevention of Transboundary Harm from Hazardous Activities, ILC report on the Work of its 53rd session, A/56/10, YILC, vol. II, Part. II (2001).
94. Article III :

«The Tribunal shall finally decide the questions, hereinafter referred to as "the Questions", set forth hereunder, namely: (1) Whether damage caused by the Trail Smelter in the State of Washington has occurred since the first day of January, 1932, and, if so, what indemnity should be paid therefor? (2) In the event of the answer to the first part of the preceding Question being in the affirmative, whether the Trail Smelter should be required to refrain from causing damage in the State of Washington in the future and, if so, to what extent? (3) In the light of the answer to the preceding Question, what measures or régime, if any, should be adopted or maintained by the Trail Smelter? (4) What indemnity or compensation, if any,

des indemnités et non sur la responsabilité internationale du Canada. L'esprit et la lettre des articles I[95] et III du compromis admettaient implicitement la responsabilité objective du Canada. Dans la deuxième affaire, la CIJ n'a pas établi la responsabilité de l'Albanie sur une obligation internationale claire et précise. Tout le raisonnement de la Cour est traversé par des «considérations élémentaires d'humanité» tirées d'un certain devoir de vigilance. Ce devoir de vigilance n'était pas, à cette époque, une norme secondaire. La Cour semble, dans cette affaire, avoir admis une responsabilité pour risque[96].

De même, le projet de Principes de la CDI relatif à la répartition des dommages et pertes, aurait pu, s'il n'était resté en l'état[97], constituer un fondement de l'obligation d'indemnisation prompte, adéquate et effective. En effet, celui-ci a pu considérer que le dommage environnemental *per se* pourrait être sujet à une obligation d'indemnisation prompte, adéquate et effective, impliquant le remboursement des coûts raisonnables des mesures de restauration et de rétablissement[98].

Quant à l'application de la responsabilité objective en matière climatique aux entreprises, elle découlerait de l'obligation d'indemniser en cas de dommages nucléaires ou de pollution. On le sait, les dommages climatiques dérivent pour la plupart des conséquences liées à la pollution du fait des émissions de GES. A ce titre, la logique de responsabilité objective mise en place par ces régimes conventionnels peut être appliquée *mutatis mutandis* aux dommages climatiques. La Convention de 1992 sur les effets transfrontières des accidents industriels et la Convention sur la pollution atmosphérique transfrontière à longue distance de 1979 (CLRTAP) pourraient être particulièrement pertinentes. Cette dernière convention traite de questions relatives à la prévention et la réduction des émissions de polluants et de ce fait, appréhenderait indirectement les émissions de GES. Les entreprises multinationales qui géreraient ou mèneraient des activités polluantes seraient en général les plus concernées

---

    should be paid on account of any decision or decisions rendered by the Tribunal pursuant to the next two preceding Questions?»

95. Article I :
    «The Government of Canada will cause to be paid to the Secretary of State of the United States, to be deposited in the United States Treasury, within three months after ratifications of this convention have been exchanged, the sum of three hundred and fifty thousand dollars, United States currency, in payment of all damage which occurred in the United States, prior to the first day of January 1932, as a result of the operation of the Trail Smelter.»

96. Voir à ce sujet, *Opinion dissidente* du juge Badawi Pacha jointe à l'arrêt, *Recueil 1949*, p. 65.

97. A. Kiss et D. Shelton, *op. cit.*, 2007a, p. 27-28.

98. Doc.A/CN.4/562. Add.1 ; «Projet de principes sur la répartition des pertes en cas de dommage transfrontière découlant d'activités dangereuses», *Annuaire de la Commission de droit international*, 2006, vol. II (2), commentaire au principe 2, paragraphe 29.

et devraient indemniser les victimes en cas de dommages sans que l'on ait besoin de démontrer une faute. En cas d'insolvabilité des entreprises, les Etats pourraient toujours être amenés à jouer subsidiairement un rôle de garant ou de caution pour les activités polluantes menées sur leur territoire ou sous leur juridiction[99]. Une telle responsabilité objective subsidiaire de l'Etat a été prévue par certaines dispositions conventionnelles. C'est notamment le cas de l'article 8, paragraphe 3 de la Convention de Wellington du 2 juin 1988 sur le régime des activités relatives aux ressources minérales dans l'Antarctique. D'après cette disposition, en cas de pollution par l'opérateur, l'Etat parrain est tenu, en vertu du droit international de réparer les dommages causés[100].

Cette technique de responsabilité objective pourrait être complétée par une contractualisation de la responsabilité climatique.

B. La contractualisation de la responsabilité climatique

Comment un contrat peut-il prévenir une sécheresse ou des inondations, déjouer un tsunami ou lutter contre la montée du niveau des mers voire stopper la fonte des glaciers ? On pourrait affirmer qu'on ne contractualise rien avec la nature. Il s'agit là pourtant d'une vision étriquée du tissu contractuel qui doit être dépassée[101]. Même s'il ne peut déjouer les tsunamis, le contrat peut être un outil de la lutte environnementale et climatique[102] permettant de contraindre les multinationales, imparfaitement saisies par le droit international[103], à réparer les dommages résultant de leurs émissions. Cette contractualisation peut être *ex ante* ou *ex post*.

La contractualisation *ex ante* pourrait se traduire par l'insertion dans les contrats d'investissement ou de commerce international de clauses procédurales et matérielles claires et précises de réparation en cas de dommages. Ces clauses permettraient de faire sauter le verrou du lien de causalité en faisant de la compensation une réparation véritablement « assumée ». Les parties pourraient alors choisir le type et la forme de réparation. De telles clauses, parfois insérées dans les contrats pétroliers et gaziers, sont destinées à mettre en place des procédures et des mesures pour réduire les impacts négatifs de l'activité des

---

99. Ph. Cahier, *Les relations internationales dans un monde en mutation*, Leyde, Sijthoff, 1977, p. 418.
100. Voir le texte de la Convention dans *RGDIP*, 1989, p. 182-245, spéc. p. 192.
101. O. Gout, «Le changement climatique et le contrat, perspective de droit interne», dans M. Hautereau-Boutonnet et S. Porchy-Simon (dir. publ.), *Le changement climatique, quel rôle pour le droit privé*, Dalloz, 2019, p. 109.
102. B. Fauvarque-Cosson, «L'entreprise, le droit des contrats et la lutte contre le changement climatique», *D*., 2016, P. 324.
103. A. Uff, «La réparation du dommage et la place du règlement transactionnel, point de vue des praticiens», dans SFDI, *L'entreprise multinationale et le droit international*, Colloque de Paris 8 Vincennes-Saint-Denis, A. Pedone, 2017, p. 483-507, p. 485 ; J. R. Crawford, *Brownlie's Principles of Public International Law*, 8ᵉ éd., Oxford, Oxford University Press, p. 122.

entreprises sur l'environnement et le climat ou à en réparer les conséquences. C'est en ce sens que la compensation *ex ante* pourrait aussi viser à réparer les impacts prévisibles d'un projet proposé [104]. Ce serait le cas des mesures compensatoires exigées comme conditions d'autorisation de projets ou mises en œuvre en amont parallèlement à la réalisation desdits projets. Un tel mécanisme pourrait mobiliser plusieurs instruments, notamment en recourant au *Green Banking* consistant pour l'entreprise à acheter des certificats de compensation à des banques de compensation qui auront réalisé a priori des mesures conservatrices de biodiversité. Le certificat acheté correspondrait à une « unité de biodiversité » à laquelle l'entreprise porterait atteinte. Un tel mécanisme est pratiqué dans plusieurs pays notamment aux Etats-Unis et au Brésil [105].

La contractualisation *ex post* s'activerait en cas de dommage avéré. La compensation pourrait être soumise à une procédure de négociation, de transaction ou d'arbitrage. Autrement dit, elle pourrait être mise en œuvre par un contrat négocié entre la victime et le responsable du dommage. Une telle technique a été utilisée dans le Pacte pour un développement durable du Grand Sud conclu entre Goro Nickel et le peuple kanak [106]. Dans ce pacte, la société minière s'est engagée à initier un processus de développement durable à travers le financement d'un programme de reboisement des zones périphériques non affectées par l'activité d'extraction [107]. De même dans l'affaire du *Minerai Samarco* [108] relative à l'effondrement d'un minerai de fer, dévastant des villages à proximité et provoquant un déversement massif de déchets chimiques causant des morts et la pollution des fleuves de la région, une transaction a été conclue avec le gouvernement brésilien tendant au versement de 6 milliards de réais à titre de réparation. C'est aussi par un mécanisme transactionnel que les dommages causés par les usines *Sandoz*, *Rodanet* et *Gerbair* ont été réparés [109].

Aux possibilités offertes par les mécanismes d'objectivation et de contractualisation s'ajoute la perspective d'un dépassement de la responsabilité internationale à travers la collectivisation des risques climatiques.

---

104. C. Oliveira, A. Pomade et B. Steinmetz, « La réparation de l'atteinte au milieu naturel », dans K. Martin-Chenut et R. de Qenaudon (dir. publ.), *La responsabilité sociale des entreprises saisie par le droit. Perspectives interne et internationale*, A. Pedone, 2016, p. 381-396, p. 390.
105. *Id.*
106. Sur ce pacte, consulter PACTE-VALE-5-ANS-min.pdf (fondation-vale.nc).
107. L. Neyret, « Le préjudice collectif », dans L. Neyret et G. J. Martin, *op. cit.*, p. 193 s.
108. Sur cette affaire, voir A. Uff, « La réparation du dommage et la place du règlement transactionnel, point de vue des praticiens », dans SFDI, *L'entreprise multinationale et le droit international*, colloque de Paris 8 Vincennes-Saint-Denis, A. Pedone, 2017, p. 483-507.
109. *Id.*

Paragraphe 2   Le dépassement de la responsabilité internationale

Certains dommages climatiques sont permanents et irréversibles. L'objectivation et la contractualisation de la responsabilité n'offrent pas, dans ce cas, une grande prévisibilité permettant d'intégrer les aléas dans la gestion des dommages climatiques. Celles-ci ne sont alors efficaces que de manière ponctuelle. Le recours au Mécanisme international de Varsovie (A) pourrait y remédier. Il devrait, en revanche, être soutenu par la création de fonds d'indemnisation (B).

A. Le Mécanisme international de Varsovie

Le Mécanisme international de Varsovie (WIM) fait partie des innovations du régime du climat. Pour comprendre sa contribution à la collectivisation des risques climatiques (2), il convient de revenir au préalable sur ses origines (1).

1. La création du Mécanisme de Varsovie

Le Mécanisme de Varsovie trouve son origine dans une proposition de Vanuatu relative à la reconnaissance, à l'évaluation et à la compensation des dommages inévitables et irrémédiables causés par les changements climatiques d'origine anthropique[110]. Cette proposition a été avalisée par l'Alliance des petits Etats insulaires (AOSIS). Même si l'AOSIS ne s'intéressait qu'aux *dommages*, l'objectif mis en avant qui était la gestion des effets des changements climatiques justifiait d'y inclure aussi les *pertes*. Les dommages, en effet, renvoient aux conséquences humaines des changements climatiques pouvant être facilement quantifiées en termes monétaires, alors que les pertes, notion plus large, renvoient aux conséquences non évaluables en argent[111]. Avec l'adoption de la CCNUCC, les Etats ont reconnu la nécessité de répondre aux besoins spécifiques des pays en développement face aux «effets néfastes des changements climatiques»[112]. La logique de la CCNUCC était axée sur des approches d'atténuation et d'adaptation. Elle sera renforcée par plusieurs

---

110. Vanuatu, Negotiation of a Framework Convention on Climate Change, UNFCCC (1991), Submission by Vanuatu on behalf of AOSIS, «Draf annex relating to Article 23 (Insurance) for inclusion in the revised single text on elements relating to mechanisms (A/AC.237/WG.II/Misc.13) submited by the Co-Chairmen of Working Group II» (1991), reproduced in Intergovernmental Negotiating Commitee for a Framework Convention on Climate Change, 4th session, «Elements relating to mechanisms», A/AC.237/WG.II/CRP. 8 (1991) 2, p. 2, paragraphe 1 (5).
111. M. Doelle, «Loss and Damage in the UN Climate Regime», dans D. A. Farber et M. Peeters (dir. publ.), *Climate Change Law*, vol. I, Elgar Publishing, 2016, p. 617-636, p. 618.
112. Article 4.8 de la CCNUCC.

autres déclarations et décisions des COP, dont le Plan d'Action de Bali qui a reconnu l'existence d'impacts négatifs irréductibles et insurmontables [113] et le Cadre d'adaptation de Cancún qui incitait à une approche coopérative pour traiter les pertes et préjudices découlant des changements climatiques [114]. Ce processus a abouti à la consécration formelle du Mécanisme international de Varsovie en 2013 [115], lequel a par la suite été intégré dans l'Accord de Paris [116]. Toutefois, ni la CCNUCC, ni l'Accord de Paris ne définissent la notion de «pertes et préjudices» [117]. Du reste, la CCNUCC en évoquant les pertes et préjudices économiques et non économiques [118] permet de définir de manière extensive les pertes et préjudices comme impliquant toutes pertes inévitables découlant des impacts des changements climatiques [119], y compris les pertes résiduelles [120] qui ne peuvent être prévenues par l'adoption des mesures d'atténuation ou d'adaptation par les Etats. Or, la conception large de la notion de pertes et préjudices a des implications juridiques sur le choix et l'adéquation des réponses à y apporter. Qui plus est, elle entraîne une extension des débats au-delà de la compensation et de la finance climatique aux questions de droits de l'homme et des devoirs des Etats dans le contexte du droit des migrations [121]. Les Etats, en reconnaissant «la nécessité d'éviter les pertes et préjudices liés aux effets néfastes des changements climatiques, [...] de les réduire au

---

113. UNFCCC Decision 1/CP.13(2007), dans UN doc. FCCC/CP/2007/6/Add.1(Bali Action Plan).d.
114. UNFCCC Decision 1/CP.16 (2010)[25], dans UN doc. FCCC/CP/2010/7/Add.1. Cette conférence a créé le cadre d'adaptation de Cancún, voir décision 2/CP.19, paragraphe 3.
115. Décision 2/CP.19, paragraphes 1 et 2.
116. Article 8.2 de l'Accord de Paris; S. Maljean-Dubois, «Au milieu du gué: le Mécanisme de Varsovie relatif aux pertes et préjudices liés aux changements climatiques», dans A.-S. Tabau (dir. publ.), *Quel droit pour l'adaptation aux territoires aux changements climatiques. L'expérience de l'île de la Réunion*, DICE éditions, Confluence des droits, collection d'ouvrages numériques, 2018, p. 123-124, p. 123.
117. A. Venn, «Legal Claims for Reparation of Loss and Damage», *op. cit.*, p. 330.
118. UNFCCC, A literature review on the topics in the context of thematic area 2 of the work programme on loss and damage: a range of approaches to address loss and damage associated with the adverse effects of climate change. Note by the secretariat, FCCC/SBI/2012/INF.14, 15 novembre 2012, paragraphe 2. Y. Chavaillaz *et al.*, «Exposure to Excessive Heat and Impacts on Labour Productivity linked to Cumulative CO2 Emissions», *Scientific Reports*, 9, 2019, p. 13711.
119. M. Burkett, «Reading between the Red lines: Loss and Damage and the Paris Outcome», *Climate Law*, 6, 2016, p. 118-119.
120. G. Vulturius et M. Davis, «Defining Loss and Damage. The Science and Politics around One of the Most Contested Issues within the UNFCCC» (SEI 2016); O. Serdeczny, «Non-Economic Loss and Damage and the Warsaw International Mechanism», dans R. Mechler *et al.* (dir. publ.), *Loss and Damage from Climate Change: Concepts, Methods and Policy Options*, Springer, 2019, p. 205.
121. *Ad Hoc* Working Group on the Durban Platform for Enhanced Action, Working Document, Second Session, Part Ten, 31, 4 août-4 septembre 2015, UNFCCC, paragraphe 5. E. Calliari, «Special COP31: What Role for Climate Migrants in the Paris Agreement?», *Climate Policy Observer*, 9 décembre 2015, http://climateobserver.org/special-cop21-what-role-for-climate-migrants-in-the-paris-agreement.

LE DROIT INTERNATIONAL AU DÉFI DE LA RÉPARATION DES DOMMAGES 513

minimum et d'y remédier»[122], ont, implicitement, assigné au Mécanisme de Varsovie une fonction de collectivisation des risques climatiques.

2. La contribution du Mécanisme de Varsovie à la collectivisation des risques climatiques

Le Mécanisme de Varsovie vise à renforcer la connaissance des outils globaux de gestion des risques pour en faciliter la réduction, l'atténuation et l'adaptation. La coordination du dialogue entre les acteurs d'une part, et le renforcement de l'action et le soutien au profit des pays les plus affectés[123] d'autre part, font du Mécanisme un simple outil de coopération, d'échange d'information et d'expérience. Ceci explique le fait que le Comité exécutif du Mécanisme travaille en étroite coordination avec plusieurs organes conventionnels notamment les mécanismes financiers tels que le Fonds de l'adaptation (AF), le Fonds spécial pour les changements climatiques (SCCF), le Fonds pour les Pays les moins avancés (LDCF), le Fonds pour l'environnement mondial (GEF) et le Fonds vert pour le climat (GCF)[124]. Si les pays développés se sont opposés aux initiatives des pays en développement et des petits Etats insulaires tendant à faire du Mécanisme un instrument assurantiel doté de fonctions de compensation et de réparation[125] en exigeant notamment l'exclusion formelle par l'article 8.2 de l'Accord de Paris de toute indemnisation fondée sur une reconnaissance de responsabilité[126], la décision CP.27-/CMA.4 de la COP27 a permis d'inscrire définitivement le Mécanisme dans une dynamique de collectivisation des risques climatiques[127].

L'article 8.3 de l'Accord de Paris reconnaissait déjà que

«Les Parties devraient *améliorer* la compréhension, l'*action* et l'*appui*, notamment par le biais du Mécanisme international de Varsovie, selon que de besoin, dans le cadre de la coopération et de la facilitation, eu égard aux pertes et préjudices liés aux effets néfastes des changements climatiques»[128].

Si cette voie paraissait encore incertaine, l'examen de certaines décisions de la COP laissait entrevoir un recours à des financements pour remédier aux pertes et préjudices. Il en est ainsi de la décision de Glasgow qui rappelait

---

122. Article 8 de l'Accord de Paris.
123. UNFCCC, décision 2/CP. 19, *op. cit.*
124. Accueil | Centre d'échange d'informations pour le transfert des risques (unfccc-clearinghouse.org).
125. http://aosis.org/wp-content/uploads/2012/11/AOSIS-Submission-Loss-and-Damage-Submission-Final.pdfn .
126. UNFCCC, Décision 1/CP. 21, 12 décembre 2015, adoption de l'Accord de Paris, paragraphe 51.
127. Décision-CP.27-/CMA.4 du 19 novembre 2022, préambule, pararaphe 8 et point 1.
128. UNFCCC, décision 1/CP. 21, *op. cit.* (nous soulignons).

notamment la nécessité d'intensifier le financement visant à prévenir les pertes et les préjudices [129]. De même, la pratique des pays du Nord témoignait d'une transformation progressive *de facto* du Mécanisme en un outil de financement *sui generis*. Ces pays, depuis les décisions de Doha, de Varsovie et de Lima, acceptent de manière progressive la réalité d'un appui technique et financier aux pays du Sud. Il y a là en quelque sorte une mise en œuvre du principe des responsabilités communes, mais différenciées [130]. Enfin, un lien peut être noué entre le Mécanisme de Varsovie et le Projet de Principes de la CDI relatifs à la répartition des pertes en cas de dommage transfrontière découlant d'activités dangereuses [131]. Les Etats, dans leurs commentaires à ce Projet, ont accordé une place aux effets des changements climatiques [132]. Or, tout comme le Mécanisme de Varsovie, le Projet de Principes prône un mécanisme de collectivisation des risques environnementaux et climatiques en incitant les Etats à recourir à des mécanismes de garantie [133].

Avec la décision de Charm el-Cheikh, les Etats ont décidé de lever tout voile sur le Mécanisme en lui reconnaissant une fonction de collectivisation des risques climatiques à travers la création de nouveaux mécanismes financiers pour assister les pays en développement qui sont particulièrement vulnérables aux effets des changements climatiques [134]. La création d'un fonds spécial pour les pertes et préjudices constitue une avancée notable en matière de justice climatique [135]. Par-delà le Mécanisme, la création de fonds d'indemnisation, en appui ou parallèlement, constituerait un gage d'une gestion multiniveaux des risques climatiques [136].

B. La création de fonds d'indemnisation

La création de fonds devrait répondre à deux objectifs précis : d'une part, financer de manière durable la gestion des risques liés aux changements climatiques et d'autre part, assurer une réponse rapide aux victimes en cas d'urgence. Le premier objectif exigerait la création d'un fonds d'indemnisation international, alors que le second objectif, lui, nécessiterait l'institution d'un fonds d'intervention rapide.

---

129. Décision 19/CMA.3, paragraphe 12, du 31 octobre au 13 novembre 2021.
130. Article 2. 2 de l'Accord de Paris.
131. Doc. A/CN.4/562. Add.1 ; « Projet de principes sur la répartition des pertes en cas de dommage transfrontière découlant d'activités dangereuses », *Annuaire de la Commission de droit international*, 2006, vol. II (2).
132. Voir les Commentaires du Pakistan (*ibid.*, p. 94), du Royaume-Uni et des Etats-Unis d'Amérique (*ibid.*, p. 95).
133. Principe 7.
134. Décision-CP.27-/CMA.4, *op. cit.*, point 2.
135. *Id.,* point 3.
136. L. Boisson de Chazournes, « La naissance d'un régime juridique international de protection du climat », *Questions internationales*, 2009, n° 38, p. 52-63.

Le fonds d'indemnisation international viserait à mettre en place un mécanisme de solidarité pour pallier les difficultés d'indemnisation liées aux problèmes d'imputation et du manque de ressources financières. Dans sa constitution, il pourrait être par exemple alimenté par les multinationales au prorata de leurs émissions de GES voire par toute entreprise dont les activités constituent des sources d'émission de GES. De plus, ce fonds pourrait être financé de manière substantielle par les pays développés au titre de leurs contributions historiques aux changements climatiques et par les pays en développement au titre du principe des responsabilités communes, mais différenciées. Concrètement, au niveau des pays développés, cette contribution pourrait se faire au niveau de chaque Etat par la création d'un fonds spécial, annuellement alimenté par le prélèvement d'une écotaxe spéciale. S'agissant des pays en développement, un prélèvement progressif et continu sur les fonds alloués par le Fonds pour l'environnement mondial et le Fonds vert pour le climat suffirait. De manière parallèle, ce fonds pourrait aussi être alimenté par une contribution complémentaire de la ligne budgétaire du Fonds vert pour le climat et du Fonds pour l'environnement mondial.

Toutefois, la création de ce fonds commande que certains défis politiques soient levés au préalable. Elle requiert notamment sur le plan politique, le consentement des Etats et des entreprises qui pourraient en être les principaux financeurs. Cette volonté politique reste à établir au regard des réticences et dissensions exprimées par les Etats autour de la question des pertes et préjudices.

S'agissant des entreprises, rien ne les exclut de la participation au financement dudit fonds dès lors que les Etats n'ont pas encore défini les critères d'opérationnalisation du fonds spécifique pour les pertes et préjudices créé par la décision de la COP27 [137]. En y participant, elles pourraient trouver un avantage dans une meilleure prévisibilité du risque. Un tel mécanisme pourrait leur permettre de mieux anticiper certains obstacles liés aux incertitudes financières qu'exigerait une indemnisation en cas de responsabilité.

Quant au fonds d'intervention rapide, il pourrait compléter ce fonds d'indemnisation international en assumant des fonctions d'indemnisation en cas d'extrême urgence. Le rôle du fonds d'intervention rapide est de fournir une réponse rapide en cas d'urgence avant même que le fonds d'indemnisation international ne soit saisi. Dans sa constitution, ce fonds pourrait être exclusivement alimenté par le fonds d'adaptation (AF), le fonds spécial pour les changements climatiques (SCCF) et le fonds pour les pays les moins avancés (LDCF). Pour éviter un traitement banalisant du fonds, il serait souhaité que dans le recours au fonds, une priorité soit accordée aux populations insulaires et aux minorités vulnérables. En tant que fonds d'intervention rapide, sa saisine n'exclut pas la possibilité de recourir au fonds d'indemnisation international.

---

137. Décision-CP.27-/CMA.4, *op. cit.*, point 5.

En effet, le fonds d'intervention rapide ne vise pas à assurer une indemnisation complète, mais à apporter un soutien conséquent aux victimes en cas d'urgence pour minimiser les conséquences.

Pour conclure, cette réflexion a permis de mettre en évidence à la fois les faiblesses et les perspectives d'évolution, des mécanismes classiques de réparation en droit international face aux dommages causés par les changements climatiques. Elle montre que le droit international offre une palette d'outils pour faire face aux défis majeurs posés par les changements climatiques.

Ainsi, la réparation des dommages causés par les changements climatiques bute contre des obstacles structurels que seule une adaptation du droit international pourra résoudre. Ces obstacles structurels reposent sur l'articulation de la réparation avec la structure du système de responsabilité internationale de l'Etat. Ce faisant, les obstacles à la mise en œuvre de la responsabilité internationale de l'Etat dans le contexte des changements climatiques se répercutent sur la réparation des dommages. Même dans l'hypothèse d'une neutralisation de tels obstacles, la pratique internationale et nationale révèle que, à droit constant, les mécanismes internationaux de réparation sont inadaptés aux dommages climatiques et ne sont pas en mesure de garantir une réparation adéquate et efficace aux victimes. Ces obstacles et défaillances rendent nécessaire une adaptation du droit international aux dommages causés par les changements climatiques, notamment en revisitant le mécanisme de responsabilité internationale. Une objectivation et contractualisation de la responsabilité climatique pourraient être envisagées pour favoriser l'accès des victimes à l'indemnisation et rendre les entreprises multinationales redevables et responsables des dommages causés, elles qui, jusqu'alors, ont été imparfaitement saisies par le droit international. De même, la création de fonds d'indemnisation peut-elle contribuer à assurer une meilleure collectivisation des risques climatiques. Ces mécanismes, qui nécessiteraient une participation active de nombreux acteurs étatiques et non étatiques, devraient toutefois composer avec la bonne volonté politique des Etats.

19 | Judging Without Waymarkers? The Engagement of Domestic Courts with International Climate Change Law

Esmeralda Colombo [*]

International law has long been applied in domestic courts. However, legal mobilization against dangerous climate change is relatively novel, and international law has only recently been deployed in domestic climate litigation. This chapter examines the emerging engagement of domestic courts with international climate change law in both theoretical and empirical terms. Climate change is posing a test to the engagement of domestic courts with international law. Specifically, domestic courts are called on to rule on climate change matters but lack guidance on the use of international law therein – a quandary that is metaphorically conceptualized as "judging without waymarkers". Through an empirical investigation, this chapter canvasses the responses that domestic courts are already devising to such a quandary by intersecting domestic law with international law in novel ways. In this context, the analysis focuses on judicial responses concerning the shared responsibility of State and non-State actors for dangerous climate change. This aspect is still unsettled in international law, constituting an adjudication challenge for domestic courts, as well as an opportunity to offer normative responses to the exceptionality of climate change through domestic litigation.

SECTION 1   **INTRODUCTION**

In 1991, Sir Robert Jennings declared that because climate change "is a global problem, it can only have a global solution", emphasizing that a global solution "must be brought about through the development of appropriate international law" [1]. Notwithstanding the relative success of the

---

[*] Marie Skłodowska-Curie Postdoctoral Fellow, RFF-CMCC European Institute on Economics and the Environment.
1. R. Jennings, "Preface", in D. Freestone and R. Churchill (eds.), *International Law and Global Climate Change*, London / Boston, Graham & Trotman / M. Nijhoff, 1991, p. ix.

Paris Agreement in terms of greenhouse gas (GHG) emissions coverage and participation [2], States parties are not on track to achieve its collective objective of limiting the mean global temperature change to well below 2°C above pre-industrial levels, while pursuing 1.5°C [3]. GHG emissions have continued to grow at high absolute rates [4], displaying the limited enforcement mechanisms within the international climate regime [5]. Beyond the mere implementation of the Paris Agreement, complementary approaches are needed [6].

One such complementary approach is offered by the adjudication of climate change issues in domestic courts, namely domestic climate litigation, which has emerged as a response to States' failure to mitigate or adapt to climate change [7]. Accustomed to engaging with cross-border issues, domestic courts have been increasingly confronted with climate change matters, with cases doubling worldwide since 2015 [8]. Nevertheless, climate litigation is adjudicated more often on administrative law and constitutional law, rather than international law grounds [9]. This circumstance prompts questions on whether international law has developed sufficiently, as Sir Jennings had wished, to provide domestic courts with guidance on how to adjudicate climate change based on international law.

This chapter claims that climate change is posing a test to international law within the fora of domestic courts, due to its exceptionality as a socio-legal phenomenon, which is here conceptualized as a three-pronged concept. First, as a multilevel governance problem, climate change requires polycentric coordination, in the absence of which climate policy may freeze or be ineffective [10]. Second, the super wickedness of climate change as a policy

---

2. IPCC, "Climate Change 2022: Mitigation of Climate Change. Contribution of Working Group III to the Sixth Assessment Report of the Intergovernmental Panel on Climate Change", J. Skea *et al.* (ed.), Cambridge, Cambridge University Press, 2022, 14-39.
3. 2015 Paris Agreement on Climate Change, FCCC/CP/2015/L.9/Rev.1, Article 2 (1) *(a)*. On the insufficiency of pledges for the 2020-2030 period, IPCC, *op. cit.*, Chaps. 14-24.
4. IPCC, *op. cit.*, TS-9.
5. J. I. Allan, "Dangerous Incrementalism of the Paris Agreement" (2019), 19 *Glob Env'l Polit* 4, pp. 4-5. See also IPCC, *op. cit.*, Chaps. 14, 38 and 39. B. J. Preston, "The Influence of the Paris Agreement on Climate Litigation: Legal Obligations and Norms (Part I)" (2020), 33 *JEL* 1, pp. 3 and 5-6.
6. S. Barrett and A. Dannenberg, *op. cit.*, p. 350. See also IPCC, *op. cit.*, Chaps. 14-45 *et seq.*
7. B. Preston, *op. cit.*, pp. 2 and 6.
8. J. Setzer and C. Higham, Global Trends in Climate Change Litigation: 2022 Snapshot, Grantham Research Institute on Climate Change and the Environment and Centre for Climate Change Economics and Policy, London School of Economics and Political Science, 2022, p. 1.
9. Similarly, J. Setzer and C. Higham, *op. cit.*, p. 26.
10. E.g. E. Ostrom and M. A. Janssen, in M. Spoor (ed.), "Multi-Level Governance and Resilience of Social-Ecological Systems", in M. Spoor (ed.), *Globalisation, Poverty and Conflict*, Springer Dordrecht 2004, p. 255. D. R. Fisher and P. Leifeld,

problem implies extremely complex planning and cooperation predicaments that are difficult to solve [11]. Third, its legal disruptiveness entails polycentric causes and consequences, scientific uncertainty, fairness conundrums and climate change's need for adaptive legal regimes, while the latter tend toward stability [12]. This socio-legal exceptionality tests domestic courts in their engagement with international climate law, namely the explicit engagement with the normative content of international law provisions. Accordingly, this chapter focuses on the engagement of domestic courts with international law to avoid the restrictive and culturally agnostic thinking implied in "enforcement" and "implementation" [13].

All three prongs of climate change as an exceptional phenomenon are relevant for international climate law, which is often invoked in domestic climate litigation in concert with climate science and other fields of law (e.g. human rights law). However, domestic courts are presently lacking guidance on how to apply international law to account for the exceptionality of climate change, what I term "judging without waymarkers". Waymarkers, like guides in the wilderness of existing provisions, could grant domestic courts some understanding of whether and how international law is applicable to climate matters, including whether and how to deal with regime synergies and systemic integration, as well as whether and how to evolve the law in light of climate science that States have endorsed [14]. The normative claim of this chapter is that waymarkers on engaging with international climate change law are needed and are currently lacking, leading to the quandary of domestic courts deciding international law–relevant aspects of climate change matters in a vacuum [15] (*infra* 3).

Recently, legal literature has started analyzing the role of domestic courts in regulating climate change based on international law [16]. This chapter seeks

---

"The Polycentricity of Climate Policy Blockage" (2019), 155 *Climate Change* 469, *passim*, IPCC, *op. cit.*, Chaps. 1-60.

11. G. Auld *et al.*, "Playing It Forward: Path Dependency, Progressive Incrementalism, and the 'Super Wicked' Problem of Global Climate Change" (ISA, 2007), pp. 8-10. R. J. Lazarus, "Super Wicked Problems and Climate Change: Restraining the Present to Liberate the Future" (2009), 94 *Cornell L. Rev.* 1153.

12. E. Fisher, E. Scotford and E. Barritt, "The Legally Disruptive Nature of Climate Change" (2017), 80 *Modern L. Rev.* 173, p. 178 *et seq.*

13. E. Colombo, "Access to Justice Reloaded: The Role of International Law in National Climate Change Cases", PhD Dissertation, University of Bergen, Skipnes Publishing, 2021, p. 2 *et seq.* A. Tzanakopoulos, *op. cit.*, p. 2.

14. On synergies in global climate governance, e.g. H. D. van Asselt, *The Fragmentation of Global Climate Governance: Consequences and Management of Regime Interactions*, Amsterdam, Vrije Universiteit, 2013, pp. 55 and 57.

15. Waymarkers are construed within an analogy to walking in the wilderness where directing arrows help find pathways, rather than as signposts dictating a specific response to domestic climate cases.

16. See e.g. A.-J. Saiger, "Domestic Courts and the Paris Agreement's Climate Goals: The Need for a Comparative Approach" (2020), 9 *TEL* 37. B. Preston, *op. cit.*

to contribute to this emerging literature by posing two questions. First, if international law assigns domestic courts a judicial function, does international law provide them with waymarkers, namely guiding directions, on how to decide climate matters? Second, are domestic courts developing relevant practice on the use of international law in matters that remain unsettled in international law, notably shared responsibility for dangerous climate change? Shared responsibility arises when a multiplicity of actors contributes to a single harmful outcome, being thus instrumental to the resolution of several climate change cases. Yet it is still unsettled in international law (*infra* 4.1). To this end, the chapter turns to the analysis of the international law of shared responsibility in domestic courts. It does so in both theoretical terms, through the evaluation of domestic courts' role in the international legal architecture, and empirical terms, through content analysis of domestic courts' decisions applying international law.

The remainder of this chapter proceeds as follows: Section 2 elaborates on the institutional role of domestic courts within the international legal architecture and domestic courts' engagement with international climate change law. Section 3 turns to the legal concept of judging without waymarkers, capturing the quandary of domestic courts that are charged with adjudicating international law-relevant aspects of climate change matters without guidance on how to apply relevant international law. Section 4 distills how domestic courts are setting what I call "bottom-up waymarkers" in the unsettled field of shared responsibility for dangerous climate change. Section 5 finds that the present analysis reinforces the case for domestic courts as actors of polycentric climate governance, but it also poses challenges to the development of international law. Section 6 concludes.

SECTION 2 **THE ROLE OF DOMESTIC COURTS IN THE INTERNATIONAL LEGAL ARCHITECTURE**

Paragraph 1 **Introduction**

While tackling the engagement of domestic courts with international law in climate cases, the literature usually focuses on how international climate law, notably the Paris Agreement, is influencing domestic legislation and litigation [17]. Conversely, whether international law confers domestic courts an international judicial function – and whether domestic

---

(n. 5). L. Wegener, "Can the Paris Agreement Help Climate Change Litigation and Vice Versa?" (2020), 9 *TEL* 17. O. Spijkers, "Climate Litigation as Global Law" (2021), *GCYILJ* 431.
17. See e.g. B. Preston, *op. cit.*, p. 3. Remarking on this approach, A. Tzanakopoulos, "Domestic Courts in International Law: The International Judicial Function of National Courts" (2011) 34 Loyola of Los Angeles, *International and Comparative Law Review* 133, pp. 133-134.

courts assume and discharge such a function within the international legal architecture – remains underexplored. Such knowledge gap is largely due to lacking clarity on which regulatory tasks are assigned to which level of climate governance (*supra* 1). Accordingly, this section centers on the role of domestic courts in deciding climate change cases within the international legal architecture. Further, it employs content analysis to retrieve cases where domestic courts have applied international law in climate litigation.

The subsequent investigation is conducted under the assumption that domestic courts operate as independent, impartial and incorrupt domestic judiciaries upholding the rule of law [18]. Comparability is enabled by the *tertium comparationis* of courts' explicit engagement with international law (*supra* 1) and the methodology of carrying out micro-comparisons about how domestic courts have engaged with international law in relation to the same issue, here, shared responsibility for dangerous climate change [19]. While acknowledging legal cultural specificities [20], the comparability among the retrieved cases is enabled by the common type of engagement of domestic courts with international law, as all concerned courts have deployed international law as a parameter to interpret domestic law (*infra* 2.2). This type of engagement eclipses the distinction between monist and dualist legal systems [21]. Because of this consideration and the limited scope of the analysis, this section does not detail more general issues, such as the "receipt" of international law in domestic legal systems [22].

Paragraph 2   **The role of domestic courts in the international legal architecture**

If domestic courts were not part of the international legal architecture, a comparative analysis of international law in domestic climate litigation would be hardly relevant to international law, notably to understand how climate change is testing international law (*supra* 1). However, domestic litigation becomes significant to the application and development of

---

18. See similarly A. Tzankopoulos, *op. cit.*, p. 133, and A. Nollkaemper, *National Courts and the International Rule of Law*, OUP, 2011, pp. 3-4.
19. The methodology is known as comparative international law, see A. Roberts *et al.* (ed.), "Conceptualizing Comparative International Law", in *id.*, *Comparative International Law*, Oxford, Oxford University Press, 2018, pp. 7-8.
20. D. Shelton, "Introduction" in *id.*, *International Law and Domestic Legal Systems: Incorporation, Transformation, and Persuasion*, OUP, 2011.
21. A. Tzankopoulos, "Domestic Courts as the 'Natural Judge' of International Law: A Change in Physiognomy", in J. Crawford and S. Nouwen (eds.), *Select Proceedings of the European Society of International Law*, Oxford, New York, Hart, 2011, pp. 161-165. A. Nollkaemper, *op. cit.* (n. 17), pp. 143-144.
22. On the term receipt, see R. Higgins, *Problems and Process: International Law and How We Use It*, Oxford, Clarendon Press, 1994, p. 209.

international law if it is established that the international legal order enables domestic courts to play an international judicial role. Acknowledging ongoing debate on whether domestic courts should assume such a role [23], the present section clarifies the position of domestic courts in the international legal architecture.

In the decentralized international legal system, international law theory has increasingly asserted domestic courts' primary role in adjudicating international claims [24]. When no centrally instituted judge exists, or when a case is not yet brought before such a judge, domestic courts have the power to interpret international law and consider the conformity of State and non-State conduct with international law, thus becoming the natural – that is to say, immediate – judges of international law [25]. In this context, domestic courts can wear two hats: law developers and law enforcers [26]. First, domestic courts' decisions represent State practice relevant to the interpretation of treaties and the formation of customary rules, which are primary sources of international law, hence developing rules of international law [27]. Compared to other State organs, national courts enjoy an enhanced function in forming *opinio juris*, in light of their independence, the obligation to justify their decisions [28] and the relative finality of their acts [29]. Second, courts' decisions offer a subsidiary means for determining rules of law, hence enforcing rules of international law [30]. The two hats worn by domestic courts have implications for the international legal architecture. Pursuant to the often-quoted theory developed in 1934 by Georges Scelle, the international legal order borrows subjects from the national legal order to compensate for the absence of a compulsory and centralized government at the international level [31]. By doubling their functions *(dédoublement fonctionnel)*, the same actors – notably, domestic

---

23. E.g. G. Dwyer, "Climate Litigation: A Red Herring among Climate Mitigation Tools", in A. Zahar and B. Mayer (eds.), *Debating Climate Law*, Cambridge, Cambridge University Press, 2021.
24. See e.g. A. Nollkaemper, *op. cit.*, p. 25.
25. A. Tzankopoulos, *op. cit.* (n. 16), pp. 147 and 151, referring to State conduct only. See also Y. Shany, *Regulating Jurisdictional Interactions Between National and International Courts*, Oxford, Oxford University Press, 2007, p. 5.
26. A. Roberts, "Comparative International Law? The Role of the National Courts in Creating and Enforcing International Law" (2011), 60 *ICLQ* 57, p. 59.
27. *Ibid.*, p. 59 *et seq.*
28. F. Francioni, "International Law as a Common Language for National Courts" (2001), 36 *Tex Int'l LJ* 587, p. 593. A. Nollkaemper, "Grounds for the Application of International Rules of Interpretation in National Cases", in H. P. Aust and G. Nolte (eds.), *The Interpretation of International Law by Domestic Courts*, Oxford, Oxford University Press, 2016, p. 35.
29. A. Nollkaemper, *op. cit.* (n. 23), p. 35.
30. Article 38 (1) *(d)* Statute of the International Court of Justice, 18 April 1946, 33 *UNTS* 993.
31. Scelle, *Précis de droit des gens: Principes et systématique – Pt.2*, Paris, Sirey, 1934, p. 11.

courts – discharge their responsibilities in both the inter-State and the national legal orders [32].

Thus, in light of its limitations in terms of enforcement, international law enables domestic courts to play an international judicial function. On their part, domestic courts seem to increasingly engage with international law, partly due to the shift in international law from traditionally "outward-looking" norms, concerning State-to-State obligations, to "inward-looking" norms, obligating States to take certain actions within the domestic legal order [33]. One way of engaging is for domestic courts to directly apply international law norms, usually those that are sufficiently specific, rather than a domestic transforming instrument (the so-called direct effect of international law) [34]. Another way is for domestic courts to apply international norms as parameters of interpretation of domestic law, usually when international law is already part of domestic law [35], short of interpretations *contra legem* (so-called consistent interpretations of domestic law with international law or the indirect application of international law) [36]. The third way of engaging is reparations, whereby domestic courts order reparations upon the failure of State and non-State actors to uphold international obligations [37].

Overall, international law enables domestic courts to play an international judicial function, which they routinely accept and discharge. Nevertheless, whether domestic courts have assumed and discharged this international function in climate matters remains to be evaluated (*infra* 2.3).

Paragraph 3   **Domestic courts' engagement with international climate change law**

In climate matters, national legislatures are primarily responsible for domesticating treaty obligations concerning climate change [38], which are internalized pursuant to the specifics of each legal system (e.g. through incorporation or transformation mechanisms) [39]. But domestic courts are of paramount importance as international norms applicable in climate matters can impact national legal systems by becoming parameters of interpretation of domestic law in domestic courts (consistent interpretation, *supra* 2.2) [40].

---

32. G. Scelle, *op. cit.*, pp. 10 and 21.
33. A. Tzankopoulos, *op. cit.*, p. 138.
34. A. Nollkaemper, *op. cit.*, p. 118.
35. *Ibid.*, p. 161.
36. *Ibid.*, pp. 139 and 163.
37. A. Nollkaemper, *op. cit.* (n. 17), p. 167.
38. Lord Carnwath, "Climate Change Adjudication after Paris: A Reflection" (2016), 28 *Journal of Environmental Law* 5, p. 9
39. B. Preston, *op. cit.* (n. 5), p. 7.
40. *Ibid.*, p. 31.

Due to the limited avenues for accessing international courts and tribunals in climate matters [41] and the abundance of inward-looking norms in international climate change law [42], obligating States to take certain actions within the domestic legal order, expectations are rising for domestic courts to play a primary role in the domestication of international climate change law, with the Paris Agreement providing a potent "fuel" for climate litigation [43]. Through its emphasis on ongoing normative progression in successive NDCs at the domestic and international levels, the Paris Agreement has enhanced the inward-looking character of international obligations in climate matters, increasing the opportunity for domestic courts to apply international law indirectly [44]. Further, it has provided a context for reviewing domestic commitments because it sets clear temperature goals, adding a collective dimension to the understanding of what the climate problem is, although results vary dependent on domestic law [45]. However, it is often unclear when, how and why domestic courts engage with international law [46].

Notwithstanding the increasing application of international law in domestic courts [47], their overt engagement with international law in climate matters appears surprisingly scant [48]. To substantiate this claim, an empirical analysis was carried out. The material under analysis was retrieved in the litigation charts managed by the Sabin Center and Grantham Institute, until 5 September 2022, including cases where climate change or GHG have been an explicit subject in the case arguments or judgment [49]. Further, the material has been selected based on the criterion of domestic courts' explicit engagement with international law provisions (i.e. public international law, rather than

---

41. H. M. Osofsky, "Climate Change and Dispute Resolution Processes", in R. Rayfuse and S. Scott (eds.), *International Law in the Era of Climate Change*, Cheltenham, Edward Elgar, 2012, pp. 350-352.
42. On inward-looking norms, *supra* 2.2.
43. S. Maljean-Dubois, "International Law as Fuel for Climate Litigation" (2022), 19 *Revista de Direito Internacional* 43, pp. 44-45. S. Maljean-Dubois, "Climate Litigation: The Impact of the Paris Agreement in National Courts", *The Taiwan Law Review*, Angle, 2022, p. 211 *et seq.*.
44. See similarly M. Wilder *et al.*, "The Paris Agreement: Putting the First Universal Climate Change Treaty in Context", Baker and McKenzie, 2015, p. 24.
45. E.g. M. Burger and J. Gundlach, *The Status of Climate Change Litigation. A Global Review*, UNEP-Sabin Center for Climate Change, May 2017, p. 9. J. Peel and J. Lin, "Transnational Climate Litigation: The Contribution of the Global South" (2019), 113 *AJIL* 679, pp. 683 and 698. S. Maljean-Dubois, "Climate Change Litigation", in H. Ruiz Fabri (ed.), *The Max Planck Encyclopedia of International Procedural Law*, MPEiPro [online], para. 46.
46. A. Nollkaemper, *op. cit.*, p. 140.
47. Y. Shany, "National Courts as International Actors: Jurisdictional Implications" (2009), 15 *Federalismi* 1, p. 1.
48. See *supra* 1.
49. See http://climatecasechart.com/about/. See also M. B. Gerrard, "Climate Change Litigation in the United States", in I. Alogna, C. Bakker and J.-P. Gauci J (eds.), *Climate Change Litigation: Global Perspectives*, Leiden, Brill, 2021, p. 33.

transnational law or regional law) [50]. Accordingly, I selected, coded and analyzed climate cases through content analysis [51], then complemented these cases with scholarly and non-scholarly texts.

Overall, the systematic qualitative analysis shows that, starting in 2015 with the landmark *Urgenda* case [52], in only nine lawsuits did courts explicitly engage with international law [53]. In particular, all concerned courts have deployed international law as a parameter to interpret domestic law (*supra* 2.2). This situation is unsurprising as consistent interpretation is the most common way for domestic courts to engage with international law [54] in common and civil law traditions [55]. What remains surprising is that, notwithstanding the increasing expectation for domestic courts to play a notable role in the domestication of international climate change law, their overt engagement with international climate law remains rare for reasons that are specific to international law (*infra* 3).

SECTION 3   **JUDGING WITHOUT WAYMARKERS**

Confronted with the exceptionality of climate change, the task of domestic courts is a daunting one. In the limited timespan allotted to each case, they need to carry out complex analyses on both substance and procedure concerning such an exceptional socio-legal phenomenon as climate change (*supra* 1). This situation generates at least three orders of uncertainty: the applicable legal norms in a multilevel governance space,

---

50. Similarly, A. Tzanakopoulos, *op. cit.*, p. 2.
51. M. A. Hall and R. F. Wright, "Systematic Content Analysis of Judicial Opinions" (2008), 96 *California L Rev.* 63.
52. T. Bach, "Human Rights in a Climate Changed World: The Impact of COP21, Nationally Determined Contributions, and National Courts" (2016), 40 *Vermont Law Review* 1, p. 6.
53. *The Netherlands* v. *Urgenda*, ECLI:NL:RBDHA:2015:7196 (The Hague District Court, 24 June 2015). *The Netherlands* v. *Urgenda*, ECLI:NL:GHDHA:2018:2610 (The Hague Court of Appeals, 9 October 2018). *The Netherlands* v. *Urgenda*, ECLI:NL:HR:2019:2007 (The Netherlands' Supreme Court, 20 December 2019). *Leghari* v. *Federation of Pakistan* et al., WP No. 25501/2015 (Lahore High Court, 4 September 2015). *Earthlife Africa Johannesburg* v. *Minister of Environmental Affairs* et al., 65662/16 (High Court of South Africa–Gauteng Division, Pretoria, 8 March 2017). *Demanda Generaciones Futuras* v. *Minambiente*, 11001-22-03-000-2018-00319-00 (Supreme Court of Colombia, 5 April 2018). *Sheikh Asim Farooq* v. *Federation of Pakistan* etc., WP No. 192069/2018 (Lahore High Court). *Gloucester Resources Limited* v. *Minister for Planning* [2019] NSWLEC 7. *Neubauer* et al. v. *Germany*, Case No. BvR 2656/18/1,BvR 78/20/1, BvR 96/20/1, BvR 288/20 (German Federal Constitutional Court, 24 March 2021). *Milieudefensie* v. *Royal Dutch Shell*, ECLI:NL:RBDHA:2021:5339 (District Court of The Hague, 26 May 2021) (original language: ECLI:NL:RBDHA:2021:5337). *Klimatická Žaloba ČR* v. *Czech Republic*, *Judgment No. 14A 101/2021* (Municipal Court in Prague, 15 June 2022).
54. A. Nollkaemper, *op. cit.*, pp. 25 and 117.
55. *Ibid.*, p. 148.

the hierarchy among them and their interpretation [56]. In this context, norms arising from different legal orders constitute different sources of normativity that regulate the same phenomenon, here climate change, and create a legal space where they interact and modify one another in ways that are not pre-determined [57]. Notwithstanding the meaningful intertwinement of domestic and international legal norms, there is no single organ nor set of rules for domestic courts to address this type of uncertainty in climate litigation. I term this phenomenon judging without waymarkers (*supra* 1). Judging without waymarkers is symptomatic of how climate change is testing international law. While normative uncertainty can be construed as a general problem in domestic courts' engagement with international law, it seems exacerbated by the insufficiency of either enacting new international law or adapting existing international law, as I explain below.

In fact, some of the main reasons that can clarify why domestic courts are left to judge without waymarkers are both general to international law and specific to international climate change law. First, international law offers no complete nor tentative list of norms that are applicable to climate matters. Further, the international climate regime is nuanced by new hard and soft law distinctions, as well as the need for implementing decisions and specifications (e.g. by Conferences of the Parties), which makes for its imprecise character [58]. Additionally, some of the reasons domestic courts lack waymarkers lie in the fragmented legal landscape regulating climate change at the international level as there is no single international regime to respond to climate change [59]. Climate change intersects with planetary health and virtually all activities unfolding on land, in the seas, in the atmosphere, hydrosphere, cryosphere, lithosphere, biosphere and the interactions among them [60]. Consequently, climate change cuts across most international regimes, spanning from the law of the sea to international trade and human rights, thus constituting a matter of *horizontal* regime fragmentation. Fragmentation is not necessarily

---

56. L. Davies and L. M. Henderson, "Judging without Railings: An Ethic of Responsible Judicial Decision-Making for Future Generations" (29 January 2022), https://papers.ssrn.com/sol3/papers.cfm?abstract_id=4021115), p. 4, last visited 7 June 2022.

57. D. Burchardt, "Intertwinement of Legal Spaces in the Transnational Legal Sphere" (2017), 30 *Leiden Journal of International Law* 305, p. 311 *et seq.*

58. T. Stern, "The Paris Agreement and Its Future", Brookings Institute, 2018.

59. M. Young, "Climate Change Law and Regime Interaction" (2011), 5 *CCLR* 147, p. 150. See also H. van Asselt, F. Sindico and M. A. Mehling,"Global Climate Change and the Fragmentation of International Law" (2008), 30 *Law and Policy* 423.

60. IPCC, *Climate Change 2013: The Physical Science Basis. Contribution of Working Group I to the Fifth Assessment Report of the Intergovernmental Panel on Climate Change*, Cambridge, Cambridge University Press, T. F. Stocker *et al.* (ed.), p. 1451.

detrimental: it constitutes the result of a complexifying society [61], as well as of the systematizing function of international law [62]. Still, for domestic courts, fragmentation assumes also a *vertical* dimension in light of the permeability of international climate change law with domestic law. As such, a host of legal climate matters are still unsolved at the international level, and yet relevant norms are increasingly invoked before domestic courts. International law thus ends up raising more questions than it answers when it is invoked in domestic climate litigation, making it hardly surprising that domestic courts may avert engage with international law in climate litigation altogether (*supra* 2.3).

Instead of enacting new international law, one may turn to the adaptation of existing international law to climate change [63], which falls within this volume's concept of acclimating international law with climate change [64]. The judicial mode of grappling with normative uncertainties by acclimating is especially pivotal in relation to such an "underdog regime" as climate change, which is not equipped with a specialized tribunal or court and risks subduing more engrained interests in other subfields of international or domestic law [65]. In domestic courts, acclimating can notably occur by interpretation [66]. Normative interpretation in the context of climate change poses a test to domestic courts for at least two reasons, elaborated further below. First, the interpretative methods of international law prove inadequate *vis-à-vis* climate change. Second, the work performed by the International Law Commission (ILC) on fragmentation and the protection of the atmosphere is under-determinative of how courts can adapt existing international law.

In terms of the interpretative methods of international law for treaty law, these are codified by the Vienna Convention on the Law of Treaties (VCLT) [67], which constitutes customary international law [68]. Article 31 of the VCLT offers the canon of treaty interpretation, mandating the four interpretive criteria of good faith (effective interpretation required throughout the interpretive process), ordinary meaning (textual interpretation), context (contextual

---

61. A. Peters, "The Refinement of International Law: From Fragmentation to Regime Interaction and Politicization" (2017), 15 *International Journal of Constitutional Law* 671, p. 702.
62. D. Burchardt, *op. cit.*, p. 422.
63. More generally, on the lack of guidance in the application of international law, see D. Burchardt, *op. cit.*, p. 423.
64. On climatization, see Introduction.
65. D. Burchardt, *op. cit.* (n. 26), p. 701.
66. C. H. Schreuer, "The Interpretation of Treaties by Domestic Courts" (1971), 45 *Brit YB Int'l L* 255, p. 255. See also *supra* 2.2.
67. 1969 Vienna Convention on the Law of Treaties, 1155 *UNTS* 331 (VCLT).
68. A. Roberts and S. Sivakumaran, "The Theory and Reality of the Sources of International Law", in M. Evans (ed.), *International Law*, 5th ed., Oxford, Oxford University Press, 2018, p. 91.

interpretation) and a treaty's object and purpose (teleological interpretation) [69]. Defragmentation is, in principle, achieved by the systemic integration and evolutionary interpretation of treaties, as set forth by Article 31 (3) of the VCLT. When norms are contradictory, Article 30 expounds on the conflict rules of *lex specialis* (para. 2), *lex posterior* (para. 3), and *pacta tertiis* (para. 4). However, the VCLT does not privilege any aspects of its interpretative methods, which are equal elements of the general rule [70], leaving ample room for not only creativity, but also the normative uncertainty of judging without waymarkers [71].

Further, domestic courts are not obligated to apply the VCLT rules of interpretation [72], and in fact, domestic courts rarely refer to them [73], although they can still apply them as a matter of general practice [74] or because they are mirrored in domestic law [75]. Beyond treaties and rules of statutory construction, norm-conflict resolution tools include presumptions, balancing criteria and normative hierarchies [76]. While the VCLT is overly focused on conflicts, the challenge that domestic courts meet in domestic climate litigation rather concerns synergies among existing norms and the uncertainties of systemic integration, as well as to whether and how to evolve the law in light of IPCC science that States have directly endorsed (*supra* 1).

Remarking on the ILC, the defragmentation toolbox offered by it seems under-determinative. In particular, it does not equip domestic courts with practical tools to determine the applicability of international law to climate change [77]. Instead, it masks two important aspects of how domestic courts

---

69. VCLT Article 31. R. Gardiner, Treaty interpretation, 2nd ed., Oxford, Oxford University Press, 2015, p. 168 *et seq.*
70. *Aguas del Tunari* v. *Bolivia* (ICSID ARB/02/03), Award of 21 October 2005, para. 91.R. Gardiner, *op. cit.* (n. 77), p. 222.
71. J.-M. Sorel and V. Boré- Eveno, "Article 31", in O. Corten and P. Klein (eds.), *The Vienna Conventions on the Law of Treaties: A Commentary*, Vol. I, Oxford, Oxford University Press, 2011, p. 836.
72. O. Frishman and E. Benvenisti, "National Courts and Interpretive Approaches to International Law", in H. P. Aust and G. Nolte (eds.), *The Interpretation of International Law by Domestic Courts*, Oxford, Oxford University Press, 2016, p. 321.
73. G. Nolte, "Introduction", in H. P. Aust and G. Nolte (eds.), *The Interpretation of International Law by Domestic Courts*, OUP, 2016, p. 3.
74. G. Waibel, "Principles of Treaty Interpretation: Developed for and Applied by National Courts?", in H. P. Aust and G. Nolte (eds.), *The Interpretation of International Law by Domestic Courts*, OUP, 2016, p. 22.
75. *Ibid.*, p. 26 *et seq.*
76. Andrea Bianchi, *International Law Theories: An Inquiry into Different Ways of Thinking*, Oxford, Oxford University Press, 2016, p. 233.
77. M. Young, *op. cit.* (n. 61), pp. 150-151. ILC, Fragmentation of International Law: Difficulties Arising from The Diversification and Expansion of International Law – Report of the Study Group of the International Law Commission, UN Doc. A/CN.4/L.682 as corrected UN Doc. A/CN.4/L.682/Corr.1 and joined by an Addendum A/CN.4/L.682/Add.1 (2006).

practically engage with international law: their use of soft law [78], for instance through references to COP decisions that are most often nonbinding, and transjudicial dialogue at the domestic level [79], for instance through cross-references among courts on how to interpret the Paris Agreement.

In its draft guidelines on the protection of the atmosphere, the ILC seems acutely aware of the problem of fragmentation as well as potential synergies. In particular, Guideline 9 concerns the "[i]nterrelationship among relevant rules" and fleshes out the ILC's approach, which aims to interpret existing international law relating to the protection of the atmosphere as "a single set of compatible obligations". With Resolution 76/112 of 9 December 2021, the General Assembly (GA) of the United Nations welcomed the conclusion of the work of the ILC and its adoption of the draft preamble and guidelines on the protection of the atmosphere and commentaries [80]. However, several States criticized Guideline 9 for being overly general [81], not in line with the VCLT [82] and of limited applicability as the guidelines are not meant to interfere with relevant political negotiations concerning climate change, ozone depletion and long-range transboundary air pollution [83]. Consequently, the work done at the ILC can only provide domestic courts with limited guidance on how to engage with international law in climate matters.

The serious normative uncertainties and regime collisions arising from international law can be resolved in at least two ways: politically, by lawmakers, which are still mainly States [84]; and judicially, through judicial proceedings that can adapt existing law. Decisions rendered by domestic courts who are engaging with international law in climate cases may offer some guidance about how to approach this task (*infra* 4).

SECTION 4   **BOTTOM-UP WAYMARKERS TO ENGAGE WITH INTERNATIONAL LAW**

Paragraph 1   **Introduction**

This section turns to whether and how some domestic courts are developing relevant practice on subject matters international law has failed

---

78. M. Young, *op. cit.*, p. 152. M. Kanetake and A. Nollkaemper, "The Application of Informal International Instruments Before Domestic Courts" (2014), 46 *The George Washington International Law Review* 765. On soft law, see Helene.
79. ILC, *op. cit.*, p. 103 only asking how general international law appears in domestic courts.
80. ILC, Protection of the Atmosphere: Texts and titles of the draft guidelines and preamble adopted by the Drafting Committee on second reading (26 April-4 June and 5 July-6 August 2021), UNGA Res.76/112 (9 December 2021).
81. ILC, Protection of the Atmosphere: Comments and Observations received from Governments and Organizations (A/CN.4/735, 72nd session, 2020), p. 35.
82. *Ibid.*, pp. 34-5.
83. *Ibid.*, p. 4, referring to the last preambular paragraph of the guidelines.
84. A. Peters, *op. cit.*, p. 701.

to address, which may eventually become "bottom-up waymarkers" that can inform other courts dealing with similar questions. In particular, the case law review in this section focuses on "bottom-up waymarkers" on the use of international law on the shared responsibility of State and non-State actors to address dangerous climate change. This topic compounds two unsettled matters in international law. First, it remains uncertain whether non-States actors are limned by the international climate regime [85]. Further, it is unclear what is required in terms of climate mitigation efforts ("fair shares") by either State and non-State actors [86].

International law is based on the notion of discrete international responsibility of States and international organizations [87]. However, this concept fails to provide normative tools for allocating responsibility among multiple actors contributing to harmful outcomes that international law aims to prevent, such as dangerous climate change [88]. The complementary notion increasingly seeping into the texture of international law is shared responsibility, which varies based on the norms breached and the actors breaching them [89]. Shared responsibility arises in "situations where a multiplicity of actors contributes to a single harmful outcome, and legal responsibility for this harmful outcome is distributed among more than one of the contributing actors" [90]. Shared responsibility is a quintessential challenge for domestic courts. In fact, it encapsulates the policy and legal riddles of climate change as an exceptional socio-legal phenomenon (*supra* 1) to which lawmaking and law adaptation (*supra* 3) has offered no clues [91].

The analysis below will only examine domestic climate litigation that has engaged with the international law of shared responsibility. I focus on the relevant case law short of providing an overview of the law of State responsibility or an in-depth commentary of all implications of the case law. The tentative waymarkers developed through the cases provide an illustration only and may not be generalizable as the analysis draws from a small sample where only cases from the Global North appear.

---

85. M. Rajavuori, "The Role of Non-State Actors in Climate Law", in A. Zahar and B. Mayer (eds.), *Debating Climate Law*, Cambridge, Cambridge University Press, 2021.
86. J. Peel, "Climate Change", in A. Nollkaemper and I. Plakokefalos (eds.), *The Practice of Shared Responsibility in International Law*, Cambridge, Cambridge University Press, 2017, p. 1010.
87. A. Nollkaemper and D. Jacobs, "Shared Responsibility in International Law: A Conceptual Framework" (2013), 34 *Michigan Journal of International Law* 359, p. 364.
88. *Ibid.*, p. 360. See Niklas.
89. A. Nollkaemper and I. Plakokefalos, *op. cit.* (n. 67), p. 7 *et seq.*
90. *Ibid.*, p. 3.
91. J. Peel, *op. cit.* (n. 67), pp. 1009-1010.

Paragraph 2   **Bottom-up waymarkers on shared responsibility**

A. *Urgenda*

In domestic climate litigation, the concept of shared responsibility was first developed in *Urgenda*, a case decided by The Hague District Court (2015) and Court of Appeals (2018), as well as by the Netherlands' Supreme Court (2019). As the first climate case where domestic courts expressly engaged with international law (*supra* 2.3), *Urgenda* is illustrative of how courts can establish "bottom-up waymarkers". Dubbed a classic in climate change litigation [92], *Urgenda* started as a class action filed by the environmental NGO Urgenda. The NGO obtained *(i)* a declaratory judgment finding that the Netherlands owes a rights-based duty of care in climate matters *vis-à-vis* its residents of the Netherlands and *(ii)* an injunction to compel the Dutch Government to reduce GHG emissions by at least 25 percent by 2020, compared to 1990 levels. Albeit following different lines of reasoning, the *Urgenda* courts anchored their ground-breaking decision in domestic, regional and international law, based on the protection of fundamental rights and the climate [93].

Remarking on shared responsibility, it is noteworthy that the concept was expressly referenced and developed only in the last instance of *Urgenda*. In particular, the Supreme Court of the Netherlands added the concept of partial fault for partial responsibility in international law, as made enforceable by the no-harm principle and codified in the Draft Articles on the Responsibility of States for Internationally Wrongful Acts (ARSIWA) [94]. In particular, it applied ARSIWA Article 47 (1) as codifying the general rule of separate responsibility, meaning that when a plurality of States bear responsibility for the same internationally wrongful act, each State accounts for its own wrongful conduct [95]. A case of under-regulation or non-regulation, Article 47 (1) of ARSIWA leaves most issues open, offering no guidance on how responsibility shall be allocated [96]. In this respect, the Supreme Court of the Netherlands construed Article 47 (1) of ARSIWA in light of other provisions of international law, domestic tort law and comparative law by way of consistent

---

92. A. Nollkaemper and L. Burger, "A New Classic in Climate Change Litigation: The Dutch Supreme Court Decision in the *Urgenda* Case", EJIL:Talk! (6 January 2020).
93. E. Colombo, *op. cit.*, p. 210.
94. Draft Articles on Responsibility of States for Internationally Wrongful Acts with Commentaries, UN Doc. A/56/10 (2001). GA Res. 56/83, Annex (12 December 2001) (ARSIWA). *Urgenda* (Supreme Court of the Netherlands), paras. 5.7.5-5.7.6.
95. *Urgenda* (Supreme Court of the Netherlands), para. 5.7.6, referring to the commentaries of ARSIWA.
96. A. Vermeer-Künzli, "Invocation of Responsibility", in A. Nollkaemper and I. Plakokefalos (eds.), *Principles of Shared Responsibility in International Law: An Appraisal of the State of the Art*, Cambridge, Cambridge University Press, 2014, p. 281.

interpretation (*supra* 2.2). Such an interpretation helped overcome the defense of minimal causation that the Government of the Netherlands had raised during the proceedings, by which the GHG emissions of a specific State are minimal compared to global emissions [97].

With regard to the integrative provisions of international law, the Court found that UNFCCC Article 3 (1) confirms and details the rule of shared responsibility enshrined in ARSIWA Article 47 (1). In particular, UNFCCC Article 3 (1) entails that developed countries shall take climate action based, among other factors, on the partial fault evinced by their historical emissions [98]. The reference to the UNFCCC helped overcome the argument by which climate mitigation obligations are inseparable, that States do not owe enforceable duties within the UNFCCC, and that, if anything, States can only account collectively [99]. The Supreme Court strengthened its interpretation of the law of State responsibility by referencing the no-harm principle, as construed in *Kalimijnen* (in English, *Potash Mines*). A landmark case decided by the Court of Rotterdam in 1979 and upheld by the Netherlands' Supreme Court in 1988, *Kalimijnen* displayed the application of the international law principle of no-harm to establish the pro-rata liability of a French company for unlawfully discharging waste salts in the Rhine River, where a plurality of companies had discharged waste salts [100]. Overall, the Supreme Court of the Netherlands referenced the law of State responsibility to support its finding that the Netherlands owes a duty of care in climate matters to individuals living in the Netherlands, even when other States contribute to climate change and fail to comply with their partial responsibility by way of adequate climate action [101].

To determine the Netherlands' partial responsibility for dangerous climate change, the Dutch Supreme Court determined the State's fair share of the global burden to mitigate climate change by reference to IPCC science and international law. Based on the most recent IPCC reports endorsed by governments at the time, the Supreme Court first established the collective minimum mitigation ambition for developed countries, which rested on a GHG emissions reduction target of 25 percent by 2020 compared to 1990 levels [102]. Second, the Supreme Court applied the collective mitigation ambition as an individual target for the Netherlands in light of historical emissions, the State's

---

97. J. Spier, "The 'Strongest' Climate Ruling Yet": The Dutch Supreme Court's *Urgenda Judgment* (2020), 67 *Neth. Int. Law Rev.* 319, p. 328.
98. *Urgenda* (Supreme Court of the Netherlands), para. 5.7.6.
99. *Ibid.*, para. 5.7.5 *et seq.* Cf. M. Meguro, "Litigating Climate Change through International Law: Obligations Strategy and Rights Strategy" (2020), 33 *Leiden Journal of International Law* 933, p. 943.
100. *Handelskwekerij G.-J. Bier BV Stichting Reinwater* v. *Mines de Potasse d'Alsace SA*, NYIL 326 (1980) 333 (Rotterdam Court, 8 January 1979).
101. *Ibid.*, paras. 5.7.6–5.7.7
102. *Ibid.*, para. 7.1 *et seq.*

highest emissions per capita in Europe, and the lack of arguments for pre-empting such a fair share [103]. In this sense, the Court maintained that, to remain "above the lower limit of its fair share" [104], a State must take due diligence into account in its policies [105] by considering all competing interests and adopting suitable and reasonable measures in climate matters [106]. The Court thus confirmed legal literature where due diligence requires that each State attains emissions reductions consistent with the global carbon budget through measures that exceed international commitments – if needed [107].

B. Gloucester Resources

Despite decades of discussions, international law portrays an increasing ambiguity on who is addressed and bound by it [108]. Notably, how does the law on State responsibility apply to non-State actors in climate matters? Generally stated, shared responsibility among State and non-State actors constitutes a conundrum [109]. To this conundrum, the unsettled matter of shared responsibility for dangerous climate change adds additional elements of complication, such as whether and how the rules encased in the international climate regime apply to non-State actors. In domestic climate litigation, the first development of the concept of shared responsibility among State and non-State actors is owed to *Gloucester Resources Limited* v. *Minister for Planning* ("Gloucester"), a case decided by the New South Wales (NSW) Land and Environment Court in 2019, which has become final [110]. Expressly engaging with the normative rules of international law, as well as with the landmark *Urgenda* decisions, *Gloucester* illustrates how courts are developing relevant practice on subject matters international law has failed to address, which may eventually become "bottom-up waymarkers".

In *Gloucester*, a mining company challenged the NSW Planning Minister's denial of an open-cut coal mine in the Gloucester Valley (the Rocky Hill Coal Project), which was not based on the mine's climate impact. In the merits review examining the company's challenge, Chief Judge Preston joined as a party to the proceedings a local community group – Gloucester Groundswell – which raised climate-related arguments opposed to the mine [111]. On the merits, Judge Preston applied administrative domestic law consistently with international law in some of his assessments. In particular,

---

103. *Ibid.*, paras. 5.7.6 and 7.3.4.
104. *Ibid.*, para. 6.5.
105. *Ibid.*, para. 5.3.3. See Manuel.
106. *Ibid.*, paras. 5.3.3.–5.3.4.
107. J. Peel, *op. cit.*, p. 1034.
108. D. Burchardt, *op. cit.*, p. 424. See Hana.
109. A. Nollkaemper and I. Plakokefalos, *op. cit.*, p. 8.
110. *Gloucester* (NSW Land and Environment Court).
111. *Ibid.*, para. 80.

remarking on polycentric responsibility for climate change, the Court rejected the argument by which emissions from the Rocky Hill Coal Project would be a small fraction of total global emissions (the so-called minimal causation or the "drop in the ocean" argument)[112]. By heavily quoting the *Urgenda* decisions, as well as decisions rendered by courts in the United States, the Court maintained that the Rocky Hill Coal Project – if approved – would have borne its share of responsibility for climate change due to cumulative (Scope 1, Scope 2 and Scope 3) emissions[113]. The Court also noted the absence of convincing arguments that such emissions would have been eventually net-zeroed[114] or released by other mining developments due to carbon leakage or market substitution[115]. In particular, the Court held that the approval of the Rocky Hill Coal Project would have run counter to the carbon budget, as fleshed out by *(i)* the temperature increase limit between 1.5 °C and 2 °C above pre-industrial levels (Art. 2 of the Paris Agreement) and *(ii)* the obligation to achieve a balance between emissions and their removals (Art. 4 (1) of the Paris Agreement)[116].

While the *Urgenda* courts emphasized the carbon budget approach to determine what is suitable and adequate climate policy, the contribution of *Gloucester* to the issue of shared responsibility is based on project, rather than policy, evaluation. It is the operationalization of the carbon budget, as enshrined in the Paris Agreement and detailed by expert witnesses in the course of the proceedings, to establish whether a particular mine development should be approved in light of domestic and international law[117]. By doing so, the Court turned the global carbon budget into a standard of administrative review under the Paris Agreement[118]. Chief Judge Preston also analyzed how States shall fairly share the burdens ensuing from climate action. Albeit the provision displays nonbinding language ("should"), the Court established the responsibility for developed States to take the lead in climate action (Art. 4 (4) of the Paris Agreement), for example, by refusing new fossil fuel development projects[119]. In the context of administrative review, it also referenced all States parties' obligation to pursue mitigation measures with the aim of achieving their NDC objectives (Art. 4 (2) of the Paris Agreement) in an incremental process with the highest possible ambitions (Art. 4 (3) of the Paris Agreement)[120].

---

112. *Ibid.*, para. 450 *et seq.*
113. *Ibid.*, para. 504 *et seq.*
114. *Ibid.*, para. 530, reminiscent of Article 4 (1) of the Paris Agreement. On the lack of net-zero analysis of emissions within the project, *ibid.*, para. 532.
115. *Ibid.*, paras. 536-539 and 542-544.
116. *Ibid.*, para. 526 *et seq.*
117. *Ibid.*, paras. 444 and 449-450.
118. See also B. Preston, *op. cit.*, p. 15.
119. *Ibid.*, para. 532 *et seq.*
120. *Ibid.*, paras. 539-540.

Overall, *Gloucester* indirectly ruled on entities' shared responsibility for climate change. Rather than determining whether the mining company was subject to the provisions of the international climate regime, the Court applied the Paris Agreement as a boundary to administrative discretion by governmental authorities when deciding new development proposals, which indirectly limits the conduct of non-State actors. As such, the decision implies that all actors, including non-State actors, contribute to climate change and can help limit it at different scales and levels, namely polycentrically [121]. Implicitly, the Court's decision recognized the causal co-contribution of entities' conduct to climate change and the obligation for States to review the legality of new projects carefully considering international law.

C. Milieudefensie v. Shell

Applying the legal reasoning of *Urgenda* in business matters, *Milieudefensie* v. *Shell (Shell)* constitutes another landmark case decided by The Hague District Court in 2021, which is currently under appeal [122]. Expressly engaging with international law, as well as with the landmark *Urgenda* decisions, *Milieudefensie* illustrates how courts are developing relevant practice on shared responsibility for dangerous climate change concerning non-State and State actors, namely "horizontal" shared responsibility [123].

In *Shell*, The Hague District Court established that Royal Dutch Shell (RDS) had inadequately discharged climate-related human rights responsibilities and tort-based duties *vis-à-vis* Dutch residents. Largely supporting the arguments of six NGOs and over 17,000 people, the District Court of The Hague ordered RDS to reduce its CO_2 emissions by a net 45 percent by 2030, compared to 2019 levels. As the holding company of the Shell Group, RDS was mandated to modify its general policy in light of the Court's decision and implement the order throughout the corporate policy of the entire Shell Group [124]. In particular, the Court construed the unwritten standard of care of Dutch tort law [125] consistently with international, transnational and regional law, thus establishing the existence of a duty of care binding RDS's business conduct not only in the Netherlands but also across the jurisdictions where the Shell Group operates.

For this chapter, it is noteworthy to emphasize *Shell*'s contribution to the issue of shared responsibility. In particular, the Court construed RDS's duty of care in light of the international consensus on corporate duties to protect

---

121. *Gloucester* (NSW Land and Environment Court), para. 525.
122. *Shell* (District Court of The Hague).
123. J. Peel, *op. cit.*, p. 1018.
124. *Shell*, paras. 2.2, 4.1.4, 4.5.3 and 4.4.55.
125. Dutch Civil Code, Book 6, Section 162.

human rights against the impacts of dangerous climate change [126]. After recognizing that international human rights law is devoid of horizontal effect and could not be directly invoked against RDS, the Court nonetheless affirmed its indirect role as an interpretive parameter in constructing the standard of care [127], similarly to transnational human rights law, notably the United Nations' Guiding Principles on Business and Human Rights (UNGPs) [128]. Human rights law was applied along with the Paris Agreement to determine corporate fair shares of climate mitigation efforts. In particular, because they stem from the IPCC reports, the goals of the Paris Agreement were found to represent universal consensus that ties with a "broad" international consensus on the need for non-State climate action [129]. Accordingly, consensus made the temperature increase limit of 1.5 °C (Art. 2 Paris Agreement) and corporate net-zero emissions by 2050 [130] relevant for interpreting corporations' unwritten standard of care in climate matters [131].

Having established the indirect effect of human rights law and the Paris Agreement, the Court proceeded in its assessment by determining the normative criterion to set corporate fair shares, which it found in the international legal principle of equity [132]. In particular, the Court established that companies with higher capacity and responsibility, notably larger companies located in developed jurisdictions such as RDS, should set more aggressive and expansive targets [133]. Although the role of equity to establish fair shares remains unsettled [134], the Court operationalized it for businesses by shaping a test based on RDS's influence or control over all types of emissions attributable to the Shell Group. In this sense, the Court established that RDS *(i) controls* the Shell Group's emissions, leading to RDS's obligation to obtain *results* to reduce such emissions [135], and *(ii) influences* emissions occurring across the Shell Group's value chain, leading to RDS's *best-efforts* obligation to reduce such emissions [136]. Overall, the Court rejected the minimal causation argument by

---

126. See *ibid.*, paras. 4.1.3 and 4.4.26 *et seq.*
127. *Ibid.*, para. 4.4.9.
128. *Ibid.*, paras. 4.4.11–4.4.15.
129. *Ibid.*, paras. 2.4.7, 4.4.26, and 4.4.27.
130. IPCC, "Global warming of 1.5°C. An IPCC Special Report on the Impacts of Global Warming of 1.5°C above Pre-industrial Levels and Related Global Greenhouse Gas Emission Pathways, in the Context of Strengthening the Global Response to the Threat of Climate Change, Sustainable Development, and Efforts", WMO, 2018, V. Masson-Delmotte *et al.* (ed.), Chaps. 1-14, as cited in *Shell*, paras. 2.3.5.2 and 4.4.29, and T. Hale, "Mapping of Current Practices Around Net Zero Targets", University of Oxford, May 2020, p. 3, as cited in *Shell*, para. 4.4.34.
131. *Shell*, para. 4.4.27
132. *Ibid.*, paras. 4.4.34 and 4.4.35.
133. *Ibid.*, para. 4.4.34. See also the reference to the Oxford report, *ibid.*
134. *Ibid.*, para. 4.4.35.
135. *Ibid.*, paras. 4.4.17, 4.4.23, 4.4.24, 4.4.37, 4.4.39, and 4.4.52-4.4.55.
136. *Ibid.* Cf. para. 4.4.37, where the court bundles together all types of emissions, see also A. Hösli, "*Milieudefensie* et al. v. *Shell*: A Tipping Point in Climate Change Litigation against Corporations? (2021), 11 *Climate Law* 195, p. 203.

which the emissions attributable to RDS are but a drop in the ocean. Instead, it emphasized that RDS's partial fault for climate change does not absolve it of its partial responsibility to contribute to climate action according to its ability [137]. Further countervailing arguments, notably on the indemnifying effect of cap-and-trade emissions systems and the fungibility of Shell's role in the market (i.e. the market substitution exception), were found unsubstantiated [138].

The Court rejected the plaintiffs' claims that the Shell Group's CO_2 emissions are currently unlawful [139]. Rather, it established that RDS might imminently violate its duty of care obligations, creating the conditions for the Court's "order for compliance" [140]. As such, the Court's ascertainment of corporate responsibility, which is shared and yet individually borne, signals the passage of the Shell Group's conduct from constituting permitted, albeit dangerous and compensable activities (subject to liability), to amounting to unlawful activities to be prohibited (subject to responsibility) if emissions are not reduced by 45 percent by 2030, compared to 2019 levels [141].

Overall, the decision is the world's first in terms of climate mitigation obligations that are judicially enforced on companies. *Shell* ruled on entities' shared responsibility for climate change both indirectly, with reference to States' obligations, and directly, with reference to corporate obligations. It is difficult to discern all aspects of such direct responsibility as it seems to straddle the domestic, international and transnational levels. Even if it were ascertained that the Court excluded Shell's international personality, hence its international responsibility, the role of Shell as a non-State actor contributing to the Netherlands' responsibility may have been a relevant factor for the Court to rule on shared responsibility [142]. In this sense, the conclusion in *Shell* is consistent with the ruling in *Urgenda* and the role of ARSIWA there. Accordingly, *Shell* would provide a regime-specific approach for integrating concurrent causes of harm between State and non-State actors [143].

Paragraph 3   **Comparative lessons**

The previous analysis responded affirmatively to the research question on whether some domestic courts are establishing "bottom-up waymarkers", namely incremental guidance, on the use of international law concerning the shared responsibility of State and non-State actors for

---

137. *Shell*, paras. 4.4.37, 4.4.13, 4.4.31, and 4.4.52.
138. *Ibid.*, para. 4.4.44 *et seq.*
139. *Shell*, paras. 4.5.8 and 4.5.10.
140. *Ibid.*, paras. 4.5.3 and 4.5.5.
141. On the difference between liability and responsibility, see K. Creutz, *State Responsibility in the International Legal Order: A Critical Appraisal*, Cambridge, Cambridge University Press, 2020, p. 282.
142. On a more general level, see A. Nollkaemper and I. Plakokefalos, *op. cit.*, p. 8.
143. On such approaches at a general level, *ibid.*

dangerous climate change. At least six lessons can elucidate the implications of such developments.

First, all cases rejected the argument of minimal causation. Rejecting minimal causation seems a first step toward ascertaining the shared responsibility of State and non-State actors in climate change matters [144]. In all cases, the establishment of a causal nexus between cumulative emissions and climate change was joined by the rebuttal of antiregulatory arguments that are not specifically substantiated, such as carbon leakage and market substitution. Albeit shared and cumulative, all cases display that responsibility is differentiated, showcasing a pivotal role for the principle of intragenerational equity, which the courts also referred to as CBDR. In both *Urgenda* and *Gloucester*, the courts operationalized the CBDR principle in terms of the historical emissions of State actors. Conversely, *Shell* deployed equity short of mentioning existing attribution science concerning the historical responsibilities of non-State actors [145]. The operationalization of CBDR was enhanced in *Urgenda*, where the courts shaped remedies for the State's partial responsibility by relying on IPCC-based collective targets of minimum mitigation, which are based on the scientific literature on equity and constitute a scientific operationalization of the CBDR principle [146]. Accordingly, the examined domestic courts seem to offer a coherent – albeit embryonic – theory of responsibility for both State and non-State actors that is largely backed by the international environmental law principle of CBDR [147], albeit with a strong historical component for States. This element of "bottom-up waymarkers" based on CBDR was likely achieved because none of the cases dealt with the contentious issue of loss and damage. Such an emphasis on historical emissions, however, does not mirror settled international climate law. Rather, many States in the Global North detach CBDR from historical emissions [148] and anchor it solely in the lesser capabilities and higher vulnerabilities of some States.

Second, with specific reference to *Urgenda*, the Supreme Court of the Netherlands applied the law of State responsibility, which traditionally pertains to State-to-State relationships, as a corpus of norms specifying the international

---

144. See also B. Preston, *op. cit.*, p. 31.
145. E.g. B. Ekwurzel *et al.*, "The Rise in Global Atmospheric CO_2, Surface Temperature, and Sea Level from Emissions Traced to Major Carbon Producers" (2017), 144 *Climatic Change* 579.
146. IPCC, Climate Change 2007: Mitigation of Climate Change. Contribution of Working Group III to the Fourth Assessment Report of the Intergovernmental Panel on Climate Change, Cambridge, Cambridge University Press, B. Metz *et al.* (ed.), p. 776. On the role of the IPCC, see Marion. On equity, Franck.
147. L. Rajamani *et al.*, "National 'Fair Shares' in Reducing Greenhouse Gas Emissions Within the Principled Framework of International Environmental Law" (2021), 21 *Climate Policy* 983, p. 990 *et seq.* See also P. Cullet, "Differentiation", in L. Rajamani and J. Peel, *The Oxford Handbook of International Environmental* Law, 2nd ed., Oxford, Oxford University Press, 2021, p. 321.
148. P. Cullet, *op. cit.*, p. 321. See also Camila.

law principle of no-harm *vis-à-vis* residents of the forum State's jurisdiction. The Court seems to follow the trend of increased engagement with international law whenever international rules impose inward-looking obligations, that is, obligations to take certain actions within the domestic legal order rather than in inter-State relations [149]. In this regard, the Supreme Court was the sole Court to explicitly apply ARSIWA, which is relevant for the case because the international climate regime establishes no *lex specialis* secondary rules [150]. ARSIWA Article 47 was clarified as a rule of separate, rather than joint and several, responsibility [151]. Accordingly, the Court articulated a theory of partial State responsibility where the "structural conditions for the occurrence of harm" [152] are found mainly in historical responsibility, as implied in the CBDR principle. The Court's ruling confirms the finding in international law theory that primary rules (i.e. rules setting forth legal obligations) and secondary rules (i.e. rules identifying, altering and enforcing primary rules) [153] shall be considered together to resolve specific questions of shared responsibility [154]. In fact, the Court tied the generality of Article 47, as a "secondary" rule of State responsibility, to the specificity of the "primary" rule on prohibited GHG emissions articulated by the international climate regime, which is not established law yet.

Third, with specific reference to *Gloucester*, the NSW Court ruled on the responsibility of non-State actors only indirectly. Nevertheless, it seemed to acknowledge that courts can accept the claim that every entity has an obligation to limit climate change [155]. The Court's operationalization of the carbon budget suggests at least two consequences: first, an obligation for the States' parties to the Paris Agreement to consistently regulate non-Sttate entities in their domestic legal order; second, that the collective obligations enshrined in the Paris Agreement are not inseparable, hence individually unenforceable, in the domestic legal order. Overall, the Court's reasoning in *Gloucester* may guide other courts to appraise the role of individual emissions of an entity

---

149. On inward-looking obligations, *supra* 2.2.
150. J. Peel, *op. cit.*, p. 1037.
151. J. Crawford, *The International Law Commission's Articles on State Responsibility: Introduction, Text and Commentaries*, Cambridge, Cambridge University Press, 2002, p. 274. Cf. R. Verheyen, *Climate Change Damage and International Law: Prevention Duties and State Responsibility*, Leiden, Martinus Nijhoff, 2005, pp. 268-269.
152. A. Nollkaemper and D. Jacobs, "Introduction: Mapping the Normative Framework for the Distribution of Shared Responsibility", in *id.* (eds.), *Distribution of Responsibilities in International Law*, Cambridge, Cambridge University Press, 2015, p. 26.
153. H. L. A. Hart, *The Concept of Law*, 2nd ed., London, Clarendon Press, 1994 (orig. 1961), pp. 92-96.
154. A. Nollkaemper and I. Plakokefalos, *op. cit.*, p. 6.
155. B. Preston, *op. cit.*, p. 15.

within the objectives of the Paris Agreement [156]. Although specific emissions seemed to lie within the scope of national *political* authority [157], *Gloucester* is signaling a willingness to judicially review them in light of international law. By anchoring its arguments in Articles 2 and 4 of the Paris Agreement, the Court applied domestic administrative law consistently with international law because the statutory language permitted it. Although Australia has a strictly dualist approach to international law [158], *Gloucester* confirms that the monist or dualist approach does not define how courts engage with international legal norms whenever international law is *indirectly* applied (*supra* 2.2).

Fourth, with specific reference to *Shell*, the Court ruled on the transnational responsibility of non-State actors directly and molded the relevant test on the levels of responsibility laid out in the UNGPs, as well as corporate value chain liability models that have arisen in domestic courts' case law worldwide [159]. The Court shaped a risk-based theory of shared responsibility upon the imminent violation of the corporate duty of care in climate matters. By holding RDS responsible for excessive, hence dangerous, emissions, the Court construed businesses' duty of care in climate matters as more than monitoring and assessing climate-related risks [160]. Risk-based business responsibility can result from not being proactive beyond regulatory frameworks. Thus, the Court ruled out the sufficiency of mainstream approaches where businesses wait for State actors to "play a pioneering role", which may lead to disregarding the particular business's individual responsibility [161]. However, the Court's finding that the Paris Agreement's objectives are nonbinding [162] is controversial as it is tied to the reiteration that the Paris Agreement is nonbinding on the signatories [163], which is inaccurate [164]. Further, it remains unclear what the Court referred to by holding that, since 2012, international consensus has risen concerning the need for non-State action in climate matters [165]. It remains uncertain also why the Court solely ruled on CO_2 emissions, rather more generally on GHG emissions. It seems unwarranted to speculate that the Court implied the emergence of shared responsibility from CO_2 emissions alone.

---

156. *Ibid.*
157. J. Peel, *op. cit.*, p. 1023.
158. L. Sloss and M. P. Van Alstine, "International Law in Domestic Courts", in W. Sandholtz and C. A. Whytock (eds.), *Research Handbook on The Politics of International Law*, Cheltenham, Elgar, 2017, p. 106.
159. *Chandler v. Cape Plc* [2012] EWCA (Civ) 525 (England and Wales) and *Vedanta Resources Plc and Konkola Copper Mines Plc (Appellants) v. Lungowe and Ors. (Respondents)* [2019] UKSC 20 (United Kingdom).
160. *Shell*, paras. 4.4.20 and 4.5.2.
161. On both points, *ibid.*, para. 4.5.2.
162. *Ibid.*, para. 4.4.27.
163. *Ibid.*, para. 4.4.26
164. L. Rajamani, *Innovation and Experimentation in the International Climate Change Regime*, Leiden, Brill, 2020, p. 123 *et seq.*
165. *Shell*, para. 4.4.26

Fifth, many of the bottom-up waymarkers identified across the three cases reinforce the historical Advisory Opinion rendered by the Inter-American Court of Human Rights (IACtHR) in 2017, which is the only supranational judicial instance where States' responsibility was analyzed with regard to the environment in relation to the protection of the right to life and personal integrity [166]. In this respect, regional courts like the IACtHR are also potential sites for developing "waymarkers" as they engage with issues that will be relevant in future climate litigation.

Conclusively, the entwinement of domestic law with international law to derive rules of shared responsibility seems to confirm the late Professor James Crawford's acknowledgment of the potential guidance that domestic law can offer to the principles underlying international responsibility for collective conduct [167]. Further, the engagement of domestic courts with international law suggests a power-limiting function of international law. In fact, through normative boundaries, international law can restrict the discretion of both international actors in the international sphere and domestic actors in the domestic sphere [168]. The case law review indicates at times an unexpectedly symbiotic relationship between international law and the reviewed domestic legal systems, which have adapted international law to climate change through open norms of domestic law [169]. How to distill the fluid aspects of intertwining international law with domestic law and stretching international law also beyond its settled content, however, remains an important agenda for other courts and academics.

SECTION 5   DOMESTIC COURTS AND POLYCENTRIC CLIMATE GOVERNANCE

The present analysis reinforces the case for domestic courts as enablers of polycentric climate governance, pursuant to which governance occurs through many different actors ranging in scale from global to local [170].

---

166. *Medio Ambiente y Derechos Humanos*, Advisory Opinion OC-23/17, Inter-Am Ct HR (Ser. A) No. 23 (15 November 2017). *ibid.*, paras. 95–103, 149, 154-155, 180 and 242 *(a)*.
167. J. Crawford, *State Responsibility: The General Part, Cambridge*, Cambridge, Cambridge University Press, 2013, p. 328. On the care needed to use domestic law analogies, *ibid.* and ARSIWA Commentary, Article 47. On the pedagogic role of the international rules of attribution, C. de Stefano, *Attribution in International Law and Arbitration*, Oxford, Oxford University Press, 2020, p. 181.
168. With no reference to climate change, D. Burchardt, *op. cit.*, p. 426.
169. On other cases of symbiosis, H. Charlesworth *et al.*, "International Law and National Law: Fluid States", in *id., The Fluid State: International Law and National Legal Systems*, Annandale, The Federation Press, 2005, p. 9.
170. E. Ostrom, "A Polycentric Approach for Coping with Climate Change", World Bank Policy Research Working Paper No. 5095/2009, p. 32.

In its own right, domestic climate litigation constitutes one of such local governance actions [171]. Accordingly, it is worth considering how the tentative waymarkers developed through the three cases analyzed might polycentrically develop into a truly bottom-up set of guidelines. I will here consider one such option: the conversation among courts on the same issues of international climate change law, or transnational judicial dialogue in climate matters.

Through their interpretation of the international climate regime, domestic courts establish subsequent practice in the application of treaties (VCLT Art. 31 (3) *(b)*). In this context, the retrieval of tentative waymarkers developed through the cases here analyzed may become relevant practice for other courts. To shed light and refine such tentative waymarkers into bottom-up guidance, transjudicial dialogue on issues of shared responsibility may need to be supported. Accordingly, a modest but relevant policy proposal rests on ratcheting up the role of international bodies (e.g. UNEP) and judicial networks (e.g. the Global Judicial Institute for the Environment under the aegis of the IUCN) to support, understand and coordinate transjudicial dialogue in the domestic application of international law in climate matters, notably on shared responsibility. For instance, an increased understanding of international environmental law principles through an online judicial portal for learning and training contributed by academia, may provide a common language of interpretation and maximization of synergies across legal regimes. In fact, such principles intersperse several regimes concerning climate change and can function as connectors across legal cultures, as well as adaptors of existing international law to the challenges posed by climate change [172].

More generally, polycentric climate governance through courts appears to be the effect of a larger process. Because of the fragmentation of international law and the under-determinative role of classical interpretative methods in international law, it seems assured that the problem-solving function of international law takes place in different legal spheres, including the domestic one [173]. Because of the minimal coordination in this multilevel legal space, courts have aimed to play a guidance function through consistent interpretation [174] and a coordinative function through judicial dialogue [175]. As the present

---

171. IPCC, *op. cit.*, Chaps. 13-31.
172. *Supra* 3. More generally, E. Scotford, "Environmental Principles Across Jurisdictions: Legal Connectors and Catalysts", in E. Lees and J. E. Viñuales (eds.), *The Oxford Handbook of Comparative Environmental Law*, 1st ed., OUP, 2019.
173. D. Burchardt, *op. cit.*, p. 424.
174. J. D'Aspremont, "The Systemic Integration of International Law by Domestic Courts: Domestic Judges as Architects of the Consistency of the International Legal Order", in A. Nollkaemper and O. K. Fauchald (eds.), *The Practice of International and National Courts and the (De-)Fragmentation of International Law*, Oxford, New York, Hart, 2012, p. 141.
175. D. Burchardt, *op. cit.*, p. 424.

research showed, such functions carry the controversies, uncertainties and developments of balancing the interplay among legal spaces [176]. In a way, domestic courts are responding to the insufficient development of international law in climate matters. However, they are simultaneously posing challenges to its robust and consistent emergence in what can be viewed as a feedback loop that is uncontrollable and inescapable in polycentric legal orders [177].

Although bottom-up waymarkers (*supra* 4) can avoid strict cohesiveness, contextualizations may nonetheless point to new interpretations of international law that courts in other jurisdictions will eventually embrace. In this context, the norms ensuing from domestic courts' engagement with international law are not *per se* legitimate and can go as far as to overstretch and violate international law [178]. To varying degrees, their legitimacy depends on States' acquiescence thereto, their confirmation by other domestic courts or international bodies, and their overall persuasiveness to the general public [179].

SECTION 6   CONCLUSIONS

This chapter followed an analytical perspective. It applied theoretical and empirical lenses to demonstrate why unexpectedly few domestic courts have explicitly engaged with international law in climate matters (*supra* 2). Analyzing the reasons for the limited role of international law in domestic climate litigation, this chapter found the main reason in the quandary of domestic courts deciding international law-relevant aspects of climate change matters while lacking guidance on how to apply relevant international law, which was here conceptualized as "judging without waymarkers". The empirical research revealed that some domestic courts are presently establishing "bottom-up waymarkers" that might also inform other courts dealing with similar questions. Most importantly, this chapter confirms that climate change is posing a test to the engagement of domestic courts with international law, to which some domestic courts are replying by accelerating change in how international law is made and applied [180]. Rather than offering value judgments on its propriety, this chapter accepted the transformative turn as a given and found that domestic courts' law-developing

---

176. *Ibid.*
177. A. Fischer-Lescano and G. Teubner, "Regime-Collisions: The Vain Search for Legal Unity in the Fragmentation of Global Law" (2004), 25 *Michigan Journal of International Law* 999, p. 1039. L. Pasquet, "Dialogue or Interaction?", in A. Müller and H. E. Kjos (eds.), *Judicial Dialogue and Human Rights*, Cambridge, Cambridge University Press, 2017, pp. 484 and 489.
178. A. Tzanakopoulos, *op. cit.*, p. 147 *et seq.*
179. *Ibid.*, p. 163. A. Bianchi, "Enforcing International Law Norms against Terrorism: Achievements and Prospects", in *id.* (ed.), *Enforcing International Law Norms Against Terrorism*, Oxford, New York, Hart, 2004, p. 500.
180. S. Maljean-Dubois, *op. cit.*, p. 43.

function in international climate change law increases their role in polycentric climate governance. Further, this in turn contributes to the functioning of an international legal system that is otherwise limited in its ability to produce and evolve norms at the international level. However, it also engenders a responsibility for other courts and academics to distill the apparently "random intersection" of international law with domestic legal orders [181].

---

181. R. Higgins, *op. cit.*, p. 209.

Part III

Climate Change and the Testing of
the Effectiveness of International Law

L'effectivité du droit international
au défi des changements climatiques

20 Contre vents et marées : la politique juridique des Tuvalu face à la disparition annoncée des petits Etats insulaires

Jean-Baptiste Dudant *

> « Milo. – Tu sais Kida, au départ on s'attendait plutôt à trouver des monuments en ruine, des vieux morceaux de poterie (...) et on découvre au contraire une civilisation vivante, rayonnante. (...) Kida. – Notre culture n'est pas rayonnante. Notre peuple est toujours là, c'est vrai, mais notre civilisation s'éteint. Nous sommes tels ces rochers qu'on voit au bord de l'océan, que les marées rongent et détruisent un peu plus tous les ans. »[1]

Nombreux sont les auteurs ayant remarqué la proximité qu'entretient la situation des petits Etats insulaires avec celle de la cité perdue évoquée par Platon, l'Atlantide[2]. A l'instar de cette dernière, ces Etats voient leur existence remise en cause par les changements climatiques et la submersion progressive de leur territoire. A la différence de la mythologie originelle toutefois, le film d'animation *Atlantide* rêve la survie de la cité et celle de sa population sous le regard de l'explorateur à l'origine de la découverte, Milo. L'optimisme du scientifique est rapidement relativisé par les propos de la fille du régent de l'Atlantide, Kida. Si les habitants ont effectivement trouvé un moyen de repousser l'effet dévastateur de la submersion de leur territoire, les conditions dans lesquelles leur survie a été assurée comportent de nombreux sacrifices remettant en cause l'intérêt même d'une telle opération de sauvetage. Lors d'un échange avec le Roi de l'Atlantide, Kida déplore que leur « mode de vie soit en train de *mourir* », ce à quoi il répond que le plus important est que ce mode de vie soit *« préservé »*. Un monde sépare ainsi la survivance immédiate de l'Etat et la viabilité au long terme de sa population.

Cette observation implique de saisir précisément ce que les estimations scientifiques signifient pour cette catégorie d'Etats et leurs ressortissants.

---

* Doctorant à l'Institut des Hautes Etudes Internationales, Université Paris Panthéon-Assas ; ATER à l'Université Paris-Est Créteil (UPEC).
1. K. Wise et G. Trousdale, *Atlantide, l'empire perdu*, Disney, 2001.
2. J. Jeanneney, « L'Atlantide. Remarques sur la submersion de l'intégralité du territoire d'un Etat », *RGDIP*, 2014/1, Paris, Pedone, p. 95-130 ; A. G. Jain, « The 21st Century Atlantis : The International Law of Statehood and Climate Change-Induced Loss of Territory », *SJIL*, vol. 50(1), 2014 ; R. Witney, « The Atlantis of the Modern World : The Legal Implications of Sea Level Rise for the Statehood of Small Island States », *NZJEL*, vol. 20, 2016, p. 77-106.

Le récent rapport du GIEC a établi, prudemment certes [3], que l'élévation du niveau de la mer constitue une menace existentielle pour une majorité d'Etats insulaires. En l'état actuel des engagements des Etats en matière de réduction des émissions de gaz à effet de serre, le rapport prévoit une augmentation du réchauffement climatique aux alentours de 2,7 °C d'ici 2100 [4]. Cette augmentation aurait pour conséquence d'aggraver l'élévation du niveau de la mer que l'on évaluait déjà, « à l'échelle mondiale, de 26 à 98 centimètres » [5] pour un réchauffement situé entre 1,5 °C et 2 °C [6].

Les prévisions scientifiques peuvent sembler dérisoires pour un Etat jouissant d'un territoire suffisamment élevé, mais une telle élévation présente un risque inévitable de submersion pour les trente-huit Petits Etats Insulaires en Développement (PEID). Ces derniers, répartis entre l'Afrique, les Caraïbes et le Pacifique [7], représentent approximativement soixante-cinq millions d'habitants [8] et leurs territoires « sont souvent qualifiés de géologiquement dynamiques, de faible altitude et d'une superficie moindre » par rapport aux autres Etats [9]. Pour reprendre l'exemple des Tuvalu, leur territoire s'étendait en 2007 à 25,9 km^2 et ne dépassait que très rarement les trois mètres par rapport au niveau de la mer [10]. Depuis les années quatre-vingt, l'Etat a déjà vu de nombreux îlots submergés, tel que Tepukasavilivili [11]. Il ne faut cependant pas considérer que la submersion complète des Etats insulaires constitue l'unique cause possible de leur disparition. De nombreux auteurs [12] et scientifiques [13] ont relevé que le changement climatique risque d'entraîner un phénomène de salinisation et une pénurie en eau douce affectant l'agriculture, l'accès à l'eau

---

3. Le rapport considère en effet que la menace existentielle est établie sur la base d'une *« medium confidence »*, dans GIEC, *Climate Change 2022. Impacts, Adaptation and Vulnerability. Summary for Policymakers*, publié le 27 février 2022, p. 14.
4. M. Mycoo et M. Wairiu (dir. publ.), « Chapter 15 : Small Islands », dans GIEC, Groupe de Travail II, *Climate Change 2022. Impacts, Adaptation and Vulnerability*, 2022, p. 2043-2122, spéc. p. 2068.
5. B. Aurescu et N. Oral, *L'élévation du niveau de la mer au regard du droit international, Première note thématique*, A/CN.4/740, p. 16, paragraphe 29.
6. GIEC, *Global Warming of 1.5°C*, 2019, p. 7-8, paragraphes B.2.2 et B.2.3.
7. « Les petits Etats insulaires en développement et l'ONU », voir en ligne : https://www.un.org/fr/events/islands2014/smallislands.shtml.
8. B. Aurescu et N. Oral, *Première note thématique, op. cit.*, p. 17, paragraphe 30.
9. E. Petit-Prévost-Weygand, « Les îles en voie de submersion : le cas des petits Etats insulaires en développement », *Ann. du droit de la mer*, Paris, Pedone, 2020, p. 39.
10. Ministry of Natural Resources, Environment, Agriculture and Lands, « Tuvalu's National Adaptation Programme of Action », 2007, p. 13, disponible en ligne sur https://unfccc.int/resource/docs/napa/tuv01.pdf.
11. *Id.*, p. 31.
12. P. Galvão Teles et J. J. Ruda Santolaria, *L'élévation du niveau de la mer au regard du droit international, seconde note thématique*, A/CN.4/752, p. 15, paragraphe 47 *(e)* et p. 23, paragraphe 73.
13. M. Mycoo et M. Wairiu (dir. publ.), « Chapter 15 : Small Islands », *op. cit.*, p. 2069-2073.

et, *in fine*, les conditions de vie sur place [14]. Une telle situation est susceptible de causer un exode des populations, l'île devenant progressivement inhabitable [15].

Ainsi, l'ensemble de ces considérations imposerait de constater la disparition de ces Etats, tout au moins si on considère qu'ils sont définis à partir de leurs éléments constitutifs – une population, un territoire et un gouvernement [16]. En partant du postulat selon lequel la définition de l'Etat par ses éléments constitue une règle coutumière de droit international [17], il devient difficile de considérer que leur disparition n'entraîne pas également celle de l'Etat [18]. Raisonner uniquement du point de vue de la préservation du statut d'Etat (« *statehood* » en anglais) ne rend pas suffisamment compte du caractère exceptionnel de la situation. La disparition des petits Etats insulaires entraînerait des répercussions importantes en droit de la mer, par exemple : quel avenir pour les espaces maritimes délimités à partir du territoire si celui-ci est entièrement submergé ? Du point de vue des droits de la personne humaine également, la question du sort des populations insulaires qui se déplacent sur le territoire d'un Etat étranger se pose.

Au regard de la portée considérable des effets de l'élévation du niveau de la mer, la Commission du droit international (CDI) a décidé d'accueillir la proposition des Etats fédérés de Micronésie en inscrivant ce thème dans son programme de travail [19]. La CDI suit en l'espèce une méthodologie originale qu'elle a déjà mobilisée lors du traitement du sujet de la fragmentation du droit international. Au lieu d'un rapporteur, cinq membres ont été nommés coprésidents d'un groupe d'étude afin de traiter le sujet selon une triple perspective – droit de la mer, survie de l'Etat, protection des populations. Cette approche traduit « les conséquences juridiques de l'élévation du niveau de la mer du point de vue des éléments constitutifs de l'Etat » [20]. Le mandat confié au groupe d'étude précise qu'il « n'est pas question de proposer des modifications au droit international en vigueur », ni même d'entreprendre

---

14. P. Galvão Teles et J. J. Ruda Santolaria, *Seconde note thématique, op. cit.*, p. 15, paragraphe 47 *(e)* et p. 23, paragraphe 73.
15. *Id.*, p. 44, paragraphe 164 *(a)*.
16. Convention concernant les droits et devoirs des Etats, adoptée par la septième Conférence internationale américaine, signée à Montevideo le 26 décembre 1933, entrée en vigueur le 26 décembre 1934, dans *RTSN*, vol. 165, p. 36, article 1 : « L'Etat comme personne de Droit international doit réunir les conditions suivantes : I. Population permanente. II. Territoire déterminé. III. Gouvernement. IV. Capacité d'entrer en relations avec les autres Etats ».
17. J. Jeanneney, « L'Atlantide. Remarques sur la submersion de l'intégralité du territoire d'un Etat », *op. cit.*, p. 100-106.
18. A moins, bien sûr, de considérer qu'ils ne sont pertinents que pour déterminer la naissance d'un Etat et non pas son extinction, voir CDI, *Résumé thématique des débats tenus par la Sixième Commission de l'Assemblée générale au cours de sa soixante-seizième session, établi par le Secrétariat*, A/CN.4/746, p. 23, paragraphe 107.
19. CDI, *Rapport de la Commission du droit international sur les travaux de sa soixante-dixième session*, A/73/10, p. 353, paragraphe 7.
20. *Ibid.*, p. 354, paragraphe 13.

sa codification [21]. Les notes thématiques publiées par les coprésidents ont pour objet de déterminer si les moyens offerts par le droit international suffisent à répondre aux principales préoccupations des petits Etats insulaires. Les travaux entrepris par la Commission rejoignent finalement la problématique de cet ouvrage, puisqu'ils ont vocation à déterminer en quoi l'élévation du niveau de la mer constitue un défi pour le droit international.

Si l'on devait constater que les conséquences de la submersion progressive du territoire pouvaient être résolus par le droit international en vigueur *(lex lata)*, moyennant quelques ajustements, il serait difficile de conclure autrement qu'en reconnaissant l'existence d'un simple problème juridique, auquel tout ordre juridique est quotidiennement confronté. A l'inverse, observer l'insuffisance du droit en vigueur et l'impossibilité de l'adapter au problème qui se pose pourrait obliger le juriste à rêver le droit international tel qu'il devrait être *(lege feranda)*, révélant alors le défi juridique. A la lecture des notes thématiques publiées par le groupe d'étude, il apparaît que les revendications des petits Etats insulaires menacés de disparition supposent parfois de surmonter des obstacles a priori infranchissables. La disparition de cette catégorie d'Etats pourrait alors provoquer bien plus qu'une simple *adaptation* – on pourrait parler d'une *acclimatation* – du droit international. Elle pourrait effectivement imposer de *transformer* certains éléments structurels de l'ordre juridique international, témoignant d'un phénomène plus large de *climatisation* du droit international [22].

Une pratique récemment initiée par les Tuvalu, depuis le début de l'année 2022, apporte quelques éléments de réponse à cette problématique générale : le *Future Now Project* [23]. Ce projet « comprend des efforts visant à obtenir la reconnaissance internationale du caractère permanent du statut d'Etat des Tuvalu et de ses frontières maritimes, malgré les effets de l'élévation du niveau de la mer » [24]. En parallèle, les Tuvalu poursuivent leurs « efforts visant à numériser tous les services administratifs du gouvernement et à établir des archives numériques de l'histoire et des pratiques culturelles des Tuvalu afin de créer une nation numérique » [25]. Cette tentative visant à garantir la permanence de l'Etat et de ses espaces maritimes ambitionne de concrétiser

---

21. *Ibid.*, p. 354-355, paragraphe 14.
22. Voyez les rapports introductifs de S. Maljean-Dubois et de J. Peel, pp. x-xx.
23. Le projet est synthétisé par le Programme des Nations Unies pour l'Environnement, dans sa contribution à la CDI «relating to regional and national legislation, policies and strategies, as applicable, regarding the protection of persons affected by sea-level rise», p. 8. Disponible en ligne sur https://legal.un.org/ilc/sessions/73/pdfs/english/slr_unep.pdf.
24. Tuvalu, «The Future Now Project: Preparing Today to Secure Tomorrow», *id.*, p. 1 (notre traduction).
25. *Ibid.*, p. 2 (notre traduction).

une proposition populaire en doctrine [26], celle d'un Etat déterritorialisé conservant ses droits maritimes. L'aspect humain n'est cependant pas éclipsé du projet tuvaluan, l'Etat insulaire admettant lui-même que garantir son existence n'a de sens que s'il est possible de protéger les droits individuels et collectifs de sa population [27]. Enfin, si le projet se concrétise en pratique par la conclusion de communiqués bilatéraux, le ministre des Affaires étrangères des Tuvalu a récemment expliqué [28] avoir l'intention de recueillir le soutien d'un nombre croissant d'Etats, dans l'espoir d'aboutir à la création d'une règle conventionnelle ou coutumière universelle [29].

Dans le même temps, les Tuvalu n'affirment jamais clairement la compatibilité de leur pratique avec le droit en vigueur. C'est pourtant là que le défi posé au droit international prend vie: le renversement de la conception westphalienne de l'Etat souverain territorialisé et, a fortiori, du *locus classicus* en vertu duquel la terre domine la mer représenterait une véritable révolution juridique [30]. Afin de préciser la relation qu'entretient la pratique initiée par les Tuvalu avec le droit international en vigueur, trois hypothèses s'ouvrent au juriste. Cette pratique peut avoir pour objet l'interprétation du droit coutumier ou conventionnel d'une part, tout comme elle peut constituer une réponse à une question qui n'est pas régie par le droit d'autre part. Si la pratique tuvaluane ne correspondait à aucune de ces deux solutions, il faudrait arriver à la conclusion qu'elle est contraire au droit international – conventionnel ou coutumier –

---

26. J. Grote Stoutenburg, «When Do States Disappear? Thresholds of Effective Statehood and the Continued Recognition of "Deterritorialized" Island States», dans M. B. Gerrard et G. E. Wannier (dir. publ.), *Threatened Island Nations. Legal Implications of Rising Seas and a Changing Climate*, Cambridge, CUP, 2013, p. 57-87; M. A. Burkett, «The Nation Ex-Situ», dans *ibid.*, p. 89-122; C. Blanchard, «Evolution or Revolution? Evaluating the Territorial State-Based Regime of International Law In the Context of the Physical Disappearance of Territory Due to Climate Change and Sea-Level Rise», *CYIL*, vol. 53, 2016, p. 97-102.
27. «Tuvalu National Statement for the World Leaders Summit – Honourable Prime Minister Kausea Natano»:

> «The existential threat of climate change and sea-level rise has strengthened our resolve to preserve our statehood and sovereignty (. . .) We must also ensure that legal mechanisms are in place to protect the cultures, languages, and heritages of nations like Tuvalu».

Disponible en ligne sur https://unfccc.int/sites/default/files/resource/TUVALU_cop26cmp16cma3_HLS_EN.pdf.
28. La vidéo s'intitule «Future Now Episode 2» et a été publiée sur la page Facebook du *Ministry of Justice, Communication and Foreign Affairs, Tuvalu Government*, le 22 février 2022.
29. Nous n'envisagerons pas directement la pertinence d'une pratique destinée à créer une règle coutumière au moyen d'une addition d'engagements conventionnels particuliers, les communiqués joints n'ayant pas une nature conventionnelle – il s'agit plutôt d'actes unilatéraux. Toutefois, voir A. Hermet, *La convergence de dispositions conventionnelles et la détermination du droit international coutumier*, Paris, Pedone, 2021.
30. C. Blanchard, «Evolution or Revolution?», *op. cit.*, p. 71.

en vigueur. Chacune de ces trois hypothèses – *secundum*, *praeter* ou *contra tractatus* et *consuetudo* – s'accompagne d'un régime juridique particulier qui conditionne le succès des revendications des Tuvalu. Cela explique pourquoi il est indispensable de déterminer la relation qu'entretient ce projet avec les règles de droit international actuellement en vigueur, à savoir s'il est compatible ou non avec ces dernières (sect. 1). En réalité, le concept d'Etat déterritorialisé revendiqué par les Tuvalu risque de ne produire aucun effet à moins de démontrer sa compatibilité avec l'exercice effectif de la souveraineté dudit Etat (sect. 2).

SECTION 1   (IN)COMPATIBILITÉ DES REVENDICATIONS DES TUVALU AVEC L'ÉTAT ACTUEL DU DROIT INTERNATIONAL

Pour l'heure, sept Etats auraient accepté de signer un communiqué conjoint consacrant la permanence de l'Etat des Tuvalu et de ses frontières maritimes [31]. Seul le document adopté avec le Venezuela ayant été diffusé par les Tuvalu, notre analyse s'appuie largement sur les formulations retenues dans ce communiqué en supposant qu'elles sont similaires à – ou proches de – celles adoptées dans les autres documents [32]. Le Venezuela admet ainsi que les changements climatiques constituent une « menace existentielle aux Tuvalu » [33], avant de s'engager à reconnaître « le statut d'Etat des Tuvalu comme permanent et ses frontières maritimes existantes comme fixées, même si la population des Tuvalu est déplacée ou si elle perd son territoire terrestre en raison de l'élévation du niveau de la mer » [34].

En postulant purement et simplement la permanence des frontières maritimes, les Tuvalu prennent soin d'éviter la question de la compatibilité de cette assertion avec un instrument pourtant incontournable : la Convention des Nations Unies sur le droit de la mer (CNUDM) (par. 1). A l'inverse, comme on le verra, le communiqué signé par les Tuvalu et le Venezuela suggère que le concept d'Etat déterritorialisé est compatible avec le droit international coutumier, alors même qu'une telle considération n'est pas évidente (par. 2).

---

31. Observations du Forum des îles du Pacifique auprès de la CDI, 2022, p. 26, paragraphe 120, disponible en ligne sur https://legal.un.org/ilc/sessions/73/pdfs/english/slr_pif.pdf.
32. « Joint communiqué on the establishment of diplomatic relations between Tuvalu and the Bolivarian Republic of Venezuela », signé le 4 juillet 2021, disponible sur la page Facebook du ministère des Tuvalu. Le communiqué établi avec Taïwan a été signé le 5 septembre 2022 mais n'a pas été, pour l'heure, publié. L'identité des Etats avec lesquels des communiqués ont été conclus n'est pas non plus indiquée dans le *tweet* du Ministère, publié le 5 septembre 2022.
33. *Ibid.* (notre traduction)
34. *Ibid.* (notre traduction)

Paragraphe 1 **Entre interprétation et modification du droit conventionnel : la permanence des frontières maritimes**

Les réponses apportées par le droit international au rétrécissement du territoire résultant de l'élévation du niveau de la mer (A) ne sauraient être transposées lors de sa disparition complète, ce qui interroge nécessairement la compatibilité de la pratique tuvaluane avec la CNUDM (B).

A. Le gel des frontières maritimes malgré le rétrécissement du territoire

La formulation retenue dans le communiqué établi conjointement avec le Venezuela diffère grandement de celle adoptée, par exemple, dans la déclaration sur la préservation des zones maritimes du Forum des îles du Pacifique [35]. Contrairement à cette dernière, qui proposait de geler les délimitations maritimes à partir d'une interprétation de la CNUDM, la promesse vénézuélienne ne se fonde nullement sur les stipulations de la Convention de Montego Bay. Le gel des frontières maritimes est affirmé sans plus de précision. Le Venezuela n'étant pas partie à la Convention, on pourrait certes arguer que le communiqué ne pouvait raisonnablement pas prétendre interpréter les obligations qu'elle contient. Les Tuvalu ayant toutefois l'intention de signer des communiqués de cette nature avec d'autres Etats, il est fort probable que de tels engagements incluent à terme des Etats parties à la Convention – c'est d'ailleurs déjà le cas pour Saint-Kitts-et-Nevis [36]. Une autre explication mérite alors d'être apportée au regard de l'importance que revêt cette convention en droit international s'agissant de la délimitation des espaces maritimes. Un premier élément de réponse pourrait figurer dans la différence entre l'action entreprise par les Etats insulaires sur le plan multilatéral et celle, bilatérale, des Tuvalu. La première correspond à l'hypothèse du gel des lignes de base et, in extenso, des « délimitations maritimes entre Etats » [37], tandis que la seconde couvre plutôt la « délinéation de l'étendue des espaces maritimes vers le large » [38].

Le premier cas de figure – le gel des lignes de base – a été largement étudié par la première note thématique de la CDI relative au recul progressif des côtes et des lignes de base résultant de l'élévation du niveau de la mer. En vertu de

---

35. G. Giraudeau, « Forum des îles Pacifiques (FIP) – Déclaration sur la préservation des zones maritimes face à l'élévation du niveau de la mer », *RGDIP*, 2021/4, chronique des faits internationaux, p. 803-804.
36. La CNUDM a été signée le 07 décembre 1984 et ratifiée le 7 janvier 1993. Elle a été conclue à Montego Bay le 10 décembre 1982 et entrée en vigueur le 16 novembre 1996, *RTNU*, vol. 1833, n° 31363, p. 4-178.
37. E. Petit-Prévost-Weygand, « Les îles en voie de submersion : le cas des petits Etats insulaires en développement », *op. cit.*, p. 51.
38. *Ibid.*

la CNUDM, ces lignes ont pour fonction de délimiter la mer territoriale [39], la zone contiguë [40], la zone économique exclusive [41] ou encore le plateau continental [42]. Qu'il s'agisse des lignes de base normale ou droite, l'élévation du niveau de la mer obligerait à rapprocher ces lignes « de la terre en cas de nouveau tracé » [43]. Le recul des lignes de base droite impliquerait ensuite une diminution, voire la disparition, des espaces maritimes susmentionnés [44]. Le groupe d'étude, auquel son mandat interdit de *modifier* la Convention, recourt à l'*interprétation* afin de justifier la possibilité pour les Etats parties de ne pas ajuster ces lignes de base malgré l'altération géographique des côtes. En l'absence de stipulations qui obligeraient les Etats parties à considérer les lignes de base comme étant fixes ou mouvantes, le groupe d'étude a préféré interpréter la convention de manière conforme à son objet et but, à savoir « la stabilité, la sécurité, la certitude et la prévisibilité juridiques » [45]. Partant, il faudrait rejeter l'interprétation admettant le caractère mouvant des lignes de base, puisqu'elle aurait pour effet de susciter des contestations quant aux droits dont jouissent les Etats affectés par l'élévation du niveau de la mer [46].

Logiquement, on est tenté de transposer cette solution à l'hypothèse de disparition du territoire – et non plus à celle de son rétrécissement. Ce scénario est précisément couvert par l'engagement du Venezuela, ce dernier souscrivant à la permanence des frontières maritimes malgré la submersion totale du territoire des Tuvalu. Cette promesse va donc plus loin que la pratique initiée par les Etats insulaires du Pacifique, puisqu'elle consiste à proposer qu'un Etat puisse continuer de posséder des droits sur des espaces maritimes malgré la disparition de son territoire. Cette dernière particularité devrait imposer, selon nous, une approche différente de celle suggérée par la CDI ou le Forum des îles du Pacifique.

B. Le gel des frontières maritimes malgré la disparition du territoire

La formulation retenue par le communiqué pourrait venir combler une lacune de la Convention *(i)* ou modifier celle-ci en tant que nouvelle règle coutumière contraire *(ii)*.

---

39. CNUDM, *op. cit.*, article 3-4, p. 7.
40. *Id.*, article 33, p. 16.
41. *Id.*, article 57, p. 25.
42. *Id.*, article 76, p. 34.
43. B. Aurescu et N. Oral, *Première note thématique, op. cit.*, p. 28, paragraphes 68-69.
44. *Id.*, p. 28, paragraphe 71.
45. *Id.*, p. 7, paragraphe 14, p. 30, paragraphe 78, p. 49, paragraphe 112 et p. 76, paragraphe 190 *(g)*.
46. *Id.*, p. 31, paragraphe 79.

i) *Une pratique destinée à combler les lacunes de la Convention*

A première vue, la promesse formulée par le Venezuela n'est pas contraire à la lettre de la Convention puisque cette dernière est lacunaire sur le sujet [47]. Mais, s'il est vrai que les stipulations conventionnelles ne traitent pas spécifiquement de la question de la disparition du territoire, on ne peut pas pour autant en déduire la possibilité de conserver les espaces maritimes dans cette circonstance. L'un des objets du traité a effectivement disparu : le territoire, celui qui doit *dominer la mer*. En vertu de l'article 61 de la Convention de Vienne de 1969, l'exécution du traité deviendrait impossible en cas de « disparition ou destruction définitives d'un objet indispensable » à sa mise en œuvre [48]. La doctrine relève que l'objet désigné par le traité « est habituellement conçu comme ayant une nature physique » [49]. Le territoire est pourtant traditionnellement conçu comme une notion juridique plutôt que physique. Au sens kelsénien, il désigne en effet l'espace de validité des normes dans lequel s'exerce une compétence qui présente une certaine caractéristique [50]. Même si l'on devait retenir la perspective de la disparition du territoire au sens d'un objet juridique, il n'est pas certain que l'article 61 précité ait uniquement vocation à s'appliquer à un objet physique [51]. Ainsi, le territoire en tant qu'objet à la fois juridique et physique disparaît, ce qui empêche le petit Etat insulaire d'y exercer sa compétence. Dès lors que cette disparition est irréversible [52], il est difficile de concevoir que les obligations conventionnelles relatives à la délimitation et l'exploitation des espaces maritimes puissent continuer d'opérer de façon tout à fait ordinaire. Les Etats tiers pourraient alors refuser de considérer les espaces maritimes des petits Etats insulaires submergés autrement que comme la haute mer. Or, puisque l'article 89 de la Convention de Montego Bay empêche les Etats parties de « légitimement prétendre soumettre une partie quelconque de la haute mer à sa souveraineté » [53], il ne devrait pas résulter de la disparition des espaces maritimes des PEID un

---

47. C'est uniquement parce qu'il existerait un « vide juridique » sur la question que l'interprétation des experts est acceptée par certains membres de la sixième commission, CDI, *Résumé thématique des débats tenus par la Sixième Commission*, *op. cit.*, p. 21, paragraphe 101.
48. Convention de Vienne sur le droit des traités, article 61 (1). Il s'agira certainement d'un aspect davantage étudié dans la prochaine note thématique du Groupe d'étude de la CDI, puisque certains membres en ont fait expressément la demande. Voir Nations Unies, *Rapport de la CDI, Soixante-douzième session (26 avril-4 juin et 5 juillet-6 août 2021)*, A/76/10, p. 183, paragraphe 277.
49. P. Bodeau-Livinec, « Article 61 », dans O. Corten et P. Klein (dir. publ.), *Les Conventions de Vienne sur le droit des traités. Commentaire article par article*, Bruxelles, Bruylant, vol. III, 2006, p. 2191-2192.
50. H. Kelsen, « Les rapports de système entre le droit interne et le droit international public », *RCADI*, vol. 14, p. 247-248, paragraphe 15.
51. P. Bodeau-Livinec, « Article 61 », *op. cit.*, p. 2194-2195.
52. *Ibid.*, p. 2193.
53. CNUDM, *op. cit.*, article 89, p. 39.

événement de nature à déstabiliser les relations internationales. Effectivement, la disparition de ces espaces maritimes n'emporterait pas nécessairement la création d'espaces contestés, dès lors que la submersion complète du territoire constitue une circonstance factuelle objectivement observable.

Certains pourraient réfuter l'idée selon laquelle le territoire correspond à l'objet du traité en insistant sur la différence «entre la capacité d'une formation [géographique] à générer des zones maritimes et la préservation de ces dernières»[54]. Le succès de cette proposition – interprétative – semble conditionné, selon nous, au succès de la première interprétation suggérée par la CDI et le Forum des îles du Pacifique – revendiquant le caractère fixe des lignes de base. Les observations formulées par de nombreux Etats à la sixième commission de l'Assemblée générale révèlent au contraire que cette interprétation ne fait pas l'unanimité, certaines délégations plaidant en faveur de lignes de base mouvante[55]. Si ces résistances venaient à faire échouer les revendications des Etats insulaires en consacrant le caractère mouvant des lignes de base, il deviendrait difficile d'obtenir davantage (*i.e.*, la permanence des espaces maritimes malgré la submersion du territoire). La solution suggérée par le communiqué conjoint serait alors en contradiction avec cette interprétation de la Convention, puisque dans l'hypothèse où les Etats parties seraient obligés d'ajuster leur ligne de base à chaque recul des côtes, leurs espaces maritimes se trouveraient en retour altérés. Le jour où l'élévation du niveau de la mer aurait pour conséquence la submersion du territoire, les Etats insulaires seraient dans l'impossibilité d'ajuster leur ligne de base, celle-ci étant établie à partir de «la laisse de basse mer le long de la côte»[56]. S'il n'y a plus de côte, il ne saurait y avoir de laisse de basse mer ni, a fortiori, d'espaces maritimes. Partant, l'échec des premières revendications du Forum des îles du Pacifique, dont la première note thématique du groupe d'étude se fait l'écho, viendrait enterrer les revendications relatives à la permanence des espaces maritimes malgré la submersion du territoire.

Le cas échéant, l'unique moyen de contourner cet obstacle consisterait à adopter une conduite à même de provoquer la naissance d'une nouvelle règle coutumière contraire aux règles conventionnelles[57].

ii) *Une pratique contraire à la Convention*

Qu'une règle coutumière puisse modifier une règle conventionnelle ou provoquer sa désuétude est une possibilité qui a déjà été étudiée en doc-

---

54. E. Petit-Prévost-Weygand, «Les îles en voie de submersion: le cas des petits Etats insulaires en développement», *op. cit.*, p. 56.
55. CDI, *Résumé thématique des débats tenus par la Sixième Commission, op. cit.*, p. 22, paragraphe 103.
56. CNUDM, *op. cit.*, article 5, p. 7.
57. L'amendement n'est pas une option envisagée au regard des réticences manifestées par les Etats à cet égard, dans B. Aurescu et N. Oral, *Première note thématique, op. cit.*, p. 6-7, paragraphe 13.

trine [58]. Cette hypothèse trouve ici une manifestation pratique remarquable avec le projet des Tuvalu, qui pourrait d'ailleurs gagner en importance à condition que d'autres petits Etats insulaires adoptent un comportement similaire. La CNUDM ayant eu pour effet de codifier de nombreuses règles coutumières ou d'en cristalliser d'autres, il ne serait pas surprenant que ses stipulations fassent l'objet d'ajustement en dehors du cadre restreint conventionnel, comme cela a déjà pu être le cas par le passé [59]. Modifier les obligations d'une convention multilatérale par la voie coutumière permettrait justement de contourner les limites posées par la lourde procédure d'amendement de la Convention [60]. Le processus ne doit cependant pas ignorer les aspects cruciaux entourant le consentement des Etats. En réaction à une modification non consentie d'une règle coutumière, des Etats pourraient se placer en position d'objecteurs persistants et donner naissance, cette fois, à des espaces contestés [61]. L'enjeu réside donc dans le degré de participation qu'impliquerait une telle modification.

Traditionnellement, la question de savoir lesquels des Etats devraient prendre part à une « pratique générale acceptée comme étant le droit » [62] dépend de l'étendue des Etats « particulièrement intéressés » [63] par cette règle. Seule la pratique initiée par ces derniers, en effet, est susceptible d'être mobilisée pour constater l'existence d'une règle coutumière. Au regard du fait que les intérêts principalement affectés par l'élévation du niveau de la mer sont ceux des petits Etats insulaires [64], on serait tenté d'identifier une règle coutumière initiée par cette catégorie d'Etats [65]. Si l'on raisonne cependant du point de vue des conséquences potentielles de cette nouvelle règle sur le régime du droit de la mer, il serait possible de considérer que les Etats intéressés correspondent

---

58. M. E. Villiger, *Customary International Law and Treaties. A Manual on the Theory and Practice of the Interrelation of Sources*, 2ᵉ éd., La Haye, Kluwer, 1997, p. 193-224 ; N. Kontou, *The Termination and Revision of Treaties in the Light of New Customary International Law*, Oxford, Clarendon Press, 1995 ; R. Crootof, « Change Without Consent: How Customary International Law Modifies Treaties », *YJIL*, vol. 41, 2016, p. 237-299 ; R. Kolb, « La désuétude en droit international public », *RGDIP*, 2007/3, p. 577-608.
59. R. Crootof, « Change Without Consent: How Customary International Law Modifies Treaties », *op. cit.*, p. 275.
60. CNUDM, *op. cit.*, p. 123-124, article 312 ss.
61. En admettant que les espaces maritimes des PEID soient maintenus malgré la submersion du territoire, les Etats seraient dans l'obligation de respecter le régime applicable à la mer territoriale, au plateau continental ainsi qu'à la ZEE. Au contraire, en refusant la permanence de ces espaces, d'autres Etats pourraient considérer que cette submersion provoque l'apparition d'une haute mer et l'application du régime y relatif.
62. Article 38 (1) (b) du Statut de la CIJ.
63. CIJ, *Plateau continental de la mer du Nord (République fédérale d'Allemagne c. Danemark/Pays-Bas)*, arrêt, 20 février 1969, *Recueil 1969*, p. 42, paragraphe 73.
64. On mobilise ici la version anglaise de l'arrêt précité, préférant parler de «... *States whose interests were specially affected* », *ibid.*
65. D. Guilfoyle, « Canute's Kingdoms: Can Small Island States Legislate against their Own Disappearance? », *EJIL: Talk!*, publié le 20 février 2019.

plutôt à l'ensemble de la communauté internationale ou, au moins, aux Etats parties à la Convention. Cette dernière hypothèse ne serait bien entendu pas à l'avantage des petits Etats insulaires, préférant sans doute créer cette règle coutumière à partir d'une pratique «générale» plutôt qu'«universelle»[66].

Le projet des Tuvalu aboutit à tester l'élasticité de la règle conventionnelle et coutumière jusqu'à une portée inédite. Le succès de cette prétention ne semble cependant pas dépendre uniquement des petits Etats insulaires, mais d'un nombre beaucoup plus important d'Etats. Les questions soulevées par l'élévation du niveau de la mer révèlent ainsi la difficulté à distinguer l'interprétation, l'adaptation, la modification et la création du droit international. Le caractère inédit des changements climatiques amène les juristes à rechercher l'applicabilité de nombreuses règles juridiques qui, à leur création, ignoraient tout des problématiques environnementales[67]. Des interrogations similaires surgissent, sur le plan coutumier cette fois, à propos de la permanence de l'Etat. Ne serait-ce que du point de vue du droit de la mer, les développements que l'on vient d'esquisser n'ont de pertinence qu'à la condition que les petits Etats insulaires puissent continuer d'exister.

Paragraphe 2 **Entre interprétation et modification du droit coutumier : la permanence de l'Etat**

Le communiqué postule que la permanence de l'existence des Tuvalu malgré la disparition de son territoire serait «en conformité avec le droit international, qui considère que la reconnaissance est inconditionnelle et irrévocable»[68]. En suggérant que l'engagement souscrit par le Venezuela n'est qu'une conséquence de l'irrévocabilité de l'acte de reconnaissance d'Etat, les Tuvalu souhaitent ancrer leur revendication dans le droit international en vigueur. L'approche retenue ne semble pourtant pas adopter le meilleur angle d'analyse (A), car elle néglige les conséquences que la permanence de l'Etat peut avoir sur un principe général du droit international, à savoir le principe de continuité (B).

A. La permanence de l'Etat comme conséquence de l'irrévocabilité de sa reconnaissance

L'article 6 de la Convention de Montevideo concernant les droits et devoirs des Etats consacrait effectivement l'irrévocabilité ainsi

---

66. R. Crootof, «Change Without Consent: How Customary International Law Modifies Treaties», *op. cit.*, p. 240.
67. V. Lanovoy et S. O'Donnell, «Climate Change and Sea-Level Rise – Is the United Convention on the Law of the Sea up to the Task?», *ICLR*, vol. 23 (2-3), p. 140.
68. «Joint communiqué on the establishment of diplomatic relations between Tuvalu and the Bolivarian Republic of Venezuela», *op. cit.* (notre traduction)

que l'inconditionnalité de la reconnaissance [69]. L'opportunité de reprendre cette formulation avait été discutée lors de la rédaction de la Charte de l'Organisation des Etats américains (OEA), à la suite d'un projet soumis par l'Equateur. Les Etats-Unis d'Amérique et le Pérou s'y étaient vivement opposés après avoir remarqué que la «reconnaissance peut être, et est souvent, conditionnelle» [70]. Il en a résulté deux articles sur la reconnaissance, dans la Charte de l'OEA, n'établissant ni son irrévocabilité ni son inconditionnalité. Cela n'a cependant pas clos le sujet, puisque la doctrine a entrepris de distinguer deux types d'actes de reconnaissance d'Etat: *de jure* et *de facto*, seule la seconde, contrairement à la première, étant provisoire et librement révocable [71]. La pratique démontre cependant, comme il a déjà été rapporté ailleurs, que les Etats *« have granted* de jure *recognition on certain conditions and have withdrawn* de jure *recognition »* [72]. Plus récemment, certains Etats insulaires ont d'ailleurs déclaré ne plus reconnaître, entre 2016 et 2019, l'Etat de Taïwan [73], avec lequel les Tuvalu ont justement signé un communiqué. En outre, la pratique initiée par les Tuvalu contredit l'assertion précitée puisque le communiqué pose lui-même une condition à la reconnaissance d'Etat: celle de la maintenir malgré la submersion du territoire.

Faudrait-il en conclure que l'engagement du Venezuela et des autres Etats constitue les premiers éléments d'un comportement manifestant le développement progressif d'une règle coutumière contraire à celle qui est actuellement en vigueur? Répondre à cette question renvoie le juriste aux confins d'une querelle byzantine qui présente de nombreux inconvénients pour les petits Etats insulaires: la reconnaissance d'Etat constitue-t-elle un acte politique ou juridique? A-t-elle pour effet de constituer l'Etat ou simplement de constater son existence? Selon la perspective choisie, implique-t-elle son

---

69. Convention de Montevideo concernant les droits et devoirs des Etats, *op. cit.*, p. 36.
70. Ministerio de Relaciones Exteriores, *Novena Conferencia Internacional Americana, Bogotá, marzo 30 de 1948. Actas y documentos*, vol. III, Bogota, 1953, p. 186 (notre traduction), également p. 242-247.
71. Institut du droit international, résolution sur la reconnaissance des nouveaux Etats et des nouveaux gouvernements, 23 avril 1936, article 5.
72. S. Talmon, «Recognition and its Variants», dans S. Talmon (dir. publ.), *Recognition of Governments in International Law: With Particular Reference to Governments in Exile*, Oxford, OUP, 2001, p. 47. L'auteur rapporte l'exemple du retrait de la reconnaissance d'Etat à la République populaire démocratique de Corée par la Birmanie, à la suite d'une tentative d'assassinat du Président de la Corée du Sud en novembre 1983.
73. On pense à Sao Tomé et Principe, les îles Solomon et Kiribati. L'information a soit été relayée par les médias, soit par le ministère des Affaires étrangères de la République de Chine (Taïwan): communiqué de presse du ministère, «The ROC government has terminated diplomatic relations with São Tomé and Príncipe with immediate effect to uphold national dignity», 21 décembre 2016; Taïwan News, «Kiribati switches recognition to China, Taiwan loses second Pacific ally in one week», 20 septembre 2019.

irrévocabilité ? Si la pratique illustre certes sa révocabilité, la portée d'un tel comportement est difficile à apprécier. Quelques observations générales suffisent à montrer les limites d'un tel raisonnement.

En premier lieu, la proposition des Tuvalu semble imputer au retrait de la reconnaissance d'Etat une caractéristique extinctive qui ne semble pas être la sienne en pratique. Ainsi que le remarquait déjà Lauterpacht, la reconnaissance est généralement retirée pour la simple raison que l'objet de la reconnaissance (*i.e.*, l'Etat) a disparu avec l'apparition d'une nouvelle autorité exerçant la souveraineté territoriale [74]. Le retrait se manifeste alors en même temps que la reconnaissance d'un Etat successeur. Tel était le cas, par exemple, lorsque l'Ethiopie a été annexée par l'Italie en 1935 [75] : la disparition de la première se manifestait par la reconnaissance de la souveraineté du second sur le territoire éthiopien. En tant que tel, le retrait n'emporte pas l'extinction de l'Etat, mais tire les conséquences de l'observation de la réalité. La doctrine oscille classiquement entre la théorie *déclarative* ou *constitutive* de la reconnaissance d'Etat et si la pratique ne tranche pas définitivement la question, elle tend néanmoins à considérer que «l'existence ou la disparition de l'Etat est une question de *fait*» [76]. Si la reconnaissance d'un Etat n'altère pas son existence – parce qu'elle serait déclarative –, les Etats tiers devraient logiquement pouvoir la retirer sans que cela n'emporte la disparition de cet Etat [77].

Dans un second temps, il ne faudrait cependant pas en déduire que la reconnaissance n'a jamais eu pour effet d'asseoir l'existence d'un Etat qui était remise en cause. Un auteur identifie par exemple des situations où l'accumulation de reconnaissances d'Etat remplit une «fonction de cooptation» qui permet à l'entité reconnue, lorsqu'une certaine «masse critique» est atteinte [78], de se voir conférer «automatiquement» le Statut d'Etat [79]. Partant, il faudrait en déduire que les engagements souscrits par les Tuvalu auprès d'autres Etats pourraient constituer un moyen de protéger son existence dans une situation où elle serait remise en cause par la disparition de son territoire. A condition d'atteindre cette «masse critique» de promesses, celles-ci pourraient théoriquement permettre aux Tuvalu de *continuer* d'exister, de la même manière qu'elles ont permis à certains Etats de *commencer* à exister.

---

74. H. Lauterpacht, «*De Facto* Recognition, Withdrawal of Recognition, and Conditional Recognition», *BYBIL*, vol. 22, 1945, p. 180-181.

75. *JO de la SDN*, novembre 1935, p. 1224-1225.

76. Conférence pour la paix en Yougoslavie, avis n° 1 de la Commission d'arbitrage, *RGDIP*, vol. 96, 1992, p. 264 (italiques ajoutés). Voyez également, TAM. germano-polonais, 1er août 1929, *Deutsche Continental Gass-Gesellschaft c. Etat polonais (n° 1877)*, *Recueil TAM*, vol. IX, p. 344 et 346.

77. C'est la conclusion à laquelle un auteur a récemment abouti, à propos du Kosovo, T. Papic, «De-recognition of States: the Case of Kosovo», *CILJ*, vol. 53, p. 729.

78. E. Wyler, *Théorie et pratique de la reconnaissance d'Etat. Une approche épistémologique du droit international*, Bruxelles, Bruylant, 2013, p. 273-274.

79. *Ibid.*, p. 312.

S'il devait en aller ainsi, il faudrait remarquer que le principe de continuité se trouverait profondément transformé par le succès de cette nouvelle pratique.

B. La mutation du principe de continuité comme conséquence de la permanence de l'Etat

La permanence de l'Etat équivaut en effet à postuler sa continuité en toute circonstance, même dans les situations les plus extrêmes qui remettent en cause cette existence. Or, en droit international contemporain, le principe de continuité trouve justement à s'appliquer dans de telles situations. En consacrant la permanence de la souveraineté, le principe de continuité deviendrait inutile : si l'Etat existe en permanence, à quoi bon s'interroger sur la continuité de son existence ? Le raisonnement suggéré deviendrait nécessairement circulaire et s'éloignerait des cas d'application ordinaire du principe de continuité en faveur, par exemple, des Etats dont les gouvernements se sont exilés à l'étranger pendant la Seconde Guerre mondiale [80], ou de la Somalie qui ne disposait pas d'un gouvernement effectif dans les années quatre-vingt-dix [81]. La question de leur existence, malgré la perte – temporaire – d'un de leurs éléments constitutifs n'était pertinente que dans un contexte supposant que ces Etats pouvaient disparaître. C'est précisément cette possibilité que les communiqués conclus avec le Venezuela et d'autres Etats entendent exclure à l'avenir.

L'approche suggérée semble découler d'une mécompréhension des raisons pour lesquelles le principe de continuité ne saurait constituer un axiome insurmontable du droit international. Affirmer la permanence de l'Etat en *toute circonstance*, comme le fait le communiqué conjoint précité, conduit à ce que le droit international régisse une fiction pendant une durée indéterminée. Krystyna Marek a pourtant brillamment démontré qu'une telle fiction ne saurait perdurer *ad vitam eternam* [82]. Cela présenterait le risque que le droit international ne régisse plus les effectivités et perde ainsi sa pertinence. La « fonction de cooptation » susmentionnée a certes contribué à déterminer la naissance d'un Etat, en tant qu'entité juridique, mais elle n'a jamais été employée pour maintenir indéfiniment l'existence de cet Etat. Certains membres de la CDI ont d'ailleurs défendu une solution similaire lorsqu'ils ont suggéré que « l'inondation d'un territoire ou son absence totale ne pouvaient

---

80. M. Flory, *Le statut international des gouvernements réfugiés et le cas de la France libre (1939-1945)*, Paris, Pedone, 1952, p. 17 : « le but même de l'exil », selon l'auteur, « est justement la sauvegarde de l'Etat ».
81. G. Cahin, « Reconstruction et construction de l'Etat en droit international », *Recueil des cours*, tome 411 (2020), p. 103.
82. K. Marek, *Identity and Continuity of States in Public International Law*, Genève, Librairie E. Droz, 1954, p. 576-582. Voir également H. Ruiz Fabri, « Genèse et disparition de l'Etat à l'époque contemporaine », *AFDI*, vol. 38, 1992, p. 162.

se comparer à un changement de territoire, et que la présomption de continuité ne pouvait s'envisager que lorsqu'un territoire et une population existaient »[83].

Ainsi, au regard des obstacles identifiés, le communiqué conjointement établi par les Tuvalu et le Venezuela ne devrait peut-être pas rechercher la permanence de l'Etat en tant que conséquence de l'irrévocabilité de la reconnaissance. Ces Etats devraient plutôt se demander comment les Tuvalu pourraient exercer leur souveraineté sans un territoire. Cela aurait pour objet de démontrer qu'en admettant le concept d'Etat déterritorialisé, il n'est pas question de proposer que le droit international régisse une *fiction,* mais bien une *effectivité*. Bien souvent d'ailleurs, la reconnaissance d'Etat est conditionnée à l'exercice effectif de la souveraineté par l'Etat reconnu[84]. Dès lors, il est indispensable de vérifier si ce concept est compatible, ou non, avec l'exercice effectif de la puissance souveraine.

SECTION 2   (IN)COMPATIBILITÉ DU CONCEPT D'ÉTAT DÉTERRITORIALISÉ AVEC L'EXERCICE EFFECTIF DE LA PUISSANCE SOUVERAINE

Admettre qu'un Etat puisse continuer d'exister malgré la submersion de son territoire implique de prouver que cette circonstance n'affecte pas l'effectivité de sa souveraineté ni son indépendance (par. 1). Les Tuvalu doivent également démontrer leur pouvoir de garantir le respect et la mise en œuvre des droits individuels reconnus à leurs nationaux, même en cas de submersion du territoire (par. 2).

Paragraphe 1   **Souveraineté sans territoire et indépendance des petits Etats insulaires**

Par définition privé de territoire, l'Etat déterritorialisé devrait tirer les conséquences du déplacement de sa population sur le territoire d'un autre Etat. Le principal effet d'une telle hypothèse serait de priver cet Etat déterritorialisé de la compétence d'exécution, relativisant largement la possibilité de continuer d'exercer sa souveraineté sur la population déplacée (A). Le *Future Now Project* entreprend justement de répondre à cette problématique en proposant de digitaliser l'institution étatique et d'exister en tant qu'entité numérique, dans le cyberespace (B).

---

83. Nations Unies, *Rapport de la CDI, Soixante-treizième session (18 avril-3 juin et 4 juillet-5 août 2022)*, A/77/10, p. 331, paragraphe 204.
84. N. Haupais, « Le micro-Etat, Etat souverain ? Liberté, égalité, exiguïté », dans F. Rouvillois (dir. publ.), *Les micro-Etats au XXIe siècle*, Paris, éditions du Cerf, 2017, p. 47.

A. L'aliénation de la compétence souveraine d'exécution

Il est habituel de démontrer l'importance du critère de l'indépendance en rappelant le célèbre *dictum* de l'affaire de *l'Ile de Palmas* : «[l]a souveraineté, dans les relations entre Etats, signifie l'indépendance. L'indépendance, relativement à une partie du globe, est le droit d'y exercer à l'exclusion de tout autre Etat, les *fonctions étatiques* »[85]. La doctrine a tôt fait de remarquer que l'indépendance des micro-Etats, dont les PEID représentent une part considérable, est un enjeu crucial depuis plus d'un siècle[86]. Le passage souligné dans la sentence a vocation à remarquer que les micro-Etats, au regard de leur petite taille et faibles moyens (économique ou militaire), rencontrent d'importantes difficultés pour exercer leur souveraineté sans requérir une assistance extérieure. De nombreuses *fonctions* traditionnellement reconnues aux Etats souverains n'ont parfois jamais été exercées directement par les micro-Etats. La Principauté de Monaco a par exemple conclu un traité avec la République française, en 2002, dont le premier article stipule que cette dernière assure la défense de l'indépendance et de l'intégrité du territoire de Monaco[87]. Des accords similaires ont été conclus par certains petits Etats insulaires, notamment les Etats fédérés de Micronésie, la République de Palau et les îles Marshall avec les Etats-Unis d'Amérique[88].

La raison pour laquelle l'existence de ces États n'a pas été remise en cause malgré leur dépendance envers un État tiers peut s'expliquer par une distinction faite entre la restriction et l'aliénation de la souveraineté. Seule la deuxième hypothèse, c'est-à-dire l'aliénation de la souveraineté, entraîne la disparition de l'État, tandis que la restriction de la souveraineté ne remet pas en cause son existence. Afin d'expliciter cette distinction, Pascaline Motsch indique «que le premier type d'opération juridique s'analyse comme une manifestation de la souveraineté étatique» (au sens de l'affaire *Wimbledon*[89]), tandis que «le second type d'opération juridique emporte l'altération, voire la déchéance du statut étatique»[90]. Les effets divergents de chacune des situations s'expliquent aisément et ont été relevés par la sentence *Texaco* qui identifiait, à propos de la «souveraineté permanente [sur les ressources naturelles], la distinction bien

---

85. CPA, *Affaire de l'île de Palmas (ou Miangas) (Etats-Unis d'Amérique c. Pays-Bas)*, sentence arbitrale, *RSA*, vol. II, 1928, p. 838 (italiques ajoutés).
86. J. Duursma, *Fragmentation and the International Relations of Micro-States. Self-Determination and Statehood*, Cambridge, CUP, 1996, p. 7 et 120-121.
87. Traité destiné à adapter et à confirmer les rapports d'amitié et de coopération entre la République française et la Principauté de Monaco, conclu à Paris le 24 octobre 2002, article 1er.
88. Voyez l'exemple de la Micronésie, *Public Law 108-188*, du 17 décembre 2003, dans 117 STAT. 2781, section 311 *(b)* (1).
89. CPJI, arrêt, 17 août 1923, *Vapeur Wimbledon (Royaume-Uni, France, Italie, Japon c. Empire allemand)*, série A, n° 1, p. 25.
90. P. Motsch, *La doctrine des droits fondamentaux des Etats : vers un redéploiement fédéraliste ou étatiste ?*, Paris, Pedone, 2022, p. 23 et p. 502-507.

connue de la jouissance et de l'exercice »⁹¹. L'aliénation de la souveraineté ne saurait résulter de la simple restriction de l'exercice d'un droit souverain, mais elle interviendrait uniquement lorsque l'Etat se serait vu retirer la jouissance d'un tel droit. En l'espèce, le concept d'Etat déterritorialisé semble imposer l'abandon – davantage qu'une restriction – de certaines prérogatives souveraines pourtant nécessaires à l'accomplissement des *fonctions* étatiques.

James Crawford proposait ainsi de distinguer l'indépendance formelle et réelle : la première désignant un pouvoir détenant l'exclusivité de la compétence tandis que la dernière supposait de vérifier l'effectivité de ce pouvoir⁹². Dans l'hypothèse où la conduite d'un Etat, quoique formellement indépendant, serait contrainte par la volonté d'une tierce puissance, cela conduirait à remettre en cause la réalité de son indépendance et *in fine* de son existence. Dans la situation très particulière d'un Etat déterritorialisé, sa puissance souveraine serait réduite à une compétence normative et juridictionnelle, mais il ne pourrait plus exercer son pouvoir de contrainte et d'exécution sans obtenir l'accord préalable de l'Etat accueillant sa population⁹³. L'un des coprésidents du groupe d'étude de la CDI relève à raison que cette situation n'a pas empêché les Etats occupés pendant la Seconde Guerre mondiale de continuer à exister malgré le fait que les gouvernements exilés à l'étranger n'exerçaient leur souveraineté qu'avec l'accord de l'Etat hôte, et qu'ils ne pouvaient pas non plus régir la conduite de leur population résidant sur le territoire occupé⁹⁴. Il est pourtant difficile de généraliser cette situation *temporaire* – avec la fin de la guerre – à celle, *permanente*, des petits Etats insulaires⁹⁵.

Il serait déconcertant de parler, dans cette dernière situation, de restriction de l'exercice de la souveraineté, puisqu'au regard des circonstances factuelles ces Etats ne pourraient jamais espérer recouvrir une quelconque compétence souveraine d'exécution. Une telle possibilité serait en contradiction avec l'une des principales conséquences de l'égalité souveraine identifiée il y a quelques décennies, selon une formule qu'il suffit d'amender légèrement pour en comprendre les implications sur notre sujet : « le respect de cette souveraineté implique qu'aucun autre Etat [que l'Etat accueillant les populations insulaires] ne pourra effectuer une exécution matérielle d'une norme ou un acte de

---

91. *Texaco c. Libye*, sentence délivrée par R.-J. Dupuy, le 19 janvier 1977, paragraphe 77. Sur ce passage, voir le commentaire de G. Cohen-Jonathan, « L'arbitrage *Texaco-Calasiatic contre Gouvernement Libyen* ; décision au fond du 19 janvier 1977 », *AFDI*, vol. 23, 1977, p. 476.
92. J. Crawford, *The Creation of States in International Law*, 2ᵉ éd., Oxford, OUP, 2007, p. 67 et 72.
93. A. Soete, *The International Legal Personality of Island States Permanently Submerged Due to Climate Change Effects*, Antwerp, Maklu, 2021, p. 162.
94. P. Galvão Teles et J. J. Ruda Santolaria, *Seconde note thématique, op. cit.*, p. 38-42, paragraphes 138-154.
95. Nations Unies, *Rapport de la CDI, Soixante-treizième session, op. cit.*, p. 354-356, paragraphe 207 et paragraphe 213 *(b)*. Contra, *id.*, p. 360, paragraphe 229.

contrainte sur son territoire »⁹⁶. En d'autres termes, l'Etat déterritorialisé ne pourrait pas bénéficier de la compétence souveraine d'exécution sans que cela ne porte atteinte à la souveraineté de l'Etat ayant accueilli ses ressortissants. En tant que souverain, seul l'Etat d'accueil jouit de cette compétence et aucun Etat, pas même déterritorialisé, ne peut lui refuser ce pouvoir.

Cette observation interroge la place traditionnellement reconnue aux Etats en droit international. En vertu de la souveraineté étatique, on en déduit que l'Etat est l'unique acteur à jouir de la compétence de la compétence. Concrètement, cela signifie qu'en l'absence de règle prohibitive contraire, l'Etat dispose en droit international d'une liberté inhérente à son statut⁹⁷. On sait depuis longtemps que l'organisation internationale, sujet dérivé du droit international, exerce uniquement les compétences qui lui ont été – implicitement ou explicitement – attribuées par les Etats à l'origine de sa création⁹⁸. En transposant ce cadre théorique aux Etats déterritorialisés, il faudrait conclure que ces derniers se trouvent dans une situation partiellement similaire à celle des sujets dérivés du droit international: en effet, ils ne pourraient exercer leur compétence d'exécution qu'à la condition que l'Etat accueillant la population y consente. Le principe de la liberté posé par l'affaire du *Lotus* serait ainsi renversé: par principe, les Etats déterritorialisés seraient dans l'impossibilité d'exercer une compétence souveraine, sauf règle permissive contraire. Une telle observation interroge nécessairement la réalité et l'effectivité de cette souveraineté pourtant cruciale, on l'a vu, au maintien de l'existence de l'Etat.

Afin de surmonter l'obstacle de la permanence de la disparition de leur territoire, les Tuvalu proposent de créer une « nation digitale » qui consisterait à garantir l'existence de l'Etat dans le cyberespace, en tant qu'entité virtuelle⁹⁹. Les moyens mobilisés sont encore au stade de l'expérimentation et on ne saurait trop insister sur l'originalité de l'approche, puisqu'elle embrasse le potentiel offert par le cyberespace pour dépasser le modèle westphalien de l'Etat territorialisé.

B. Une puissance souveraine effective dans le cyberespace

Les Tuvalu ne se contentent pas d'une simple « digitalisation » des services publics, comme c'est déjà le cas dans d'autres Etats¹⁰⁰. Le projet

---

96. B. Stern, « L'extra-territorialité « revisitée » : où il est question des affaires *Alvarez-Machain, Pâte de Bois* et de quelques autres... », *AFDI*, vol. 38, 1992, p. 250-251.
97. CPJI, *Affaire du Lotus*, arrêt, *séries A, n° 10*, p. 19. Voir J. Combacau, « Pas une puissance, une liberté : la souveraineté internationale de l'Etat », *Pouvoirs*, n° 67, 1993, p. 47-58.
98. CIJ, *Réparation des dommages subis au service des Nations Unies*, avis, *CIJ Recueil 1949*, p. 180.
99. Voyez l'entretien réalisé par le ministre des Affaires étrangères, le 1ᵉʳ mars 2022, *op. cit.*
100. *Libération*, « L'application France Identité, carte d'identité numérique, fait ses débuts », publié le 12 mai 2022.

entend démontrer que les Tuvalu continueront d'exercer les principales *fonctions* étatiques malgré la submersion du territoire. Les Tuvalu recherchent par exemple la digitalisation complète des échanges commerciaux. Si la pratique internationale a fait preuve de flexibilité en faveur des micro-Etats et de leur indépendance, est-il possible d'étirer jusqu'à ce point ce critère ? La digitalisation des fonctions étatiques présente un intérêt certain pour les petits Etats insulaires, mais elle ne permet pas de résoudre les objections susmentionnées. Que les Tuvalu puissent continuer de conclure virtuellement des contrats avec d'autres entreprises ou Etats n'est pas en soi une difficulté. L'exécution du contrat, à l'inverse, est une autre histoire. Dans le cas où cette transaction aurait pour objet l'acquisition de biens destinés aux populations disséminées sur le territoire d'autres Etats, ces derniers devraient consentir à ce que les biens pénètrent leurs territoires pour être distribués aux Tuvaluans.

Afin toutefois de contourner ces difficultés, les Tuvalu pourraient affirmer exercer une compétence souveraine déconnectée du territoire, notamment en s'appuyant sur les récents développements intervenus dans le domaine du cyberespace. L'apparition de cet espace, depuis les années quatre-vingt-dix, bouscule déjà suffisamment l'approche traditionnelle d'un ordre juridique « territorialisé par nature » pour « appréhender les activités qui se déroulent dans l'espace intangible généré par Internet »[101]. Lorsque le droit entend régir de telles activités, on pourrait en déduire qu'une forme de souveraineté déterritorialisée vient s'ajouter à celle, plus classique, de souveraineté territoriale. Quoique séduisante, l'hypothèse ne semble pas correspondre à la pratique internationale. Les Etats refusent en effet de concevoir la première forme de souveraineté – extraterritoriale – sans la seconde, c'est-à-dire sans un territoire.

Ainsi, l'Assemblée générale des Nations Unies a créé un « Groupe d'experts gouvernementaux chargé d'examiner les moyens de favoriser le comportement responsable des Etats dans le cyberespace dans le contexte de la sécurité internationale ». En vertu d'une résolution adoptée par l'Assemblée, les Etats sont invités à communiquer au Groupe d'experts leurs observations sur le sujet [102]. La grande majorité des réponses apportées en juillet 2021, par exemple, refuse de penser le cyberespace indépendamment de la souveraineté territoriale [103]. Le Brésil rappelle ainsi que la CIJ a considéré, dans l'affaire du *Détroit de Corfou*, qu'« [e]ntre Etats indépendants, le respect de la souveraineté

---

101. A.-T. Norodom, « Le "droit international cosmique" par Rolando Quadri : une approche utile pour un droit international du cyberespace », dans IHEI, *Grandes pages du droit international – Les espaces*, vol. 7, Paris, Pedone, 2018, p. 171.
102. AGNU, « Favoriser le comportement responsable des Etats dans le cyberespace dans le contexte de la sécurité internationale », résolution 73/266 adoptée le 22 décembre 2018, paragraphe 2.
103. AGNU, « Recueil officiel des contributions nationales volontaires sur la question de savoir comment le droit international s'applique à l'utilisation des technologies de l'information et des communications par les Etats », A/76/136.

territoriale est l'une des bases essentielles des rapports internationaux » [104]. Les éclaircissements apportés par les autres Etats entendent surtout démontrer qu'ils ne s'intéressent au cyberespace que pour en assurer la régulation et protéger ainsi leur intégrité territoriale [105]. En outre, le *Tallinn Manual* formule la première règle relative au cyberespace en ces termes : « *[a] State may exercise control over cyber infrastructure and activities within its sovereign territory* » [106]. Malgré le développement rapide des technologies et de ce qu'elles impliquent sur l'exercice de la souveraineté des Etats, celle-ci demeure fondée sur un territoire à partir duquel se projette la compétence étatique dans le cyberspace.

Sans relativiser à l'excès les obstacles susmentionnés, admettons néanmoins que la réussite de la proposition tuvaluane va finalement dépendre « de la perception que les autres Etats » auront de l'Etat déterritorialisé, « de la manière dont ils veulent le traiter » [107]. Cette perception découlera certainement de la capacité des Tuvalu à convaincre les autres Etats de la réalité de l'exercice de leur souveraineté malgré la submersion de leur territoire. Le petit pays insulaire doit également convaincre sa population quant à sa capacité à garantir leurs droits individuels, alors même qu'ils résideront sur le territoire d'un Etat étranger.

Paragraphe 2   **Etat déterritorialisé et effectivité de la garantie des droits humains**

Les difficultés que les Tuvalu sont susceptibles de rencontrer pour garantir effectivement les droits de sa population déplacée à l'étranger (A) pourraient avoir pour effet de renforcer le rôle de l'Etat ou des Etats accueillant cette population dans la protection de leurs droits fondamentaux (B).

A. Atténuation de la fonction protectrice de l'Etat de nationalité des populations déplacées

Le communiqué signé par les Tuvalu et le Venezuela, rappelons-le, mentionne directement l'hypothèse du déplacement des populations insulaires à l'étranger. Le cas échéant, deux scénarios sont susceptibles de se produire : soit les individus trouvent asile sur le territoire

---

104. Cité par le Brésil, *ibid.*, p. 19-20 (italiques ajoutés).
105. Voir *ibid.*, les réponses de l'Estonie (p. 28), des Pays-Bas (p. 62), la Fédération de Russie (p. 87), *etc.*
106. M. N. Schmitt, *Tallinn Manual on the International Law Applicable to Cyber Warfare*, Cambridge, CUP, 2013, p. 15.
107. N. Haupais, « Le micro-Etat, Etat souverain ? Liberté, égalité, exiguïté », *op. cit.*, p. 64.

d'un seul Etat, qualifié d'Etat hôte, soit ils sont dispersés sur le territoire de plusieurs Etats hôtes. A moins que les Etats de nationalité aient négocié leur accueil et un traitement particulier auprès du ou des Etat(s) hôte(s), les populations déplacées risquent de demeurer des *étrangers* au sein de ces Etats. La réticence avec laquelle un Etat pourrait accepter d'accueillir les populations insulaires présente le risque que celui-ci ne respecte pas leurs droits individuels et collectifs consacrés par le droit international des droits de l'homme. Il convient ainsi de se demander si l'existence des Tuvalu en tant qu'Etat déterritorialisé n'amoindrirait pas leur capacité à garantir effectivement les droits individuels de leur population déplacée à l'étranger.

Dans un premier temps, il faut remarquer que les Tuvalu seront dans l'impossibilité de respecter les obligations *positives* relatives aux droits humains. L'article 2 du Pacte international relatif aux droits civils et politiques stipule, en son premier alinéa, que les Etats parties sont tenus «à respecter et *à garantir* à tous les individus se trouvant sur *leur territoire et relevant de leur compétence* les droits reconnus dans le présent Pacte»[108]. Une lecture conjointe des deux éléments en italique révèle le nœud du problème : si la population de l'Etat déterritorialisé est susceptible de continuer de relever de sa compétence, en raison du lien de nationalité qui les unit, il serait difficile de rendre effective la protection en résultant. Il serait alors davantage pertinent, pour la population, de s'appuyer sur la compétence territoriale afin d'exiger de l'Etat hôte qu'il respecte *et* garantisse leurs droits[109]. La question se pose ainsi de savoir si la garantie de ces droits individuels et ceux de la population nécessite de conserver l'existence de leur Etat de nationalité lorsque son pouvoir n'est pas effectif. L'Observation générale n° 31 du Comité des droits de l'homme observe que

> «la jouissance des droits reconnus dans le Pacte, loin d'être limitée aux citoyens des Etats parties, doit être accordée aussi à tous les individus, quelle que soit leur nationalité ou même s'ils sont apatrides, (…) qui se trouveraient sur le territoire de l'Etat partie ou relèveraient de sa compétence»[110].

---

108. Pacte international relatif aux droits civils et politiques, conclu à New York le 16 décembre 1966 et entré en vigueur le 23 mars 1976, *RTNU*, vol. 999, 1983, p. 189 (italiques ajoutés). Voir le Comité des droits de l'homme, «Observation générale n° 31. La nature de l'obligation juridique générale imposée aux Etats parties au Pacte», communiquée le 29 avril 2004, CCPR/C/21/Rev.1/Add.13, paragraphe 6. Quoique non obligatoire, les observations du Comité ont été mobilisées par la CIJ afin d'interpréter les obligations du Pacte, *Ahmadou Sadio Diallo (République de Guinée c. République démocratique du Congo)*, fond, arrêt, *CIJ Recueil 2010*, p. 664, paragraphe 66.

109. M. Dobric, «Rising Statelessness due to Disappearing Island States: Does the Current Status of International Law offer Sufficient Protection?», *Statelessness & Citizenship Review*, vol. 1(1), 2019, p. 48.

110. Comité des droits de l'homme, «Observation générale n° 31», *op. cit.*, paragraphe 10.

Il importerait finalement peu que les populations conservent leur nationalité en vue de préserver leur existence au sein d'un Etat d'accueil. Ce dernier, à condition d'être partie au Pacte, doit en effet respecter et garantir les droits de toutes les personnes se trouvant sur son territoire [111].

L'existence des Tuvalu en tant qu'entité étatique déterritorialisée leur permettrait néanmoins d'agir en protection diplomatique lorsqu'un mauvais traitement serait infligé à leurs ressortissants par l'Etat hôte. La CIJ a justement souligné que le champ d'application matérielle de la protection diplomatique était « à l'origine limité[e] aux violations alléguées du standard minimum de traitement des étrangers » et qu'il « s'est étendu par la suite pour inclure notamment des droits de l'homme internationalement garantis » [112]. Dans l'hypothèse où les Tuvalu parviendraient à continuer d'exister en tant qu'Etat déterritorialisé, il faudrait anticiper la façon dont l'Etat pourrait *effectivement* exercer sa protection diplomatique en faveur de ses nationaux. Cette dernière observation a pour objet d'insister sur la différence qui existe en pratique entre l'apatridie *de jure* et *de facto*.

La Convention relative au statut des apatrides de 1954 [113] définit l'apatride comme « une personne qu'aucun Etat ne considère comme son ressortissant par application de sa législation » [114]. Dans l'hypothèse où les petits Etats insulaires viendraient à disparaître, il est possible que cela implique la perte de la nationalité des populations, même si la réponse apportée par le droit international n'est pas claire sur ce point [115]. Le concept d'Etat déterritorialisé apporterait ainsi davantage de certitude et de sécurité juridique, puisque le maintien de l'existence de l'Etat insulaire aurait pour effet de contourner l'éventuelle apatridie *de jure* provoquée par l'extinction des Tuvalu. Cette première réponse n'épuise cependant pas tout l'intérêt du sujet, surtout si l'on réfléchit du point de vue de l'apatridie *de facto*.

Cette dernière catégorie n'a jamais pénétré le droit positif, puisqu'elle ne figure ni dans la Convention de 1954 précitée ni dans celle de 1961, relative à la réduction des cas d'apatridie [116]. C'est une résolution jointe à l'Acte final de la Conférence, non obligatoire, qui mentionne les apatrides *de facto* sans toutefois en proposer une définition [117]. La notion est généralement employée pour décrire la situation *« where a person formally has a nationality which*

---

111. Voir l'article 2 (1) du Pacte, *supra*.
112. CIJ, *Ahmadou Sadio Diallo (République de Guinée c. République démocratique du Congo)*, exceptions préliminaires, arrêt, *CIJ Recueil 2007*, p. 599, paragraphe 39.
113. Convention relative au statut des apatrides, conclue à New York le 28 septembre 1954 et entrée en vigueur le 6 juin 1960, dans *RTNU*, vol. 360, 1960, p. 131-161.
114. *Ibid.*, article 1 (1), p. 137.
115. J. McAdam, *Climate Change, Forced Migration, and International Law*, Oxford, OUP, 2012, p. 140.
116. Convention sur la réduction des cas d'apatridie, conclue à New York le 30 août 1961 et entrée en vigueur le 13 décembre 1975, dans *RTNU*, vol. 989, 1975, p. 183-189.
117. *RTNU*, vol. 989, 1975, p. 280, paragraphe I.

is ineffective in practice » [118]. Un rapport communiqué par l'un des bureaux du Haut Commissariat pour les Réfugiés a justement considéré que même dans l'hypothèse où les Etats insulaires continueraient d'exister malgré la submersion de leur territoire, *« the population could find itself abroad without access to the protection of the State and be considered* de facto *stateless »* [119].

L'ineffectivité d'une nationalité – aboutissant à l'apatridie *de facto* – est généralement démontrée à partir de la difficulté rencontrée par les ressortissants nationaux à obtenir *« [the] relevant documents to prove their identity »* [120]. La digitalisation des processus d'octroi et de production des documents d'identité susmentionnés pourrait ainsi suffire à éviter l'apatridie *de facto*. L'apatridie pourrait néanmoins se manifester différemment en l'espèce, à partir des difficultés rencontrées par l'Etat déterritorialisé pour assurer le respect, par un Etat étranger, des droits reconnus à sa population déplacée. Finalement, la préservation du lien de nationalité qu'implique la permanence de l'Etat insulaire ne semble pas apporter des réponses satisfaisantes au problème identifié. Puisque « chacun des Etats parties possède un intérêt juridique dans l'exécution par chacun des autres Etats parties de ses obligations » [121], les populations insulaires ne dépendraient pas uniquement d'une protection garantie par leur Etat de nationalité. La CIJ a eu l'occasion de confirmer le droit des Etats d'agir à l'encontre d'un autre Etat pour la violation, sur le territoire du second, des règles *erga omnes partes* [122]. La solution envisagée implique finalement de renforcer la fonction protectrice de l'Etat d'accueil à l'égard des populations insulaires déplacées.

B. Renforcement de la fonction protectrice de l'Etat hôte des populations déplacées

A la lumière de ces éléments, une thèse a récemment remis en cause une approche centrée sur la préservation des Etats insulaires afin de se concentrer sur la dimension humaine du phénomène climatique de l'élévation du niveau de la mer [123]. L'auteur suggère ainsi que le volet interne du droit des peuples à disposer d'eux-mêmes pourrait suffire à répondre aux principales revendications des populations insulaires [124]. Sans qu'il soit besoin de revenir

---

118. J. McAdam, *Climate Change, Forced Migration, and International Law*, op. cit., p. 140.
119. S. Park, *Climate Change and the Risk of Statelessness: The Situation of Low-lying Island States*, UNHCR, PPLA/2011/04, 2011, p. 14.
120. *Ibid.*, p. 13.
121. Comité des droits de l'homme, « Observation générale n° 31 », *op. cit.*, paragraphe 2.
122. CIJ, *Application de la convention pour la prévention et la répression du crime de génocide (Gambie c. Myanmar)*, exceptions préliminaires, arrêt du 22 juillet 2022, p. 36-37, paragraphes 107-109.
123. A. Soete, *The International Legal Personality of Island States Permanently submerged Due to Climate Change Effects*, *op. cit.*, p. 17-18.
124. *Ibid.*, p. 169-219.

sur la démonstration proposée, on peut appuyer cette thèse à l'aune d'une observation formulée par la Commission Badinter dans les années quatre-vingt-dix : dès lors qu'il existe des minorités ethniques, religieuses ou linguistiques au sein d'un Etat, celles-ci possèdent, « en vertu du droit international, le droit de voir leur identité reconnue » [125]. Le déplacement des populations insulaires aurait certainement pour effet de constituer des minorités au sein d'un Etat hôte, justifiant qu'elles bénéficient d'un traitement différencié. La plupart des Etats insulaires présentent la particularité d'avoir été créés à la suite de la mise en œuvre du volet externe du droit d'autodétermination, ce qui est susceptible de constituer un argument en faveur de la reconnaissance de la qualité de « peuple » au sens dudit droit [126]. Il serait ainsi possible de défendre l'obligation pour l'Etat hôte de leur octroyer un statut particulier, sur la base d'un ajustement du régime reconnu aux populations autochtones, comme l'envisage une partie de la doctrine [127]. La *Déclaration des Nations Unies sur les droits des peuples autochtones*, dont la valeur coutumière est certes discutée [128], garantit le droit des peuples « de promouvoir, de développer et de conserver leurs structures institutionnelles et leurs coutumes, spiritualité, traditions, procédures ou pratiques particulières … » [129]

L'ensemble de ces instruments consacrant les droits individuels relativise largement l'intérêt de voir le statut étatique préservé malgré l'élévation du niveau de la mer, à moins de démontrer que la continuité de l'Etat déterritorialisé soit une conséquence du droit d'autodétermination externe des peuples insulaires [130]. Quoi qu'il en soit, une approche centrée sur les droits que les individus possèdent en leur qualité d'être humain – et non pas de national d'un Etat – présente des implications importantes. C'est très probablement grâce à ces droits que ces populations trouveront refuge à l'étranger, dans le cas où leur Etat de nationalité ne serait pas parvenu à négocier leur accueil avec un Etat voisin [131]. La voie a été ouverte par le Comité des droits de l'homme dans le cadre

---

125. Conférence pour la paix en Yougoslavie, Avis n° 2 de la Commission d'arbitrage, dans *RGDIP*, vol. 96, 1992, p. 266.
126. A. Soete, *The International Legal Personality of Island States Permanently Submerged Due to Climate Change Effects*, op. cit., p. 55-76.
127. J. Mcadam, *Climate Change, Forced Migration, and International Law*, op. cit., p. 157.
128. J.-B. Merlin, *Le droit des peuples autochtones à l'autodétermination. Contribution à l'étude de l'émergence d'une norme en droit international coutumier*, thèse, Paris, Université Paris X – Paris Ouest Nanterre la Défense, p. 288-562.
129. Déclaration des Nations Unies sur les droits des peuples autochtones, annexée à la résolution 61/295 de l'Assemblée générale du 13 septembre 2007.
130. Quoique stimulante, cette question ne peut faire l'objet d'approfondissements en l'espèce, voyez la thèse de N. Ross, *Low-Lying States, Climate Change-Induced Relocation, and the Collective Right to Self-Determination*, Wellington, Victoria University of Wellington, 2019, p. 70 : « *[a]s important as it is, external self-determination is not only a right for gaining statehood, but also for its continuity* ».
131. Voir les négociations intervenues entre la Nouvelle-Zélande et les Tuvalu dans le cadre du programme *Pacific Access Category*, C. Colard-Fabregoule, « Changements

de l'affaire *Teitiota*[132]. Le requérant, originaire du Kiribati, s'était vu refuser l'entrée en Nouvelle-Zélande et avait été renvoyé dans son territoire après que les autorités soient arrivées à la conclusion que son existence n'était pas immédiatement menacée par les effets de l'élévation du niveau de la mer[133]. Appelé à interpréter l'obligation de non-refoulement qui découle du droit à la vie, le Comité reconnaît néanmoins que

> « le risque qu'un pays entier disparaisse sous les eaux est un risque à ce point grave que les conditions de vie dans le pays en question pourraient devenir incompatibles avec le droit de vivre dans la dignité avant même que la catastrophe se produise »[134].

La communication poursuit cependant en observant que le risque auquel le requérant est exposé ne s'est pas encore pleinement matérialisé et qu'il n'est dès lors pas possible de considérer que son existence est immédiatement menacée par son retour dans son Etat d'origine[135]. «Fait significatif» s'il en est[136], la solution retenue, apparemment défavorable aux populations insulaires, dessine finalement un horizon au-delà duquel les Etats parties au Pacte seront obligés d'accueillir ces populations sur leurs territoires.

Ainsi, les effets des changements climatiques, s'agissant de l'élévation du niveau de la mer, conduisent à une conclusion a priori paradoxale. Alors que les revendications des PEID ont vocation à préserver leur existence, les éléments qui viennent d'être esquissés aboutissent à interroger la pertinence du statut d'Etat pour répondre à leurs préoccupations et à celles de leurs populations. Le sujet rappelle alors qu'un Etat ne saurait exister uniquement en raison d'une statolâtrie déraisonnée. Il ne faut pas penser l'Etat comme une institution désincarnée, mais bien comme une notion profondément liée à la population à l'origine de son existence. Il faut également demeurer réaliste dans les solutions juridiques proposées. Les prétentions des Tuvalu s'inscrivent en effet dans un cadre plus large qui ne leur est pas immédiatement favorable, à savoir le droit international. Il en résulte immanquablement une situation où l'interprétation, la modification et la création des règles juridiques s'entremêlent, révélant l'ampleur du défi que pose la disparition annoncée des PEID au droit international.

---

climatiques et perspectives de disparition physique du territoire de l'Etat», *AFRI*, vol. XII, 2011, p. 96.
132. Comité des droits de l'homme, *Teitiota c. Nouvelle-Zélande*, CCPR/C/127/D/2728/2016.
133. *Ibid.*, p. 6, paragraphe 4.4.
134. *Ibid.*, p. 13, paragraphe 9.11.
135. *Ibid.*, p. 13, paragraphe 9.12.
136. L'expression est empruntée à la *Seconde note thématique* établie par P. Galvão Teles et J. J. Ruda Santolaria, *op. cit.*, p. 104, paragraphe 380.

21 | Testing the Climate Readiness of the International Regime on Terrestrial Protected Areas?

Maša Kovič Dine*

SECTION 1 INTRODUCTION

The projected effects of climate change on biodiversity are dire. Scientists indicate that species are and will continue to respond to these changes by changing their areas of livelihood to locations that better meet their climatic tolerances [1]. In the past, this special migration response was also complemented with adaptive genetic responses, as the onset of the changes in the environment due to climate change was slow [2]. A special migration response to climate change of about 600 meters per year has been recorded for the Holocene [3].

While it is difficult to determine with accuracy what the special movement of species will be in the future due to climate change, several models project a rate of the potential shift of locations that will be a few times faster than so far [4] in the direction of north-east with distances of more than 2000 kilometres [5]. This is supported by data, that indicates that 54 percent of global land area will experience climatic conditions that correspond to different ecoregions than where traditional for the locations of the initially created protected areas by

---

* Doctor of Law, Assistant Professor, Department of International Law, Faculty of Law, University of Ljubljana, Slovenia.
1. "Biodiversity and Climate Change: Reports and Guidance Developed under the Bern Convention – Vol. I (Nature and Environment No. 156)" *(Council of Europe Bookshop)* 10,25, https://book.coe.int/en/nature-and-environment-series/4453-biodiversity-and-climate-change-reports-and-guidance-developed-under-the-bern-convention-volume-i-nature-and-environment-n156.html, accessed 26 August 2022; Brian Huntley, "How Plants Respond to Climate Change: Migration Rates, Individualism and the Consequences for Plant Communities" (1991) 67 *Annals of Botany* 15, 18,19.
2. "Biodiversity and Climate Change: Reports and Guidance Developed under the Bern Convention – Vol. I (Nature and Environment No. 156)" (n 1) 10.
3. *Ibid.*
4. Jim Perry, "Climate Change Adaptation in Natural World Heritage Sites: A Triage Approach" (2019) 7 *Climate* 105, 2.
5. "Biodiversity and Climate Change: Reports and Guidance Developed under the Bern Convention – Vol. I (Nature and Environment No. 156)" (n. 1) 11.

mid-century [6]. Additionally, species are likely to migrate individually changing also the composition of communities and ecosystems [7]. Unfortunately, some species will not even have a potential new location on their continent by the end of the current century and will hence likely be subjected to the threat of eventual extinction [8]. Particularly for trees it is anticipated that they will not be able to achieve the relocation rates demanded by the forecasted climate change [9].

Species that are at the highest level of risk of extinction are those that are already currently threatened. Many of these are already protected through the mechanism of protected areas, which aims to set aside natural delimited areas of land or sea where special practices are carried out to preserve the ecosystem of that natural area and conserve biodiversity due to its threatened status [10].

It is confirmed, that protecting and conserving natural terrestrial ecosystems, especially forests, can aid in the mitigation of climate change, through their natural carbon capture and storage capabilities. The United Nations Framework Convention on Climate Change (UNFCCC) calls on the states to achieve a level of stabilization of greenhouse gases "within a time-frame sufficient to allow ecosystems to adapt naturally to climate change" [11]. This indicates that the mitigation action under the climate change regime recognizes that ecosystems change due to climate change and that they should adapt naturally. However, with the quick changes in the ecosystems due to climate shifts, the natural adaptation process considering the above-mentioned science is put to the test. Do we have the time and know-how to conserve biodiversity in such circumstances? The need to protect and conserve the forests for climate change mitigation has been at the forefront of these debates, which resulted in the inclusion of the REDD+ mechanism in the climate change regime [12].

---

6. Solomon Z Dobrowski *et al.*, "Protected-Area Targets Could Be Undermined by Climate Change-Driven Shifts in Ecoregions and Biomes" (2021) 2 *Communications Earth & Environment* 1, 5.
7. Huntley (n. 1) 19.
8. "Biodiversity and Climate Change: Reports and Guidance Developed under the Bern Convention – Vol. I (Nature and Environment No. 156)" (n. 1) 11; Jenny L McGuire *et al.*, "Achieving Climate Connectivity in a Fragmented Landscape" (2016) 113 *Proceedings of the National Academy of Sciences* 7195, 7196; Caitlin E Littlefield *et al.*, "Connectivity for Species on the Move: Supporting Climate-Driven Range Shifts" (2019) 17 *Frontiers in Ecology and the Environment* 270, 270.
9. Huntley (n. 1) 19.
10. Chape, Stuart, Spalding, Mark, and Jenkins, Martin, *The World's Protected Areas. Status, Values and Prospects in the 21st Century* (UNEP World Conservation Monitoring Centre University of California Press 2008) 4-5.
11. Art. 2, United Nations Framework Convention on Climate Change, 1771 UNTS 107 (1992).
12. REDD+ stands for Reducing Emissions from Deforestation and Forest Degradation plus the sustainable management of forests, and the conservation and enhancement of forest carbon stocks. Sandrine Maljean-Dubois and Matthieu Wemaëre, "Biodiversity and Climat Change" [2017] Elgar encyclopedia of environmental law 298.

Unfortunately, the core of this mechanism has been the protection of the size of forested areas and less so biodiversity conservation. Within the REDD+ mechanism, Conference of the Parties' (COP) decisions did call for particularly conserving forests of high biodiversity value [13], but more for their mitigation value.

Protected areas are considered the cornerstone of nature conservation laws [14]. However, the current mechanism of protected areas does not cover all the areas that need protection and conservation, nor are the management plans sufficient to address all the biodiversity conservation needs [15]. Additionally, a body of research shows that climate change will seriously affect the mechanism of protected areas which is inherently designed to protect a habitat within the defined boarders of the protected areas [16]. Growing scientific research is illustrating that national conservation plans for terrestrial protected areas that are based on current geographic patterns are insufficient to support the future natural process caused by climate change [17]. Additionally, climate change will affect each protected area differently [18]. However, the issues are not only the national conservation and management plans, but also the international biodiversity law that lay the foundation for their establishment and creation. With this in mind, this chapter addresses the question of whether international biodiversity law on protected areas is sufficiently designed to respond to climate change, including rules on anticipated migration of species.

The chapter assesses international biodiversity law treaties that specifically call for the designation of protected areas as a method of biodiversity conservation. These are the Convention on Biological Diversity (CBD) [19], the Convention on Wetlands of International Importance (Ramsar Convention) [20], the Convention Concerning the Protection of the World Cultural and Natural Heritage (WHC) [21], and the Convention on the Conservation of European

---

13. CBD COP11, Decision XI/19, Biodiversity and climate change related issues.
14. Ole Kristian Fauchald, "International Environmental Governance and Protected Areas" (2021) 30 *Yearbook of International Environmental Law* 102, 103; An Cliquet and Hendrik Schoukens, "Terrestrial Protected Areas", *Biodiversity and nature protection law* (Edward Elgar Publishing 2017) 110.
15. Cliquet and Schoukens (n 14) 112-113; Hannah S Wauchope *et al.*, "Protected Areas Have a Mixed Impact on Waterbirds, but Management Helps" (2022) 605 Nature 103, 105-106.
16. Dobrowski *et al.* (n. 6) 2.
17. *Ibid.*; Takuya Iwamura *et al.*, "How Robust Are Global Conservation Priorities to Climate Change?" (2013) 23 *Global Environmental Change* 1277, 1279.
18. Perry (n 4) 1.
19. Convention on Biological Diversity, 1760 UNTS 79 (1992).
20. Convention on Wetlands of International Importance (Ramsar), 996 UNTS 245 (1971).
21. Convention Concerning the Protection of the World Cultural an Natural Heritage (WHC), 1037 UNTS 151 (1972).

Wildlife and Natural Habitats (Bern convention)[22]. While the Bern convention is a regional treaty adopted by the Council of Europe, the parties to the convention cover a substantive geographical area and important legal developments with regard to adaptation to climate change have been made within the regime of this convention. The Convention on the Conservation of Migratory Species of Wild Animals (CMS)[23] will not be assessed, as it protects species that are by their nature migratory and not static species or ecosystems that will migrate mostly due to climate change effects. Nevertheless, the CMS may be relevant as an example of international legislative practice for management of protected areas in the cases where species migrate across ecosystem boundaries.

The chapter surveys the extent to which these core treaties, as well as other soft law documents such as COP resolutions or other agendas on terrestrial protected areas, refer particularly to the term "climate change" or any other changes in the ecosystem, that could be the consequence of climate change. This analysis allows a conclusion to be drawn as to the adequacy of the response of the international biodiversity law on terrestrial protected areas to anticipated species migration due to climate change. Section 2 of the chapter evaluates the aims of the designation and management of protected areas present in international biodiversity law on protected areas and provides an assessment of the (in)sufficiency of its responses to climate change challenges. Section 3 emphasizes the importance of certain international intergovernmental organizations and bodies, such as the International Union for Conservation of Nature (IUCN) and the Intergovernmental Science-Policy Platform on Biodiversity and Ecosystem Services (IPBES), and their support offered in the implementation of the biodiversity regime obligations as well as in pushing the boundaries in protected areas management to better respond to climate change. Finally, Section 4 analyses whether the current system of protected areas sufficiently addresses the anticipated needs of biodiversity protection due to climate change or whether a whole new system should be established.

SECTION 2　**INTERNATIONAL LAW ON TERRESTRIAL PROTECTED AREAS AND CLIMATE CHANGE**

Protected areas are defined in Article 2 of the CBD as geographically defined areas, which are designated or regulated and managed to achieve specific conservation objectives indicating that conservation of the species is the primary goal. IUCN has extended that definition to "a clearly

---

22. Convention on the conservation of European wildlife and natural habitats (Bern Convention), 21159 UNTS 209 (1979), ETS 104 (1979).
23. Convention on the conservation of migratory species of wild animals (CMS), 1651 UNTS (1979).

defined geographical space, recognized, dedicated and managed, through legal and other effective means, to achieve the long-term conservation of nature with associated ecosystem services and cultural values"[24]. This definition is more detailed, pointing out the long-term nature conservation objective that considers also the ecosystem services and cultural values the protected areas may have for various actors. The IUCN definition complements the CBD description, acting as an implementing guide for states to designate and set up appropriate management schemes for such areas[25]. These two definitions provide the foundation for protected area management, as every protected area has different conservation values and creates a multitude of national, regional, and international regimes[26].

In order to avoid the states designating protected areas for different purposes, the IUCN in 1994 prepared, and in 2008, updated a classification of six different protected areas categories[27]. These are: *i)* strict nature reserve/ wilderness area, *ii)* national park, *iii)* natural monument or feature, *iv)* habitat/ species management area, *v)* protected landscape/seascape (practiced by the Bern Convention and CMS regimes), *vi)* protected area with sustainable use of natural resources (practiced by the Ramsar regime). The categories *i* to *iv* are designated to protected areas with limited human involvement and practiced by several national, regional and CBD regimes[28]. Categories *v* and *vi* are designated to minimize human involvement for the benefit of the nature, while enabling the furtherment of certain social and economic objectives such as meeting the need of local communities[29]. The intention of this classification is to have a single international system used among states and to enable information comparisons around the world[30]. Unfortunately, this classification was adopted only by the CBD and the Ramsar, while the regime of the WHC has failed to do so, creating its own classification system[31]. With a differentiating objective on why protected areas need to be designated among the basic treaties constituting the international regime of protected areas, it becomes extremely difficult to determine what are the values underlying the system of protected areas.

---

24. Nigel Dudley (ed.), *Natural Solutions: Protected Areas Helping People Cope with Climate Change* (IUCN-WCPA, TNC, UNDP, WCS, The World Band and WWF 2010) 8.
25. Nigel Dudley, *Guidelines for Applying Protected Area Management Categories* (IUCN 2008) 2, https://portals.iucn.org/library/node/9243, accessed 31 October 2022.
26. Alexander Gillespie, *Protected Areas and International Environmental Law* (Martinus Nijhoff Publishers 2007) 27.
27. IUCN, Guidelines for Protected Area Management Categories (1994); Dudley (n. 25).
28. Gillespie (n. 26) 33, 46.
29. *Ibid.*, 33.
30. CBD, Decision VII/28, Protected Areas, para. 31.
31. Gillespie (n. 16) 31; Cliquet and Schoukens (n. 12) 111.

According to *Gillespie* the values of the protected areas can be the following: *a)* confidence building between states in cases of transboundary protected areas, *b)* scientific research, *c)* recognition of ecosystem services, *d)* protection of endangered and threatened species, *e)* protection of ecosystems, *f)* protection of physiographical areas, and *g)* protection of intangible human values such as aesthetics and cultural values [32]. A detailed look at the different treaties soon suggests that they have been set up to protect different values which often overlap (see table 1 below). Hence, it is very difficult to develop a uniform and coherent international regime for protected areas [33] and even more so to have a common approach to the challenges that climate change brings. While each species will need a different and individual response to survive climate change challenges, the international regime should provide at least a common framework for the anticipated changes.

	Protection for scientific research	Recognition of all ecosystem services	Protection of endangered species	Protection of ecosystems	Protection of physio-graphical areas	Protection of other intangible human values (aesthetics and culture)
CBD	X		X	X		
Ramsar	X	X	X	X		X (culture)
WHC	X		X	X	X	X (both)
Bern	X		X	X		X (culture)

Table 1 – Different purposes for protected areas (adapted from Gillespie) [34]

Table 1 indicates that the definition of the IUCN of protected areas is the most encompassing and covers all the values that are to be protected by the creation of such systems. However, not all international treaties regulate the creation of protected areas for all these values. The common denominators are the protection of endangered species, protection of ecosystems and protection for the ability to carry out scientific research. For this reason, I will be testing the effects of climate change on the international law regime of protected areas taking into account these three reasons for their creation. Values of the protected areas may change over time [35]. Nonetheless, for testing the effects of climate change on the regulation of protected areas these three common values remain relevant. Climate change will be creating conditions that will call for an

---

32. Gillespie (n. 16) 47-95.
33. *Ibid.*, 46.
34. *Ibid.*, 47-96.
35. *Ibid.*, 49.

increased need to protect the endangered species, the ecosystems and will call even more intensively for further need to conduct scientific research in these areas with the intention to protect the previous two values. In cases where the protected areas were created to protect other values, climate change will likely provide a reason to adapt the management regime to also protect the common three values.

Besides holding different values for protection, the aforementioned treaty regimes also use different terminology regarding the extent of their obligations. The CBD and Ramsar refer to "conservation" of species, ecosystems and habitats. The WHC calls on states among others to conserve and also to protect and transmit to future generations the natural heritage. By contrast, the Bern convention requires states parties to maintain the populations of species or adapt the population to a level, "which corresponds in particular to ecological, scientific and cultural requirements"[36]. None of these treaties provides a definition of the term 'conservation' and what it includes. For example, does the obligation to conserve species and ecosystems include letting the species and ecosystems adapt naturally to the changes in climate, which might also lead to their migration?

The widely adopted definition of conservation from the Global Biodiversity Strategy by the World Resource Institute, World Conservation Union and the United Nations Environmental Programme defines conservation as "the management of human use of the biosphere so that it may yield the greatest sustainable benefit to current generations while maintaining its potential to meet the needs and aspirations of future generations: thus conservation is positive, embracing preservation, maintenance, sustainable utilization, restoration, and enhancement of the natural environment"[37]. Conservation hence refers to consumptive and nonconsumptive use of species without allowing them to become extinct[38]. It follows the aim behind the definition of sustainable development as adopted in the 1987 Our Common Future Report by the World Commission on Environment and Development[39]. This definition of conservation recognizes that humans interact with the ecosystems and hence all human activities have an impact on biodiversity[40]. Hence the core of conservation activities is to reduce the impact humans have on the species and ecosystems, to retain and regain as much as possible its native biodiversity

---

36. Art. 2, Bern convention.
37. "Global Biodiversity Strategy: Guidelines for Action to Save, Study, and Use Earth's Biotic Wealth Sustainably and Equitably" (1992) 30 *Choice Reviews Online* 30, 5.
38. Kent H Redford and Brian D Richter, "Conservation of Biodiversity in a World of Use" (1999) 13 *Conservation Biology* 1246, 1247.
39. World Commission on Environment and Development, Report of the World Commission on Environment and Development: Our Common Future, UN Doc. A/42/427 (1987), 24.
40. Redford and Richter (n. 37) 1248.

components and to ensure their existence for current and future generations [41]. Scientific research indicates that conservation that is only directed towards maintaining the existing features of species and the ecosystem may be counterproductive in responding to climate change [42]. The above definition of conservation recognizes that species and ecosystems change over time, become resilient and adapt to differences in the climate. There is a lack of consensus on the definition of resilience [43]. It is defined by the Intergovernmental Panel on Climate Change (IPCC) as "the capacity of social, economic and environmental systems to cope with a hazardous event or trend or disturbance, responding or reorganising in ways that maintain their essential function, identity and structure, while also maintaining the capacity for adaptation, learning and transformation" [44]. Hence the anticipated migration of protected areas could be seen as a form of the species and ecosystems' natural adaptation to the challenges posed by climate change to ensure their own conservation. This means that such migration is a positive response and one that should not be discouraged.

By designating protected areas international law creates zones where we manage the extent of human activities and create an environment where species and ecosystems are allowed to naturally adapt to the slow changes in the environment, including giving them opportunity to gradually migrate. Therefore, the obligation to conserve mentioned in international biodiversity law as such already recognizes the need to enable gradual shifting and migration of protected areas. However, does international biodiversity law address the fast migration of protected areas that will be needed to enable the species and ecosystems to adapt to the rapid changes in the climate? Do its obligations and measures aid the species and ecosystems in their resilience building and adaptation to climate change? These issues are examined for particular treaties in the following sections.

Paragraph 1   **Convention on Biological Diversity**

From the outset the two regimes with their respective treaties, CBD and the UNFCCC, have been negotiated as two separate regimes with only implicit reference to each other [45]. Nonetheless, the biodiversity regime

---

41. *Ibid.*, 1251.
42. Lorrae van Kerkhoff *et al.*, "Towards Future-Oriented Conservation: Managing Protected Areas in an Era of Climate Change" (2019) 48 *Ambio* 699, 701.
43. Adrian C Newton, "Biodiversity Risks of Adopting Resilience as a Policy Goal: Biodiversity Risks of Resilience" (2016) 9 *Conservation Letters* 369, 371.
44. UNESCO World Heritage Committee. 2021. Draft Policy Document on the Impacts of Climate Change on World Heritage Properties, UNESCO doc. WHC/21/44.COM/7C. Annex 1 Glossary.
45. Maljean-Dubois and Wemaëre (n. 12) 297.

has been more open to considering addressing climate change than vice versa, especially through the COP decisions [46]. A similar practice can be seen with regard to protected areas.

Article 8 of the CBD as part of *in-situ* conservation requires states parties to "establish a system of protected areas or areas where special measures need to be taken to conserve biological diversity". The Convention defines *in-situ* conservation as "conservation of ecosystems and natural habitats and the maintenance and recovery of viable populations of species in their natural surroundings" [47]. Hence the aim of the designation of protected areas is conservation of species, habitats and ecosystems. The focus of *in-situ* conservation is conservation in the natural surrounding meaning that the CBD already as such could be understood as allowing for migration of the protected areas as the natural surroundings change due to climate change. Such an understanding could be possible, as the CBD provisions do not offer precise and absolute provisions on how to designate and manage the protected areas to achieve the conservation objectives [48]. While the general provisions of the CBD are broad enough to enable a response in the conservation management also to the current and anticipated climate change effects, the strict protection is left to the national governments [49], which consequently leaves the question of recognition of climate change threats to their political will. Additionally, the abovementioned IUCN definition which complements the Article 8 calls for creation of clearly defined areas with agreed and demarcated borders indicating the importance of a static area [50]. Therefore, it could be concluded that the CBD regime does not anticipate migration of protected areas.

The CBD requires states parties to "promote environmentally sound and sustainable development in areas adjacent to protected areas with a view to furthering protection of these areas" [51]. If these adjacent areas are not managed with the view of species conservation in the protected areas and are left to be degraded or converted into areas for other human use, conservation of species and ecosystems within the protected areas is less effective [52]. These adjacent areas could be considered in the future as areas of anticipated movement of the protected areas. Unfortunately, the CBD does not require the states to create

---

46. *Ibid.*, 298.
47. Art. 2, CBD.
48. Cliquet and Schoukens (n. 14) 117.
49. Art. 2, CBD; Catherine MacKenzie, "A Comparison of the Habitats Directive with the 1992 Convention on Biological Diversity", *Habitats directive: a developer's obstacle course?* (Hart Publishing 2012) 29-31; Fauchald (n. 14) 107.
50. Dudley (n. 25) 8.
51. Art. 8 *(e)*, CBD.
52. Callum M Roberts, Bethan C O'Leary and Julie P Hawkins, "Climate Change Mitigation and Nature Conservation Both Require Higher Protected Area Targets" (2020) 375 *Philosophical Transactions of the Royal Society B: Biological Sciences* 20190121, 2.

clearly defined buffer zones and gives them a lot of leeway in the management of these adjacent areas, which would be insufficient to address the needs of the anticipated migration of protected areas.

In 2004 the Conference of the Parties to the CBD (CBD COP) adopted a Program of Work on Protected Areas (PoWPA) [53], which was reaffirmed in 2010 [54]. The aim of the program was to "support the establishment and maintenance by 2010 a comprehensive, effectively managed, and ecologically representative national and regional system of protected areas" [55]. The program of action was designed to support the objectives of the Millennium Development Goals and as such developed into a set of goals to be achieved by 2015 [56]. Goal 1.4.5. is the only goal addressing climate change and calls on the states to "integrate climate change adaptation measures in protected area planning, management strategies, and in the design of protected area systems" [57]. No other special program of work on protected areas has been adopted since, however, the intentions of this program were included in the Aichi Biodiversity Targets adopted by the CBD COP in 2010 [58]. Target 11 calls for 17 percent of terrestrial and inland water areas of special importance for conservation of biodiversity and ecosystem services to be conserved by 2020 through "effectively and equitably managed, ecologically representative and well connected system of protected areas and other effective area-based conservation measures, and integrated into the wider landscapes" [59].

While the Aichi Targets were not legally binding they have a wide political value and are considered to further interpret Article 8 of the CBD [60]. Even though the text does not call for adaptation of the protected areas to the effects of climate change, the goal that should be achieved is again defined in a vague enough way [61] to enable the states to act proactively and adopt national protected area action plans that consider also the anticipated damage from climate change and the anticipated migration of the protected areas due to the occurring migration of terrestrial species. However, the majority of scholarship on the topic consider this vagueness as a disadvantage, as it contains little guidance to the states parties on how to develop specific measures for implementation of the conventions as such [62], and hence also for

---

53. CBD COP Decision VII/28 (2004), Protected Areas.
54. Cliquet and Schoukens (n. 14) 117.
55. CBD COP Decision VII/28 (2004), Annex, Programme of work on protected areas, s. 6.
56. *Ibid.*
57. *Ibid.*
58. CBD COP Decision X/2 (2010), *Strategic Plan for Biodiversity* 2011-2020.
59. *Ibid.*
60. Cliquet and Schoukens (n. 14) 118.
61. Elisa Morgera and Elsa Tsioumani, "Yesterday, Today, and Tomorrow: Looking Afresh at the Convention on Biological Diversity" [2012] *Yearbook of international environmental law* 26.
62. *Ibid.*; Cliquet and Schoukens (n. 14) 118.

addressing the concerns posed by climate change. The Global Biodiversity Outlook 5 issued in 2020 indicated that the target has been partially achieved pointing out that the progress has been particularly slow on ensuring equitable and effective management of protected areas, which would recognize the ecosystem approach and in connecting these areas with the wider landscape [63]. By August 2020 15 percent of the world's terrestrial and freshwater areas were covered by protected areas, among these only 17 percent are forest protected areas and as such GHG sinks [64]. This report indicates that states struggle with taking the necessary steps to address climate change effects on protected areas and that guidance on that would be required. Currently, only 10 percent of the species taxa protected with the protected areas would be protected while considering also the anticipated climate change effects [65]. The response to this data has been slightly more encouraging, as the Kunming-Montreal Global Biodiversity Framework (GBF) [66] adopted at CBD COP15 in December 2022 calls for states to ensure that by 2030 at least 30 percent of terrestrial, inland water, marine and costal areas together are conserved and managed through systems of protected areas [67]. More on this below.

CBD COP decisions have played an important role in presenting how states' understanding of the CBD obligations has developed over time. Since the creation of the PoWPA the topic of protected areas has been regularly on the agenda of the COP until COP12 in 2014, where after 10 years and five CBD COPs the states lost particular interest in the issue of protected areas and no special decision on the protected areas was made until COP14 in 2018 [68]. The five CBD COP decisions recognize the connection between protected areas and climate change. However, they all call on states to recognize the importance protected areas play in climate change mitigation (forest protected areas) [69] and adaptation [70]. CBD COP Decision from 2010 takes a step further and calls on states parties to develop adaptive management plans for addressing impacts of climate change on biodiversity [71]. This indicates the awareness that the management of protected areas has to respond to the quick shifts in the climate. Anticipated terrestrial species and ecosystem migration is one of these rapid changes. However, the decision does not indicate that states had this particular

---

63. Secretariat of the Convention on Biological Diversity, Global Biodiversity Outlook 5, Montreal (2020) 14, 82; Roberts, O'Leary and Hawkins (n. 50) 2.
64. Global Biodiversity Outlook 5 (2020) 82-83.
65. *Ibid.*, 83.
66. CBD COP Decision 15/4 (2022), Kunming-Montreal Global Biodiversity Framework (GBF).
67. *Ibid.*, target 3.
68. Fauchald (n. 14) 108.
69. CBD COP Decision IX/18 (2008), Protected areas.
70. CBD COP Decision X/31 (2010), Protected areas; CBD COP Decision XI/24 (2012), Protected areas.
71. CBD COP Decision X/31 (2010) 4.

shift and the need to migrate a whole protected area in mind, especially, since the following CBD COP decisions did not develop this idea any further.

At the CBD COP14 a decision on protected areas and other effective area-based conservation measures was adopted [72]. The decision recognises, that protected areas are particularly important as a nature-based solution for climate mitigation and climate adaptation [73] and includes voluntary guidelines on integration of protected areas into wider land- and seascapes. The intention of this integration is to create a network of protected areas and set up connecting areas between the protected areas where certain conservation measures also apply as corridors for species migration. This is relevant especially for migratory species and is not considered as a response to the anticipated protected area migration. Nevertheless, it can be argued that establishment of such networks would provide larger areas of land where conservation measures are carried out and thus prevent the negative effects of adjacent areas on the protective areas, as well as easing out the anticipated species and ecosystem migration to areas where certain conservation practices are already in place.

The above overview on regulation of protected areas under the CBD regime illustrates a slow response in addressing challenges of species and ecosystem conservation posed by climate change. The regime has so far mainly focused on the designation of protected areas as a way to contribute to climate change mitigation and adaptation [74]. This is exemplified also in the newly adopted GBF, which refers only once to climate change. Target 8 calls on states to minimize the impact of climate change through mitigation and adaptation [75]. As above-mentioned, Target 3 calls for an increase in the number of protected areas to 30 percent of the planet's area by 2030 [76]. It includes all terrestrial, inland water, marine and costal areas in these 30 percent of protected areas, which gives states a wide margin in deciding whether the protected areas should be terrestrial or marine. As the GBF is legally nonbinding and considering the recently adopted Agreement under the United Nations Convention on the Law of the Sea on the conservation and sustainable use of marine biological diversity in areas beyond national jurisdiction (BBNJ Treaty) [77], which requires the states to establish a comprehensive network of marine protected areas [78], it is very unlikely that states will focus on increasing the number of terrestrial

---

72. CBD COP Decision 14/8 (2018), Protected areas and other effective area based conservation measures.
73. *Ibid.*, 3.
74. Fauchald (n. 14) 108.
75. David Obura, "The Kuming-Montreal Global Biodiversity Framework: Business as Usual or a Turning Point?" (2023) 6 *One Earth*, 78.
76. CBD COP Decision 15/4 (2022).
77. Agreement under the United Nations Convention on the Law of the Sea on the conservation and sustainable use of marine biological diversity in areas beyond national jurisdiction (BBNJ Treaty), UN Doc. A/CONF.232/2023/4*.
78. Art. 17, BBNJ Treaty.

protected areas under their jurisdiction to potentially achieve GBF Target 3. Many scientists are hence concerned that this target is insufficient and warn that halting biodiversity loss requires also improvements to the management of existing protected areas and particularly action affecting adjacent areas [79]. Ever-increasing area-based targets must be accompanied by equally ambitious targets that ensure protected area effectiveness [80]. Regrettably, these targets also do not provide any goals that would provide a response to the anticipated migration of these areas. The reason for this is the lack in proper management of these areas, implying that we cannot rely on states parties to interpret the rules of the international regime on protected areas in a way to create an obligation of adequate response to the anticipated protected area migration. At CBD COP 15 parties to CBD recognized the need to set up a Global Knowledge Support Service for Biodiversity to aid parties in implementing the GBF and to ensure higher transparency [81]. While the service is still being set up, only ten parties to the CBD have signed the declaration to support this service [82]. Moreover, it seems that states have made a "shift from perceiving protected areas as instruments to protect biodiversity to a broader focus on the role of such areas in terms of sustainable use and ecosystem services" [83]. Currently a few private initiatives aim at covering the lack of regulation and this shift in understanding with creation of processes and tools to enable future oriented conservation and transition to adaptive management of protected areas [84]. The regulatory process is unfortunately still lagging behind. Will the GBF turn around the practice of states in favour of considering the anticipated migration of protected areas is yet to be seen.

Paragraph 2   **Convention on Wetlands of International Importance (Ramsar Convention)**

The Ramsar Convention was the first adopted convention to protect areas of special importance for the conservation of wetlands ecosystems. The convention provides a particular definition of the wetland and through that also defines the scope of the protected area without using the particular term "protected area". Each state party to the convention shall

---

79. Wauchope *et al.* (n. 15) 106; Roberts, O'Leary and Hawkins (n. 50) 3.
80. Wauchope *et al.* (n. 15) 106.
81. A global knowledge support service for biodiversity discussion paper, version 13 December 2022, CBD COP 15 side event https://gkssb.chm-cbd.net/sites/gkssb/files/2023-02/GKSSB%20Discussion%20Paper%2013.12.22%20FINAL.pdf, accessed 7 July 2023.
82. Global knowledge support service for biodiversity, https://gkssb.chm-cbd.net/signatories, accessed 7 July 2023.
83. Fauchald (n. 14) 112.
84. See van Kerkhoff and others (n. 41) 700. for more on the Future-Proofing Conservation Project.

designate at least one wetland in its territory to be protected and hence included on the List of Wetlands of International Importance or the Ramsar List [85]. The boundaries of each such wetland shall be precisely described and also delimited on a map [86]. This makes the issue of regulating the adaptability of the wetland area to climate change effects and the potential need for migration legally difficult, as the Ramsar regime is (similarly to the CBD regime) defined by set borders and thus static. In Article 3 the convention calls for the state parties to provide information at the earliest possible time to the bureau if the "ecological character of any wetland in its territory and included in the List has changed, is changing or is likely to change as a result of technological development, pollution or other human interferences". The ecological character of a wetland encompasses its ecosystem components, processes and services that characterizes the particular wetland [87]. According to Conference of Contracting Parties (Ramsar COP) Resolution IX.1 the change of the ecological character induced by human interferences is an adverse alteration to these ecosystem components, processes and services [88]. While neither the text of the convention nor the resolution refer to climate change particularly the term "human interference" could be understood to mean also indirect human intervention and hence human induced climate change could be a reason for notification under Article 3. Upon such notification the Ramsar COP can make general or specific recommendations regarding the conservation, management and wide use of wetlands and their fauna and flora [89]. In this case particularly, the wetlands are included on a special list and a special Ramsar Advisory Mission can be set up to provide expert guidance on management of the particular wetland to the parties [90]. No further obligations related to addressing the effects of climate change on the wetlands can be deducted from the convention text.

The Ramsar COPs have addressed the issue of climate change effects on the protected Ramsar sites further and, compared to the CBD COPs, they have from the outset warned the states parties that climate change has an impact on the protected areas and that resilience of these areas has to be increased [91]. Ramsar COP Resolution X.24 on Climate Change and Wetlands confirms among other matters the IPCC findings on the serious effect climate change will have on wetland "ecosystems including the anticipated migration of plant and animal species poleward" [92]. However, as to the measures the states should

---

85. Art. 2, Ramsar Convention.
86. *Ibid.*
87. Cliquet and Schoukens (n. 14) 115.
88. COCP Resolution IX.1 Annex A: A conceptual framework for the wise use of wetlands and the maintenance of ecological character.
89. Art. 6, Ramsar Convention.
90. Cliquet and Schoukens (n. 14) 115.
91. Ramsar COP Resolution VIII.3 (2002), Climate change and wetlands: impacts, adaptation, and mitigation.
92. Ramsar COP Resolution X.24 (2008), Climate change and wetlands, 2.

take to address the anticipated migration, the resolution does not go further than ensuring increased resilience to climate change and preventing the change of the wetland ecosystems by migration of invasive species due to climate change [93]. Special attention is given to the Artic wetlands and the need for the contracting parties to undertake an investigation of potential adaptive strategies for it [94]. The majority of the document focuses on appropriate management of the wetlands areas to maintain the water allocation and conserve them for their role in mitigation and adaptation to climate change [95].

The same key points and the approach to increase resilience has been taken both by Ramsar COP Resolution XI.14 [96] and Ramsar COP Resolution XII.11 [97]. At Ramsar COP13 in 2018 the states parties adopted the latest resolution on wetland protection and climate change [98]. This resolution is focused on reminding states to increase their efforts in wetland restoration and particularly in wetland rewetting with the goal of reducing anthropogenic emissions and increasing greenhouse gas removal [99]. These resolutions also remind the states parties of their obligation of international cooperation and information exchange among states, international organisations and scientific bodies in the field [100]. While this cooperation is intended for capacity building, gathering research data on impact of climate change on peatlands and suggestions on how to respond to the challenges, this cooperation will be more and more necessary also for managing the anticipated migration of protected wetlands areas across regions and across-borders. Unfortunately, only Recommendation 5.3 from 1993 calls for creation of buffer zones around the conservation sites where "various uses for the benefit of human population" are allowed [101]. Wetlands are exceptionally vulnerable to changes in the quantity or quality of their water supply, which are affected by certain uses of surrounding land or upstream water resources [102]. Appropriate management of the buffer areas is hence not only crucial for addressing anticipated migration of the wetland protected areas, but even more so for the conservation of wetlands themselves.

The above assessment draws the conclusion that while Ramsar states parties are aware of the potential of species and ecosystem migration, they are much more concerned with the conservation of these wetlands. As one of the aims of conservation is also increasing resilience of terrestrial species, it could

---

93. *Ibid.*, 7, 8.
94. *Ibid.*, 8.
95. *Ibid.*, 6-7.
96. Ramsar COP Resolution XI.14 (2012).
97. Ramsar COP Resolution XII.11 (2015).
98. Ramsar COP Resolution XIII.13 (2018).
99. *Ibid.*, 4-5.
100. Ramsar COP Res. XI.14; Ramsar COP Res. XII11.
101. Ramsar COP Recommendation 5.3 (1993).
102. Clare Shine, "Reviewing Laws and Institutions to Promote the Conservation and Wise Use of Wetlands" (1999) Paper 3 Ramsar COP7 Doc. 17.3 25, 3.

be argued that migration of protected areas is covered under these activities performed by states. However, with migration of protected areas and protected wetlands many new concerns arise, that are specific to this issue. These include allowing for the borders of the protected areas to shift, allowing for the creation of different ecosystems within an existing protected area, the need for establishing new buffer zones with conservation measures in areas that are sometimes already degraded areas, urban areas or agricultural lands, just to name a few. These cannot be addressed solely with measures that increase resilience of a protected area, but need special and specific attention, which seems to be lacking in the Ramsar Convention as well as subsequent COP resolutions.

Paragraph 3   **Convention concerning the Protection of the World Cultural and Natural Heritage**

The WHC sets out to conserve three types of natural heritage areas: *i)* natural features of outstanding universal value from the aesthetic or scientific point of view, *ii)* geological and physiographical formations and precisely delineated areas which constitute the habitat of threatened species of outstanding universal value from the point of view of science or conservation, and *iii)* natural sites or precisely delineated natural areas of outstanding universal value from the point of view of science, conservation or natural beauty [103]. Article 2 of the WHC hence indicates the widest protection mandate of the convention compared to the other protected area regime conventions, as the natural heritage sites which are in practice static and delineated areas are protected for reasons of species conservation, scientific research, ecosystem conservation as species habitats, as well as for the reasons of natural beauty.

Additionally, there are several other differences between the rules set up by the WHC and other biodiversity conventions related to protected areas. An important difference related to the protection necessary to address climate change affects is in the organizational setup of designation and management of the protected areas. While the other mentioned conventions oblige states to designate protected areas under their own national jurisdiction, the designation of a natural heritage site is done by the World Heritage Committee upon a state's proposal [104], as the WHC recognizes it is the duty of the international community as a whole to co-operate in ensuring protection of certain important sites [105]. Nevertheless, it is still the primary duty of a state party to initially identify and carry out the main measures to protect, conserve, present and

---

103. Art. 2, WHC.
104. Art. 11. WHC.
105. Art. 6, WHC; The Preamble of the WHC also calls upon the states to participate in the protection of the heritage sites.

transmit to future generations the natural heritage on its territory [106]. When a natural heritage site is threatened by "new dangers" [107] such as natural disaster, war, poaching, uncontrolled urbanization or other human developments [108], which could include also climate change (though that is not specifically mentioned in the text of the convention), the protected area will be included on the List of World Heritage in Danger. Among the 52 sites of world cultural and natural heritage in danger there are only three natural heritage sites that recognize climate change as one of the reasons for enhanced protection in the future and additional four sites that note other environmental reasons such a drought, ocean acidification and increased frequency of storms, which will be escalated by climate change [109]. Among the management practices none yet refer to the anticipated need for relocation of the areas for their conservation [110]. Nevertheless, all of these sites are threatened by climate change [111]. Such a lack of responsiveness to climate change challenges particularly within the WHC regime lies in the fact that it was set up to manage the sites as static sites with static boundaries and with the aim to maintaining the values that were relevant at the time of the designation of these sites [112]. This approach differs slightly from the CBD and Ramsar convention regimes as they were set to primarily conserve biodiversity (as illustrated above), while the WHC regime is designed to primarily protect the natural heritage sites and ensure that the site's outstanding universal value is sustained [113].

This approach is confirmed also by the Operational Guidelines for the implementation of the World Heritage Convention updated in 2021 which as part of the nomination requirements note that the "delineation of boundaries is an essential requirement in the establishment of effective protection of nominated properties" [114]. The latest guidelines do recognise the need to include in the nomination of a new protected site also the assessment of the vulnerabilities of the site due to climate change [115]. Unfortunately, other mentions of recognition of climate change effects in the management of the protected areas are equally superficial. Climate change is mentioned as a cause of destruction to the protected areas that needs to be considered without indicating how, to what extent or providing suggestions for appropriate response. States parties should

---

106. Art. 4, WHC.
107. Preamble, WHC.
108. Cliquet and Schoukens (n. 14) 116.
109. UNESCO, List of World Heritage in Danger, https://whc.unesco.org/en/danger, accessed 5 September 2022.
110. *Ibid.*
111. Perry (n. 4) 1-2.
112. *Ibid.*, 2.
113. *Ibid.*, 4.
114. UNESCO, Intergovernmental Committee for the Protection of the World Cultural and Natural Heritage, Operational Guidelines for the implementation of the World Heritage Convention, UNESCO Doc. WHC.21/10 (2021), para. 99.
115. *Ibid.*, para. 111.

include climate change in their management plans and training strategies [116]. They should identify climate change as an environmental pressure to the protected site [117]. Development projects within or around the protected sites should be subject to environmental impact assessment and heritage impact assessment to ensure resilience to climate change [118].

Finally, they make some important points on the set-up and management of the buffer zones around each site [119]. The nomination of a protected site should include precise information on its size, characteristics and authorized uses, as well as a map indicating the precise boundaries of the protected area and its buffer zone. A state should include in its nomination the reasons for not setting up a buffer zone. If a buffer zone is set up, any later changes to its size, location or management should be approved by the World Heritage Committee, equal as for the protected site. The guidelines recognize that effective management requires activities of protection and conservation to be carried out also beyond the protected area in the buffer zone and the wider setting [120]. However, it is unclear from the text of the guidelines if the committee had in mind under these measures also the anticipated migration of the protected areas. For the reasons already mentioned this is unlikely. Nevertheless, this does not preclude the use of these guidelines in the future as the basis for indication of anticipated migration areas and hence establishment of special conservation regimes within these areas.

The Operational Guidelines refer to the Policy Document on the Impacts of Climate Change on World Heritage Properties [121] for further recommendations. State parties have to ensure that they are doing all that they can to address the causes and impacts of climate change [122]. The policy indicates which state obligations under WHC should be interpreted with reference to climate change. Among these, the most relevant is the referral to climate change mitigation and adaptation measures when reporting on the management of protected sites and the need to use the reactive monitoring methodology, where management practices react to the monitoring results [123]. A positive feature is the inclusion of the precautionary approach in the decision-making processes of the World Heritage Committee, as this could aid in taking appropriate management responses to the anticipated migration of the protected areas. A step in this direction has already been made with a call to identify the most effective means

---

116. *Ibid.*, para. 118.
117. *Ibid.*, Annex 5.
118. *Ibid.*, para. 119.
119. *Ibid.*, paras. 103-107.
120. *Ibid.*, para. 112.
121. UNESCO World Heritage Centre. 2008. Policy Document on the Impacts of Climate Change on World Heritage Properties, UNESCO doc WHC-07/16.GA/10. Paris, UNESCO World Heritage Centre.
122. *Ibid.*, 7.
123. *Ibid.*

to build connectivity between protected sites and surrounding landscapes (for example through habitat corridors and buffer zones) to promote resilience of species and communities [124].

Additionally, the responses to some specific legal questions in Annex 2 to the policy indicate further possibilities to legally regulate migration of a protected area due to climate change under the current WHC regime. They note that some modifications to the boundaries of the protected site are possible upon approval of the World Heritage Committee. However, if the outstanding universal value of the protected site has fluctuated or changed, the World Heritage Committee, upon the suggestions of the advisory committee, could potentially decide whether a re-nomination process is needed [125]. Arguably, migration of species and ecosystems does not lead to the change of the outstanding universal value of the protected site and hence new boundaries could be confirmed in such situations. A problem could rise in situations where the ecosystems are naturally set apart and re-established due to climate change. In these cases, the outstanding universal value of the protected site would change, and the designation of a new protected site would have to be nominated. This situation alone creates numerous issues, and it would be hard to speculate how the World Heritage Committee would act.

A draft of the policy was prepared in 2021 [126] which changed the title upon the receipt of comments from states parties member of the World Heritage Committee to Updated Policy Document on Climate Action for World Heritage [127]. The draft focuses on inclusion of climate risk assessment tools in the management of the protected sites to ensure their adaptation and increase resilience. It also calls on management practices that protect the outstanding universal value of the protected site and contribute to climate mitigation. The draft text was expected to be adopted at the end of 2021, however this was delayed upon suggestions to convene an additional expert working group to address the changing nature of the outstanding universal value of the protected sites due to climate change [128], which would be relevant also in reference to anticipated migration of protected areas.

Nonetheless, all the above confirms the already mentioned focus on the static delimitated nature of the natural heritage protection regime and on maintaining the outstanding universal value at the time of the site's designation.

---

124. *Ibid.*, Annex 1.
125. *Ibid.*, Annex 2.
126. UNESCO World Heritage Committee. 2021. Draft Policy Document on the Impacts of Climate Change on World Heritage Properties, UNESCO Doc. WHC/21/44.COM/7C.
127. UNESCO World Heritage Committee. 2021. Updated Policy Document on climate action for World Heritage. UNESCO Doc. WHC/21/23.GA/INF.11.
128. Katrhyn Lafrenz Samuels and Ellen J. Platts, "Global Climate Change and UNESCO World Heritage" (2022) 29 *International Journal of Cultural Property*, 411-412.

Additionally, Perry argues, that the current regime is set up to measure the adaptation measures' compatibility with the aesthetic and other values that are part of the protected outstanding universal value of the site [129]. This indicates the regime's lack of flexibility, which is now necessary more than ever. To sufficiently address the challenges of climate change the management of sites has to consider also the natural process of landscape change [130] and outstanding universal value change. Hopefully, the new expert working group will include this into the WHC regime as international obligations for states.

Paragraph 4 **Convention on the conservation of European wildlife and natural habitats (Bern convention)**

The CBD COP8 called on states to cooperate at the regional level in activities aimed at enhancing resilience of the ecosystems to climate change [131]. One such regional response can be seen in the work of the Council of Europe under the Bern Convention regime. The Bern Convention regime is one of the regimes that addresses the climate change impacts and the anticipated movement of species and protected areas in the most advanced way.

Similarly, as to the previously addressed conventions, the text of the Bern convention is silent on the relationship between the protected areas and climate change. Article 1 of the Bern Convention sets the aim of the convention to conservation "of wild flora and fauna and their natural habitats, especially those species and habitats whose conservation requires the co-operation of several States, and to promote such co-operation". This requires states parties to protect both the species and their habitats. Interestingly, the text of the Bern convention does not require states parties to create defined protected areas but focuses on taking "appropriate and necessary legislative and administrative measures to ensure the conservation of the habitats of the wild flora and fauna species" [132] and on "the wild flora species" themselves [133]. To ensure this, the states shall give regard in their planning and development policies "to the conservation requirements of the areas protected" [134]. This is the only mention of protected areas in the convention, even though in practice the protection measures of the Bern Convention are valid in a delimited geographically defined area. Comparing this to the other conventions, it could be concluded that the requirement of defined boundaries of the protected area is more relaxed

---

129. Perry (n. 4) 5.
130. *Ibid.*
131. CBD COP Re. VIII.30 1.
132. Bern Convention, Art. 4.
133. Bern Conveniton, Art. 5.
134. *Ibid.*

under this regime and would offer more options for migration of protected areas. This can be also deduced from the opinions of the Standing Committee of the Bern Convention, which has adopted several legally non-binding decisions on the relationship between conservation and climate change [135]. These recommendations focus on precautionary measures as uncertainties surrounding the precise nature of future climate change and its impacts on biodiversity should not delay practical conservation action [136].

For the topic of this chapter, the 2008 Recommendation 135 [137] is the most relevant. It provides recommendations for states to increase their awareness of the connection between biodiversity conservation and climate change. The Recommendation suggests that as part of adaptation strategies the states should recognize the vital role of protected areas for climate change adaptation [138] and should make sure that landscapes are permeable for species migration as they adapt to climate change [139]. Hence, Recommendation 1 specifically suggests that a legal system should be set up to ensure appropriate management of protected areas also when species and ecosystems change from those that were initially protected at the time of the designation of the protected area. Additionally, it suggests that the protected areas and their wider landscape should be managed to facilitate species potential future range changes [140]. Accordingly, special management practices of the wider landscape have to be established including the creation of obligatory buffer spaces [141].

---

135. Bern Recommendation No. 122 (2006) of the Standing Committee on the Conservation of Biological Diversity in the Context of Climate Change; Recommendation No. 135 (2008) of the Standing Committee on Addressing the Impacts of Climate Change on Biodiversity; Bern Recommendation No. 142 (2009) of the Standing Committee Interpreting the CBD Definition of Invasive Alien Species to Take into Account Climate Change; Recommendation No. 143 (2009) of the Standing Committee on Further Guidance for Parties on Biodiversity and Climate Change; Recommendation No. 145 (2010) of the Standing Committee on Guidance for Parties on Biodiversity and Climate Change in Mountain Regions; Recommendation No. 146 (2010) of the Standing Committee on Guidance for Parties on Biodiversity and Climate Change in European Islands; Recommendation No. 147 (2010) of the Standing Committee on Guidance for Parties on Wildland Fires, Biodiversity and Climate Change.
136. Arie Trouwborst, "Conserving European Biodiversity in a Changing Climate: The Bern Convention, the European Union Birds and Habitats Directives and the Adaptation of Nature to Climate Change: CONSERVING EUROPEAN BIODIVERSITY" (2011) 20 *Review of European Community & International Environmental Law* 62, 67.
137. Bern Recommendation No. 135; "Biodiversity and Climate Change: Reports and Guidance Developed under the Bern Convention – Vol. I (Nature and Environment No. 156)" (n. 1).
138. Recommendation 4.
139. Recommendation 7.
140. Recommendation 4.
141. Recommendation 5.

The Bern recommendations are the only document that calls for amendment of the legal regime on the protected areas, as they recognize the difficult measures that need to be taken to adapt the management to the anticipated changes, such as the difficulties in creating a network of connected protected areas and buffer zones in Europe due to the high number of urban areas, especially around protected areas.

SECTION 3   INSTITUTIONAL RESPONSE TO THE CLIMATE CHANGE CHALLENGE FOR PROTECTED AREAS

The IUCN is the leading organization on research and support for states in their management of protected areas. It works on establishing practices, standards and policies that maximise the effectiveness of protected and conserved areas and promotes the sustainable use of landscapes. One such crucial tool is the IUCN Guidelines on Protected Areas presented in the first Section. The IUCN has been also the main body in providing support to states in addressing climate change challenges for protected areas, especially through the work of its World Commission of Protected Areas (WCPA) [142]. It works on influencing international decision makers within the relevant regimes, such as CBD and UNFCCC to recognize the importance protected areas have in climate change mitigation and adaptation and develops tools for states to incorporate climate change considerations in protected area management through the IUCN Green List Standard. As such it is promoting the inclusion of benefits that protected areas bring to climate change mitigation as part of nationally determined contributions (NDCs) under the Paris Agreement [143].

The IUCN Green List provides four components of protected area management in the wake of anticipated climate change effects. First, states are encouraged to use the adaptive management framework that anticipates, learns from and responds to changes due to climate change effectively in their decision-making. Second, the management of protected areas should be designed to address the long-term conservation needs of an area. This hence also calls for assessment of the anticipated changes in the future and third, this requires that states have a long-term conservation management plan. The fourth and final component is the effective implementation of all the management activities so the success is seen to the local population and can spark their participation and support for further protection of the areas as well and the connected landscapes. These components are designed into a tool that guides the states step-by-step in the management process to fulfil the

---

142. Fauchald (n. 14) 114.
143. IUCN, IUCN Green List Standard, "https://iucngreenlist.org/making-a-difference/climate-change/", accessed 25 October 2022.

obligation defined in the international treaties, especially CBD and WHC [144]. The framework does not specifically mention migration of protected areas, however, if all the steps are followed the protected areas would be managed in a way to be prepared for the anticipated migration of species and ecosystems.

The work of the IUCN thus complements the legal regimes of the above-mentioned conventions. It is meant as a practical advice to states in their implementation of the foundational convention rules on protected areas. This has been also recognized by many CBD COP reports [145], which encourage states to follow the IUCN guidelines on protected areas as voluntary standards for effective management of protected areas [146]. Additionally, it is the official advisor on nature to the UNESCO World Heritage Committee [147]. IUCN also works closely with the Intergovernmental Science-Policy Platform on Biodiversity and Ecosystem Services (IPBES). As an independent intergovernmental body, it provides science-policy interface to government for conservation and sustainable use of biodiversity. In relation to protected areas, it carries out ecosystem services assessment for national bodies that work with IUCN in improving their management of protected areas [148]. The aim is to inform policy and practice by helping to identify the essential causes of and solutions to detrimental changes in biodiversity and ecosystems [149]. The assessment of ecosystem services assesses also the effect of climate change on the ecosystem services provided by protected areas, however, no direct reference to the issue of protected areas migration due to climate change could be found in the work of the IPBES.

SECTION 4   IS THERE A NEED FOR A NEW GLOBAL SYSTEM OF PROTECTED AREAS?

The above assessment of international biodiversity law on terrestrial protected areas indicates that there exist synergies between it and climate change regulation. Conserving and restoring natural habitats is one of

---

144. Charles Victor Barber, Kenton R. Miller, and Melissa Boness (eds.), *Securing Protected Areas in the Face of Global Change: Issues and Strategies* (IUCN 2004) 189-192; see also J. E. Gross *et al.* (eds.), *Adapting to Climate Change: Guidance for Protected Area Managers and Planners* (IUCN International Union for Conservation of Nature 2017), https://portals.iucn.org/library/node/46685, accessed 25 October 2022.
145. Fauchald (n. 14) 115.
146. CBD COP Report of the Conference of the Parties to the Convention on Biological Diversity on its Thirteenth Meeting, UN Doc CBD/COP/13/25 (2016).
147. IUCN Protected Areas and Land Use, https://www.iucn.org/our-work/protected-areas-and-land-use, accessed 25 October 2022.
148. For example see: Protected areas ecosystem services assessment, National Service of Protected Areas Peru, https://ipbes.net/capacity-building-project/protected-areas-ecosystem-services-assessment, accessed 25 October 2022.
149. Sandra Díaz *et al.*, "The IPBES Conceptual Framework – Connecting Nature and People" (2015) 14 *Current Opinion in Environmental Sustainability* 1, 12.

the most cost-effective ways to respond to climate change [150]. While the core conventions are silent on climate change, the COP decisions and other soft law documents under them have already recognized the need to take climate change impacts into account in the management of the terrestrial protected areas. However, the mentions of climate change are very vague and do not provide direct obligations nor do they offer concrete proposals to states parties on how to prepare their management plans to address the issue of anticipated migration of species and hence anticipated migration of the whole protected areas. States are hence left to resolve this issue on their own and are given a wide discretion on how to act [151].

Nevertheless, these regimes do not operate in vacuum and are very much interrelated [152]. In most cases of protected areas at least two or more regimes apply and complement each other. So while the regime itself does not provide much support for the needed rapid adaptation of species and ecosystems to climate change, it is further supplemented with practical guidelines on implementation of the regime's obligations offered by various institutional bodies, such as IUCN and IPBES.

This vagueness also has advantages [153]. It enables the states to use the basic principles of treaty interpretation to broaden the obligations of the treaty regimes with the meanings developed by the COPs [154] and implementation suggestions by various institutional bodies. This can even further include the obligation for an appropriate response to the anticipated migration of species in response to climate change. So taken as a whole, it could be argued, that the biodiversity regime is flexible enough to respond to climate change challenges and will continue to develop to address them even more effectively.

Unfortunately, scientific data and other findings indicate that states are already having difficulties in properly managing protected areas as the regime currently stands [155]. It is therefore difficult to believe that they would be able to take voluntarily further action to address the anticipated shifts caused by climate change. The managers of protected areas are well aware of the anticipated climate change challenges and the anticipated migration of species and ecosystems that will follow. However, they are having difficulties in receiving enough attention and support from the governments [156]. What is

---

150. Roberts, O'Leary and Hawkins (n. 50) 1.
151. Trouwborst (n. 125) 70; Fauchald (n. 14) 107.
152. Trouwborst (n. 125) 64.
153. Antonio Cardesa-Salzmann and Endrius Cocciolo, "Global Governance, Sustainability and the Earth System: Critical Reflections on the Role of Global Law" (2019) 8 *Transnational Environmental Law* 437, 441.
154. Trouwborst (n. 125) 70.
155. Van Kerkhoff *et al.* (n. 41) 699.
156. *Ibid.*, 712; Sven Rannow *et al.*, "Managing Protected Areas Under Climate Change: Challenges and Priorities" (2014) 54 *Environmental Management* 732, 738.

lacking is the appropriate legally binding regulatory framework that would set more stringent obligations for the states concerned.

What should this new regulatory framework look like? Climate change clearly tests the biodiversity conventions and requires a new and immediate response if we want to preserve the majority of the world's species and ecosystems. This response has to be incorporated in all our strands of life and applied to all the world's species and ecosystems [157], not just for certain ecosystems that are of outstanding universal value or are already threatened. Hence, this recognition puts under the question the need for protected areas. This is even more so, since scientific reports and COP resolutions continuously call for the creation of networks of protected areas, increases in the size of the protected areas and for creation of wider buffer zones as measures to adapt to climate change and to aid in the increase of their resilience. With the anticipated migration of terrestrial static species and ecosystems protected areas' outer limits and borders will have to shift, which may lead to a situation where they have nowhere to move as they strike an urban or industrial area. Therefore, it could be argued that an overall resetting of the biodiversity regime might be necessary.

Ultimately this chapter does not contend that such a drastic step should be taken. The direction in which the current approach to conservation of species and ecosystems is heading with its continuous adaptation through the COP decisions is sufficient and will remain sufficient as long as it continues to be reactive, meaning rapidly responding to the scientific findings, recommendations and the needs of the particular species and ecosystems. Additionally, as the definition of conservation presented in the beginning of the chapter indicates, creation of protected areas and its appropriate management, which effectively responds to anticipated species migration due to climate change, is today essential for human preservation and the well-being of generations to come [158]. However, what is arguably needed is a new global regime of protected areas; one that is based on increasing species and ecosystem resilience. If we leave the current regime aside, the species and the ecosystems will already naturally become resilient and adapt to the changes in the climate. However, as the changes caused by climate change today are rapid, not all species and not all ecosystems of protected areas will be able to adapt naturally and will hence become threatened and extinct. The new global regime on protected areas will have to aid the species and the ecosystems to adapt quickly enough to these changes to create resilient species and ecosystems and hence ensure their conservation [159]. Hence, the support for the migration of protected areas from the international

---

157. Louis J Kotzé *et al.*, "Earth System Law: Exploring New Frontiers in Legal Science" (2022) 11 *Earth System Governance* 100126, 1.
158. Roberts, O'Leary and Hawkins (n. 50) 2; Kotzé *et al.* (n. 146) 2.
159. Lee Hannah, "A Global Conservation System for Climate-Change Adaptation" (2010) 24 *Conservation Biology* 70, 72.

biodiversity regime as a response to climate change is a measure that aids the adaptation process, increases the resilience of the protected area and aids in the conservation of the species and ecosystems of that protected area [160]. The best way to ensure support for migration of protected areas is to increase the fluidity of the outer borders of the protected area and to obligatory assign buffer zones around protected areas where species and ecosystems will migrate to ensure their conservation.

Any noteworthy legal development of the international regime on protected areas has taken place more than 15 years ago. Hence, it is time for a new set of guidelines on management of protected areas in the age of the Anthropocene that would enable the shift of species, and ecosystems, as well as conception of new ecosystems. Considering that the scientists anticipate the movement of certain species for more than 2000 kilometres, we should also contemplate the probability of cross-border protected areas and potentially even cross-border migration of these areas with a consequential transfer of the management obligations from one state to its neighbour. Hence, we need tools for a cross-border and cross-jurisdictional response to protected areas management as well [161]. Along these lines, *Hannah* advocates for a design of a new global conservation system, which is not place based as the current system of protected areas but calls for conservation adaptation [162]. This focuses on the biodiversity conservation measures recognizing the resilience of terrestrial species [163]. If given the opportunity, which appropriate conservation measures could do, the majority of the species will adapt to the changing environment, however, not necessarily within the same protected area [164]. We should anticipate that vegetation associations will be torn apart and reassembled in response to climate change and species currently occurring together will not necessarily be together under future climates [165] resulting in the creation of new ecosystems and potentially new protected areas with new values and conservation needs.

Hannah suggests the management of existing protected areas and the designation of additional protected areas should have different conservation aims depending on the habitat quality [166]. It should be based on strong traditions of international cooperation, with set up mechanisms for decision making about assisted migration and the rescue of species unable to survive in natural settings [167]. Many other authors and experts [168] have supported *Hannah*

---

160. *Ibid.*, 75.
161. *Ibid.*, 70.
162. *Ibid.*, 70-71.
163. Andrew Dodd *et al.*, "Protected Areas and Climate Change Reflections from a Practitioner's Perspective" (2010) 6 *Utrecht Law Review* 141, 142.
164. *Ibid.*
165. Hannah (n. 148) 71.
166. *Ibid.*, 72.
167. *Ibid.*, 74.
168. Van Kerkhoff *et al.* (n. 41) 701.

in emphasizing the importance and the success of co-management of the protected areas with the local stakeholders, such as local communities and indigenous peoples [169]. The same approach should be continued based on the intergenerational cooperation and exchange of the local communities' and the indigenous peoples' knowledge and experiences with historical and anticipated species and protected areas migration. This will assist in the effectiveness of the protected areas management, as all that benefit from the conservation activities will be involved in their implementation.

With the creation of the new conservation based global system of protected areas, many new issues will come to the forefront, that will challenge the decision-makers. Each manager will be faced with limited resources, competing public interests, increasing and novel threats, changing political environments and demands from a diversity of stakeholders [170]. Additionally, in every protected area, some climate change impacts will be unmanageable [171] and irreparable changes will happen. Conservation of protected areas will hence require that we take into account not only the biophysical processes, but also the socio-political dynamic related to the area that will drive the questions as to what specifically should be protected, to what extent and how [172]. Decisions should however be based on scientific knowledge and rapidly respond to new findings and assessments [173].

For these conservation activities to be effective, we need a strong international base that supports them and an international obligation of cooperation among states for the implementation of the conservation/adaptation mandate [174]. Many species that are conserved in protected areas are currently endemic to individual countries [175]. As their conservation is in the interest of the international community as a whole they are considered as common concern of humankind, which is recognized both by the CBD and WHC. Hence, international cooperation in the form of financial support and technology support would be necessary for many developing states to be able to carry out the conservation activities [176]. Additionally, migration of species and ecosystems may result in the expansion of their ranges to multiple states or in their shifting to a new state altogether [177] which would again require cooperation between the relevant states. Finally, with the creation of networks of protected areas, as advocated by the COP decisions, international cooperation is crucial [178]. Areas

---

169. Rannow *et al.* (n. 145) 740.
170. Perry (n. 4) 4; Rannow *et al.* (n. 145) 773.
171. Perry (n. 4) 4.
172. *Ibid.*
173. Fauchald (n. 14) 136.
174. Kotzé *et al.* (n. 146) 3; Rannow *et al.* (n. 145) 739.
175. Hannah (n. 148) 72.
176. *Ibid.*, 76.
177. *Ibid.*, 72.
178. Dodd *et al.* (n. 152) 143; Rannow *et al.* (n. 145) 739.

with multiple-use lands should be included in this network and participation of private landowners encouraged [179]. In all these cases efficient conservation of the species can only be planned when the population status, current protected area, and the needed future protection is known for all the states involved [180].

SECTION 5   CONCLUSIONS

Climate change does test the biodiversity conservation regime. The international regime on protected areas was developed at a time when climate change was not one of the core concerns of states. Hence, the regime is not flexible enough to address all the challenges posed by climate change and needs updating. The decisions of COPs are doing an important job in trying to support adaptation measures for protected areas. However, the whole approach on biodiversity conservation within the protected areas calls for rethinking of the global system of protected areas. Three key considerations are the static nature of the system of protected areas, the need for a rapid response in aiding adaptation, and recognizing that migration of species and ecosystems aids in achieving conservation goals. The new system of protected areas needs to be based primarily on ensuring rapid adaptation of the species and ecosystems within that protected area to climate change and on creation of adjacent protective areas with varying degree of conservation measures that would be intertwined [181] among each other to enable fluid transitions.

---

179. Hannah (n. 148) 75.
180. *Ibid.*, 74.
181. Rannow *et al.* (n. 145) 739.

PUBLICATIONS DE L'ACADÉMIE
DE DROIT INTERNATIONAL
DE LA HAYE

PUBLICATIONS OF THE
HAGUE ACADEMY OF INTERNATIONAL
LAW

RECUEIL DES COURS

Depuis 1923, les plus grands noms du droit international ont professé à l'Académie de droit international de La Haye. Tous les tomes du *Recueil* qui ont été publiés depuis cette date sont disponibles, chaque tome étant, depuis les tout premiers, régulièrement réimprimé sous sa forme originale.

Depuis 2008, certains cours font l'objet d'une édition en livres de poche.

En outre, toute la collection existe en version électronique. Tous les ouvrages parus à ce jour ont été mis en ligne et peuvent être consultés moyennant un des abonnements proposés, qui offrent un éventail de tarifs et de possibilités.

INDEX

A ce jour, il a paru sept index généraux. Ils couvrent les tomes suivants:

1 à 101	(1923-1960)	379 pages	ISBN 978-90-218-9948-0
102 à 125	(1961-1968)	204 pages	ISBN 978-90-286-0643-2
126 à 151	(1969-1976)	280 pages	ISBN 978-90-286-0630-2
152 à 178	(1976-1982)	416 pages	ISBN 978-0-7923-2955-8
179 à 200	(1983-1986)	260 pages	ISBN 978-90-411-0110-5
201 à 250	(1987-1994)	448 pages	ISBN 978-90-04-13700-4
251 à 300	(1995-2002)	580 pages	ISBN 978-90-04-15387-7

A partir du tome 210 il a été décidé de publier un index complet qui couvrira chaque fois dix tomes du *Recueil des cours*. Le dernier index paru couvre les tomes suivants:

311 à 320	(2004-2006)	392 pages	Tome 320A	ISBN 978-90-04-19695-7

COLLOQUES

L'Académie organise également des colloques dont les débats sont publiés. Les derniers volumes parus de ces colloques portent les titres suivants: *Le règlement pacifique des différends internationaux en Europe: perspectives d'avenir* (1990); *Le développement du rôle du Conseil de sécurité* (1992); *La Convention sur l'interdiction et l'élimination des armes chimiques: une percée dans l'entreprise multilatérale du désarmement* (1994); *Actualité de la Conférence de La Haye de 1907, Deuxième Conférence de la Paix* (2007).

CENTRE D'ÉTUDE ET DE RECHERCHE

Les travaux scientifiques du Centre d'étude et de recherche de droit international et de relations internationales de l'Académie de droit international de La Haye, dont les sujets sont choisis par le Curatorium de l'Académie, faisaient l'objet, depuis la session de 1985, d'une publication dans laquelle les directeurs d'études dressaient le bilan des recherches du Centre qu'ils avaient dirigé. Cette série a été arrêtée et la dernière brochure parue porte le titre suivant: *Les règles et les institutions du droit international humanitaire à l'épreuve des conflits armés récents*. Néanmoins, lorsque les travaux du Centre se révèlent particulièrement intéressants et originaux, les rapports des directeurs et les articles rédigés par les chercheurs font l'objet d'un ouvrage collectif.

Les demandes de renseignements ou de catalogues et les commandes doivent être adressées à

MARTINUS NIJHOFF PUBLISHERS

B.P. 9000, 2300 PA Leyde   Pays-Bas   **http://www.brill.nl**

COLLECTED COURSES Since 1923 the top names in international law have taught at The Hague Academy of International Law. All the volumes of the *Collected Courses* which have been published since 1923 are available, as, since the very first volume, they are reprinted regularly in their original format.
Since 2008, certain courses have been the subject of a pocketbook edition.
In addition, the total collection now exists in electronic form. All works already published have been put "on line" and can be consulted under one of the proposed subscription methods, which offer a range of tariffs and possibilities.

INDEXES Up till now seven General Indexes have been published. They cover the following volumes:

1 to 101	(1923-1960)	379 pages	ISBN 978-90-218-9948-0
102 to 125	(1961-1968)	204 pages	ISBN 978-90-286-0643-2
126 to 151	(1969-1976)	280 pages	ISBN 978-90-286-0630-2
152 to 178	(1976-1982)	416 pages	ISBN 978-0-7923-2955-8
179 to 200	(1983-1986)	260 pages	ISBN 978-90-411-0110-5
201 to 250	(1987-1994)	448 pages	ISBN 978-90-04-13700-4
251 to 300	(1995-2002)	580 pages	ISBN 978-90-04-15387-7

From Volume 210 onwards it has been decided to publish a full index covering, each time, ten volumes of the *Collected Courses*. The latest Index published covers the following volumes:
311 to 320   (2004-2006)   392 pages   Volume 320A ISBN 978-90-04-19695-7

WORKSHOPS The Academy publishes the discussions from the Workshops which it organises. The latest titles of the Workshops already published are as follows: *The Peaceful Settlement of International Disputes in Europe: Future Prospects* (1990) ; *The Development of the Role of the Security Council* (1992); *The Convention on the Prohibition and Elimination of Chemical Weapons: A Breakthrough in Multilateral Disarmament* (1994); *Topicality of the 1907 Hague Conference, the Second Peace Conference* (2007).

CENTRE FOR STUDIES AND RESEARCH The scientific works of the Centre for Studies and Research in International Law and International Relations of The Hague Academy of International Law, the subjects of which are chosen by the Curatorium of the Academy, have been published, since the Centre's 1985 session, in a publication in which the Directors of Studies reported on the state of research of the Centre under their direction. This series has been discontinued and the title of the latest booklet published is as follows: *Rules and Institutions of International Humanitarian Law Put to the Test of Recent Armed Conflicts*. Nevertheless, when the work of the Centre has been of particular interest and originality, the reports of the Directors of Studies together with the articles by the researchers form the subject of a collection published by the Academy.

Requests for information, catalogues and orders for publications must be addressed to

MARTINUS NIJHOFF PUBLISHERS

P.O. Box 9000, 2300 PA Leiden   The Netherlands   **http://www.brill.nl**

TABLE PAR TOME DES COURS PUBLIÉS CES DERNIÈRES ANNÉES
INDEX BY VOLUME OF THE COURSES PUBLISHED THESE LAST YEARS

Tome/Volume 274 (1998)

Pastor Ridruejo, J. A.: Le droit international à la veille du vingt et unième siècle : normes, faits et valeurs. Cours général de droit international public, 9-308.
Carreau, D.: Le système monétaire international privé (UEM et euromarchés), 309-392.

(ISBN 978-90-411-1300-9)

Tome/Volume 275 (1998)

Elwan, O.: La loi applicable à la garantie bancaire à première demande, 9-218.
Mestral, A. de : The North American Free Trade Agreement: A Comparative Analysis, 219-416.

(ISBN 978-90-411-1486-0)

Tome/Volume 276 (1999)

Picone, P.: Les méthodes de coordination entre ordres juridiques en droit international privé. Cours général de droit international privé, 9-296.
Baxi, U.: Mass Torts, Multinational Enterprises Liability and Private International Law, 297-428.

(ISBN 978-90-411-1394-8)

Tome/Volume 277 (1999)

Verwilghen, M.: Conflits de nationalités. Plurinationalité et apatridie, 9-484.

(ISBN 978-90-411-1395-5)

Tome/Volume 278 (1999)

Barboza, J.: International Criminal Law, 9-200.
Maupain, F.: L'OIT, la justice sociale et la mondialisation, 201-396.

(ISBN 978-90-411-1396-2)

Tome/Volume 279 (1999)

Jonkman, H.: The Role of the Permanent Court of Arbitration in International Dispute Resolution (Addresses), 9-50.
Hascher, D.: Principes et pratique de procédure dans l'arbitrage commercial international, 51-194.
Degan, V.-D.: Création et disparition de l'Etat (à la lumière du démembrement de trois fédérations multiethniques en Europe), 195-376.

(ISBN 978-90-411-1397-9)

Tome/Volume 280 (1999)

Droz, G. A. L.: L'activité notariale internationale, 9-134.
Abellán Honrubia, V.: La responsabilité internationale de l'individu, 135-428.

(ISBN 978-90-411-1487-7)

Tome/Volume 281 (1999)

Tomuschat, C.: International Law: Ensuring the Survival of Mankind on the Eve of a New Century. General Course on Public International Law, 9-438.

(ISBN 978-90-411-1488-4)

Tome/Volume 282 (2000)

Jayme, E.: Le droit international privé du nouveau millénaire: la protection de la personne humaine face à la globalisation (conférence), 9-40.
McClean, D.: De Conflictu Legum. Perspectives on Private International Law at the Turn of the Century. General Course on Private International Law, 41-228.
Smith, B. L.: The Third Industrial Revolution: Law and Policy for the Internet, 229-464.

(ISBN 978-90-411-1489-1)

Tome/Volume 283 (2000)

Bucher, A.: La famille en droit international privé, 9-186.
Dolinger, J.: Evolution of Principles for Resolving Conflicts in the Field of Contracts and Torts, 187-512.

(ISBN 978-90-411-1490-7)

Tome/Volume 284 (2000)

Schlosser, P.: Jurisdiction and International Judicial and Administrative Co-operation, 9-428.

(ISBN 978-90-411-1605-5)

Tome/Volume 285 (2000)

Slaughter, A.-M.: International Law and International Relations, 9-250.
Lucchini, L.: L'Etat insulaire, 251-392.

(ISBN 978-90-411-1606-2)

Tome/Volume 286 (2000)

Boutros-Ghali, B. : Le droit international à la recherche de ses valeurs : paix, développement, démocratisation (conférence inaugurale), 9-38.
Scovazzi, T. : The Evolution of International Law of the Sea : New Issues, New Challenges, 39-244.
Kronke, H. : Capital Markets and Conflict of Laws, 245-386.

(ISBN 978-90-411-1607-9)

Tome/Volume 287 (2000)

González Campos, J. D. : Diversification, spécialisation, flexibilisation et matérialisation des règles de droit international privé. Cours général, 9-426.

(ISBN 978-90-411-1608-6)

Tome/Volume 288 (2001)

Kowalski, W. W. : Restitution of Works of Art pursuant to Private and Public International Law, 9-244.
Caflisch, L. : Cent ans de règlement pacifique des différends interétatiques, 245-468.
(ISBN 978-90-411-1609-3)

Tome/Volume 289 (2001)

Grigera Naón, H. A. : Choice-of-Law Problems in International Commercial Arbitration, 9-396. (ISBN 978-90-411-1610-9)

Tome/Volume 290 (2001)

Fernández Rozas, J. C. : Le rôle des juridictions étatiques devant l'arbitrage commercial international, 9-224.
Villani, U. : Les rapports entre l'ONU et les organisations régionales dans le domaine du maintien de la paix, 225-436. (ISBN 978-90-411-1611-6)

Tome/Volume 291 (2001)

Rosenne, Sh. : The Perplexities of Modern International Law. General Course on Public International Law, 9-472.
(ISBN 978-90-411-1746-5)

Tome/Volume 292 (2001)

Momtaz, D. : Le droit international humanitaire applicable aux conflits armés non internationaux, 9-146.
Jacquet, J.-M. : La fonction supranationale de la règle de conflit de loi, 147-248.
Mengozzi, P. : Private International Law and the WTO Law, 249-386.
(ISBN 978-90-411-1854-7)

Tome/Volume 293 (2001)

Fitzmaurice, M. A. : International Protection of the Environment, 9-488.
(ISBN 978-90-411-1855-4)

Tome/Volume 294 (2002)

Camdessus, M. : Organisations internationales et mondialisation (conférence), 9-38.
Zoller, E. : Aspects internationaux du droit constitutionnel. Contribution à la théorie de la fédération d'Etats, 39-166.
McWhinney, E. : Self-determination of Peoples and Plural-ethnic States (Secession and State Succession and the Alternative, Federal Option), 167-264.
Thirlway, H. : Concepts, Principles, Rules and Analogies : International and Municipal Legal Reasoning, 265-406.
(ISBN 978-90-411-1856-1)

Tome/Volume 295 (2002)

Von Mehren, A. : Theory and Practice of Adjudicatory Authority in Private International Law : A Comparative Study of the Doctrine, Policies and Practices of Common- and Civil-Law Systems. General Course on Private International Law (1966), 9-432. (ISBN 978-90-411-1857-8)

Tome/Volume 296 (2002)

Van der Stoel, M. : The Role of the OSCE High Commissioner on National Minorities in the Field of Conflict Prevention (Address), 9-24.
Hanotiau, B. : L'arbitrabilité, 25-254.
Heiskanen, V. : The United Nations Compensation Commission, 255-398.
(ISBN 978-90-411-1858-5)

Tome/Volume 297 (2002)

Dupuy, P.-M. : L'unité de l'ordre juridique international. Cours général de droit international public (2000), 9-496.
(ISBN 978-90-411-1859-2)

Tome/Volume 298 (2002)

Symeonides, S. C. : The American Choice-of-Law Revolution in the Courts : Today and Tomorrow, 9-448. (ISBN 978-90-411-1860-8)

Tome/Volume 299 (2002)

Roucounas, E. : Facteurs privés et droit international public, 9-420.
(ISBN 978-90-411-1861-5)

Tome/Volume 300 (2002)

Bennouna, M. : Les sanctions économiques des Nations Unies, 9-78.
Kessedjian, C. : Codification du droit commercial international et droit international privé. De la gouvernance normative pour les relations économiques transnationales, 79-308.
Smits, R. : Law of the Economic and Monetary Union, 309-422.
(ISBN 978-90-411-1862-2)

Tome/Volume 301 (2003)

Meron, T. : International Law in the Age of Human Rights, 9-490.
(ISBN 978-90-04-14020-2)

Tome/Volume 302 (2003)

Black, V. : Foreign Currency Obligations in Private International Law, 9-196.
Leben, Ch. : La théorie du contrat d'Etat et l'évolution du droit international des investissements, 197-386. (ISBN 978-90-04-14021-9)

Tome/Volume 303 (2003)

Daudet, Y. : Actualités de la codification du droit international, 9-118.
Mezghani, A. : Méthodes de droit international privé et contrat illicite, 119-430.
(ISBN 978-90-04-14022-6)

Tome/Volume 304 (2003)

Mosk, R. M. : The Role of Facts in International Dispute Revolution, 9-180.
Jänterä-Jareborg, M. : Foreign Law in National Courts : A Comparative Perspective, 181-386. (ISBN 978-90-04-14023-3)

Tome/Volume 305 (2003)

Audit, B. : Le droit international privé en quête d'universalité. Cours général (2001), 9-488.
(ISBN 978-90-04-14307-4)

Tome/Volume 306 (2003)

Casanovas, O. : La protection internationale des réfugiés et des personnes déplacées dans les conflits armés, 9-176.
Reed, L. : Mixed Private and Public Law Solutions to International Crises, 177-410.
(ISBN 978-90-04-14545-0)

Tome/Volume 307 (2004)

Jorda, M. C. : Du Tribunal pénal international pour l'ex-Yougoslavie à la Cour pénale internationale : De quelques observations et enseignements (conférence), 9-24.
Muir Watt, H. : Aspects économiques du droit international privé (Réflexions sur l'impact de la globalisations économique sur les fondements des conflits de lois et de juridictions), 25-384.
(ISBN 978-90-04-456-7)

Tome/Volume 308 (2004)

Rigo Sureda, A. : The Law Applicable to the Activities of International Development Banks, 9-252.
González Lapeyre, E. : Transport maritime et régime portuaire, 253-378.
(ISBN 978-90-04-14547-4)

Tome/Volume 309 (2004)

Karaquillo, J.-P. : Droit international du sport, 9-124.
Maresceau, M. : Bilateral Agreements Concluded by the European Community, 9-452.
(ISBN 978-90-04-14548-1)

Tome/Volume 310 (2004)

Kamto, M. : La volonté de l'Etat en droit international, 9-428.
(ISBN 978-90-04-14552-8)

Tome/Volume 311 (2004)

Struycken, A. V. M. : Co-ordination and Co-operation in Respectful Disagreement. General Course on Private International Law, 5-552.
(ISBN 978-90-04-14553-5)

Tome/Volume 312 (2005)

Gaudemet-Tallon, H. : Le pluralisme en droit international privé : richesses et faiblesses (Le funambule et l'arc-en-ciel). Cours général, 9-488.
(ISBN 978-90-04-14554-2)

Tome/Volume 313 (2005)

Mani, V. S. : "Humanitarian" Intervention Today, 9-324.
David, E. : La Cour pénale internationale, 325-454.
(ISBN 978-90-04-14555-9)

Tome/Volume 314 (2005)

Draetta, U. : Internet et commerce électronique en droit international des affaires, 9-232.
Daillier, P. : Les opérations multinationales consécutives à des conflits armés en vue du rétablissement de la paix, 233-432.
(ISBN 978-90-04-14557-3)

Tome/Volume 315 (2005)

Dogauchi, M. : Four-Step Analysis of Private International Law, 9-140.
Mohamed Salah, M. M. : Loi d'autonomie et méthodes de protection de la partie faible en droit international privé, 141-264.
Radicati di Brozolo, L. G. : Arbitrage commercial international et lois de police. Considérations sur les conflits de juridictions dans le commerce international, 265-502.
(ISBN 978-90-04-14558-0)

Tome/Volume 316 (2005)

Cançado Trindade, A. A. : International Law for Humankind : Towards a New *Jus Gentium* (I). General Course on Public International Law, 9-440.
(ISBN 978-90-04-15375-2)

Tome/Volume 317 (2005)

Cançado Trindade, A. A. : International Law for Humankind : Towards a New *Jus Gentium* (II). General Course on Public International Law, 9-312.
Borrás, A. : Le droit international privé communautaire : réalités, problèmes et perspectives d'avenir, 313-536.
(ISBN 978-90-04-15376-9)

Tome/Volume 318 (2005)

Kinsch, P. : Droits de l'homme, droits fondamentaux et droit international privé, 9-332.
Bothe, M. : Environment, Development, Resources, 323-516.
(ISBN 978-90-04-15377-6)

Tome/Volume 319 (2006)

Hartley, T. C. : The Modern Approach to Private International Law. International Litigation and Transactions from a Common-Law Perspective. General Course on Private International Law, 9-324.
Crawford, J. : Multilateral Rights and Obligations in International Law, 325-482.
(ISBN 978-90-04-15378-3)

Tome/Volume 320 (2006)

Goldstein, G. : La cohabitation hors mariage en droit international privé, 9-390.
(ISBN 978-90-04-15379-0)

Tome/Volume 321 (2006)

Shaker, M. I. : The Evolving International Regime of Nuclear Non-Proliferation, 9-202.
Klein, P. : Le droit international à l'épreuve du terrorisme, 203-484.
(ISBN 978-90-04-16100-0)

Tome/Volume 322 (2006)

Loquin, E. : Les règles matérielles internationales, 9-242.
Dinstein, Y. : The Interaction between Customary International Law and Treaties, 243-428.
(ISBN 978-90-04-16101-6)

Tome/Volume 323 (2006)

Fernández Arroyo, D. P. : Compétence exclusive et compétence exorbitante dans les relations privées internationales, 9-260.
Silberman, L. J.. : Co-operative Efforts in Private International Law on Behalf of Children : The Hague Children's Conventions, 261-478.
(ISBN 978-90-04-16102-3)

Tome/Volume 324 (2006)

Bedjaoui, M. : L'humanité en quête de paix et de développement (I). Cours général de droit international public, 9-530.
(ISBN 978-90-04-16103-0)

Tome/Volume 325 (2006)

Bedjaoui, M. : L'humanité en quête de paix et de développement (II). Cours général de droit international public, 9-542.
(ISBN 978-90-04-16104-7)

Tome/Volume 326 (2007)

Collins, L. : Revolution and Restitution : Foreign States in National Courts (Opening Lecture, Private International Law Session, 2007), 9-72.
Gotanda, J. Y. : Damages in Private International Law, 73-408.
(ISBN 978-90-04-16616-5)

Tome/Volume 327 (2007)

Mayer, P. : Le phénomène de la coordination des ordres juridiques étatiques en droit privé. Cours général de droit international privé (2003), 9-378.
(ISBN 978-90-04-16617-2)

Tome/Volume 328 (2007)

Garcimartín Alférez, F. J., Cross-border Listed Companies, 9-174.
Vrellis, S., Conflit ou coordination de valeurs en droit international privé. A la recherche de la justice, 175-486.
(ISBN 978-90-04-16618-9)

Tome/Volume 329 (2007)

Pellet, A. : L'adaptation du droit international aux besoins changeants de la société internationale (conférence inaugurale, session de droit international public, 2007), 9-48.
Gaillard, E. : Aspects philosophiques du droit de l'arbitrage international, 49-216.
Schrijver, N. : The Evolution of Sustainable Development in International Law : Inception, Meaning and Status, 217-412.
(ISBN 978-90-04-16619-6)

Tome/Volume 330 (2007)
Pamboukis, Ch. P. : Droit international privé holistique : droit uniforme et droit international privé, 9-474.
(ISBN 978-90-04-16620-2)

Tome/Volume 331 (2007)
Pinto, M. : L'emploi de la force dans la jurisprudence des tribunaux internationaux, 9-160
Brown Weiss, E. : The Evolution of International Water Law, 161-404.
(ISBN 978-90-04-17288-3)

Tome/Volume 332 (2007)
Carlier, J.-Y. : Droit d'asile et des réfugiés. De la protection aux droits, 9-354.
Fatouros, A. A. : An International Legal Framework for Energy, 355-446.
(ISBN 978-90-04-17198-5)

Tome/Volume 333 (2008)
Müllerson, R. : Democracy Promotion : Institutions, International Law and Politics, 9-174.
Pisillo Mazzeschi, R. : Responsabilité de l'Etat pour violation des obligations positives relatives aux droits de l'homme, 174-506.
(ISBN 978-90-04-17284-5)

Tome/Volume 334 (2008)
Verhoeven, J. : Considérations sur ce qui est commun. Cours général de droit international public (2002), 9-434.
(ISBN 978-90-04-17289-0)

Tome/Volume 335 (2008)
Beaumont, P. R. : The Jurisprudence of the European Court of Human Rights and the European Court of Justice on the Hague Convention on International Child Abduction, 9-104.
Moura Vicente, D. : La propriété intellectuelle en droit international privé, 105-504.
(ISBN 978-90-04-17290-6)

Tome/Volume 336 (2008)
Decaux, E. : Les formes contemporaines de l'esclavage, 9-198.
McLachlan, C. : *Lis Pendens* in International Litigation, 199-554.
(ISBN 978-90-04-17291-3)

Tome/Volume 337 (2008)
Mahiou, A. : Le droit international ou la dialectique de la rigueur et de la flexibilité. Cours général de droit international public, 9-516.
(ISBN 978-90-04-17292-0)

Tome/Volume 338 (2008)
Thürer, D. : International Humanitariam Law : Theory, Practice, Context, 9-370.
(ISBN 978-90-04-17293-7)

Tome/Volume 339 (2008)

Sicilianos, L.-A. : Entre multilatéralisme et unilatéralisme : l'autorisation par le Conseil de sécurité de recourir à la force, 9-436.
(ISBN 978-90-04-17294-4)

Tome/Volume 340 (2009)

Beaumont, P. R. : Reflections on the Relevance of Public International Law to Private International Law Treaty Making (Opening Lecture, Private International Law Session, 2009), 9-62.
Carbone, S. M. : Conflits de lois en droit maritime, 63-270.
Boele-Woelki, K. : Unifying and Harmonizing Substantive Law and the Role of Conflict of Laws, 271-462.
(ISBN 978-90-04-17295-1)

Tome/Volume 341 (2009)

Bucher, A. : La dimension sociale du droit international privé. Cours général, 9-526.
(ISBN 978-90-04-18509-8)

Tome/Volume 342 (2009)

Musin, V. : The Influence of the International Sale of Goods Convention on Domestic Law Including Conflict of Laws (with Specific Reference to Russian Law), 9-76.
Onuma, Y. : A Transcivilizational Perspective on International Law. Questioning Prevalent Cognitive Frameworks in the Emerging Multi-Polar and Multi-Civilizational World of the Twenty-First Century, 77-418.
(ISBN 978-90-04-18510-4)

Tome/Volume 343 (2009)

Abou-el-Wafa, A. : Les différends internationaux concernant les frontières terrestres dans la jurisprudence de la Cour internationale de Justice, 9-570.
(ISBN 978-90-04-18513-5)

Tome/Volume 344 (2009)

Villiger, M. E. : The 1969 Vienna Convention on the Law of Treaties – 40 Years After, 4-192.
Alvarez, J. E. : The Public International Law Regime Governing International Investment, 193-452.
(ISBN 978-90-04-18512-8)

Tome/Volume 345 (2009)

Meziou, K. : Migrations et relations familiales, 9-386.
Lauterpacht, Sir Elihu : Principles of Procedure in International Litigation, 387-530.
(ISBN 978-90-04-18514-2)

Tome/Volume 346 (2009)

Kawano, M. : The Role of Judicial Procedures in the Process of the Pacific Settlement of International Disputes, 9-474.
(ISBN 978-90-04-18515-9)

Tome/Volume 347 (2010)

Salmon, J. : Quelle place pour l'Etat dans le droit international d'aujourd'hui? 9-78.
Boisson de Chazournes, L. : Les relations entre organisations régionales et organisations universelles, 79-406.
(ISBN 978-90-04-18516-6)

Tome/Volume 348 (2010)

Bogdan, M. : Private International Law as Component of the Law of the Forum. General Course, 9-252.
Baratta, R. : La reconnaissance internationale des situations juridiques personnelles et familiales, 253-500.
(ISBN 978-90-04-18517-3)

Tome/Volume 349 (2010)

Malenovský, J. : L'indépendance des juges internationaux, 9-276.
Wang, G. : Radiating Impact of WTO on Its Members' Legal System : The Chinese Perspective, 277-536.
(ISBN 978-90-04-18518-0)

Tome/Volume 350 (2010)

Van Gerven, W. : Plaidoirie pour une nouvelle branche du droit : le « droit des conflits d'ordres juridiques » dans le prolongement du « droit des conflits de règles » (conférence inaugurale), 9-70.
Bonomi, A. : Successions internationales : conflits de lois et de juridictions, 71-418.
Oxman, B. H. : Idealism and the Study of International Law (Inaugural Lecture), 419-440.
(ISBN 978-90-04-18519-7)

Tome/Volume 351 (2010)

Reisman, W. M. : The Quest for World Order and Human Dignity in the Twenty-first Century : Constitutive Process and Individual Commitment. General Course on Public International Law, 9-382.
(ISBN 978-90-04-22725-5)

Tome/Volume 352 (2010)

Daví, A. : Le renvoi en droit international privé contemporain, 9-522.
(ISBN 978-90-04-22726-2)

Tome/Volume 353 (2011)

Meeusen, J. : Le droit international privé et le principe de non-discrimination, 9-184.
Gowlland-Debbas, V. : The Security Council and Issues of Responsibility under International Law, 185-444.
(ISBN 978-90-04-22727-9)

Tome/Volume 354 (2011)

Lamm, C. B. : Internationalization of the Practice of Law and Important Emerging Issues for Investor-State Arbitration (Opening Lecture), 9-64.
Briggs, A. : The Principle of Comity in Private International Law, 65-182.
Davey, W. J. : Non-discrimination in the World Trade Organization : The Rules and Exceptions, 183-440.
(ISBN 978-90-04-22728-6)

Tome/Volume 355 (2011)

Chemillier-Gendreau, M. : A quelles conditions l'universalité du droit international est-elle possible ? (conférence inaugurale), 9-40.
Xue Hanqin : Chinese Contemporary Perspectives on International Law — History, Culture and International Law, 41-234.
Arrighi, J. M. : L'Organisation des Etats américains et le droit international, 235-438.
(ISBN 978-90-04-22729-3)

Tome/Volume 356 (2011)

Talpis, J.: Succession Substitutes, 9-238.
Lagrange, E.: L'efficacité des normes internationales concernant la situation des personnes privées dans les ordres juridiques internes, 239-552.
(ISBN 978-90-04-22730-9)

Tome/Volume 357 (2011)

Dugard, J.: The Secession of States and Their Recognition in the Wake of Kosovo, 9-222.
Gannagé, L.: Les méthodes du droit international privé à l'épreuve des conflits de cultures, 223-490. (ISBN 978-90-04-22731-6)

Tome/Volume 358 (2011)

Brand, R. A.: Transaction Planning Using Rules on Jurisdiction and the Recognition and Enforcement of Judgments, 9-262.
Hafner, G.: The Emancipation of the Individual from the State under International Law, 263-454. (ISBN 978-90-04-22732-3)

Tome/Volume 359 (2012)

Opertti Badán, D.: Conflit de lois et droit uniforme dans le droit international privé contemporain: dilemme ou convergence? (conférence inaugurale), 9-86.
Chen Weizuo: La nouvelle codification du droit international privé chinois, 87-234.
Kohler, Ch.: L'autonomie de la volonté en droit international privé: un principe universel entre libéralisme et étatisme, 285-478.
(ISBN 978-90-04-25541-8)

Tome/Volume 360 (2012)

Basedow, J.: The Law of Open Societies — Private Ordering and Public Regulation of International Relations. General Course on Private International Law, 9-516.
(ISBN 978-90-04-25550-0)

Tome/Volume 361 (2012)

Pinto, M. C. W.: The Common Heritage of Mankind: Then and Now, 9-130.
Kreindler, R.: Competence-Competence in the Face of Illegality in Contracts and Arbitration Agreements, 131-482.
(ISBN 978-90-04-25552-4)

Tome/Volume 362 (2012)

Arsanjani, M. H.: The United Nations and International Law-Making (Opening Lecture), 9-40.
Alland, D.: L'interprétation du droit international public, 41-394.
(ISBN 978-90-04-25554-8)

Tome/Volume 363 (2012)

Sur, S.: La créativité du droit international. Cours général de droit international public, 9-332.
Turp, D.: La contribution du droit international au maintien de la diversité culturelle, 333-454.
(ISBN 978-90-04-25556-2)

Tome/Volume 364 (2012)

Gaja, G.: The Protection of General Interests in the International Community. General Course on Public International Law (2011), 9-186.
Glenn, H. P.: La conciliation des lois. Cours général de droit international privé (2011), 187-470.　　　　　　　　　　　(ISBN 978-90-04-25557-9)

Tome/Volume 365 (2013)

Crawford, J.: Chance, Order, Change: The Course of International Law. General Course on Public International Law, 9-390.　　(ISBN 978-90-04-25560-9)

Tome/Volume 366 (2013)

Hayton, D.: "Trusts" in Private International Law, 9-98.
Hobér, K.: *Res Judicata* and *Lis Pendens* in International Arbitration, 99-406.
　　　　　　　　　　　(ISBN 978-90-04-26395-6)

Tome/Volume 367 (2013)

Kolb, R.: L'article 103 de la Charte des Nations Unies, 9-252.
Nascimbene, B.: Le droit de la nationalité et le droit des organisations d'intégration régionales. Vers de nouveaux statuts de résidents?, 253-454.
　　　　　　　　　　　(ISBN 978-90-04-26793-0)

Tome/Volume 368 (2013)

Caflisch, L: Frontières nationales, limites et délimitations. — Quelle importance aujourd'hui? (conférence inaugurale), 9-46.
Benvenisti, E.: The International Law of Global Governance, 47-280.
Park, K. G.: La protection des personnes en cas de catastrophes, 281-456.
　　　　　　　　　　　(ISBN 978-90-04-26795-4)

Tome/Volume 369 (2013)

Kronke, H.: Transnational Commercial Law and Conflict of Laws: Institutional Co-operation and Substantive Complementarity (Opening Lecture), 9-42.
Ortiz Ahlf, L.: The Human Rights of Undocumented Migrants, 43-160.
Kono, T.: Efficiency in Private International Law, 161-360.
Yusuf, A. A.: Pan-Africanism and International Law, 361-512.
　　　　　　　　　　　(ISBN 978-90-04-26797-8)

Tome/Volume 370 (2013)

Dominicé, Ch.: La société internationale à la recherche de son équilibre. Cours général de droit international public, 9-392.　　(ISBN 978-90-04-26799-2)

Tome/Volume 371 (2014)

Lagarde, P.: La méthode de la reconnaissance est-elle l'avenir du droit international privé?, 9-42.
Charlesworth, H.: Democracy and International Law, 43-152.
de Vareilles-Sommières, P.: L'exception d'ordre public et la régularité substantielle internationale de la loi étrangère, 153-272.
Yanagihara, M.: Significance of the History of the Law of Nations in Europe and East Asia, 273-435.　　　　　　　(ISBN 978-90-04-28936-9)

Tome/Volume 372 (2014)

Bucher, A. : La compétence universelle civile, 9-128.
Cordero-Moss, G. : Limitations on Party Autonomy in International Commercial Arbitration, 129-326.
Sinjela, M. : Intellectual Property : Cross-Border Recognition of Rights and National Development, 327-394.
Dolzer, R. : International Co-operation in Energy Affairs, 395-504.
(ISBN 978-90-04-28937-6)

Tome/Volume 373 (2014)

Cachard, O. : Le transport international aérien de passagers, 9-216.
Audit, M. : Bioéthique et droit international privé, 217-447.
(ISBN 978-90-04-28938-3)

Tome/Volume 374 (2014)

Struycken, A. V. M. : Arbitration and State Contract, 9-52.
Corten, O., La rébellion et le droit international : le principe de neutralité en tension, 53-312.
Parra, A. : The Convention and Centre for Settlement of Investment Disputes, 313-410.
(ISBN 978-90-04-29764-7)

Tome/Volume 374 (2014)

Struycken, A. V. M. : Arbitration and State Contract, 9-52.
Corten, O., La rébellion et le droit international : le principe de neutralité en tension, 53-312.
Parra, A. : The Convention and Centre for Settlement of Investment Disputes, 313-410.
(ISBN 978-90-04-29764-7)

Tome/Volume 375 (2014)

Jayme, E. : Narrative Norms in Private International Law – The Example of Art Law, 9-52.
De Boer, Th. M. : Choice of Law in Arbitration Proceedings, 53-88.
Frigo, M. : Circulation des biens culturels, détermination de la loi applicable et méthodes de règlement des litiges, 89-474. (ISBN 978-90-04-29766-1)

Tome/Volume 376 (2014)

Cançado Trindade, A. A. : The Contribution of Latin American Legal Doctrine to the Progressive Development of International Law, 9-92.
Gray, C. : The Limits of Force, 93-198.
Najurieta, M. S. : L'adoption internationale des mineurs et les droits de l'enfant, 199-494.
(ISBN 978-90-04-29768-5)

Tome/Volume 377 (2015)

Kassir, W. J. : Le renvoi en droit international privé – technique de dialogue entre les cultures juridiques, 9-120.
Noodt Taquela, M. B. : Applying the Most Favourable Treaty or Domestic Rules to Facilitate Private International Law Co-operation, 121-318.
Tuzmukhamedov, B. : Legal Dimensions of Arms Control Agreements, An Introductory Overview, 319-468.
(ISBN 978-90-04-29770-8)

Tome/Volume 378 (2015)

Iwasawa, Y.: Domestic Application of International Law, 9-262.
Carrascosa Gonzalez, J.: The Internet – Privacy and Rights relating to Personality, 263-486.
(ISBN 978-90-04-32125-0)

Tome/Volume 379 (2015)

Lowe, V.: The Limits of the Law.
Boele-Woelki, K.: Party Autonomy in Litigation and Arbitration in View of The Hague Principles on Choice of Law in International Commercial Contracts.
Fresnedo de Aguirre, C.: Public Policy: Common Principles in the American States.
Ben Achour, R.: Changements anticonstitutionnels de gouvernement et droit international.
(ISBN 978-90-04-32127-4)

Tome/Volume 380 (2015)

Van Loon, J. H. A.: The Global Horizon of Private International Law.
Pougoué, P.-G.: L'arbitrage dans l'espace OHADA.
Kruger, T.: The Quest for Legal Certainty in International Civil Cases.
(ISBN 978-90-04-32131-1)

Tome/Volume 381 (2015)

Jayme, E.: Les langues et le droit international privé, 11-39.
Bermann, G.: Arbitrage and Private International Law. General Course on Private International Law (2015), 41-484.
(ISBN 978-90-04-33828-9)

Tome/Volume 382 (2015)

Cooper, D., and C. Kuner: Data Protection Law and International Dispute Resolution, 9-174.
Jia, B. B.: International Case Law in the Development of International Law, 175-397.
(ISBN 978-90-04-33830-2)

Tome/Volume 383 (2016)

Bennouna, M.: Le droit international entre la lettre et l'esprit, 9-231.
Iovane, M.: L'influence de la multiplication des juridictions internationales sur l'application du droit international, 233-446.   (ISBN 978-90-04-34648-2)

Tome/Volume 384 (2016)

Symeonides, S. C.: Private International Law Idealism, Pragmatism, Eclecticism, 9-385.   (ISBN 978-90-04-35131-8)

Tome/Volume 385 (2016)

Berman, Sir F.: Why Do we Need a Law of Treaties?, 9-31.
Marrella, F.: Protection internationale des droits de l'homme et activités des sociétés transnationales, 33-435.   (ISBN 978-90-04-35132-5)

Tome/Volume 386 (2016)

Murphy, S. D. : International Law relating to Islands, 9-266.
Cataldi, G. : La mise en œuvre des décisions des tribunaux internationaux dans l'ordre interne, 267-428. (ISBN 978-90-04-35133-2)

Tome/Volume 387 (2016)

Lequette, Y. : Les mutations du droit international privé : vers un changement de paradigme ?, 9-644. (ISBN 978-90-04-36118-8)

Tome/Volume 388 (2016)

Bonell, M. J. : The Law Governing International Commercial Contracts : Hard Law versus Soft Law, 9-48.
Hess, B. : The Private-Public Divide in International Dispute Resolution, 49-266. (ISBN 978-90-04-36120-1)

Tome/Volume 389 (2017)

Muir Watt, H. : Discours sur les méthodes du droit international privé (des formes juridiques de l'inter-altérité). Cours général de droit international privé, 9-410. (ISBN 978-90-04-36122-5)

Tome/Volume 390 (2017)

Rau, A. S. : The Allocation of Power between Arbitral Tribunals and State Courts, 9-396. (ISBN 978-90-04-36475-2)

Tome/Volume 391 (2017)

Cançado Trindade, A. A. : Les tribunaux internationaux et leur mission commune de réalisation de la justice : développements, état actuel et perspectives, Conférence spéciale (2017), 9-101.
Mariño Menéndez, F. M. : The Prohibition of Torture in Public International Law, 103-185.
Swinarski, C. : Effets pour l'individu des régimes de protection de droit international, 187-369.
Cot, J.-P. : L'éthique du procès international (leçon inaugurale), 371-384. (ISBN 978-90-04-37781-3)

Tome/Volume 392 (2017)

Novak, F. : The System of Reparations in the Jurisprudence of the Inter-American Court of Human Rights, 9-203.
Nolte, G. : Treaties and their Practice – Symptoms of their Rise or Decline, 205-397. (ISBN 978-90-04-39273-1)

Tome/Volume 393 (2017)

Tiburcio, C. : The Current Practice of International Co-Operation in Civil Matters, 9-310.
Ruiz De Santiago, J. : Aspects juridiques des mouvements forcés de personnes, 311-468. (ISBN 978-90-04-39274-8)

Tome/Volume 394 (2017)

Kostin, A. A. : International Commercial Arbitration, with Special Focus on Russia, 9-86.
Cuniberti, G. : Le fondement de l'effet des jugements étrangers, 87-283.
(ISBN 978-90-04-39275-5)

Tome/Volume 395 (2018)

Salerno, F. : The Identity and Continuity of Personal Status in Contemporary Private International Law, 9-198.
Chinkin, C. M. : United Nations Accountability for Violations of International Human Rights Law, 199-320. (ISBN 978-90-04-40710-7)

Tome/Volume 396 (2018)

Jacquet, J.-M. : Droit international privé et arbitrage commercial international, 9-36.
Brown Weiss, E. : Establishing Norms in a Kaleidoscopic World. General Course on Public International Law, 37-415.
(ISBN 978-90-04-41002-2)

Tome/Volume 397 (2018)

D'Avout, L. : L'entreprise et les conflits internationaux de lois, 9-612.
(ISBN 978-90-04-41221-7)

Tome/Volume 398 (2018)

Treves, T. : The Expansion of International Law, General Course on Public International Law (2015), 9-398. (ISBN 978-90-04-41224-8)

Tome/Volume 399 (2018)

Kanehara, A. : Reassessment of the Acts of the State in the Law of State Responsibility, 9-266.
Buxbaum, H. L. : Public Regulation and Private Enforcement in a Global Economy : Strategies for Managing Conflict, 267-442. (ISBN 978-90-04-41670-3)

Tome/Volume 400 (2018)

Chedly, L. : L'efficacité de l'arbitrage commercial international, 9-624.
(ISBN 978-90-04-42388-6)

Tome/Volume 401 (2019)

Wood, P. : Extraterritorial Enforcement of Regulatory Laws, 9-126.
Nishitani, Yuko : Identité culturelle en droit international privé de la famille, 127-450. (ISBN 978-90-04-42389-3)

Tome/Volume 402 (2019)

Kinsch, P. : Le rôle du politique en droit international privé. Cours général de droit international privé, 9-384.
Dasser, F. : "Soft Law" in International Commercial Arbitration, 385-596.
(ISBN 978-90-04-42392-3)

Tome/Volume 403 (2019)

Daudet, Y. : 1919-2019, le flux du multilatéralisme, 9-48.
Kessedjian, C. : Le tiers impartial et indépendant en droit international, juge, arbitre, médiateur, conciliateur, 49-643.   (ISBN 978-90-04-42468-5)

Tome/Volume 404 (2019)

Rajamani, L. : Innovation and Experimentation in the International Climate Change Regime, 9-234.
Sorel, J.-M. : Quelle normativité pour le droit des relations monétaires et financières internationales?, 235-403.   (ISBN 978-90-04-43142-3)

Tome/Volume 405 (2019)

Paulsson, J. : Issues arising from Findings of Denial of Justice, 9-74.
Brunée, J. : Procedure and Substance in International Environmental Law, 75-240.
(ISBN 978-90-04-43300-7)

Tome/Volume 406 (2019)

Bundy, R. : The Practice of International Law, Inaugural Lecture, 9-26.
Gama, L. : Les principes d'UNIDROIT et la loi régissant les contrats de commerce, 27-343.   (ISBN 978-90-04-43611-4)

Tome/Volume 407 (2020)

Wouters, J. : Le statut juridique des standards publics et privés dans les relations économiques internationales, 9-122.
Maljean-Dubois, S. : Le droit international de la biodiversité, 123-538.
(ISBN 978-90-04-43643-5)

Tome/Volume 408 (2020)

Cançado Trindade, A. A. : Reflections on the Realization of Justice in the Era of Contemporary International Tribunals, 9-88.
González, C. : Party Autonomy in International Family Law, 89-361.
(ISBN 978-90-04-44504-8)

Tome/Volume 409 (2020)

Shany, Y: The Extraterritorial Application of International Human Rights Law, 9-152.
Besson, S. : La *due diligence* en droit international, 153-398.
(ISBN 978-90-04-44505-5)

Tome/Volume 410 (2020)

Koh, H. H. : American Schools of International Law, 9-93.
Peters, A. : Animals in International Law, 95-544.
(ISBN 978-90-04-44897-1)

Tome/Volume 411 (2020)

Cahin, G: Reconstrution et construction de l'Etat en droit international, 9-573.
(ISBN 978-90-04-44898-8)

Tome/Volume 412 (2020)

Momtaz, D.: La hiérarchisation de l'ordre juridique international, cours général de droit international public, 9-252.
Grammaticaki-Alexiou, A.: Best Interests of the Child in Private International Law, 253-434. (ISBN 978-90-04-44899-5)

Tome/Volume 413 (2021)

Ferrari, F.: Forum Shopping Despite Unification of Law, 9-290.
(ISBN 978-90-04-46100-0)

Tome/Volume 414 (2021)

Pellet, A.: Le droit international à la lumière de la pratique: l'introuvable théorie de la réalité. Cours général de droit international public, 9-547.
(ISBN 978-90-04-46547-3)

Tome/Volume 415 (2021)

Trooboff, P. D.: Globalization, Personal Jurisdiction and the Internet. Responding to the Challenge of adapting settled Principles and Precedents. General Course of Private International Law, 9-321.
(ISBN 978-90-04-46730-9)

Tome/Volume 416 (2021)

Wolfrum, R: Solidarity and Community Interests: Driving Forces for the Interpretation and Development of International Law. General Course on Public International Law, 9-479. (ISBN 978-90-04-46827-6)

Tome/Volume 417 (2021)

d'Argent, P.: Les obligations internationales, 9-210.
Schabas, W. A.: Relationships Between International Criminal Law and Other Branches of International Law, 211-392.
(ISBN 978-90-04-47239-6)

Tome/Volume 418 (2021)

Bollée, S.: Les pouvoirs inhérents des arbitres internationaux, 9-224.
Tladi, D.: The Extraterritorial Use of Force against Non-State Actors, 225-360.
(ISBN 978-90-04-50380-9)

Tome/Volume 419 (2021)

Kolb, R.: Le droit international comme corps de «droit privé» et de «droit public». Cours général de droit international public, 9-668.
(ISBN 978-90-04-50381-6)

Tome/Volume 420 (2021)

Perrakis, S.: La protection internationale au profit des personnes vulnérables en droit international des droits de l'homme, 9-497.
(ISBN 978-90-04-50382-3)

Tome/Volume 421 (2021)

Estrella Faria, J. A.: La protection des biens culturels d'intérêt religieux en droit international public et en droit international privé, 9-333.

(ISBN 978-90-04-50829-3)

Tome/Volume 422 (2021)

Karayanni, M.: The Private International Law of Class Actions: A Functional approach, 9-248.
Mahmoudi, S.: Self-Defence and "Unwilling or Unable" States, 249-399.

(ISBN 978-90-04-50830-9)

Tome/Volume 423 (2022)

Kinnear, M.: The Growth, Challenges and Future Prospects for Investment Dispute Settlement, 9-36.
Weller, M.: "Mutual Trust": A Suitable Foundation for Private International Law in Regional Integration Communities and Beyond?, 37-378.

(ISBN 978-90-04-51411-9)

Tome/Volume 424 (2022)

Asada, M.: International Law of Nuclear Non-proliferation and Disarmament, 9-726.

(ISBN 978-90-04-51769-1)

Tome/Volume 425 (2022)

Metou, B. M.: Le contrôle international des dérogations aux droits de l'homme, 9-294.
Silva Romero, E.: Legal Fictions in the Language of International Arbitration, 295-423.

(ISBN 978-90-04-51770-7)

Tome/Volume 426 (2022)

Kuijper, P. J.: Delegation and International Organizations, 9-240.
McCaffrey, S. C.: The Evolution of the Law of International Watercourses, 241-384.

(ISBN 978-90-04-51771-4)

Tome/Volume 427 (2022)

Kaufmann-Kohler, G.: Indépendance et impartialité du juge et de l'arbitre dans le règlement des différends entre investisseurs et Etats (leçon inaugurale), 9-50.
Boyle, A.: International Lawmaking in an Environmental Context, 51-108.
Weller, M.-P.: La méthode tripartite du droit international privé: désignation, reconnaissance, considération, 109-210.
Mourre, A.: La légitimité de l'arbitrage, 211-288.

(ISBN 978-90-04-52770-6)

Tome/Volume 428 (2023)

Laghmani, S.: Islam et droit international, 9-128.
Oyarzábal, M. J. A.: The Influence of Public International Law upon Private International Law in History and Theory and in the Formation and Application of the Law, 129-525.
(ISBN 978-90-04-54440-6)

Tome/Volume 429 (2023)

Moreno Rodríguez, J. A.: Private (And Public) International Law In Investment Arbitration, 9-702.
(ISBN 978-90-04-54462-8)

Tome/Volume 430 (2023)

Casella, P. B.: Droit international, histoire et culture, 9-610.
(ISBN 978-90-04-54463-5)

Tome/Volume 431 (2023)

Yeo, T. M.: Common Law, Equity and Statute. The Effect of Juridical Sources on Choice-of-Law Methodology, 9-88.
Frigessi Di Rattalma, M.: New Trends in Private International Law of Insurance Contracts, 89-200.
Roosevelt III, K.: The Third Restatement of Conflict of Laws, 201-284.
Sands, P.: Colonialism: A Short History of International Law in Five Acts, 285-410.
(ISBN 978-90-04-54464-2)

Tome/Volume 432 (2023)

Ruiz Fabri, H.: La justice procédurale en droit international, 9-44.
Shaw, M.: A House of Many Rooms: The Rise, Fall and Rise Again of Territorial Sovereignty?, 45-78.
Kovács, P.: L'individu et sa position devant la Cour pénale internationale, 79-421.
(ISBN 978-90-04-54465-9)

LES LIVRES DE POCHE DE L'ACADÉMIE
POCKETBOOKS OF THE ACADEMY
(Par ordre chronologique de parution) (By chronological order of publication)

Gaillard, E. : Aspects philosophiques du droit de l'arbitrage international, 2008, 252 pages.
(ISBN 978-90-04-17148-0)
Schrijver, N. : The Evolution of Sustainable Development in International Law : Inception, Meaning and Status, 2008, 276 pages.
(ISBN 978-90-04-17407-8)
Moura Vicente, D. : La propriété intellectuelle en droit international privé, 2009, 516 pages.
(ISBN 978-90-04-17907-3)
Decaux, E. : Les formes contemporaines de l'esclavage, 2009, 272 pages.
(ISBN 978-90-04-17908-0)
McLachlan, C. : Lis Pendens in International Litigation, 2009, 492 pages.
(ISBN 978-90-04-17909-7)
Carbone, S. M. : Conflits de lois en droit maritime, 2010, 312 pages.
(ISBN 978-90-04-18688-0)
Boele-Woelki, K. : Unifying and Harmonizing Substantive Law and the Role of Conflict of Laws, 2010, 288 pages.
(ISBN 978-90-04-18683-5)
Onuma, Y. : A Transcivilizational Perspective in International Law, 2010, 492 pages.
(ISBN 978-90-04-18689-7)
Bucher, A. : La dimension sociale du droit international privé. Cours général, 2011, 552 pages.
(ISBN 978-90-04-20917-6)
Thürer, D. : International Humanitarian Law : Theory, Practice, Context, 2011, 504 pages.
(ISBN 978-90-04-17910-3)
Alvarez, J. E. : The Public International Law Regime Governing International Investment, 2011, 504 pages.
(ISBN 978-90-04-18682-8)
Wang, G. : Radiating Impact of WTO on Its Members' Legal System : The Chinese Perspective, 2011, 384 pages.
(ISBN 978-90-04-21854-3)
Bogdan, M. : Private International Law as Component of the Law of the Forum, 2012, 360 pages.
(ISBN 978-90-04-22634-0)
Davey, W. J. : Non-discrimination in the World Trade Organization : The Rules and Exceptions, 2012, 360 pages.
(ISBN 978-90-04-23314-0)
Xue Hanqin : Chinese Contemporary Perspectives on International Law — History, Culture and International Law, 2012, 288 pages.
(ISBN 978-90-04-23613-4)

Reisman, W. M.: The Quest for World Order and Human Dignity in the Twenty-first Century: Constitutive Process and Individual Commitment. General Course on Public International Law, 2012, 504 pages.
(ISBN 978-90-04-23615-8)

Dugard, J.: The Secession of States and Their Recognition in the Wake of Kosovo, 2013, 312 pages.
(ISBN 978-90-04-25748-1)

Gannagé, L.: Les méthodes du droit international privé à l'épreuve des conflits de cultures, 2013, 372 pages.
(ISBN 978-90-04-25750-4)

Kohler, Ch.: L'autonomie de la volonté en droit international privé : un principe universel entre libéralisme et étatisme, 2013, 288 pages.
(ISBN 978-90-04-25752-8)

Kreindler, R.: Competence-Competence in the Face of Illegality in Contracts and Arbitration Agreements, 2013, 504 pages.
(ISBN 978-90-04-25754-2)

Crawford, J.: Chance, Order, Change: The Course of International Law. General Course on Public International Law, 2014, 540 pages.
(ISBN 978-90-04-26808-1)

Brand, R. A.: Transaction Planning Using Rules on Jurisdiction and the Recognition and Enforcement of Judgments, 2014, 360 pages.
(ISBN 978-90-04-26810-4)

Kolb, R.: L'article 103 de la Charte des Nations Unies, 2014, 416 pages.
(ISBN 978-90-04-27836-3)

Benvenisti, E.: The Law of Global Governance, 2014, 336 pages.
(ISBN 978-90-04-27911-7)

Yusuf, A. A.: Pan-Africanism and International Law, 2014, 288 pages.
(ISBN 978-90-04-28504-0)

Kono, T.: Efficiency in Private International Law, 2014, 216 pages.
(ISBN 978-90-04-28506-4)

Cachard, O.: Le transport international aérien de passagers, 2015, 292 pages.
(ISBN 978-90-04-29773-9)

Corten, O.: La rébellion et le droit international, 2015, 376 pages.
(ISBN 978-90-04-29775-3)

Frigo, M.: Circulation des biens culturels, détermination de la loi applicable et méthodes de règlement des litiges, 2016, 552 pages.
(ISBN 978-90-04-32129-8)

Bermann, G. A.: International Arbitration and Private International Law, 2017, 648 pages.
(ISBN 978-90-04-34825-7)

Bennouna, M.: Le droit international entre la lettre et l'esprit, 2017, 304 pages.
(ISBN 978-90-04-34846-2)

Murphy, S. D.: International Law relating to Islands, 2017, 376 pages.
(ISBN 978-90-04-36153-9)

Hess, B: The Private-Public Divide in International Dispute Resolution, 2018, 328 pages.
(ISBN 978-90-04-38488-0)

Rau, A.: The Allocation of Power between Arbitral Tribunals and State Courts, 2018, 608 pages.
(ISBN 978-90-04-38891-8)

Nolte, G.: Treaties and Their Practice – Symptoms of Their Rise or Decline, 2018, 288 pages. (ISBN 978-90-04-39456-8)

Muir Watt, H.: Discours sur les méthodes du droit international privé (des formes juridiques de l'inter-altérité, 2019, 608 pages.
(ISBN 978-90-04-39558-9)

Cuniberti, G.: Le fondement de l'effet des jugements étrangers, 2019, 288 pages.
(ISBN 978-90-04-41180-7)

D'Avout, L.: L'entreprise et les conflits internationaux de lois, 2019, 880 pages.
(ISBN 978-90-04-41668-0)

Brown Weiss, E.: Establishing Norms in a Kaleidoscopic World, 2020, 536 pages.
(ISBN 978-90-04-42200-1)

Rajamani, L.: Innovation and Experimentation in the International Climate Change Regime, 2020, 336 pages.
(ISBN 978-90-04-44439-3)

Kessedjian, C.: Le tiers impartial et indépendant en droit international, juge, arbitre, médiateur, conciliateur, 2020, 832 pages.
(ISBN 978-90-04-44880-3)

Brunnée, J.: Procedure and Substance in International Environmental Law, 2020, 240 pages.
(ISBN 978-90-04-44437-9)

Dasser, F.: "Soft Law" in International Commercial Arbitration, 2021, 300 pages.
(ISBN 978-90-04-46289-2)

Maljean-Dubois, S.: Le droit international de la biodiversité, 2021, 590 pages.
(ISBN 978-90-04-46287-8)

Peters, A.: Animals in International Law, 2021, 641 pages.
(ISBN 978-90-04-46624-1)

Besson, S.: La *due diligence* en droit international, 363 pages.
(ISBN 978-90-04-46626-5)

Ferrari, F.: Forum Shopping Despite Unification of Law, 446 pages.
(ISBN 978-90-04-46626-5)

Wolfrum, R.: Solidarity and Community Interests: Driving Forces for the Interpretation and Development of International Law, 2021, 663 pages.
(ISBN 978-90-04-50832-3)

Kolb, R. : Le droit international comme corps de «droit privé» et de «droit public», 2022, 976 pages.
(ISBN 978-90-04-51836-0)

Tladi, D. : The Extraterritorial Use of Force against Non-State Actors, 2022, 208 pages.
(ISBN 978-90-04-52147-6)

Schabas, W. A. : Relationships between International Criminal Law and Other Branches of International Law, 2022, 272 pages.
(ISBN 978-90-04-52149-0)

Bollée, S. : Les pouvoirs inhérents des arbitres internationaux, 2023, 306 pages.
(ISBN 978-90-04-67848-4)

Laghmani, S. : Islam et droit international, 2023, 168 pages.
(ISBN 978-90-04-67850-7)

HORS COLLECTION
SPECIAL EDITIONS

1998 Dupuy, R.-J. (dir. publ./ed.).
Manuel sur les organisations internationales/A Handbook on International Organizations.
(714 pages)
(ISBN 978-90-247-3658-4)
2e édition publiée en 2008,
(1008 pages)
(ISBN 978-90-411-1119-7)

1991 Dupuy, R.-J., and D. Vignes (eds.).
A Handbook on the New Law of the Sea.
(2 volumes)
(Volume 1, 900 pages, ISBN 978-0-7923-0924-3)
(Volume 2, 882 pages, ISBN 978-0-7923-1063-1)

2012 Hommage du Curatorium à son Président/Tribute of the Curatorium to its President.
Le 90e anniversaire de Boutros Boutros-Ghali/The 90th Birthday of Boutros Boutros-Ghali.
(288 pages)
(ISBN 978-90-04-24618-8)

2015 Crawford, J.
Hasard, ordre et changement: le cours du droit international.
(448 pages)
(Broché, ISBN 978-90-04-29921-4)
(Relié, ISBN 978-90-04-29922-1)

2017 Yusuf, A. A.
Panafricanisme et droit international.
(219 pages)
(Broché, ISBN 978-90-04-34138-8)

2018 Bennouna, M.
International Law: Between the Letter and the Spirit.
(240 pages)
(Broché, ISBN 978-90-04-40143-3)

2022 Reisman, W. M.
The Quest for World Order and Human Dignity in the Twenty-First Century. Constitutive Process and Individual Commitment.
(352 pages)
(Broché, ISBN 978-90-04-52898-7)

2022 Nascimbene, B.
Nationality Law and the Law of Regional Integration Organisation. Towards New Residence Status?
(216 pages)
(Broché, ISBN 978-90-04-53636-4)

2023 Besson, S.
Due diligence in International Law
(256 pages)
(Broché, ISBN 978-90-04-53865-8)

Centre climatique/09-23